T0349495

1682 J.B.METZLER

Peter Baumann

Erkenntnistheorie

3., aktualisierte Auflage

Lehrbuch Philosophie

Verlag J. B. Metzler
Stuttgart · Weimar

Der Autor

Peter Baumann, geb. 1959; Studium der Philosophie und Sozialwissenschaften in Göttingen und Paris; 1992 Promotion; 1998 Habilitation; Professor für Philosophie am Swarthmore College (USA); Veröffentlichungen zur Erkenntnistheorie und zur praktischen Philosophie.

Bibliografische Information der Deutschen Nationalbibliothek
Die Deutsche Nationalbibliothek verzeichnet diese Publikation in der Deutschen Nationalbibliografie; detaillierte bibliografische Daten sind im Internet über http://dnb.d-nb.de abrufbar.

ISBN 978-3-476-02595-1
ISBN 978-3-476-05412-8 (eBook)
DOI 10.1007/978-3-476-05412-8

© 2015 Springer-Verlag GmbH Deutschland
Ursprünglich erschienen bei J. B. Metzler'sche Verlagsbuchhandlung
und Carl Ernst Poeschel Verlag GmbH in Stuttgart 2015
www.metzlerverlag.de
info@metzlerverlag.de

INHALT

VII. Quellen des Wissens

VIII. Skeptizismus: Antworten?

Vorwort zur dritten Auflage

Diese dritte Auflage ist eine Aktualisierung der zweiten Auflage. Ich habe die grundlegenden Strukturen, Themen, Fragen und Thesen des Buches unverändert gelassen.

Ich halte weiterhin am Ziel einer möglichst informellen und nicht-technischen Darstellung fest. Wo es sich aber nicht vermeiden lässt (z.B. im Abschnitt II.6 über Wahrscheinlichkeit), wird die Darstellung etwas formaler, aber auch dies hält sich sehr in Grenzen. Im Falle der Charakterisierung des Kontextualismus würden manche vielleicht eine etwas formellere Darstellung vorziehen; nach längerer Überlegung habe ich mich allerdings im Interesse der leichteren intuitiven Zugänglichkeit für die Beibehaltung der informelleren Darstellung entschieden.

Ich sollte hier aber wenigstens eine Anmerkung zu den Abschnitten über Kontextualismus (II.8 und V.6.3) machen. In einer Hinsicht hat sich nämlich der philosophische Sprachgebrauch in den letzten Jahren (seit der ersten Auflage im Jahr 2002 und insbesondere seit der 2. Auflage im Jahr 2006) verändert. Früher (in den 1990er Jahren sowie in den ersten Jahren danach) wurde unter »Kontextualismus« sowohl »Subjekt«-Kontextualismus als auch »Zuschreiber«-Kontextualismus verstanden. Dem Subjekt-Kontextualismus zufolge hängt Wissen auch von den Umständen des Subjektes ab, dem Wissen zu- oder abgesprochen wird (z.B. von der Handlungssituation des Subjekts). Dem Zuschreiber-Kontextualismus zufolge hängt die Antwort auf die Frage, ob eine bestimmte Zuschreibung von Wissen zu einem Subjekt wahr ist und was genau als »Wissen« zugeschrieben wird, vom Kontext des Zuschreibers ab. Seit einigen Jahren wird der Ausdruck »Kontextualismus« nur noch für die letztere Position (Zuschreiber-Kontextualismus) verwandt. Ich habe mich allerdings im Interesse einer breiteren Einführung in verwandte Phänomene und Positionen für die Beibehaltung des weiteren, beide Positionen umfassenden Sprachgebrauchs entschieden. Meine Verwendung des Ausdrucks umfasst übrigens auch neuere Versionen des Relativismus, demzufolge die Wahrheit einer Wissenszuschreibung vom Kontext der beurteilenden Person abhängt. Solange die Verwendung eines Ausdrucks wie »Kontextualismus« klar ist, sollten terminologische Fragen sekundär sein.

Ich bin weiterhin all denen zu Dank verpflichtet, die am Ende der Einleitung ausdrücklich genannt sind. Für die Anregung einer dritten Auflage und die Unterstützung bei der Arbeit daran bin ich insbesondere Ute Hechtfischer vom Verlag J. B. Metzler dankbar.

Peter Baumann
Swarthmore, Januar 2015

EINLEITUNG

Hier ist eine alte chinesische Geschichte:

> »Chuang Tzu und Hui Tsu wandelten zusammen auf einem Uferdamm am Hao-Fluss. Da sagte Chuang Tzu: ›Sieh doch die Fische herauskommen und sich tummeln. Das ist die Lust der Fische.‹ Hui Tsu erwiderte: ›Du bist doch kein Fisch. Woher willst Du da die Lust der Fische kennen?‹ Chuang Tzu sprach: ›Du bist nicht ich. Woher also weißt Du, dass ich nicht von der Lust der Fische weiß?‹ Hui Tsu entgegnete: ›Ich bin nicht Du und weiß natürlich nicht, was Du weißt. Aber da Du jedenfalls kein Fisch bist, ist doch klar, dass Du die Lust der Fische nicht kennst.‹ Darauf entgegnete Chuang Tzu: ›Lass uns noch einmal auf den Ausgangspunkt zurückkommen. Du fragtest, woher ich die Lust der Fische kenne. Das zeigt, dass Du schon wusstest, dass ich es weiß, als Du mich fragtest. Ich weiß es von meinem Standpunkt auf dem Uferdamm hier oben über dem Hao-Fluss.‹« (nach Chuang Tzu: Complete Works, 188 f.).

Diese Unterhaltung wirft weitreichende Fragen auf. Kann man wissen, was die Lust der Fische ist, wenn man selbst kein Fisch ist? Wissen die Fische es denn? Weiß Hui Tsu, wovon Chuang Tzu spricht, wenn er sagt, dass er Zahnschmerzen hat? Wieso sollte er einerseits den Zustand kennen können, in dem sich Chuang Tzu befindet, wenn er Zahnschmerzen hat, aber andererseits die Lust der Fische nicht kennen können? Wie kann Chuang Tsu wissen, dass Hui Tsu etwas Bestimmtes weiß, und umgekehrt? Was kann man überhaupt wissen? Und dann ist da die Frage »woher?«: Woher weiß denn jemand das, was er weiß? Ist alles Wissen von einem Standpunkt abhängig – und was könnte das heißen? Oder haben wir vielleicht in Wirklichkeit gar kein Wissen – nicht nur von der Lust der Fische, sondern auch von irgendetwas sonst? Was berechtigt uns zu der Annahme, dass wir überhaupt über irgendein Wissen verfügen? Was ist das überhaupt – Wissen?

Dies sind nur einige der Fragen, die jener alte chinesische Text aufwirft. Sie haben allesamt mit Wissen zu tun und stellen zentrale Fragen der Erkenntnistheorie dar. Was aber ist Erkenntnistheorie (oder »Epistemologie«, wie sie auch genannt wird)? Wie der Name schon sagt, befasst sich die Erkenntnistheorie mit Erkenntnis oder, wie man auch sagen kann, mit Wissen. Nun weist das Wort »Erkenntnis« eine Doppeldeutigkeit auf, die das Wort »Wissen« nicht aufweist: Mit »Erkenntnis« kann sowohl ein Prozess oder Vorgang gemeint sein, nämlich der des Erkennens, als auch das Ergebnis oder Resultat eines solchen Vorgangs. Diese Doppeldeutigkeit soll uns hier aber nicht weiter kümmern und im Folgenden soll – soweit nicht anders vermerkt – »Erkenntnis« immer gleichbedeutend mit unserem Wort »Wissen« verwandt werden.

Nun befasst sich nicht nur die philosophische Erkenntnistheorie mit Wissen und Erkenntnis, sondern auch die Psychologie, die Neurowissenschaften und die Biologie sowie die Künstliche-Intelligenz-Forschung, – kurz: eine Gruppe von Disziplinen, die seit einigen Jahrzehnten auch als »Kognitionswissenschaft« zusammengefasst werden (vgl. dazu die immer noch sehr informativen Darstellungen in Von Eckardt 1993 und Gardner 1989). Was unterscheidet aber die philosophische Beschäftigung mit Erkenntnis von der wissenschaftlichen Beschäftigung mit Erkenntnis? Man kann diese Frage nicht beantworten, ohne schon eine philosophische Position einzunehmen. Eine zumindest anfänglich sehr plausible Antwort besagt, dass die Philosophie nicht – wie die erwähnten Wissenschaften – empirisch vorgeht. Anders als die erwähnten Wissenschaften interessiert sie sich für die Natur des Wissens oder, wie man vorsichtiger sagen kann, für den Begriff des Wissens. Wenn man den Unterschied zwischen Philosophie und Wissenschaften in dieser Weise erklärt, macht man natürlich die Voraussetzung, dass es einen klaren Unterschied zwischen empirischen und begrifflichen Untersuchungen gibt. Dies ist eine kontroverse philosophische These, auf die wir noch zu sprechen kommen werden (s. Kap. VI.7).

Auch wenn die Philosophie selbst keine Wissenschaft ist, kann sie doch nicht in Isolation von den Wissenschaften betrieben werden, jedenfalls nicht in aussichtsreicher Weise. Im Lehnstuhl kann man allerlei philosophische Theorien konstruieren, aber wenn man keine Vorstellung von den Befunden der Wissenschaften hat, werden die entsprechenden philosophischen Theorien sehr schnell obsolet, so raffiniert sie ansonsten auch sein mögen. Bis zur Wende vom 18. zum 19. Jh. war die Verbindung zwischen Philosophie und Wissenschaft sehr eng. Viele Philosophen waren zugleich Wissenschaftler und es wäre ihnen gar nicht eingefallen, eine scharfe Trennung zwischen beidem vorzunehmen. Stellvertretend für viele seien hier nur **René Descartes** (1596–1650), **Gottfried Wilhelm Leibniz** (1646–1716), **John Locke** (1632–1704) und **Immanuel Kant** (1724–1804) genannt. Seit dem 19. Jh. ist die Verbindung zwischen Philosophie und Wissenschaft lockerer geworden, und diese Entwicklung war nicht unbedingt zum Vorteil der Philosophie. Sie erklärt sich sicherlich zum Teil aus der schnell fortschreitenden Arbeitsteilung im Wissenschaftsbetrieb und es ist gar nicht klar, wie Philosophen darauf reagieren können oder sollten.

Die Erkenntnistheorie (und damit ist hier immer die philosophische Erkenntnistheorie gemeint) befasst sich, wie schon angedeutet, mit den folgenden grundlegenden Fragen: Was ist Wissen? Können wir überhaupt etwas wissen? Falls nein: Warum nicht? Falls ja: Wie gelangen wir zu unserem Wissen? Was sind die Quellen, der Umfang und die Grenzen des Wissens? Welche Rolle spielt die Erfahrung für unser Wissen? Wie ist unser Wissen aufgebaut – hat es etwa ein Fundament? Wenn ja: worin? Wenn nein: Wie ist es dann aufgebaut? Alle diese Fragen lassen sich ganz offenbar nicht auf empirische oder wissenschaftliche Weise behandeln; es handelt sich vielmehr um philosophische Fragen. Welche Experimente sollte man etwa anstellen, um herauszufinden, was Wissen ist?

Wenn die Erkenntnistheorie einen einzigen Grundbegriff hat, dann ist es der des Wissens (vgl. dazu neuerdings Beckermann 2001, 81 ff. und Baumann 2001b, 104 ff.). Alle ihrer zentralen Fragen haben in mehr oder weniger direkter Weise mit Wissen zu tun. Es ist wichtig zu sehen, dass mit »Wissen« dabei immer menschliches Wissen gemeint ist. Damit soll nicht prinzipiell ausgeschlossen werden, dass auch andere Wesen über Wissen verfügen könnten (Tiere, Maschinen). Der primäre Fall ist aber der des menschlichen Wissens. Nicht umsonst findet man einen entsprechenden Hinweis schon in den Titeln viele klassischer erkenntnistheoretischer Werke: Man denke etwa an John Lockes *An Essay Concerning Human Understanding*, an *A Treatise Concerning the Principles of Human Knowledge* von **George Berkeley** (1685–1753) sowie an *A Treatise of Human Nature* und *An Enquiry Concerning Human Understanding* von **David Hume** (1711–1776).

Die Philosophie im Allgemeinen kann als Ausdruck des Versuchs verstanden werden, sich auf rationale Weise über die Grundzüge der eigenen Lage in der Welt Klarheit zu verschaffen. Die Erkenntnistheorie im Besonderen kann dementsprechend als Ausdruck des Versuchs verstanden werden, sich über die Grundzüge der eigenen ›epistemischen Situation‹ klar zu werden, – also der Situation, in der wir uns im Hinblick auf Möglichkeit, Natur, Quellen, Umfang und Struktur von Erkenntnis und Wissen befinden. Antworten auf die oben erwähnten Fragen liefern Beschreibungen unserer epistemischen Situation. Auch deshalb ist der Fall des menschlichen Wissens für uns von primärem Interesse.

Das deutsche Wort »Erkenntnistheorie« ist noch nicht sehr alt, die Sache allerdings schon (vgl. Diemer 1972, 683, demzufolge die Entstehung des Wortes auf die 1820er und 30er Jahre zu datieren ist). Von Anfang an haben sich Philosophen Fragen gestellt, die wir heute der Erkenntnistheorie zuordnen. **Platon** (427–347 v. Chr.) etwa behandelt in Dialogen wie *Menon*, *Theaitetos* und *Politeia* typische erkenntnistheoretische Fragen; insbesondere in der *Politeia* wird deutlich, dass diese erkenntnistheoretischen Fragen für Platon untrennbar mit ethischen Fragen sowie mit Fragen nach der Natur der Wirklichkeit verbunden waren. **Aristoteles** (384–322) hat in seinen *Analytica Priora* die Logik begründet und in seinen *Analytica Posteriora* grundlegende Überlegungen zu Wissen und Wissenschaft angestellt; in *De anima* etwa kann man sehen, dass er erkenntnistheoretische Überlegungen zur Wahrnehmung zugleich als einen Bestandteil einer Theorie der Seele oder, wie wir heute sagen würden, der Philosophie des Geistes verstanden hat. Schließlich sei noch der Skeptizismus erwähnt, der ebenfalls auf die Antike zurückgeht. Skeptiker bezweifeln, dass wir Wissen oder gerechtfertigte Überzeugungen haben oder haben können. Anders als für moderne Skeptiker ist für antike Skeptiker typisch, dass sie den Skeptizismus nicht nur als eine theoretische Position verstanden haben, sondern daraus auch Konsequenzen für die richtige Lebensführung gezogen haben. Alle zentralen erkenntnistheoretischen Fragen und viele bis heute diskutierte Antwortstrategien gehen auf die Antike zurück.

So stark die Kontinuitäten auch sind, so darf man doch nicht übersehen, dass sich die Bedeutung und der Stellenwert erkenntnistheoretischer Fragen sowie ihr Verhältnis zu philosophischen Fragen anderer Art historisch stark gewandelt haben. In der Neuzeit, insbesondere im 17. und 18. Jh., bekommt die Erkenntnistheorie eine methodologisch privilegierte Stellung. Erkenntnistheoretische Fragen sind nicht mehr nur eine Art von Fragen unter anderen, die gar nicht unabhängig von diesen anderen Fragen behandelt werden können. Vielmehr werden erkenntnistheoretische Fragen jetzt ›erste Fragen‹: Fragen, die man stellen und beantworten muss, bevor man überhaupt sinnvoll irgendwelche anderen philosophischen Fragen aufwerfen kann. Zu den Gründen für diese privilegierte Stellung der Erkenntnistheorie zählt zum einen der Aufstieg der modernen Naturwissenschaften, der die Philosophen der Zeit, die sehr oft zugleich Wissenschaftler waren, stark beeindruckt hat; zum anderen ist hier die damit verbundene Unzufriedenheit über die scheinbar end- und ergebnislosen Streitereien der Philosophen anzuführen. So erstaunt es nicht, dass die neuzeitlichen Philosophen die Suche nach einer verlässlichen **Methode** aufnahmen, die es ihnen, wie den Wissenschaftlern, erlauben würde, ihre Probleme so anzugehen, dass sich unkontroverse und klare Antworten finden lassen. Man kann dies zum Teil schon an den Titeln der einschlägigen Werke sehen: so etwa an Descartes' *Discours* *de la Méthode* oder an Kants *Prolegomena zu einer jeden künftigen Metaphysik, die als Wissenschaft wird auftreten können* (vgl. hier auch Descartes: Meditationes und Kant: Kritik der reinen Vernunft, B VIIff.). Bevor man sich an die Beantwortung irgendeiner philosophischen Frage macht, so die Grundidee der neuzeitlichen Philosophen, muss man zuerst prüfen, über welche kognitiven Fähigkeiten wir verfügen, ob diese Fähigkeiten zur Beantwortung der jeweiligen Fragen ausreichen und, falls ja, wie man bei der Behandlung dieser Fragen vorgehen muss. Mit anderen Worten: Den ersten Schritt in der Philosophie macht die Erkenntnistheorie. Sie behandelt nicht nur wichtige Fragen, sondern Fragen, die mit Bezug auf andere philosophischen Fragen grundlegend sind. Locke hat die neue Aufgabe der Erkenntnistheorie als die eines »Vorarbeiters« beschrieben: »›tis Ambition enough to be employed as an Under-Labourer in clearing Ground a little, and removing some of the Rubbish, that lies in the way to Knowledge« (Locke: Essay, The Epistle to the Reader, 10). Auch wenn die Bezeichnung »under-labourer« vielleicht nicht besonders vornehm klingt, so deutet sie doch eine methodologisch privilegierte Stellung an.

Betrachtet man die Erkenntnistheorie in jüngster Zeit, so muss man sagen, dass sie ihre Privilegien wieder verloren hat. Dies liegt auch daran, dass andere philosophische Teildisziplinen ihr ihre alte Stellung streitig gemacht haben. Hier kann man zum einen **Martin Heidegger** (1889–1976) anführen, demzufolge der **Ontologie**, der Lehre vom Sein, eine grundlegende Stellung zukommt (vgl. Heidegger: Sein und Zeit). Zum anderen kann man die auf **Gottlob Frege** (1848–1925) zurückgehende Tradition der Analytischen Philosophie nennen, derzufolge der **Sprachphilosophie** eine zentrale Stellung einzuräumen ist (vgl. Dummett 1981, 665 ff.). In den letzten Jahrzehnten scheinen allerdings mehr und mehr Philosophen zu der Auffassung zu gelangen, dass die verschiedenen philosophischen Fragen viel zu eng miteinander zusammenhängen, als dass man irgendeinem Typ von Fragen oder einer philosophischen Teildisziplin eine besondere Rolle zuweisen könnte.

Abgesehen davon ist die Einteilung der Philosophie in Unterdisziplinen mit Vorsicht zu genießen. Die Einteilungen variieren von Philosoph zu Philosoph und durch die Geschichte hindurch sehr stark. Darüber hinaus hängen die philosophischen Fragen in der Tat so eng untereinander zusammen, dass von »selbständigen Teilgebieten« der Philosophie nicht die Rede sein kann. Erkenntnistheorie, **Philosophie des Geistes** (die sich mit der Natur geistiger Zustände und Prozesse befasst) und Sprachphilosophie sind so eng aufeinander bezogen, dass man das eine nicht ohne die anderen beiden betreiben kann. Es ist auch eine offene Frage, ob etwa das Verhältnis zwischen Erkenntnistheorie und Ethik nicht sehr viel enger und komplexer ist, als man zunächst meinen könnte. Kurz: Es handelt sich bei den entsprechenden Einteilungen der Philosophie höchstens um Notbehelfe, die in ihrer Bedeutung keinesfalls überschätzt werden sollten. Mit diesem Vorbehalt seien schließlich zwei Phänomene der Ab- und Zuwanderung erwähnt. Die **Logik**, die traditionell der Philosophie zugerechnet und in große Nähe zur Erkenntnistheorie gerückt wurde, hat sich im Lauf des 20. Jh.s mehr und mehr von der Philosophie gelöst und wird heute gewöhnlich eher als ein Teil der Mathematik betrachtet. Ebenfalls seit dem 20. Jh. hat sich die **Wissenschaftstheorie** herausgebildet (vgl. z. B. Chalmers 1982), also die philosophische Beschäftigung mit der Wissenschaft als einem besonderen Fall von Erkenntnis. Auch zuvor haben Philosophen sich natürlich mit Wissenschaft befasst, aber erst seit der ersten Hälfte des letzten Jh.s gibt es eine mehr oder weniger institutionalisierte Arbeitsteilung zwischen Erkenntnistheorie und Theorie der Wissenschaften.

Seit einiger Zeit sind ›Nachrufe‹ auf die Erkenntnistheorie zu lesen (vgl. allgemein Williams 1992, 88 ff.). Wenn die Erkenntnistheorie überhaupt jemals ein überlebensfähiges Projekt gewesen ist, dann sollte man sich doch jetzt, so heißt es, mit ihrem Ende, ihrem ›Tod‹ abfinden. Was spricht gegen die Möglichkeit der Erkenntnistheorie? Ein Argument (vgl. Nelson 1973, 459 ff.) geht davon aus, dass die Erkenntnistheorie verspricht, ein Kriterium zu liefern, anhand dessen man Erkenntnisse identifizieren und von nur scheinbaren Erkenntnissen unterscheiden kann. Um dies tun zu können, so das Argument, muss man allerdings schon erkannt haben, dass das verwandte Kriterium das richtige Kriterium ist, und dies setzt wieder ein anderes Kriterium voraus. Damit aber wird das Projekt der Erkenntnistheorie, wie man leicht sehen kann, endlos und somit unmöglich. Gegen dieses Argument spricht allerdings, dass die Erkenntnistheorie durchaus mit einem adäquaten Kriterium aufwarten könnte, selbst wenn sie die Adäquatheit des Kriteriums nicht weiter begründen kann. Man kann nicht alles begründen, – irgendwo muss man aufhören, was durchaus legitim ist (s. dazu auch Kap. V.6). Abgesehen davon würde dieses Argument mehr als offenbar beabsichtigt zeigen: nämlich, dass wir keinerlei Erkenntnis haben können. Nehmen wir z. B. an, jemand beanspruche, Hasen von Kaninchen unterscheiden zu können. Wie soll die Person dazu in der Lage sein, wenn dies voraussetzt, dass sie die Korrektheit ihres Hase-Kaninchen-Kriteriums wieder mit Rekurs auf ein anderes Kriterium nachweisen können muss? Neben diesen Kriteriums-Einwand tritt übrigens oft ein anderer Einwand: Ist es nicht zirkulär, die eigenen kognitiven Fähigkeiten unter Verwendung eben dieser Fähigkeiten zu erforschen? Durchaus nicht. Man kann z. B. mit Rekurs auf die Wahrnehmung herausfinden, dass die Wahrnehmung uns manchmal täuscht und manchmal nicht. Und daran ist nichts zirkulär oder aus sonstigen Gründen beanstandenswert.

Ein anderes Argument gegen die Möglichkeit der Erkenntnis besagt, dass die Erkenntnistheorie mit der Annahme der Trennung der erkennenden Person von den zu erkennenden Gegenständen beginnt. Unter dieser Voraussetzung ist aber, so das Argument, gar nicht mehr verständlich, wie die erkennende Person und der erkannte Gegenstand jemals ›zusammenkommen‹ können sollen, wie also Erkenntnis möglich sein soll (vgl. Taylor 1995, 1 ff., Rorty 1979 sowie zuvor Hegel: Phänomenologie des Geistes, 68 ff. und Heidegger: Sein und Zeit, 200 ff.). Dagegen lässt sich allerdings einwenden, dass – wie wir noch sehen werden – kaum ein Erkenntnistheoretiker ein solche scharfe Trennung vornimmt – warum auch?

Manchmal wird auch der Verdacht geäußert, dass Begriffe wie der des Wissens ganz verfehlt sind und durch wissenschaftlich angemessene Begriffe ersetzt werden sollten (vgl. z. B. Churchland 1981, 67 ff.). Dies ist bislang allerdings nicht mehr als eine Vermutung, die keinesfalls auf zwingenden Gründen beruht. Solange nicht explizit nachgewiesen wird, dass Begriffe wie der des Wissens verfehlt sind, hat die Erkenntnistheorie ihr Thema. Es gibt keinen guten Grund anzunehmen, dass die Erkenntnistheorie kein sinnvolles Projekt ist oder ›tot‹ ist. Was sagte doch Mark Twain anlässlich von Nachrufen zu seinen Lebzeiten: »Gerüchte über mein Ableben halte ich für stark übertrieben!«

Dieses Buch ist eine Einführung in die Erkenntnistheorie und soll einen Überblick über dieses Gebiet geben. Hier soll nicht die Geschichte der Erkenntnistheorie nacherzählt werden – schon deswegen nicht, weil es *die* Geschichte der Erkenntnistheorie gar nicht gibt. Es gibt zwar eine historische Kontinuität derjenigen Probleme und Positionen, die wir heute als »erkenntnistheoretisch« bezeichnen, aber die Sicht dieser Probleme und Positionen sowie ihrer Bedeutung und ihres Zusammenhangs untereinander hat sich historisch so stark verändert, dass es geradezu irreführend ist, von »der Geschichte der Erkenntnistheorie« zu sprechen. Auch wenn hier immer wieder auf die Geschichte bestimmter Fragen und Argumente eingegangen wird, so steht der systematische Aspekt doch klar im Vordergrund. Damit ist übrigens nicht gesagt, dass man einen historisch ungebundenen oder neutralen Zugang zur Philosophie oder Erkenntnistheorie haben könnte. Ganz im Gegenteil: Ob man will oder nicht und ob es einem bewusst ist oder nicht, – man kann die philosophischen Fragen nur von der jeweiligen philosophischen Gegenwart (die selbst ein Resultat einer langen Geschichte ist) aus angehen. Eine systematische Einführung in die Erkenntnistheorie muss also – bei allem historischen Bewusstsein – zugleich eine Einführung in die gegenwärtige Erkenntnistheorie sein.

Die Natur von Einführungen und Überblicken bringt es natürlich mit sich, dass manches Interessante und Wichtige nicht behandelt werden kann. Das hat diese Art von Texten z. B. mit Stadtführungen gemeinsam: Würde man jeden einzelnen Hinterhof besuchen, würde es sich nicht mehr um eine Stadtführung handeln. Genauso wenig wie es eine lückenlose Stadtführung geben kann, kann es eine vollständige Einführung in irgendein Gebiet geben. Im Folgenden sage ich, was ich für wichtig und interessant auf dem Gelände der Erkenntnistheorie halte; es wäre optimal, wenn dies dem Leser dabei hilft, seine eigene Sicht zur Erkenntnistheorie zu entwickeln. Das ist auch deshalb wünschenswert, weil die Philosophie – anders als die Wissenschaften – wesentlich kontrovers ist. Fast immer – wenn nicht gar immer – kann man in der Philosophie mit Grund verschiedener Meinung sein. Keine Einführung in irgendein philosophisches Thema kann oder sollte also dem Leser die Bildung einer eigenen Meinung abnehmen.

Das eigentlich Interessante in der Philosophie sind die Fragen und Probleme, nicht so sehr die Antworten und Positionen. Und die eigentliche Schwierigkeit in der Philosophie liegt darin, die Fragen richtig zu stellen und die Probleme angemessen zu beschreiben. Hat man dies erst einmal geschafft, sind die Lösungen nicht mehr weit. Im Folgenden werden deshalb die Fragen und Probleme der Erkenntnistheorie besonders betont; an den verschiedenen Lösungsversuchen werden dementsprechend auch die Schwierigkeiten, die sie aufwerfen, nicht verschwiegen.

Den Anfang macht ein Kapitel zum Skeptizismus, also zu der These, dass wir kein Wissen haben bzw. haben können. Es ist sinnvoll, die Frage, ob wir überhaupt Wissen haben können, zu stellen, bevor man sich näher mit dem Wissen befasst. Wenn die Skeptiker recht haben, dann ist die Beschäftigung mit Erkenntnistheorie nämlich überflüssig. Es werden einige typische skeptische Argumente vorgestellt. Um zu sehen, ob die Skeptiker recht haben, ist es allerdings notwendig, zunächst nähere Überlegungen zum Wissensbegriff anzustellen: Was ist das überhaupt, von dem die Skeptiker sagen, dass wir es nicht haben können? Das zweite Kapitel stellt verschiedene Antworten auf diese Frage vor, mit ihren Vor- und Nachteilen. Der traditionellen Konzeption von Wissen zufolge, die auf Platon zurückgeführt werden kann, besteht Wissen in gerechtfertigter wahrer Meinung. Diese Konzeption ist in jüngster Zeit in Schwierigkeiten geraten, und es werden verschiedene alternative Vorschläge vorgestellt und diskutiert. Das dritte bis fünfte Kapitel geht auf drei weitere Begriffe ein, die, wie wir im zweiten Kapitel sehen werden, ganz eng mit dem des Wissens zusammenhängen und selbst sehr wichtige Begriffe der Erkenntnistheorie darstellen: ›Überzeugung‹, ›Wahrheit‹ und ›Rechtfertigung‹ bzw. ›Rationalität‹. Was heißt es, eine Überzeugung zu haben? Was ist Wahrheit? Worin liegt die Rechtfertigung und Rationalität einer Person und ihrer Überzeugungen? Im fünften Kapitel wird auch die Frage nach der Struktur des Wissens behandelt: Wie ist es aufgebaut? Hat Wissen ein Fundament oder ist es eher einem Netz vergleichbar, in dem kein Element einen ›privilegierten‹ Status hat? Im sechsten Kapitel wird dann die klassische Frage behandelt, ob unser Wissen im Wesentlichen aus Erfahrung stammt, wie die Empiristen (z. B. Locke, Berkeley, Hume) sagen, oder zu wesentlichen Stücken nicht auf Erfahrung zurückgeht, wie die Aprioristen (z. B. Descartes, Leibniz oder Kant) behaupten. Im siebten Kapitel wird näher auf drei besonders wichtige und philosophisch interessante Quellen des Wissens eingegangen: Induktion, Wahrnehmung und Hörensagen. Schließlich werden wir im achten Kapitel auf die skeptische Ausgangsfrage zurückkommen und vor dem Hintergrund des über Wissen Gesagten einige anti-skeptische Strategien vorstellen. Damit schließt sich der Kreis, den dieses Buch beschreibt.

Dieses Buch richtet sich an Studierende der Philosophie sowie ganz generell an jeden, der ein Interesse an Philosophie und Erkenntnistheorie hat. Es wäre zu wünschen, dass jeder etwas davon hat (wenn auch sicherlich nicht dasselbe): sowohl diejenigen, für die der Inhalt dieses Buches ganz neu ist, als auch diejenigen, für die er nicht neu ist. Nebenbei bemerkt: Manche Leser/innen mögen Formeln nicht gerne. Diese sollten sich keinesfalls von dem möglichen ersten Eindruck abschrecken lassen, den insbesondere das Kapitel II.6 über Wahrscheinlichkeit machen könnte. Alle Formel werden erklärt und sind eher harmlos: Sie lassen sich mit geringem gedanklichen Aufwand nachvollziehen und verstehen.

Es gibt eine Reihe von neueren systematischen Einführungen in die Erkenntnistheorie, die vorwiegend englischsprachig sind: Audi 1998, die frühere Fassung Audi 1988, Baergen 1995, Bonjour 2002, Brendel 2013, Crumley 1999, Dancy 1985, Ernst 2007, Everitt/Fisher 1995, Feldman 2003, Fumerton 2006, Grundmann 2007, Hay 2008, Hetherington 2003, Kap. 7–12, Hoerster 2010, Landesman 1997, Lemos 2006, Morton 1997, Moser/Mulder/Trout 1998, Nagel 2014, O'Brien 2006, O'Connor/Carr 1982, Pojman 1995, Pollock/Cruz 1999 und die frühere Fassung Pollock 1986, Pritchard 2006, Rescher 2003, Schnädelbach 2002, Steup 1996, Sturgeon/Martin/Grayling 2001, Turri 2014, Welbourne 2001, Williams 2001 und Zagzebski 2009.

Für den Anfang besonders empfehlenswert ist Hetherington 1996a. Steup/Sosa 2005 enthält zu zentralen Fragen jeweils zwei Aufsätze, in denen wichtige Autoren der Gegenwart in kontroverser und konträrer Weise zum jeweiligen Thema Stellung nehmen; siehe ähnlich: Neta 2014. Als kürzere Einführung ist Bieri 1987b, S. 9–72 zu nennen. Prauss 1980 und Lenk 1998 sind weniger Einführungen in die Erkenntnistheorie, sondern enthalten vielmehr eigene Theorievorschläge. Kutschera 1982 geht zugleich auf Themen der Wissenschaftstheorie und der Philosophie des Geistes ein, während Leinfellner 1965 eine Einführung in die Wissenschaftstheorie gibt. Janich 2000 gibt einen recht allgemeinen historischen Abriss, wohingegen Gabriel 1993 auf einzelne historisch wichtige Autoren eingeht.

Neben diesen Einführungen seien einige Handbücher bzw. spezielle Lexika – vgl. Baergen 2010, Bernecker/Pritchard 2011, Blaauw/Pritchard 2005, Cullison 2012,

Greco/ Sosa 1999; Dancy/Sosa 1992, Hetherington 2012, Moser 2002, Niiniluoto/ Sintonen/Wolenski 2004, Ricken 1984, Sosa 2010 – sowie einige Sammelbände mit wichtigen Beiträgen zu verschiedenen erkenntnistheoretischen Grundproblemen genannt: Cooper 1999 und Baumgarten 1999 enthalten Beiträge klassischer Autoren; Beiträge zur jüngsten Diskussion enthalten Alcoff 1998, Bernecker/Dretske 2000, Bieri 1987a, Goodman/Snyder 1993, Huemer 2002, Moser 1996, Pritchard/Neta 2008, Roth/Galis 1984, Sosa 1994 und Sosa/Kim 2000; sowohl klassische als auch neuere Beiträge enthalten Luper 2003, Moser/Nat 1995 und Pojman 1993. Bernecker 2005 enthält wichtige Texte der Gegenwartsdiskussion mit Kommentar.

Für Diskussionen, Hinweise und Kommentare zu früheren Fassungen des Manuskripts dieses Buches bin ich vielen dankbar: Reinhard Baule, Friedhold Baumann, Sven Bernecker, Christian Beyer, Gisela Cramer, Richard Eldridge, Martin Gierl, Karl Hepfer, Michaela Hohkamp, Daniel Koch, Kyriakos Kotsoglou, Hugh Lacey, Georg Meggle, Olaf Müller, Abdul Raffert, Klaus Schilling, Mark Siebel, Barry Smith, Torsten Wilholt sowie meinen Studierenden in Göttingen, Hamburg, Aberdeen, Wooster und Swarthmore. Ute Hechtfischer und Bernd Lutz vom Verlag J. B. Metzler bin ich für ihre Betreuung des Buches sowie viele sachliche Hinweise dankbar.

I. SKEPTIZISMUS: GRÜNDE ZUM ZWEIFELN?

Was ist Wissen? Diese und ähnliche Fragen sind für uns nur dann von nennenswertem Interesse, wenn wir davon ausgehen, dass wir überhaupt Wissen haben oder haben können. Die Frage nach der Natur des Wissens verliert (ebenso wie verwandte Fragen) zwar nicht ihren Sinn, aber doch ihren ›Witz‹, sobald man die Frage, ob wir überhaupt Wissen haben können, verneint. Dies spricht dafür, zunächst diese letztere Frage zu untersuchen, bevor man sich der Natur des Wissens näher widmet. Verfügen wir überhaupt über Wissen?

Diese Frage – die man, sofern eine negative Antwort prinzipiell in Frage kommt, auch »skeptische Frage« nennen kann – ist allerdings nicht einmal verständlich, wenn man nicht schon ein gewisses Verständnis davon hat, was Wissen überhaupt ist. Solange man sich über die Natur des Wissens nicht im Klaren ist, kann man sich auch nicht auf die Suche nach einer Antwort auf die Frage nach der Existenz von Wissen machen. Dies spricht offenbar dafür, zunächst Fragen wie »Was ist Wissen?« zu behandeln, bevor man sich daran macht, die Existenzfrage zu beantworten.

Es sieht also so aus, als gelte für jede dieser beiden gleichermaßen wichtigen Fragen, dass wir die eine nicht behandeln sollten, ohne uns zunächst der anderen Frage zu widmen. Es ist ein wenig so, wie wenn man eine Schatztruhe findet, an der gleich Mehreres geheimnisvoll ist: Sie hat eine Aufschrift, die schwer zu entziffern ist, und darüber hinaus ist nicht klar, ob sie überhaupt etwas enthält und wie schwer es ist, sie zu öffnen. Soll man zuerst versuchen, die Kiste zu öffnen, oder zuerst, die Aufschrift zu entziffern? Zu versuchen, die Kiste zu öffnen, hat nur Sinn, wenn man eine Vorstellung davon hat, was die Kiste enthalten könnte und davon ausgeht, dass es etwas Interessantes sein könnte. Dies scheint aber nahezulegen, zunächst zu versuchen, die Aufschrift zu entziffern und so Aufschlüsse über den möglichen Inhalt zu gewinnen. Dies wiederum hat aber nur Sinn, wenn man davon ausgeht, dass die Kiste überhaupt etwas enthalten könnte. Und dies scheint wiederum nahezulegen, zunächst zu versuchen, die Kiste zu öffnen. Ähnlich wie im Fall der beiden Fragen zum Wissen scheinen wir uns hier im Kreis zu drehen. Gibt es einen Ausweg aus einem solchen Dilemma, – zumindest, was den Fall des Wissens angeht?

Ja! Wir verfügen nämlich durchaus über ein Vor-Verständnis von Wissen. Wir kennen und verstehen Ausdrücke wie »Wissen« und können Fälle von Wissen von Fällen von Nicht-Wissen unterscheiden. Dieses Verständnis von Wissen ist sicherlich weiter explikationsfähig und explikationsbedürftig. Aber wir wissen schon genug über das Wissen, um die Frage, ob wir überhaupt Wissen haben oder haben können, hinreichend gut zu verstehen. Wir sind also berechtigt, uns zunächst dieser Frage zuzuwenden. Um allerdings einer fundierten Antwort auf die skeptische Frage näher zu kommen, wird es notwendig sein, sich zuvor mit der Natur des Wissens und verwandten Themen zu befassen. Zunächst aber zu der Frage, ob wir überhaupt Wissen haben oder haben können.

Warum und mit welcher Berechtigung kommt die skeptische Frage überhaupt auf? Ist es nicht klar, dass wir allerlei Dinge wissen? Z. B. weiß ich doch, dass ich zwei und nicht fünf Arme habe, dass 7 + 5 = 12, oder dass die Philosophie schon eine lange Geschichte hinter sich hat. Jeder von uns weiß doch ganz offenbar Vieles von dieser Art. Wie kann man all dies überhaupt ernsthaft in Frage stellen? Ist dies nicht einfach nur verrückt oder geradezu kindisch? Ist das nicht wieder ein Beispiel dafür, dass Philosophen nichts Besseres zu tun haben, als allen Anderen mit völlig überflüssigen Fragen auf die Nerven zu gehen?

Nein! Philosophische Skeptiker bestreiten oder bezweifeln, dass wir Wissen über die Welt haben oder haben können, weil sie Gründe zu diesem Zweifel sehen. Der **philosophische Skeptizismus** ist interessant und wichtig, weil es interessante und wichtige Argumente dafür gibt, die skeptische Frage zu verneinen (oder eine positive Antwort anzuzweifeln). Es mag sein, dass diese Gründe letztlich nicht überzeugen können, aber dies lässt sich ohne eine nähere Prüfung dieser Argumente nicht feststellen. Deshalb lohnt es sich, das zu tun.

Der philosophisch interessante Skeptiker stellt also nicht einfach nur Fragen, sondern er argumentiert und macht dabei gewisse Voraussetzungen. Man sollte dabei den Skeptiker nicht als jemanden verstehen, der einfach nur behauptet, dass man schlechthin gar nichts wissen kann. Dies wäre unstimmig und paradox, da er doch ganz offenbar beansprucht, zumindest dies zu wissen: dass man nichts wissen kann. Wenn er weiß, dass er nichts weiß, dann ist es wahr, dass er nichts weiß. Aber dann ist es falsch, dass er weiß, dass er nichts weiß. Also weiß er nicht, dass er nichts weiß. Mit welchem Recht beansprucht er dann, dies zu wissen? Der Skeptiker macht also, sofern er etwas Interessantes zu sagen hat, Behauptungen und beansprucht, gewisse Dinge zu wissen, – auch wenn das nicht viel sein mag. Wenn also davon die Rede ist, dass Skeptiker bezweifeln, dass wir Wissen haben können, so ist dabei dasjenige Wissen, das der Skeptiker beansprucht, auszunehmen.

Diese Sicht des philosophischen Skeptizismus ist nicht unumstritten. Viele Skeptiker verstehen sich selbst als jemand, der keinerlei Thesen aufstellt oder verteidigt, sondern sich geradezu jeden Urteils enthält und sich auf das Zweifeln beschränkt. Dieses Verständnis von Skepsis war vor allem in der Antike weit verbreitet (vgl. Sextus Empiricus: Grundriss der pyrrhonischen Skepsis, I.1–15, 25–30, 210–241). Man kann sich fragen, ob uns so viel Enthaltsamkeit überhaupt möglich ist: Hat David Hume nicht Recht, wenn er darauf hinweist, dass es in unserer Natur liegt, Urteile zu fällen (vgl. Hume: Treatise, 183)? Wichtiger noch ist, dass Urteilsenthaltung und Zweifel entweder motiviert oder unmotiviert ist. Sind sie unmotiviert, so stellt sich die Frage, wieso man sie ernst nehmen soll. Sind sie motiviert, so stellt sich die Frage, durch welchen Grund sie veranlasst sind und ob dies ein guter Grund ist. Wer aber einen Grund zum skeptischen Zweifel hat – ob ihm das selbst nun klar ist oder nicht –, der zweifelt offenbar nicht an allem, nämlich nicht an dem, was ihn zum Zweifeln bringt. Wie **Ludwig Wittgenstein** (1889–1951) einmal bemerkt hat: Zweifeln hat nur Sinn, wenn man an gewissen Dingen nicht zweifelt (vgl. Wittgenstein: Über Gewißheit, §§ 56, 115, 160 f., 163 f., 310, 337, 341–346, 450, 625). Zweifel setzt zwar nicht etwas Unbezweifelbares, aber doch etwas im jeweiligen Fall Unbezweifeltes voraus. Das alles schließt allerdings nicht aus, dass man die eigenen Meinungen und Überzeugungen mit einer gewissen Vorsicht vertreten sollte (was etwas anderes ist, als sie ganz aufzugeben).

Der philosophische Skeptizismus erhebt einen gewissen Allgemeinheitsanspruch. Man wird nicht schon dadurch zum Skeptiker, dass man einen einzelnen Wissensanspruch in Frage stellt. Wer z. B. meint, dass wir niemals herausfinden werden können, ob es außerirdische intelligente Lebewesen gibt, ist noch kein philosophischer Skeptiker. Und wer verneint, dass man zugleich Ort und Impuls eines Teilchens bestimmen kann, steht auf dem Boden der modernen Physik, ist aber sicherlich damit noch kein philosophischer Skeptiker. Auch wer bezweifelt, dass wir bestimmte Typen des Wissens haben können – wie z. B. Wissen über die Zukunft oder Wissen von Naturgesetzen –, ist damit noch kein philosophischer Skeptiker. Zum philosophischen Skeptizismus gehört, dass man die Möglichkeit eines Wissens über die Welt ganz allgemein abstreitet (was übrigens nicht ausschließt, dass man ganz bestimmte Formen des Wissens, wie etwa Wissen über die eigenen geistigen Zustände oder mathematisches Wissen, für möglich hält). Nicht nur haben wir, dem Skeptiker zufolge, ein solches Wissen nicht, sondern wir können es auch nicht haben.

Ist der Skeptiker nun jemand, der etwas bezweifelt, oder eher jemand, der etwas verneint? Zweifeln und Verneinen sind ja zweierlei Dinge. Wer verneint, dass sich etwas so und so verhält, der vertritt eine Meinung zur Sache. Wer hingegen bezweifelt, ob es sich so und so verhält, vertritt keine Meinung zur Sache, weder die, dass es sich so und so verhält, noch die, dass es sich nicht so und so verhält. Wie steht es also um den Skeptiker in dieser Hinsicht? Er tut beides, aber in verschiedener Hinsicht. Der Skeptiker verneint, dass wir Wissen über die Welt haben können. Das heißt, dass er im Zweifel darüber ist, was wir über die Welt zu wissen meinen. Nun wird der Skeptiker manchmal auch als jemand verstanden, der nicht verneint, sondern nur bezweifelt, dass wir Wissen über die Welt haben können. Diese Form des Skeptizismus ist insofern schwächer, als sie nicht so weit geht zu verneinen, dass wir Wissen haben können. Wenn diese Abstinenz von Verneinung darauf beruht, dass begründete Annahmen über die Möglichkeit des Wissens nicht für möglich gehalten werden, dann ist diese Form von Skeptizismus insofern zugleich stärker. Der Unterschied zwischen diesen beiden Arten des Skeptizismus ist nicht grundlegender Art; aus Gründen der Einfachheit soll hier in der Regel die erste Art des Skeptizismus behandelt werden.

Der philosophische Skeptizismus hat eine lange Geschichte, die bis in die Antike zurückreicht. Es ist deshalb auch nicht überraschend, dass es verschiedene Formen von Skeptizismus gibt. In der Antike gab es zwei große skeptische Strömungen: die der »akademischen Skepsis« (so genannt, weil sie auf die Platonische Akademie zwischen dem 3. und 1. Jh. v. Chr. zurückgeht, insbesondere auf **Arkesilaos** (c.316–c.240) und **Karneades** (214–129)) und die der »pyrrhonischen Skepsis«, die auf **Pyrrhon von Elis** (c.365–c.275) zurückgeht. Die bei weitem beste Quelle zur pyrrhonischen Skepsis und zum antiken Skeptizismus im Allgemeinen ist **Sextus Empiricus'** (Ende 2. Jhd.) *Grundriss der pyrrhonischen Skepsis* (vgl. zur antiken Skepsis: Ricken 1994; Burnyeat 1983). Bei **Michel de Montaigne** (1533–1592) findet sich eine Wiederaufnahme der antiken, insbesondere der pyrrhonischen Skepsis in der frühen Neuzeit (vgl. Montaigne: Essais, II.12 sowie genereller auch Popkin 1979). Die vielleicht wichtigste und heute vorwiegend diskutierte Form des Skeptizismus findet sich aber bei René Descartes in seinen *Meditationes*; hier stellt er sein berühmtes Traum-Argument und den Zweifel an der Existenz der Außenwelt vor. Auch Hume greift den Außenwelt-Skeptizismus wieder auf (vgl. Hume: Treatise, I.2.6, I.4.2; Hume:

Enquiry, sec.12) und führt ansonsten eine spezielle Form von Skeptizismus, die Induktions-Skepsis, in die Diskussion ein (s. Kap. VII.1 und vgl. Hume: Treatise, I.3, I.4.1.; Hume: Enquiry, sec.4 f.). Seit es den philosophischen Skeptizismus gibt, gibt es auch Versuche der Widerlegung und Entkräftung des Skeptizismus. Hier ist wiederum Descartes anzuführen, der selbst kein Skeptiker war; er glaubte, die von ihm vorgestellten skeptischen Argumente zurückweisen zu können (vgl. Descartes: Meditationes, 24 ff.). Immanuel Kant hat in der ersten und in der zweiten Auflage der *Kritik der reinen Vernunft* zwei verschiedene Anläufe zur Widerlegung des Skeptizismus unternommen (vgl. Kant: Kritik der reinen Vernunft, A 366–380, B 274–279, B XL–XLI). Schließlich sei noch **Thomas Reid** (1710–1796) erwähnt, dessen »Philosophie des gesunden Menschenverstandes« eine weitere Variante des Antiskeptizismus darstellt (vgl. Reid: Inquiry, Kap. I, II, V–VII, passim; Reid: Essays, Essays 1,2, 6, passim; zum Antiskeptizismus generell s. Kap. VIII.). Seit einigen Jahrzehnten wird der Skeptizismus wieder besonders intensiv diskutiert (vgl. dazu allgemein vor allem Stroud 1984, aber auch Hookway 1990 und Grundmann/Stüber 1996a; zur aktuellen Diskussion vgl. exemplarisch Nagel 1986, 67 ff., 90 ff., Putnam 1981, 1–21, Strawson 1985, 1–29, Unger 1975 und Williams 1996; als Textsammlungen vgl. deRose/Warfield 1999, Landesman/Meeks 2002 und Grundmann/Stüber 1996b).

Was sind nun die Argumente der Skeptiker? Hier ist ein verbreitetes Argument.

1. Irrtum, Fehlbarkeit und mangelnde Gewissheit

Irren ist menschlich. Jeder irrt sich hin und wieder. Es ist ebenfalls menschlich zu bemerken, dass dem so ist – zumindest manchmal zu bemerken, dass man sich geirrt hat. Vorhin z. B. war ich ganz sicher, meinen alten Bekannten Kurt auf der Straße zu sehen. Eben stellte ich aber fest, dass es sich um dessen Zwillingsbruder handelte – ich habe mich also ganz offenbar geirrt. Was aber spricht eigentlich dafür, dass ich mich jetzt nicht wiederum irre? Dass ich mir jetzt sicher bin? Dagegen spricht, dass ich mir vorhin auch sicher war. Wieso sollte sich das, was ich jetzt für wahr halte, in der Zukunft nicht genauso als falsch herausstellen können, wie das, was ich früher für wahr gehalten habe? Es gehört, ganz allgemein gesprochen, gerade zum Wesen des Irrtums, dass es kein Erkennungszeichen gibt oder geben kann, anhand dessen man eine irrtümliche Überzeugung, die man selbst gerade hat, sicher als solche erkennen kann; gäbe es ein solches Erkennungszeichen, wäre Irrtum leicht auszuschließen.

Offenbar bin ich also zu folgender Schlussfolgerung gezwungen: Ich kann meiner jetzigen Überzeugung genau so wenig ›trauen‹ wie ich jetzt meiner damaligen Überzeugung traue. Ja, es scheint, dies gilt für alle Überzeugungen, die ich jetzt habe: Keiner von ihnen scheine ich trauen zu können. Das heißt nicht, dass ich mich immer irre. Um das sagen zu können, müsste man zeigen können, dass ich immer falsch liege. Die hier vorgestellte Überlegung lässt nicht einmal das zu, sondern führt eher dazu, dass man die eigenen Überzeugungen weder für wahr noch für falsch zu halten genug Grund sieht. Eine Überzeugung nun, der ich nicht traue, ist eine Überzeugung, die ich nicht habe und nicht haben kann. Eine Überzeugung haben, dass sich etwas so und so verhält, heißt eben, es für wahr zu halten, dass es sich so und so verhält, und dies wiederum schließt gerade aus, dass man der Überzeugung, es verhalte sich so und so, mit Misstrauen gegenübersteht. Deshalb klingt es seltsam zu sagen »Ich bin überzeugt, dass es morgen regnen wird, aber ich bin skeptisch, ob dem so ist!« (vgl. Moore: Reply, 542 f. sowie Wittgenstein: Philosophische Untersuchungen II, 190–192). Wenn ich also allen Überzeugungen, die ich gerade habe, von nun an misstraue, dann verliere ich damit gerade alle meine Überzeugungen. Die hier vorgestellte Überlegung führt mich also offenbar in einen Zustand der ›**Urteilsenthaltung**‹, – einen Zustand, den, wie gesagt, insbesondere Skeptiker der Antike für erstrebenswert gehalten haben.

Zeigt diese Überlegung (vgl. dazu Descartes: Meditationes, 17 ff. und Dancy 1985, 12–15) dass wir kein Wissen haben können? Nicht unbedingt. Sicher, wer diese Überlegung durchführt, der mag seine Überzeugungen und damit auch jegliches Wissen verlieren. Aber jemand, der die obige Überlegung nicht anstellt – und was sollte ihn dazu zwingen? – könnte doch bei seinen jeweiligen Überzeugungen bleiben und zumindest manchmal sogar die Wahrheit treffen und über Wissen verfügen. Unser Skeptiker könnte dagegen einwenden, dass eine Person, die sich der Fragwürdigkeit ihrer Überzeugungen nicht bewusst ist, damit einen wesentlichen Punkt außer Acht lässt und gerade deshalb keinen Anspruch auf Wissen hat: Ihr Wissensanspruch beruht auf Ignoranz und wird gerade deshalb verwirkt. Lassen wir einmal dahingestellt, ob diese Art von Argument haltbar ist. Wir müssen hier nicht entscheiden, ob die obige skeptische Überlegung wirklich die Möglichkeit des Wissens in Frage stellt, weil sie nämlich an sich schon unplausibel ist. Warum?

Im Wesentlichen aus zwei Gründen. Zum einen wird hier vorausgesetzt, dass man Irrtümer feststellen kann. Das aber setzt voraus, dass man sich nicht in jeder Hinsicht täuscht. Wenn es ein Irrtum war, dass jene Person auf der Straße mein alter Bekannter ist, dann kann es kein Irrtum sein, dass sie eine andere Person (wer auch immer) ist. Die Feststellung eines Irrtums ist also nur auf der Grundlage von ›Nicht-Irrtümern‹ möglich (vgl. Davidson 1984c, 200; Davidson 1991, 193–195). Außerdem kann die Feststellung eines Irrtums selbst kein Irrtum sein, – sonst wäre sie gerade nicht die Feststellung eines Irrtums (sondern nur die vermeintliche Feststellung eines Irrtums). Und wer glaubt, einen Irrtum festgestellt zu haben, der kann dementsprechend nicht an jeder seiner Überzeugungen rütteln.

Zum anderen spricht gegen die obige skeptische Überlegung, dass sie einen wesentlichen Unterschied zwischen der Feststellung eines Irrtums und dem Zweifel an dem, was ich bis jetzt für wahr halte, übersieht. Ich habe einen besonderen Grund, der gegen meine frühere Überzeugung spricht, aber ich habe keinen spezifischen Grund, der gegen meine jetzige Überzeugung spricht. Ich habe die Überzeugung, dass es sich bei jener Person auf der Straße um meinen alten Bekannten handelt, aufgegeben, weil sich damit unvereinbare Gegen-Evidenzen ergeben haben: Er hat mich nicht erkannt, hat bestritten, dass er »Kurt« heißt, hat glaubhaft versichert, er sei der Zwillingsbruder, etc. Ähnliche spezifische Gegen-Evidenzen gibt es im Fall meiner jetzigen Überzeugung, dass es sich bei dieser Person um Kurts Zwillingsbruder Walter handelt, gerade nicht. Deshalb bin ich berechtigt, weiter an dieser Überzeugung festzuhalten. Ich habe keinen Grund, sie aufzugeben.

Die Tatsache als solche, dass wir uns hin und wieder irren, sollte uns also auch nicht zu sehr beunruhigen und zum Skeptizismus führen, jedenfalls nicht aus der oben vorgestellten Überlegung heraus. So nahe liegend dieser Weg zum Skeptizismus vielleicht ist und so oft er auch eingeschlagen wird – er ist nicht überzeugend. Ähnliches gilt für zwei damit verwandte Überlegungen, auf die im Folgenden eingegangen werden soll.

Manchmal wird die Tatsache, dass wir uns immer wieder einmal irren, als Beleg oder Indiz dafür genommen, dass wir prinzipiell fehlbar sind oder, wie man auch sagt: **fallibel** (vgl. dazu wiederum Descartes: Meditationes, 17 ff. und Dancy 1985, 12–15). Damit soll gemeint sein, dass wir uns selbst in Situationen, in denen wir uns faktisch nicht geirrt haben, doch hätten irren können. Ich habe Walter bei näherer Betrachtung als Kurts Zwillingsbruder erkannt, aber es hätte auch sein können, dass ich aufgrund irgendeiner Fehlinformation davon ausgegangen wäre, dass Kurt gar keinen Zwillingsbruder hat und irgendjemand einen Scherz mit mir treibt. Irrtum ist immer eine Möglichkeit (und diese Möglichkeit kann nahe liegender oder abwegiger sein). Gehen wir einmal davon aus, dass dieser Hinweis auf die universelle menschliche Fehlbarkeit oder Fallibilität richtig ist. Was folgt daraus?

Manche Skeptiker meinen, daraus folge, dass es möglich ist, dass wir uns immer irren. Wenn es aber möglich ist, dass wir uns immer irren, dann sollten wir in der Lage sein, einen Irrtum auszuschließen, wann immer wir zu Recht Wissen beanspruchen. Wir können aber diese Möglichkeit nie prinzipiell ausschließen. Also dürfen wir auch kein Wissen beanspruchen. Ganz im Gegenteil: Wir haben allen Grund, alle unsere Überzeugungen zu verwerfen und uns jeden Urteils zu enthalten.

An diesem Argument sind mehrere Schritte alles andere als selbstverständlich. Entscheidend ist hier, dass es schon am ersten Schritt scheitert. Aus

Es ist immer möglich, dass wir uns irren

soll nämlich dies folgen:

Es ist möglich, dass wir uns immer irren.

Aber das Letztere folgt nicht aus dem Ersteren. Daraus, dass es immer möglich ist, dass ich einen Schluckauf bekomme, folgt ja auch nicht, dass es möglich ist, dass ich immer einen Schluckauf habe. Selbst wer sich sehr oft irrt, hat damit keinen Grund für die Annahme, dass er sich immer irrt.

Schließlich kann man die Tatsache, dass wir uns manchmal irren und grundsätzlich fallibel sind, auch als Beleg oder Indiz dafür ansehen, dass wir uns niemals irgendeiner Sache vollständig sicher sein können. Nehmen wir an, dem sei so, und wir könnten niemals uneingeschränkte **Gewissheit** erlangen. Führt dies zum Skeptizismus? Es gibt zwei eng miteinander verwandte Arten, diese Frage zu bejahen. Zum einen kann man sagen, dass Wissen sicheres Wissen ist und dass wir kein Wissen haben können, weil wir uns nie irgendeiner Sache ›100 %‹ sicher sein können. Zum anderen kann man sagen, dass man einen guten Grund hat, eine Überzeugung aufzugeben, sobald man sich der Sache nicht ganz sicher ist. Nun können wir uns niemals einer Sache völlig sicher sein. Deshalb haben wir guten Grund, unsere Überzeugungen aufzugeben. Wer aber keinerlei Überzeugungen hat, kann auch kein Wissen haben (vgl. Unger 1975, 83–88, 95, 199 ff. sowie auch Descartes: Meditationes, 24 ff., 35 ff.).

Beide Antworten erscheinen verfehlt. Es stimmt einfach nicht, dass wir nur dann von »begründeten Überzeugungen« sprechen, wenn jeder Anlass zum Zweifeln ausgeschlossen ist. Ich kann auch dann davon überzeugt sein, dass Peking die Hauptstadt von China ist, wenn ich das nicht gegen jeden möglichen und noch so abseitigen Zweifel beweisen kann (die chinesische Regierung könnte ganz heimlich die Hauptstadt nach Shanghai verlegt haben). Meine Überzeugung muss eine gewisse ›Stärke‹ haben – sonst wäre sie keine Überzeugung –, aber sie muss nicht die maximale Stärke aufweisen, um haltbar zu sein (s. Kap. III.2.4, V.4). Ähnliches gilt für Wissen. Ob wir nun Wissen haben können oder nicht – Wissen verlangt nicht völlige Sicherheit. Wenn wir z. B. über Kurt sagen, er wisse, dass Peking die Hauptstadt von China ist, dann wollen wir damit nicht sagen, dass er sich jenseits allen möglichen Zweifels sicher ist, dass Peking die Hauptstadt von China ist. Er muss sich in einem bestimmten Maße sicher sein, aber nicht ›absolut‹ sicher. Wissen setzt auch nicht Infallibilität voraus: Es ist vereinbar damit, dass ich mich hätte täuschen können; es ist nur nicht damit vereinbar, dass ich mich leicht hätte täuschen können. Dass all dem so ist, wird deutlich, wenn man näher darüber nachdenkt, was wir meinen, wenn wir von »Wissen« oder »Überzeugung« sprechen. Die obige skeptische Überlegung leidet, ganz allgemein gesprochen, daran, dass sie die Standards für Wissen viel zu hoch ansetzt, und zwar über das Menschenmögliche hinaus. Tut man das, ist es kein Wunder, dass man zu der Überzeugung gelangt, wir könnten kein Wissen erlangen.

So viel zu einigen skeptischen Argumenten, die mit Irrtum, Fehlbarkeit und Gewissheit zu tun haben. Wir haben gesehen, dass es schwerwiegende Einwände gegen diese Argumente gibt. Gibt es skeptische Argumente, die schwerer zu entkräften sind oder vielleicht gar nicht? In der Tat, es gibt solche hartnäckigeren Argumente. Hier ist eines.

2. Träume ich etwa?

Das vielleicht beste Argument für den Skeptizismus ist das sogenannte »**Traum-Argument**«, – ein Argument, das durch Descartes berühmt geworden ist und die Philosophen bis heute beschäftigt (vgl. Descartes: Meditationes, 19 ff. sowie dazu Stroud 1984, Kap. 1, passim). Was besagt es?

Es besteht aus zwei Prämissen (P1 und P2) und einer sich daraus ergebenden Konklusion (C). Hier ist eine Version:

(P1) Wenn ich weiß, dass ich jetzt an meinem Schreibtisch sitze, dann weiß ich auch, dass ich jetzt nicht in meinem Bett liege und bloß träume, dass ich am Schreibtisch sitze.

(P2) Ich weiß nicht, dass ich jetzt nicht in meinem Bett liege und bloß träume, dass ich am Schreibtisch sitze.

(C) Ich weiß nicht, dass ich jetzt an meinem Schreibtisch sitze.

Dies ist natürlich eine ganz erstaunliche Schlussfolgerung. Selbst wenn ich jetzt wirklich an meinem Schreibtisch sitze und auch davon überzeugt bin, weiß ich das nicht. Es ist klar, dass in analoger Weise jedes andere Wissen über die Welt bezweifelt werden kann. Wie kann das sein?

Betrachten wir zunächst die erste Prämisse und beginnen wir mit einem einfachen und alltäglichen Beispiel. Ich sitze an einem Schreibtisch und gebe einen Text in einen Computer ein, etwa diesen Text über das Traum-Argument. Unter normalen Bedingungen würde man sagen, dass ich zu diesem Zeitpunkt weiß, dass ich am Schreibtisch sitze und einen Text eingebe. Nun kommt es aber auch vor, dass ich hin und wieder schlafe und etwas träume. Ich könnte z. B. träumen, dass ich an meinem Schreibtisch sitze und einen Text in meinen Computer eingebe. In diesem Fall würde man verneinen, dass ich weiß, dass ich an meinem Schreibtisch sitze und einen Text in meinen Computer eingebe. Ein Grund dafür, dass ich das nicht weiß, liegt darin, dass ich in Wirklichkeit in meinem Bett liege und schlafe. Was ich träume, ist falsch, und schon deshalb kann ich es nicht wissen. Aber auch dann, wenn das, was ich träume wahr ist, kann ich es nicht wissen. Nehmen wir an, ich träume, dass es zu regnen beginnt. Zufällig beginnt es tatsächlich zu regnen. Auch in diesem Fall würde man nicht sagen können, dass ich weiß, dass es regnet. Es war ein bloßer Zufall, dass ich gerade, als es zu regnen begann, anfing zu träumen, dass es regnet. Und selbst wenn dies kein Zufall war – selbst wenn der Regen meinen Regentraum hervorgerufen hat –, weiß ich doch nicht, dass es gerade zu regnen begonnen hat (vgl. Wittgenstein: Über Gewißheit, § 676). Trotzdem träume ich ›bloß‹ und Träume schließen die Möglichkeit des Wissens aus. Der Einfachheit halber können wir uns im Folgenden auf den Fall eines nicht zutreffenden Traumes beschränken.

Zunächst scheint Folgendes klar zu sein:

(1) Wenn ich jetzt an meinem Schreibtisch sitze, dann liege ich jetzt nicht im Bett und träume bloß, dass ich am Schreibtisch sitze.

Dies ist so unproblematisch, dass wir offenbar hinzufügen dürfen, dass ich das weiß:

(2) Ich weiß, dass (1), also Folgendes der Fall ist: Wenn ich jetzt an meinem Schreibtisch sitze, dann liege ich jetzt nicht im Bett und träume bloß, dass ich am Schreibtisch sitze.

Nehmen wir an, ich sitze jetzt wirklich gerade an meinem Schreibtisch und träume das nicht bloß. Und nehmen wir weiterhin an, dass ich das auch weiß, – dass also das Folgende gilt:

(3) Ich weiß, dass ich jetzt an meinem Schreibtisch sitze.

Es ist – zumindest auf den ersten Blick – sehr plausibel zu sagen, dass (1)–(3) auch zu folgender Annahme berechtigen:

(4) Ich weiß, dass ich jetzt nicht in meinem Bett liege und bloß träume, dass ich am Schreibtisch sitze.

Da (1) und (2) so unproblematisch erscheinen, kann man schließlich offenbar auch mit Recht behaupten, dass (4) der Fall ist, wenn (3) der Fall ist. Mit anderen Worten:

(5) Wenn ich weiß, dass ich jetzt an meinem Schreibtisch sitze, dann weiß ich auch, dass ich jetzt nicht in meinem Bett liege und bloß träume, dass ich am Schreibtisch sitze.

(5) ist die erste Prämisse (P1), die wir für unser Traum-Argument brauchen. Sie erscheint, zumindest auf den ersten Blick, sehr plausibel.

Wir können die Überlegung, die zu (5) bzw. (P1) geführt hat, auch verallgemeinern und formaler ausdrücken. Es sollen Buchstaben wie »p« und »q« für beliebige Inhalte von Aussagesätzen oder Überzeugungen stehen (z.B., dass ich jetzt an meinem Schreibtisch sitze, dass ich jetzt träume, dass 2 + 2 = 4 oder dass alle Bären Winterschlaf halten). Das Zeichen »–>« soll für die logische Wenn-Dann-Verknüpfung (auch »materiales Konditional« genannt) stehen. Der Ausdruck »K(…)« schließlich stehe für »Ich weiß, dass …«; »K(p)« etwa lässt sich dann als »Ich weiß, dass p« übersetzen (wobei »p« z.B. für »Ich sitze an meinem Schreibtisch« stehen könnte). Das Prinzip, das hinter der obigen Überlegung steht, lässt sich dann ganz allgemein und formal so ausdrücken:

Wenn K(p–>q) und wenn K(p), dann K(q).

Oder (wobei eckige Klammern verwandt werden, um deutlich zu machen, was zum Vorderglied des Konditionals im Ganzen gehört; »&« stehe für die logische Und-Verknüpfung – auch »Konjunktion« genannt):

(G) [K(p–>q) & K(p)] –> K(q)

Dieses Prinzip (G) wird auch das »**Prinzip der Geschlossenheit**« genannt (oder auch »Prinzip der Abgeschlossenheit von Wissen unter gewusster Implikation«; (vgl. dazu etwa Dretske 1970, 1007 ff.). Es stützt die obige Überlegung, die zu (5), also unserer ersten Prämisse des Traum-Arguments führt.

Man kann (5) auch noch auf andere Weise stützen. Betrachten wir ein Beispiel. Maria weiß, dass es einen Unterschied zwischen Milchkühen und Fleischkühen gibt, kann sie aber nicht auseinanderhalten und begeht immer wieder den Fehler, auch Fleischkühe für Milchkühe zu halten. Maria sieht eine Milchkuh und gelangt zu dem Schluss, dass vor ihr eine Milchkuh steht. Da sie aber auch eine Fleischkuh für eine Milchkuh halten würde, würden wir nicht sagen, dass sie weiß, dass vor ihr eine Milchkuh steht. Die Wahrheit zu kennen, reicht für Wissen schließlich nicht aus (s. auch Kap. II.3.2). Nur wenn Maria zudem ausschließen könnte, dass vor ihr eine Fleischkuh steht, könnte sie zu Recht Wissen beanspruchen, dass vor ihr eine Milchkuh steht. Man kann dies folgendermaßen verallgemeinern (und gelangt damit zum »**Diskriminations-Prinzip**«; vgl. dazu etwa Goldman 1992b, 85 ff.):

(D) Wenn eine Person weiß, dass p, dann ist sie in der Lage auszuschließen, dass mögliche Umstände vorliegen, die mit einem solchen Wissen unvereinbar sind.

Dass eine Fleischkuh vor Maria steht, ist ein möglicher (wenn auch nicht faktischer) Umstand, der unvereinbar mit dem Wissen ist, dass eine Milchkuh vor ihr steht: Wenn es eine Fleischkuh und keine Milchkuh wäre, dann wäre es falsch und deshalb kein Wissen, dass eine Milchkuh vor ihr steht. Damit Maria zu Recht das Wissen beanspruchen kann, dass eine Milchkuh vor ihr steht, muss sie (D) zufolge jenen möglichen (wenn auch nicht realisierten) Umstand ausschließen können. Es reicht nicht, dass jener Umstand nicht realisiert ist; Maria muss auch zeigen können, dass er nicht realisiert ist, um das entsprechende Wissen beanspruchen zu können.

Was hat dies nun mit (5), also der ersten Prämisse des Traum-Arguments zu tun? (5) besagt Folgendes:

(5) Wenn ich weiß, dass ich jetzt an meinem Schreibtisch sitze, dann weiß ich auch, dass ich jetzt nicht in meinem Bett liege und bloß träume, dass ich am Schreibtisch sitze.

Wissen, dass ein bestimmter Umstand – z. B. dass ich jetzt in meinem Bett liege und bloß träume – nicht vorliegt, heißt ausschließen können, dass dieser Umstand vorliegt. Der mögliche Umstand, dass ich jetzt in meinem Bett liege und bloß träume, dass ich am Schreibtisch sitze, ist mit einem Wissen, dass ich jetzt wirklich an meinem Schreibtisch sitze unvereinbar: Entweder das eine oder das andere ist der Fall. Das Diskriminations-Prinzip (D) führt uns also zu (5), unserer ersten Prämisse des Traum-Arguments. Es sieht ganz so aus, als sei diese Prämisse sehr plausibel. Wie steht es nun um die zweite Prämisse?

Sie besagt Folgendes:

> (P2) Ich weiß nicht, dass ich jetzt nicht in meinem Bett liege und bloß träume, dass ich am Schreibtisch sitze.

Wieso soll ich das nicht wissen? Ich sitze gerade an meinem Schreibtisch und bin mir ganz sicher, dass ich das nicht nur träume. Wie kann es sein, dass ich das nicht weiß? (P2) beruht auf einer allgemeineren These:

> Ich weiß jetzt nicht, ob ich jetzt träume oder nicht.

Und warum weiß ich das nicht? Um das wissen zu können, müsste ich, so das Argument für (P2), über ein **Kriterium** verfügen, das es mir erlaubt, Traum von Wachheit zu unterscheiden, genauer: den Fall, in dem ich jetzt träume, zu unterscheiden von dem Fall, in dem ich jetzt nicht träume. Das Wörtchen »jetzt« ist hier sehr wichtig. Es geht nicht darum, Kriterien dafür zu haben, ob ich zu einem früheren Zeitpunkt geträumt habe oder nicht. Dafür haben wir offenbar Kriterien vielfältiger Art. Es geht vielmehr um Kriterien des Unterschieds von Traum und Wachheit, die jetzt anwendbar sind. Und solche Kriterien, so das Argument, gibt es nicht. Warum nicht? Wann immer ich meine, ein brauchbares Kriterium anzuwenden, könnte es sein, dass ich bloß träume, dass ich ein brauchbares Kriterium anwende. Z. B. könnte man vorschlagen, dass ich mich einfach in den Arm zwicke, um festzustellen, ob ich träume oder nicht. Das Problem ist aber, dass ich auch bloß träumen kann, dass ich mich in den Arm zwicke – und so im Traum fälschlicherweise zu dem Schluss komme, dass ich wach bin. Es gibt also offenbar kein Kriterium, das mir erlaubt zu entscheiden, ob ich jetzt träume oder nicht. Also, so das Argument, kann ich jetzt auch nicht wissen, ob ich jetzt träume oder nicht. Selbst wenn ich jetzt wirklich wach an meinem Schreibtisch sitze, gilt also:

> (P2) Ich weiß nicht, dass ich jetzt nicht in meinem Bett liege und bloß träume, dass ich am Schreibtisch sitze.

Die zweite Prämisse des Traum-Arguments scheint ebenso wie die erste Prämisse plausibel zu sein. Da der Schluss auf die Konklusion keine logischen Fehler enthält, müssen wir offenbar auch dies akzeptieren:

> (C) Ich weiß nicht, dass ich jetzt an meinem Schreibtisch sitze.

Wir können die Konklusion sogar noch etwas verschärfen. Es gibt nicht nur kein Kriterium dafür, ob ich jetzt träume oder nicht, sondern es kann auch kein solches Kriterium geben. Deshalb gilt zudem:

> (P2*) Ich kann nicht wissen, dass ich jetzt nicht in meinem Bett liege und bloß träume, dass ich am Schreibtisch sitze.

Dementsprechend kann man auch die Konklusion verschärfen:

(C*) Ich kann nicht wissen, dass ich jetzt an meinem Schreibtisch sitze.

Selbst wenn ich jetzt wirklich an meinem Schreibtisch sitze, kann ich das nicht wissen! Das ist sicherlich eine erstaunliche Schlussfolgerung.

Es ist leicht zu sehen, dass dieses Argument weitreichende Implikationen hat. Es gilt ja nicht nur mit Bezug auf den Anspruch zu wissen, dass ich jetzt an meinem Schreibtisch sitze. Vielmehr gilt es mit Bezug auf alles, was wir zu einem bestimmten Zeitpunkt auf empirischen Wege, also letztlich unter Zuhilfenahme unserer fünf Sinne, zu erkennen glauben: dass ich jetzt an meinem Schreibtisch sitze, dass es gerade angefangen hat zu regnen, dass mein Bekannter zur Tür hereingekommen ist, etc. Zu keinem Zeitpunkt können wir durch unsere Sinne etwas über die Welt erkennen. Wenn wir aber nie in der Lage sind, etwas durch unsere Sinne über die Welt zu erfahren, dann haben wir niemals irgendein empirisches Wissen über die Welt. Nicht nur haben wir kein solches Wissen, sondern wir können es auch nicht haben. Und da das empirische Wissen zumindest einen ganz erheblichen Teil desjenigen Wissens ausmacht, das wir zu haben glauben, wissen wir offenbar erheblich weniger als wir zu wissen glauben. Das Traum-Argument ist ein ebenso faszinierendes wie überraschendes Argument und wir werden später – nach näheren Betrachtungen zum Wissensbegriff – sehen, was man darauf entgegnen kann (s. Kap. VIII.1).

3. Die Existenz der Außenwelt

Die Frage, die uns bisher beschäftigt hat – träume ich jetzt? – lässt sich erweitern: Kann es sein, dass ich immer träume, d. h. immer geträumt habe und immer träumen werde? Sind alle meine Erlebnisse nur ein Traum, nur ein einziger langer Traum? Ein Traum, in dem ich alle möglichen Dinge tue und erlebe und unter anderem auch manchmal einschlafe und träume? Ist so etwas vorstellbar? Es fällt uns nicht leicht, von jemandem, der nie wach war, zu sagen, er träume. Es scheint so, als könnte man nur dann von einer Person sagen, sie träume, wenn sie ab und zu auch nicht träumt. Wie dem auch sei: Die Frage, ob ich immer träume, weist auf ein wichtiges Problem hin, das einige Philosophen zum Skeptizismus geführt hat (vgl. zu diesem Problem wiederum Descartes: Meditationes, 21 ff., 19 ff. sowie Hume: Treatise, I.2.6, I.4.2 und Hume: Enquiry, sec. 12; zu klassischen Antworten auf dieses Problem vgl. Descartes: Meditationes, 24 ff., Kant: Kritik der reinen Vernunft, A 366–380, B 274–279, B XL–XLI und Reid: Inquiry, Kap. I, II, V–VII, passim, Reid: Essays, Essays 1,2, 6, passim; vgl. auch Stroud 1984, Kap. 1, passim sowie Kap. VIII.2). Was genau ist dieses Problem?

Gehen wir wieder von einem Beispiel aus. Es ist bekannt, dass Menschen unter bestimmten Bedingungen halluzinieren, z. B. bei andauerndem Schlafentzug. Nehmen wir an, ich habe drei Tage vor meinem Computer gesessen und nicht geschlafen. Ich schaue zum Fenster hinaus und sehe einen Elefanten die Straße entlang laufen. Nehmen wir weiterhin an, dass es sich dabei um eine Halluzination handelt: In Wirklichkeit ist kein Elefant in der Nähe, ja, auf der Straße ist gar nichts los. Für mich sieht es aber so aus, als liefe ein Elefant über die Straße. Es sieht für mich genauso aus, wie es für mich aussieht, wenn tatsächlich ein Elefant über die Straße läuft – das macht ja das Wesen einer Halluzination aus. Manche Philosophen würden nun sagen, dass die beiden Situationen – die Situation, in der ein Elefant vor mir ist, und die Situation, in der kein Elefant vor mir ist – etwas miteinander verbindet. In beiden Fällen meine ich, einen Elefanten zu sehen. In beiden Fällen habe ich eine ›Vorstellung‹ von einem Elefanten in meinem Geist – oder vor meinem ›geistigen Auge‹, wie man auch gerne sagt. Was die beiden Fälle unterscheidet, ist dementsprechend leicht zu sagen: Im einen Fall entspricht meiner Vorstellung eines Elefanten etwas in der Welt, nämlich ein Elefant, während meiner Vorstellung im anderen Fall nichts in der Welt entspricht.

Was zeigt uns der Fall der Halluzination? Zunächst zeigt es, dass einer Vorstellung von etwas nicht unbedingt etwas in der Welt entsprechen muss. Es gibt viele solche Vorstellungen: die Vorstellung von Atlantis, die Vorstellung von Einhörnern, oder die Vorstellung vom Weihnachtsmann. Alle diese Vorstellungen haben zwar einen Inhalt, aber es gibt nichts in der Welt, das dem Inhalt der Vorstellung entspricht. Man kann dies auch so ausdrücken: Es gibt keine Objekte zu diesen Vorstellungen.

Noch wichtiger ist ein weiterer Punkt. In Fällen wie dem der Halluzination besteht die Täuschung darin, dass ich meine, dass meiner Vorstellung (z. B. eines Elefanten) ein Gegenstand in der Welt entspricht (ein entsprechendes Tier vor mir). Ich täusche mich aber nicht darin, dass ich meine, einen Elefanten zu sehen. Ich kann mich darüber täuschen, ob meiner Vorstellung ein Gegenstand entspricht, aber es scheint, dass ich mich nicht darüber täuschen kann, dass ich eine bestimmte Vorstellung von etwas habe. Auch wenn ich falsch lag mit der Überzeugung, dass dort ein Elefant ist, lag ich doch nicht falsch mit der Annahme, dass ich einen Elefant zu sehen meine bzw. dass ich eine Vorstellung von einem Elefanten habe.

Dies alles ruft den Skeptiker auf den Plan. Es ist schwer zu sehen, wie ich daran zweifeln kann, dass ich jetzt z. B. die Vorstellung von einem Computer-Bildschirm habe. Aber ich kann daran zweifeln, dass meiner Vorstellung ein Gegenstand entspricht, dass mit anderen Worten ›wirklich‹ ein Computer-Bildschirm vor mir steht. Nun mag man entgegnen, dass ich doch leicht feststellen kann, ob meiner Vorstellung ein Gegenstand entspricht: Ich muss nur nach dem vermeintlichen Bildschirm greifen oder um ihn herumlaufen und versuchen, ihn von einer anderen Seite zu sehen. Das Problem dieses Vorschlags liegt natürlich darin, dass ich auf diese Weise auch nur wieder zu Vorstellungen gelange. Ich kann nur feststellen, ob andere Vorstellungen meinen ursprünglichen visuellen Eindruck eines Computer-Bildschirms bestätigen, aber ich kann offenbar gerade nicht feststellen, was ich eigentlich feststellen wollte: ob nämlich meinen Vorstellungen ein Gegenstand entspricht.

Dies wirft eine noch allgemeinere Frage auf: Wie kann ich jemals wissen, dass meine Vorstellungen sich überhaupt auf etwas beziehen? Kann es nicht sein, dass ich in der oben geschilderten Lage des ewigen Träumers bin? Ich habe doch nur meine Vorstellungen. Als mögliche Evidenz zur Beantwortung dieser Frage kann ich nur auf etwas zurückgreifen, mit Bezug auf das sich jene skeptische Frage gerade stellt, nämlich meine Vorstellungen. Also, so scheint es, kann ich nicht wissen, ob meinen Vorstellungen Gegenstände entsprechen. Ja, ich kann aus dem genannten Grund nicht einmal wissen, dass es überhaupt eine Welt jenseits oder außerhalb meiner

Vorstellungen gibt – eine ›**Außenwelt**‹. Ich kann nur wissen, dass ich Vorstellungen von Gegenständen habe – und das vielleicht sogar mit größter Gewissheit –, aber offenbar kann ich nicht wissen, ob es eine Außenwelt gibt. Es mag sein, dass wir nicht anders können als anzunehmen, dass dem so ist, aber es ist unklar, ob wir irgendeine Berechtigung zu dieser Annahme haben. Die Position also, die sich ergibt, wenn man die plausible Unterscheidung zwischen Vorstellung und Gegenstand in der obigen Weise macht, wird gewöhnlich »**indirekter Realismus**« oder auch »**Ideentheorie**« genannt und spielt insbesondere für neuzeitliche Philosophen wie etwa Descartes, John Locke, Berkeley und Hume eine große Rolle (vgl. dazu Descartes: Meditationes, 64, 34; Locke: Essay, I.1.8, II.1.1, II.8.8, II.11.17, II.29.8, II.31.1, IV.1.1 f., IV.4.3 IV.21.4; Berkeley: Principles, § 1 ff.; Hume: Treatise, 193, 197, 253, 647; Hume: Enquiry, 151 f.; vgl. hier auch die in Kap. VII.2.1 behandelten neueren Sinnesdaten-Theorien; vgl. zur Einschätzung der erwähnten klassischen Theorien Yolton 1984, Mackie 1976, 7 ff., Perler 1996, 1 ff., 310 ff.). Damit wird – wie etwa Thomas Reid (vgl. Reid: Inquiry, 95 ff., Reid: Essays, 225 ff.) immer wieder betont hat – die Annahme der Existenz der Außenwelt problematisch, so dass der Skeptiker den folgenden Schluss ziehen kann:

(1)   Ich weiß nicht, ob es eine Außenwelt gibt.

Welche Konsequenzen hat dies? Hier ist Woody Allens Antwort: »I am plagued by doubts. What if everything is an illusion and nothing exists? In that case, I definitely overpaid for my carpet.« (Allen 1983, 10). Welche Konsequenzen aber hat all dies insbesondere für die Frage nach der Möglichkeit des Wissens über die Welt?

Man könnte zunächst vermuten, dass es keinerlei Konsequenzen in dieser Hinsicht hat. Solange es eine Außenwelt gibt und z. B. vor mir wirklich ein Computer-Bildschirm steht, kann ich Wissen über die Welt erlangen, z. B. dass vor mir ein Computer-Bildschirm steht. Es muss nur eine Außenwelt geben, damit ich Wissen von ihr haben kann, aber ich muss nicht wissen, dass es eine Außenwelt gibt, um Wissen von ihr haben zu können.

Gegen diese Vermutung spricht, dass man auch hier wieder – wie oben beim Traum-Argument – die Prinzipien (G) und (D) anwenden kann bzw. muss. Wenn ich Wissen von irgendetwas in der Außenwelt habe, dann muss ich auch wissen, dass es eine Außenwelt gibt (Prinzip (G)) bzw. ich muss ausschließen können, dass es keine Außenwelt gibt (Prinzip (D)). Es gilt also offenbar auch dies:

(2)   Wenn ich etwas über irgendeinen Gegenstand der Außenwelt weiß, dann weiß ich auch, dass es eine Außenwelt gibt.

Aus (1) und (2) ergibt sich dann die erwartete skeptische Konklusion:

(C)   Ich weiß über keinen Gegenstand der Außenwelt etwas.

Wenn man, was nahe liegt, (1) noch verschärft und durch

(1*)   Ich kann nicht wissen, ob es eine Außenwelt gibt

ersetzt, dann erhält man die entsprechend verschärfte Konklusion

(C*)   Ich kann über keinen Gegenstand der Außenwelt etwas wissen.

Um auf unser Beispiel zurückzukommen:

(I)   Ich kann nicht wissen, ob es eine Außenwelt gibt.
(II) Wenn ich weiß, dass ein Computer-Bildschirm vor mir steht, dann weiß ich, dass
      es eine Außenwelt gibt.
(III) Ich kann nicht wissen, dass ein Computer-Bildschirm vor mir steht.

Wie das Traum-Argument, endet das Außenwelt-Argument mit der Konklusion, dass ich kein empirisches Wissen über die Welt haben kann (nicht zu verwechseln mit der weiter oben besprochenen Möglichkeit, dass ich mich immer irren könnte). Die Geschichte der Philosophie ist voller Versuche, solche Konklusionen durch einen Beweis der Existenz der Außenwelt zu vermeiden, aber alle Versuche dieser Art sind bisher auf ein geteiltes Echo gestoßen. Kant hat dazu Folgendes bemerkt: »... so bleibt es immer ein Skandal der Philosophie und allgemeinen Menschenvernunft, das Dasein der Dinge außer uns ... bloß auf *Glauben* annehmen zu müssen, und, wenn es jemand einfällt es zu bezweifeln, ihm keinen genugtuenden Beweis entgegenstellen zu können.« (Kant: Kritik der reinen Vernunft, B XXXIX). Heidegger hingegen war der Auffassung, dass die Voraussetzungen verfehlt sind, unter denen sich dieses Problem der Außenwelt überhaupt stellt und er hat Folgendes auf Kant geantwortet: »Der ›Skandal der Philosophie‹ besteht nicht darin, dass dieser Beweis bislang noch aussteht, sondern *darin, dass solche Beweise immer wieder erwartet und versucht werden*.« (Heidegger: Sein und Zeit, 205).

    Das Außenwelt-Argument hat viele Berührungspunkte mit dem Traum-Argument, aber dennoch handelt es sich um zwei voneinander unabhängige Argumente. Das Traum-Argument macht nämlich gerade von der Annahme Gebrauch, die das Außenwelt-Argument in Zweifel zieht: dass es eine Außenwelt gibt. Zumindest kann man auch unter der Voraussetzung, dass es eine Außenwelt gibt, das Traum-Argument anbringen. Im Traum-Argument spielt die Möglichkeit, dass ich jetzt träume, eine entscheidende Rolle, während im Außenwelt-Argument die Möglichkeit, dass ich immer träume, eine wesentliche Rolle spielt. Der Unterschied der beiden Argumente wird oft übersehen und beide Argumente werden oft wie ein einziges Argument behandelt.

4. Farben, beschränkte Fliegen und eingetankte Gehirne

Haben Gegenstände Farben? Diese Frage mag verwirren, weil sie anscheinend so leicht und klar zu beantworten ist: Natürlich haben Gegenstände Farben. Diese Rose z. B. ist rot. Die Sache wird allerdings sofort verwickelter, wenn man Folgendes berücksichtigt. Die Blätter der Rose weisen eine Oberflächenstruktur auf, die derart beschaffen ist, dass vorwiegend Licht einer bestimmten Wellenlänge von den Rosenblättern reflektiert wird. Licht dieser Wellenlänge führt im Normalfall menschlicher visueller Wahrnehmung zu einer Rotempfindung im Betrachter. Das ist es, was wir ›eigentlich‹ meinen, wenn wir sagen, dass die Rose rot ist: Sie ist derart beschaffen, dass sie bei menschlichen Betrachtern zu bestimmten Empfindungen führt, – zu solchen eben, die wir »Rotempfindungen« nennen. Von der Rose selbst können wir nur sagen, dass sie eine bestimmte Oberflächenstruktur hat. Wenn wir also von der Rose sagen, dass sie rot ist, dann sagen wir genau genommen nichts über die Rose selbst – darüber, wie sie unabhängig von uns beschaffen ist –, sondern vielmehr über ihre Wirkung auf einen menschlichen Betrachter. Streng genommen ist Röte keine Eigenschaft, die der Rose als solcher zukommt, sondern eine Charakterisierung der Art und Weise, in der wir die Rose wahrnehmen. Dieses Ergebnis ist deshalb verblüffend, weil wir die Welt so wahrnehmen, als seien Farben in demselben Sinne Eigenschaften der Gegenstände selbst wie z. B. Ausdehnung oder Masse. Wir erleben die Welt ganz selbstverständlich so, als hätten die Gegenstände Farben auch unabhängig davon, dass sie von Betrachtern mit einer bestimmten Art von visuellem Apparat wahrgenommen werden oder werden können. Und doch scheint dem bei näherer Betrachtung nicht so zu sein.

Diese Auffassung von Eigenschaften wie Röte – den sogenannten »**sekundären Qualitäten**« im Unterschied zu den »**primären Qualitäten**«, die den Gegenständen ›an sich‹ zukommen – ist nicht unumstritten, sowohl im Grundsätzlichen als auch, was die Details angeht (vgl. als klassische Positionen Locke: Essay, II.8; Berkeley: Principles, §§ 9 f., 14 f.; als Überblick vgl. Stroud 1992, 362–365). Hier aber kommt es nur auf die Frage an, zu der dieses Beispiel Anlass gibt: Erleben und erkennen wir die Welt wirklich so, wie sie ›an sich‹ ist? Oder ist unser Bild von der Welt nur zum Teil durch die Welt geprägt und zum Teil durch uns selbst, – durch unseren Blick oder unsere Perspektive auf die Welt? Inwiefern geht die Welt selbst überhaupt in unser Bild der Welt ein? Sind wir überhaupt berechtigt, unser ›Bild der Welt‹ für eine Darstellung der Welt zu halten, – für mehr als ein subjektives Spiel unserer Vorstellungen?

Es ist nicht schwer zu sehen, dass eine Spielart des Skeptizismus diese Fragen negativ beantworten würde. Wir sehen die Welt nicht so, wie sie an sich ist. Und das, so diese Skeptiker, heißt nichts anderes, als dass wir die Welt nicht erkennen können, – dass wir kein Wissen über die Welt haben können.

Betrachten wir ein anderes Beispiel, das eine ähnliche Konklusion nahezulegen scheint. Nehmen wir des Beispiels halber an, dass (was durchaus vorstellbar ist) Fliegen nur über eine zwei-dimensionale räumliche Wahrnehmung verfügen. Nehmen wir an, eine besonders schlaue Fliege läuft auf einer Orange herum. Sie beginnt auf einem Punkt des ›Äquators‹ der Orange loszulaufen und bewegt sich immer in derselben Richtung, und zwar auf der ›Äquator-Linie‹. So schlau die Fliege auch ist – da eine mehr als zweidimensionale Geometrie zu hoch für sie ist, wird sie den Eindruck haben, dass sie sich immer weiter von ihrem Ausgangspunkt entfernt. Auch wenn sie an ihrem Ausgangspunkt eine Markierung hinterlassen hat, die es ihr erlaubt, nach einer Umwanderung der Orange ihren Ausgangspunkt als solchen wiederzuerkennen, so hat sie doch nicht die Möglichkeit zu verstehen, wie es möglich ist, zum Ausgangspunkt zurückzukehren, indem man sich davon entfernt. Der Fliege entgeht ein wesentlicher Zug der Welt (die dritte Dimension).

Nun mag man die Fliege bedauern. Der Skeptiker wird allerdings eher die Frage aufwerfen, ob wir in einer grundsätzlich besseren Position sind. Mit welchem Recht gehen wir denn davon aus, dass uns wesentliche Züge der Welt nicht entgehen? Die Schwierigkeiten z. B., die selbst Physiker seit dem 20. Jh. oft haben, ihre eigenen Theorien zu verstehen, deuten darauf hin, dass das zumindest möglich ist. Vielleicht gibt es auch für uns Gedanken, die wir nicht denken können, ähnlich wie für die schlaue Fliege, wenn sie denn denkt, Gedanken der mehr als zweidimensionalen Geometrie nicht denkbar sind. Vielleicht ist es sogar noch schlimmer und wir sind, genauso wie die Fliege, nicht einfach kognitiv begrenzt, sondern völlig unfähig, auch nur irgendetwas über die Welt zu erkennen?

Trotz aller Verunsicherung, die durch solche Fragen auftreten mag, sollte man nicht übersehen, dass der Skeptiker in diesem Fall keine Gründe für die Annahme liefert, dass es sich so verhält, wie die skeptische Hypothese besagt. Es mag sein, dass wir kognitiv derart begrenzt sind, dass uns grundlegende Züge der Welt entgehen. Oder, um auf das erste Beispiel zurückzukommen: Es mag sein, dass das, was wir für Eigenschaften der Welt halten, doch nur unsere subjektive Art und Weise des Erlebens der Welt zum Ausdruck bringt. Der Skeptiker gibt aber in keinem der beiden Fälle ein Argument für die skeptische Hypothese und es ist auch nicht leicht zu sehen, wie so ein Argument überhaupt aussehen könnte. Aber immerhin rückt der Skeptiker eine Möglichkeit in den Blick. Und damit allein nimmt er dem naiven Glauben, dass wir die Welt, so wie sie an sich ist, erkennen können, die Unerschütterlichkeit. Wenn der Skeptiker hier sein Ziel erreicht, dann gelangen wir dazu, uns jeden Urteils zu enthalten und keiner der beiden Positionen den Vorzug zu geben. Und vielleicht können wir gar nicht wissen, welche der beiden Positionen zutrifft.

Zum Abschluss noch ein vieldiskutiertes Beispiel aus der neueren Diskussion über den Skeptizismus (vgl. Putnam 1981, 1–21; Nozick 1974, 42–45 sowie deRose/Warfield 1999). Man soll sich folgende Situation vorstellen. Jemand (z.B. der Leser) ist von einem übel wollenden Neurowissenschaftler operiert worden, und zwar ist ihm das Gehirn entnommen werden. Um das Gehirn ›am Leben‹ zu erhalten, ist es in eine Nährlösung gegeben worden. Die Nervenenden sind mit einem besonders leistungsfähigen Computer verbunden worden, der in der Person, um deren Gehirn es sich handelt, den Eindruck erzeugt, alles sei wie immer und ganz normal. Die Person bzw. das Gehirn hat den Eindruck, dass es von den vertrauten Gegenständen umgeben ist, während in Wirklichkeit dieser Eindruck nur von elektronischen Impulsen ausgeht, die der Computer an das Gehirn sendet. Der Computer ist so raffiniert, dass die Person immer dann, wenn sie z.B. ihre Hand heben will, vom Computer den Eindruck vermittelt bekommt, sie sehe und fühle, wie sich ihre Hand hebt. Es gibt kein Erlebnis, das der Computer dem Gehirn nicht ›vorspiegeln‹ kann. Der übel wollende Wissenschaftler kann auch jede Erinnerung an die Operation auslöschen. Es kann sogar sein, dass das arme Opfer den Eindruck hat, dass es gerade diese Worte liest bzw. diese amüsante, aber offenbar absurde Schilderung eines übel wollenden Wissenschaftlers …

Dieses Szenario mag an das Szenario erinnern, das im Traum-Argument oder im Außenwelt-Argument vorkam. Aber dieser Eindruck täuscht. Weder wird hier die Existenz der Außenwelt in Frage gestellt – ganz im Gegenteil! – noch ist das dauerhafte ›Eingetanktsein‹ des Gehirns mit einem vorübergehenden Traum zu vergleichen. Es handelt sich um ein Szenario einer besonderen Art.

Warum und aus welchem Grund wollen wir nicht gerne in einer solchen Lage sein? Was ist so schlimm daran, ein **Gehirn im Tank** zu sein? Hier gibt es verschiedene Antworten und welche Antwort man gibt, hängt von der näheren Analyse dieser Situation sowie den philosophischen Annahmen ab, die in eine solche Analyse eingehen. Es liegt aber nahe zu sagen, dass ein Grund, nicht in dieser Lage sein zu wollen, darin liegt, dass dem Gehirn im Tank seine Umgebung ganz anders erscheint, als sie wirklich ist. Der Person ist, als laufe sie durch die Wüste Sahara, aber in Wirklichkeit liegt das Gehirn in einer Nährlösung und empfängt elektronische Impulse von einem Computer. Das Szenario des Gehirns im Tank lässt die Möglichkeit zu, dass die Welt in ihren Grundstrukturen radikal anders ist als wir meinen.

Es sieht so aus, als könnten wir nicht wissen, ob wir Gehirne im Tank sind oder nicht. Das Gehirn im Tank hat ja **qualitativ identische Erlebnisse** wie ein nicht eingetanktes Gehirn. Es gehört offenbar gerade zur Situation eines Gehirns im Tank, dass es nicht wissen kann, dass es ein Gehirn im Tank ist. Und es scheint auch zu gelten, dass ein nicht-eingetanktes Gehirn nicht wissen kann, dass es kein Gehirn im Tank ist. Es gilt also:

(1) Ich kann nicht wissen, ob ich ein Gehirn im Tank bin.

Außerdem kann man wieder die Prinzipien (G) bzw. (D) in Anschlag bringen und folgende Prämisse hinzufügen:

(2) Wenn ich irgendetwas über die Welt weiß – z.B., dass vor mir ein Apfelbaum steht –, dann weiß ich auch, dass ich kein Gehirn im Tank bin.

Aus all dem folgt wiederum:

(C) Ich kann nichts über die Welt wissen, z.B. kann ich nicht wissen, dass ich vor einem Apfelbaum stehe.

Soviel zu drei Arten von skeptischen Argumenten, die eine negative Antwort auf die Frage nahe legen, ob wir die Welt erkennen können, wie sie an sich ist. Auch auf diese Form des Skeptizismus werden wir später (s. Kap. VIII.3) zurückkommen.

5. Schluss

Man könnte meinen, dass die skeptische Frage, ob wir Wissen haben können, nur dann interessant ist, wenn man eine negative Antwort erwartet oder einer negativen Antwort zumindest eine gewisse Wahrscheinlichkeit zugesteht. Aber dem ist nicht so. Ein Grund, diese Frage zu stellen, liegt darin, dass man sich über die eigene **epistemische Situation** Klarheit verschaffen will. Was ist hier mit »epistemischer Situation« gemeint? Wir haben bestimmte kognitive Fähigkeiten und leben in einer Umgebung, die auf bestimmte Weise strukturiert ist; beides zusammen macht unsere epistemische Situation aus. Ein Wesen z.B., das wie die erwähnte Fliege nur über zweidimensionale Wahrnehmungsfähigkeiten verfügt, kann bestimmte Aspekte der Welt nicht erfassen. Seine epistemische Situation ist dadurch gekennzeichnet, dass seine Umgebung seine kognitiven Fähigkeiten übersteigt oder überfordert (was nicht heißt, dass dieses Wesen nicht überleben könnte). Ein Wesen hingegen, das über dreidimensionale Wahrnehmungsfähigkeiten verfügt, befindet sich in einer anderen, besseren epistemischen Situation: Das Verhältnis von Umgebung und kognitiven Fähigkeiten zum Erfassen der Umgebung ist anders geartet, und zwar so, dass es offenbar mehr erfassen kann als jene Fliege. Die skeptische Frage ist Ausdruck des Versuchs herauszufinden, ob man sich in einer epistemischen Situation befindet, die Wissen möglich macht. Diese Frage ist unabhängig davon von Interesse, welche Antwort man ihr gibt.

Einigen skeptischen Argumenten zufolge können wir zumindest eines über unsere Lage herausfinden: dass nämlich wichtige Aspekte unserer epistemischen Situation für uns unzugänglich sind. Gehirne im Tank können prinzipiell nicht herausfinden, ob sie Gehirne im Tank sind, und Träumer können nicht herausfinden, ob sie wach sind. Ihre epistemische Situation ist zumindest zum Teil **intransparent** für sie. Ein Zustand ist genau dann epistemisch intransparent für ein Wesen, wenn es nicht herausfinden kann, ob es in diesem Zustand ist, sobald es sich in diesem Zustand befindet. Wenn es z. B. stimmt, dass zu Dummheit wesentlich gehört, dass man nicht herausfinden kann, dass man dumm ist (eben weil man dumm ist), dann ist dies ein weiteres Beispiel für epistemische Intransparenz. Im Fall der Träumer oder der Gehirne im Tank scheint sogar eine ›doppelte‹ epistemische Intransparenz vorzuliegen: Auch wenn man nicht in dem entsprechenden Zustand ist (zu träumen, ein Gehirn im Tank zu sein), so kann man nicht feststellen, ob man in diesem Zustand ist. Der Fall der Dummheit scheint hier anders gelagert zu sein – wenn es denn stimmt, dass diejenigen, die nicht dumm sind, herausbekommen können, dass sie es nicht sind. Diejenigen Argumente, die eine grundlegende epistemische Intransparenz behaupten – und das sind vielleicht die paradigmatischen Fälle skeptischer Argumente –, ziehen daraus, wie wir gesehen haben, skeptische Konsequenzen: Weil uns bestimmte Aspekte unserer epistemischen Situation (Träume ich jetzt? Bin ich ein eingetanktes Gehirn?) prinzipiell verborgen sind, können wir kein Wissen über die Welt erwerben.

Wenn wir kein Wissen haben oder haben können, was dann? Kommen wir ohne Wissen aus? Gibt es einen Ersatz für Wissen? Wie wichtig ist Wissen, und warum ist es wichtig? Oder kann man etwa auf all diese skeptischen Argumente und Erwägungen etwas entgegnen? Gibt es gute antiskeptische Argumente? Diese Fragen kann man kaum erfolgreich angehen, wenn man sich nicht näher klar gemacht hat, was Wissen eigentlich ist. Allgemeiner gesprochen: Bisher haben wir in verschiedenen Versionen die Frage aufgeworfen, ob wir Wissen haben können. Um uns über mögliche Antworten klar zu werden, müssen wir jedoch zunächst eine andere Frage behandeln: Was ist Wissen? Lassen wir die skeptische Frage für eine Weile auf sich beruhen; wir können sogar die Annahme machen, dass wir Wissen haben. Wir werden am Schluss wieder auf die skeptische Frage zurückkommen (s. Kap. VIII.).

II. WAS IST WISSEN?

1. Was für eine Frage ist das?

Was ist Wissen? Es ist nicht selbstverständlich, dass man diese Frage überhaupt stellt: Wissen wir nicht, was Wissen ist? Ganz offenbar sind wir doch in der Lage, Fälle von Wissen von Fällen von Nicht-Wissen zu unterscheiden. Gestern wusste ich nicht, wie das Wetter heute sein wird, heute weiß ich es. Wir haben keine Probleme, solche Urteile zu fällen und wir sind ganz offenbar in der Lage, den Begriff des Wissens korrekt zu verwenden. Wir können, so scheint es, Fälle von Wissen anführen, und zwar ohne jede Schwierigkeit. Maria weiß, dass Peking die Hauptstadt von China ist, Anton weiß, dass es keine größte natürliche Zahl gibt, und so weiter. Wir verstehen das deutsche Wort »Wissen« bzw. entsprechende Worte in anderen Sprachen. Mit anderen Worten: Wir wissen offenbar, was Wissen ist. Wozu also die Frage »Was ist Wissen?«?

Nehmen wir an, jemand stellt die Frage »Was ist Wissen?« und wir beantworten sie, indem wir Fälle von Wissen anführen. Es ist, wie wenn uns jemand fragt »Was ist ein Menschenaffe?« und wir mit dieser Person in den Zoo gehen und ihr Menschenaffen zeigen. Die Person mag protestieren und einwenden, dass wir sie missverstanden hätten: Sie wolle nicht einzelne Menschenaffen gezeigt bekommen, sondern erfahren, was Menschenaffen »ausmacht«, worin ihr »**Wesen**« oder ihre »**Natur**« besteht. Sie wolle, mit anderen Worten, wissen, was allen Menschenaffen und nur diesen gemeinsam ist. Ähnlich könnte jemand, dem wir auf die Frage »Was ist Wissen?« antworten, indem wir Fälle von Wissen anführen, einwenden, er habe die Frage anders gemeint und wolle wissen, was allen Fällen von Wissen und nur diesen gemeinsam ist (vgl. Platon: Menon, 71e–75a am Beispiel der Frage, was Tugend sei).

Was genau ist unter dieser Rede von Gemeinsamkeiten zu verstehen? Betrachten wir als Beispiel den Begriff des Junggesellen. Was haben alle Junggesellen miteinander gemein? Sie sind z. B. alle unverheiratet. Es könnte zudem sein, dass alle Junggesellen mehr als jeden zweiten Abend im Jahr alleine verbringen. Aber selbst wenn dem so sein sollte, wäre dies doch nicht wesentlich für das Junggesellendasein: Selbst wenn man beginnt, die meisten Abende nicht alleine zu verbringen, verliert man dadurch doch noch nicht die Eigenschaft, ein Junggeselle zu sein. Anders ist es mit dem Unverheiratetsein: Sobald man heiratet, kann man kein Junggeselle mehr sein. Wenn jemand ein Junggeselle ist, dann folgt daraus, dass er unverheiratet ist. Das Unverheiratetsein ist also – anders als das häufige Verbringen einsamer Abende – eine notwendige Bedingung für das Junggesellesein: ohne Unverheiratetsein kein Junggesellentum. Junggesellen haben natürlich noch mehr gemeinsam: Sie sind männlich und außerdem im heiratsfähigen Alter (nehmen wir des Beispiels halber an, dass das die ganze Wahrheit über Junggesellen und ihre Gemeinsamkeiten ist!). Diese beiden Eigenschaften sind ebenfalls notwendige Bedingungen für das Junggesellesein.

Wenn man sich nun für das Wesen des Junggesellentums interessiert, dann will man nicht nur wissen, was alle Junggesellen miteinander gemein haben, sondern auch, was nur sie miteinander verbindet, was sie gegenüber anderen auszeichnet und zu Junggesellen macht. Unverheiratet zu sein garantiert natürlich noch nicht, ein Junggeselle zu sein, was man an den unverheirateten Frauen sieht. Ebenso kann es Männer im entsprechenden Alter geben, die verheiratet sind. Es scheint aber so zu sein, dass die Kombination all dieser Eigenschaften garantiert, dass man ein Junggeselle ist; es scheint nicht möglich zu sein, alle diese Eigenschaften zu haben und doch kein Junggeselle zu sein. Wenn man alle diese Eigenschaften hat, dann folgt daraus, dass man ein Junggeselle ist. Alle diese Eigenschaften zu haben, ist also ausreichend oder hinreichend dafür, ein Junggeselle zu sein.

Wenn all dem so ist, dann haben wir drei Eigenschaften gefunden, die einzeln notwendig und gemeinsam hinreichend für Junggesellesein sind; sie stellen, wie man auch sagt, **einzeln notwendige und gemeinsam hinreichende Bedingungen** dafür dar. Genau danach fragt man, wenn man sich für das Wesen oder die Natur des Junggesellentums interessiert, dafür, was alle und nur die Junggesellen miteinander gemein haben. Ähnlich verhält es sich mit dem Begriff des Wissens. Wenn man herausbekommen will, was wesentlich für Wissen ist, was allen Fällen von Wissen und nur diesen zukommt, dann fragt man nach den notwendigen und gemeinsam hinreichenden Bedingungen des Wissens. So ist auch die obige Ausgangsfrage »Was ist Wissen?« gemeint: als Frage nach den notwendigen und gemeinsam hinreichenden Bedingungen des Wissens. Die entsprechende Angabe solcher Bedingungen ist eine **reduktive Definition** insofern, als sie einen komplexeren Begriff (bzw. ein komplexeres Begriffswort) durch Angabe einfacherer und fundamentalerer Begriffe (bzw. Begriffsworte) erklärt (vgl. allgemein zu »Definition« Suppes 1957, 151 ff., 9). Ein Beispiel für eine solche reduktive Definition ist die des Junggesellentums. Sie lässt sich in der folgenden Form angeben (wobei »gdw.« für »genau dann, wenn« steht):

Jemand (A) ist ein Junggeselle gdw. A
– unverheiratet,
– männlich und
– im heiratsfähigen Alter ist.

Versteht man die Frage »Was ist Wissen?« in diesem Sinne, so verliert sie ihre Fragwürdigkeit. Es liegt nämlich überhaupt nicht auf der Hand, was die notwendigen und hinreichenden Bedingungen für Wissen sind, – was die Natur des Wissens ausmacht. Auch wenn wir in einem Sinne wissen, was Wissen ist – insofern nämlich, als wir, wie gesagt, in der Lage sind, Fälle von Wissen zu identifizieren –, so wissen wir damit doch in einem anderen Sinne noch nicht, was Wissen ist – nämlich insofern, als wir erst überlegen müssen, worin die notwendigen und hinreichenden Bedingungen für Wissen bestehen. Die Frage »Was ist Wissen?« ist hier in dem zweiten Sinne zu verstehen und in diesem Sinne ist sie eine sehr legitime Frage. Schließlich wollen wir doch herausbekommen, was die Natur des Wissens ist.

Wenn uns auch unsere Fähigkeit, Fälle von Wissen als solche zu identifizieren, allein nicht zu einer Antwort in die Lage versetzt, so ist sie doch wesentlich für die Suche nach einer Antwort. Ob nämlich ein Definitionsvorschlag unseren Begriff des Wissens erfasst oder nicht, können wir nur entscheiden, indem wir prüfen, ob es Fälle von Wissen gibt, die die in der Definition angeführten Bedingungen nicht erfüllen (in diesem Fall wären diese Bedingungen nicht notwendig), oder ob es Fälle gibt, in denen die definitorischen Bedingungen erfüllt sind, aber dennoch kein Wissen vorliegt (in diesem Fall wären diese Bedingungen nicht hinreichend). Diese Art der Überprüfung können wir nur vornehmen, weil wir in einem Sinne schon wissen, was Wissen ist: weil wir nämlich in der Lage sind, Fälle von Wissen als solche zu identifizieren.

Für die Philosophie sind definitorische »Was ist«-Fragen, Fragen nach den wesentlichen Eigenschaften der Dinge, schon immer sehr wichtig gewesen. Zugleich aber gab es immer schon Zweifel, ob es Antworten auf diese Fragen geben kann (s. auch Kap. III.1). Die Dialoge von Platon sind besonders gute Beispiele dafür. Versuchen wir es einmal mit dem Begriff des Wissens! Was also ist Wissen?

2. ›Wissen, dass‹, ›gewusst, wie‹, ›Wissen, wie es ist‹ und ›Subjekt-Objekt‹

Wo immer Wissen vorliegt, gibt es jemanden, der dieses Wissen hat. Gäbe es niemanden, der das entsprechende Wissen hat, so könnte es auch kein Wissen geben. Dem scheint zu widersprechen, dass wir doch offenbar mit Recht etwa von einer 24-bändigen Enzyklopädie sagen, sie enthalte eine Menge an Wissen (»das grundlegende Wissen unserer Zeit«, könnte der Verlag z. B. werben). Es scheinen die 24 Bände zu sein, die all das Wissen enthalten. Jedenfalls gibt es wahrscheinlich niemanden, der all das weiß, was in der Enzyklopädie enthalten ist. Aber der Eindruck, dass es Wissen geben kann ohne jemanden, der das Wissen hat, trügt. Die 24 Bände der Enzyklopädie sind ja nicht vom Himmel gefallen, sondern von irgend jemand verfasst worden. Wir sagen nur deshalb, dass sie Wissen enthält, weil wir meinen, dass der oder die Autoren oder sonst jemand (die Verleger, die Leser, etc.) das entsprechende Wissen haben oder hatten, und zwar, wenn nicht einzeln, so doch gemeinsam. Bücher haben kein Wissen; vielmehr sind sie eine Art von Wissens-Speicher. Sie speichern ein Wissen, das jemand hat oder hatte, sei es einzeln oder gemeinsam mit anderen. Man sollte den Speicher des Wissens nicht mit dem Subjekt des Wissens verwechseln. Ähnliches gilt für die Rede davon, dass in Artefakten Wissen »stecke«. Wenn wir von einer Mondrakete sagen, dass in ihr viel Wissen »stecke«, dann meinen wir damit, dass diejenigen, die sie gebaut haben oder dazu in der Lage sind, einzeln oder gemeinsam über ein bestimmtes Wissen verfügen oder verfügten. Es ist aber sicherlich nicht die Mondrakete, die über irgendwelches Wissen verfügt.

So viel scheint relativ klar zu sein. Etwas schwieriger ist es schon, genauer zu sagen, wer oder was grundsätzlich über Wissen verfügen kann. Können Tiere oder zumindest manche Tiere Wissen haben? Weiß Bello, wo er seinen Lieblingsknochen versteckt hat? Wie steht es mit Artefakten, insbesondere solchen, denen ›künstliche Intelligenz‹ zugeschrieben wird? Verfügen sie über Wissen? Weiß der Schach-Computer, dass bestimmte Züge zum Matt führen? Wir müssen diese Fragen hier nicht entscheiden (s. aber Kap. III.2.5). Wir können uns hier auf menschliche Personen beschränken, die sicherlich den paradigmatischen Fall derjenigen Wesen ausmachen, denen man Wissen zuschreiben kann. Dabei können wir ebenfalls zunächst offen lassen, ob alles Wissen, das Menschen haben, von einzelnen gewusst wird, oder ob es auch Wissen gibt, das genau genommen nur Gruppen zugeschrieben werden kann (s. Kap. VII.3).

Vielleicht noch wichtiger als all das ist, dass Wissen einen Inhalt hat. Es ist unsinnig zu sagen, jemand verfüge über Wissen, aber dieses Wissen habe keinerlei Inhalt. Genauer: Wissen ist immer ein Wissen, dass etwas sich so und so verhält. Wenn der Detektiv etwas weiß, dann z.B., dass der Gärtner der Mörder ist. Wenn man von jemandem sagt, er oder sie sei wissend, dann meint man, dass er oder sie bestimmte Dinge weiß. Wissen ist, wie man auch sagt, »propositionaler Natur«; der Inhalt des Wissens besteht in einer »Proposition«. Damit will man sagen, dass Wissen immer ein Wissen ist, dass sich etwas so und so verhält, – z.B., dass der Gärtner der Mörder ist. Deshalb drückt man den Inhalt des Wissens sprachlich durch einen Dass-Satz aus, wobei im Fall des Wissens auf das »dass« ein Aussagesatz folgt, also ein Satz, der wahr oder falsch ist (z.B.: »dass der Gärtner der Mörder ist«). Der Inhalt des Wissens (z.B. des Wissens, dass der Gärtner der Mörder ist) besteht in einer Proposition (z.B. ›Der Gärtner ist der Mörder‹), und zwar in einer Proposition, die wahr oder falsch ist und den Inhalt eines entsprechenden Aussagesatzes ausmacht (z.B. des Satzes »Der Gärtner ist der Mörder«). Zuschreibungen von Wissen haben deshalb folgende Form:

> S weiß, dass p,

wobei »S« für eine Person (oder irgendein Subjekt des Wissens) steht und »p« für einen **propositionalen Gehalt**. In der Erkenntnistheorie geht es um dieses propositionale Wissen und wenn im Folgenden von »Wissen« die Rede ist, ist – sofern nicht anders vermerkt – immer propositionales Wissen gemeint (zum Begriff der Proposition vgl. Frege: Über Sinn und Bedeutung, 40 ff; Frege: Der Gedanke, 30 ff.; Russell: Knowledge by Acquaintance and Knowledge by Description, 219 ff.; Russell: The Philosophy of Logical Atomism, 177 ff.; Carnap: Meaning and Necessity, Kap. 1).

Man könnte hier einwenden, dass damit eine wichtige Art von Wissen ignoriert wird: das Wissen, wie man etwas tut, also etwas, das man »**praktisches Wissen**« nennen kann (vgl. hierzu Ryle 1949, Kap. 2; Polanyi 1958). Albert weiß, wie man Posaune spielt, oder, wie man auch sagt, er weiß die Posaune zu spielen. Dieses Wissen ist nun sicherlich kein propositionales Wissen, dass sich etwas so und so verhält. Es ist ein ›**Wissen, wie**‹, kein ›**Wissen, dass**‹ (ein ›knowing how‹, kein ›knowing that‹). Es besteht in einer Fertigkeit, einem Können und nicht in einem (theoretischen) Wissen. Die Ausdrucksformen dieser beiden Arten des ›Wissens‹ sind dementsprechend sehr verschieden. Wer etwas über das Fahrradfahren weiß, kann dies z.B. dadurch ausdrücken, dass er etwas darüber sagt (z.B., dass es erst seit dem 19. Jh. Fahrräder gibt). Wer weiß, wie man Fahrrad fährt, kann dies gerade nicht sprachlich ausdrücken (oder höchstens teilweise), sondern eher dadurch, dass er z.B. Fahrrad fährt (und wenn er dabei versucht zu sagen, was er tut, riskiert er eher einen Sturz vom Fahrrad). Damit ist übrigens nicht ausgeschlossen, dass praktisches Wissen und propositionales Wissen eng miteinander zusammenhängen. Wer das eine hat, hat, zumindest in der Regel, auch das andere. Wer weiß, wie man Fahrrad fährt, weiß auch einiges über Fahrräder. Wie soll man sich jemanden vorstellen, der nichts über Fahrräder weiß, nicht einmal weiß, was ein Fahrrad ist, aber dennoch Fahrrad fahren kann? Und umgekehrt besteht auch ein Zusammenhang. Wer etwas über Fahrräder weiß, kann auch bestimmte Dinge tun: wenn nicht Fahrrad fahren, so doch z.B. zutreffende Äußerungen über Fahrräder machen. Wer nicht einmal das kann, dem würden wir auch kein Wissen über Fahrräder zusprechen. Propositionales Wissen und praktisches Wissen setzen sich also offenbar gegenseitig in einem bestimmten Maße voraus. Aber das bedeutet nicht, dass das eine auf das andere reduzierbar wäre (vgl. etwa Chisholm 1957, 15 sowie auch Janich 2000, 129 ff.). Sie sind wesentlich verschieden. Und genau deshalb trifft auch der obige Vorwurf nicht, dass die Erkenntnistheorie mit dem praktischen Wissen eine wichtige Art des Wissens übergeht: In der Erkenntnistheorie geht es eben ausschließlich um das propositionale (›theoretische‹) Wissen.

Oft sagen wir auch Dinge wie »Maria weiß, wo der Schlüssel ist«. Auf den ersten Blick könnte man den Eindruck haben, es handele sich dabei nicht um ein propositionales ›Wissen, dass‹. Aber dem ist nicht so. Zwar wird hier kein propositionaler Gehalt angegeben; es wird z. B. nicht gesagt, dass der Schlüssel in der Schublade ist. Dies mag z. B. daran liegen, dass die Person, die jene Äußerung über Maria macht, selbst nicht weiß, dass der Schlüssel in der Schublade ist. Aber es wird damit, dass Maria weiß, wo die Schlüssel sind, doch vorausgesetzt, dass es einen Dass-Satz gibt (»dass der Schlüssel in der Schublade ist«), der den propositionalen Gehalt von Marias Wissen angibt, – auch wenn die Person, die Maria das entsprechende Wissen zuschreibt, selbst nicht weiß, welcher Dass-Satz dies ist (»dass der Schlüssel in der Jackentasche ist« oder »dass der Schlüssel im Eisschrank ist« oder »dass der Schlüssel in der Schublade ist«, etc.). Gäbe es keinen solchen Dass-Satz, so gäbe es auch keinen Grund zu sagen, dass Maria weiß, wo der Schlüssel ist. Und neben einem ›Wissen, dass‹ wird Maria hier kein weiteres Wissen zugeschrieben. »Wissen, wo«-Konstruktionen belegen also – genauso wie »Wissen, wann«-, »Wissen, was«- und ähnliche Konstruktionen – nicht, dass es nicht-propositionale Formen des Wissens gibt, um die sich die Erkenntnistheorie auch kümmern müsste. Ähnliches gilt übrigens auch für Konstruktionen wie »Du weißt etwas, das ich nicht weiß«. Wenn Du wirklich etwas weißt, das ich nicht weiß, dann kann ich gerade nicht angeben, was es ist, das Du weißt (sonst wüsste ich es ja auch). Aber das bedeutet nicht, dass Dein Wissen kein propositionales Wissen ist. Dass Wissen propositional ist, heißt nicht, dass man die entsprechende Proposition immer angeben kann; manchmal kann man nur sagen, worüber jemand etwas weiß, aber nicht was diese Person darüber weiß.

Manchmal wird Wissen auch als eine Beziehung zwischen einer Person und einem Objekt aufgefaßt, zwischen einem »**Subjekt**« und einem »**Objekt**«. Diese Auffassung war vor allem in der nachkantschen Philosophie des »Deutschen Idealismus«, etwa bei **Johann Gottlieb Fichte** (1762–1814) und **Georg Wilhelm Friedrich Hegel** (1770–1831), verbreitet (vgl. etwa Fichte: Erste Einleitung in die Wissenschaftslehre, 419 ff.; Fichte: Zweite Einleitung in die Wissenschaftslehre, 453 ff.; Hegel: Phänomenologie des Geistes, 68–81, passim; vgl. dazu auch Tugendhat 1979, passim). Wenn mit »Objekt« hier nichts anderes als eine Proposition gemeint ist, dann handelt es sich hier einfach nur um einen anderen Ausdruck für propositionales Wissen. In der Regel aber ist »Objekt« eher buchstäblich gemeint. Was ist davon zu halten? Es ist schwer zu sehen, was damit gemeint sein könnte, wenn nicht letztlich doch wieder propositionales Wissen. Betrachten wir ein Beispiel: »Maria weiß die Lösung der Rechenaufgabe«. Das ist allerdings nur eine etwas verkürzte Redeweise dafür, dass Maria weiß, was die Lösung ist. Man lässt sich von der Grammatik irreführen, wenn man meint, Wissen sei eine Beziehung zwischen einem Subjekt und einem Objekt. Man spricht ja z. B. auch davon, dass jemand ein Rennen läuft, meint damit aber nicht, dass die laufende Person in einer Beziehung zu einem Objekt in der Welt, nämlich einem Rennen, steht, und zwar in einer Beziehung des Laufens.

Es gibt aber noch einen anderen Sinn, in dem man offenbar von »Wissen« sprechen kann: nämlich als »Relation zwischen einem Subjekt und einem Objekt«. So kann man z. B. im Englischen sagen »Frank knows Rome« (und Ähnliches in anderen Sprachen). Das deutsche Verb »wissen« hingegen ist nicht transitiv, aber es gibt hier eine Parallele im Wort »kennen«: So würde man etwa den obigen englischen Satz mit »Frank kennt Rom« übersetzen. Wie nun auch immer die sprachliche Ausdrucksweise ausfällt: Handelt es sich hier nicht ganz offensichtlich um ein Wissen, das in einer Beziehung auf ein Objekt besteht und insofern gerade nicht propositionaler Natur ist? Muss die Erkenntnistheorie sich nicht auch darum kümmern (vgl. hierzu auch Russell: Knowledge by Acquaintance and Knowledge by Description, 209 ff.)?

Betrachten wir dieses Wissen näher. Was könnte es heißen, dass das »Subjekt« Frank in einer Wissensbeziehung zu dem »Objekt« Rom steht? Es ist sicherlich nicht gemeint, dass Frank alles weiß, was man über Rom wissen kann. Aber er muss eine ganze Menge über Rom wissen. Über einen Gegenstand, z. B. Rom, etwas zu wissen, heißt nun offenbar zweierlei: zum einen, propositionales Wissen von ihm zu haben, wie z. B. zu wissen, dass Rom eine große Stadt ist, und zum anderen, bestimmte Dinge tun können, wie z. B. sich in Rom leicht zurechtzufinden. Normalerweise, wenn nicht immer, gehört beides, propositionales wie praktisches Wissen, zum ›Gegenstandswissen‹. Es ist nicht zu sehen, dass zur Kenntnis eines Gegenstandes noch mehr gehört als propositionales oder praktisches Wissen. Da wir das praktische Wissen hier außer Acht lassen können, haben wir es also weiterhin ausschließlich mit propositionalem Wissen zu tun.

Schließlich sei noch ein besonders schwer zu analysierender Fall von ›Wissen‹ erwähnt: das »**Wissen, wie etwas ist**« (vgl. Nagel 1979, 165 ff., die Sammelbände Block et al. 1997 und Metzinger 1995 sowie den allgemeinen Überblick in Beckermann 1999, Kap. 13). Nehmen wir an, Theo hat – anders als Susanne – noch nie eine Kiwi gegessen. Wir würden dann sagen, dass Theo nicht weiß, wie Kiwis schmecken, wohingegen Susanne weiß, wie Kiwis schmecken. Theo weiß – anders als Susanne – nicht, ›wie es ist‹, eine Kiwi zu schmecken. Was für eine Art von ›Wissen‹ fehlt Theo? Handelt es sich dabei überhaupt um Wissen? Man könnte zunächst versuchen, es auf eine der beiden oben erwähnten Arten zu erklären. Könnte Wissen, wie etwas ist, nicht eine Art von propositionalem Wissen darstellen? Dann aber müsste es im Prinzip möglich sein, dieses Wissen propositional anzugeben. Aber genau das scheint denjenigen, die über diese Art von Wissen verfügen, geradezu unmöglich zu sein. Wie ist es denn, eine Kiwi zu schmecken? Auf diese Frage scheint es keine propositionale Antwort zu geben; beim Versuch, eine Antwort zu geben, gehen einem charakteristischerweise die Worte aus. Das einzige, was man auf die Frage antworten zu können scheint, ist etwa die Empfehlung, selbst einmal eine Kiwi zu essen (und dabei macht man dann noch die sehr problematische Annahme, dass es für den Anderen genauso ist, eine Kiwi zu schmecken, wie für einen selbst). Umgekehrt kann man sich offenbar vorstellen, dass jemand alles mögliche propositionale Wissen über Kiwis hat, aber dennoch nicht weiß, wie es ist, eine Kiwi zu schmecken, weil er nie eine Kiwi probiert hat (vgl. Jackson 1982, 127 ff. und Jackson 1986, 291 ff.). Und selbst wenn Wissen, wie etwas ist, mit propositionalem Wissen verbunden ist, scheint es doch nicht darauf reduzierbar zu sein. Wissen, wie etwas ist, scheint also kein Fall von propositionalem Wissen zu sein.

Ist es vielleicht eine Art von ›Wissen, wie‹ – eine Art von ›knowing how‹ (vgl. Nemirow 1990, 490 ff.; Lewis 1983, 130 ff.)? Auch mit dieser Annahme gibt es Schwierigkeiten. Welche Fertigkeiten sind denn charakteristisch für jemanden, der z. B. weiß, wie es ist, Kiwis zu schmecken? Was kann denn Susanne, das Theo nicht kann, und das damit zu tun hat, dass sie Kiwis gegessen hat? Sie kann etwa den Geschmack von Kiwis wiedererkennen oder mit anderen Geschmacksempfindungen vergleichen. Dies aber erklärt nicht viel: Damit wird nur wiederholt, dass sie weiß, wie es ist, Kiwis zu schmecken, aber nicht erklärt, was dies bedeutet. Und umgekehrt kann man sich vorstellen, dass jemand alle möglichen Fähigkeiten hat, ohne doch dieses bestimmte Etwas zu spüren oder zu kennen, das wir als »Geschmack einer Kiwi« bezeichnen. Und selbst wenn Wissen, wie etwas ist, mit bestimmten Fertigkeiten verbunden sein sollte, ist es doch offenbar nicht darauf reduzierbar. Es sieht also ganz so aus, als sei Wissen, wie etwas ist, weder ein Fall von propositionalem Wissen noch von praktischem Wissen. Dies wirft nicht nur die Frage auf, wie man das Wissen, wie etwas ist, näher zu analysieren hat (vgl. auch Churchland 1985, 8 ff. und Dennett 1990, 519 ff.). Es wirft auch die Frage auf, ob es überhaupt eine für die Erkenntnistheorie interessante Art von Wissen darstellt oder vielmehr nur aufgrund einer Mehrdeutigkeit des Wortes »Wissen« mit Erkenntnis und propositionalem Wissen in Verbindung gebracht wird. Wir müssen und können diese Frage hier offen lassen. Zentrale Bedeutung für die Erkenntnistheorie hat das propositionale Wissen. Wenden wir uns also der Frage nach seinen notwendigen und hinreichenden Bedingungen zu!

3. Bedingungen des Wissens und die traditionelle Konzeption des Wissens

3.1 Überzeugung

Eine erste notwendige Bedingung für Wissen besteht in dem Haben einer **Überzeugung** (oder einer »Meinung«, wie man das in der Philosophie auch nennt; hier sollen beide Worte gleichbedeutend verstanden werden). Wenn Anna weiß, dass es regnet, dann ist sie der Überzeugung, dass es regnet. Ohne die Überzeugung zu haben (oder zu »glauben«, wie man auch sagt), dass es regnet – ohne dies für wahr zu halten –, kann sie kein Wissen haben, dass es regnet. Es gilt also:

(1) Wenn S weiß, dass p, dann hat S die Überzeugung, dass p.

Welche Einstellung Anna auch immer dazu haben mag, dass es regnet – ob sie wünscht, dass es regnet, oder es ihr ganz gleichgültig ist, dass es regnet: Notwendig für Wissen, dass es regnet, ist von all dem nur, dass sie es **für wahr hält** oder davon überzeugt ist, dass es regnet.

Eine Überzeugung ist immer eine Überzeugung, dass dies oder jenes der Fall ist. Überzeugungen haben einen propositionalen Inhalt, – wie Wissen. Ja, dass Überzeugungen propositional sind, erklärt auch, dass Wissen propositional ist. Des weiteren ist damit, dass jemand davon überzeugt ist oder glaubt, dass sich etwas so und so verhält, nicht gemeint, dass die Person sich vollständig sicher ist oder überhaupt nicht daran zweifeln kann, dass es sich so und so verhält. Überzeugungen lassen vielmehr Grade zu: Man kann mehr oder weniger sicher sein, dass sich etwas so und so verhält. Man muss ein gewisses Maß an Sicherheit aufweisen, aber man muss nicht 100 % sicher sein, dass es sich so und so verhält, um die Überzeugung zu haben, dass es sich so und so verhält. Dass ich glaube, dass noch Milch im Kühlschrank ist, heißt nicht, dass ich unerschütterlich sicher bin, dass dem so ist, sondern nur, dass ich mehr oder weniger sicher bin. Ich muss mir nur deutlich sicherer sein, dass es sich so und so verhält, als dass es sich nicht so und so verhält. Wenn man allerdings meint, dass die Meinung, dass p, vollständige Sicherheit, dass p, voraussetzt, kann man leicht – da Wissen ja Meinung voraussetzt – zu dem Schluss gelangen, dass Wissen unerschütterliche Gewißheit verlangt. Und damit läge dann auch eines der oben behandelten skeptischen Argumente nahe (s. Kap. I.1).

Dass Wissen Überzeugung voraussetzt, wird auch plausibel, wenn man sich versucht vorzustellen, dass dem nicht so ist: »Franz weiß, dass Neapel südlich von Rom liegt, aber er glaubt nicht, dass dem so ist.« Eine solche Beschreibung von Franz ist verwirrend, und zwar deshalb, weil beides offenbar nicht miteinander vereinbar ist. Wie kann Franz das besagte Wissen haben und doch nicht die entsprechende Überzeugung? Offenbar setzt Wissen, dass p, die Überzeugung, dass p, voraus.

So einleuchtend es auch sein mag, dass Wissen Überzeugung voraussetzt, so gibt es doch Einwände dagegen. Betrachten wir das folgende Beispiel (vgl. Radford 1966, 2 f.). Donald wird von seinem Geographie-Lehrer nach den Hauptstädten von Argentinien, Kolumbien und Peru gefragt. Er antwortet, dass er keine Ahnung habe. Es sei schon zu lange her, dass er sich damit befasst habe, und in der Zwischenzeit habe er alles vergessen. Der Lehrer ermutigt ihn, dennoch zu antworten und einfach zu sagen, was ihm gerade in den Sinn kommt. Donald willigt ein und gibt spontan und ohne nachzudenken die richtige Antwort: »Buenos Aires, Bogotá und Lima«. Der Lehrer antwortet: »Richtig! Na siehst Du, Du weißt es doch!« Donald ist überrascht und freut sich. Dies scheint in der Tat ein Fall von Wissen zu sein. Donald hat ja nicht einfach geraten und zufällig die richtigen Städtenamen genannt. Vielmehr hat er in der Vergangenheit gelernt, welches die entsprechenden Hauptstädte sind und offenbar hat sich dieses Wissen in ihm aufbewahrt, auch wenn Donald das selbst gar nicht klar war. Er mag selbst davon überrascht sein, dass seine Antwort richtig war und etwa sagen: »Ich hätte gar nicht gedacht, dass ich das noch weiß!« Zugleich aber scheint zu gelten, dass er keine Überzeugungen bezüglich der Hauptstädte dieser Länder hatte. Schließlich hätte er nicht viel darauf gewettet, dass seine Antwort richtig ist, und er war ja auch überrascht, als der Lehrer schließlich sagte, dass er richtig gelegen hat. Also scheint es Fälle von Wissen zu geben, die keine Fälle von Überzeugungen sind. Selbst wenn Wissen und Überzeugung oft Hand in Hand gehen, scheint das Haben einer Überzeugung doch nicht notwendig für Wissen zu sein.

Ist dieser Einwand überzeugend? Man könnte zum einen bestreiten, dass Donald wusste, welches die Hauptstädte der drei Länder sind; zum anderen könnte man bestreiten, dass er keine Überzeugungen bezüglich der drei Länderhauptstädte hatte. Es erscheint wenig plausibel, den ersten Weg einzuschlagen: Es war ja schließlich kein Zufall, dass er die richtige Antwort gegeben hat und insbesondere erklärt sich dies daraus, dass er früher einmal gelernt hat, welches die entsprechenden Hauptstädte sind. Wir würden in einem solchen Fall schon sagen, dass Donald dies noch wusste. Dass ihm dies nicht klar war – dass er nicht wusste, dass er dies wusste –, spricht ganz offenbar nicht dagegen. Es ist sicherlich richtig, dass er nicht berechtigt war, auf die Frage des Lehrers zu antworten, er wisse dies: aber dem ist nicht etwa deshalb so, weil er es nicht wusste, sondern weil er keinen Anhaltspunkt dafür hatte, dass er es in der Tat wusste.

Die zweite Entgegnung auf den Einwand ist überzeugender. Warum sollte man Donald nicht eine unbewusste Überzeugung zuschreiben, dass Buenos Aires, Bogotá und Lima die entsprechenden Hauptstädte sind? Warum soll man nicht Überzeugungen haben, ohne dass einem dies bewusst ist? Wenn Wissen unbewusst sein kann, warum dann nicht auch Überzeugungen? Es ist alles andere als klar, ob es ein Argument dagegen geben kann. Abgesehen davon würde die These, dass Überzeugungen notwendigerweise bewusst sind, zu einem **Regress** führen. Jemand, der

die Überzeugung, dass p, (nennen wir sie »die Überzeugung Nr. 1«)

hat, müsste auch

die Überzeugung (»Überzeugung Nr. 2«), dass er die Überzeugung Nr. 1 hat,

haben. Schließlich schließt das Haben einer bewusste Überzeugung ein, dass man glaubt, dass man diese Überzeugung hat. Dann aber müsste die Person – da Überzeugung Nr. 2 eine Überzeugung wie jede andere ist – auch

die Überzeugung (»Überzeugung Nr. 3«), dass er die Überzeugung Nr. 2 hat,

haben, und so weiter und so fort. Die Person müsste unendlich viele Überzeugungen haben und es ist zumindest sehr fraglich, ob das für endliche Wesen wie uns möglich ist. Schließlich kommt hinzu, dass Donald nicht einfach geraten hat, und es war auch kein Zufall, dass er die diese und keine andere Antwort gegeben hat. Es gibt aber kaum ein besseres Indiz der Überzeugungen einer Person als die nicht-zufälligen Antworten, die sie auf entsprechende Fragen gibt. All dies spricht dafür, Donald sowie jedem, der in derselben Lage ist, neben Wissen auch eine entsprechende Überzeugung zuzuschreiben.

Es gibt noch einen anderen Einwand dagegen, dass Wissen eine entsprechende Überzeugung voraussetzt (vgl. z.B. Ring 1977, 51 ff.; vgl. hierzu schon Platon: Der Staat, 476dff. sowie auch Chisholm 1957, 16–18, Williams 1973, 146 f., Welbourne 2001, 45-49 und Williamson 2000, Kap. 1). Betrachten wir folgenden Dialog:

A: Weißt Du, wie man von hier aus am schnellsten zum Bahnhof kommt?
B: Ich glaube, dass die Südtangente der schnellste Weg ist!
A: Glaubst Du es oder weißt Du es?
B: Ich glaube es!
A: Schade!
B: Halt, ich habe gerade nachgeschaut: Ich glaube es nicht, ich weiß es!

Ein Dialog wie dieser – die Tatsache, dass wir oft so reden – scheint nahezulegen, dass zu wissen, dass p, nicht nur nicht voraussetzt, dass man glaubt, dass p, sondern geradezu damit unvereinbar ist. Entweder man weiß oder man glaubt, aber auf keinen Fall beides zugleich. Dieser Eindruck aber trügt. Zwar hat das deutsche Wort »glauben« (bzw. »Glaube«) in der Alltagssprache auch die Konnotation von Unsicherheit, ob es sich so oder so verhält (und Ähnliches gilt für entsprechende Ausdrücke anderer

Sprachen). In diesem Sinne – im Sinne von »bloß glauben, aber nicht sicher sein« – ist Glauben in der Tat unvereinbar mit Wissen. Hier aber wird es im Sinne von »etwas für wahr halten« verwandt, also genauso wie »überzeugt sein«. In diesem Sinne ist »glauben, dass p«, nicht unvereinbar mit »wissen, dass p«. Man sieht dies auch daran, dass man im obigen Dialog nur das Wort »glauben« durch das Wort »überzeugt sein« ersetzen muss und damit verschwindet der Eindruck der Unvereinbarkeit mit Wissen. Kurz: Auch dieser zweite Einwand kann die These nicht entkräften, dass Wissen Überzeugung voraussetzt. Wir werden unten noch näher auf den Begriff der Überzeugung eingehen; hier soll das oben Gesagte ausreichen.

3.2 Wahrheit

Eine Überzeugung oder Meinung zu haben, dass p, heißt, wie wir oben festgestellt haben, dass man es für wahr hält, dass p. Nun muss natürlich das, was man für wahr hält, nicht wahr sein: Überzeugungen können wahr oder falsch sein. Auch wenn es nicht regnet, kann Albert doch glauben, dass es regnet. Ob jemand etwas für wahr hält ist eine Sache, ob es auch wahr ist, ist eine andere Sache. Während nun das Vorliegen einer Überzeugung noch nichts über deren Wahrheit impliziert, folgt doch daraus, dass jemand weiß, dass p, dass es auch wahr ist, dass p. Die Wahrheit der Überzeugung, dass p, ist eine notwendige Bedingung dafür, dass es sich bei dieser Überzeugung um Wissen handeln kann. Das Haben einer Überzeugung reicht nicht hin für Wissen; nicht alle Überzeugungen stellen Wissen dar. Betrachten wir eine Person, die glaubt, dass die Erde eine Scheibe ist. Diese Person weiß schon deshalb nicht, dass die Erde eine Scheibe ist, weil es nicht wahr ist, dass die Erde eine Scheibe ist. Es klingt nicht umsonst inkonsistent, wenn man etwas der folgenden Art sagt: »Herbert weiß, dass die Erde eine Scheibe ist, aber sie ist natürlich keine Scheibe!« Wenn jemand z. B. weiß, dass es regnet, dann ist es wahr, dass es regnet, und wenn es nicht regnet, dann kann die Person auch nicht wissen, dass es regnet. Es ergibt sich also eine zweite notwendige Bedingung für Wissen:

> (2) Wenn S weiß, dass p, dann ist es wahr, dass p.

Oder, kürzer:

> (2') Wenn S weiß, dass p, dann p

Diese Bedingung für Wissen ist von allen die Unproblematischste. Allerdings findet sich sowohl im Alltag als auch in Disziplinen wie der Psychologie, Linguistik, Sozialwissenschaft und Künstliche-Intelligenz-Forschung eine Verwendung des Wortes »Wissen« (bzw. entsprechender Ausdrücke in anderen Sprachen), derzufolge Wissen auch mit der Falschheit der entsprechenden Überzeugung vereinbar ist (vgl. für viele: Opwis/Lüer 1996, 348; Strube et al. 1995, 321; Schütz/Luckmann 1979/1984). Ethnologen etwa sprechen manchmal davon, dass sie die verschiedenen »Wissens-Systeme« verschiedener Kulturen untersuchen. Dem Wissens-System der einen Gesellschaft zufolge ist z. B. Schlangengift als Heilmittel einsetzbar, dem Wissens-System der anderen Gesellschaft zufolge hingegen nicht. Wer den Ausdruck »Wissen« in dieser Weise verwendet, definiert ihn um. Gemeint ist hier eher »Für Wissen halten« oder »Für wahr halten« als »Wissen«. Beide sind ja, wie gesagt, grundsätzlich verschieden voneinander. Mit »Wissen« ist dann so viel gemeint wie »Überzeugung«. Das kann irreführend sein, wenn man sich nicht klar macht, dass Wissen im ursprünglichen Sinne etwas anderes ist (und mehr verlangt als das Vorliegen einer Überzeugung). Um Wissen in diesem Sinn allein geht es in der Erkenntnistheorie, wenn von »Wissen« die Rede ist.

Aus ähnlichen Gründen sind Äußerungen wie die folgende problematisch: »Als ich klein war, war es für mich wahr, dass es einen Osterhasen gibt.« Heute hingegen, so wird dann oft hinzugefügt, sei es für die Person wahr, dass es keinen Osterhasen gibt. Insofern sei Wahrheit immer relativ auf Personen, Zeitpunkte und einiges Andere. Dementsprechend sei auch Wissen eine sehr ›relative‹ Angelegenheit. Man muss hier wirklich genau auf den Wortlaut achten. Interessanterweise sagt kaum jemand etwas wie das Folgende: »Als ich klein war, war es wahr, dass es einen Osterhasen gibt, heute aber nicht.« Daran wird deutlich, dass die vermeintliche Relativität von Wahrheit und Wissen auf einer Gleichsetzung von »wahr sein« und »für mich wahr sein« beruht. Mit »für mich wahr sein« kann aber offenbar nichts anderes gemeint sein als »für wahr halten«. Und es ist sicherlich wenig kontrovers, dass viele von uns früher glaubten, dass es einen Osterhasen gibt, dies heute aber nicht mehr glauben. Damit aber lässt sich sicherlich kein **Relativismus** von Wahrheit und Wissen begründen. Wissen verlangt nicht nur, dass die Person etwas Bestimmtes für wahr hält, sondern auch, dass es wahr ist. Es ist ein Fehler, beide Bedingungen in eins zu setzen.

Kann man nicht dagegen, dass Wissen Wahrheit voraussetzt, einwenden, dass sich letztlich niemand anmaßen könne, die Wahrheit zu kennen, bzw. dass man besser nicht beanspruchen solle, in der Lage zu sein, die Wahrheit zu finden? Hierauf lässt sich zweierlei entgegen. Zum einen ist dies eine ausgesprochen starke skeptische These, die alles andere als selbstverständlich ist (außerdem müsste zugleich auch der Anspruch auf Wissen fallen gelassen werden). Zum anderen wird hier in der Regel nicht grundsätzlich zwischen zweierlei unterschieden: zwischen der Frage, ob eine bestimmte Überzeugung wahr ist, und der Frage, ob und wie wir herausfinden können, ob die Überzeugung wahr ist. Mit anderen Worten: Es wird nicht zwischen Wahrheit und dem **Kriterium der Wahrheit** unterschieden. Selbst wenn wir über keine Kriterien verfügen sollten, die das Finden von Wahrheiten ermöglichen, ist es doch weiterhin nicht nur sinnvoll, sondern geradezu notwendig anzunehmen, dass Überzeugungen entweder wahr oder falsch sind. Das Verhältnis von Begriff und Kriterium der Wahrheit ist allerdings etwas komplexer als es hier erscheinen mag und wir werden unten näher auf diese und andere Fragen eingehen (s. Kap. IV.2).

3.3 Nicht-Zufälligkeit: Rechtfertigung

Bisher haben wir zwei notwendige Bedingungen für Wissen gefunden:

Wenn S weiß, dass p, dann
(1) hat S die Überzeugung, dass p, und
(2) es ist wahr, dass p.

Diese beiden Bedingungen sind nicht hinreichend für Wissen, – mehr ist dafür notwendig. Um dies sehen zu können, betrachten wir das folgende Beispiel. Kurt verfolgt den Ausgang einer Wahl, die zwischen zwei Kandidaten entschieden wird. Die Wahllokale sind schon geschlossen, aber die Stimmen sind noch nicht ausgezählt. Es gibt noch keinerlei Hinweise darauf (nicht einmal Hochrechnungen), wer der

Sieger sein wird. Dennoch ist Kurt fest davon überzeugt, dass sein Kandidat die Wahl gewonnen hat. Nehmen wir weiterhin an, dass sich später herausstellt, dass Kurts Kandidat tatsächlich gewonnen hat. Kurt hatte also eine wahre Meinung über den Ausgang der Wahl. Aber wir würden nicht sagen, dass er Wissen darüber hatte (vgl. hingegen: Sartwell 1991, 157 ff.; Sartwell 1992, 167; Kutschera 1982, 16 ff.). Warum nicht?

Der Grund ist, dass er aus bloßem **Zufall** richtig gelegen hat (aber siehe Baumann 2014). Damit ist nicht gemeint, dass sein Kandidat zufällig gewonnen hat. Es mag alles andere als Zufall gewesen sein, dass sein Kandidat gewonnen hat. Es geht nicht darum, ob die Tatsachen, die Kurts Überzeugung wahr machen, in irgendeiner Weise ›zufällig‹ zustande gekommen sind. Vielmehr hat Kurt zufällig ›ins Schwarze getroffen‹: Es war ein Zufall, dass er zu einer wahren Überzeugung über den Wahlausgang gelangt ist. Nun kann es natürlich sein, dass Kurt immer überzeugt ist, dass sein Kandidat gewinnt, – dass es also kein Zufall war, dass er auch diesmal wieder auf seinen Kandidaten gesetzt hat. Es mag also kein Zufall gewesen sein, dass er zu dieser und keiner anderen Überzeugung gelangt ist. Aber dennoch war es Zufall, dass er zu einer wahren Überzeugung gelangt ist – selbst wenn es kein Zufall war, dass er zu dieser Überzeugung gelangt ist und selbst wenn es ebenfalls kein Zufall war, dass die Tatsachen so waren wie sie waren. Für Kurt sprach einfach nichts dafür, dass sein Kandidat gewinnen wird, es gab keine Anhaltspunkte dafür. Mit anderen Worten: Mit Bezug auf seine epistemische Situation – wenn auch nicht mit Bezug auf seine psychologische Situation oder die Situation des Wahlausgangs – war es eher ein Zufall, dass Kurt zu einer wahren Meinung gelangt ist. Er hätte leicht falsch liegen können. Wissen setzt zwar nicht **Infallibilität** voraus – dass man nicht hätte falsch liegen können –, aber es setzt voraus, dass man nicht leicht hätte falsch liegen können. Wenn Kurt z. B. aber eine verlässliche Hochrechnung gesehen hat, aus der hervorgeht, dass sein Kandidat wahrscheinlich gewinnen wird, dann kann er Wissen beanspruchen, dass sein Kandidat die Wahl gewonnen hat, selbst wenn es im Prinzip immer noch hätte anders ausgehen können. Das alles schließt natürlich nicht aus, dass man auf zufällige Weise zu Wissen gelangen kann. Kurt könnte aus schierem Zufall ein geheimes Papier in die Hände fallen, aus dem hervorgeht, dass die Wahlen gefälscht sind; das spricht nicht dagegen, dass er so Wissen erwirbt (z. B. über die Wahlfälschung). Aber hier handelt es sich auch nicht darum, dass Kurt leicht hätte falsch liegen können, gegeben seine Kenntnis der Unterlagen.

Das Gesagte könnte nahe legen, nicht-zufällige wahre Meinung für notwendig und hinreichend für Wissen zu halten (vgl. hierzu etwa Unger 1970, 114 f.; Williams 1978, 44 f.; Craig 1993, 59). Dementsprechend würde Folgendes gelten:

S weiß, dass p, gdw.
(1) S die Überzeugung hat, dass p,
(2) es wahr ist, dass p. und
(3) S nicht zufällig zu dieser wahren Meinung gelangt ist.

Diese Erklärung ist aber aus mehreren Gründen problematisch. Ein Grund dafür liegt darin, dass nicht wirklich klar ist, was genau unter »Zufall« bzw. »nicht-zufällig« zu verstehen ist. Hierzu gibt es mehrere Vorschläge und ihre Diskussion zeigt, dass das, was man als dritte Bedingung des Wissens angeben soll, die eigentliche harte Nuss in der Diskussion um die Definition des Wissensbegriffs darstellt.

Gehen wir wieder zu dem obigen Beispiel mit Kurt zurück. Kurt wusste nicht, wie die Wahl ausgegangen ist, weil er bloß zufällig zu einer wahren Meinung über den Wahlausgang gelangt ist. Was könnte hier mit »bloß zufällig« bzw. »nicht zufällig« gemeint sein? Was fehlte Kurt zum Wissen? Eine ausgesprochen plausible Antwort lautet: »**Rechtfertigung**«. Maria weiß, dass die Bibliothek sonntags geöffnet ist, weil dem in der Tat so ist und weil sie ihre Überzeugung durch Gründe stützen kann bzw. darin gerechtfertigt ist. Kurt hingegen war in seiner, wenn auch wahren, Überzeugung, dass sein Kandidat gewinnen wird, nicht gerechtfertigt. Sicher, er hätte auf die Frage »Was bringt Dich zu dieser Siegesgewissheit?« etwas antworten können, z. B. »Ich spüre es einfach!«. Aber das ist keine Antwort, die einen Grund oder eine Rechtfertigung jener Überzeugung darstellt, jedenfalls keinen guten Grund oder keine akzeptable Rechtfertigung (und Letzteres suchen wir, wenn wir einen Grund oder eine Rechtfertigung suchen).

Was immer im Einzelnen unter »Rechtfertigung« zu verstehen ist – es ergibt sich hier ein Vorschlag zur Definition des Wissensbegriff. Da dieser Vorschlag in der Philosophie sehr oft und schon sehr früh gemacht worden ist, wird er auch als die »**traditionelle Konzeption des Wissens**« bezeichnet (vgl. dazu: Platon: Menon, 98a ff.; in Platon: Theaitetos, 201c ff. wird diese Konzeption vorgestellt und verworfen; vgl. als ein neueres Beispiel: Ayer 1956, 31 ff.). Dass sie heutzutage als »traditionell« bezeichnet wird, deutet schon an, dass es inzwischen Konkurrenz gibt. Man kann sie wie folgt zusammenfassen:

Die traditionelle Konzeption des Wissens

S weiß, dass p, gdw.
(1) S die Überzeugung hat, dass p,
(2) es wahr ist, dass p. und
(3) S.s Überzeugung gerechtfertigt ist.

Die entsprechende Antwort auf die Frage »Was ist Wissen?« lautet also: Wissen ist gerechtfertigte wahre Meinung.

Diese Erklärung des Wissensbegriffs lässt sich an vielen Beispielen belegen; das eben gegebene Beispiel mit Maria und der Bibliothek ist nur eines von vielen. Ein Mathematiker z. B. mag vermuten, dass ein bestimmter Satz wahr ist, aber erst, wenn er einen Beweis dafür liefern kann, verfügt er über eine Rechtfertigung und erst dann darf man sagen, dass er weiß, dass der Satz wahr ist. Eine Frau mag ahnen, dass sie schwanger ist, aber erst wenn sie eindeutige Evidenzen dafür hat, darf sie von sich oder dürfen wir von ihr sagen, dass sie weiß, dass sie schwanger ist. Die Liste solcher Beispiele lässt sich leicht fortsetzen und die traditionelle Konzeption des Wissens scheint sehr plausibel zu sein.

Zudem erlaubt sie es, einen Zusammenhang mit anderen Dingen zu sehen, die für die Erkenntnistheorie sehr wichtig sind. Versteht man unter »Rechtfertigung« das Haben guter Gründe, so gibt es der traditionellen Konzeption zufolge einen sehr engen Zusammenhang zwischen Wissen einerseits und **Rationalität** und Vernunft andererseits: Nur ein vernunftbegabtes Wesen ist zu Rechtfertigung und damit zu Wissen in der Lage. Geht man etwa davon aus, dass Tiere keine Vernunft besitzen, dann muss man auch annehmen, dass sie kein Wissen haben können. Der Hund Bello mag alles Mögliche können, – er mag Nachbars Katze riechen und auf dem Baum lokalisieren können, er mag sie anbellen so viel er will, er weiß doch – gemäß dieser Wissenskonzeption – nicht und kann nicht wissen, dass Nachbars Katze auf dem Baum sitzt.

4. Gettiers Problem und Modifikationen der traditionellen Konzeption des Wissens

4.1 Gettier

Die traditionelle Konzeption des Wissens wurde spätestens seit Platon und bis weit ins 20. Jh. hinein von vielen Philosophen fast als Selbstverständlichkeit akzeptiert. Wenn die Philosophen sich auch auf fast nichts einigen konnten, – darauf schienen sie sich weithin einigen zu können. Aber es gibt grundsätzliche Probleme mit dieser Konzeption des Wissens. Betrachten wir folgenden Fall. Albert entdeckt eines Morgens viele kleine rote Flecken auf seinen Armen und Beinen. Er geht davon aus, dass Folgendes wahr ist:

(1) Wer viele kleine roten Flecken auf Armen und Beinen hat, hat Masern.

Daraus und aus seiner Beobachtung

(2) Ich habe viele kleine roten Flecken auf Armen und Beinen,

schließt er darauf, dass er Masern hat:

(3) Ich habe Masern.

Albert geht zum Arzt, der ihm seinen Verdacht bestätigt: Er hat in der Tat Masern. Die kleinen roten Flecken aber haben nichts mit Masern zu tun, sondern sind nur Ausdruck einer allergischen Reaktion; solche Flecken haben sogar in den meisten Fällen gar nichts mit Masern zu tun. Albert befindet sich in einem frühen Stadium der Masern, in dem man an der Haut noch nichts bemerkt. Albert hat dennoch die wahre Überzeugung (3) erworben, dass er Masern hat. Darüber hinaus ist er in seiner Überzeugung (3) gerechtfertigt, und zwar durch (1) und (2). (1) und (2) stellen sogar sehr gute Gründe für (3) dar: An seiner Beobachtung (2) lässt sich schwer rütteln und was (1) angeht, so hat Albert aus verlässlicher Quelle gehört, dass Masern sich in solchen roten Flecken bemerkbar machen. Alberts Überzeugung, dass er Masern hat, ist also eine gerechtfertigte wahre Meinung. Aber sie stellt dennoch kein Wissen dar. Wir würden zu Recht bestreiten, dass Albert vor seinem Arztbesuch schon wusste, dass er Masern hat. Dieses Beispiel zeigt also, dass gerechtfertigte wahre Meinung nicht hinreichend für Wissen ist. Und wer weiß – vielleicht stellt sich bei näherem Nachdenken heraus, dass Rechtfertigung nicht einmal notwendig für Wissen ist? Auf jeden Fall ist die traditionelle Konzeption des Wissens in der obigen Form nicht korrekt. Sie trifft nicht wirklich das, was wir »Wissen« nennen.

Es ist erstaunlich, dass ein ganz einfaches Gegenbeispiel eine gut überlegte Theorie scheitern lassen kann. Noch erstaunlicher ist es, dass es bis 1963 gedauert hat, dass die Philosophen auf das erwähnte Problem aufmerksam wurden und es systematisch ernst nahmen. Zwar lassen sich schon einige Jahrzehnte zuvor Hinweise auf das Problem finden, aber erst 1963 wurde es allgemein zur Kenntnis genommen. In diesem Jahr nämlich veröffentlichte der Philosoph Edmund Gettier einen keine drei Seiten langen Aufsatz, in dem er zwei einfache Gegenbeispiele der eben dargestellten Art gegen die traditionelle Konzeption des Wissens vorbrachte (vgl. Gettier 1963, 121 ff. sowie zuvor schon Russell: The Problems of Philosophy, 131 f., Russell: Human Knowledge, 113 und 170 f. sowie Meinong: Erfahrungsgrundlage, 398 f., 619). Die Wirkung dieses Aufsatzes war durchschlagend: Seither gibt es kaum noch jemanden, der die traditionelle Konzeption unmodifiziert vertritt (vgl. aber Thalberg 1969, 794 ff. sowie New 1965, 62 ff. und die daran anschließende Diskussion zwischen Harman 1966, 206, Smith 1966, 207 f. und New 1969, 109 ff.). Abgesehen davon gibt es seit Gettiers Aufsatz eine deutlich intensivierte Diskussion um den Wissensbegriff. Es gibt anders als zuvor eine große Vielfalt von Theorie-Vorschlägen (vgl. als Überblick Shope 1983) und entsprechenden Gegeneinwänden. Jeder ernst zu nehmende neue Definitionsvorschlag von »Wissen« trat seither mit dem Anspruch auf, Gettier-artigen Einwänden gegenüber sicher zu sein. Die Diskussion ist außergewöhnlich komplex und wir werden uns hier auf die Grundideen beschränken.

Beginnen wir mit der Frage, was genau die traditionelle Konzeption zu Fall brachte. Warum genau weiß Albert vor seinem Arztbesuch nicht, dass er Masern hat? Die vielleicht naheliegendste Antwort besagt, dass eine rechtfertigende Meinung – ein »**Rechtfertiger**«, wie man das auch nennen kann – falsch war. Alberts Annahme (1) war falsch, auch wenn er daraus – zusammen mit einer weiteren Prämisse – etwas Wahres folgern konnte. Es liegt also nahe, die traditionelle Konzeption des Wissens nicht aufzugeben, sondern zu ergänzen, und zwar in folgender Weise (vgl. dazu Chisholm 1982, 43 ff.; Lehrer 1990, 18; Harman 1973, 47):

Eine modifizierte traditionelle Konzeption des Wissens

S weiß, dass p, gdw.
(1) S die Überzeugung hat, dass p,
(2) es wahr ist, dass p,
(3) S.s Überzeugung gerechtfertigt ist und
(4) die rechtfertigenden Überzeugungen wahr sind.

Wir können hier der Einfachheit halber davon ausgehen, dass Rechtfertiger in Überzeugungen bestehen (s. aber Kap. V.1). Hätte Albert also gewusst, dass kleine rote Flecken auf Armen und Beinen kein Indiz für Masern sind, hätte er nicht den Schluss gezogen, dass er Masern hat. Er hätte eine wahre Meinung weniger gehabt, aber auch eine nur scheinbar gut gestützte Meinung weniger. Er wäre vielleicht trotzdem zum Arzt gegangen, wenn er von der folgenden wahren Voraussetzung ausgegangen wäre:

(1') Wer viele kleine roten Flecken auf Armen und Beinen hat, hat ein gesundheitliches Problem.

Zusammen mit (2) hätte er dann geschlussfolgert, dass er ein gesundheitliches Problem hat. Diese Überzeugung genügt der modifizierten traditionellen Wissensdefinition und stellt ganz offensichtlich einen Fall von Wissen dar.

Diese modifizierte Erklärung scheitert nicht an Beispielen wie denen Gettiers, aber es fragt sich, ob sie nicht an anderen Beispielen scheitert. Wir können hier offen lassen, ob (4) eine notwendige Bedingung für Wissen darstellt. Man kann nämlich relativ leicht sehen, dass (1)–(4) keine hinreichenden Bedingungen für Wissen darstellen. Verändern wir das Beispiel mit Albert und nehmen wir an, dass (1) wahr ist, dass also gilt:

(1) Wer viele kleine roten Flecken auf Armen und Beinen hat, hat Masern.

Wiederum geht Albert von dieser Annahme aus. Diesmal aber hat er seine rot gefleckten Arme und Beine gar nicht gesehen. Vielmehr ist er durch schieren Zufall zu der wahren Überzeugung gelangt, dass er rotgefleckt ist: Er hat es geträumt und ist noch ganz im Traum befangen oder bildet es sich aus sonst einem Grund ein. Er ist also auch hiervon überzeugt:

(2) Ich habe viele kleine roten Flecken auf Armen und Beinen.

Aus (1) und (2) schließt er auf (3), nämlich dass er Masern hat. Und tatsächlich hat er Masern. (3) ist also eine wahre Meinung, die durch andere wahre Meinungen (und nur solche) gerechtfertigt ist. Dennoch weiß Albert nicht, dass er Masern hat. Der Grund ist, dass zumindest eine der rechtfertigenden Meinungen das darstellt, was wir oben »zufällig wahre Meinung« genannt haben (vgl. hierzu. Feldman 1974, 69). Dies legt wiederum folgende Modifikation nahe: Die rechtfertigenden Meinungen müssen nicht nur wahr sein, sondern auch nicht-zufälligerweise wahr. Da dies aber offenbar gerade das Kennzeichen von Wissen ist, könnte man auch sagen: Die rechtfertigenden Meinungen müssen Wissen darstellen. Würden sie kein Wissen darstellen, wären sie wieder fragwürdig. Es ergäbe sich damit folgende modifizierte Konzeption des Wissens:

Eine zweite modifizierte traditionelle Konzeption des Wissens

S weiß, dass p, gdw.
(1) S die Überzeugung hat, dass p,
(2) es wahr ist, dass p,
(3) S.s Überzeugung gerechtfertigt ist und
(4) die rechtfertigenden Überzeugungen Wissen darstellen.

Dieser Vorschlag hat einen ganz erheblichen Nachteil: Er ist zirkulär und deshalb inakzeptabel. Die Erklärung dessen, was Wissen ist, macht von genau dem Begriff Gebrauch, der doch allererst erklärt werden soll, nämlich dem Begriff des Wissens. Damit wird dieser Definitionsvorschlag unbrauchbar.

Aber vielleicht muss man gar nicht verlangen, dass die rechtfertigenden Überzeugungen Wissen darstellen; vielleicht reicht es aus, wenn sie selbst wieder wahr und gerechtfertigt sind. Damit ergäbe sich eine dritte Art der Modifikation:

Eine dritte modifizierte traditionelle Konzeption des Wissens

S weiß, dass p, gdw.
(1) S die Überzeugung hat, dass p,
(2) es wahr ist, dass p,
(3) S.s Überzeugung gerechtfertigt ist und
(4) die rechtfertigenden Überzeugungen selbst wieder wahr und gerechtfertigt sind.

Aber auch dieser Vorschlag ist problematisch: Wie steht es denn mit den Rechtfertigungen der rechtfertigenden Überzeugungen? Müssen wir von ihnen nicht auch wieder verlangen, dass sie wahr und gerechtfertigt sind? Man kann diejenigen Überzeugungen, die unsere ursprüngliche Überzeugung, dass p, rechtfertigen, »Rechtfertiger erster Stufe« nennen. Diejenigen Überzeugungen, die diese Rechtfertiger erster Stufe wiederum rechtfertigen, kann man »Rechtfertiger zweiter Stufe« nennen, und so weiter und so fort. Das Problem mit dem letzten Vorschlag lässt sich dann folgendermaßen ausdrücken. Offenbar gelangen wir dazu, von den Rechtfertigern erster Stufe wieder genau dasselbe zu verlangen wie von der ursprünglichen Überzeugung. Damit verschiebt sich das Problem bloß anstatt gelöst zu werden. Es ist schwer zu sehen, wie man vermeiden können soll, das Problem immer weiter zu verschieben – vom ersten auf den zweiten Rechtfertiger und von dort auf den dritten Rechtfertiger und so weiter und so fort –, ohne es jemals zu lösen.

4.2 Entwertbarkeit

Betrachten wir einen letzten Vorschlag zur Modifikation der traditionellen Konzeption des Wissens. Im ersten Albert-Masern-Beispiel geht Albert von einer falschen Prämisse aus:

(1) Wer viele kleine roten Flecken auf Armen und Beinen hat, hat Masern.

Aus (1) und der Beobachtung

(2) Ich habe viele kleine roten Flecken auf Armen und Beinen

schließt er darauf, dass er Masern hat:

(3) Ich habe Masern.

Albert ist die Tatsache unbekannt, dass Flecken dieser Art kein Indiz für Masern sind. Würde er nun zu der Überzeugung gelangen, dass (1) falsch ist, und

(1«) Es ist falsch, dass Flecken dieser Art für Masern sprechen

zu seiner Prämissenmenge hinzufügen – und vernünftigerweise (1) dafür aufgeben –, so könnte er nicht mehr zu dem Schluss gelangen (jedenfalls nicht korrekterweise), dass er Masern hat. Aus (1«) und (2) folgt nicht (3).

Es gibt hier eine Tatsache, die der Person nicht bekannt ist. Würde die Person die entsprechende Überzeugung erwerben und zu ihrer Prämissenmenge hinzufügen, so würden die bisherigen ›Rechtfertiger‹ ihre rechtfertigende Kraft verlieren. Kurz: Es gibt einen »defeater« oder »Entwerter« (wie man das nennen kann) für die bisherigen Rechtfertiger; die bisherigen Rechtfertiger sind »defeasible« oder »entwertbar«, anfällig für einen »defeater« oder »Entwerter« (vgl. Lehrer/Paxson 1969, 225 ff.). Dies führt zu folgender Erklärung:

Entwertbarkeit (a)

S's Rechtfertiger R für die Überzeugung, dass p, ist entwertbar gdw.
(1) R für sich genommen die Überzeugung, dass p, rechtfertigt und
(2) es eine Tatsache (q) gibt derart, dass Folgendes gilt:
   Würde die Überzeugung, dass q, zu R hinzugefügt (und gegebenenfalls eine der bisherigen Prämissen als falsch aufgegeben) werden, so würde die neue Prämissenmenge R' nicht mehr die Überzeugung, dass p, rechtfertigen.

Sofern man annehmen darf, dass die Rede von »S's Rechtfertiger R« schon (1) impliziert, kann man diese Erklärung noch kürzer fassen:

Entwertbarkeit (b)

S's Rechtfertiger R für die Überzeugung, dass p, ist entwertbar gdw. es eine Tatsache (q) gibt derart, dass Folgendes gilt:
Würde die Überzeugung, dass q, zu R hinzugefügt (und gegebenenfalls eine der bisherigen Prämissen als falsch aufgegeben) werden, so würde die neue Prämissenmenge R' nicht mehr die Überzeugung, dass p, rechtfertigen.

Wir können hier offenlassen, ob dieser Erklärung als endgültig oder als offen für weitere Modifikationen betrachtet werden sollte; hier kommt es nur auf die Grundidee und nicht auf die verschiedenen möglichen Varianten an. Es ist wichtig, im Auge zu behalten, dass die Entwertbarkeit eines Rechtfertigers nicht voraussetzt, dass die Person die entwertende Überzeugung faktisch erwirbt; es reicht, dass diese Überzeugung die Rechtfertiger entwerten würde, würde die Person diese Überzeugungen erwerben.

Betrachtet man nun die verschiedenen Albert-Masern-Beispiele, so liegt der Eindruck nahe, dass jeweils die Entwertbarkeit des Rechtfertigers dafür verantwortlich ist, dass kein Wissen vorliegt. Damit ergibt sich eine weitere Modifikation der traditionellen Konzeption des Wissens (vgl. Lehrer/Paxson 1969, 225 ff.; Lehrer 1990, Kap. 7; Chisholm 1989, 53 ff. und 97–99; Annis 1978a, 155 ff.; Swain 1978, 160 ff.; Swain 1981, 160 ff. und 194; Harman 1973, Kap. 9):

Die Entwertbarkeits-Konzeption des Wissens

S weiß, dass p, gdw.
(1) S die Überzeugung hat, dass p,
(2) es wahr ist, dass p,
(3) S.s Überzeugung gerechtfertigt ist und
(4) die rechtfertigenden Überzeugungen (der oder die Rechtfertiger) nicht entwertbar sind.

Die Entwertbarkeits-Konzeption hat – anders als die traditionelle Konzeption – keine Probleme mit Fällen wie denen, die Gettier aufbrachte: In diesen Fällen ist die jeweilige Rechtfertigung nämlich entwertbar. Dennoch gibt es auch für die Entwertbarkeits-Konzeption Probleme. Darauf soll nun eingegangen werden.

Manchmal wird der Entwerter selbst wieder entwertet bzw. entschärft. Was ist damit gemeint? Betrachten wir den folgenden Fall. Franz erhält von einem alten Freund, der inzwischen als Staatssekretär in einem Ministerium arbeitet, in aller Vertraulichkeit die Information, dass der Minister politisch heikle Akten vernichtet hat. Franz vertraut seinem alten Freund und gelangt zu der Überzeugung, dass der Minister politisch heikle Akten vernichtet hat. Diese Überzeugung ist dadurch gerechtfertigt, dass sein alter Freund, der Staatssekretär, ihn noch nie angelogen hat. Der Staatssekretär allerdings hat einen geheimen Plan. Obwohl er immer ein Herz und eine Seele mit dem Minister war, hat er – aus Gründen, die hier nicht näher interessieren – seit neuestem die Absicht, den Minister politisch zu belasten und ihn so schnell wie möglich aus dem Amt zu verdrängen. Der Minister hat ihm gegenüber beteuert, dass keine Akten vernichtet worden sind. Der Staatssekretär glaubt ihm und hat auch allen Grund dazu: Schließlich ist er seine rechte Hand, und in der Tat hat ihn der Minister vorher stets wahrheitsgetreu unterrichtet. Dennoch scheut der Staatssekretär nicht davor zurück, den Minister bei Franz anzuschwärzen, und zwar in der Hoffnung, dass Franz alles seiner Frau Maria weitererzählt, die als Journalistin bei einer großen Zeitung arbeitet. Aber auch der Minister hat ein Geheimnis: Er hat in der Tat politisch heikle Akten vernichtet. Er ist sich sicher, dass niemand das je herausfinden wird. Deshalb hat er seinen Vertrauten, den Staatssekretär, belogen.

Was lässt sich aus dieser Skandalgeschichte über Franz' epistemische Situation entnehmen? Franz ist der gerechtfertigten und wahren Überzeugung, dass der Minister politisch heikle Akten vernichtet hat. Es gibt einen Entwerter dieser Überzeugung: Sein Freund, der Staatssekretär, war unehrlich ihm gegenüber. Der Entwerter wird selbst wieder dadurch entwertet bzw. entschärft, dass der Minister den Staatssekretär angelogen hat. Wir würden zu recht bestreiten, dass Franz weiß, dass der Minister politisch heikle Akten vernichtet hat. Es spielt keine Rolle, ob der Entwerter selbst wieder entwertet wird oder nicht, ob es also einen »**doppelten Entwerter**« gibt; entscheidend ist, ob es überhaupt einen Entwerter gibt.

So scheint es jedenfalls, aber ganz so klar ist das nicht. Betrachten wir folgenden Fall (vgl. Lehrer/Paxson 1969, 228 f.). Ich sehe, wie mein Freund Thomas ein Buch aus der Bibliothek entwendet. Ich gelange zu der gerechtfertigten wahren Überzeugung, dass dem so ist. Aber es gibt einen Entwerter: Thomas' Mutter (die ich nicht kenne) hat ihren Nachbarn erzählt, dass Thomas einen Zwillingsbruder hat, der gerade zu Besuch in der Stadt ist, während doch Thomas selbst gar nicht da ist. Dieser Entwerter wird wiederum entwertet: Thomas' Mutter ist krank und bildet sich die Existenz eines rechtschaffenen Zwillingsbruders nur ein. Sollte man hier wirklich sagen, dass ich nicht weiß, dass Thomas ein Buch entwendet hat? Das erscheint unplausibel.

Während das Franz-Beispiel nahe legt, dass die Abwesenheit eines Entwerters (und nicht nur das Vorliegen eines doppelten Entwerters) notwendig für Wissen ist, legt das Thomas-Beispiel nahe, dass Wissen nur die Abwesenheit eines Entwerters verlangt, der selbst nicht entwertet wird. Aber ganz offenbar ist Wissen manchmal mit der Existenz eines doppelten Entwerters vereinbar und manchmal nicht. Würden wir mir das Wissen um Thomas' Diebstahl nicht eher absprechen, wenn ich Thomas' Mutter näher kennen und täglich mit ihr zu tun haben würde? Spielt etwa die größere oder geringere ›Nähe‹ meiner Informationswege zu der entwertenden Tatsache (was immer das im einzelnen heißen kann) eine Rolle? Oder die Chance, dass mir die jeweiligen Entwerter bekannt werden? Dann müsste etwa Franz recht gute Chancen haben, die jeweiligen Entwerter zu entdecken. Das aber erscheint wiederum unplausibel: Man kann sich gut vorstellen, dass er keine nennenswerte Chance hat, jemals hinter all diese Geheimnisse zu kommen. Kurz: Es ist zumindest unklar, ob die Entwertungs-Konzeption des Wissens durch irgendwelche Modifikationen zu retten ist.

4.3 Internalismus und Externalismus (I)

Bisher haben wir Konzeptionen des Wissens betrachtet, die die traditionelle Konzeption modifizieren oder ergänzen. Schließlich hatte Gettier ja gezeigt, dass Rechtfertigung allein nicht aus wahrer Meinung Wissen macht. Es lag also nahe, nach einer vierten Bedingung zu suchen, die zusammen mit den traditionellen drei Bedingungen notwendig und hinreichend für Wissen ist. Die Diskussion seit Gettier hat allerdings keine ›Vierer‹-Konzeption hervorgebracht, die nicht zumindest große Probleme aufwerfen würde. Dies führt leicht zu der Vermutung, dass Rechtfertigung nicht einmal notwendig für Wissen ist. Es bietet sich an, die verschiedenen Konzeptionen des Wissens (die alle darin übereinstimmen, dass gerechtfertigte wahre Meinung nicht hinreichend für Wissen ist) danach zu unterscheiden, ob ihnen zufolge Rechtfertigung notwendig für Wissen ist. Falls ja, spricht man auch von »**internalistischen**« Theorien (vgl. Chisholm 1989, 97–99; Chisholm 1982, 43 ff.; Lehrer 1990, 4 ff.), falls nein, von »**externalistischen**« Theorien (vgl. Armstrong 1973; Goldman 1992a, 69 ff.; Dretske 1981a; Nozick 1981, 172 ff.; Alston 1989a, 172 ff.; Sosa 1964, 1 ff.). Wir werden weiter unten noch auf diese Unterscheidung (vgl. dazu auch Dretske 1991b, 15 ff. und Lehrer 1991, 31 ff. sowie als Überblick Kornblith 2001a, 1 ff. sowie als Sammelband Kornblith 2001b) sowie auf eine davon verschiedene und sehr viel weiter verbreitete Verwendung der Ausdrücke »Internalismus« und »Externalismus« zurückkommen (s. Kap. II.5.3).

Es gibt mindestens zwei Gründe, aus denen externalistische Konzeptionen des Wissens schon von Anfang an plausibel erscheinen können. Zum einen gibt es offenbar Wesen – kleine Kinder, Tiere, vielleicht sogar gewisse Maschinen –, denen wir die Fähigkeit zur Rechtfertigung abzusprechen geneigt sind, die Möglichkeit zu wissen aber zusprechen. Das Kleinkind z. B. weiß doch offenbar, dass seine Mutter in der Nähe ist, auch wenn es dies nicht rechtfertigen kann. Zum anderen gibt es Fälle von Wissen, die, so scheint es, keine Rechtfertigung voraussetzen. Wahrnehmung ist ein gutes Beispiel. Ich weiß, dass vor mir eine Tasse mit Kaffee steht, auch wenn ich keine Ahnung habe, wie ich diese Überzeugung rechtfertigen sollte. Spricht dies nicht für die Vermutung, dass internalistische Konzeptionen des Wissens die Bedeutung von Rechtfertigung und Rationalität für Wissen viel zu hoch einschätzen, deren Zusammenhang viel zu eng sehen?

Dies ist alles andere als klar: Beide erwähnten Gründe sind umstritten (vgl. etwa die Diskussion zwischen Dretske 1991b, 15 ff. und Lehrer 1991, 31 ff.). Zum einen kann man – und viele Philosophen tun das – kleinen Kindern sowie auf jeden Fall Tieren oder gar Maschinen die Fähigkeit zu wissen absprechen. Zumindest im Fall von Tieren und Maschinen ist es sehr fraglich, ob man hier überhaupt Überzeugungen zuschreiben darf. Zum anderen kann man auch bei vermeintlich ›rechtfertigungsfreien‹ Fällen von Wissen ›verdeckte‹ Rechtfertigungen zu identifizieren suchen. Ich traue doch z. B. meinen Sinnen nur so lange, wie ich davon ausgehe, dass normale Wahrnehmungsbedingungen vorliegen (ich z. B. nicht unter dem Einfluss halluzinogener Drogen stehe). Heißt das nicht, dass ich meine auf Wahrnehmung beruhende Überzeugung, dass jetzt vor mir eine Kaffeetasse steht, durch Rekurs auf die (stillschweigend gemachte) Annahme rechtfertigen kann, dass normale Wahrnehmungsbedingungen vorliegen? Und setzt mein Wissen, dass ich eine Kaffeetasse vor mir habe, nicht voraus, dass ich die entsprechende Überzeugung in dieser Weise stützen kann? Schließlich würde ich ja nicht behaupten können zu wissen, dass eine Kaffeetasse vor mir steht, würde ich meinen Sinnen misstrauen.

Es ist jedenfalls nicht unmittelbar ersichtlich, welche Seite hier Recht hat. Dies spricht dafür, die Diskussion weniger abstrakt zu führen und statt dessen einzelne externalistische Konzeptionen des Wissens näher zu betrachten.

5. Die kausale Konzeption des Wissens

5.1 Die Idee

Eine vielleicht besonders nahe liegende externalistische Konzeption des Wissens ist die **kausale Konzeption** (vgl. vor allem Goldman 1992a, 69 ff. aber auch Goldman 1992b, 85 ff., Armstrong 1973, Kap. 11 ff., Skyrms 1970, 89 ff., sowie Dretske 1981a und Dretske/Enc 1984, 517 ff.). Die Grundidee ist, ganz grob formuliert, folgende:

> S weiß, dass p, gdw.
> (1) S die Überzeugung hat, dass p,
> (2) es wahr ist, dass p,
> (3) S.s Überzeugung durch die Tatsache, dass p, verursacht wurde.

Fälle von Wahrnehmungswissen eignen sich hier besonders gut zur Illustration. Ich sehe meinen Regenschirm vor mir und gelange zu der Wahrnehmungsmeinung, dass mein Regenschirm vor mir liegt. Diese Überzeugung ist wahr: Tatsächlich liegt mein Regenschirm vor mir. Die Tatsache, dass mein Regenschirm vor mir liegt, ist zudem kausal dafür verantwortlich, dass ich zu der Überzeugung gelangt bin, dass mein Regenschirm vor mir liegt. Da alle diese Bedingungen erfüllt sind, darf man sagen, dass ich weiß, dass mein Regenschirm vor mir liegt (vgl. hierzu Grice 1961, 121 ff.).

Die kausale Konzeption hat den Vorteil der Einfachheit und Eleganz, – auch wenn sie nicht ganz so einfach ist, wie es zunächst scheinen kann. Ein Problem stellt etwa Wissen über die Zukunft dar (vgl. dazu Goldman 1992a, 75 f. sowie auch Armstrong 1973, 157). Betrachten wir folgendes Beispiel. Franz stellt um 1 Minute vor 12 eine Herdplatte an, auf der ein Topf Wasser steht. Nach einigen Minuten – um 2 Minuten nach 12 – beginnt das Wasser zu kochen. Franz war von Anfang an der Überzeugung, dass das Wasser in einigen Minuten kochen wird (deshalb hat er die Herdplatte angestellt). Seine Überzeugung ist wahr und stellt sogar Wissen dar. Nun kann allerdings die Tatsache, dass das Wasser um 2 Minuten nach 12 zu kochen beginnt, nicht die Ursache für Franz' Überzeugung um 1 Minute vor 12 sein, dass das Wasser bald kochen wird. Der Grund ist ganz einfach: Die Ursache kann nicht zeitlich später eintreten als die Wirkung. Also muss die obige Erklärung der kausalen Konzeption modifiziert werden, und es ist nicht schwer zu sehen, wie dies geschehen kann. Dass das Wasser nach einigen Minuten zu kochen beginnt, lässt sich nämlich selbst kausal erklären, und zwar daraus, dass Franz die Herdplatte angestellt hat und dass dies zum Erhitzen und schließlich Kochen des Wassers führt. Auch wenn Franz' Überzeugung um 1 Minute vor 12, dass das Wasser bald kochen wird, nicht durch das Wasserkochen um 2 Minuten nach 12 verursacht werden kann, kann jene Überzeugung doch durch die schon um 1 Minute vor 12 gegebene Ursache des baldigen Wasserkochens verursacht werden. Franz stellt den Herd um 1 Minute vor 12 an und dies verursacht zum einen (zusammen mit Franz' Wissen über Herde und einiges Andere), dass er zu der Überzeugung gelangt, dass das Wasser bald kochen wird, und zum anderen verursacht es das baldige Wasserkochen. Mit anderen Worten: Franz' Überzeugung ist zwar nicht durch die zukünftige Tatsache verursacht worden, aber sie ist doch mit ihr in angegebener Weise kausal verbunden (vgl. Goldman 1992a, 75 f.). Man kann demgemäß die obige Erklärung folgendermaßen modifizieren:

S weiß, dass p, gdw.
(1) S die Überzeugung hat, dass p,
(2) es wahr ist, dass p,
(3) S.s Überzeugung mit der Tatsache, dass p, kausal verbunden ist.

Es gibt aber noch ein weiteres Problem, dem eine angemessene Formulierung der kausalen Konzeption des Wissens Rechnung tragen muss. Betrachten wir wiederum ein Beispiel. Franz lebt in einer Wohnung mit Klimaanlage. Die Außentemperatur steigt über einen kritischen Wert an und löst über einen Thermostaten das Anspringen der Klimaanlage aus. Die Klimaanlage ist schon etwas älter und erzeugt beim Anspringen ein Geräusch, das dem Geräusch von Grillen zum Verwechseln ähnlich ist. Franz ahnt davon nichts und glaubt, Grillen zu hören. Da er einsetzende Grillengeräusche unmittelbar für ein Anzeichen angestiegener Außentemperatur hält, führt all dies dazu, dass er zu der wahren Überzeugung gelangt, dass die Außentemperatur angestiegen ist. Kurz: Das Steigen der Außentemperatur steht am Anfang einer Ursachenkette, an deren Ende die wahre Überzeugung über das Ansteigen der Außentemperatur steht. Die obigen Bedingungen sind erfüllt und doch würden wir nicht sagen, dass Franz weiß, dass die Außentemperatur angestiegen ist. Die Verursachung ist nicht von der »richtigen Art«; es handelt sich hier um, wie man auch sagt, eine »deviante« oder »**abweichende Ursachenkette**«. Man könnte meinen, dass das Problem darin liegt, dass die Verursachung nicht ›direkt‹ geschieht, sondern mehrere Phasen durchläuft. Diese Idee hilft allerdings nicht weiter: Schließlich lassen sich auch bei unproblematischen Fällen von Verursachung mehrere Phasen unterscheiden (und beim obigen Beispiel des Wissens von der Zukunft ist der Zusammenhang zwischen Tatsache und Überzeugung ebenfalls indirekt). Wir müssen also die abweichenden Kausalketten ausschließen bzw. fordern, dass ein ›**angemessener**‹ **kausaler Zusammenhang** vorliegt (vgl. Goldman 1992a, 80). Damit ergibt sich folgende Erklärung:

Die kausale Konzeption des Wissens

S weiß, dass p, gdw.
(1) S die Überzeugung hat, dass p,
(2) es wahr ist, dass p,
(3) S.s Überzeugung mit der Tatsache, dass p, in angemessener Weise kausal verbunden ist.

Die kausale Konzeption bietet eine Antwort auf Gettiers Herausforderung: In Gettier-artigen Fällen fehlt eben die angemessene kausale Verbindung. Aber ist die kausale Konzeption vor anderen Arten von Einwänden sicher?

5.2 Probleme und Einwände

Man kann sich darüber streiten, ob Fälle sogenannter ›selbst-erfüllender Prophezeiungen‹ als Fälle von Wissen betrachtet werden sollen. Eine selbst-erfüllende Überzeugung ist eine Überzeugung, zu deren Wirkungen es gehört, dass sie wahr wird. Ein gutes Beispiel ist das des ängstlichen Prüflings, der aus lauter Nervosität davon überzeugt ist, dass er die Prüfung nicht bestehen wird, und gerade deshalb so unsicher wird, dass er die Prüfung tatsächlich nicht besteht. Soll man sagen, dass der Prüfling »es von Anfang an gewusst« hat? Oder ist das Nichtvorliegen selbst-erfüllender Prozesse eine Bedingung der Angemessenheit des kausalen Zusammenhangs?

Es ist nicht klar, was man hier sagen soll. Wir können diese Frage aber offen lassen, weil es ein tiefer liegendes Problem mit der obigen kausalen Konzeption des Wissens gibt. Wann immer ein Gegenbeispiel präsentiert wird, das zeigen soll, dass die kausale Konzeption keine hinreichenden Bedingungen für Wissen formuliert, können die Vertreter der kausalen Konzeption entgegnen, dass der kausale Zusammenhang eben nicht von der ›richtigen Art‹ war. Diese Antwort ist aber nur überzeugend, wenn man angeben kann, worin die Angemessenheit des kausalen Zusammenhangs besteht. Genau dies ist aber bemerkenswerterweise noch niemandem gelungen. So lange dies aber nicht gelingt, fehlt es der kausalen Konzeption des Wissens an Plausibilität.

Es gibt noch andere Probleme für diese Konzeption. Wir sind bisher einfach davon ausgegangen, dass es **Tatsachen** in der Welt gibt, und zwar in einem ähnlichen Sinne, in dem auch Dinge, Eigenschaften, Zustände und Ereignisse in der Welt vorkommen oder vorzukommen scheinen (vgl. Russell: The Philosophy of Logical Atomism, 177 ff.; Wittgenstein: Tractatus logico-philosophicus, passim). Diese Auffassung ist aber alles andere als selbstverständlich oder unproblematisch. Nehmen wir an, dass die Katze Kleopatra gefleckt ist. Gibt es dann neben der Katze Kleopatra und – vielleicht – der Eigenschaft des Geflecktseins noch die Tatsache, dass die Katze gefleckt ist? Wir können dies hier zunächst offen lassen, werden aber später darauf zurückkommen (s. Kap. IV.3).

Es gibt auch davon abgesehen Probleme für die Auffassung, dass Tatsachen Überzeugungen verursachen können. Ein Grund ist ganz einfach: Die Ursache-Wirkung-Beziehung ist einer verbreiteten Auffassung zufolge eine Relation, die zwischen einzelnen Ereignissen – und nicht zwischen Dingen, Eigenschaften, Zuständen oder Tatsachen – besteht (vgl. etwa Davidson 1980b, 149 ff.). Das Ansteigen der Temperatur verursacht das Anspringen der Klimaanlage. Genau genommen dürfte man also nicht davon sprechen, dass eine Überzeugung (also etwas, das kein Ereignis ist) verursacht wird, sondern das Erwerben oder weitere Beibehalten der Überzeugung. Vor allem aber dürfte man nicht davon sprechen, dass Tatsachen (die ja keine Ereignisse sind) irgend etwas verursachen. Man müsste statt dessen sagen, dass bestimmte Ereignisse den Erwerb oder das Beibehalten einer Überzeugung verursachen.

Nehmen wir an, das ist möglich, und behalten wir – nur der Einfachheit halber – einmal die Rede von Tatsachen als Ursachen von Überzeugungen bei. Was genau ist dann etwa für meine Überzeugung, dass es keine Eisberge in der Sahara gibt, kausal verantwortlich? Gibt es neben der Tatsache, dass es Sand in der Sahara gibt, auch »negative« Tatsachen wie etwa die, dass es keine Eisberge in der Sahara gibt? Und ist diese Tatsache dann kausal verantwortlich für meine Überzeugung, dass es in der Sahara keine Eisberge gibt? Vielleicht gibt es die Tatsache, dass der Gärtner der Mörder ist, aber gibt es auch die Tatsache, dass der Butler nicht der Mörder ist? Verursacht sie die entsprechende Überzeugung? Offenbar ist es für jedes einzelne Lebewesen wahr zu sagen, dass es sterblich ist; gibt es aber auch die »allgemeine« Tatsache, dass alle Lebewesen sterblich sind? Erklärt diese allgemeine Tatsache dann, dass man nicht nur Meinungen über einzelne Lebewesen, sondern auch über »alle« Lebewesen haben kann?

Wie steht es mit der Tatsache, dass die Pole schmelzen und Paris die Hauptstadt Frankreichs ist? Wie mit der Tatsache, dass entweder Dreikäsehoch oder Bismarck das Rennen gewinnt? Und wie mit der Tatsache, dass die Straße, wenn es regnet, nass wird? Gibt es all diese Tatsachen und vor allem: Wie können sie Überzeugungen verursachen? Ich bin wahrheitsgemäß davon überzeugt, dass 2 + 5 = 7, aber gibt es eine entsprechende Tatsache? Und, vor allem: wie kann eine mathematische Tatsache kausale Wirkungen auf mich ausüben? Mein Mathematik-Lehrer kann das, aber ein mathematischer Sachverhalt? Es mag verschiedene Tatsachen über Junggesellen geben, aber gibt es auch die Tatsache, dass Junggesellen notwendigerweise unverheiratet sind, gar nicht verheiratet sein können? Ist eine solche Tatsache kausal für die entsprechende Überzeugung verantwortlich? Wie steht es mit Dingen, die möglich oder unmöglich sind? Gibt es kontrafaktische Tatsachen wie etwa die, dass der Wahlverlierer die Wahl akzeptiert hätte, wenn er sie gewonnen hätte? Er hat die Wahl doch verloren – wie kann dann irgendeine Tatsache in der Welt die genannte kontrafaktische Überzeugung verursachen?

All dies deutet an, dass die Vorstellung von einer kausalen Beziehung zwischen Tatsachen und wahren Überzeugungen nicht unproblematisch ist. Gibt es zu jeder Art von Überzeugung eine Tatsache, die sie wahr oder falsch macht? Auch wenn diese Probleme lösbar sein sollten, so verlöre die kausale Wissenskonzeption dabei doch erheblich an Eleganz und Einfachheit und damit sicherlich auch an Attraktivität. Aber es bleibt vor allem der Verdacht, dass eine kausale Wissenskonzeption für elementare Fälle von Wahrnehmungswissen angemessen sein könnte, aber sicherlich nicht z. B. für mathematisches oder logisches Wissen. Mit anderen Worten: Für Wissen im Allgemeinen scheint die oben angegebene kausale Bedingung nicht notwendig zu sein.

Betrachten wir eine letzte Schwierigkeit der kausalen Wissenskonzeption. Sie tritt auch im offenbar besten möglichen Anwendungsfall, dem der Wahrnehmung, auf. Einer verbreiteten Auffassung zufolge, die auf Hume zurückgeht (vgl. Hume: Treatise, I.3, I.4.1.; Hume: Enquiry, sec. 4 f.), gibt es einen engen Zusammenhang zwischen Kausalität und **Gesetzmäßigkeit**. Wenn man sagt, dass ein Ereignis einer bestimmten Art U ein anderes Ereignis der Art W verursacht, dann setzt man, dieser Auffassung zufolge, dabei voraus, dass alle U-Ereignisse W-Ereignisse nach sich ziehen. Dass dieser Steinwurf das Zersplittern dieser Fensterscheibe verursacht hat, heißt dementsprechend auch, dass alle Steinwürfe dieser Art unter ähnlichen Umständen zu ähnlichen Wirkungen führen. Kausale Zusammenhänge beruhen demgemäß auf strikten gesetzmäßigen Zusammenhängen zwischen Typen von Ereignissen (vgl. hierzu auch Armstrong 1973, Kap. 11 ff.). Wie ist dies im Fall von Wissen zu verstehen? Welche Gesetzmäßigkeiten sind hier anzuführen?

Betrachten wir eine bestimmte Wahrnehmung als Beispiel. Franz nimmt eine blühende Linde wahr und gelangt zu dem Wahrnehmungswissen, dass die Linde blüht. Welche Arten von Ereignissen führen hier zu welchen anderen Arten von Ereignissen? Ganz sicherlich falsch ist folgende Antwort:

> (G1) Wann immer eine Linde blüht,
>   gelangt Franz zu der Überzeugung, dass die entsprechende Linde blüht.

Natürlich blühen viele Linden (z. B. in Erdteilen, in denen Franz nie gewesen ist), ohne dass Franz auch nur irgendetwas davon ahnt. Etwas besser ist da schon der folgende Vorschlag (wobei wir die Frage, was als »unmittelbare Umgebung« zu gelten hat, hier nicht beantworten müssen):

(G2) Wann immer eine Linde blüht
und sie sich in Franz' unmittelbarer Umgebung befindet,
gelangt Franz zu der Überzeugung, dass die entsprechende Linde blüht.

Nun kann es natürlich sein, dass Franz die Augen geschlossen hat oder es zu dunkel ist, um irgendetwas zu sehen. In solchen Fällen ist es ganz unwahrscheinlich, dass Franz zu der Überzeugung gelangt, dass die entsprechende Linde blüht. Fordern wir also zusätzlich, dass Franz die Linde unter **normalen Bedingungen** (gute Sichtbarkeit etc.) wahrnimmt:

(G3) Wann immer eine Linde blüht
und sie sich in Franz' unmittelbarer Umgebung befindet
und Franz sie unter normalen Bedingungen wahrnimmt,
gelangt Franz zu der Überzeugung, dass die entsprechende Linde blüht.

Nun ist allerdings nicht garantiert, dass Franz überhaupt darauf achtet, ob die Linde blüht. Vielleicht sucht er gerade seine Katze und überprüft die Linde nur daraufhin, ob sich eine Katze in ihr befindet, so dass ihm gar nicht auffällt oder bewusst wird, dass die Linde blüht. Dementsprechend würde er nicht die Überzeugung erwerben, dass die Linde blüht. Abgesehen davon könnte es sein, dass Franz gar nicht über den Begriff der Linde verfügt und für ihn alle Bäume gleich sind. Auch dies würde den Erwerb der entsprechenden Überzeugung verhindern (s. Kap. III.1). Wir müssen unsere Formulierung des Gesetzes also weiterhin verändern:

(G4) Wann immer eine Linde blüht
und sie sich in Franz' unmittelbarer Umgebung befindet
und Franz sie unter normalen Bedingungen wahrnimmt
und Franz über die Begriffe der Linde und des Blühens verfügt
und Franz bewusst darauf achtet, ob die Linde blüht,
gelangt Franz zu der Überzeugung, dass die entsprechende Linde blüht.

Es wäre äußerst erstaunlich, wenn (G4) wahr wäre: Schließlich wäre so jeder Irrtum ausgeschlossen, sobald die genannten Bedingungen erfüllt sind. Aber ganz offensichtlich sind Irrtümer auch unter diesen Bedingungen möglich. Franz könnte z. B. eine Droge eingenommen haben, die seine Wahrnehmung derart verzerrt, dass Folgendes gilt:

(G4') Wann immer eine Linde blüht
und sie sich in Franz' unmittelbarer Umgebung befindet
und Franz sie unter normalen Bedingungen wahrnimmt
und Franz über die Begriffe der Linde und des Blühens verfügt
und Franz bewusst darauf achtet, ob die Linde blüht,
gelangt Franz zu der Überzeugung, dass ein brennender Elefant vorbeiläuft.

Man kann all dies in der Formulierung zusammenfassen, dass die ›subjektiven‹ Umstände und Bedingungen der Wahrnehmung normal sind:

(G5) Wann immer eine Linde blüht
und sie sich in Franz' unmittelbarer Umgebung befindet
und Franz sie unter subjektiv wie objektiv normalen Bedingungen wahrnimmt
und Franz über die Begriffe der Linde und des Blühens verfügt
und Franz bewusst darauf achtet, ob die Linde blüht,
gelangt Franz zu der Überzeugung, dass die entsprechende Linde blüht.

Nun will man sicherlich auch den Fall ausschließen, dass Franz auf jeden Fall glaubt, dass Linden blühen, selbst wenn er mit nicht-blühenden Linden konfrontiert wird. Zugleich will man nicht ausschließen, dass Franz auf andere Weise zu der Überzeugung gelangt, dass die Linde vor ihm blüht (etwa dadurch, dass ihm eine verlässliche andere Person dies mitteilt). Dies legt folgende Modifikation nahe:

(G6) Wann immer eine Linde blüht
und sie sich in Franz' unmittelbarer Umgebung befindet
und Franz sie unter subjektiv wie objektiv normalen Bedingungen wahrnimmt
und Franz über die Begriffe der Linde und des Blühens verfügt
und Franz bewusst darauf achtet, ob die Linde blüht,
gelangt Franz zu der Überzeugung, dass die entsprechende Linde blüht,
und er wäre bei Nicht-Vorliegen der oben genannten Bedingungen und unter sonst gleichen Umständen nicht zu dieser Überzeugung gelangt.

Da nichts für die Annahme spricht, dass es besondere Gesetze für Franz und Lindenblüten gibt, kann man (G6) folgendermaßen – für alle Personen S, im Prinzip wahrnehmbaren Gegenstände a und Eigenschaften F – verallgemeinern:

(G7) Wann immer ein Gegenstand a die Eigenschaft F hat
und a sich in unmittelbarer Umgebung der Person S befindet
und S a unter subjektiv wie objektiv normalen Bedingungen wahrnimmt
und S über den Begriff F verfügt sowie weiß, was a ist,
und S bewusst darauf achtet, ob a F ist,
gelangt S zu der Überzeugung, dass a F ist,
und S wäre bei Nicht-Vorliegen der oben genannten Bedingungen und unter sonst gleichen Umständen nicht zu dieser Überzeugung gelangt.

Ein wesentliches Problem liegt hier in der Frage, was genau unter »normalen Bedingungen« zu verstehen ist. Damit darf natürlich nicht einfach »Bedingungen, unter denen der Erwerb einer wahren Überzeugung garantiert ist« gemeint sein oder »Bedingungen, unter denen der Erwerb einer wahren Überzeugung wahrscheinlich ist«. Dies würde die Erklärung völlig trivialisieren und wir wüssten immer noch nicht, um welche Bedingungen es sich dabei eigentlich handelt. Es hilft auch nichts, auf die Bedingungen zu verweisen, die in allen einzelnen Fällen gegeben sind, in denen jemand zu einer wahren Überzeugung gelangt. Zum einen sind uns niemals alle Fälle dieser Art zugänglich und zum anderen würden wir so kein allgemeines Gesetz – also ein Gesetz, das nicht einfach einzelne Fälle auflistet – identifizieren können. Man muss also in anderer Weise angeben, wann Bedingungen »normal« sind. Es erscheint zumindest sehr fragwürdig, ob eine solche Angabe jemals gelingen kann; bisher jedenfalls ist dies niemandem gelungen.

Aber selbst wenn das gelingen würde, wäre immer noch nicht alles gewonnen. Wir können uns doch offenbar irren, auch wenn die in (G7) angeführten Vorbedingungen erfüllt sind, – insbesondere, wenn die Bedingungen normal sind (nicht alle Irrtümer sind anormalen Bedingungen geschuldet). Die Liste der Vorbedingungen ist auf dem Weg von (G1) und (G7) immer länger geworden und ein Ende ist offenbar nicht abzusehen. Es ist bemerkenswert, dass Wissenschaften wie z. B. die Psychologie bisher keine Gesetze der gesuchten Art zur Bildung von Überzeugungen gefunden haben, geschweige denn Gesetze, die den Erwerb von wahren Überzeugungen betreffen. Dies legt die Vermutung nahe, dass es entweder die gesuchten Gesetzmäßigkeiten gar nicht gibt oder wir kaum Chancen haben, sie zu finden. Wenn es schon für die hier betrachteten Fälle einfacher Wahrnehmungen keine Gesetzmäßigkeiten gibt, dann scheint – unter der Voraussetzung, dass Kausalität Gesetzmäßigkeit impliziert – die kausale Konzeption des Wissens kaum haltbar zu sein. Aber auch wenn es kausale Gesetzmäßigkeiten gibt und wir keine oder nur geringe Chancen haben, sie jemals zu erkennen, würde dies gegen eine kausale Wissenskonzeption sprechen. Wir hätten dann nämlich keinerlei Kriterien zur Hand, die es uns erlauben würden, Fälle von Wissen von Fällen von Nichtwissen zu unterscheiden. Zu unserem Wissensbegriff gehört aber genau dies: dass wir nämlich diese Unterscheidung machen können. Wenn dem so ist, dann trifft aber die kausale Konzeption des Wissens nicht unseren Begriff des Wissens.

Aber selbst wenn es gesetzmäßige kausale Zusammenhänge der gesuchten Art gibt und wir diese auch identifizieren können, wäre doch sehr zu bezweifeln, ob dies eine notwendige Bedingung für Wissen darstellt. Würden wir nicht auch von »Wissen« sprechen, wenn der Erwerb einer wahren Überzeugung nur sehr wahrscheinlich war? Auf diese Idee werden wir gleich zurückkommen; sie führt auf die sogenannte »**reliabilistische**« Konzeption des Wissens. Alles in allem kann man festhalten, dass die kausale Konzeption des Wissens – wie immer man sie auch weiterentwickeln mag – große Probleme aufwirft. Es gibt berechtigte Zweifel an ihrer grundsätzlichen Angemessenheit.

5.3 Internalismus und Externalismus (II)

Wir haben bisher zwei Arten von Wissenskonzeptionen betrachtet: internalistische Konzeptionen, denen zufolge Rechtfertigung notwendig für Wissen ist, und externalistische Konzeptionen, denen zufolge Rechtfertigung nicht einmal notwendig für Wissen ist. Die oben vorgestellte Entwertbarkeitskonzeption gehört zur ersten Gruppe, kausale Konzeptionen zur zweiten Gruppe. Bevor wir eine weitere Konzeption des Wissens betrachten, noch einige Bemerkungen zu der Unterscheidung von Internalismus und Externalismus (vgl. dazu auch Kim 1993, 303 ff.; Fumerton 1988, 443 ff.; Kornblith 2001a, 1 ff.; Alston 1989b, 185 ff.). Diese Ausdrücke werden in der gegenwärtigen Diskussion nämlich auch noch in etwas anderem Sinne verwandt, und wenn man die verschiedenen Verwendungsweisen nicht klar auseinanderhält, kann leicht Verwirrung entstehen. Als »internalistisch« wird eine Wissenskonzeption oft genau dann bezeichnet, wenn derjenige Faktor oder einer derjenigen Faktoren, die aus wahrer Meinung Wissen machen, der Person »**kognitiv zugänglich**« ist, innerhalb ihrer »kognitiven Perspektive« liegt (insofern »intern« ist). Damit ist gemeint, dass die Person sich dieses Faktors bewusst ist bzw. sich dieses Faktors leicht bewusst werden kann. Rechtfertigung ist ein Beispiel für einen solchen Faktor: Wer eine Rechtfertigung hat, ist sich dessen bewusst oder kann sich dessen leicht bewusst werden. Anders verhält es sich z. B. mit der kausalen Vorgeschichte einer Überzeugung: Sie kann der Person zugänglich bzw. bewusst sein, aber sie muss es nicht sein (und ist es in der Regel auch nicht); sie kann auch außerhalb der kognitiven Perspektive der Person (»extern« zu ihr) liegen. Wissenskonzeptionen, denen zufolge diejenigen Faktoren, die aus wahrer Meinung Wissen machen, der Person nicht kognitiv zugänglich sein müssen, werden auch als »externalistisch« bezeichnet.

Oft wird der Unterschied zwischen Internalismus und Externalismus auch so erklärt: Internalisten zufolge besteht zumindest einer der Faktoren, die aus wahrer

Meinung Wissen machen, aus einem **mentalen Zustand** der Person (z. B. einer – rechtfertigenden – Überzeugung); Externalisten zufolge besteht keiner dieser Faktoren in einem mentalen Zustand der Person (sondern z. B. in der »extra-mentalen« Vorgeschichte der Meinung). Oft wird angenommen, dass mentale Zustände mit den oben erwähnten kognitiv zugänglichen Faktoren zusammenfallen und nicht-mentale Zustände mit den nicht (notwendigerweise) kognitiv zugänglichen Faktoren. Dem ist aber nicht so. Manche mentalen Zustände sind uns unzugänglich, wie z. B. viele Vorgänge, die mit dem Sehen zu tun haben. Und manches, das uns zugänglich ist, wie etwa die unmittelbaren Gegenstände der Wahrnehmung, nicht mentaler Natur. Dies legt die Auffassung nahe, dass es hier gar nicht darauf ankommt, ob diejenigen Faktoren, die aus wahrer Meinung Wissen machen, mentaler Natur sind oder nicht.

Es bleiben also die beiden Kriterien des Rechtfertigungsbezugs sowie der Zugänglichkeit. Man könnte nun vermuten, dass diese beiden Kriterien in dem Sinne ›zusammenfallen‹, dass sie entweder beide erfüllt sind oder beide nicht erfüllt sind. Nun wird allerdings der Ausdruck »Rechtfertigung« zumindest in der gegenwärtigen Diskussion oft in einem weiteren Sinne als hier verwandt – in einem Sinne, in dem auch eine Überzeugung mit der ›richtigen‹ kausalen Vorgeschichte als ›gerechtfertigt‹ gelten kann. Dementsprechend werden dann internalistische Auffassungen von Rechtfertigung, denen zufolge die Rechtfertigung der Person kognitiv zugänglich ist (z. B. eine rechtfertigende Überzeugung), von externalistischen Auffassungen von Rechtfertigung unterschieden, denen zufolge die Rechtfertigung der Person nicht kognitiv zugänglich sein muss (z. B. eine bestimmte kausale Vorgeschichte). Dementsprechend sind Wissenskonzeptionen internalistisch, wenn ihnen zufolge Wissen höchstens Rechtfertigung im internalistischen Sinne voraussetzt, wohingegen Wissenskonzeptionen externalistisch sind, wenn ihnen zufolge Wissen Rechtfertigung im externalistischen Sinne voraussetzt. Versteht man die Ausdrücke »internalistisch« und »externalistisch« in dieser Weise, so fallen die beiden Kriterien des Rechtfertigungsbezugs und der Zugänglichkeit nicht mehr zusammen.

Es geht hier nicht um einen Streit um Worte: Wichtig ist allein, dass die Unterschiede in der Sache deutlich werden, wie immer man sie sprachlich zum Ausdruck bringt. Hier wird der Ausdruck »Rechtfertigung« in einem engeren Sinne verwandt, – in dem Sinne, in dem alle Rechtfertigung für die jeweilige Person kognitiv zugänglich ist. Das paradigmatische Beispiel dafür sind andere Überzeugungen der Person, die das vermeintliche Wissen stützen. Die kausale Vorgeschichte einer Überzeugung hingegen ist in diesem engeren Sinne keine Rechtfertigung. Dementsprechend sind Wissenskonzeptionen internalistisch genau dann, wenn ihnen zufolge Rechtfertigung (in diesem engeren, ›internalistischen‹ Sinne) notwendig für Wissen ist, und externalistisch genau dann, wenn dem nicht so ist. Die Kriterien des Rechtfertigungsbezugs und der Zugänglichkeit sollen hier also als zusammenfallend in dem Sinne betrachtet werden, dass sie auf dieselben Fälle zutreffen.

Das Gesagte macht auch verständlich, warum viele Internalisten eine These vertreten, die Externalisten gewöhnlich bestreiten: die W-W-These (vgl. Hintikka 1962, 28, 103 ff.). Dieser These zufolge folgt daraus, dass jemand weiß, dass p, auch, dass diese Person, weiß, dass sie »p« weiß (daher der Ausdruck »W-W«). Schließlich ist der Person ihre Rechtfertigung ja kognitiv zugänglich und damit, so die Internalisten, im Falle des Wissens auch die Tatsache, dass sie weiß. In einer abgeschwächten Version besagt die These, dass eine Person, die weiß, dass p, in einer guten Position ist, auch von diesem ihrem Wissen zu wissen. Zumindest in der stärkeren Version wirft die W-W-These ein Regressproblem auf. Wenn S weiß, dass p, dann – so die These – weiß S auch, dass S weiß, dass p. Auf letzteren Fall von Wissen lässt sich nun aber offenbar die W-W-These wieder anwenden, so dass sich dies ergibt: S weiß, dass S weiß, dass S weiß, dass p. Offenbar lässt sich die W-W-These immer wieder neu anwenden, so dass sich ein unendlicher Regress des Wissens ergibt. Dies scheint aber absurd zu sein und es ist nicht klar, ob man die W-W-These in plausibler Weise so formulieren kann, dass der Regress blockiert ist. So viel hier zu der Unterscheidung von Internalismus und Externalismus.

6. Wahrscheinlichkeit

Eines der Probleme einer kausalen Konzeption des Wissens hängt, wie gesagt, mit der Vorstellung strikter kausaler Gesetze zusammen. Es spricht nun einiges dafür, dass man gar keine 100-prozentigen Korrelationen annehmen muss, um Wissen zu erklären, sondern dass Wahrscheinlichkeiten unter 100 % auch ausreichen. Dies führt auf eine weitere Konzeption des Wissens, den sogenannten »Reliabilismus«. Bevor wir näher darauf eingehen, zunächst einige Bemerkungen zum Begriff der Wahrscheinlichkeit, die in vielerlei Hinsicht nicht unwichtig sind und auf die wir auch später noch zurückkommen werden. Schließlich hat schon **Joseph Butler** (1692–1752) darauf hingewiesen, dass »probability is the very guide of life« (Butler: The Analogy of Religion, 5).

Betrachten wir einen normalen Würfel, mit dem alles in Ordnung ist und der immer auf einer seiner sechs Seiten zum Liegen kommt. Wie groß ist die Wahrscheinlichkeit, dass man beim nächsten Wurf eine 6 würfelt? Offenbar ist sie genau so groß wie die Wahrscheinlichkeit, dass man eine 5 würfelt; jeder der sechs möglichen Augenzahlen kommt die gleiche Wahrscheinlichkeit zu. Man kann dies auch so ausdrücken: Die Wahrscheinlichkeit, beim nächsten Wurf eine 6 zu würfeln, beträgt 1/6 und dasselbe gilt für jede der anderen fünf möglichen Augenzahlen. Wie groß ist die Wahrscheinlichkeit, dass man beim nächsten Wurf eine 1, 2, 3, 4, 5 oder 6 würfelt? Offenbar ist sie sechs mal so groß wie 1/6; sie beträgt also 1. Wie groß ist die Wahrscheinlichkeit, dass man beim nächsten Wurf eine 13 würfelt? Ganz offensichtlich lautet die richtige Antwort »0«.

Man kann Wahrscheinlichkeiten in Prozentzahlen zwischen 0 und 100 angeben; man kann sie aber auch – was in der Wahrscheinlichkeitstheorie gewöhnlich getan wird und auf dasselbe hinausläuft – in reellen Zahlenwerten zwischen 0 und 1 (inklusive 0 und 1) angeben (wobei es weder negative Wahrscheinlichkeiten noch Wahrscheinlichkeiten gibt, die größer als 1 sind). Wahrscheinlichkeiten lassen sich Propositionen zuordnen: z. B. der Proposition, dass der nächste Wurf eine 4 ergibt, oder der Proposition, dass der Vizepräsident die nächsten Wahlen gewinnt, oder der Proposition, dass es morgen hagelt. Wahrscheinlichkeitsangaben haben also die folgende Form:

$$P(p) = x,$$

wobei »P(p)« für die Wahrscheinlichkeit P der Proposition p steht und »x« für den entsprechenden Zahlenwert; P ist also eine Funktion, die Propositionen Zahlenwerte zuordnet. Zum Beispiel kann man sagen: P(der nächste Wurf mit unserem Würfel ergibt eine gerade Zahl) = 0,5. Oder der Wetterbericht mag besagen, dass es eine 80 %-Chance auf Regen morgen gibt: P(Morgen wird es regnen) = 0,8.

Der russische Mathematiker **Andrej Nikolajewitsch Kolmogorow** (1903–1987) hat die Wahrscheinlichkeitstheorie Anfang der 1930er Jahre axiomatisiert und im Folgenden sollen einige der wichtigsten Grundsätze der Wahrscheinlichkeitstheorie vorgestellt werden (vgl. Kolmogorow 1933, insb. Kap. 1 sowie die Darstellungen bei Hacking 2001, Kap. 4–7, Kyburg 1970, Kap. 2, Skyrms 1975, Resnik 1987, 47 ff. und Eells 1982, 222–224).

Ein erstes Axiom haben wir schon erwähnt:

(1) $0 \leq P(p) \leq 1$.

Dies gilt für alle Propositionen.

Die Bestimmung oder Messung einer Wahrscheinlichkeit ist oft mit Schwierigkeiten verbunden. Nicht jeder Fall ist so (relativ) einfach gelagert wie das obige Würfelbeispiel. Manchmal kann man nur eine ungefähre Schätzung abgeben. Ein Meteorologe mag etwa sagen, dass die Wahrscheinlichkeit von Regen in der Innenstadt morgen Vormittag zwischen 0,7 und 0,8 liegt. Es ist sicherlich unsinnig, von ihm zu erwarten, dass er sich auf einen genauen Wert festlegt, wie z. B. 0,78912. Wir können hier offen lassen, ob die Proposition, dass es morgen Vormittag in der Innenstadt regnet, überhaupt einen exakten Wert – z. B. 0,78912 – hat, selbst wenn wir ihn niemals genau, sondern immer nur annäherungsweise identifizieren können. Ein Grund für die Annahme, dass manche Wahrscheinlichkeiten unbestimmt sind und nur in Intervallen angegeben werden können, hängt mit Vagheit zusammen. Betrachten wir das Regenbeispiel: Was gilt denn als Regen? Es gibt klare Fälle von Regen und klare Fälle von »Nicht-Regen«, aber es gibt auch viele Fälle, in denen unklar ist, ob es sich um Regen handelt oder nicht (und z. B. eher um ein leichtes Tröpfeln). Dies alles spricht aber nicht dagegen, Zahlenintervalle für die entsprechende Wahrscheinlichkeit anzugeben. Es mag allerdings Fälle geben, in denen man weder einen bestimmten Zahlenwert noch irgendwelche Zahlenintervalle zwischen 0 und 1 angeben kann, – also Fälle, in denen die Wahrscheinlichkeit völlig unbestimmt erscheint, so dass man eigentlich gar nicht vom Vorliegen einer Wahrscheinlichkeit sprechen kann. Wie groß z. B. ist die Wahrscheinlichkeit, dass das Folgende wahr ist: Wenn es in 800 Jahren eine Königin von England gibt, dann wird ihr erster Vorname mit dem Buchstaben »E« beginnen? Trotz all dieser Schwierigkeiten kann man zumindest sagen, dass es viele Fälle gibt, in denen die quantitative Angabe von Wahrscheinlichkeiten sinnvoll ist.

Ein zweites Axiom ist das folgende:

(2) $P(T) = 1$,

wobei »T« für eine völlig sichere Proposition steht, also um eine Proposition mit maximaler Wahrscheinlichkeit. Dabei kann es sich um eine logische Tautologie (»Wenn es regnet, dann regnet es«) handeln, also um eine Aussagenverbindung, die immer wahr ist, gleich welchen Wahrheitswert die einzelnen Aussagen, aus denen sie besteht, haben. Es kann sich weiterhin um eine Proposition handeln, deren Verneinung einen logischen Widerspruch enthält (»Alle Füchsinnen sind weiblich«), um eine Proposition, die mit allen möglichen Sachverhalten vereinbar ist (»Der nächste Wurf wird eine 1, 2, 3, 4, 5 oder 6 bringen«) oder um eine Proposition, die aus sonstigen Gründen völlig sicher ist (»Ich existiere in diesem Augenblick« ist ein guter Kandidat). Die Verneinung einer solchen Proposition (z. B. »Es regnet und es regnet nicht«) ist, wie wir gleich noch sehen werden, völlig sicher falsch und hat die Wahrscheinlichkeit 0.

All dies besagt übrigens nicht, dass wahre Propositionen die Wahrscheinlichkeit 1 und falsche Propositionen die Wahrscheinlichkeit 0 haben. Nehmen wir an, ich mache eine Prognose des Ausgangs des nächsten Würfelwurfs: Der nächste Wurf wird eine 2 bringen. Diese Proposition hat die Wahrscheinlichkeit 1/6. Nehmen wir weiterhin an, dass der nächste Wurf tatsächlich eine 2 bringt, dass meine Prognose also wahr ist. Dann haben wir es mit einer wahren Proposition mit der Wahrscheinlichkeit 1/6 zu tun. Dagegen könnte man einwenden, dass meine Prognose zu dem Zeitpunkt, an dem ich sie mache, weder wahr noch falsch ist, weil sie die Zukunft betrifft und »die Würfel noch gar nicht gefallen sind«. Die Annahmen, die diesem Einwand zugrunde liegen, sind allerdings alles andere als selbstverständlich und man müsste allererst Argumente dafür anbringen; auf keinen Fall folgt das schon aus dem oben Gesagten. Wenn man also – wie viele, aber nicht alle Logiker und Philosophen – davon ausgeht, dass jede Proposition entweder wahr oder falsch ist, sollte man jedenfalls nicht ohne weiteres die Wahrheit oder Falschheit einer Proposition mit der Wahrscheinlichkeit 1 oder 0 zusammenfallen lassen. Der umgekehrte Zusammenhang besteht aber: Propositionen mit der Wahrscheinlichkeit 0 sind falsch und Propositionen mit der Wahrscheinlichkeit 1 sind wahr (siehe die obigen Beispiele).

Ein drittes Axiom – auch »**Additions-Axiom**« genannt – besagt Folgendes:

(3)   P(p ∨ q) = P(p) + P(q), wenn »p« und »q« sich gegenseitig ausschließen.

Wir können hier wie bei den folgenden Axiomen und Theoremen Fälle mit mehr als 2 Propositionen außer Acht lassen. Das Zeichen »∨« – das »Disjunktionszeichen« – steht hier für das nicht-ausschließende »oder«; »p ∨ q« ist demgemäß in genau drei Fällen wahr: wenn »p« wahr ist, aber nicht »q«, wenn »q« wahr ist, aber nicht »p«, und wenn »p« und »q« beide wahr sind. Zwei Propositionen schließen sich genau dann gegenseitig aus, wenn nicht beide zugleich wahr sein können, sei es aus logischen Gründen (»Wenn es regnet, wird die Straße nass« vs. »Es regnet und die Straße wird nicht nass«) oder aus sonstigen Gründen (»Der nächste Wurf wird eine 6 bringen« vs. »Der nächste Wurf wird nicht die höchste Augenzahl bringen«). Hier ist ein Beispiel für (3):

P(Der nächste Wurf wird eine 1, 2 oder 3 bringen)
= P(Der nächste Wurf wird eine 1 bringen) + P(Der nächste Wurf wird eine 2 bringen)
  + P(Der nächste Wurf wird eine 3 bringen)
= 1/6 + 1/6 +1/6 = 1/2.

Mit anderen Worten: Eine Disjunktion von sich gegenseitig ausschließenden Propositionen kann nicht weniger oder mehr wahrscheinlich sein als die Summe der einzelnen Wahrscheinlichkeiten der Propositionen.

Was spricht für diese Axiome? Nun, da es sich um Axiome handelt, kann man sie nicht aus anderen Sätzen desselben Systems ableiten und sollte das deshalb auch gar nicht erst versuchen. Dennoch sollten die Axiome aber eine gewisse Plausibilität haben, was bei (1)–(3) auch der Fall ist.

Aus diesen Axiomen kann man nun weitere Sätze logisch ableiten (sogenannte »Theoreme«). Es sei »¬« das Negationszeichen; »¬p« ist der gängigen Logik zufolge genau dann wahr, wenn »p« falsch ist und genau dann falsch, wenn »p« wahr ist. Dann ist »p v ¬p« sicherlich eine Tautologie (z. B. »Es regnet oder es regnet nicht«). Es gilt also, gemäß (2):

$$P(p \text{ v } \neg p) = 1.$$

Da »p« und »¬p« sich gegenseitig logisch ausschließen, kann man, gemäß (3), zu dem Folgenden übergehen:

$$P(p) + P(\neg p) = 1.$$

Dies ergibt umgeformt das folgende Theorem:

(4) $P(p) = 1 - P(\neg p).$

Hier ist ein Beispiel: P(Der nächste Wurf gibt eine 1) = 1 – P(Der nächste Wurf gibt keine 1). Setzt man die entsprechenden Werte ein, ergibt sich folgende Wahrheit: $1/6 = 1 - (5 \times 1/6)$.

Nun lässt sich auch zeigen, dass Kontradiktionen wie z. B. »Es regnet und es regnet nicht« – Aussagenverknüpfungen also , die immer falsch sind, gleich welchen Wahrheitswert die einzelnen Aussagen, aus denen sie besteht, haben – die Wahrscheinlichkeit 0 haben. Betrachten wir die Kontradiktion K und ihre Negation, die Tautologie T. Gemäß (4) gilt:

$$P(K) = 1 - P(T).$$

(2) erlaubt uns, hierzu überzugehen:

$$P(K) = 1 - 1.$$

Mit anderen Worten:

(5) $P(K) = 0.$

Was für Kontradiktionen, also die Negationen logischer Tautologien, gilt, gilt auch für die anderen Negationen von Propositionen mit der Wahrscheinlichkeit 1.

Axiom (3) ist auf den Fall beschränkt, dass »p« und »q« sich gegenseitig ausschließen. Es gibt nun auch einen allgemeineren Satz, ein weiteres Theorem, das für alle »p« und »q« gilt, gleich ob sie sich ausschließen oder miteinander vereinbar sind:

(6) $P(p \text{ v } q) = P(p) + P(q) - P(p \text{ \& } q).$

Das Zeichen »&« ist das Konjunktionszeichen (»und«); Propositionen der Form »p & q« sind genau dann wahr, wenn sowohl »p« wahr ist als auch »q«. Man kann sich (6) folgendermaßen plausibel machen. Die Disjunktion »p v q« ist in nicht mehr als drei einander ausschießenden Fällen wahr:

    (a) wenn »p«, aber nicht »q« wahr ist,
    (b) wenn »q«, aber nicht »p« wahr ist und
    (c) wenn sowohl »p« als auch »q« wahr sind.

Man benötigt nun nicht viel mehr als (3), um folgendes zu sehen: Zieht man von der Wahrscheinlichkeit von »p« – also der Wahrscheinlichkeit von »(p & ¬q) v (p & q)« (die Fälle (a) und (c)) – die Wahrscheinlichkeit des Falles (c) ab –

P(p) – P(p & q)

–, so erhält man die Wahrscheinlichkeit des Falles (a). Die Wahrscheinlichkeiten der Fälle (b) und (c) ergeben addiert nichts anderes als die Wahrscheinlichkeit von »q«. Die Wahrscheinlichkeit aller drei Fälle (a)–(c) gemeinsam ist also

P(p) – P(p & q) + P(q).

Die Wahrscheinlichkeit aller drei Fälle ist aber nichts anderes als die Wahrscheinlichkeit der Disjunktion »p v q«. Also gilt (6). Man muss, sozusagen, vermeiden, den Fall (c) doppelt zu zählen und deshalb die Wahrscheinlichkeit von »p & q« von der Summe der Wahrscheinlichkeiten von »p« und von »q« abziehen.

Zwei weitere Theoreme lassen sich recht leicht ableiten. Zunächst:

(7)   **P(p) ≤ P(q), wenn »p« »q« logisch impliziert.**

Von »logischer Implikation« spricht man genau dann, wenn ein Konditional aus logischen Gründen wahr ist. Ein Konditional hat die Form »wenn p, dann q« bzw. »p -> q« und ist nur in dem Fall falsch, in dem »p« wahr ist und »q« falsch. Ein Beispiel für eine logische Implikation ist »Wenn entweder der Gärtner oder der Butler der Mörder ist und der Butler nicht der Mörder ist, dann ist der Gärtner der Mörder«.

Dass (7) gilt, kann man sich recht schnell plausibel machen. Wenn »p« »q« logisch impliziert, dann sind alle Fälle, in denen »p« wahr ist, zugleich Fälle, in denen »q« wahr ist, aber es nicht gesagt, dass es nicht noch mehr Fälle gibt, in denen »q« wahr ist (Fälle, in denen »p« falsch ist). Also ist die Wahrscheinlichkeit von »p« nicht grösser als die von »q«.

Etwas formaler kann man dies folgendermaßen zeigen. Wenn »p« »q« logisch impliziert, dann gilt Folgendes:

P(p -> q) = 1.

Dies lässt offen, ob auch »q« »p« logisch impliziert. Also können wir über das umgekehrte Konditional nur dies sagen:

P(q -> p) ≤ 1.

Ausgehend von dem, was wir über die Wahrheitsbedingungen von »v« und »->« gesagt haben, können wir »p -> q« durch »(¬p) v q« bzw. »q -> p« durch »(¬q) v p« ersetzen. Die Klammerzeichen dienen dabei der Gruppierung; so ist z.B. »(¬p) v q« die Disjunktion von »(¬p)« und »q«, was deutlich von »¬(p v q)«, also der Negation der Disjunktion von «p" und «q", zu unterscheiden ist. Die obigen Ausdrücke lassen sich also folgendermaßen umformulieren:

P((¬p) v q) = 1

und

P((¬q) v p) ≤ 1.

Es gilt also:

P((¬q) v p) ≤ P((¬p) v q).

Da »¬q« und »p« sich gegenseitig ausschließen – schließlich soll ja »p« »q« logisch implizieren –, können wir gemäß (3) und (6) zu Folgendem übergehen:

$P(\neg q) + P(p) \leq P(\neg p) + P(q) - P((\neg p) \,\&\, q).$

(4) erlaubt uns folgende Umformung:

$1 - P(q) + P(p) \leq 1 - P(p) + P(q) - P((\neg p) \,\&\, q),$

was wiederum umgeformt

$2P(p) \leq 2P(q) - P((\neg p) \,\&\, q)$

ergibt. Da $P((\neg p) \,\&\, q)$ positiv ist, gilt:

$P(p) \leq P(q).$

Dies gilt, wenn »p« »q« logisch impliziert. Also ist (7) bestätigt.

Aus (7) lässt sich leicht ein weiteres Theorem ableiten:

(8) $P(p) = P(q)$, wenn »p« und »q« logisch äquivalent sind.

Zwei Propositionen sind genau dann logisch äquivalent, wenn jede der beiden die jeweils andere logisch impliziert. Ist dies bei »p« und »q« der Fall, so gilt gemäß (7) sowohl $P(p) \leq P(q)$ als auch $P(q) \leq P(p)$. Daraus ergibt sich, wie leicht zu sehen ist, (8).

Besonders wichtig für Wahrscheinlichkeitstheorie und Erkenntnistheorie ist der Begriff der »**bedingten**« oder »**konditionalen**« Wahrscheinlichkeit. Bisher haben wir es nur mit »unbedingten« Wahrscheinlichkeiten zu tun gehabt: mit Wahrscheinlichkeiten wie der Wahrscheinlichkeit, dass es regnet, oder der Wahrscheinlichkeit, dass die Straße nass wird, oder der Wahrscheinlichkeit, dass es regnet oder die Straße nass wird. Unbedingte Wahrscheinlichkeiten haben die Form »P(p)«, wobei »p« für eine einfache Proposition ebenso stehen kann wie für eine beliebig komplexe Verknüpfung von einzelnen Propositionen. Ein Beispiel für eine bedingte Wahrscheinlichkeit ist nun etwa die Wahrscheinlichkeit, dass die Straße nass wird, gegeben dass es regnet. Bedingte Wahrscheinlichkeiten sind Wahrscheinlichkeiten, dass p, gegeben dass q (oder: unter der Voraussetzung, dass q). Der gängige Ausdruck dafür ist »P(p/q)«. Es ist z. B. für die allermeisten Straßen wahr, dass die unbedingte Wahrscheinlichkeit, dass die Straße nass wird, geringer ist als die bedingte Wahrscheinlichkeit, dass die Straße nass wird, gegeben dass es regnet. Oder, um ein anderes Beispiel zu nehmen: Die unbedingte Wahrscheinlichkeit, aus einem vollständige Stapel Karten ein Herz As zu ziehen, beträgt 1/52. Die bedingte Wahrscheinlichkeit aber, ein As zu ziehen, gegeben dass man ein Herz zieht, beträgt 1/13.

Wie kann man nun bedingte Wahrscheinlichkeiten bestimmen? Glücklicherweise gibt es hierzu ein weiteres Axiom (ein Satz, der manchmal auch als Definition betrachtet wird):

(9) $P(p/q) = P(p\,\&\,q)/P(q).$

Dies soll für alle »p« und »q« gelten, sofern nur $P(q) > 0$ (schließlich ist die Division für den Fall, dass der Nenner 0 beträgt, nicht definiert).

(9) besagt also, dass die bedingte Wahrscheinlichkeit, dass p, gegeben dass q, gleich ist der Wahrscheinlichkeit, dass »q« und »p« zugleich wahr sind (Fall I), geteilt durch die Wahrscheinlichkeit, dass »q« wahr ist, ganz gleich ob »p« wahr ist oder nicht (Fall II). Die bedingte Wahrscheinlichkeit P(p/q) hängt also von dem Verhältnis der Wahrscheinlichkeit von Fall I zu der Wahrscheinlichkeit von Fall II ab. Wächst (oder fällt) die Wahrscheinlichkeit von Fall I im Verhältnis zur Wahrscheinlichkeit von

Fall II, so wächst (oder fällt) auch die entsprechende bedingte Wahrscheinlichkeit. Die bedingte Wahrscheinlichkeit, ein As zu ziehen, gegeben dass man ein Herz zieht, ist gleich der Wahrscheinlichkeit, ein Herz As zu ziehen, geteilt durch die Wahrscheinlichkeit, ein Herz zu ziehen, – also: 1/13.

Man darf übrigens die konditionale Wahrscheinlichkeit P(p/q) nicht mit der (unbedingten) Wahrscheinlichkeit eines Konditionals P(q –> p) verwechseln. Die konditionale Wahrscheinlichkeit P(p/q) beträgt gemäß (9)

(a) P(p&q)/P(q),

wohingegen die Wahrscheinlichkeit des Konditionals »q –> p« gemäß dem oben Gesagten gleich

(b) P((¬q) v p)

ist. Und es ist falsch, dass (a) und (b) immer denselben Wert haben. Zum Beispiel ist die konditionale Wahrscheinlichkeit, ein Kreuz zu ziehen, gegeben, dass man eine schwarze Karte zieht, 1/2. Die Wahrscheinlichkeit des Konditionals »Wenn man eine schwarze Karte zieht, dann zieht man ein Kreuz« hingegen ist genau so groß wie die Wahrscheinlichkeit der Disjunktion »Man zieht ein Kreuz oder man zieht keine schwarze Karte«. Und diese Wahrscheinlichkeit beträgt gemäß (3) 1/2 + 1/4, also 3/4.

Es ist auch einleuchtend, dass P(p/q) nicht immer gleich P(q/p) ist. Die erste Wahrscheinlichkeit beträgt gemäß (9)

P(p & q)/P(q),

wohingegen die zweite Wahrscheinlichkeit

P(p & q)/P(p)

beträgt; beides ist nur gleich, wenn

P(p) = P(q),

was sicherlich nicht immer der Fall ist. Zum Beispiel ist die bedingte Wahrscheinlichkeit, ein Herz zu ziehen, gegeben dass man ein As zieht, 1/4. Hingegen ist die bedingte Wahrscheinlichkeit, ein As zu ziehen, gegeben dass man ein Herz zieht, 1/13. Die bedingte Wahrscheinlichkeit, dass die Straße nass wird, gegeben dass es regnet, ist – jedenfalls für die meisten Straßen – verschieden von der bedingten Wahrscheinlichkeit, dass es regnet, gegeben dass die Straße nass wird. Manchmal wird mit der Verwechslung von P(p/q) und P(q/p) Werbung gemacht: Eine private Firma z.B., die Studenten auf eine wichtige Prüfung vorbereitet, wirbt damit, dass 75 % derjenigen, die die Prüfung mit sehr guten Noten bestanden haben, die Dienste der Firma in Anspruch genommen haben. Was man als angehender Prüfling in dieser Situation viel eher wissen will, ist, wie viel Prozent von denen, die die Vorbereitungskurse der Firma belegt haben, die Prüfung mit sehr guten Noten (oder überhaupt) bestanden haben. Es könnte ja z.B. sein, dass auch 98 % aller durchgefallenen Prüflinge die Kurse der Firma belegt haben, – was keine so gute Werbung mehr wäre.

Ein weiteres Theorem – die »**Multiplikations-Regel**« – ergibt sich direkt aus Umformung von (9). Für alle »p« und »q« gilt, sofern P(p) > 0 und P(q) > 0:

(10) **P(p & q) = P(p/q) x P(q).**

Da »p & q« logisch äquivalent zu »q & p« ist, gilt auch:

(10') $P(p \& q) = P(q/p) \times P(p)$.

Man kann (10) bzw. (10') natürlich auch als Axiom betrachten und (9) daraus ableiten. Es ist sehr nützlich, die Wahrscheinlichkeit von Konjunktionen bestimmen zu können. Man kann sich den Gehalt von (10) bzw. (10') gut an den für (9) angeführten Beispielen vor Augen führen und plausibel machen.

Für den speziellen Fall, dass zwei Propositionen probabilistisch unabhängig voneinander sind, lässt sich ein weiteres Theorem ableiten, das »**spezielle Multiplikationstheorem**«. Wir werden darauf gleich eingehen, doch zunächst müssen wir uns mit der Frage befassen, was mit »probabilistischer Unabhängigkeit« gemeint ist. Eine Proposition p ist genau dann probabilistisch unabhängig von einer Proposition q, wenn $P(p)$ nicht von $P(q)$ abhängt. Der Begriff der probabilistischen Unabhängigkeit lässt sich, mit anderen Worten, folgendermaßen definieren:

> **Eine Proposition p ist genau dann probabilistisch unabhängig von einer Proposition q, wenn**
> $P(p/q) = P(p)$, **vorausgesetzt** $P(q) > 0$
> **oder wenn**
> $P(q) = 0$.

Die Wahrscheinlichkeit einer Proposition »p« ist also auch dann unabhängig von »q«, wenn »q« z. B. eine Kontradiktion ist oder aus sonstigen Gründen mit Sicherheit falsch ist. Ob ich mit einem Würfel eine 6 würfele, ist z. B. probabilistisch unabhängig davon, ob ich mit einem anderen Würfel eine 4 oder sonst irgendeine andere Zahl würfele. Ob ich aber aus einem vollständigen Stapel Karten ein Herz ziehe, ist nicht probabilistisch unabhängig davon, ob ich eine rote Karte ziehe.

Eine probabilistische Abhängigkeit zwischen »p« und »q« kann zwei Formen annehmen: Die Wahrscheinlichkeit von »p« kann steigen, sobald »q« gegeben ist – $P(p/q) > P(p)$ –, oder sie kann fallen, sobald »q« gegeben ist – $P(p/q) < P(q)$. Die Wahrscheinlichkeit, seinen Schnupfen loszuwerden, gegeben die Einnahme eines wirksamen Schnupfenmittels, ist höher als die unbedingte Wahrscheinlichkeit, seinen Schnupfen loszuwerden. Und die Wahrscheinlichkeit, seinen Schnupfen loszuwerden, gegeben viel zu leichte Bekleidung, ist geringer als die unbedingte Wahrscheinlichkeit, seinen Schnupfen loszuwerden.

Probabilistische (Un-)Abhängigkeit ist weder mit **logischer** noch mit **kausaler** (Un-)**Abhängigkeit** zu verwechseln. Logische Unabhängigkeit von »p« und »q« besteht darin, dass weder »p« aus »q« logisch folgt noch umgekehrt. Kausale Abhängigkeit von »p« und »q« besteht darin, dass beide Propositionen in einer Kausalbeziehung miteinander stehen (z. B. das Eintreten von »p« das Eintreten von »q« verursacht). Auch wenn »p« und »q« logisch unabhängig voneinander sind, können sie doch (müssen aber nicht) probabilistisch abhängig voneinander sein: Rauchen und Lungenkrebs z. B. sind probabilistisch, aber nicht logisch abhängig voneinander. Und auch wenn »p« und »q« nicht in einer Ursache-Wirkung-Beziehung zueinander stehen, können sie doch probabilistisch miteinander korreliert sein. Fieber z. B. mag sowohl Schwitzen als auch wirres Gerede hervorrufen, aber auch wenn beide Symptome statistisch miteinander korrelieren (viele Schwitzende reden wirr und umgekehrt), so ist doch weder das Schwitzen eine Ursache des wirren Redens noch das wirre Reden eine Ursache des Schwitzens.

Gegeben diese Erklärungen zum Begriff der probabilistischen Unabhängigkeit, können wir jetzt das schon erwähnte spezielle Multiplikations-Theorem aus (10) ableiten:

(11)   P(p & q) = P(p) x P(q), falls »p« und »q« probabilistisch unabhängig voneinander sind.

Wenn z. B. die Wahrscheinlichkeit, dass es morgen regnet, 1/5 beträgt, und wenn weiter die davon unabhängige Wahrscheinlichkeit, dass jemand aus dem Süden die Lotterie gewinnt, 1/10 beträgt, dann beträgt die Wahrscheinlichkeit, dass sowohl morgen Regen fällt als auch jemand aus dem Süden die Lotterie gewinnt, 1/50. Bei normalen Würfeln beträgt die Wahrscheinlichkeit, mit einem Wurf zweier Würfel eine Doppel-Sechs zu erzielen 1/6 x 1/6 = 1/36. (11) ist uns aus dem alltäglichen Rechnen mit Wahrscheinlichkeiten recht vertraut.

Eine nicht uninteressante Implikation des Gesagten besteht darin, dass die Wahrscheinlichkeit einer Konjunktion nicht größer sein kann als die Wahrscheinlichkeiten der Glieder der Konjunktion. Für manche Fälle ist dies unmittelbar einleuchtend: Die Wahrscheinlichkeit, im ersten wie im zweiten Wurf »Zahl« zu bekommen, ist z. B. deutlich geringer als die Wahrscheinlichkeit, im ersten Wurf Zahl zu bekommen, oder als die Wahrscheinlichkeit, im zweiten Wurf Zahl zu bekommen. Der interessante Fall ist hier der, dass sowohl P(p) als auch P(q) als auch die entsprechenden bedingten Wahrscheinlichkeiten (P(q/p) bzw. P(p/q)) größer als 0 und kleiner als 1 sind (für alle anderen Fälle ist die obige These sehr leicht zu zeigen). In diesem Fall kann P(p & q) aufgrund von (10) nicht größer sein als P(q) und aufgrund von (10') nicht größer als P(p). Also kann die Wahrscheinlichkeit der Konjunktion nicht größer sein als die Wahrscheinlichkeit der Konjunktionsglieder. In der Regel, so darf man vermuten, ist die Wahrscheinlichkeit der Konjunktion sogar geringer als die Wahrscheinlichkeit der Konjunktionsglieder.

Ein Fehler, der oft begangen wird, besteht darin, eine probabilistische Abhängigkeit zu sehen, wo keine vorliegt. Betrachten wir das Beispiel des Werfens einer Münze, für die gilt, dass die Wahrscheinlichkeit von »Kopf« genau so groß ist wie die Wahrscheinlichkeit von Zahl, nämlich 1/2. Für jeden einzelnen Wurf der Münze gilt also: P(Kopf) = P(Zahl) = 1/2. Es kann nun z. B. vorkommen, dass 10 aufeinanderfolgende Würfe der Münze jedes Mal Kopf ergeben. Die Wahrscheinlichkeit, dass dies passiert, beträgt $1/2^{10}$, also 1/1024. Viele glauben, dass die Wahrscheinlichkeit von Zahl desto mehr ansteigt, je häufiger Kopf nacheinander kommt. Dementsprechend glauben sie z. B., dass die Wahrscheinlichkeit von Zahl beim elften Wurf höher ist als 1/2: »Jetzt muss langsam einfach Zahl kommen!«. Da diese Auffassung falsch ist und oft im Zusammenhang mit Glücksspielen auftritt, wird sie auch »Spieler-Fehlschluss« genannt. Auch wenn die Wahrscheinlichkeit, dass 11 mal nacheinander Kopf geworfen ist, sehr klein ist (1/2048), so ist doch die damit keinesfalls zu verwechselnde Wahrscheinlichkeit, dass der elfte Wurf Kopf ergibt, wie bei allen anderen Würfen 1/2. Dass ein einzelner Wurf Kopf ergibt, ist probabilistisch unabhängig davon, ob frühere oder spätere Würfe Kopf ergeben. Man darf, mit anderen Worten, die Wahrscheinlichkeit eines einzelnen Ereignisses nicht mit der Wahrscheinlichkeit einer Serie von solchen einzelnen Ereignissen verwechseln.

Noch ein weiteres, sehr wichtiges Theorem lässt sich ableiten. Für alle »p« und »q« gilt:

(12) $P(p/q) = P(p) \times P(q/p)/P(q)$,

wobei P(q) wieder größer als 0 sein muss. (12) ergibt sich aus (9), gemeinsam mit der logischen Äquivalenz von »p & q« und »q & p«. (12) ist auch als »**Bayes' Theorem**« bzw. eine einfache Version dieses Theorems bekannt, so genannt nach dem Geistlichen und Mathematiker **Thomas Bayes** (1702–1761). Eine etwas kompliziertere und ebenfalls oft verwandte Form von Bayes' Prinzip ist diese:

(13) $P(p/q) = P(p) \times P(q/p)/[P(q/p) \times P(p) + P(q/\neg p) \times P(\neg p)]$,

was wiederum für alle »p« und »q« gilt, sofern P(q) > 0. (13) lässt sich aus (12) ableiten, da die Nenner der Brüche auf der jeweils rechten Seite von (12) und (13) gleich sind. Der Ausdruck »q« ist logisch äquivalent zu »(q & p) v (q & ¬p)«, weshalb gemäß (3) P(q) = P(q & p) + P(q & ¬p). Dies aber ist nach (10) mit dem Nenner des Bruches auf der rechten Seite von (13) gleichzusetzen. Bayes' Theorem hat – sei es in der Form (12), sei es in der Form (13) – große Bedeutung nicht nur für die Wahrscheinlichkeitstheorie, sondern ebenso für jegliche Theorie der Rationalität. Wir werden darauf später zurückkommen (s. Kap. V.4/7).

Soviel zu den Grundsätzen der Wahrscheinlichkeitstheorie. Sie lassen offen, wie man den Begriff der Wahrscheinlichkeit näher interpretiert. Hier gibt es verschiedene Auffassungen, die im Prinzip alle gleichermaßen mit den obigen Grundsätzen vereinbar sind (vgl. hierzu Gillies 2000; Kyburg 1970, Kap. 3–7; Resnik 1987, 61 ff.; Mellor 2005). Wir müssen uns hier nicht für eine der Interpretationen entscheiden. Wir können uns jetzt vielmehr einer weiteren Konzeption des Wissens zuwenden, und zwar zu einer Auffassung, für die der Begriff der Wahrscheinlichkeit sehr wichtig ist: dem Reliabilismus.

7. Der Reliabilismus

7.1 Die Idee

Der **Reliabilismus** wird gewöhnlich als eine externalistische Konzeption des Wissens betrachtet. Die Grundidee des Reliabilismus lässt sich aber – entgegen landläufiger Auffassung – so allgemein formulieren, dass der Internalismus nicht ausgeschlossen ist. Diese Allgemeinheit geht interessanterweise nicht auf Kosten der Prägnanz – ganz im Gegenteil: Die Position, die sich dabei ergibt, stellt sicherlich eine der vielversprechendsten gegenwärtigen Konzeptionen des Wissens dar. **Frank Plumpton Ramsey** (1903–1930) war einer der ersten, der eine reliabilistische Konzeption des Wissens vorschlug (vgl. Ramsey: Truth and Probability, 91 ff.; Ramsey: Knowledge, 110). In den letzten Jahren ist diese Konzeption vor allem von Alvin I. Goldman weiterentwickelt worden (vgl. Goldman 1992b, 85 ff.; Goldman 1979, 1 ff.; Goldman 1986; vgl. auch Armstrong 1973, Nozick 1981, 172 ff., Dretske 1981a und Alston 1995, 1 ff.). Es gibt verschiedene Formen von Reliabilismus (vgl. etwa Baergen 1995, 86 f.;

Crumley 1999, 67; Steup 1996, 170 ff.) und wir werden uns hier auf die wichtigste und einflussreichste Form konzentrieren.

Wir hatten oben Wissen ganz allgemein und vorläufig als nicht-zufällig wahre Meinung charakterisiert. Das ganze Problem liegt natürlich darin zu erklären, was genau mit »Zufall« bzw. »nicht-zufällig« gemeint ist. Verschiedene Konzeptionen des Wissens geben hier verschiedene Antworten. Anders als etwa die Entwertbarkeits-Konzeption und ähnlich wie kausale Konzeptionen ist dem Reliabilismus zufolge die Art der Genese der Überzeugung entscheidend, und zwar die **Verlässlichkeit** der Art und Weise, in der die Person zu ihrer Überzeugung gelangt ist. Vor mir steht ein Hund und bellt mich an. Durch Wahrnehmung gelange ich zu der wahren Meinung, dass der Hund bellt. Man darf sogar sagen, dass ich auf diese Weise das Wissen erwerbe, dass der Hund bellt. Um Wissen handelt es sich dem Reliabilismus zufolge deshalb, weil ich auf verlässliche Weise zu meiner wahren Meinung gelangt bin: Wahrnehmung wie in diesem Fall ist ein verlässlicher Prozess des Überzeugungserwerbs. Anders steht es im folgenden Fall. Ich bin überzeugt davon, dass ich den Hauptgewinn bei der Tombola gewinnen werde, weil mir eine Wahrsagerin dies prophezeit hat. Es stellt sich heraus, dass ich tatsächlich den Hauptgewinn gewonnen habe. Ich hatte also eine wahre Meinung, aber kein Wissen, und zwar – dem Reliabilismus zufolge – deshalb, weil ich nicht auf verlässliche Weise zu meiner Überzeugung gelangt bin. Wahrsagerei ist kein verlässlicher Prozess des Überzeugungserwerbs. All dies legt die folgende reliabilistische Erklärung des Wissensbegriffs nahe:

Die reliabilistische Konzeption des Wissens

S weiß, dass p, gdw.
(1) S die Überzeugung hat, dass p,
(2) es wahr ist, dass p, und
(3) S auf verlässliche Weise zu dieser wahren Meinung gelangt ist.

Es liegt nahe zu sagen, dass es in Beispielen wie denen Gettiers gerade an der Verlässlichkeit mangelt: Von falschen Voraussetzungen auszugehen stellt keine verlässliche Weise des Meinungserwerbs dar. Wir werden aber sehen, dass auch die reliabilistische Konzeption grundsätzliche Probleme aufwirft. Zunächst aber muss allererst näher erklärt werden, was genau mit »Verlässlichkeit« gemeint ist.

Nennen wir die Art und Weise, in der eine Person zu einer bestimmten Überzeugung gelangt, die »Methode« des Erwerbs dieser Meinung bzw. die »**Methode**« **des Meinungserwerbs.** Mit dieser Ausdrucksweise soll nicht gesagt sein, dass die Verwendung der Methode bewusst und absichtlich geschieht oder dass die Methode Resultat von Überlegung ist. Wahrnehmung ist ein gutes Beispiel für eine Methode, auf die dies nicht zutrifft. Des weiteren ist mit »Verwendung der Methode« hier immer die korrekte Verwendung der Methode gemeint (nur der Einfachheit halber wird darauf unten nicht mehr explizit hingewiesen). Es soll nun im Folgenden »m« für »Die Person verwendet die entsprechende Methode (korrekt)« stehen und »w« für »Die Person erwirbt eine entsprechende wahre Meinung«. Die Verlässlichkeit der verwandten Methode des Meinungserwerbs besteht nun darin, dass die Wahrscheinlichkeit hoch ist, dass die Verwendung der Methode im Erwerb einer bestimmten wahren Meinung resultiert (vgl. Goldman 1986, 103). Mit anderen Worten, die bedingte Wahrscheinlichkeit, dass die Person eine wahre Meinung erwirbt, gegeben, dass sie die entsprechende Methode verwendet, ist hoch:

P(w/m) = x, und x ist hoch.

Wahrnehmung (der oben angeführten Art) ist insofern eine verlässliche Methode, als sehr viele Wahrnehmungsmeinungen wahr sind. Je höher (niedriger) nun der Wert von »x« ist, desto (un-)verlässlicher ist die entsprechende Methode; »x« gibt die Verlässlichkeit der verwandten Methode an. Verlässlichkeit ist graduell und lässt ein Mehr oder Weniger zu. Das schließt aber nicht aus, dass wir einen fundamentalen Unterschied zwischen Verlässlichkeit und Unverlässlichkeit machen. Das bedeutet, dass »x« einen bestimmten Wert annehmen muss, damit die entsprechende Methode als verlässlich betrachtet werden kann. Nennen wir diesen Wert im Folgenden »a«. Wo dieser Wert liegt, hängt sehr von den Besonderheiten des einzelnen Falls ab. Manchmal ist eine Wahrscheinlichkeit von 1/2 ausreichend, um Verlässlichkeit zu garantieren, manchmal ist 9/10 nicht hinreichend. Wir können aber allgemein Folgendes festhalten als Bedingung der Verlässlichkeit:

(1) $P(w/m) \geq a$.

Im Folgenden sollen auch Meinungen »verlässlich« genannt werden, und zwar in dem abgeleiteten Sinne, dass sie auf verlässliche Weise erworben worden sind.

Es ist nun sicher richtig, dass man normalerweise keinen präzisen Wert angeben kann, der Verlässlichkeit und Unverlässlichkeit scharf voneinander trennt; die Grenze zwischen beidem ist fließend, vage. Es gibt immer Fälle, bei denen nicht klar ist, ob man sie noch zu den Fällen für Verlässlichkeit zählen soll oder schon zu den Fällen für Unverlässlichkeit. In dieser Beziehung ähnelt der Begriff der Verlässlichkeit dem der Glatzköpfigkeit, der ja schließlich auch in manchen Fällen einfach offen lässt, ob jemand als »glatzköpfig« zu bezeichnen ist oder nicht. Dementsprechend vage ist dann auch der Begriff des Wissens. Dies ist kein Nachteil des Reliabilismus, sondern gilt auch für die anderen Konzeptionen des Wissens; es ist nicht einmal unbedingt ein Nachteil, da ja unser alltäglicher Begriff des Wissens in der Tat vage ist (wenn auch nicht beliebig vage). Der Einfachheit halber können wir hier aber von dieser Vagheit absehen und so tun, als gäbe es einen bestimmten Wert »a«, der die Grenze der Verlässlichkeit einer bestimmten Methode darstellt.

Es ist klar, dass die Verlässlichkeit einer Methode immer relativ auf einen gegebenen Zweck ist. Keine Methode ist für alles brauchbar. Ein Hammer ist gut zum Vertiefen von Nägeln in Zimmerwände, aber nicht gut zum Kürzen der Fußnägel. Ähnliches gilt für epistemische Methoden. Wahrnehmung ohne technische Hilfsmittel z. B. ist eine verlässliche Methode, wenn man an Informationen über mittelgroße Objekte in der näheren Umgebung interessiert ist (z. B. ob die Kaffeetasse neben mir noch voll ist). Es ist keine verlässliche Methode, wenn man herausfinden will, ob es Leben auf fernen Planeten gibt; dafür braucht man komplizierte Instrumente (die wiederum wenig taugen zur Beantwortung der Frage, ob noch Kaffee in der Tasse neben mir ist). Wenn also hier von der »Verlässlichkeit einer Methode« die Rede ist, dann ist damit immer die Tauglichkeit der Methode zur korrekten Klärung derjenigen Frage gemeint, auf die die entsprechende Meinung der Person eine Antwort gibt (»Ist die Tasse noch voll?« – »Die Tasse ist nicht voll«). Damit ist übrigens nicht gemeint, dass die Person sich die entsprechende Frage selbst stellt: Ich kann einfach sehen, dass die Kaffeetasse nicht voll ist, ohne mir zuvor die Frage stellen, ob die Tasse noch voll ist.

Weiterhin gibt es gewisse »**normale Bedingungen**«, unter denen allein die Methode verlässlich ist (vgl. etwa Dretske 1991b, 27 ff.). Visuelle Wahrnehmung ist z. B. nur dann eine verlässliche Methode zur Beantwortung der Frage, ob noch Kaffee in meiner Tasse ist, wenn bestimmte Beleuchtungsbedingungen gegeben sind. Auch dieser Bezug auf normale Bedingungen wird hier nicht weiter explizit erwähnt werden, ist aber immer implizit vorausgesetzt.

Betrachten wir nun z. B. die Methode des Schlussfolgerns. Selbst korrektes Schließen führt oft nicht zu wahren Konklusionen: Wenn die Prämissen oder Ausgangsmeinungen nicht wahr sind, ist oft auch die Konklusion nicht wahr. Nun kann man die halbwegs plausible Annahme machen, dass wir nicht selten zu falschen Meinungen gelangen, und zwar weil wir zwar korrekt geschlossen haben, aber von falschen Meinungen ausgegangen sind. Soll man also sagen, dass das Schließen nicht verlässlich ist? Dies erscheint unplausibel. Schließlich ist es nicht der Methode, sondern dem ›input‹ der Prämissen anzukreiden, dass wir in solchen Fällen zu einer falschen Meinung gelangen. Also scheint die obige Bedingung der Verlässlichkeit (1) nicht uneingeschränkt gültig zu sein. Sie hat, allgemeiner gesprochen, offenbar keine Gültigkeit für Methoden des Meinungserwerbs (wie die des Schlussfolgerns), deren Anwendung von bestimmten anderen Meinungen (die falsch sein können) ausgeht, – für »**meinungsabhängige**« Methoden, wie man sie nennen kann; sie gilt, so scheint es, nur für Methoden, deren Anwendung nicht auf bestimmten anderen Meinungen beruht, – also für »**meinungsunabhängige**« Methoden, wofür Wahrnehmung ein guter Kandidat ist (vgl. Goldman 1979, 13). Man kann allerdings die obige Erklärung recht leicht verallgemeinern, indem man für den Fall meinungsabhängiger Methoden fordert, dass ihre Anwendung bei Ausgang von wahren Meinungen oft genug zu wahren Meinungen führt – darin besteht ihre Verlässlichkeit; was den Fall des Ausgangs von falschen Meinungen angeht, so muss man nur fordern, dass die Methode korrekt angewandt wird. Wir können (1) also folgendermaßen modifizieren:

(1') Eine Methode ist verlässlich gdw. gilt:
P(w/m) ≥ a, und eine der folgenden beiden Bedingungen gilt:
(a) die Methode ist meinungsunabhängig oder
(b) die Methode ist meinungsabhängig, und die Ausgangsmeinungen sind wahr.

Nur der Einfachheit halber werden wir uns im Folgenden auf den Spezialfall (1'a) beschränken und weiterhin (1) als einschlägige Bedingung der Verlässlichkeit betrachten (alles Folgende kann natürlich bei Bedarf nach Maßgabe von (1') entsprechend umformuliert werden).

Eine weitere Bemerkung zum Unterschied von meinungsabhängigen und meinungsunabhängigen Methoden ist hier angebracht. Dem Reliabilismus zufolge erfordert Wissen, dass p, dass die entsprechende wahre Meinung, dass p, auf verlässliche Weise erworben worden ist. In dem Fall nun, in dem die Meinung mit einer meinungsabhängigen Methode erworben worden ist, stellt sich die Frage, ob die entsprechende Ausgangsmeinung (dass q) selbst wieder mit einer verlässlichen Methode erworben worden ist. Nehmen wir z. B. an, die Ausgangsmeinung, dass q, sei eine Wahrnehmungsmeinung. Muss sie ebenfalls auf verlässliche Weise erworben worden sein, damit die ›End‹-Meinung, dass p, zu Recht »verläßlich« genannt werden kann? Es scheint so. Wenn ich auf unverlässliche Weise zu der wahren Wahrnehmungsmeinung gelangt bin, dass der Stab im Wasser vor mir abgeknickt ist, dann kann offenbar auch die daraus erschlossene Meinung, dass es abgeknickte Stäbe gibt, nicht als verlässlich und damit auch nicht als Wissen gelten. Muss die Ausgangsmeinung zudem auch wahr sein? Die Gettier-Beispiele legen wiederum eine positive Antwort nahe. Wir können also Folgendes festhalten:

> Eine Meinung,
> die mit einer verlässlichen meinungsabhängigen Methode erworben worden ist
> und deren Ausgangsmeinung mit einer meinungsunabhängigen Methode erworben worden ist,
> ist nur dann auf vollständig verlässliche Weise erworben worden,
> wenn die Ausgangsmeinung ebenfalls mit einer verlässlichen Methode erworben worden ist.

Für Wissen müssen wir dann, wie gesagt, noch zusätzlich fordern, dass sowohl die Konklusion oder End-Meinung als auch die Ausgangsmeinung wahr ist. – Um Verwirrung zu vermeiden, soll im Folgenden nur dann von der »Verlässlichkeit« einer meinungsabhängigen Methode die Rede sein, wenn auch die der Ausgangsmeinung zugrunde liegende meinungsunabhängige Methode verlässlich ist.

Vertrackter wird die Angelegenheit, wenn die Ausgangsmeinung, dass q, ebenfalls mit einer meinungsabhängigen Methode erworben worden ist, die wiederum auf einer weiteren Ausgangsmeinung (dass r) beruht. Man kann sich hier 2 oder mehr Schritte vorstellen. Ob diese Kette irgendwann bei einer Meinung enden muss, die selbst nicht mit einer meinungsabhängigen Methode erworben worden ist, ist eine umstrittene Frage, die wir hier offen lassen können (s. dazu Kap. V.6). Muss man nun für solche längere ›Ketten‹ fordern, dass alle zum Erwerb der jeweiligen Ausgangsmeinungen verwandten Methoden verlässlich sind? Und muss man für Wissen fordern, dass alle beteiligten Ausgangsmeinungen wahr sind? Muss man dies alles fordern, um Gettier-artige Gegenbeispiele gegen die reliabilistische Erklärung des Wissensbegriffs zu vermeiden? Je länger die Kette wird, desto schwieriger fällt offenbar eine klare Antwort. Nehmen wir z. B. an, Maria stellt eine sehr komplizierte mathematische Beweisführung mit vielen Zwischenschritten an und gelangt zu einer wahren Konklusion. Sie hat nur auf dem Weg dorthin, zwei kleine Fehler gemacht, die sich allerdings gegenseitig in ihrer Wirkung aufgehoben haben (sie mag zweimal ein Minuszeichen vergessen haben). Soll man deshalb schon daran zweifeln, dass sie über Wissen bezüglich der Konklusion verfügt? Soll man wegen zwei Flüchtigkeitsfehlern trotz der beeindruckenden Beweisführung die Verlässlichkeit ihrer Vorgehensweise anzweifeln? Es mag eine definitive Antwort auf diese Frage geben, aber es kann auch sein, dass unser Wissensbegriff die Antwort prinzipiell offen lässt. Man soll ja nicht erwarten, dass ein alltäglicher Begriff wie der des Wissens nicht vage ist, – es in jedem denkbaren Fall klar ist, ob der Begriff auf den jeweiligen Fall zutrifft oder nicht.

Doch zurück zu unserer Bedingung (1)! Kann man erwarten (vgl. etwa Descartes: Meditationes), dass jemals

$$P(w/m) = 1?$$

Wohl nicht (vgl. etwa Williams 1978, 33 ff.). Unsere kognitiven Fähigkeiten sind prinzipiell fehlbar und dementsprechend gibt es für uns wohl keine Methode, die zu 100 % verlässlich ist. Dass selbst die verlässlichsten Methoden des Meinungserwerbs manchmal zu falschen Meinungen führen, spricht aber nicht gegen ihre Verlässlichkeit

(s. zu einem verwandten skeptischen Argument Kap. I.). Und auch die korrekte Verwendung einer Methode garantiert keine 100 %ige Verlässlichkeit. Sonst müsste man sagen, dass es überhaupt keine verlässlichen Methoden gibt, was absurd erscheint. Dass ein Auto genau einmal in 15 Jahren nicht anspringt, spricht nicht gegen dessen Verlässlichkeit. Und niemand will aus der Tatsache, dass jedes Auto einmal nicht anspringt, den Schluss ziehen, dass kein Auto zuverlässig ist.

Kann man erwarten, dass Folgendes für verlässliche Methoden gilt:

$P(w/m) > 0,5$?

Gemäß der Wahrscheinlichkeits-Regel (4) gilt:

$P(w/m) = 1 - P(\neg w/m)$.

Die Wahrscheinlichkeit, eine wahre Überzeugung bei Verwendung der entsprechenden Methode zu erwerben, ergibt 1, wenn sie zu der Wahrscheinlichkeit, keine wahre Meinung bei Verwendung der entsprechenden Methode zu erwerben, hinzu addiert wird. Nun gilt sicherlich, dass eine verlässliche Methode mit größerer Wahrscheinlichkeit zu einer wahren als zu einer nicht wahren Meinung führt:

$P(w/m) > P(\neg w/m)$.

Aus all dem ergibt sich also, dass die bedingte Wahrscheinlichkeit, eine wahre Meinung zu erwerben, gegeben dass man die entsprechende Methode verwendet, höher als 50 % sein muss:

$P(w/m) > 0,5$.

Was, wenn es alternative Methoden gibt, die verlässlicher oder zumindest genau so verlässlich sind wie die von der Person verwandte Methode? Was, wenn also Folgendes gilt (wobei »m*« für »die Person verwendet eine bestimmte alternative Methode« steht):

$P(w/m^*) \geq P(w/m) \geq a$?

Nun, solange (1) der Fall ist, gibt es keinen Grund an der Verlässlichkeit der verwandten Methode zu zweifeln. Was aber soll man sagen, wenn die alternative Methode zwar verlässlicher ist als die verwandte Methode, in dem betreffenden einzelnen Fall aber anders als die verwandte Methode zu einer falschen Überzeugung führt? Der Hobby-Meteorologe mag nicht über die raffinierten professionellen Methoden der Wettervorhersage verfügen, aber es kann passieren, dass er in einem Einzelfall richtig liegt, in dem der Profi zu einer falschen Vorhersage kommt. Die Wolken sahen ganz nach gutem Wetter für den nächsten Tag aus, aber die Laien-Methode, nach den Wolken zu gehen, hat eine Reihe von ungewöhnlichen und eher verborgenen meteorologischen Tatsachen, die eher für schlechtes Wetter sprachen und die den Profi in die Irre geführt haben, nicht berücksichtigt. Soll man in solchen Fällen sagen, dass die Person mit der Laienmethode kein Wissen erwirbt? Gibt es nicht immer eine andere, verlässlichere Methode, die zu einem anderen Resultat geführt hätte (so dass wir niemals Wissen hätten)? Es ist nicht klar, was man hier sagen soll.

Hängt die Verlässlichkeit einer Methode nur davon ab, ob

(1) $P(w/m) \geq a$

für sie in der Welt, wie sie faktisch ist, gilt? Oder müsste (1) zudem auch gelten, wenn die Welt anders wäre als sie wirklich ist? Mit anderen Worten: Setzt die Verlässlichkeit der Methode nur voraus, dass (1) in der **aktuellen Welt** gilt oder muss (1) auch in allen oder manchen »**möglichen Welten**« gelten? Es ist klar, dass keine der Methoden, die wir kennen, unter allen denkbaren Umständen verlässlich ist. Es ist ja kein Zufall, dass sich auch unsere Erkenntnisfähigkeiten im Lauf der biologischen Evolution in einer bestimmten Umwelt entwickelt haben. Wären z. B. die Gesetze der Optik ganz andere, so kann man sich leicht vorstellen, dass unsere räumliche Wahrnehmung ganz unzuverlässig wäre, sobald es um die Feststellung räumlicher Relationen der Gegenstände geht. Verlässlichkeit setzt also ganz offensichtlich nicht voraus, dass (1) in allen möglichen Welten wahr ist. Ein Auto z. B. ist ja auch nicht nur dann verlässlich, wenn es unter allen denkbaren Umständen und bei allen denkbaren Naturgesetzen (auf dem Mond, unter Wasser, ohne Gravitation etc.) zur Fortbewegung taugt. Damit ist aber noch nicht gesagt, dass (1) nur in der aktuellen Welt wahr sein muss: Muss es vielleicht auch in »nahen« bzw. der aktualen Welt ähnlichen möglichen Welten wahr sein, d. h. unter Umständen, die zwar nicht gegeben sind, aber relativ leicht realisiert sein könnten? Ganz offensichtlich ist dem so. Nehmen wir an, visuelle Wahrnehmung ist eine verlässliche Methode, um unter gegebenen Umständen festzustellen, ob eine relativ nahe befindliche Kaffeetasse leer ist. Auch wenn Kaffeetassen aus etwas anderem Material bestünden als sie faktisch bestehen, müsste visuelle Wahrnehmung für den angegebenen Zweck und unter vergleichbaren Umständen doch (1) erfüllen. Dasselbe gilt, wenn die Gesetze der Optik unmerklich verschieden von den wirklichen Gesetzen wären. Würde (1) schon unter leicht veränderten Umständen nicht gelten, so würden wir die Methode auch unter den faktisch gegebenen Umständen nicht für verlässlich halten, selbst wenn jene leicht verschiedenen Umstände nie realisiert sind. Verlässlichkeit hat also, mit anderen Worten, einen »kontrafaktischen« Aspekt (vgl. Goldman 1992b, 85, 98; Goldman 1986, 45 ff., 106 f.; Goldman 1988, 51 ff.). Selbst wenn man mit einem Auto nie bergauf fährt, so verlangt doch die Verlässlichkeit des Autos ganz offensichtlich, dass es auch funktionieren würde, wenn man versuchen würde, mit ihm bergauf zu fahren.

Man kann sich all dies auch mit dem Begriff der »**relevanten Alternative**« klar machen, der auch sonst eine wichtige Rolle in der Diskussion über den Wissensbegriff spielt. Wir hatten oben (s. Kap. I.2) gesehen, dass bestimmte skeptische Argumente von folgender Annahme – dem **Diskriminations-Prinzip** – ausgehen:

> (D)   Wenn eine Person weiß, dass p, dann ist sie in der Lage auszuschließen, dass mögliche Umstände vorliegen, die mit einem solchen Wissen unvereinbar sind.

Einige (in der Regel: antiskeptische) Philosophen argumentieren nun dafür, dass (D) nicht haltbar ist, – zwar nicht völlig falsch ist, aber durch das folgende Prinzip – das so genannte »Prinzip der relevanten Alternativen« ersetzt werden muss (vgl. Austin 1979b, 87 ff., 98 ff.; Dretske 1970, 1007 ff.; Dretske 1981b, 363 ff.; Goldman 1992b, 85 ff.):

> (RA) Wenn eine Person weiß, dass p, dann ist sie in der Lage auszuschließen, dass einschlägige mögliche Umstände – relevante Alternativen – vorliegen, die mit einem solchen Wissen unvereinbar sind.

Mit »Ausschließen« ist hier gemeint, dass man entweder nachweisen kann, dass diese Umstände nicht vorliegen, oder zeigen kann, dass ihr Vorliegen hinreichend unwahrscheinlich ist. Betrachten wir ein Beispiel, um uns den Unterschied der beiden Prinzipien (D) und (RA) sowie die Idee der relevanten Alternativen klar zu machen. Maria ist eine Vogelkennerin und lebt in der Schweiz. Sie hat z. B. keine Schwierigkeiten, Finken von anderen Vögeln zu unterscheiden. Nehmen wir nun an, dass es eine einzige Art von Vögeln – die sogenannten »Unfinken« – gibt, die Finken so ähnlich sehen, dass Maria sie mit Finken verwechseln würde. Allerdings gibt es die Unfinken nur in einer ganz bestimmten Gegend am Schwarzen Meer und die Wahrscheinlichkeit, dass ein Unfink sich in die Schweiz verirrt, ist extrem gering. Nehmen wir weiterhin an, dass Maria einen Finken vor sich sieht und zu der wahren Überzeugung gelangt, dass vor ihr ein Fink hin und her fliegt. Gemäß (D) erwirbt sie kein Wissen, dass vor ihr ein Fink hin und her fliegt, weil sie nicht ausschließen kann, dass es ein Unfink ist. Ein Tourist könnte Unfinken in die Schweiz geschmuggelt haben und in Marias Nachbarschaft freigelassen haben. Maria ist also nicht in der Lage, mögliche Umstände auszuschließen, die mit ihrem Wissen, dass ein Fink vor ihr hin und her fliegt, unvereinbar sind (nämlich den möglichen Umstand, dass es ein geschmuggelter Unfink ist). Gemäß (RA) hingegen weiß Maria, dass ein Fink vor ihr hin und her fliegt. Sie muss nämlich nur relevante Alternativen ausschießen und die Möglichkeit, dass sie es mit einem Unfinken zu tun hat, ist so weit abliegend, dass man sie als irrelevant ausschließen kann. (RA) scheint unserem Wissensbegriff insofern gerecht zu werden, als Wissen weder extrem anspruchsvoll ist und verlangt, dass man sich unter keinen Umständen hätte irren können, noch extrem anspruchslos ist und nicht einmal ausschließt, dass man leicht hätte falsch liegen können. Die Theorie der relevanten Alternativen hat eine große Plausibilität und wir werden weiter unten im Zusammenhang mit der Diskussion antiskeptischer Argumente auf sie zurückkommen. Es gibt allerdings auch grundsätzliche Probleme mit der Antwort auf die Frage, wann eine Alternative relevant ist und wann nicht; auch hierauf werden wir unten zurückkommen. (RA) lässt sich jedenfalls als Argument für die These von der relativen kontrafaktischen Robustheit der Methode des Meinungserwerbs anbringen. Solange die mögliche Gegenwart von Unfinken keine relevante Alternative darstellt, ist Marias Methode zur Identifikation von Finken eine verlässliche Methode. Sobald diese Alternative aber relevant wird, verliert Marias Methode ihre Verlässlichkeit: so z. B. dann, wenn das Landwirtschaftsministerium eine groß angelegte Ansiedlung von Unfinken in der Schweiz veranlasst.

7.2 Probleme und Einwände

Manchmal wird gegen den Reliabilismus eingewandt, dass verlässliche wahre Meinung nicht hinreichend für Wissen ist, weil man doch die Verlässlichkeit der entsprechenden Methode bezweifeln kann und damit kein Wissen mehr hat (vgl. Bonjour 1985, 38 ff. sowie Lycan 1988, 109 f. und Ginet 1985, 177–180; vgl. hingegen Goldman 1986, 109–113). So könnte z. B. ein Autofahrer in einiger Entfernung vor sich Wasser auf der Straße sehen. Sofern tatsächlich Wasser auf der Straße ist und die Methode der visuellen Wahrnehmung hier verlässlich ist, könnte man hier geneigt sein, dem Autofahrer Wissen zuzusprechen, dass vor ihm Wasser auf der Straße ist. Nun hat der Beifahrer dem Fahrer aber erzählt, dass man in dieser Gegend unter den gegebenen Umständen oft Wasser vor sich auf der Straße sieht, wenn gar keines dort ist. Nehmen wir an, dass dies eine Fehlinformation ist, der Fahrer aber dennoch keinen Grund hat, dem Beifahrer nicht zu glauben. Er hat dann allen Grund, seinen Sinnen zu misstrauen. Dementsprechend würden wir ihm zwar – so der Einwand – eine verlässliche wahre Meinung, aber kein Wissen, dass Wasser auf der Straße ist, zusprechen. Dieser Einwand gegen den Reliabilismus übersieht, dass jemand, der den eigenen kognitiven Fähigkeiten bzw. der verwandten Methode misstraut, allen Grund hat, die entsprechende Überzeugung überhaupt gar nicht erst zu erwerben. Entweder der Autofahrer nimmt den Hinweis des Beifahrers ernst und dann wird er gar nicht erst davon überzeugt sein (oder nicht stark genug davon überzeugt sein), dass vor ihm Wasser auf der Straße ist. Oder der Autofahrer ignoriert den Hinweis des Beifahrers, aber dann kann man auch nicht davon sprechen, dass er den eigenen kognitiven Fähigkeiten misstraut. Mit anderen Worten: Dieser Einwand setzt fälschlicherweise voraus, dass die Person eine bestimmte Überzeugung erwirbt, der sie zugleich misstraut. Dies ist aber unmöglich: Entweder man hat eine Überzeugung (bestimmter Festigkeit) oder man misstraut der eigenen Methode.

Schwerwiegender ist schon ein anderer Einwand gegen den Reliabilismus. Betrachten wir wieder ein Beispiel. Albert möchte die Uhrzeit erfahren und konsultiert eine öffentliche Uhr. Nehmen wir an – was ja recht plausibel ist –, dass das Konsultieren einer öffentlichen Uhr eine verlässliche Methode ist, um die Uhrzeit festzustellen. Nehmen wir nun an, dass die Uhr stehengeblieben ist und nicht die korrekte Uhrzeit anzeigt. Das ändert nichts an der Verlässlichkeit der Methode: Auch verlässliche Methoden müssen nicht immer zu wahren Überzeugungen führen. Würde die Falschheit der erworbenen Meinung gegen die Verlässlichkeit der Methode sprechen, so könnten nur unfehlbare Methoden als verlässlich angesehen werden und damit keine der Methoden, die uns zur Verfügung stehen. Dies aber erscheint absurd (s. zu einem entsprechenden skeptischen Argument Kap. I.1). Albert in unserem Beispiel ahnt nichts davon, dass die Uhr stehengeblieben ist, und gelangt zu der falschen Überzeugung, dass es 5 Minuten vor 12 ist. Da Alberts Methode verlässlich ist, gilt:

(1) $P(w/m) \geq a$.

Zugleich aber gibt es einen Umstand E – dass die Uhr stehengeblieben ist –, der die Wahrscheinlichkeit, eine wahre Überzeugung zu erwerben, wenn man die entsprechende Methode unter diesem Umstand anwendet, erheblich absenkt, und zwar unter den Wert von »a«:

(2) $P(w/(m \ \& \ e)) < a$ (wobei »e« für »E ist gegeben« steht).

Da Albert eine verlässliche falsche Meinung erwirbt, gilt (2) in seinem Fall.

Nun kann es auch vorkommen, dass jemand Glück hat und gerade zu dem Zeitpunkt auf eine stehengebliebene Uhr schaut, den die Uhr anzeigt (vgl. Russell: Human Knowledge, 113 und 170 f.). Verändern wir unser Beispiel leicht und nehmen wir an, dass dies bei Albert der Fall ist. Albert schaut also zufällig gerade um 5 Minuten vor 12 auf eine stehengebliebene Uhr, die 5 Minuten vor 12 anzeigt. Es gibt dann neben E noch einen weiteren Umstand E* – dass Albert zu genau dem Zeitpunkt auf die Uhr schaut, den die Uhr anzeigt –, der die Wahrscheinlichkeit, eine wahre Meinung zu erwerben, indem man die entsprechende Methode bei E* sowie bei E verwendet, wieder erheblich anhebt, und zwar derart, dass gilt:

(3) $P(w/(m \ \& \ e \ \& \ e^*)) \geq a$ (wobei »e*« für »E* ist gegeben« steht).

In einer Situation wie der von Albert – wenn (1)–(3) gilt –, würde man zwar sagen, dass die Person eine verlässliche wahre Meinung hat, aber nicht, dass sie Wissen hat. Dies liegt daran, dass ein »**glücklicher doppelter Zufall**« vorliegt (vgl. dazu Harman 1968, 172; Zagzebski 1994, 65 ff.; Zagzebski 1999, 100 ff.; Baumann 2001a, 75 ff.). Zum einen liegt ein ›unglücklicher‹ Umstand E vor, der die Chancen auf eine wahre Meinung erheblich absenkt, aber zum anderen liegt auch ein glücklicher Umstand E* vor, der die Wirkung von E aufhebt und die Chancen auf eine wahre Meinung wieder erheblich anhebt (s. Kap. II.4.2 zu einem analogen Problem für die Entwertungs-Konzeption des Wissens). Der Reliabilismus (in der obigen Form) scheint also keine hinreichenden Bedingungen für Wissen zu formulieren und an Gegenbeispielen in der ›Gettier-Tradition‹ zu scheitern. Oder kann man einfach die obige Erklärung des Reliabilismus durch die weitere notwendige Bedingung ergänzen, dass (2) und (3) nicht gelten, dass also kein glücklicher doppelter Zufall vorliegen darf? Es ist nicht klar, ob dies für Wissen hinreichend ist; es ist nicht einmal klar, ob es notwendig ist (Kann man nicht immer einen doppelten glücklichen Zufall finden und dennoch in manchen Fällen von Wissen sprechen?). Insofern stünde die reliabilistische Konzeption des Wissens im Hinblick auf Gegenbeispiele nicht grundsätzlich besser da als die traditionelle Konzeption. Es gibt aber ein noch tiefer liegendes Problem für den Reliabilismus. Die folgende Überlegung führt auf dieses Problem.

Beginnen wir wieder mit einem einfachen Beispiel. Anna sieht ein Flugzeug in der Ferne vorbeifliegen. Sie gelangt zu der wahren Wahrnehmungsmeinung, dass in der Ferne ein Flugzeug vorbeifliegt. Wenn ihre Methode des Meinungserwerbs verlässlich ist, könnte man vielleicht sogar sagen, dass sie Wissen darüber erwirbt. Ob ihre Methode verlässlich ist, hängt nun aber davon ab, was genau ihre Methode war. Es ist nicht falsch zu sagen, dass sie ihre kognitiven Fähigkeiten benutzt hat. Aber charakterisiert das die verwandte Methode vollständig? Ist das nicht viel zu allgemein? Außerdem, so scheint es, ist die Verwendung der eigenen kognitiven Fähigkeiten ganz allgemein nicht unbedingt eine verlässliche Methode des Meinungserwerbs: Zu viele Dinge scheinen jenseits unserer kognitiven Fähigkeiten zu liegen. Wir neigen aber doch offenbar dazu zu sagen, dass Anna Wissen über ein vorbeifliegendes Flugzeug erwirbt. Es ist nicht viel besser, wenn man etwas spezifischer wird und Wahrnehmung im Allgemeinen als die verwandte Methode betrachtet. Sollte man nicht hinzufügen, dass es sich um visuelle Wahrnehmung handelt? Abgesehen davon weist auch visuelle Wahrnehmung im Allgemeinen wohlmöglich nicht die für Wissen erforderliche Verlässlichkeit auf.

Versuchen wir also, noch genauer zu werden in der Identifizierung der verwandten Methode. Normalerweise kann kein Mensch aus dieser Entfernung ein Flugzeug erkennen, aber heute war die Sicht außergewöhnlich klar und außerdem hatte Anna gerade Augentropfen genommen, die die Fernsicht verstärken. Soll man also sagen, dass ihre Methode die folgende war: Visuelle Wahrnehmung bei außerordentlich guten Sichtbedingungen und nach Einnahme der Augentropfen *Multivista*? Vielleicht muss man sogar noch weitere Faktoren hinzufügen wie etwa den, dass Anna gerade heute ausgesprochen aufmerksam war. Diese Art der Spezifikation der Methode scheint in der anderen Richtung zu weit zu gehen: zu genau zu sein. Im Extremfall endet man bei der detaillierten Beschreibung eines Einzelfalls, in dem jemand zu einer wahren Meinung gelangt ist. Die Methode wäre in einem solchen Extremfall etwas, das nur einmal zur Anwendung kommt. Waren die obigen Identifizierungen der Methode überallgemein, so sind diese Identifizierungen überspezifisch, – auch wenn sie gut erklären können, wieso Anna zu einer wahren Meinung gelangt ist.

Was ergibt sich aus all dem? Offenbar zunächst dies: Man sollte die verwandte Methode weder zu weit bzw. zu allgemein noch zu eng bzw. zu spezifisch charakterisieren (vgl. Chisholm 1982, 29, Foley 1985, 196 f. sowie Goldman 1986, 49 f. und Goldman 1979, 12). Beides führt zu unplausiblen Beschreibungen der verwandten Methode. Davon abgesehen: Werden Methoden des Meinungserwerbs zu weit charakterisiert, so ist nicht mehr verständlich, wie es überhaupt verlässliche Methoden geben kann (und offenbar gibt es doch solche Methoden). Wird hingegen die Methode zu eng charakterisiert – wird sie, wie im Extremfall mit den Umständen und Vorgängen identifiziert, die in einem Einzelfall und nur in diesem Einzelfall zur Ausbildung einer bestimmten Meinung führten –, so hängt die Verlässlichkeit der verwandten Methode nur noch von der Wahrheit oder Falschheit der einen resultierenden Meinung ab: Wenn eine falsche Meinung erworben wurde, ist die Methode unverlässlich, und zwar völlig unverlässlich; wenn hingegen eine wahre Meinung erworben wurde, ist die Methode verlässlich, und zwar völlig verlässlich. Es gäbe nur noch zwei mögliche Werte für »P(w/m)«, nämlich 0 und 1. Dies erscheint aber ganz unplausibel. Unser Begriff der Verlässlichkeit lässt doch wesentlich die Möglichkeit zu, dass der Wert von »P(w/m)« zwischen 0 und 1 liegt. Sobald das nicht mehr möglich ist, scheint es sich nicht mehr um »Verlässlichkeit« in dem Sinne zu handeln, den wir normalerweise im Auge haben. Ein gutes Käsemesser ist ja auch nicht ein Messer, das nur einmal verwandt wird und dann aber zur Erzielung optimaler Resultate verhilft, und ein schlechtes Käsemesser ist nicht ein Messer, das ebenfalls nur einmal verwandt wird und dem entsprechenden Käse gar nichts anhaben kann. Zum Begriff der Verlässlichkeit ebenso wie zum Begriff der Methode scheint wesentlich der Bezug auf eine Vielzahl von Fällen und nicht nur auf einen einzelnen Fall zu gehören.

Es scheint also klare Fälle von Fehlbeschreibungen der verwandten Methode zu geben; sowohl extrem allgemeine Charakterisierungen als auch extrem spezifische Charakterisierungen scheinen nicht in Frage zu kommen. Dies reicht aber nicht hin, um die verwandte Methode zu charakterisieren: Es gibt ja eine Vielfalt von weder extrem allgemeinen noch extrem spezifischen Charakterisierungen der verwandten Methode. Welche von ihnen ist die korrekte Charakterisierung? Die Frage z. B., welche Methode Anna denn im obigen Bespiel verwandt hat, ist weiterhin offen. Hat Anna etwa die Methode *Visuelle-Wahrnehmung-bei-außerordentlich-guten-Sichtbedingungen* verwandt oder eher die Methode *Visuelle-Wahrnehmung-bei-gesteigerter-Aufmerksamkeit*? Soll man alle diese verschiedenen Charakterisierungen miteinander kombinieren und etwa sagen, dass dies die verwandte Methode war: *Visuelle-Wahrnehmung-bei-außerordentlich-guten-Sichtbedingungen-und-gesteigerter-Aufmerksamkeit-und-nach-Einnahme-der-Augentropfen*-Multivista? Das Problem mit dieser Art von Vorschlag liegt darin, dass man so dazu kommt, alle für den Erwerb der wahren Meinung relevanten kausalen Faktoren als Bestandteile der verwandten Methode anzusehen und damit letztlich doch wieder die Methode so eng charakterisiert, dass sie nur auf diesen einzelnen Fall zutrifft. Die verwandte Methode muss also, wie gesagt, etwas allgemeiner charakterisiert werden, aber damit stellt sich wieder die Frage, was und was nicht zur Charakterisierung der Methode gehört. Mit anderen Worten und bezogen auf Annas Fall: Welche der genannten

Methoden hat sie denn nun zu der wahren Überzeugung geführt, dass ein Flugzeug vorbeigeflogen ist?

Diese Frage stellt das vielleicht grundlegendste Problem des Reliabilismus dar: das Problem der korrekten Identifikation der verwandten Methode, auch »**generality problem**« oder »**Allgemeinheitsproblem**« genannt (vgl. Feldman 1985, 160–162; Brandom 1998, 383 ff.; Lycan 1988, 110 f.; Plantinga 1993a, 201 f.; vgl. dazu auch Goldman 1986, 49 f., Goldman 1992c, 434 f. und Alston 1995, 15 ff.). Es handelt sich hier um ein echtes Problem, weil sehr viel dafür spricht, dass es ›die eine‹ verwandte Methode nicht gibt, – dass es, mit anderen Worten, prinzipiell keine Antwort auf die Frage geben kann, was denn ›die‹ verwandte Methode war. Die Tatsachen in der Situation scheinen mit einer Vielfalt von Antworten vereinbar zu sein und keine bestimmte Antwort festzulegen. Was sollte denn z. B. festlegen, welche Methode Anna im obigen Beispiel verwandt hat? Offenbar muss man hier eine »**Unbestimmtheit der Methode**« konstatieren. Es ist jedenfalls bisher noch niemandem gelungen zu zeigen, wie man eine einzelne Methode als die verwandte Methode identifizieren kann. Dies spricht dafür, dass die Rede von »der verwandten Methode« irreführend ist, – dass es »die« verwandte Methode gar nicht gibt.

Es ist leicht zu sehen, warum dies ein schwerwiegendes Problem für den Reliabilismus darstellt. Wenn es verschiedene gleichermaßen berechtigte Charakterisierungen der verwandten Methode gibt und wenn gemäß mancher dieser Charakterisierungen die verwandte Methode verlässlich, gemäß mancher anderer Charakterisierung aber nicht verlässlich ist, dann gibt es auch keine eindeutige Antwort auf die Frage, ob die verwandte Methode verlässlich war oder nicht. Die Tatsachen in der Situation lassen dies dann unbestimmt. Dementsprechend ist dann – den Reliabilismus vorausgesetzt – ebenfalls unbestimmt, ob die Person Wissen hat oder nicht. Man kann z. B. Annas Methode sowohl als *Visuelle-Wahrnehmung-bei-außerordentlich-guten-Sichtbedingungen* als auch als *Visuelle-Wahrnehmung-bei-gesteigerter-Aufmerksamkeit* charakterisieren. Nehmen wir an, dass die erste Methode verlässlich ist, wenn man Flugzeuge in bestimmter Entfernung identifizieren will, während die letztere Methode aber nicht verlässlich ist für diesen Zweck. Wenn es nun keinen Grund gibt (worin sollte er bestehen?), eine unter diesen Charakterisierungen als die korrekte zu betrachten, dann kann es prinzipiell auch keine eindeutige Antwort mehr auf die Frage geben, ob die von Anna verwandte Methode verlässlich war. Damit wird es völlig unbestimmt, ob Anna weiß, dass in der Ferne ein Flugzeug vorbeigeflogen ist.

Dieses Problem ist ein Fall des in der Wahrscheinlichkeitstheorie als »**Problem der relevanten Referenzklasse**« bekannten Problems (vgl. etwa Gillies 2000, 119 ff.). Ein Beispiel kann illustrieren, was damit gemeint ist. Franz interessiert sich für seine Lebenserwartung. Er lebt in einer norddeutschen Großstadt und gemäß einer vertrauenswürdigen Statistik liegt die mittlere Lebenserwartung norddeutscher Großstädter bei 75 Jahren. Franz ist aber auch ein Schuster und gemäß derselben Statistik liegt die mittlere Lebenserwartung von Schustern bei 72 Jahren. Was ist Franzens Lebenserwartung? Ist sie das arithmetische (das geometrische?) Mittel der beiden erwähnten Angaben? Franz ist zudem auch noch Kettenraucher und gemäß derselben Statistik liegt die Lebenserwartung von Kettenrauchern bei 62 Jahren. Was ist Franzens Lebenserwartung? Wie soll man die verschiedenen Statistiken gegeneinander gewichten? Es hilft ja auch nichts, statistische Erhebungen zu sämtlichen Eigenschaften von Franz zu machen. Selbst wenn dies möglich sein sollte (was zweifelhaft ist), so würden wir doch schließlich wieder bei einer Betrachtung eines Einzelfalles landen, nämlich bei einer Erhebung zu Franz. Statistiken aber betreffen doch offenbar eine Vielzahl von Fällen. Was also ist die »relevante Referenzklasse« – die Klasse der norddeutschen Großstädter? Warum nicht die aller Großstädter oder die aller Hamburger (Franz lebt in Hamburg) oder die all derer, die in Franz' Viertel wohnen? Warum nicht die Klasse aller norddeutschen Kettenraucher? Oder die der rauchenden Schuster, die an die Statistik glauben? Es ist nicht klar, ob es eine Antwort auf solche Fragen geben kann.

Dies alles spricht offenbar gegen den Reliabilismus: In vielen Fällen, in denen wir zu Recht eine klare Antwort auf die Frage erwarten, ob die Person Wissen hat, würde der Reliabilismus die Antwort prinzipiell offen lassen. Der Reliabilismus würde, sozusagen, den Begriff des Wissens viel vager aussehen lassen als er eigentlich ist. Wir werden weiter unten noch auf die Frage zurückkommen, ob es einen Ausweg aus dieser ›Not‹ des Reliabilismus gibt.

Es hilft jedenfalls nichts, die verwandte Methode als diejenige Methode zu identifizieren, von der die Person glaubt, dass sie sie verwendet bzw. verwandt hat. Zum einen haben wir oft gar keine Überzeugungen über die Methode des Meinungserwerbs; diese Dinge geschehen oft unbewusst. Wie wir es z.B. fertig bringen, Gegenstände räumlich wahrzunehmen, ist uns in der Regel völlig unklar. Abgesehen davon kann man sich darüber täuschen, welche Methode man anwendet oder angewandt hat. Man kann z.B. der Meinung sein, dass man direkt sieht, dass die Winkelsumme eines bestimmten Dreiecks 180° beträgt (z.B., wenn die Grundseite des Dreiecks zugleich die Diagonale eines gegebenen Quadrats ist), in Wirklichkeit aber gar nicht bemerken, dass man sehr schnell bestimmte elementare geometrische Schlussfolgerungen zieht. Aus ähnlichen Gründen hilft es auch nichts, die verwandte Methode als diejenige Methode zu identifizieren, die die Person zu verwenden beabsichtigt: Absichten können fehlschlagen, und es kann gut sein, dass man eine andere Methode verwendet als man beabsichtigt hat (ob man dies nun bemerkt oder nicht).

Wir haben das Allgemeinheitsproblem hier als ein Problem der Unterscheidung von Methode und Umständen der Anwendung der Methode betrachtet. Ist visuelle Wahrnehmung Annas Methode und müssen dementsprechend die außerordentlich guten Sichtbedingungen, die gesteigerte Aufmerksamkeit, die Einnahme von *Multivista* usw. als Umstände der Anwendung der Methode betrachtet werden? Oder gehört das alles zur Methode? Oder nur teilweise? Dieselbe Art von Problem stellt sich selbst dann, wenn wir davon ausgehen, dass eine und nur eine bestimmte Methode die verwandte Methode ist. Das Allgemeinheitsproblem stellt sich dann bei der Frage, ob diese Methode verlässlich ist. Auch hier lässt sich eine Unbestimmtheit feststellen, eine Unbestimmtheit der Verlässlichkeit selbst bei gegebener Methode.

Betrachten wir ein Beispiel. Der Richter möchte herausbekommen, ob der Angeklagte eines bestimmten Vergehens schuldig ist. Er verwendet als Methode die Befragung des Zeugen Kurt. Sehen wir hier einmal von dem gerade erläuterten Problem der Unbestimmtheit der Methode ab. Der Angeklagte ist unschuldig und der Zeuge Kurt gibt einen entscheidenden Hinweis, aus dem die Unschuld des Angeklagten eindeutig hervorgeht. Der Richter erwirbt so die wahre Meinung, dass der Angeklagte unschuldig ist. Weiß er dies auch? Dem Reliabilismus zufolge hängt dies davon ab, ob die verwandte Methode – Befragung des Zeugen Kurt – verlässlich ist. Dies hängt wiederum direkt davon ab, ob Kurt ein verlässlicher Zeuge ist. Nehmen wir an, dass Kurt während der ganzen Woche, in der der Prozess stattfindet, verlässlich ist. Daran ändert auch nichts, dass er am Dienstag Nachmittag zwischen 16 Uhr und 16.05 Uhr aufgrund eines zu niedrigen Blutzuckerspiegels eine gewisse Beeinträchtigung seiner geistigen Zurechnungsfähigkeit erleidet. Schließlich ist er ja den ganzen Rest der Woche über voll zurechnungsfähig. Und wer ist schon zu jedem einzelnen Zeitpunkt vollständig auf der Höhe seiner geistigen Kräfte? Ein kurzer einzelner blackout dieser Art stellt jedenfalls keinen Grund dar, an Kurts genereller Verlässlichkeit die ganze Woche über zu zweifeln, zumal er im Ganzen gesehen der verlässlichste Zeuge in diesem Prozess ist. Zufälligerweise wird Kurt nun aber gerade am Dienstagnachmittag zwischen 16 Uhr und 16.05 Uhr als Zeuge zur Sache befragt. Glücklicherweise aber sagt er, trotz seiner vorübergehenden Schwäche die Wahrheit und nichts als die Wahrheit. Er bemerkt danach, dass er einen blackout hatte, aber da ihm klar ist, dass seine Aussagen korrekt waren, und da er kein unnötiges Aufsehen erregen will, verrät er niemandem von seinem blackout. Wenn wir nun nur die 5 Minuten seiner Befragung als Zeuge betrachten, müssen wir sicherlich sagen, dass Kurt in diesem Zeitraum kein verlässlicher Zeuge war, selbst wenn er zufällig die Wahrheit gesagt hat und selbst wenn er den ganzen Rest der Woche über ein verlässlicher Auskunftsgeber war. Nehmen wir schließlich weiter an, dass Kurt ein Quartalssäufer ist, der nur im Sommer keinerlei Alkohol zu sich nimmt. Wenn er aber trinkt – und das tut er den Rest des Jahres über, und zwar im Übermaß –, dann ist er ein sehr unverlässlicher Auskunftsgeber. Glücklicherweise findet der Prozess während der Sommermonate statt. Es gilt also Folgendes:

> Kurt ist
> unverlässlich zwischen 16 Uhr und 16.05 Uhr am Dienstag,
> verlässlich während der ganzen Woche und
> unverlässlich während des ganzen Jahres.

Es gibt ganz offensichtlich nicht ›die eine‹ korrekte Antwort auf die Frage, ob Kurt ein verlässlicher Auskunftgeber ist. Dementsprechend gibt es auch nicht ›die eine‹ korrekte Antwort auf die Frage, ob die vom Richter verwandte Methode – die Befragung des Zeugen Kurt – verlässlich ist oder nicht. Gegeben eine bestimmte Methode, ist unter den erwähnten Umständen völlig unbestimmt, ob diese Methode verlässlich ist oder nicht. Dementsprechend ist auch prinzipiell unbestimmt – wenn man vom Reliabilismus ausgeht –, ob der Richter das Wissen erwirbt, dass der Angeklagte unschuldig ist. Es hilft gar nichts einzuwenden, dass die verwandte Methode korrekter als »Befragung des Zeugen Kurt zwischen 16 Uhr und 16.05 Uhr« beschrieben werden muss. Wir hatten oben ja gesehen, dass es keinen Grund gibt, eine der vielen möglichen Charakterisierungen als die einzig Korrekte herauszugreifen. Und wie man an Kurts Beispiel sieht, kann selbst bei Festlegung der Methode deren Verlässlichkeit immer noch unbestimmt sein. Die Unbestimmtheit der Verlässlichkeit zeigt sich übrigens auch in anderen Hinsichten. So gibt es etwa neben der beschriebenen zeitlichen Unbestimmtheit auch eine räumliche Unbestimmtheit (vgl. Baumann 2001a, 82 f.).

Das Allgemeinheitsproblem scheint keine Lösung zuzulassen. Spricht das gegen den Reliabilismus? Oder kann man aus der Not des Reliabilismus die Tugend einer anderen Theorie des Wissens machen, nämlich des sogenannten Kontextualismus? Was ist mit »Kontextualismus« gemeint?

8. Der Kontextualismus

8.1 Eine erste Variante

Der **Kontextualismus** besagt, wie der Name schon andeutet, dass Wissen (in näher zu erläuternder Weise) vom Kontext abhängt. Man kann diese Auffassung bis zu Wittgenstein zurückverfolgen (vgl. Wittgenstein: Über Gewißheit). Seit etwa 25 Jahren gibt es eine besonders intensive Diskussion über kontextualistische Konzeptionen des Wissens (vgl. Cohen 1987, 3 ff.; Cohen 1998, 289 ff.; DeRose 1992, 413 ff.; Lewis 1979, 339 ff.; Lewis 1996, 549 ff.; Sosa 1988, 139 ff.; Unger 1984; Williams 1996; vgl. als neuere Monographie Kompa 2001 und als Überblick DeRose 1999, 187 ff.). Der Kontextualismus ist für viele vor allem deshalb interessant, weil er eine Antwort auf skeptische Fragen verspricht (s. Kap. VIII), aber er ist sicherlich auch ganz unabhängig davon als eine systematische Konzeption des Wissens interessant. Viele Kontextualisten sind Externalisten, aber manche Kontextualisten neigen zumindest zu der Auffassung, dass Wissen eine der Person zugängliche Rechtfertigung voraussetzt (vgl. etwa Annis 1978b, 213 ff.; Hambourger 1987, 241 ff.). Es gibt auch kontextualistische Theorien der Rechtfertigung und wir werden später darauf eingehen (s. Kap. V.6.3). Was soll man sich nun genauer unter einem Kontextualismus bezüglich Wissen vorstellen?

Beginnen wir mit einem Beispiel. Bert überlegt am Freitag nachmittag, wie das Wetter am darauf folgenden Samstag wohl werden wird. Er ist zwar kein Wetterspezialist, aber er hat im Laufe der Zeit aufgrund eigener Beobachtung einiges Geschick im Vorhersagen des Wetters erworben. Diesmal ist für Bert alles relativ klar: Die Art der Wolken, der starke West-Wind und noch einiges Andere mehr spricht klar für Regen am nächsten Tag. Und Bert hat Recht: Am Samstag fällt der erwartete Regen. Nehmen wir an, es gibt hier keine Gettier-artigen Fußangeln: Bert weiß am Freitag Nachmittag, dass es am Samstag regnen wird. Ob wir nun sagen, dass seine Rechtfertigung gut genug war oder dass seine Methode verlässlich genug war, macht hier keinen Unterschied: In jedem Fall weiß Bert am Freitag Nachmittag, dass es am nächsten Tag regnen wird.

Betrachten wir nun den Fall von Erna. Auch sie überlegt am Freitag Nachmittag, wie das Wetter wohl am Samstag werden wird. Anders als Bert aber ist sie Meteorologin und arbeitet gerade an der Wettervorhersage für die Abendnachrichten. Hier würde es nicht ausreichen, wenn sie sich auf die Form der Wolken, den starken West-Wind und die anderen Faktoren, auf die Bert sein Urteil stützt, beziehen würde. Würde sie, bevor sie sich an die Arbeit macht, einen Anruf von der Nachrichten-Redaktion erhalten und gefragt werden, ob sie schon weiß, wie das Wetter am Samstag werden wird, so müsste sie korrekterweise antworten, dass sie das noch nicht weiß, selbst wenn sie auf dem Weg zur Arbeit mit Berts Methoden zu dem Schluss gekommen ist, dass es am Samstag wohl regnen wird. Erst wenn Erna unter Anwendung der üblichen professionellen meteorologischen Verfahren zu der wahren Überzeugung gelangt ist, dass es am Samstag regnen wird, kann man korrekterweise von ihr sagen, dass sie weiß, dass es am Samstag regnen wird (wiederum vorausgesetzt, dass es hier keine Gettier-artigen Fußangeln gibt). Die Standards (ausreichender Rechtfertigung, ausreichender Verlässlichkeit, etc.), denen eine professionelle Wettervorhersage genügen muss, um als Wissen gelten zu können, sind anspruchsvoller als die Standards, denen eine Laien-Vorhersage genügen muss, um als Wissen zu gelten. Analoges gilt in analogen Situationen. Erstklässler müssen keine mathematischen Beweise kennen, um zu wissen, dass 2 + 2 = 4; für professionelle Mathematiker hingegen ist das Abzählen von Kuchenstücken nicht einmal ansatzweise ausreichend. Was im einen Fall gerade gut genug ist, ist im anderen Fall nicht einmal ernst zu nehmen. Die **Standards für Wissen** sind je nach Kontext verschieden und manchmal sehr verschieden (vgl. unter vielen etwa Annis 1978b, 213 ff.).

Dies ist leichter gesagt als akzeptiert. Betrachten wir weiterhin den Fall von Erna. Sie ist auf dem Weg zur Arbeit mit den Verfahren, die auch Bert benutzt hat, zu dem Schluss gekommen, dass es am nächsten Tag regnen wird. Dass sie eine Wetterexpertin ist, heißt ja nicht, dass sie nicht manchmal auch eine Laienprognose abgibt (etwa, wenn sie nicht bei der Arbeit ist). Da Bert weiß, dass es am nächsten Tag regnen wird und da Erna auf dem Weg zur Arbeit in vergleichbarer Art und Weise und unter vergleichbaren Umständen zu der Überzeugung gelangt, dass es am nächsten Tag regnen wird, müssen wir auch von der zur Arbeit fahrenden Erna sagen, dass sie weiß, dass es am nächsten Tag regnen wird. Sobald sie aber bei der Arbeit ist, so hatten wir gerade gesagt, ist es nicht korrekt, von Erna zu sagen, dass sie weiß, dass es am nächsten Tag regnen wird. Offenbar weiß sie, dass es am nächsten Tag regnen wird, bis sie mit der Arbeit beginnt, die – ironischerweise – unter anderem der Beantwortung der Frage gewidmet ist, ob es am nächsten Tag regnen wird. Nach Beginn der Arbeit aber weiß sie das nicht mehr. Zuerst (vor Beginn der Arbeit) weiß sie also etwas, das sie danach (nach Beginn der Arbeit) nicht mehr weiß. Wie kann das sein? Sie hat ja z. B. nichts vergessen. Ganz im Gegenteil: Sie widmet sich derselben Frage mit viel anspruchsvolleren Methoden. Kann aber genaueres Nachforschen ein Wissen, das man schon hatte, zerstören? Welchen Sinn soll es haben, ein solches Wissen erst zu verlieren und danach auf kompliziertere Weise wieder neu zu erwerben? Wie kann das irgendjemandes Absicht sein? Abgesehen davon: Wie kann der Laie etwas wissen, das der Experte – der alles kann, was der Laie kann und noch mehr – nicht weiß? Wie kann Erna ihr Wissen verlieren (vgl. Lewis 1996, 549 ff.; Williams 2001, 56 ff.)? Nehmen wir an, Erna unterbricht ihre Arbeit mittendrin und nutzt die Pause zu einem Spaziergang im Freien. Soll man wirklich sagen, dass sie dann auf einmal wieder weiß, dass es am nächsten Tag regnen wird? Soll man nach Beendigung des Spaziergangs und Wiederaufnahme der Arbeit sagen, dass sie wieder nicht weiß, ob es am nächsten Tag regnen wird? Ist das alles nicht absurd?

Es ist nicht absurd, wenn man sich die Kontextrelativität der Standards des Wissens deutlich vor Augen führt. In einem Kontext sind die Standards für Wissen niedriger (außerhalb der Arbeit), im anderen Kontext sind die Standards für Wissen höher (bei der Arbeit). Es spricht viel dafür, dass dies die angemessene Beschreibung der Phänomene ist und dass es ganz falsch ist, davon auszugehen, dass Standards des Wissens kontextunabhängig oder kontextübergreifend sind. Deshalb kann man ohne Absurdität sagen bzw. muss man sagen, dass die Person im einen Kontext weiß, dass p (dass es morgen regnet), im anderen Kontext dies aber nicht weiß. Man muss also den Kontext kennen, um beurteilen zu können, ob eine Person weiß, dass dies oder jenes der Fall ist, oder nicht. Wissen variiert mit und ist abhängig von dem Kontext.

Dementsprechend ergibt sich (vgl. die anfangs genannte Literatur) die folgende kontextualistische Erklärung des Wissensbegriffes:

Eine kontextualistische Konzeption des Wissens

S weiß, dass p, gdw.
(1) S die Überzeugung hat, dass p,
(2) es wahr ist, dass p und
(3) S die im gegebenen Kontext einschlägigen Standards erfüllt.

Da (3) offen lässt, um was für eine Art von Standard es sich handelt (Rechtfertigung, Verlässlichkeit, etc.), kann man auch, etwas zurückhaltender, von der »Form« einer kontextualistischen Erklärung des Wissensbegriffs sprechen.

Man könnte einwenden, dass Wissen nicht kontextrelativ ist, sondern eher Grade zulässt. Wenn Erna ihren Wetterbericht fertig stellt und das Wissen erwirbt, dass es am Samstag regnen wird, dann erwirbt sie ›besseres‹ Wissen als Bert. Ihre Überzeugung stellt in höherem Maße Wissen dar als Berts Überzeugung. Die Grade des Wissens bemessen sich dann danach, wie anspruchsvoll die Standards des Wissens sind. Dementsprechend verliert Erna im obigen Beispiel nicht ihr Wissen, sobald sie die Arbeit aufnimmt, sondern beginnt nur, es zu verbessern. Diese Art von Einwand ist allerdings problematisch. Der Begriff des Wissens ist in einer Hinsicht wie der der Schwangerschaft und nicht wie der der Schüchternheit. Entweder jemand ist schwanger oder nicht schwanger, man kann nicht mehr oder weniger schwanger sein. Ähnliches gilt für den Begriff des Wissens: Entweder S weiß, dass p, oder S weiß nicht, dass p. Hingegen ist man nicht entweder schüchtern oder nicht schüchtern, sondern in verschiedenem Ausmaß schüchtern oder nicht schüchtern.

8.2   Eine zweite Variante

Die dritte Bedingung in der obigen Erklärung des Kontextualismus wirft nun gewisse Fragen auf: Was genau legt fest, was der Kontext ist? Und was bestimmt, was die einschlägigen Standards sind? Zunächst zur letzteren Frage. Was z. B. legt den Standard fest, mit dem man beurteilen kann, ob ein Laie wie Bert oder eine Expertin wie Erna weiß, wie das Wetter am nächsten Tag wird? Offenbar gibt es hier **Konventionen**: zum einen Konventionen, die die Meteorologen miteinander teilen, zum anderen Konventionen, die die meteorologischen Laien im Alltag miteinander teilen. Je nach Kontext (professionell oder laienhaft) gibt es unterschiedliche Konventionen hinsichtlich des Standards für Wissen. Es gibt keine von uns unabhängige Tatsache, die den Standard für Wissen festlegt; vielmehr legen wir ihn – konventionell – fest. Es liegt sozusagen an uns und nicht an der Welt, ab wann wir davon sprechen, dass jemand weiß, dass p. Das heißt nicht, dass die Standards für Wissen willkürlich festgelegt werden. Es gibt, ganz im Gegenteil, zumindest oft gute (z. B. praktische) Gründe dafür, die Standards so und nicht anders zu wählen. So gibt es etwa gute Gründe dafür, die Standards für professionelle Meteorologen höher anzusetzen als die für Laien.

Der Bezug auf Konventionen beantwortet allerdings die Frage, was die Standards des Wissens festlegt, bestenfalls nur teilweise. Zumindest manchmal gibt es keine allseits geteilten Konventionen, die eindeutig einen Standard des Wissens für einen gegebenen Kontext festlegen. So mögen z. B. alle darin übereinstimmen, dass die Standards für laienhafte Wetterprognosen niedriger anzusetzen sind als die Standards für professionelle Prognosen, wenn auch nicht beliebig niedrig; sie mögen aber nicht darin übereinstimmen, wo genau die Standards zu liegen haben. Manche wissen mehr, manche weniger über die Eigenheiten des Wetters; dementsprechend können die Standards für Laien-Wetterprognosen untereinander differieren. Manche könnten sagen, dass Bert wusste, dass es am Samstag regnen wird, während andere (mit strengeren Standards) dies verneinen könnten. Da es nicht nur keine Konventionen, sondern auch keine ›objektiven Tatsachen‹ gibt, die die Standards des Wissens eindeutig festlegen, ist nicht zu sehen, was dies überhaupt verbindlich festlegen könnte. Da wir aber ständig Personen Wissen zu- oder absprechen, ergibt sich eine weitere Kontextrelativität: Innerhalb gewisser Grenzen hängen die Standards des Wissens vom jeweiligen Beobachter Z ab, der sich die Frage vorlegt, ob S weiß, dass p, und sie mit Bezug auf einen bestimmten Standard beantwortet. Damit hängt auch die Antwort auf die Frage, ob S weiß, dass p, vom jeweiligen Beobachter Z ab, vom »Zuschreiber« (»attributor«) des Wissens oder Nicht-Wissens. S und Z können dieselbe Person sein; die Besonderheiten dieses Spezialfalls können wir hier allerdings außer Acht lassen. Bisher hatten wir es nur mit dem Kontext von S, dem »Subjekt« (»subject«) zu tun; der entsprechende Kontextualismus wird auch »**Subjekt-Kontextualismus**« genannt. Nun ergibt sich ein Kontextualismus, der mit dem Zuschreiber Z zu tun hat, – ein sogenannter »**Zuschreiber-Kontextualismus**« (vgl. dazu Cohen 1987, 3 ff., Cohen 1998. 289 ff., DeRose 1992, 413 ff. sowie generell zu der Unterscheidung deRose 1999, 190 f.).

Es kann also vorkommen, dass ein Zuschreiber Z_1 aufgrund strikterer Standards zu dem Urteil gelangt, dass S nicht weiß, dass p, während ein anderer Zuschreiber Z_2 aufgrund weniger anspruchsvoller Standards zu dem Urteil gelangt, dass S weiß, dass p, – ohne, dass man sagen könnte, dass Z_1 oder Z_2 falsch urteilt. Man könnte nun einwenden, dass dies nicht für den Kontextualismus spricht, sondern eher dafür, dass Z_1 und Z_2 den Ausdruck »Wissen« leicht unterschiedlich verwenden, nicht genau denselben Begriff des Wissens verwenden. Mit Bezug auf jeden der verwandten Begriffe des Wissens wäre aber eindeutig bestimmt, ob S weiß, dass p, und die These, dass Wissen kontext-relativ ist, wäre dementsprechend falsch. Dieser Einwand ist deshalb wenig überzeugend, weil es demnach so viele unterschiedliche Begriffe des Wissens geben würde wie Standards des Wissens. Streng genommen würden Z_1 und Z_2 nicht über dieselbe Sache reden, weil sie mit »Wissen« Verschiedenes meinen. Dies ist aber ausgesprochen unplausibel: Es trifft einfach nicht unseren Begriff des Wissens.

Man darf die zuletzt erwähnte Kontext-Relativität auch nicht mit Vagheit verwechseln. Ein Begriff wie ›glatzköpfig‹ ist vage insofern, als in manchen Fällen prinzipiell offen ist, ob der Begriff auf sie zutrifft. Dementsprechend enthalten wir uns in bestimmten Fällen des Urteils, ob jemand glatzköpfig ist. Beim Begriff des Wissens ist dies anders. Wir gelangen zu Urteilen darüber, ob S weiß, dass p, auch wenn wir dabei auf Standards zurückgreifen müssen, die nicht dem Begriff des Wissens entstammen.

Soviel zu der einen Frage, die die dritte Bedingung der kontextualistischen Erklärung des Wissens – dass (3) S die im gegebenen Kontext einschlägigen Standards erfüllt – aufwirft: zu der Frage, was die einschlägigen Standards festlegt. Die andere Frage, die diese Bedingung aufwirft, ist die Frage, was den Kontext festlegt. Dass auch dies ein Problem sein kann, kann man an folgendem Beispiel sehen. Unsere Meteorologin Erna ist bei der Arbeit für die Wettervorhersage. Zwischendurch blickt sie kurz zum Fenster hinaus, bemerkt die Form der Wolken und einen starken Westwind. Sie denkt sich aufgrund dieser Beobachtung, dass es am nächsten Tag wohl regnen wird. Nehmen wir wieder an, dass es in der Tat am nächsten Tag regnet. Weiß Erna nach ihrem Blick aus dem Fenster, dass es am nächsten Tag regnen wird? Die Antwort auf diese Frage hängt, wie wir gesehen haben, davon ab, in welchem Kontext sie sich befindet. In einem nicht-professionell meteorologischen Kontext wie dem von Bert erfüllt sie die Standards des Wissens, während dies nicht für einen professionell meteorologischen Kontext gilt. In welchem Kontext befindet sich Erna aber, wenn sie aus dem Fenster blickt? Blickt sie als Meteorologin aus dem Fenster oder als Privatperson Erna Müller, die eine kurze Pause von der Arbeit macht?

Offenbar lassen dies die Tatsachen in der Situation unbestimmt; es gibt hier offenbar eine Unbestimmtheit des Kontexts. Wenn man also die Frage entscheiden will ob Erna weiß, dass es am nächsten Tag regnen wird – und wir entscheiden solche Fragen ständig, wenn wir über das Wissen oder Nicht-Wissen einer Person nachdenken –, muss man eine bestimmte Kontextbeschreibung wählen (die natürlich wahr sein muss). Es kann zumindest in vielen Fällen verschiedene Kontextbeschreibungen derselben Situation geben, ohne dass man eine als die einzig korrekte Beschreibung auszeichnen könnte. Soll die Kontextbeschreibung der Person selbst ausschlaggebend sein? Aber warum? Außerdem hat die Person oft gar keine Meinung darüber, in welchem Kontext sie sich gerade befindet. In allen solchen Fällen hängt die Antwort auf die Frage, was genau der Kontext ist, vom jeweiligen Zuschreiber (und seiner Kontextbeschreibung) ab. Damit hängt auch die Antwort auf die Frage, ob S weiß, dass p, vom jeweiligen Zuschreiber (und seiner Kontextbeschreibung) ab. Es ergibt sich hier ein Zuschreiber-Kontextualismus, der auf der **Beschreibungs-Relativität des Wissens** beruht. Zwei Zuschreiber können aufgrund verschiedener Kontextbeschreibungen zu divergierenden Antworten auf die Frage kommen, ob S weiß, dass p, ohne dass eine der Antworten (in-) korrekt wäre. Mit all dem ist übrigens nicht gesagt, dass die Wahl einer Kontextbeschreibung willkürlich sein muss. In der Regel gibt es praktische Gründe, die für die eine oder andere Beschreibung sprechen. Ernas Vorgesetzter mag den Kontext als einen professionellen meteorologischen Kontext sehen, während jemand, der sich zufällig in die meteorologische Abteilung verirrt hat, den Kontext als einen nicht-professionellen Kontext betrachten mag.

Wir haben gesehen, dass die dritte Bedingung der obigen kontextualistischen Erklärung des Wissensbegriffes Fragen aufwirft, die zu einem Zuschreiber-Kontextualismus führen können. Die obige Erklärung müsste dementsprechend folgendermaßen modifiziert werden (vgl. etwa Cohen 1987, 3 ff., Cohen 1998, 289 ff., DeRose 1992, 413 ff. und deRose 1999, 190 f.):

Eine zweite kontextualistische Konzeption des Wissens

S weiß, dass p, gdw.
(1) S die Überzeugung hat, dass p,
(2) es wahr ist, dass p und
(3) S diejenigen Standards erfüllt, die bei der vom Zuschreiber gewählten Kontext-Beschreibung ihm zufolge einschlägig sind.

Wissen ist also relativ zu einem Zuschreiber. Ohne Bezug auf einen Zuschreiber kann man nicht davon sprechen, dass S weiß, dass p. Ohne Zuschreiber des Wissens gibt es kein Wissen. Wissen ist »im Auge des Betrachters«. Dieser Bezug auf den Zuschreiber mag nicht explizit sein – wir schreiben Personen oft Wissen zu oder sprechen ihnen Wissen ab, ohne uns selbst als Zuschreiber dabei explizit zu erwähnen. Handelt es sich bei der Tatsache, dass S weiß, dass p (dass Bert weiß, dass es am Samstag regnet), nicht auch um eine ›objektive‹ Tatsache, also um eine Tatsache, die ganz unabhängig davon besteht, was wir denken – genau so wie etwa die Tatsache, dass die Erde nur einen Mond hat? Dem eben vorgestellten Zuschreiber-Kontextualismus zufolge ist dem nicht so. Der Bezug auf einen Zuschreiber mag nicht offen zu Tage liegen, aber er ist dennoch vorhanden.

Die ›**Perspektiven-Gebundenheit**‹ des Wissensbegriffes mag so kontraintuitiv erscheinen, dass man versucht sein könnte, den Bezug auf einen Zuschreiber in der Erklärung des Wissensbegriffes wieder loszuwerden. Nehmen wir an, der Zuschreiber Z_1 wählt eine Kontextbeschreibung D_1 (Erna ist bei der Arbeit am Wetterbericht) und geht von dem Standard S_1 aus. Der Zuschreiber Z_2 hingegen wählt eine Kontextbeschreibung D_2 (Erna ist nicht bei der Arbeit) und geht von dem Standard S_2 aus. Man könnte dann sagen: Mit Bezug auf D_1 und S_1 weiß S nicht, dass p (weiß Erna nicht, dass es am Samstag regnen wird), während mit Bezug auf D_2 und S_2 S weiß, dass p (Erna weiß, dass es am Samstag regnen wird). Und all dies sind ›objektive‹ Tatsachen, die unabhängig von irgendeiner Zuschreiber-Perspektive bestehen. Das Problem mit diesem Vorschlag besteht darin, dass es hier, genau genommen, nicht mehr um Wissen geht, sondern um etwas, das man »Wissen bei einer bestimmten Kontextbeschreibung und mit Bezug auf einen bestimmten Standard« nennen kann. Für jedes Paar von Kontextbeschreibung und Wissensstandard gäbe es einen eigenen Begriff. Dies verkennt wiederum, dass wir in allen verschiedenen Fällen von Kontextbeschreibungen und Wissensstandards ein und denselben Begriff des Wissens anwenden.

Es gibt noch andere Argumente für die Beschreibungs-Relativität des Wissens. Wir hatten oben das Prinzip der relevanten Alternativen kennen gelernt:

(RA) Wenn eine Person weiß, dass p, dann ist sie in der Lage auszuschließen, dass einschlägige mögliche Umstände – relevante Alternativen – vorliegen, die mit einem solchen Wissen unvereinbar sind.

Eine der Fragen, die dieses sehr plausible Prinzip aufwirft, ist die, wodurch festgelegt wird, ob ein möglicher Umstand eine relevante Alternative darstellt. Betrachten wir wieder das obige Beispiel mit Maria und den Finken. Maria sieht einen Finken vor sich, ist eine gute Vogelkennerin und gelangt zu der wahren Überzeugung, dass vor ihr ein Fink ist. Allerdings könnte sie einen Finken nicht von einem Unfinken unterscheiden, also von einer Vogelart, die ausschließlich in einer bestimmten Gegend am Schwarzen Meer (und nicht in Marias Schweizer Heimat) vorkommt. Ist die Möglichkeit, dass ein Unfink in der Schweiz auftaucht, eine relevante Alternative? Falls ja, weiß Maria nicht, dass ein Fink vor ihr herumfliegt, falls nein, weiß sie dies. Was also legt relevante Alternativen fest?

Eine denkbare Antwort besagt: die (unbedingte) Wahrscheinlichkeit, dass der betreffende mögliche Umstand eintritt. In Fällen wie dem Marias ist allerdings fraglich, ob es überhaupt bestimmte unbedingte Wahrscheinlichkeiten gibt. Wie groß z. B. ist denn die unbedingte Wahrscheinlichkeit für Unfinken in der Schweiz? Nehmen wir an, dass die Unfinken vor Tausenden von Jahren eigentlich auf dem Weg in die Schweiz waren, aber durch irgendeinen Zufall (einen Meteoriten-Einschlag in der Gegend des

Schwarzen Meeres) dauerhaft davon abgehalten wurden. Wie wahrscheinlich ist es nun, dass die Unfinken in der Schweiz auftauchen? Gegeben den Meteoriten-Einschlag und dessen Folgen ist es sehr unwahrscheinlich, aber gegeben die Situation vor dem Meteoriten-Einschlag ist es sehr wahrscheinlich. Aber vielleicht hätte es ohne den Meteoriten-Einschlag auch keine Finken in der Schweiz gegeben oder Maria wäre nicht geboren worden? Worauf alle diese Fragen und Bemerkungen hinauslaufen, ist dies: Die unbedingte Wahrscheinlichkeit, dass der betreffende mögliche Umstand eintritt, ist völlig unbestimmt. Sie taugt also nicht zur Identifikation der relevanten Alternativen in einer Situation.

Helfen bedingte Wahrscheinlichkeiten weiter? Offenbar: Gegeben bestimmte Umstände zu Marias Lebenszeit ist es sehr unwahrscheinlich, dass Unfinken in der Schweiz auftauchen. Wenn also die bedingte Wahrscheinlichkeit, dass der entsprechende mögliche Umstand eintritt, gegeben dass bestimmte andere Umstände vorliegen, groß genug ist (was immer dies festlegt), dann handelt es sich dabei um eine relevante Alternative, wenn nicht, dann nicht. Was aber legt fest, welche bedingte Wahrscheinlichkeit relevant ist – welches »q« für »P(p/q)« zu wählen ist? Ist die Verbreitung der Unfinken die relevante Bedingung? Oder der im letzten Moment vereitelte Plan eines Touristen, Unfinken in die Schweiz einzuführen? Ganz offensichtlich legen die Tatsachen selbst nicht fest, welches die relevante Bedingung ist, unter der der einschlägige mögliche Umstand so und so wahrscheinlich ist. Es hängt wiederum von der Beschreibung ab, die der Zuschreiber wählt. Ob S weiß, dass p, hängt also – zumindest in Fällen wie dem von Maria – davon ab, was der Zuschreiber für die relevante bedingte Wahrscheinlichkeit hält. Auch in dieser Weise ergibt sich also ein Argument für den Kontextualismus. Hinzugefügt sei noch, dass relevante Alternativen – und damit Wissen – mit der jeweiligen Situation variiert. Was für Maria keine relevante Alternative sein mag, kann für Josef am Schwarzen Meer durchaus eine relevante Alternative sein.

Schließlich gibt es noch eine weitere Überlegung, die zum Kontextualismus führen kann. Wir hatten gesehen, dass der Reliabilismus das sogenannte »Allgemeinheitsproblem« aufwirft. Sowohl die Antwort auf die Frage, welche Methode die Person verwandt hat, als auch die Antwort auf die Frage, ob eine gegebene Methode verlässlich ist, ist unbestimmt, nicht durch die Tatsachen festgelegt. Damit wird natürlich auch unbestimmt, ob die Person weiß, dass dieses oder jenes der Fall ist. Diese Not des Reliabilismus nun kann der Kontextualismus in eine Tugend verwandeln. Betrachten wir den Fall der Unbestimmtheit der Verlässlichkeit einer gegebenen Methode und gehen wir zurück zu dem erwähnten Gerichtsbeispiel. Will man die Frage entscheiden, ob der Richter weiß, dass der Angeklagte unschuldig ist, so muss man entscheiden, ob Kurt ein verlässlicher Zeuge ist. Betrachtet man nur die Zeitspanne während seiner Vernehmung, so muss man aufgrund seiner vorübergehenden teilweisen Unzurechnungsfähigkeit zu dem Schluss kommen, dass Kurt nicht verlässlich ist und damit auch der Richter nicht zu dem Wissen von der Unschuld des Angeklagten gelangt. Betrachtet man hingegen die Zeit, die die ganze Verhandlung in Anspruch nimmt, so muss man zugeben, dass Kurt verlässlich ist und der Richter dementsprechend zu dem Wissen von der Unschuld des Angeklagten gelangt. Da der Richter aber entweder weiß oder nicht weiß, dass der Angeklagte unschuldig ist, und da die Tatsachen nicht festlegen, was das relevante Zeitintervall ist, kann man nur zu dem Schluss gelangen, dass Wissen beschreibungs-relativ ist: Je nach gewähltem Zeitintervall ist die verwandte Methode verlässlich oder nicht verlässlich, erwirbt der Richter Wissen oder nicht (Analoges gilt für den schon erwähnten Fall der räumlichen Unbestimmtheit der Verlässlichkeit). Für die Anklage mag das längere Zeitintervall relevant sein, für die Verteidigung hingegen das Kürzere. Welche Beschreibung der Zuschreiber wählt, muss nicht willkürlich sein, sondern kann gut begründet sein; die Gründe liegen dann aber in praktischen Überlegungen und Interessen (vgl. etwa Hambourger 1987, 241 ff.). Dass die Juristen eine klare Antwort auf das Unbestimmtheitsproblem haben, heißt nicht, dass es sich dabei nicht um ein fundamentales Problem handeln würde; sie haben eben aus praktischen Erwägungen heraus Grund, eine bestimmte Beschreibung gegenüber deren Alternativen zu bevorzugen. In der angegebenen Weise löst der Kontextualismus also ein Problem des Reliabilismus – was ein Argument für einen **kontextualistischen Reliabilismus** darstellt (vgl. Baumann 2001a, 72 ff.).

Soviel zu verschiedenen Varianten des Kontextualismus und zu verschiedenen Argumenten dafür. Allerdings ist auch der Kontextualismus ganz offensichtlich vor Gettier-artigen oder sonstigen Gegenbeispielen nicht sicher. Im Zusammenhang mit der Diskussion verschiedener Konzeptionen des Wissens haben wir ja schon auf vielfältige Arten und Weisen hingewiesen, in denen die wahre Meinung einer Person einem Standard (der Rechtfertigung, der Verlässlichkeit, etc.) genügen kann, ohne dass die Person Wissen erlangt. So mag Erna eine wahre Meinung über das Samstagswetter erwerben, allen Standards genügen, die im meteorologischen Kontext einschlägig sind, und doch nicht wissen, wie das Samstagwetter werden wird, weil zwei ihrer Messgeräte fehlerhaft waren, allerdings derart, dass beide Fehler sich gegenseitig in ihrer Wirkung aufgehoben haben. Vielleicht lassen sich prinzipiell keine notwendigen und hinreichenden Bedingungen für Wissen angeben. Aber vielleicht wäre das auch gar nicht so schlimm. Der Kontextualismus jedenfalls lässt uns das Projekt einer reduktiven Definition des Wissensbegriffs sehr viel weniger ernst nehmen: Warum sollte man so sehr an der ›Natur‹ des Wissens interessiert sein, wenn sowieso alles vom Kontext abhängt und mit dem Kontext variiert? Auch wenn es nicht unmöglich sein sollte, den Wissensbegriff reduktiv zu definieren, so gibt es doch vielleicht andere, wichtigere und interessantere Fragen, die man im Hinblick auf Wissen stellen kann.

Schließlich ist es aber – wenn man ehrlich ist – auch fraglich, ob die Argumente, die für den Kontextualismus in der einen oder anderen Form sprechen, wirklich stark genug sind, um derart kontraintuitive Schlussfolgerungen zu stützen. Es sollte jedenfalls nicht allzu leicht fallen, von der Vorstellung Abschied zu nehmen, dass das Wissen oder Nicht-Wissen einer Person eine Tatsache darstellt, die unabhängig vom Kontext und insbesondere unabhängig von der Perspektive eines Beobachters ist. Was es unter kontextualistischen Vorzeichen genau heißen kann, von einer Person zu sagen, sie wisse dies oder jenes, ist jedenfalls eine der drängenderen Fragen, die sich Kontextualisten stellt.

9. Schluss

Wir haben hier einige zentrale Konzeptionen des Wissens näher betrachtet. Bemerkenswerterweise ist bei jeder Konzeption zumindest fraglich, ob sie notwendige und hinreichende Bedingungen für Wissen angibt bzw. angeben könnte, falls man entsprechende Modifikationen vornehmen würde. Vielleicht sollte man all diese verschiedenen Konzeptionen miteinander kombinieren – etwa in dem Sinne, dass jede Konzeption für eine Art des Wissens einschlägig ist: traditionalistische Konzeptionen eher für inferentielles Wissen und kausale oder reliabilistische Konzeptionen eher für Wahrnehmungswissen. Der Verlauf der philosophischen Diskussion nach Gettier gibt allerdings Grund zum Zweifeln, ob man einen Begriff wie den des Wissens überhaupt definieren kann (vgl. Craig 1986/7, 225 f.; Craig 1993, 9 ff.; Zagzebski 1994, 65 ff.; Kellenberger 1971, 599 ff.; Levi 1983, 28 ff. und Kaplan 1985, 350 ff. halten es für bedeutungslos, ob man den Wissensbegriff definieren kann; vgl. zu der Idee, dass Gettiers Problem eine neue Form des Skeptizismus begründet Kirkham 1984, 501 ff., Hetherington 1992a, Kap. 4, Hetherington 1992b, 277 ff. und Hetherington 1996b, 83 ff.). Wann immer jemand einen Verbesserungsvorschlag zur Definition des Wissensbegriffs machte, dauerte es nicht lange, bis jemand anders ein Gegenbeispiel präsentierte. So wurden nach kurzer Zeit die Wissenskonzeptionen ebenso wie die Gegenbeispiele immer komplizierter (vgl. als Überblick Shope 1983). Vielleicht ist es gar nicht vernünftig zu erwarten, dass man einen Begriff wie den des Wissens überhaupt definieren kann. Vielleicht sollte man genau so wenig versuchen, einen solchen Begriff zu definieren wie man versuchen sollte, einen Pudding an die Wand zu nageln. Es könnte ja sein, dass die Natur unserer Begriffe – oder zumindest die Natur von Begriffen wie dem des Wissens – ihre Definierbarkeit ausschließt. Auf diese Frage werden wir im Folgenden, und zwar im Zusammenhang mit näheren Ausführungen zum Begriff der Meinung bzw. Überzeugung zurückkommen. Wenn es so sein sollte, dass man den Wissensbegriff nicht definieren kann, so heißt das nicht, dass wir nicht wissen oder nicht wissen können, was Wissen ist. In dem Sinne, in dem hier von »Wissen, was Wissen ist« die Rede ist – nämlich im Sinne des Wissens von notwendigen und hinreichenden Bedingungen –, gäbe es dann nämlich nichts zu wissen. Das schließt aber nicht aus, dass wir in einem anderen (nicht-definitorischen) Sinne durchaus etwas über das Wissen ›wissen‹ können. Einiges haben wir ja in der Tat oben schon angeführt.

III. ÜBERZEUGUNGEN

Wir machen uns ein Bild von der Welt und von der Umgebung, in der wir uns befinden. Dass wir das tun, ist von so grundlegender Bedeutung für uns, dass wir uns kaum vorstellen können, dass wir es nicht tun. Dieses Bild von der Welt nun besteht aus einer Reihe von **Überzeugungen**. Betrachten wir diese ›Bausteine‹ unseres Blicks auf unsere Umgebung näher und beginnen wir mit der Betrachtung von **Begriffen**. Begriffe können nämlich als Elemente von Überzeugungen angesehen werden (vgl. Kant: Kritik der reinen Vernunft, A 68 f./B 93 f.; Frege: Funktion und Begriff, 18 ff.; Frege: Über Begriff und Gegenstand, 66 ff.; vgl. auch Aristoteles: De interpretatione, 16b26 ff.; generell zu Begriffen vgl. etwa Murphy 2004, Tugendhat/Wolf 1983, Kap. 8, Reisberg 1997, Kap. 8 und den Sammelband Margolis/Laurence 1999). Was ist damit gemeint?

Wer der Überzeugung ist, dass Rom die Hauptstadt von Italien ist, muss unter anderem wissen, was eine Hauptstadt ist. Wer der Überzeugung ist, dass Elektronen negative Ladung besitzen, muss unter anderem wissen, was ein Elektron ist. Man muss bestimmte Begriffe – den Begriff der Hauptstadt oder den des Elektrons z.B. – besitzen, um bestimmte Überzeugungen – solche z.B., die von Hauptstädten oder Elektronen handeln – haben zu können. Wer über keinerlei Begriffe verfügt, kann auch keine Überzeugungen haben. Begriffe sind sicherlich nicht dasselbe wie Überzeugungen, aber sie sind Konstituenten von Überzeugungen. Damit ist übrigens nicht gesagt, dass es nicht noch andere Arten von Konstituenten von Überzeugungen gibt, wie wir gleich noch sehen werden. Es ist ebenfalls nicht gesagt, dass Begriffe nur für Überzeugungen wichtig sind. Man kann z.B. nicht hoffen, in der Lotterie zu gewinnen, ohne über den Begriff der Lotterie zu verfügen. Überzeugungen sind komplexe Gebilde mit einer Struktur, zu deren Elementen Begriffe gehören. Die Überzeugung, dass alle Hunde bellen, etwa bringt die Begriffe des Hundes und des Bellens in bestimmter Weise miteinander in Verbindung. Dass diese Begriffe in verschiedener Weise miteinander in Verbindung gebracht werden können – »Alle Hunde bellen«, »Was da bellt, ist wahrscheinlich der Hund der Nachbarn«, »Kleine Hunde bellen lauter« etc. –, illustriert, dass Überzeugungen eine komplexe Struktur von Elementen aufweisen, zu denen, wie gesagt, Begriffe gehören. All dies erklärt, dass man sich nicht Klarheit über die Natur von Überzeugungen verschaffen kann, ohne sich Klarheit über die Natur von Begriffen zu verschaffen. Was also sind genau Begriffe?

1. Der Begriff des Begriffs

Wer der Überzeugung ist, dass p, oder wer gar über das Wissen verfügt oder die Erkenntnis hat, dass p, muss in der Lage sein, den Gedanken zu fassen, dass p. Wenn Kurt überzeugt ist, weiß oder erkennt, dass Bello bellt, dann muss Kurt in der Lage sein, den Gedanken zu denken, dass Bello bellt. Die Fähigkeit aber, Gedanken wie diesen zu fassen oder zu denken, setzt zwei sehr grundlegende Fähigkeiten voraus: zum einen die Fähigkeit, **sich auf einzelne Gegenstände zu beziehen**, und zum anderen die Fähigkeit, **Gegenständen Eigenschaften zuzuschreiben.** Damit Kurt den wahren oder falschen Gedanken, dass Bello bellt, denken kann, muss er sich einerseits auf einen Gegenstand – etwa Bello – beziehen können und andererseits diesem Gegenstand – Bello – die Eigenschaft zu bellen zuschreiben können. Die Fähigkeit, Gedanken zu haben, setzt, mit anderen Worten, voraus, dass man Begriffe auf Gegenstände anwenden kann, – dass man etwas von etwas »prädizieren« kann. Ein solcher Gedanke hat die Form

Fa,

wobei »a« für einen Gegenstand und »F« für einen Begriff steht und »Fa« besagt, dass a F ist (z. B.: Bello bellt). Kurts Fähigkeit, den Gedanken, dass Bello bellt, zu denken, setzt voraus, dass Kurt den Begriff des Bellens auf Bello anwenden kann. Wenn Kurt z. B. den Begriff des Teilchenbeschleunigers nicht besitzt und nicht versteht, was ein Teilchenbeschleuniger ist, dann kann er auch nicht den Gedanken fassen oder gar die Überzeugung haben, dass sich vor ihm ein Teilchenbeschleuniger befindet.

Die Unterscheidung zwischen Begriff und Gegenstand bzw. zwischen der Verwendung eines Begriffs und dem Bezug auf einen Gegenstand ist von fundamentaler Bedeutung für die Erkenntnistheorie (vgl. etwa Kants Unterscheidung von Begriffen und Anschauungen in Kant: Kritik der reinen Vernunft, A 19/B 33; A 50 f./B 74 f.; A 68 f./B 93 f.; A 320/B 377 sowie Freges Unterscheidung von Begriff und Gegenstand in Frege: Über Begriff und Gegenstand, 66 ff.). Die Begriffe von Begriff und von Gegenstand erklären sich wechselseitig: Ein Begriff ist etwas, das auf einen Gegenstand (»prädikativ«) angewandt werden kann, und ein Gegenstand ist etwas, worauf ein Begriff (prädikativ) angewandt werden kann. Es ist nicht klar, ob man diese Begriffe durch noch grundlegendere Begriffe erklären kann, weil nicht klar ist, ob es überhaupt noch grundlegendere Begriffe gibt. Die Dualität von Begriff und Gegenstand drückt sich auch in der Sprache aus, und zwar in der Differenz zwischen Prädikaten oder Begriffsworten einerseits und andererseits sogenannten »singulären Termini« (wie Eigennamen und einigen anderen Arten von Ausdrücken), die für einzelne Gegenstände stehen. **Referenz** auf Gegenstände und **Prädikation** sind dementsprechend grundlegende Funktionen sprachlicher Ausdrücke (und ein sprachlicher Ausdruck hat nicht mehr als eine dieser Funktionen).

Mit all dem ist nicht gesagt, dass alle Gedanken – alles Wissen und alle Erkenntnis – die Form ›Fa‹ haben, also in der Anwendung eines Begriffs auf einen einzelnen Gegenstand bestehen. Gedanken wie z. B. die, dass es keine Einhörner gibt oder dass kleine Hunde lauter bellen, bestehen nicht in der Anwendung eines Begriffs auf einen einzelnen Gegenstand, sondern weisen eine andere Form auf. Aber auch wenn nicht alle Gedanken die Form ›Fa‹ haben, so kann man doch keine Gedanken gleich welcher Form haben, wenn man nicht Gedanken der Form »Fa« haben kann. Unsere Gedanken beziehen sich letztlich auf Gegenstände und etwas über einen Gegenstand denken heißt, einen Begriff auf ihn anzuwenden. Umgekehrt ist der paradigmatische Fall der Anwendung eines Begriffs die Anwendung auf einen Gegenstand. Denken und Erkenntnis oder Wissen erfordert also beides: sowohl die Fähigkeit, sich auf

Gegenstände beziehen zu können, als auch die Fähigkeit, Begriffe verwenden zu können; eines allein reicht nicht aus. Kant hat diesen Zusammenhang folgendermaßen ausgedrückt: »Gedanken ohne Inhalt sind leer, Anschauungen ohne Begriffe sind blind« (Kant: Kritik der reinen Vernunft, A 51/B 75). Denken und Erkenntnis ist ebenso begrifflicher Natur wie gegenstandsbezogen. Beides ist ganz offenbar eng miteinander verwoben. Zum einen kann man sich kaum auf einen Gegenstand beziehen, ohne dabei Begriffe zu verwenden. Wenn ich mich z. B. auf Bello beziehe, dann muss ich an ihn nicht unbedingt als Nachbars zweiten Hund denken, aber selbst wenn ich mich auf ihn nur als »das (Ding) da« beziehe, denke ich an ihn doch als ein von seiner Umgebung unterschiedenes Objekt, – was schon die Verwendung von Begriffen (›Objekt‹ etc.) voraussetzt. Umgekehrt ist schwer zu sehen, wie man irgendeinen Begriff soll erwerben oder anwenden können, ohne in irgendeiner Weise in Kontakt mit Gegenständen getreten zu sein.

Der Ausdruck »Gegenstand« ist hier übrigens – im Unterschied zu dem oben verwandten Begriff des ›einzelnen Gegenstands‹ oder des ›Einzelgegenstands‹ sehr weit zu fassen: Nicht nur einzelne materielle Objekte wie Tische, Stühle und Anderes, sondern z. B. auch Personen und vieles Andere (Orte, Zeiten, ja sogar abstrakte Gegenstände wie etwa die Tugend der Ausdauer) können als Gegenstände aufgefasst werden. Kurz: Alles, dem man eine Eigenschaft zuschreiben kann oder worauf man einen Begriff anwenden kann, ist ein Gegenstand. Man kann sich nun auf verschiedene Weise auf einen Gegenstand beziehen. Eine direktere Art besteht darin, dass man den Gegenstand direkt vor sich hat und sich dessen bewusst ist: Der bellende Bello mag z. B. direkt vor Kurt herumspringen. Man kann **direkte Bekanntschaft** mit dem Gegenstand haben und sich dementsprechend direkt auf ihn beziehen. Eine indirektere Art liegt dann vor, wenn man über eine **Beschreibung** des Gegenstands verfügt, ohne ihn vor sich zu haben (oder gar jemals vor sich gehabt zu haben). Kurt mag Bello nie getroffen haben, aber wissen, dass er der Hund der australischen Großmutter seines Nachbarn ist; damit verfügt Kurt über eine indirektere Weise, sich auf Bello zu beziehen (vgl. Bertrand Russells Unterscheidung von »Wissen aufgrund von Bekanntschaft« und »Wissen aufgrund von Beschreibung« in: Russell: Knowledge by Acquaintance and Knowledge by Description, 209 ff.). Die Fähigkeit, sich auf einen Gegenstand zu beziehen, schließt übrigens die Fähigkeit ein, den Gegenstand von bestimmten anderen Gegenständen zu unterscheiden, ihn als diesen Gegenstand zu identifizieren (vgl. Strawson 1959, 15 ff.). Wenn Kurt z. B. Bello nicht prinzipiell von anderen Hunden in der Nachbarschaft unterscheiden kann, dann kann er sich auch nicht (sei es direkt oder indirekt) auf Bello beziehen. Und er kann dementsprechend auch nicht den Gedanken denken, dass Bello bellt.

Einer bestimmten Auffassung zufolge (die im 17. und 18. Jh. bei Philosophen wie Locke ihre Hochzeit hatte) hat der Unterschied zwischen Gegenstand und Begriff mit einem unterschiedlichen Grad von Allgemeinheit zu tun: Während Gegenstände immer einzelne Gegenstände sind, betreffen Begriffe viele einzelne Gegenstände. Wir haben Vorstellungen, »Ideen« von der Welt und diese Ideen unterscheiden sich hinsichtlich ihres Allgemeinheitsgrades, – danach, ob sie sich auf einen einzelnen Gegenstand oder auf viele Gegenstände beziehen (vgl. Locke: Essay, II.11.9, III.3, IV.7.9). Bello ist ein einzelnes tierisches Individuum, aber der Begriff des bellenden Hundes trifft auf viele solche Wesen zu. Diese Erklärung des Unterschiedes verfehlt allerdings den wesentlichen Punkt. Zunächst gibt es Begriffe, die auf nur einen

Gegenstand zutreffen oder zutreffen können (z. B.: ›Sieger der *Tour de France* von 1989 zu sein‹); ja, es gibt sogar Begriffe, die auf keinen Gegenstand zutreffen (z. B.: ›Ein 850 Jahre alter Mensch zu sein‹) oder zutreffen können (z. B.: ›Ein verheirateter Junggeselle zu sein‹). Davon abgesehen übersieht die obige ›quantitative‹ Auffassung von Begriffen den grundlegenden qualitativen Unterschied zwischen Begriffen und Gegenständen: die prädikative Natur von Begriffen, die Tatsache, dass man sie auf Gegenstände anwenden kann. Eine wesentliche Funktion von Begriffen besteht eben darin, dass sie die Zuordnung oder explizite Nicht-Zuordnung von einzelnen Gegenständen als Elementen zu entsprechenden Mengen (die 0, 1 oder mehr Elemente haben können) erlauben. Und der Unterschied zwischen Element und Menge ist kein quantitativer Unterschied. Den Begriff des Bellens auf Bello anzuwenden und zu denken oder gar zu erkennen, dass Bello bellt, heißt, Bello als Element der Klasse aller bellenden Wesen aufzufassen. Denken und Erkennen hat wesentlich mit der Unterscheidung von Mengen und der Zuordnung von Elementen zu Mengen zu tun, – eine Funktion, die wesentlich für Begriffe ist. Dies wird von der erwähnten quantitativen Auffassung übersehen. Kant war übrigens einer der Ersten, die ausführlich auf den fundamentalen Unterschied zwischen Gegenstandsbezug und Prädikation hingewiesen haben (vgl. Kant: Kritik der reinen Vernunft, A 19/B 33; A 50 f./B 74 f.; A 68 f./B 93 f.; A 320/B 377).

Wenn S über den Begriff F (Kurt über den Begriff des Hundes) verfügt, dann müssen bestimmte Bedingungen gegeben sein. Zunächst muss S den Begriff in hinreichend vielen Fällen korrekt verwenden können. Zu Begriffsbesitz gehört die Kenntnis der korrekten Anwendungsbedingungen des Begriffes. Wer von allem Möglichen sagt, es handele sich dabei um einen Hund, nur nicht von Hunden, der verfügt nicht über den Begriff des Hundes. Das heißt nicht, dass man sich niemals in der korrekten Anwendung des Begriffes täuschen darf; jeder kann einmal ein Schaf für einen Hund halten, ohne dass man deshalb schon den Besitz des Begriffes des Hundes (oder des Schafes) anzweifeln sollte. Erforderlich ist allerdings die korrekte Anwendung des Begriffes in hinreichend vielen Fällen – wobei die Antwort auf die Frage, was als hinreichend gelten kann, von Fall zu Fall wechseln kann.

Damit hängt ein weiterer Punkt eng zusammen. Eine Bedingung für Begriffsbesitz hat mit einer gewissen ›**Allgemeinheit**‹ zu tun, allerdings anderer Art als der eben erwähnten (vgl. hierzu Evans 1982, 100 ff.). Wer den Begriff ›Hund‹ nur auf Bello und sonst keinen anderen Hund anwenden kann, besitzt den Begriff ›Hund‹ nicht (und kann ihn deshalb, genau genommen, nicht einmal auf Bello anwenden). Wer den Begriff ›Hund‹ nur auf manche Hunde anwenden kann und auf manche Hunde nicht, besitzt diesen Begriff ebenfalls nicht (und kann ihn wiederum, genau genommen, nicht einmal auf ausgewählte Hunde anwenden). Allgemein kann man sagen, dass – zumindest für den typischen Fall von Begriffen, die auf mehr als ein Objekt bzw. viele Objekte zutreffen – zum Besitz eines Begriffes die Fähigkeit gehört, den Begriff auf eine Vielzahl von Objekten anzuwenden. Aber selbst für Begriffe, die sich korrekt nur auf einen Gegenstand anwenden lassen (z. B.: ›Sieger der *Tour de France* von 1989 zu sein‹), gibt es eine Bedingung dieser Art. Wer den Begriff ›Sieger der *Tour de France* von 1989 zu sein‹ besitzt, muss prinzipiell in der Lage sein, ihn auch auf andere Radfahrer anzuwenden, die diese *Tour* zwar nicht gewonnen haben, aber hätten gewinnen können. Auch hier gilt, dass man den Begriff prinzipiell auf eine Vielzahl von Objekten anwenden können muss, um im Besitz des Begriffes zu sein; man könnte ihn auf andere Objekte anwenden, selbst wenn man ihn faktisch nur auf ein Objekt anwenden darf. Eine ähnliche Bedingung lässt sich sogar für den Fall eines Begriffes formulieren, der faktisch auf kein Objekt zutrifft, aber durchaus auf ein Objekt zutreffen könnte, wie z. B. den Begriff des Königs von England im Jahr 1999. Gäbe es jemanden, auf den der Begriff zutrifft, müsste man in der Lage sein, den Begriff auf ihn anzuwenden, wer immer auch es sein würde. Auch hier gibt es also eine Bedingung für Begriffsbesitz, derzufolge man im Prinzip in der Lage sein muss, den Begriff auf eine Vielzahl von Gegenständen anzuwenden. Anders verhalten sich nur Begriffe, die auf kein Objekt zutreffen können (z. B. ›verheirateter Junggeselle‹). Solche Begriffe enthalten einen logischen Widerspruch und es ist fraglich, ob man sie deshalb überhaupt als regelrechte Begriffe betrachten sollte.

Es gibt noch eine andere Allgemeinheits-Bedingung an Begriffsbesitz, die zu der eben erwähnten Bedingung komplementär ist. Wer von Bello nur sagen kann, dass er ein Hund ist, aber nicht in der Lage ist, andere Begriffe (›bellt‹, ›schwarz‹, ›hungrig‹ etc.) auf ihn anzuwenden, mit dessen genereller Fähigkeit der Begriffsanwendung stimmt etwas nicht. Versteht diese Person überhaupt, was es heißt, einen Begriff auf einen Gegenstand anzuwenden? Wer dies versteht, muss, so scheint es, auch verstehen, dass nicht nur dieser eine Begriff auf den Gegenstand zutrifft. Wer aber das nicht versteht, der versteht offenbar auch nicht, was es heißt, diesen einen Begriff auf einen Gegenstand anzuwenden. Wer nur den Begriff des Hundes auf Bello anwenden kann, kann genau genommen nicht einmal diesen Begriff auf ihn anwenden. Zum Besitz eines Begriffes F gehört also zum einen, dass man ihn prinzipiell auf eine Vielzahl von Gegenständen a, b, c etc. anwenden kann (Fa, Fb, Fc etc.), und zum anderen, dass man nicht nur einen Begriff auf einen Gegenstand anwenden kann, sondern viele Begriffe (Fa, Ga, Ha etc.). Begriffe und Gegenstände müssen gegeneinander variieren können und eine ganze Bandbreite von Gedanken zulassen (Fa, Fb, Gb etc.). Dies ist ein Aspekt der ›**Kompositionalität**‹ von Gedanken, auf die wir noch näher eingehen werden, und zwar im Zusammenhang mit der Frage, wie Begriffe strukturiert sind und wie sie untereinander zusammenhängen. Dazu jetzt!

1.1   Die klassische Konzeption des Begriffs

Es gibt eine Auffassung von Begriffen, die oft als die »**klassische Konzeption**« **von Begriffen** bezeichnet wird und die besagt, dass sich Begriffe durch einzeln notwendige und gemeinsam hinreichende Bedingungen charakterisieren lassen, – durch reduktive Definitionen. Diese Auffassung lässt sich bis auf Platon zurückführen (vgl. etwa Platon: Menon, 71e–75a sowie als Überblick Smith/Medin 1981, Kap. 3; vgl. allgemein zu »Definition« Suppes 1957, 151 ff., 9). So lässt sich etwa der Begriff des Wissens der traditionellen Konzeption des Wissens zufolge auf die Begriffe der Rechtfertigung, der Wahrheit und der Meinung reduzieren. Wesentlich für die klassische Vorstellung von Begriffen ist also die Idee, dass es **komplexe Begriffe** gibt und dass ein komplexerer Begriff (das »definiendum«) sich in mehrere einfachere Begriffe (das »definiens«) ›auflösen‹ lässt, auf sie reduzieren lässt. Eine Erklärung wie z. B. die folgende »Definition« des Wissensbegriffs ist übrigens ausgeschlossen: »S weiß, dass p, gdw. S nicht unwissend ist, ob p«. Solche Erklärungen sind entweder zirkulär (der zu definierende Ausdruck taucht im definierenden Ausdruck auf) oder zumindest ziemlich uninformativ (ein Ausdruck wird mit Rekurs auf einen anderen Ausdruck erklärt, der genauso erklärungsbedürftig ist wie ersterer Ausdruck). Hinzugefügt sei noch, dass der klassischen Konzeption von Begriffen zufolge natürlich nicht alle Begriffe reduktiv definiert werden können: Da wir nicht unendlich viele Begriffe besitzen und da zirkuläre Definitionen ausgeschlossen sein müssen, muss es bestimmte Begriffe geben – »**basale Begriffe**« –, die die Basis für die Definition komplexerer Begriffe abgeben, aber selbst nicht weiter definierbar sind. Der klassischen Konzeption zufolge sind allerdings alle komplexen Begriffe reduktiv definierbar. Mit all dem ist übrigens nicht gesagt, dass mit Bezug auf eine Gruppe von Begriffen eindeutig festgelegt ist, welche Begriffe die basalen Begriffe sind. Wer etwa in einer Gegend aufwächst, in der es viel Wasser, aber kein Eis gibt, mag den Begriff des Wassers als undefinierten Grundbegriff verwenden und später den Begriff von Eis mit Hilfe der Begriffe ›Wasser‹ und ›gefroren‹ erklären; das Umgekehrte mag für jemanden gelten, der zuerst mit Eis konfrontiert wird. Die Rolle der basalen Begriffe kann hier von verschiedenen Begriffen übernommen werden, so dass sich verschiedene, aber gleichermaßen berechtigte Darstellungen des Begriffssystems ergeben. Wichtig ist nur, dass überhaupt einige Begriffe die Rolle der basalen Begriffe spielen, welche Begriffe auch immer dies sein mögen. Wir können hier offen lassen, ob es Begriffe gibt, die nur basale Begriffe sein können. Manche Empiristen z. B. vertreten die Auffassung, dass es unmittelbare Beobachtungsbegriffe gibt, die keine andere Rolle als die von basalen Begriffen spielen können (vgl. z. B. Carnap: Aufbau).

Die klassische Konzeption von Begriffen liefert also zum einen eine Idee von der Natur von Begriffen, zum anderen eine Idee davon, wie Begriffe untereinander in Systemen zusammenhängen. Begriffe sind entweder basal oder komplex und in diesem Fall lassen sie sich auf zwei oder mehr basale Begriffe reduzieren. Begriffe hängen in einem hierarchisch geordneten System zusammen. Jeder komplexe Begriff lässt sich auf mindestens zwei einfachere Begriffe reduzieren. Diese einfacheren Begriffe sind entweder basale Begriffe oder lassen sich wiederum weiter reduzieren, bis die Reduktion schließlich bei basalen Begriffen endet.

Diese Konzeption von Begriffen mag als trivialerweise wahr erscheinen. Sie ist aber alles andere als trivial, sondern vielmehr sehr voraussetzungsvoll. Außerdem gibt es schwerwiegende Gründe zum Zweifel daran, dass diese Auffassung korrekt ist. Sind wirklich alle Begriffe – mit Ausnahme der basalen Begriffe – reduktiv definierbar? Sind überhaupt irgendwelche Begriffe durch Angabe notwendiger und hinreichender Bedingungen charakterisierbar? Sind Begriffe tatsächlich so ›gebaut‹, dass es zumindest für einige Begriffe zwei oder mehr andere Begriffe gibt, auf die sie sich reduzieren lassen (die ihre notwendigen und hinreichenden Bedingungen darstellen)? Oder verfehlt die klassische Konzeption von Begriffen die Natur von Begriffen grundsätzlich?

Die Diskussion um die korrekte Definition des Begriffs des Wissens sollte einen jedenfalls skeptisch stimmen. Es sieht nicht so aus, als könnten die Philosophen diesen Begriff oder irgendeinen anderen philosophisch interessanten Begriff durch Angabe von notwendigen und hinreichenden Bedingungen definieren. Das Fehlschlagen entsprechender Versuche – zum Teil über Jahrtausende hinweg – stellt jedenfalls einen guten Grund zur Skepsis dar. Vielleicht sind Begriffe grundsätzlich nicht reduktiv definierbar. Um diesen Verdacht zu überprüfen, betrachten wir einen ganz alltäglichen Begriff, der philosophisch nicht besonders interessant ist: den Begriff des Junggesellen! Kann man einen harmlosen Begriff wie diesen Begriff reduktiv definieren? Wenn selbst dies Schwierigkeiten bereitet, dann ist eine sehr weitgehende Skepsis bezüglich der Möglichkeit reduktiver Definitionen angebracht. Also: Ist der Begriff des Junggesellen definierbar?

Unvorsichtigerweise könnte man mit »Ja!« antworten und folgenden Definitionsvorschlag machen:

> Jemand ist ein Junggeselle gdw.
> er ein unverheirateter Mann im heiratsfähigen Alter ist, der noch nie verheiratet war.

So viel scheint klar zu sein. Nähere Überlegung zeigt aber, dass dem gar nicht so klar ist. Folgende Fälle z. B. bereiten Schwierigkeiten (vgl. zu diesen Beispielen: Fillmore 1982, 34; Reisberg 1997, 342):

(a) Der Papst ist ein unverheirateter Mann im heiratsfähigen Alter, der noch nie verheiratet war. Ist er ein Junggeselle?

(b) Alfred ist ein unverheirateter Mann im heiratsfähigen Alter, der noch nie verheiratet war; er lebt aber seit 23 Jahren mit seiner Freundin Betty in einer »eheähnlichen« Gemeinschaft. Ist er ein Junggeselle?

(c) Robin hat als Jugendlicher Schiffbruch erlitten und ist alleine auf einer einsamen Insel gelandet, auf der er für einige Jahrzehnte lebt. Er hat nie geheiratet. Ist er ein Junggeselle?

(d) Franz ist verheiratet, lebt aber seit Jahren in Trennung von Maria, seiner Frau, und hat sie nicht einmal mehr gesehen; er hat sich gerade in Anna verliebt und möchte mehr mit ihr zu tun haben. Ist er ein Junggeselle?

(e) Kurt lebt in einem Land, das die Ehe zwischen gleichgeschlechtlichen Partnern zulässt; er hat gerade Albert »geheiratet«. Ist er ein Junggeselle?

Die Liste solcher Fälle lässt sich sicherlich noch weiter fortsetzen. Die Fälle (a)–(c) werfen die Frage auf, ob die obigen Bedingungen für Junggesellentum hinreichend sind, die Fälle (d) und (e) werfen die Frage auf, ob sie notwendig sind. Verschiedene Personen urteilen interessanterweise recht verschieden über diese Fälle. Es scheint allerdings keine schlechten Gründe zu geben, beide Fragen zu verneinen: In den Fällen (a)–(c) scheint es sich nicht um Junggesellen zu handeln, während es sich in den Fällen (d) und (e) schon eher um Junggesellen handelt (auch wenn die Antwort hier nicht so ganz klar ist). Die obige Definition scheint also weder notwendige noch hinreichende Bedingungen für Junggesellentum anzugeben.

Kann man das »reparieren«? Kann man die obige Definition so ergänzen, dass sie notwendige und hinreichende Bedingungen angibt? Der Papst ist deshalb kein Junggeselle, weil es für ihn gar nicht ihn Frage kommt zu heiraten; seine Position als Papst lässt dies nicht zu. Robin ist deshalb kein Junggeselle, weil es für ihn keine Chance gibt zu heiraten, – schließlich ist er ganz alleine auf der Insel. Das legt folgende modifizierte Definition nahe:

> Jemand ist ein Junggeselle gdw.
> er ein unverheirateter Mann im heiratsfähigen Alter ist, der noch nie verheiratet war und für den eine Heirat weder prinzipiell ausgeschlossen noch undurchführbar ist.

Hilft dies wirklich weiter? Was ist mit Anselm, einem Mönch, auf den alle diese Bedingungen zutreffen und der ernsthaft darüber nachdenkt, aus seinem Orden auszutreten und Jeanette, eine evangelische Pastorin, zu heiraten? Sollen wir ihn wirklich als »Junggesellen« bezeichnen? Wird er in dem Augenblick Junggeselle, in dem er offiziell aus seinem Orden austritt? Oder vorher schon, auf dem Weg zu seiner heimlichen Heirat? Oder sobald er das erste Mal eine Heirat ernsthaft erwägt? Oder schon vorher? Es scheint hier keine Antwort zu geben. Ähnlich verhält es sich mit der anderen zusätzlichen Bedingung. Was etwa ist mit Harald, auf den all die obigen Bedingungen zutreffen, der aber so außergewöhnlich unausstehlich ist, dass ihn faktisch keine Frau heiraten will? Sollen wir ihn wirklich als »Junggesellen« bezeichnen? Was ist mit Fall (b)? Soll man die Bedingung hinzufügen, dass die Person nicht in einer »eheähnlichen Gemeinschaft« lebt? Was aber genau ist eine eheähnliche Gemeinschaft, wie kann man den entsprechenden Begriff definieren? Hier scheint sich dieselbe Art von Problemen zu ergeben wie beim Begriff des Junggesellen.

Ähnlich steht es um die Fälle (d) und (e) bzw. bezüglich der Frage, ob die angegebenen Bedingungen notwendig sind. Der in Trennung lebende Franz (d) ist vielleicht sehr viel eher ein Junggeselle als der in einer eheähnlichen Gemeinschaft lebende Alfred (b); es scheint einiges dafür zu sprechen, ihn als Junggesellen zu betrachten (schließlich steht die Ehe nur noch »auf dem Papier«). Soll man – als Antwort auf den Fall (d) – hinzufügen, dass es nicht notwendig ist, unverheiratet zu sein, sondern dass man auch in dauerhafter Trennung vom Ehepartner leben kann? Dies ergäbe folgende Modifikation:

> Jemand ist ein Junggeselle gdw.
> er entweder ein unverheirateter Mann im heiratsfähigen Alter ist, der noch nie verheiratet
>   war und für den eine Heirat weder prinzipiell ausgeschlossen noch undurchführbar ist,
> oder ein verheirateter Mann in dauerhafter Trennung vom Ehepartner ist.

Und soll man mit Blick auf den Fall (e) hinzufügen, dass ein Junggeselle durchaus mit einem gleichgeschlechtlichen Ehepartner verheiratet sein kann? Dies ergäbe folgende Modifikation:

> Jemand ist ein Junggeselle gdw.
> er entweder ein unverheirateter Mann im heiratsfähigen Alter ist, der noch nie verheiratet
>   war und für den eine Heirat weder prinzipiell ausgeschlossen noch undurchführbar ist,
> oder ein verheirateter Mann in dauerhafter Trennung vom Ehepartner ist,
> oder mit einem gleichgeschlechtlichen Partner verheiratet ist.

Die Definition des scheinbar so einfachen Begriffs des Junggesellen wird offenbar um so komplizierter, je genauer es man mit ihr nimmt. Und je komplizierter sie wird, desto mehr scheint die begründete Hoffnung zu schwinden, dass man die Liste notwendiger und gemeinsam hinreichender Bedingungen jemals wird abschließen können. Auf die Frage nach den notwendigen und gemeinsam hinreichenden Bedingungen scheint es keine Antwort zu geben. Es empfiehlt sich übrigens, Beispiele wie die obigen verschiedenen Personen zur Beurteilung vorzulegen: Die Antworten variieren erstaunlich stark.

Es geht uns hier natürlich nicht um das Wesen des Junggesellentums; der Begriff des Junggesellen dient hier vielmehr als Beispiel für die Schwierigkeiten, die die klassische Konzeption von Begriffen aufwirft. Vielleicht lässt sich nicht konklusiv beweisen, dass Begriffe wie der des Junggesellen oder der des Wissens nicht reduktiv definierbar sind. Die Probleme aber, die der Versuch ihrer reduktiven Definition aufwirft, legen zumindest grundsätzliche Zweifel an der Möglichkeit solcher Definitionen nahe, wenn sie nicht sogar sehr gute Gründe für die Ansicht liefern, dass eine reduktive Definition nicht möglich ist und dass man erst gar nicht nach notwendigen und gemeinsam hinreichenden Bedingungen suchen soll. Die klassische Konzeption von Begriffen scheint schwer haltbar zu sein. Damit soll nicht ausgeschlossen sein, dass die Idee der notwendigen und hinreichenden Bedingungen als »regulative Idee« dienen kann, – als Ziel, das man nie erreichen kann, dem nachzugehen aber dennoch sinnvoll ist. Es ist ebenfalls nicht ausgeschlossen, dass man notwendige Bedingungen identifizieren kann; ebenso wenig ist ausgeschlossen, dass man hinreichende Bedingungen identifizieren kann; es wäre, wenn die obigen Zweifel zutreffend sind, nur ausgeschlossen, dass man eine Menge von Bedingungen identifizieren kann, die sowohl einzeln notwendig als auch gemeinsam hinreichend sind.

Um Missverständnisse zu vermeiden, muss hier allerdings darauf hingewiesen werden, dass manchmal Definitionen durch Angabe notwendiger und hinreichender Bedingungen nicht nur möglich, sondern sogar sehr sinnvoll und nützlich, wenn nicht gar unabdingbar sind: so z.B. in der Mathematik. Hierbei handelt es sich allerdings um sogenannte »**stipulative Definitionen**«, d.h. um Einführungen eines neuen Begriffs bzw. eines neuen Begriffswortes. Wir haben es hingegen bei unseren Überlegungen zu der Natur von Begriffen nicht mit neuen, »gemachten« Begriffen zu tun, die man sich im Prinzip beliebig »zurechtdefinieren« kann, sondern mit bereits »gegebenen« Begriffen. Hier geht es nicht um stipulative Definitionen, sondern um »**explikative Definitionen**«, – nicht um die Einführung eines neuen Begriffs, sondern um die korrekte Charakterisierung eines alten Begriffs (vgl. zu dieser Unterscheidung Kant: Kritik der reinen Vernunft, A 727 ff./B 755 ff.; vgl. zu einer Zwischenform Carnap: Meaning and Necessity, 7 f.). Es gibt z.B. einen alltäglichen Begriff des Dreiecks und einen mathematischen Begriff des Dreiecks und beide sind verschieden voneinander. Der alltägliche Begriff des Dreiecks ist vorgegeben und eine reduktive Definition müsste notwendige und hinreichende Bedingungen allererst aufsuchen, – was zu den oben erläuterten Problemen führen dürfte. Der mathematische Begriff des Dreiecks hingegen ist von Mathematikern auf bestimmte Weise festgelegt worden und wirft deshalb gerade nicht die obigen Probleme auf: Er ist schließlich unter Angabe notwendiger und hinreichender Bedingungen explizit eingeführt worden und deshalb ist es auch kein Problem, ihn durch Angabe solcher Bedingungen zu charakterisieren. Wenn hier von »Begriffen« die Rede ist, so sind dabei immer durch unser alltägliches Denken und Sprechen vorgegebene Begriffe gemeint. Dementsprechend ist mit »reduktiver Definition« immer eine explikative Definition gemeint. Und diese Idee einer explikativen Definition eines gegebenen Begriffs wirft, wie gesagt, schwerwiegende Probleme auf.

Dass die klassische Konzeption des Begriffs problematisch ist, wird durch vielfältige empirische Untersuchungen nahegelegt, vor allem aus der Linguistik und der Psychologie. So spricht etwa offenbar vieles gegen die Annahme der »psychologischen Realität« von Definitionen, also gegen die Annahme, dass die Begriffe, die wir haben, sich zumindest in einigen Fällen auf andere Begriffe, die wir haben, reduzieren lassen (vgl. etwa: Johnson-Laird 1983, 216 ff., 223; Fodor/Garrett/Walker/Parkes 1980, 263 ff. vgl. auch Fodor 1998, Kap. 3, 4). Und auch gegen die Annahme der »Dekomposition des Lexikons«, also gegen die Annahme, dass unser Wortschatz in der Weise aufgebaut ist, wie dies die Vorstellung reduktiver Definierbarkeit nahe legt, sprechen linguistische bzw. psycholinguistische Untersuchungen (vgl. etwa: Aitchison 1987, 39 ff., 63 ff.; Levelt 1989, 93 f., 201).

Ein weiteres Problem der klassischen Konzeption des Begriffs sei noch erwähnt: das **Problem der Basis**. Wir hatten ja gesehen, dass es der klassischen Konzeption zufolge gewisse basale Begriffe geben muss, die selbst nicht auf andere Begriffe reduzierbar sind. Gibt es aber solche basalen Begriffe? Welche Begriffe könnten dies sein? Wie erwerben wir sie? Sind sie angeboren oder stammen sie aus der Erfahrung? Wir werden auf diese Fragen weiter unten zurückkommen (zur Idee eines erkenntnistheoretischen Fundaments s. Kap. V.6.1; zur Idee der empirischen Ableitung von Begriffen s. Kap. VI.1).

Die klassische Konzeption des Begriffes scheint nicht haltbar zu sein und damit auch die folgende Annahme:

> Es gibt nicht-basale Begriffe und alle nicht-basalen Begriffe sind auf mindestens zwei andere Begriffe reduzierbar.

Sicher, der Begriff des Junggesellen könnte einfach ein basaler Begriff sein und es könnte andere Begriffe geben, die in der Tat komplex sind und reduktiv definiert werden können. Es scheint aber einiges für die Annahme zu sprechen, dass es keinen vermeintlich komplexen Begriff gibt, der nicht ähnliche Probleme aufwirft wie der Begriff des Junggesellen. Man könnte nun diese abgeschwächte Version der klassischen Konzeption vorschlagen:

> Einige nicht-basale Begriffe sind auf mindestens zwei andere Begriffe reduzierbar.

Es gibt allerdings durchaus Grund, selbst an dieser stark abgeschwächten Version der klassischen Konzeption zu zweifeln. Damit würde sogar Folgendes gelten:

> Es gibt keine nicht-basalen Begriffe, die auf mindestens zwei andere Begriffe reduzierbar sind.

Wir können hier offen lassen, ob dem so ist. Die klassische Konzeption in ihrer eigentlichen Form ist als eine Auffassung von Begriffen im Allgemeinen gedacht. Und so verstanden, scheint sie nicht haltbar zu sein.

Was verliert man, wenn man die klassische Konzeption des Begriffs und die Idee der Charakterisierung eines Begriffs durch notwendige und hinreichende Bedingungen aufgibt? Man gibt sicherlich nicht nur eine bestimmte Konzeption von Begriffen, sondern darüber hinaus auch eine bestimmte Vorstellung von Philosophie auf, die spätestens seit Platon sehr verbreitet gewesen ist: nämlich die »**essentialistische**« Idee, dass die Philosophie mit den »wesentlichen« Eigenschaften der Dinge zu tun hat und dass sich diese wesentlichen Eigenschaften durch die reduktive »Analyse« von Begriffen erschließen lassen. Wir hatten oben ja schon darauf hingewiesen, dass Was-ist-X-Fragen (wie z. B. die Frage »Was ist Wissen?«) immer sehr wichtig für die Philosophie gewesen sind. Zugleich aber darf man auch nicht vergessen, dass ebenfalls spätestens seit Platon das Bewusstsein davon sehr verbreitet gewesen ist, dass Wesens-Analysen äußerst problematisch sind; nicht umsonst führen z. B. gerade die platonischen Dialoge in der Regel nicht zu reduktiven Antworten auf anfangs gestellte Was-ist-X-Fragen. Sokratische Ironie ist hier sehr angebracht. Der Verlust einer bestimmten Auffassung von Philosophie – von ihren Fragen und Methoden – ist nicht so schwer zu verkraften, wenn denn die Konzeption des Begriffs, die sie voraussetzt, nicht zu halten ist. Man kann und muss, so scheint es, in der Philosophie ohne reduktive Definitionen leben. Kant zufolge etwa unterscheidet dies die Philosophie von der Mathematik: während die Mathematik mit Definitionen beginnt, hört die Philosophie mit Definitionen auf (vgl. Kant: Kritik der reinen Vernunft, A 731/B

759). Fügt man noch die nicht unplausible Annahme hinzu, dass die Philosophie nie oder nicht so schnell an ein Ende gelangen wird, so ergibt sich daraus, dass die Philosophie grundsätzlich oder zumindest für eine lange Zeit ohne Definitionen auskommen kann und muss. Dies alles schließt übrigens nicht aus, dass andere Arten von Definitionen durchaus möglich sind, wie z. B. die sogenannten »ostensiven« oder »hinweisenden« Definitionen (vgl. etwa Wittgenstein: Philosophische Untersuchungen, §§ 27 ff.). In diesen Fällen erklärt eine Person einer anderen Person einen Begriff, indem sie auf ein Exemplar des Begriffs hinweist. So kann man z. b. den Begriff des Pferdes ostensiv definieren, indem man (mehrere Male) auf einzelne Pferde hinweist, etwa mit den Worten »Das ist ein Pferd«. Das ist allerdings gerade nicht die Art von Definition, auf die philosophische »Was-ist-X«-Fragen ausgerichtet sind (s. Kap. II.1).

Es ist schwer zu sehen, wie man konklusiv und endgültig beweisen können soll, dass die klassische Konzeption von Begriffen verfehlt ist. Aber es gibt doch guten Grund zum Zweifeln, dass sie korrekt ist. Diese Gründe mögen noch durch die Präsenz von alternativen Konzeptionen von Begriffen verstärkt werden. Darauf soll nun eingegangen werden.

1.2 Vagheit und Offenheit

Beginnen wir mit der Frage, warum die klassische Theorie der Begriffe solche Schwierigkeiten aufwirft. Eine Antwort besagt, dass Begriffe **vage** sind und deshalb nicht reduktiv definiert werden können. Vage Begriffe sind Begriffe, für die gilt, dass in manchen Fällen nicht klar ist, ob der Begriff auf den entsprechenden Gegenstand zutrifft oder nicht. Der Begriff der Glatzköpfigkeit ist ein Beispiel für einen vagen Begriff: Es gibt klare Fälle von Glatzköpfigkeit und ebenso klare Fälle von Nicht-Glatzköpfigkeit, aber es gibt auch viele Fälle, in denen (glücklicher- oder unglücklicherweise) nicht klar ist, ob es sich um eine Glatze handelt oder nicht. Darüber hinaus gilt für vage Begriffe, dass das Zutreffen eines Begriffs auf einen Gegenstand von einem graduellen Kriterium abhängt. Im Fall des Begriffs der Glatzköpfigkeit ist dies das Ausmaß der Behaartheit auf dem Kopf. Man kann bekanntlich mehr oder weniger viel Haare auf dem Kopf haben und für manche Anzahlen von Kopfhaaren ist eben unklar, ob man sagen soll, dass es sich um eine Glatze handelt oder nicht. Diese Gradualität des Kriteriums vager Begriffe führt zu einem berühmten Paradox: dem sogenannten »**Haufen-Paradox**« oder »**Sorites-Paradox**«, das auf die Antike zurückgeht (vgl. dazu und zu Vagheit im Allgemeinen Sainsbury 1993, Kap. 2 und Williamson 1994). Hier ist es (und wir müssen offen lassen, wie dieses sehr schwierige Problem gelöst werden kann): Die Annahme

> (1) Ein Kopf mit keinem Haar darauf ist ein Glatzkopf

ist ebenso plausibel wie die Annahme

> (2) Wenn ein Kopf mit n Haaren darauf ein Glatzkopf ist, dann ist auch ein Kopf mit n+1 Haaren ein Glatzkopf.

Schließlich kann ja ein Haar mehr oder weniger keinen wesentlichen Unterschied ausmachen. Aus (1) und (2) folgen aber gemäß mathematischer Induktion sehr unplausible Annahmen, nämlich z. B. diese:

(3) Ein Kopf mit 400 000 Haaren darauf (für Menschen sehr viel) ist ein Glatzkopf.

Sehr viele unserer Begriffe – wenn nicht alle oder fast alle – sind vage. Dementsprechend könnte man vermuten, dass unsere Begriffe deshalb nicht reduktiv definierbar sind, weil sie vage sind. **Bertrand Russell** (1872–1970) z. B. war der Auffassung, dass der Begriff des Wissens vage ist und deshalb nicht definiert werden könne (vgl. Russell: The Problems of Philosophy, 134; Russell: Human Knowledge, 154, 158, 497.). Aber ist Vagheit wirklich ein Einwand gegen Definierbarkeit? Warum sollte es nicht möglich sein, dass es drei vage Begriffe F, G und H gibt derart, dass etwas genau dann ein F ist, wenn es sowohl ein G als auch ein H ist? Solange es in denselben Fällen in derselben Weise unklar ist, ob etwas ein F ist und ob etwas sowohl ein G als auch ein H ist, spricht nichts gegen die reduktive Definierbarkeit von F durch G und H. Man mag es für unwahrscheinlich halten, dass es drei solche Begriffe gibt. Und diese Art von Bedenken ist – vor dem Hintergrund des oben Gesagten – sehr berechtigt. Nur haben diese Bedenken nichts mit der Vagheit der entsprechenden Begriffe zu tun; sie sind ganz unabhängig davon, ob die entsprechenden Begriffe vage sind oder nicht.

Nicht mit Vagheit zu verwechseln ist die **Offenheit** von Begriffen (vgl. etwa Wittgenstein: Zettel, § 350; Quine 1972, 490; Waismann 1968, 41–45 und Williamson 1994, 89–95). Ein Beispiel für Offenheit liefert der Begriff der Mutter. Heutzutage ist es möglich, dass die Person, von der das Ei stammt, nicht dieselbe Person ist wie die Person, die das Kind austrägt. Wer von beiden aber ist die Mutter? Kann ein Kind zwei Mütter haben? Oder gar keine Mutter? Es ist prinzipiell unklar und offen, was wir hier sagen sollen. Eine Reaktion auf diese Situation besteht darin, dass man neue Begriffe einführt, wie etwa den Begriff der ›Leih-Mutter‹. Dies aber verändert nichts daran, dass der ursprüngliche Begriff der Mutter die Antwort auf die erwähnten Fragen ganz offen lässt. Wie im Fall von Vagheit gibt es hier also Fälle, in denen prinzipiell unklar ist, ob der entsprechende Gegenstand unter den Begriff fällt oder nicht. Aber die Gründe dafür, dass dies unklar ist, sind andere. Im Fall von Offenheit liegt das Problem nicht in der Gradualität des Kriteriums, das darüber entscheidet, ob ein Objekt unter den Begriff fällt oder nicht. Dementsprechend führt Offenheit auch nicht zu dem erwähnten Sorites-Paradox. Vielmehr ist im Fall von Offenheit nicht klar, was genau notwendige Bedingungen dafür sind, dass ein Gegenstand unter den Begriff fällt (im Fall von vagen Begriffen hingegen gibt es klare notwendige Bedingungen: Im Fall von Glatzköpfigkeit ist dies z. B. die, wenig oder keine Haare auf dem Kopf zu haben). Man kann zwar einige notwendige Bedingungen angeben (im Fall von »Mutter« etwa, dass die Person weiblich sein muss), aber man kann in manchen Fällen nicht angeben, ob etwas eine notwendige Bedingung darstellt oder nicht, d. h. man kann in manchen Fällen nicht angeben, ob einschlägige Bedingungen notwendige Bedingungen sind oder nicht. Betrachten wir wieder das Beispiel des Begriffs der Mutter. Bis vor kurzem war die Person, von der das Ei stammt, dieselbe Person wie die, die das Kind austrägt. Es gab damit keinen praktischen Anlass, festzulegen oder überhaupt zu überlegen, ob Austragen notwendig für Mutterschaft ist oder das Spenden des Eis oder beides (oder keines von beidem). Mit den neueren technischen Entwicklungen wurde eindrucksvoll klar, dass diese Merkmale nicht notwendigerweise zusammen auftreten; es wurde auch klar, dass der Begriff der Mutter gar nicht festlegt, was genau eine notwendige Bedingung für Mutterschaft ist. In diesem Sinne sind viele – wenn nicht alle oder fast alle – unserer Begriffe »offen«. Ein Begriff kann übrigens sowohl vage als auch offen sein. Der Begriff der Glatzköpfigkeit z. B. ist nicht nur vage, sondern auch offen: Im Fall von Außerirdischen etwa wäre (wenn sie uns nicht allzu sehr ähneln) offen, ob man den Begriff überhaupt anwenden kann.

Können Begriffe, die nicht durch andere Begriffe erklärt werden können (weder reduktiv noch bloß durch Angabe notwendiger Bedingungen noch bloß durch Angabe hinreichender Bedingungen) offen sein? Falls ja, so liegt hier eine andere als die erläuterte Art von Offenheit vor. In diesem Fall ist für bestimmte Gegenstände einfach nicht festgelegt, ob sie unter den Begriff fallen (ohne dass es sich dabei um einen Fall von Vagheit handeln würde). Im Folgenden soll der Einfachheit halber von diesem Fall abgesehen werden.

Es gibt gute (praktische) Gründe für die Offenheit unserer Begriffe. Unsere Begriffe sind nicht für alle nur möglichen Fälle gemacht, sondern nur für die Fälle, mit denen wir faktisch zu tun haben. Gegebene Begriffe wie diejenigen Begriffe, um die es hier geht, werden nicht ›am Reißbrett‹ (nach Maßgabe notwendiger und hinreichender Bedingungen) entworfen, sondern entwickeln sich nach und nach in bestimmten Kontexten. Sie sind eher alten Städten vergleichbar, die nach und nach und ungeplant gewachsen sind und sich nicht einem architektonischen Entwurf verdanken (vgl. Wittgenstein, Philosophische Untersuchungen, § 18). Dementsprechend ist es auch nicht überraschend, dass die ›Architektonik‹ unserer Begriffe ein ›Schema‹ notwendiger und hinreichender Bedingungen nicht zuzulassen scheint, jedenfalls zumindest für viele Begriffe nicht. Um Begriffe nicht unnötig kompliziert zu machen, empfiehlt es sich geradezu, sie im Hinblick auf Fälle offen zu lassen, mit denen wir es nicht (oder nur selten) zu tun haben. Ob ein Begriff ›ausreichend festgelegt‹ ist, um eindeutige Anwendung auf Gegenstände zuzulassen, ist keine prinzipielle Frage, sondern hängt vom Kontext der Fälle ab, mit denen man es zu tun hat. Ein und derselbe Begriff ist in manchen Kontexten ausreichend bestimmt, in anderen Kontexten hingegen nicht. Wir sind natürlich daran interessiert, Begriffe zu haben, die in denjenigen Kontexten, mit denen wir zu tun haben, ausreichend festgelegt sind. Mit welchen Fällen wir es zu tun haben, verändert sich historisch; der Begriff der Mutter ist ein eindrucksvolles Beispiel dafür. Mit dem Auftauchen neuer Fälle, im Hinblick auf die unser bisheriger Begriff offen war, verändern wir in der Regel diesen Begriff. Die Offenheit der Begriffe erklärt ihre Flexibilität: Wir können sie veränderten Umständen anpassen, ohne sie aufgeben zu müssen. Wir müssen auch mit den neuen technologischen Entwicklungen den Begriff der Mutter nicht aufgeben, sondern nur verändern. Wären Begriffe durch notwendige und hinreichende Bedingungen eindeutig charakterisiert, so müssten wir manchmal Begriffe einfach aufgeben oder neue Begriffe entwerfen. Die Annahme der wesentlichen Offenheit hingegen trägt der Tatsache Rechnung, dass Begriffe sich mit der Zeit verändern und zugleich dieselben Begriffe bleiben können (worin immer die Identitätsbedingungen für Begriffe bestehen). Sie trägt auch dem oft übersehenen oder unterschätzten pragmatischen Aspekt unserer Begriffe Rechnung, dass nämlich unsere Begriffe einem praktischen Zweck dienen, auf den hin sie angelegt sind. Sie sind Teil eines praktischen Lebenszusammenhangs. Wittgenstein hat die Auffassung vertreten, dass die Verwendung von Worten, z. B. von Begriffsworten und damit auch von Begriffen, durch Regeln bestimmt ist, die offen lassen, wie man gegenüber neuen Fällen zu verfahren hat; dies wiederum ergibt sich, so Wittgenstein, aus der sozialen

Praxis des Regelfolgens einer Sprachgemeinschaft (vgl. Wittgenstein: Philosophische Untersuchungen, §§ 142 ff., 185 ff., 201 ff., 23; vgl. dazu auch Kripke 1982 sowie Baker/Hacker 1980, Kap. 6 und Baker/Hacker 1985).

Prinzipielle Offenheit ist eine sehr wichtige Eigenschaft unserer Begriffe. Sie liefert auch eine Erklärung, weshalb man sie nicht reduktiv definieren kann, – weshalb also die klassische Konzeption von Begriffen problematisch ist. Damit ist noch nicht viel Positives über die Natur unserer Begriffe und die Struktur unserer Begriffssysteme gesagt. Dazu jetzt!

1.3 Familienähnlichkeit

Es gibt verschiedene nicht-klassische Konzeptionen von Begriffen sowie ihrem systematischen Zusammenhang, die sowohl der Offenheit unserer Begriffe Rechnung tragen als auch eine Erklärung dafür anbieten, warum die klassische Konzeption scheitert. Eine dieser Konzeptionen ist die sogenannte »**Familien-Ähnlichkeits**«-**Konzeption**, die vor allem von Ludwig Wittgenstein vertreten worden ist (vgl. aber schon Stewart 1854, 195 f.). Betrachten wir folgendes Beispiel Wittgensteins und seine daran geknüpften Überlegungen, die ein ausführliches Zitat lohnen:

> »Betrachte z. B. einmal die Vorgänge, die wir »Spiele« nennen. Ich meine Brettspiele, Kartenspiele, Ballspiele, Kampfspiele, u.s.w. Was ist allen diesen gemeinsam? – Sag nicht: »Es *muss* ihnen etwas gemeinsam sein, sonst hießen sie nicht ›Spiele‹« – sondern *schau*, ob ihnen allen etwas gemeinsam ist. – Denn, wenn Du sie anschaust, wirst du zwar nicht etwas sehen, was *allen* gemeinsam wäre, aber du wirst Ähnlichkeiten, Verwandtschaften, sehen, und zwar eine ganze Reihe. Wie gesagt: denk nicht, sondern schau! – Schau z. B. die Brettspiele an, mit ihren mannigfachen Verwandtschaften. Nun geh zu den Kartenspielen über: hier findest du viele Entsprechungen mit jener ersten Klasse, aber viele gemeinsame Züge verschwinden, andere treten auf. Wenn wir nun zu den Ballspielen übergehen, so bleibt manches Gemeinsame erhalten, aber vieles geht verloren. – Sind sie alle ›unterhaltend‹? Vergleiche Schach mit dem Mühlfahren. Oder gibt es überall ein Gewinnen und Verlieren, oder eine Konkurrenz der Spielenden? Denk an die Patiencen. In den Ballspielen gibt es Gewinnen und Verlieren; aber wenn ein Kind den Ball an die Wand wirft und wieder auffängt, so ist dieser Zug verschwunden. Schau, welche Rolle Geschick und Glück spielen. Und wie verschieden ist Geschick im Schachspiel und Geschick im Tennisspiel. Denk nun an die Reigenspiele: Hier ist das Element der Unterhaltung, aber wie viele der anderen Charakterzüge sind verschwunden! Und so können wir durch die vielen, vielen anderen Gruppen von Spielen gehen. Ähnlichkeiten auftauchen und verschwinden sehen. Und das Ergebnis dieser Betrachtung lautet nun: Wir sehen ein kompliziertes Netz von Ähnlichkeiten, die einander übergreifen und kreuzen. Ähnlichkeiten im Großen und Kleinen« (Wittgenstein: Philosophische Untersuchungen, § 66).

Wittgenstein fährt fort:

> »Ich kann diese Ähnlichkeiten nicht besser charakterisieren, als durch das Wort »Familienähnlichkeiten«; denn so übergreifen und kreuzen sich die verschiedenen Ähnlichkeiten, die zwischen den Gliedern einer Familie bestehen: Wuchs, Gesichtszüge, Augenfarbe, Gang, Temperament, etc. etc. . – Und ich werde sagen: die ›Spiele‹ bilden eine Familie« (Wittgenstein: Philosophische Untersuchungen, § 67).

Die Familienähnlichkeits-Konzeption des Begriffs (vgl. dazu Baker/Hacker 1980, 320 ff.) hat einen negativen und einen positiven Aspekt. Der negative Aspekt besteht in einer Zurückweisung der Auffassung, dass sich Begriffe durch notwendige und hinreichende Bedingungen charakterisieren lassen. Wittgensteins Bemerkungen lassen zu, dass es hinreichende Bedingungen dafür gibt, dass ein Gegenstand unter einen Begriff fällt. An der obigen Stelle bestreitet Wittgenstein aber, dass allen Gegenständen, auf die ein Begriff (wie z. B. der des Spiels) zutrifft, etwas gemeinsam ist. Nimmt man dies wörtlich, so ergibt sich eine »starke« Version der Familienähnlichkeits-Konzeption. Diese besagt, dass es keine notwendigen Bedingungen dafür gibt, dass ein Gegenstand unter einen Begriff fällt; gäbe es solche notwendigen Bedingungen, so gäbe es etwas Gemeinsames. Wenn es keine notwendigen Bedingungen gibt, dann gibt es natürlich auch keine Bedingungen, die sowohl notwendig als auch hinreichend sind. Diese starke Version der Familienähnlichkeits-Konzeption ist sehr unplausibel. Spiele z. B. involvieren die Ausübung gewisser Tätigkeiten; dies scheint allen Spielen gemeinsam zu sein. Es gibt also offensichtlich notwendige Bedingungen dafür, dass etwas ein Spiel ist. Ähnliches gilt natürlich für andere Begriffe ebenfalls. Dafür, dass Wittgenstein tatsächlich diese sehr unplausible These vertreten wollte, spricht neben dem Wortlaut des Textes etwa auch diese Metapher: »Und die Stärke des Fadens liegt nicht darin, dass irgend eine Faser durch seine ganze Länge läuft, sondern darin, dass viele Fasern einander übergreifen« (Wittgenstein: Philosophische Untersuchungen, § 67).

Sehr viel plausibler ist eine »schwache« Version der Familienähnlichkeits-Konzeption bzw. eine nicht ganz so wörtliche Interpretation der obigen Wittgenstein'schen Bemerkung. Die eigentliche Frage, um die es dann geht, ist nicht die, ob allen Gegenständen, die unter einen Begriff fallen (z. B. allen Spielen), etwas gemeinsam ist, sondern ob es etwas gibt, das ihnen und nur ihnen gemeinsam ist. Die Frage ist, mit anderen Worten, die, ob man einen Begriff wie den des Spiels durch einzeln notwendige und gemeinsam hinreichende Bedingungen charakterisieren kann. Die Antwort scheint negativ ausfallen zu müssen.

Der positive Aspekt der Familienähnlichkeits-Konzeption besteht in dem Bild, das sie von der Struktur unserer Begriffe entwirft. Betrachten wir wieder das Beispiel des Spiels. Der starken Version der Familienähnlichkeits-Konzeption zufolge weist jedes einzelne Spiel Eigenschaften auf, die es mit anderen Spielen teilt, aber keine Eigenschaften, die es mit allen Spielen teilt. Man kann sich die entsprechende Grundstruktur am Beispiel von fünf Arten von Spielen (a, b, etc.) und sechs möglichen Eigenschaften dieser Spiele (F, G. etc.; dabei soll »¬F« etc. dafür stehen, dass die entsprechende Eigenschaft nicht vorliegt) klar machen. Typisch ist der starken Familienähnlichkeits-Konzeption zufolge eine Zuordnung von Spielen und Eigenschaften bzw. »Bündel« von Eigenschaften wie die Folgende:

a: F, G, H (¬I, ¬K, ¬L)
b: G, H   (¬F, ¬I, ¬K, ¬L)
c: F, H, I (¬G, ¬K, ¬L)
d: I, K, L (¬F, ¬G, ¬H)
e: F, L   (¬G, ¬H, ¬I, ¬K)

Hier gibt es keine Eigenschaft, die allen Objekten (Spielen) gemeinsam ist, keine notwendige Bedingung, die alle Objekte, die unter den Begriff fallen, erfüllen. Der plausibleren schwachen Version der Familienähnlichkeits-Konzeption zufolge ist hingegen eine Struktur wie die folgende typisch:

a: F, G, H (¬I, ¬K, ¬L)
b: F, G, H (¬I, ¬K, ¬L)
c: F, H, I (¬G, ¬K, ¬L)
d: F, I, K, L   (¬G, ¬H)
e: F, L   (¬G, ¬H, ¬I, ¬K)

Hier gibt es eine Eigenschaft (F), die den Gegenständen, die unter den Begriff (Spiel) fallen, gemeinsam ist. Die entsprechende Bedingung ist notwendig, aber nicht hinreichend; es gibt hier keine Bedingungen, die zugleich notwendig und hinreichend sind.

Die Familienähnlichkeits-Konzeption wirft – sowohl in der starken als auch in der schwachen Version – ein sehr grundsätzliches Problem auf: Wie sind die Grenzen des Begriffs festgelegt (seien diese Grenzen nun scharf oder vage)? Was legt fest, ob etwas ein Spiel ist oder nicht? Betrachten wir z. B. f, dem folgende Eigenschaften zukommen:

f: F, K   (¬G, ¬H, ¬I, ¬L)

Interessanterweise hat f genauso wie (a)–(e) am Netz der wechselseitigen Überlappungen teil. Nehmen wir an, »F« steht für »involviert eine Tätigkeit« und »K« steht für »verschafft der Person ihren Lebensunterhalt«. Und »f« könnte etwa für die Arbeit als Kellner stehen. Das Arbeiten als Kellner ist nun allerdings sicherlich kein Fall von Spiel. Da die Familienähnlichkeits-Konzeption das Fallen eines Gegenstandes unter einen Begriff ausschließlich als Teilhabe an einem System von Überlappungen und Ähnlichkeiten auffasst, fehlen ihr die Mittel, um zu erklären, was Gegenstände, die unter den Begriff fallen, von Gegenständen unterscheidet, die nicht unter den Begriff fallen. Ihr fehlen die Ressourcen, um zu erklären, weshalb das Kellnern trotz der Ähnlichkeit zu den Spielen selbst kein Spiel ist. Familienähnlichkeiten führen von einem zum anderen, und zwar weit über die Grenzen der Familie hinaus in andere Familien hinein. Der Begriff der Familienähnlichkeit erklärt nicht die Unterschiede zwischen verschiedenen »Familien« bzw. Begriffen. Damit ist aber die zentrale Frage jeder Begriffstheorie weiterhin offen: Was ist der Unterschied zwischen dem Fallen eines Gegenstandes unter einen Begriff und dem Nicht-Fallen eines Gegenstandes unter den Begriff? Die Familienähnlichkeits-Konzeption ist als Theorie grundsätzlich unvollständig. Vielleicht kann sie ergänzt werden, dann aber sicherlich durch eine andere Art von Konzeption. Ähnlichkeit allein kann jedenfalls Begriffs-Zugehörigkeit nicht erklären. Man kann allerdings auch der Auffassung sein, dass all dies keinen Einwand darstellt, sondern gerade die wesentliche Pointe der Familienähnlichkeits-Konzeption ausmacht: Begriffe »kennen keine Grenzen«. Diese These ist allerdings extrem unplausibel: Wenn es keine Grenzen für Begriffe gibt, dann gibt es auch keine verschiedenen Begriffe (worin sollten sie sich unterscheiden?) und letztlich überhaupt keine Begriffe (welchen Sinn hat es zu sagen, dass es nur einen einzigen Begriff gibt, der zudem auf alle Gegenstände zutrifft?).

Man kann die Familienähnlichkeits-Konzeption auch in einer Weise modifizieren, dass sie mit der klassischen Konzeption vereinbar wird. Betrachten wir wieder eine Struktur wie die oben erwähnte:

a: F, G, H   (¬I, ¬K, ¬L)   (A)
b: G, H   (¬F, ¬I, ¬K, ¬L)   (B)
c: F, H, I   (¬G, ¬K, ¬L)   (C)
d: I, K, L   (¬F, ¬G, ¬H)   (D)
e: F, L   (¬G, ¬H, ¬I, ¬K)   (E)

und nehmen wir der Einfachheit halber an, dass (a)–(e) alle Spiele umfasst und die Eigenschaften F–L alle einschlägigen Eigenschaften darstellen (und »A« etc. für die verschiedenen Bündel von Eigenschaften steht). Dann könnte man den Begriff des Spiels reduktiv über eine Disjunktion von Eigenschaftsbündeln definieren:

Etwas ist ein Spiel gdw.
es das Eigenschaftsbündel A oder B oder C oder D oder E aufweist.

Die allgemeine Form der reduktiven Definition eines Begriffs mit Familienähnlichkeits-Struktur wäre dann die folgende:

Etwas ist ein F gdw.
es das Eigenschaftsbündel I oder II oder ... N aufweist.

Diese Analyse hat etwas von einem technischen ›Trick‹. Ist eine Disjunktion wie »ist unterhaltsam oder kompetitiv oder mit Glück verbunden ...« wirklich genau das, was alle Spiele und nur Spiele miteinander gemein haben? Ist die Rede von Gemeinsamkeit hier überhaupt angemessen? Franz ist Weltmeister im Eierverschlingen, und Maria reist gerne. Heißt das, dass Franz und Maria etwas miteinander gemein haben, nämlich ›Weltmeister im Eierverschlingen sein oder gerne zu reisen‹? Eine solche Sicht weckt den Verdacht, gekünstelt zu sein und nur die eine Existenzberechtigung aufzuweisen, dass sie es ermöglicht, an einer liebgewonnenen philosophischen These festzuhalten. Hinzu kommt, dass in manchen Fällen gar nicht klar ist, ob man überhaupt eine Disjunktion von Eigenschaftsbündeln angeben kann – so z. B. wenn die Anzahl der Gegenstände, die unter den Begriff fallen, bzw. die Anzahl der relevanten Eigenschaften unbestimmt oder gar unendlich ist. Alles in allem kann man also festhalten, dass auch die Familienähnlichkeits-Konzeption von Begriffen – in welcher Variante auch immer – auf grundlegende Schwierigkeiten stößt.

1.4 Prototypen

Eine andere Konzeption von Begriff, die mit der Familienähnlichkeits-Konzeption eine gewisse Ähnlichkeit hat, ist die sogenannte »**Prototypen-Theorie**«, die vor allem (aber nicht nur) unter Psychologen verbreitet ist, die empirische Untersuchungen zu menschlicher Begriffsverwendung und Begriffssystemen angestellt haben. Die Prototypen-Theorie gilt sowohl als Kritik an als auch als Alternative zur klassischen Konzeption des Begriffs (vgl. etwa Rosch 1973, 111 ff.; Rosch 1978, 27 ff.; Lakoff/ Johnson 1980, 71, 115 ff.; Lakoff 1987, 12 ff.; Smith/Medin 1981; vgl. als Kritik etwa Fodor 1998, Kap. 5). Was besagt sie?

Wie der Name schon andeutet, hängt ihr zufolge das Fallen eines Objektes unter einen Begriff davon ab, wie ähnlich dieses Objekt einem »prototypischen« Exemplar ist. **Ähnlichkeitsbeziehungen** sollen hier die Rolle übernehmen, die in der klassischen Konzeption notwendige und hinreichende Bedingungen spielen. Hier ist ein Beispiel. Versuchspersonen in einem psychologischen Experiment wurden gebeten, verschiedene Arten von Möbelstücken nach ihrer »Typikalität« als Möbelstück in eine Rangfolge zu bringen, wobei eine 7-Punkte-Skala verwandt wurde (und 7 Punkte für die höchste Typikalität reserviert wurden). Es stellte sich heraus, dass z. B. ein Sofa für ein sehr typisches Möbelstück gehalten wurde (Wert: 6,79), ein Piano schon als wesentlich weniger typisches Möbelstück (4,82) und ein Telefon als ziemlich untypisches Möbelstück (1,74) eingeschätzt wurde (vgl. Malt/Smith 1984, 261). Ergebnisse wie diese werden von Vertretern der Prototypen-Konzeption so interpretiert, dass Begriffe um prototypische Exemplare herum ›organisiert‹ sind, über ein »Zentrum« und eine »Peripherie« verfügen (und einen graduellen Übergang zwischen beiden). Begriffszugehörigkeit hängt in dieser Weise von der Ähnlichkeit mit einem prototypischen Exemplar ab. Im Prinzip kann es mehr als einen Prototypen geben, aber der Einfachheit halber wollen wir hier annehmen, dass es für jeden Begriff genau einen Prototypen gibt.

Bevor wir diese Konzeption näher betrachten, noch eine Bemerkung, um Missverständnisse zu vermeiden. Dass z. B. ein Sofa ein typisches Möbelstück ist, kann zweierlei heißen. Entweder man spricht über ein bestimmtes Sofa oder man spricht über Sofas im Allgemeinen. Im ersten Fall geht es darum, ob bzw. inwieweit ein bestimmter Gegenstand (»dieses Ding da«) unter einen Begriff (den des Möbelstücks) fällt; im zweiten Fall geht es darum, ob bzw. inwieweit ein bestimmter Begriff (der des Sofas) einem anderen Begriff (dem des Möbelstücks) untergeordnet ist (vgl. zu dieser Unterscheidung Frege: Über Begriff und Gegenstand, 75 ff.). Da, wie oben ausgeführt, der Unterschied zwischen Gegenstand und Begriff ein grundlegender Unterschied ist, ist auch der Unterschied zwischen dem **Fallen eines Gegenstandes unter einen Begriff** und der **Unterordnung eines Begriffs unter einen anderen Begriff** ein grundlegender Unterschied. Was genau gemeint ist, wird in den Ausführungen der Vertreter der Prototypen-Theorie nicht immer ganz klar. Grundlegend jedenfalls ist die Beziehung zwischen Gegenstand und Begriff. Im Folgenden soll mit »Typikalität« (sofern nicht explizit anders vermerkt) immer die Beziehung zwischen Gegenstand und Begriff gemeint sein.

Die Prototypen-Theorie wird in einer schwächeren und einer stärkeren Version vertreten (Rosch z. B. scheint zwischen beiden Versionen zu schwanken: vgl. etwa Rosch 1973, 111 ff.; Rosch 1978, 27 ff.). Der stärkeren Fassung zufolge ist die Zugehörigkeit zu einem Begriff prinzipiell eine graduelle Angelegenheit. Es ist nicht so, dass ein Gegenstand entweder unter einen Begriff fällt oder nicht unter ihn fällt, sondern er fällt mehr oder weniger, in einem bestimmten Maße unter den Begriff. Der Grad der Begriffszugehörigkeit hängt dabei vom Grad der Ähnlichkeit mit einem Prototypen ab. Der schwächeren Version zufolge ist Begriffszugehörigkeit keine Sache des Grades: Entweder ein Gegenstand fällt unter den Begriff oder er fällt nicht darunter. Diejenigen Gegenstände aber, die unter den Begriff fallen, unterscheiden sich hinsichtlich der Typikalität, also hinsichtlich der Ähnlichkeit mit dem Prototypen.

Beide Versionen der Theorie weisen grundlegende Probleme auf. Die schwache Version ist zu schwach und die starke Version ist zu stark. Zunächst zur schwachen Version. Dass verschiedene Objekte, die unter einen Begriff F fallen, sich hinsichtlich des Grades der Typikalität mit Bezug auf F unterscheiden, wird wohl kaum jemand bestreiten. Entscheidend ist, dass dies überhaupt nicht erklärt, was eigentlich allererst erklärt werden sollte: was nämlich Begriffszugehörigkeit ausmacht. Dies wird hier eher unerklärt vorausgesetzt: Schließlich ist von der Typikalität verschiedener Fs die Rede, ohne dass zuvor geklärt wird, was es heißt, ein F zu sein. Und Begriffszugehörigkeit ist auch der schwachen Version der Prototypen-Theorie zufolge etwas anderes als Typikalität. Da die schwache Version der Prototypen-Theorie nicht erklärt, was man von ihr erwartet, sondern es als geklärt voraussetzt, ist sie ganz offenbar nur begrenzt als Konzeption des Begriffs tauglich.

Die starke Version der Prototypen-Theorie wirft andere Probleme auf. Sie hat Schwierigkeiten zu erklären, wie irgendetwas nicht unter einen bestimmten Begriff fallen kann. Wenn Gegenstände sich nur hinsichtlich des Grades der Ähnlichkeit mit einem Prototypen unterscheiden, dann kann man prinzipiell von jedem Gegenstand sagen, dass er unter den entsprechenden Begriff fällt. Es hilft nichts zu sagen, dass nur »relevante« Ähnlichkeiten zählen: Relevant ist, was relevant für das Fallen oder Nicht-Fallen unter den entsprechenden Begriff ist; das aber wollen wir gerade erklären und deshalb können wir es nicht als erklärt voraussetzen. Eine Alternative bestünde darin, dass man ein bestimmtes Ausmaß an Ähnlichkeit als Voraussetzung für Begriffszugehörigkeit auffasst, aber dann ›kollabiert‹ die starke Version in die schwache Version und sagt dasselbe wie diese. Wenn also die starke Version korrekt ist, dann wäre es nicht nur angemessen zu sagen, dass ein Spatz ein typischer Vogel ist und ein Pinguin ein untypischer Vogel. Es wäre auch korrekt zu sagen, dass der Dackel Waldi ein Vogel ist, wenn auch ein extrem untypischer Vogel. Es ist nicht zu sehen, wie die starke Version der Prototypen-Theorie diese absurde Konsequenz soll vermeiden können. Darüber hinaus ergibt sich nicht nur, dass jeder Gegenstand unter einen bestimmten Begriff fällt (alles fällt mehr oder weniger unter den Begriff des Hundes), sondern dass auch jeder Gegenstand unter jeden Begriff fällt (Waldi ist ein typischer Hund, ein untypischer Vogel, ein untypisches Möbelstück etc.). Dackel müssen unter anderem als untypische Vögel und Vögel müssen unter anderem als untypische Dackel klassifiziert werden. Die starke Version der Prototypen-Theorie macht Begriffe ›über-vage‹, so vage, dass es keinen Gegenstand mehr gibt, von dem klar ist, dass er nicht unter den entsprechenden Begriff fällt. Man könnte entgegnen, dass dies genau die eigentliche Pointe ist und dass es keine begrifflichen Grenzen gibt; gegen diese Position spricht allerdings das oben im Zusammenhang mit der Familienähnlichkeits-Konzeption Gesagte. Manche Autoren nehmen allerdings diese extremen Implikationen bewusst in Kauf und bezahlen den entsprechenden theoretischen Preis. Die Entwicklung einer sogenannten »**fuzzy logic**«, die an die Stelle von Wahrheit und Falschheit Grade der Wahrheit (zwischen 0 und 1) setzt, kann hier beispielhaft angeführt werden, insbesondere wenn die Grade 0 und 1 nie erreicht werden (vgl. z. B. Zadeh 1965, 338 ff.; vgl. kritisch dazu Haack 1978, 162–169).

Beide Versionen der Prototypen-Theorie haben also Schwierigkeiten zu erklären, worin Begriffszugehörigkeit besteht und was die Grenzen eines Begriffes ausmacht. Es gibt aber noch weitere offene Fragen. Gibt es überhaupt Gegenstände, die zu 100 % typisch für eine Kategorie sind? Gibt es den typischen Hund? Wenn ein bestimmter Gegenstand (z. B. der Hund Bello) oder eine Gruppe einzelner Gegenstände den Prototypen ausmacht, dann lautet die Antwort »Ja!«. Bello z. B. könnte dann der zu 100 % typische Hund sein. Das wirft allerdings die Frage auf, warum man Begriffe derart eng mit bestimmten einzelnen Gegenständen, die unter ihn fallen, in Verbindung bringen sollte. Warum soll ausgerechnet Bello der typische Hund sein und nicht vielmehr Waldi? Auf solche Fragen scheint es keine Antwort zu geben. Es ist zumindest fraglich, ob unsere Begriffe wirklich in dieser Weise willkürlich und an bestimmten einzelnen Gegenständen orientiert sind. Man kann dieses Problem vermeiden, indem man davon ausgeht, dass es keinen Gegenstand gibt, der zu 100 % typisch für die entsprechende Kategorie ist; die Tatsache, dass in Experimenten wie dem oben erwähnten offenbar kaum jemals der maximale Wert für Typikalität erreicht wird, spricht dafür. Das Problem ist nur, was dann Prototypikalität festlegt.

Man könnte etwa an verschiedene Eigenschaften (denen verschiedenes Gewicht zukommt) denken. Im Fall des Begriffes des Hundes könnten dies Eigenschaften wie die folgenden sein: ist ein Vierbeiner, bellt hin und wieder, ist Fleischfresser, liebt es, Stöcke zu apportieren, etc. Je mehr Eigenschaften der Gegenstand aufweist und je mehr er von den besonders wichtigen Eigenschaften aufweist und in je höherem Maße er diese Eigenschaften aufweist, desto eher fällt er unter den entsprechenden Begriff. Je häufiger (oder lauter?) etwas bellt und je mehr es von all diesen Eigenschaften aufweist, desto eher ist es ein Hund. Diese Idee hat den Nachteil, dass hier schon ein Verständnis dessen vorausgesetzt wird, was gerade erst erklärt werden soll: dass ein Gegenstand unter einen Begriff fällt. Es wird nämlich z. B. vorausgesetzt, dass wir die Begriffe des Bellens, des Stöckchen-Apportierens etc. schon verstehen und wissen, was es heißt, dass etwas unter diese Begriffe fällt.

Ähnliche Probleme tauchen im Zusammenhang mit der Rede von »Ähnlichkeit« auf (vgl. dazu auch Goodman 1972, 437 ff.). Ähnlichkeiten sind immer Ähnlichkeiten zwischen mindestens zwei Dingen in einer bestimmten Hinsicht. Es gibt nun unbestimmt viele Hinsichten, in denen man zwei Gegenstände miteinander vergleichen und für ähnlich oder unähnlich halten kann. Der Dackel Waldi z. B. ähnelt dem Staatssekretär Müller-Johannson insofern, als sie beide in der Lilienstraße wohnen, wenn sie auch in vielen anderen Hinsichten recht unähnlich sind (Waldi arbeitet z. B. nicht im Ministerium). Für die Zugehörigkeit zu einem bestimmten Begriff können also nur bestimmte Hinsichten und Ähnlichkeiten relevant sein. Dafür etwa, ob etwas ein Hund ist, ist nicht relevant, in welcher Straße es wohnt, allerdings schon, ob es ein Vierbeiner ist. Die Festlegung der relevanten Hinsichten, in denen Gegenstände einander ähnlich sein können, setzt aber die Verwendung von Begriffen voraus (im Fall des Begriffs des Hundes z. B. Begriffe wie ›bellt‹). Damit ist wiederum als verstanden vorausgesetzt, was erst erklärt werden soll.

Die Prototypen-Theorie wird gewöhnlich als Alternative zu und inkompatibel mit der klassischen Konzeption verstanden, aber beide Konzeptionen sind problemlos miteinander vereinbar. Dass z. B. der Begriff des Hundes eine Prototypen-Struktur aufweist, spricht nicht dagegen, dass er durch die Begriffe des Bellens und des Vierbeiners reduktiv definierbar ist. Vorausgesetzt ist dabei nur, dass auch diese Begriffe Prototypen-Struktur haben und dass weiterhin die Ähnlichkeitsrelationen zwischen allen einzelnen Hunden genau dieselben Relationen sind wie die Ähnlichkeitsrelationen zwischen allen bellenden Vierbeinern. Genauso wenig wie Vagheit gegen reduktive Definierbarkeit spricht, spricht auch Prototypikalität dagegen.

1.5 Holismus

Eine letzte Konzeption von Begriffen, die hier erwähnt werden soll, ist die sogenannte »holistische Konzeption« (vgl. Hegel: Phänomenologie des Geistes, Vorrede; Quine 1961, 20 ff.; Davidson 1982, 317 ff.; Harman 1973, 59 ff.; Brandom 2000, Kap. 1; vgl. als Übersicht und Kritik Fodor/LePore 1992). Diese Konzeption besagt, dass man einzelne Begriffe gar nicht unabhängig von einigen oder allen anderen Begriffen, die zu demselben **Begriffssystem** gehören, charakterisieren kann, dass – mit anderen Worten – die Bedeutung eines Begriffswortes von der Bedeutung einiger oder aller anderen Begriffsworte, die zu derselben Sprache gehören, abhängt. Man kann demzufolge den Begriff des Hundes nicht haben, ohne den Begriff des Tieres sowie viele andere Begriffe, die damit zusammenhängen, wie den Begriff des Lebewesens, des Bellens, des materiellen Gegenstandes, etc. zu haben. Manchmal wird diese Position auch so formuliert: Begriffe sind nur als Teile von Theorien verständlich (über Hunde, materielle Gegenstände, etc.). Wer z. B. eine stark von unserer Theorie abweichende Theorie materieller Gegenstände vertritt (derzufolge etwa materielle Gegenstände nie länger als eine halbe Sekunde existieren und dann neue, wenn auch ähnliche, aber verschiedene Gegenstände an ihre Stelle treten), der hat nicht unseren Begriff des Hundes. Dem Holismus zufolge sind einzelne Begriffe also unselbständige Elemente von Begriffssystemen bzw. von Theorien. Strikt genommen verstehen wir nicht einzelne Begriffsworte und verwenden wir nicht einzelne Begriffe, sondern nur ganze Begriffssysteme bzw. Theorien.

Wenn man diese Position in der Extremform vertritt, dass jeder Begriff mit jedem anderen Begriff in der gleichen Weise zusammenhängt, so ergibt sich ein Problem (vgl. hierzu Fodor/LePore 1992). Sobald zwei Personen verschiedene Begriffssysteme haben, gibt es keinen Begriff, über den sie beide verfügen, sondern sie verfügen bestenfalls über ähnliche Begriffe. Und eine Person, die neue Begriffe erwirbt bzw. alte Begriffe verliert, hat damit nicht mehr dasselbe Begriffssystem wie vorher und somit auch keinen der bisherigen Begriffe mehr. Dies alles aber erscheint kontra-intuitiv. Es empfiehlt sich deshalb, die holistische Konzeption in abgeschwächter Form zu vertreten. Selbst wenn jeder einzelne Begriff nicht unabhängig von allen anderen Begriffen verstanden werden kann, ist er doch verschieden eng auf diese anderen Begriffe bezogen. Um das Begriffswort »Hund« zu verstehen, muss man das Begriffswort »Lebewesen« in einem sehr hohen Grade verstehen, aber wie man »Elektron« versteht, hat kaum einen Einfluss auf das Verständnis von »Hund«. So ist es möglich, dass selbst Begriffssysteme, die sich deutlich im Hinblick auf ferner liegende Begriffe unterscheiden (z. B. den des Elektrons), doch denselben Begriff enthalten können (z. B. den des Hundes). Und auch die Verwendung der näher liegenden Begriffe (z. B. der des Lebewesens) muss nicht genau gleich sein, damit man zu Recht sagen kann, dass beide Begriffssysteme denselben Begriff enthalten. Biologen und biologische Laien verfügen beide über denselben Begriff des Hundes, auch wenn sie ein verschiedenes Verständnis von »Lebewesen« haben; solange beide den Begriff des Hundes in der Regel auf dieselben Gegenstände anwenden bzw. anwenden würden, verfügen sie über denselben Begriff. Abweichungen im Kleinen und Idiosynkrasien in der Begriffsverwendung verändern noch nicht die Identität des Begriffs.

Die holistische Konzeption des Begriffs ist nicht vereinbar mit der klassischen Konzeption, weil dem Holismus zufolge im Prinzip jeder einzelne Begriff mit allen anderen Begriffen zusammenhängt und nicht nur mit denjenigen Begriffen, die ihn angeblich definieren. Um den Begriff des Hundes zu haben, muss man eben sehr viel mehr haben als die Begriffe des Bellens und des Vierbeiners. Dies macht es auch schwierig, eine Unterscheidung zwischen basalen und nicht-basalen Begriffen zu ziehen. Einer der Vorteile der holistischen Konzeption liegt sicherlich darin, dass es ihr zufolge leicht verständlich ist, dass Begriffe nicht einzeln vorkommen, sondern Systeme bilden. Wir werden weiter unten und in etwas anderem Zusammenhang ausführlich auf den Holismus zurückkommen (s. Kap. VI.7).

2. Überzeugungen

Was ist eine Überzeugung – oder eine Meinung oder ein Glaubenszustand (wie wir das hier auch genannt haben)? Die Worte »Meinung«, »Glauben« und »Überzeugung« haben – ebenso wie die entsprechenden Verben sowie einige andere verwandte Worte – im Alltag durchaus verschiedene Bedeutungen. Während »Meinung« etwas von subjektiver Beliebigkeit hat (»Das ist einfach nur Deine Meinung«), hat »Glaube« einen religiösen Beiklang (»Der Glauben allein macht selig«) und »Überzeugung« lässt uns leicht an Leute mit Charakter denken (»Man muss für seine Überzeugungen eintreten!«). Hier aber werden alle diese Worte synonym verwandt, und zwar mit einer eingeschränkten Bedeutung: der des **Für-Wahr-Haltens**. Dass jemand überzeugt ist (oder glaubt oder meint), dass sich etwas so und so verhält, heißt, dass die Person dies für wahr hält (vgl. Cohen 1992 über die Einstellungen des Überzeugtseins und des Akzeptierens).

Überzeugungen haben, so hatten wir schon oben festgestellt, einen Inhalt, und zwar einen **propositionalen Inhalt**. Überzeugungen sind immer Überzeugungen, dass sich etwas so und so verhält. Es macht keinerlei Sinn über eine Person, etwa Georg, zu sagen, er habe die und die Überzeugungen, aber den Inhalt von Georgs Überzeugungen könne man nicht angeben (schon gar nicht in propositionaler Form), weil seine Überzeugungen ohne jeden Inhalt sein. Man mag so etwas etwa in polemischer Absicht über Georg und seine Überzeugungen sagen, aber strikt aufgefasst ist es unsinnig. Darüber hinaus sind Überzeugungen immer Überzeugungen von jemandem, – epistemische Zustände einer Person. Man spricht zwar manchmal so, als sei dem nicht so: so zum Beispiel, wenn man – ohne dabei eine Person zu erwähnen – sagt, dass die und die Meinung verfehlt sei (»Die Meinung, dass Steuererhöhungen zu Inflation führen, ist idiotisch!«). Letztlich ist damit aber mit »Meinung« immer etwas gemeint, das einer Person zukommt oder zukommen könnte. Überzeugungen bzw. Zuschreibungen von Überzeugungen haben also die folgende Form

   S glaubt, dass p.

Dass Überzeugungen einen propositionalen Gehalt haben und Personen zukommen, erklärt übrigens auch – zusammen mit der weiteren sehr plausiblen Annahme, dass Wissen Überzeugung voraussetzt –, dass Wissen propositionalen Gehalt hat und Personen zukommt.

Die verschiedenen Verwendungsweisen insbesondere des Wortes »glauben« könnten Zweifel daran hervorrufen, dass Glaubenszustände immer propositionaler Natur sind. So spricht man etwa nicht nur davon, dass irgendjemand glaubt, dass sich etwas so und so verhält, sondern man spricht auch davon, dass jemand etwas oder jemand anderem glaubt, oder davon, dass jemand an etwas oder an jemanden glaubt (von etwas oder von jemandem überzeugt ist). Hier sind einige Beispiele:

  (a) Maria glaubt Franz.
  (b) Kurt glaubt das tatsächlich!
  (c) Franz glaubt an Anna.
  (d) Kurt glaubt an den globalen Freihandel.
  (e) Kurt glaubt an den Weihnachtsmann.

Alle diese Fälle aber müssen entweder als verkappte Fälle propositionalen Glaubens analysiert werden oder sie haben (zumindest teilweise) keine spezielle erkenntnistheoretische Bedeutung. Wenn man etwa sagt, dass jemand »etwas« glaubt (z. B. »das« in Fall (b)), so kann man dieses »etwas« nur als etwas Propositionales verstehen. Wenn man genauer angeben will, was Kurt denn genau glaubt, dann muss man etwas von der Form von »Kurt glaubt, dass p« sagen, also einen propositionalen Gehalt angeben. Wenn man sagt, dass eine Person einer anderen Person glaubt, dann meint man, dass die eine Person das glaubt, was die andere Person sagt. Und was die eine Person glaubt und die andere Person sagt, lässt sich wiederum nur als etwas Propositionales verstehen. Dass jemand »an etwas« glaubt, involviert sicherlich propositionale Glaubenszustände. Wenn Kurt an den globalen Freihandel glaubt, dann hat er sicherlich einige Meinungen etwa über die Ökonomie. Aber das An-Etwas-Glauben lässt sich offenbar nicht immer völlig auf propositionalen Glauben reduzieren. Andere Arten von Einstellungen können zudem ins Spiel kommen. Wenn Kurt an den globalen Freihandel glaubt, dann ist er auch in irgendeiner Weise für die Idee des globalen Freihandels engagiert. Dieses zusätzliche Element aber hat keine besondere erkenntnistheoretische Bedeutung. Ähnliches gilt offenbar für das An-Jemanden-Glauben. Es involviert propositionale Glaubenszustände (Franz muss Meinungen über Anna haben, um an sie glauben zu können), aber es lässt sich offenbar nicht oder zumindest nicht immer darauf reduzieren. Dass Franz an Anna glaubt, involviert auch irgendeine Art von positiver Einstellung Anna gegenüber. Ein anderes Beispiel ist der Fall (e): Hier ist wohl nicht mehr gemeint, als dass bestimmte propositionale Glaubenszustände vorliegen (dass es einen Weihnachtsmann gibt, dass er plötzlich auftaucht und Geschenke verteilt, etc.). Alles in allem lässt sich also festhalten, dass die für die Erkenntnistheorie einschlägigen Glaubenszustände immer einen propositionalen Gehalt haben (s. auch Kap. II.2 zu Objekt-Theorien des Wissens).

Überzeugungen sind ein Beispiel für etwas, das man in der Philosophie auch »intentionale Zustände« nennt. Das Wort »**Intentionalität**« ist dabei nicht im Sinne von »Absichtlichkeit« gemeint. Vielmehr kommt etwas Intentionalität zu, wenn es ›über etwas‹ ist, ›auf etwas gerichtet‹ ist (vgl. Brentano: Psychologie vom empirischen Standpunkt, Bd. 1, 124–128; Frege: Der Gedanke, 30 ff.; Searle 1983, Kap. 1). Eine Fotografie von Winston Churchill z. B. ist intentional, weil sie Winston Churchill »repräsentiert« (zeigt), ›über‹ ihn ist. Ähnliches gilt für das sprachliche Zeichen »Winston Churchill« – es ist gerichtet auf und steht für Winston Churchill. Besonders interessant sind hier die psychologischen intentionalen Zustände. Es ist eine kontroverse Frage, ob alle Intentionalität letztlich psychologischer – oder, wie man auch sagt: geistiger (mentaler) – Natur ist; darauf können wir hier nicht eingehen. Im Folgenden sind mit »intentionalen Zuständen« immer psychologische Zustände gemeint. Liebe z. B. ist auf einen Gegenstand gerichtet (eine Person, ein Tier, eine Idee, etc.). Man kann nicht lieben, ohne etwas zu lieben. Manche Philosophen sind der Auffassung, dass alle psychologischen oder geistigen (mentalen) Zustände und Vorgänge intentionaler Natur sind, aber dem scheint nicht so zu sein: Schmerzen z. B. sind sicherlich etwas Psychologisches oder Mentales, aber sie sind nicht über irgendetwas oder auf etwas gerichtet. Sie sind, sozusagen, einfach da. Unter den intentionalen Zuständen gibt es nun solche, die auf Objekte gerichtet sind (Liebe etc.), und solche, die eine Proposition zum Inhalt haben. Überzeugungen sind ein Beispiel für einen propositionalen intentionalen Zustand. Wünsche sind ein anderes Beispiel dafür. Man kann nicht wünschen, wenn man nicht etwas wünscht, und zwar, dass etwas der Fall sei. Betrachten wir die intentionalen Zustände mit propositionalem Gehalt näher.

2.1 Intentionalität

Die intentionalen Zustände mit propositionalem Gehalt weisen zwei Aspekte auf. Betrachten wir folgende Beispiele:

(a) Maria glaubt, dass es regnet.
(b) Kurt wünscht, dass er im Lotto gewinnt.
(c) Anna ist darüber enttäuscht, dass keiner mit ihr ins Kino geht.

Zum einen haben alle diese Zustände, wie gesagt, einen propositionalen Gehalt; dieser Inhalt wird durch den mit »dass« eingeleiteten Nebensatz zum Ausdruck gebracht. Zum anderen sind alle diese Zustände durch eine bestimmte Einstellung zu dem jeweiligen propositionalen Gehalt gekennzeichnet: durch die Einstellung des Glaubens oder Wünschens oder Enttäuschtseins. Die Art der Einstellung wird durch das Verb im Hauptsatz angegeben. Die propositionalen Gehalte sind beliebig oder fast beliebig mit den Einstellungstypen kombinierbar: Maria kann glauben, dass Kurt im Lotto gewinnt oder dass keiner mit Anna ins Kino geht. Ebenso kann Kurt wünschen, dass es regnet oder dass keiner mit Anna ins Kino geht, etc. Aufgrund dieser beiden grundlegenden ›Elemente‹ von intentionalen Zuständen mit propositionalem Gehalt werden diese auch als »**propositionale Einstellungen**« bezeichnet. Die allgemeine Form von propositionalen Einstellungen ist also diese:

S xt, dass p,

wobei »xen« für den jeweiligen Einstellungstyp steht (vgl. Searle 1983, Kap. 1; Fodor 1981a, 177 ff. sowie auch als Überblick Fodor 1990, 3 ff.).

Die für Überzeugungen kennzeichnende Art der Einstellung ist, wie gesagt, die des Für-Wahr-Haltens (eines propositionalen Gehalts). Es ist wichtig nicht zu vergessen, dass Für-Wahr-Halten nicht Wahrheit impliziert: Man kann etwas für wahr halten (zum Beispiel, dass die Erde eine Scheibe ist), das falsch ist. Umgekehrt impliziert Wahrheit nicht Für-Wahrhalten: Dass es wahr ist, dass die Erde keine Scheibe ist, hat die Menschen lange nicht davon abgehalten, das Gegenteil für wahr zu halten. Es gibt Wahrheiten, die wir nicht kennen, und vielleicht sogar Wahrheiten, die wir nicht kennen können. Ob nun das, was eine Person für wahr hält, wahr oder falsch ist, – auf jeden Fall kann das Für-Wahr-Halten oder Glauben nur auf etwas gerichtet sein, das wahr oder falsch ist, nicht auf etwas, das weder wahr noch falsch ist. Man kann nicht glauben, dass

grün, 24 und übermorgen,

weil »grün, 24 und übermorgen« sinnlos ist und für nichts steht, das wahr oder falsch ist. Manchen Autoren zufolge kann eine Aussage nicht nur wahr oder falsch sein, sondern auch noch andere »Wahrheits-Werte« annehmen (vgl. etwa Dummett 1978, 14 ff.). Um diese Position nicht von vornherein auszuschließen, müsste man genau genommen sagen, dass das Für-Wahr-Halten oder Glauben nur auf etwas gerichtet sein kann, das einen Wahrheitswert hat. Der Einfachheit halber können wir im Folgenden von dieser Differenzierung absehen.

Die verschiedenen propositionalen Einstellungen – wie Überzeugungen, Wünsche etc. – werden oft nach ihrer »**Passens-Richtung**« (»direction of fit«) unterschieden (vgl. Anscombe 1958, 3 ff.; Searle 1983, 7 ff.). Was ist damit gemeint? Überzeugungen

z. B. haben eine **Geist-Welt-Passens-Richtung**: Wenn Geist (Überzeugung) und Welt (die Tatsachen) nicht übereinstimmen, dann um so schlimmer für den Geist: Er sollte sich der Welt anpassen. Überzeugungen sind daraufhin angelegt, dass der Geist der Welt angepasst ist. Umgekehrt verhält es sich z. B. mit Wünschen: Sie weisen eine **Welt-Geist-Passens-Richtung** auf. Wenn Geist (Wunsch) und Welt (die Tatsachen) nicht übereinstimmen, dann um so schlimmer für die Welt: Sie sollte so verändert werden, dass sie mit dem Geist übereinstimmt. Wünsche sind daraufhin angelegt, dass die Welt mit dem Geist ›passend‹ gemacht wird. Manche propositionalen Einstellungen – wie etwa Hoffnung oder Enttäuschung – scheinen keine bestimmte Passensrichtung (oder eine »**Null-Passens-Richtung**«) aufzuweisen; allerdings kann man diese Einstellungen auch als komplexe Einstellungen auffassen, die in einer Verbindung aus Einstellungen mit einer bestimmten Passens-Richtung bestehen (Hoffnung etwa könnte als Verbindung aus einer Überzeugung, dass etwas nicht der Fall ist, aber in der Zukunft der Fall sein könnte, und einem Wunsch, dass es in der Zukunft der Fall sei, verstanden werden). Diese Rede von »passen« ist recht metaphorisch, aber es sollte halbwegs deutlich geworden sein, was damit gemeint ist.

Viele Philosophen glauben, dass das Vorliegen einer Passens-Richtung kennzeichnend für propositionale Einstellungen ist, wenn nicht gar ein definierendes Merkmal dafür ausmacht. Letzteres setzt allerdings voraus, dass nicht auch etwas, das keine propositionale Einstellung ist, eine Passens-Richtung aufweist. Ob dem wirklich so ist, ist nicht ganz klar; wenn man etwa an das Beispiel von Fotografien denkt, könnte man meinen, dass dem nicht so ist. Darüber hinaus ist, wie gesagt, alles andere als klar, ob wirklich alle propositionalen Einstellungen eine Passens-Richtung aufweisen. Weiterhin ist die Vorstellung problematisch, man könnte die einzelnen propositionalen Einstellungen ausschließlich aufgrund ihrer unterschiedlichen Passensrichtung voneinander unterscheiden. Dies setzt voraus, dass es genau zwei grundlegende propositionale Einstellungen gibt (Überzeugungen und Wünsche) und dass alle anderen propositionalen Einstellungen sich als jeweils verschiedene Arten der Verbindung dieser beiden grundlegenden Einstellungstypen verstehen lassen. Dies ist allerdings nicht besonders plausibel: Kann man den Unterschied zwischen Überzeugtsein, dass p, Bezweifeln, dass p, Erwägen, dass p, und Vermuten, dass p, wirklich ausschließlich mit Rekurs auf unterschiedliche Passensrichtungen erklären? Dies erscheint sehr unwahrscheinlich (vgl. dazu Searle 1983, 29 ff.).

Abgesehen von all dem besteht der Verdacht, dass eine Erklärung zirkulär ist, die propositionale Einstellungen mit Rekurs auf Passens-Richtungen charakterisiert. Weshalb? Wir hatten gesagt, dass z. B. im Fall einer Überzeugung sich der Geist nach der Welt richten sollte. Wenn Quintus glaubt, dass die Erde eine Scheibe ist, sollte er seine Meinung ändern. Was aber ist damit gemeint, dass er dies tun »sollte«? Was, wenn Quintus dabei bleibt, dass die Erde eine Scheibe ist? Dass dies nicht mit den Tatsachen übereinstimmt, ändert ja nichts daran, dass es sich dabei um eine Überzeugung handelt (Überzeugungen müssen ja nicht wahr sein). Inwiefern ›sollte‹ Quintus seine Überzeugung, dass die Erde eine Scheibe ist, aufgeben? Nehmen wir an, Quintus lebt in der ersten Hälfte des 2. Jh.s und hat gar keine Anhaltspunkte dafür, dass die Erde keine Scheibe ist. Es ist schwer zu sehen, in welchem Sinne von »sollen« er seine Meinung ändern »sollte«. Hätte er allerdings gute Evidenzen dafür, dass die Erde keine Scheibe ist, dann sollte er in der Tat seine Meinung verändern. Was, wenn er es nicht tut? Nun, dann kann man ihm den Vorwurf der Irrationalität machen. Damit, dass im Fall einer Überzeugung etwa der Geist sich nach der Welt richten sollte, ist also offenbar gemeint, dass es vernünftig oder rational ist, unter bestimmten Umständen eine Überzeugung aufzugeben bzw. in bestimmter Weise zu verändern. Die Erklärung des Begriffs der propositionalen Einstellung durch den Begriff der Passensrichtung macht also offenbar wesentlich vom Begriff der Rationalität Gebrauch. Den Verdacht der Zirkularität weckt dieses Vorgehen, weil nicht so ohne weiteres zu sehen ist, wie man erklären kann, was unter »Rationalität« zu verstehen ist, ohne dabei von dem Begriff der propositionalen Einstellung bzw. den Begriffen der Überzeugung, des Wunsches etc. Gebrauch zu machen: Schließlich sind Überzeugungen und Wünsche zentrale Fälle dessen, was wir »rational« oder »irrational« nennen. Und wie sollte man erklären, was rational ist, wenn man kein Verständnis dessen hat, das »rational« genannt werden könnte?

Man kann dies auch etwas anders ausdrücken. Überzeugungen, so hatten wir gesagt, ›zielen darauf ab‹, dass der Geist der Welt entspricht und ihr gegebenenfalls angepasst wird. Wünsche hingegen zielen darauf ab, dass die Welt dem Geist entspricht und ihm gegebenenfalls entsprechend angepasst wird. Was aber ist mit »abzielen« gemeint? Offenbar handelt es sich hierbei ebenfalls um eine propositionale Einstellung. Jedes Abzielen ist ein Abzielen darauf, dass etwas der Fall ist, und letztlich sind es Personen, die auf etwas abzielen. Wenn dem aber so ist, dann scheint eine Erklärung dessen, was mit »Passens-Richtung« gemeint ist, schon ein Verständnis von propositionalen Einstellungen vorauszusetzen, – wo doch der Begriff der propositionalen Einstellung gerade erst mithilfe des Begriffs der Passens-Richtung aufgehellt werden sollte.

Man könnte nun einwenden, dass dieser ›Zirkel‹ nicht besonders schlimm ist und nicht so sehr auf einen Mangel der Rede von »Passens-Richtung« hinweist als darauf, dass man eben den Begriff der propositionalen Einstellung im Allgemeinen sowie die Begriffe der einzelnen propositionalen Einstellungen im Besonderen nicht mit Rekurs auf Begriffe von etwas erklären kann, das keine propositionale Einstellung ist. Mit anderen Worten (und etwas allgemeiner ausgedrückt): Intentionales lässt sich nur durch Intentionales erklären und nicht auf Nicht-Intentionales reduzieren. Dies ist eine kontrovers diskutierte These in der gegenwärtigen Philosophie (vgl. dafür etwa Chisholm 1955/56, 125 ff.; Chisholm 1957, Kap. 11; vgl. dagegen Dretske 1991a, 354 ff.).

2.2 Intensionalität

Überzeugungen (wie andere Typen propositionaler Einstellungen) sind nicht nur intentional, sondern auch **intensional**. Das kleine »s« macht hier einen großen und wichtigen Unterschied. Was ist damit gemeint? Betrachten wir ein Beispiel:

(1) Anna hat dieselbe Blutgruppe wie Erikas Nachbar.

Nun gilt zudem:

(2) Erikas Nachbar ist der Neffe von Erikas Vermieterin.

Aus (1) und (2) folgt nun:

(3) Anna hat dieselbe Blutgruppe wie der Neffe von Erikas Vermieterin.

Betrachten wir nun ein anderes Beispiel, – ein Beispiel, das mit Überzeugungen zu tun hat:

(4) Anna glaubt, dass sie gerade mit Erikas Nachbarn telefoniert.

Nun ist – gemäß (2) – Erikas Nachbar der Neffe von Erikas Vermieterin. Dürfen wir deshalb auch das Folgende sagen:

(5) Anna glaubt, dass sie gerade mit dem Neffen von Erikas Vermieterin telefoniert?

Offenbar nicht. Weder sind die Überzeugungen in (4) und (5) identisch, noch folgt (4) aus (5) oder (5) aus (4) (zusammen mit (2)). (4) kann wahr sein, ohne dass (5) wahr ist, und umgekehrt. Anna mag nichts davon wissen, dass Erikas Nachbar der Neffe von Erikas Vermieterin ist. Dann wäre es falsch, neben (4) auch (5) zu behaupten, selbst wenn Erikas Nachbar und der Neffe ihrer Vermieterin ein und dieselbe Person sind. Was erklärt nun, dass aus (1) und (2) (3) folgt, aber aus (4) und (2) nicht (5) folgt? Warum ist der Schluss über Annas Blutgruppe korrekt, aber nicht der Schluss über ihre Überzeugungen?

Die Antwort auf diese Frage hat mit dem Unterschied von »**Intension**« und »**Extension**« zu tun. Diese Ausdrücke werden nicht immer in derselben Weise erklärt; hier ist jedenfalls eine Erklärung (vgl. Frege: Über Sinn und Bedeutung, 40 ff.; Carnap: Meaning and Necessity, Kap. 1; Searle 1983, 23 ff.; vgl. auch die skeptischen Einwände in Quine 1960, Kap. 6). Die Extension eines singulären Terminus' wie »Erikas Nachbar« ist dasjenige, wofür dieser Ausdruck steht, – worauf er »referiert«. Im Fall des Ausdrucks »Erikas Nachbar« ist dies eine bestimmte Person. Der Ausdruck »der Neffe von Erikas Vermieterin« hat dieselbe Extension wie der Ausdruck »Erikas Nachbar«. Sie haben aber verschiedene Intensionen, weil Umstände möglich sind, unter denen sie nicht dieselbe Extension haben: Der Neffe von Erikas Vermietern kann ja aus Erikas Nachbarschaft wegziehen. Zwei Ausdrücke können also dieselbe Extension, aber verschiedene Intensionen haben. Eine ähnliche Erklärung kann man für Begriffsworte geben. Die Extension eines Begriffswortes ist dann etwa die Klasse aller Gegenstände, auf die das Begriffswort zutrifft. Manche Prädikate sind nun aber »zweistellig«, d. h. sie drücken eine Relation zwischen zwei Gegenständen aus. Das Prädikat »Mutter« ist ein Beispiel dafür. Die Extension eines zweistelligen Prädikates ist dann die Klasse aller Paare, auf die das Prädikat zutrifft (im Fall von »Mutter« die Klasse aller Paare, die in der Mutter-Tochter-Beziehung zueinander stehen). Im Fall von n-stelligen Prädikaten ist die Extension die Klasse aller »n-Tupel«, auf die das Prädikat zutrifft. Wir können uns hier der Einfachheit halber auf einstellige Prädikate beschränken. Begriffsworte mit derselben Extension – wie etwa »Mensch« und »voll sprachbegabter Erdenbewohner« – können verschiedene Intensionen aufweisen, weil Umstände denkbar sind, unter denen sie nicht dieselbe Extension haben. Warum sollte es keine nicht-menschlichen Lebewesen auf der Erde geben, die über eine Sprache verfügen? Als Intension eines Begriffswortes wird manchmal eine Eigenschaft, manchmal ein Begriff betrachtet; auf diese Unterschiede kommt es hier nicht an. Was schließlich ganze Aussagesätze angeht, so wird oft ihr Wahrheitswert oder eine Tatsache (im Fall wahrer Sätze) als ihre Extension angesehen und der ausgedrückte Gedanke (vgl. dazu auch Frege: Der Gedanke, 30 ff.) oder die ausgedrückte Proposition als ihre Intension; auch hier kommt es nicht auf diese Unterschiede an. Zwei Aussagesätze können jedenfalls dieselbe Extension, aber verschiedene Intension haben, weil Umstände möglich sind, unter denen der eine Satz wahr ist und der andere nicht. »Der Neffe von Erikas Vermieterin ist nett« und »Erikas Nachbar ist nett« mögen beide wahr sein, etwa weil Erikas netter Nachbar zugleich der Neffe ihrer Vermieterin ist; die Möglichkeit des Umziehens zeigt aber, dass beide Sätze nicht denselben Wahrheitswert haben müssen.

Besonders wichtig ist nun die folgende Bedingung, die sogenannte »**Extensionalitäts-Bedingung**« (vgl. Frege: Über Sinn und Bedeutung, 47):

> Ein Satz erzeugt genau dann einen extensionalen Kontext bzw. ist genau dann extensional, wenn man jeden Teilausdruck des Satzes durch einen anderen Ausdruck mit gleicher Extension (einen »ko-extensiven« Ausdruck) ersetzen kann, ohne dass sich dabei der Wahrheitswert des Satzes verändern könnte.

Dem kann man Folgendes hinzufügen:

> Ein Satz erzeugt genau dann einen intensionalen Kontext bzw. ist genau dann intensional, wenn er keinen extensionalen Kontext erzeugt bzw. nicht extensional ist.

Erläutern wir das Gesagte an einem Beispiel. Der Satz

(1) Anna hat dieselbe Blutgruppe wie Erikas Nachbar

ist extensional, weil bei jeder möglichen Ersetzung eines Teilausdrucks durch einen anderen ko-extensiven Teilausdruck der Wahrheitswert des Satzes notwendigerweise erhalten bleibt. In unserem Beispiel kann man etwa »Erikas Nachbar« durch den ko-extensiven Ausdruck »der Neffe von Erikas Vermieterin« ersetzen und erhält dann einen Satz, der ebenfalls wahr ist (und keinen anderen Wahrheitswert haben kann als (1)):

(3) Anna hat dieselbe Blutgruppe wie der Neffe von Erikas Vermieterin.

Hingegen ist der Satz

(4) Anna glaubt, dass sie gerade mit Erikas Nachbarn telefoniert

nicht extensional bzw. intensional, weil die Extensionalitätsbedingung nicht erfüllt ist. In unserem Beispiel gelangt man etwa von dem wahren Satz (4) bei Ersetzung des Ausdrucks »Erikas Nachbar« durch den ko-extensiven Ausdruck »der Neffe von Erikas Vermietern« zu einem falschen Satz:

(5) Anna glaubt, dass sie gerade mit dem Neffen von Erikas Vermieterin telefoniert.

Sätze über Überzeugungen und ganz allgemein Sätze über propositionale Einstellungen sind intensional. Man spricht auch davon, dass die Ausdrücke, die für propositionale Einstellungen stehen, »**intensionale Kontexte erzeugen**«. Dies kann man sich leicht an Beispielen klar machen. Ähnliches gilt übrigens auch für andere Ausdrücke wie z. B. »notwendig« und »möglich«.

Eine propositionale Einstellung wie eine Überzeugung ist nun in dem Sinne intensional, dass ein Satz, der diese Einstellung beschreibt, intensional ist. Für die Identifikation des Inhalts einer Überzeugung (und damit auch für die Identifikation der Überzeugung selbst) ist also nicht nur die Extension wichtig, sondern auch die Intension. Die Überzeugung

> dass man gerade mit Erikas Nachbarn telefoniert

ist deshalb eine andere Überzeugung als die,

dass man gerade mit dem Neffen von Erikas Vermieterin telefoniert.

In beiden Fällen handelt es sich um unterschiedliche Propositionen bzw. unterschiedliche propositionale Gehalte und damit auch um unterschiedliche Überzeugungen. Sie können im Wahrheitswert voneinander abweichen (womit das Extensionalitätsprinzip verletzt wäre): so z. B., wenn Erikas bisheriger Nachbar von Erika wegzieht. Die Intensionalität von Überzeugungen erklärt damit auch, wieso der obige Schluss von (2) und (4) auf (5) nicht korrekt ist, – anders als der Schluss von (1) und (2) auf (3).

Manchmal wird auch darauf hingewiesen, dass Überzeugungen (und andere propositionale Einstellungen) »hyper-intensional« seien (vgl. etwa Carnap: Meaning and Necessity, § 13 ff.). Was ist damit gemeint? Betrachten wir einige Beispiele. Ludwig glaubt, dass

$$2 + 2 = 4.$$

Da er ein eigentümliches Verständnis von Mathematik hat, hält er es aber nicht für ausgemacht, ob auch

$$4 = 2 + 2.$$

Ein weiteres Beispiel ist vielleicht weniger extravagant. Lisa glaubt, dass

Frankenstein furchterregender ist als King Kong.

Sie möchte sich aber nicht darauf festlegen, dass

King Kong weniger furchterregend ist als Frankenstein.

Schließlich Kurt: Er glaubt, dass

die Straße nass wird, wenn es regnet,

aber er glaubt nicht, dass

es nicht regnet, wenn die Straße nicht nass wird.

Alle drei Fälle scheinen möglich zu sein. Das Bemerkenswerte besteht nun darin, dass in jedem dieser drei Fälle jeweils zwei offenbar intensions-gleiche Sätze bzw. Überzeugungen vorliegen. Dies zu sagen, liegt jedenfalls nahe, wenn man zwei Sätze genau dann für intensions-gleich hält, wenn sie entweder logisch auseinander folgen (wie im dritten Beispiel) oder (wie in den anderen beiden Beispielen) aufgrund der Regeln der Logik und der Bedeutung der verwandten Ausdrücke (z. B. »=«, »mehr« und »weniger«) auseinander folgen. Wenn all das aber stimmt, dann wird eine Überzeugung nicht vollständig durch eine Intension identifiziert. Das ist gemeint, wenn man sagt, dass Überzeugungen »hyper-intensional« sind (und nicht nur intensional). Halten wir also fest:

> Ein Satz erzeugt genau dann einen hyper-intensionalen Kontext bzw. ist genau dann hyper-intensional, wenn man einen Teilausdruck des Satzes nicht durch einen anderen Ausdruck mit gleicher Intension ersetzen kann, ohne dass sich dabei der Wahrheitswert des Satzes verändern könnte.

Aber wieder zurück zur Intensionalität von Überzeugungen und zu einem möglichen Einwand! Betrachten wir wieder ein Beispiel. Albert trifft Müller, den Vize-Bürgermeister auf einer Party, in deren Verlauf Müller sich völlig daneben benimmt. Es gilt (im Anschluss an die Party):

> (6)   Albert glaubt, dass der Vize-Bürgermeister sich auf der Party völlig daneben benommen hat.

Der Vize-Bürgermeister ist nun zugleich der Vorsitzende des Fasnachtsvereins. Da Albert davon nichts ahnt, gilt Folgendes nicht:

> (7)   Albert glaubt, dass der Vorsitzende des Fasnachtsvereins sich auf der Party völlig daneben benommen hat.

Wenn wir aber einer anderen Person von Alberts Meinung über Müller berichten wollen, können wir durchaus (7) als Report verwenden; dies ist insbesondere dann angebracht, wenn wir mit jemandem reden, der Müller wiederum nur als Vorsitzenden des Fasnachtsvereins kennt. Spricht das nun aber nicht gegen die oben behauptete Intensionalität von Überzeugungen?

Nein! Der Grund hängt damit zusammen, dass man (7) ebenso wie (6) auf zweierlei Weise verwenden kann: nicht nur als vollständige, sondern auch als unvollständige Wiedergabe der entsprechenden Überzeugung von Albert. Was ist mit Letzterem gemeint? Betrachten wir (6)! (6) kann auf zweierlei Weise analysiert werden. Zum einen in dieser Weise:

> (6a)   Albert hat eine Überzeugung, deren Gehalt durch den Satz »Der Vize-Bürgermeister hat sich auf der Party völlig daneben benommen« angegeben wird.

Zum anderen aber auch in dieser Weise:

> (6b)   Von dem Vize-Bürgermeister glaubt Albert, dass er sich auf der Party völlig daneben benommen hat.

(6a) gibt Alberts Überzeugung vollständig an, (6b) hingegen nicht. (6b) lässt nämlich offen, wie sich Albert auf Müller bezieht: als Vize-Bürgermeister, als Vorsitzender des Fasnachtsvereins oder sonst in irgendeiner Weise. Insofern ist (6b) ›intensional unvollständig‹. (6a) hingegen gibt an, wie Albert sich auf Müller bezieht: nämlich als den Vize-Bürgermeister. Insofern ist (6a) ›intensional vollständig‹. (6b) gibt nur an, wie wir – die wir über Albert und seine Überzeugungen reden – uns auf Müller beziehen, nämlich als den Vize-Bürgermeister. (6b) charakterisiert Alberts Überzeugung zum Teil aus unserer Perspektive bzw. mit unseren Worten (»der Vize-Bürgermeister«) und lässt offen, ob dies auch Alberts Perspektive bzw. Alberts Worte sind. Insofern charakterisiert (6b) anders als (6a) Alberts Überzeugung nur unvollständig. Diese Diskrepanz wird noch deutlicher im Fall von

> (7a)   Albert hat eine Überzeugung, deren Gehalt durch den Satz »Der Vorsitzende des Fasnachtsvereins hat sich auf der Party völlig daneben benommen« angegeben wird

und

> (7b)   Von dem Vorsitzenden des Fasnachtsvereins glaubt Albert, dass er sich auf der Party völlig daneben benommen hat.

Da (7a) falsch ist, können wir sagen, dass (7b) Alberts Überzeugung zum Teil aus einer Perspektive und auf eine Weise angibt, die unsere sind, aber nicht Alberts.

Charakterisierungen der Form von (6a) und (7a) werden auch als »**de dicto-Zu-schreibungen von Überzeugungen**« bezeichnet, wohingegen Charakterisierungen der Form (6b) und (7b) auch als »**de re-Zuschreibungen von Überzeugungen**« bezeichnet werden (da sie immerhin angeben, wovon die Überzeugung handelt). Da nur *de dicto*-Zuschreibungen vollständig sind, lässt sich auch der obige Einwand entkräften: Wir können kohärenterweise zugleich (6) und (7) behaupten, wenn wir (6) als *de dicto*-Zuschreibung und (7) als *de re*-Zuschreibung verwenden. Da nur *de dicto*-Zuschreibungen vollständig sind, können wir damit auch weiterhin daran festhalten, dass Überzeugungen intensional sind. Es ist von großer Bedeutung, den Unterschied zwischen *de dicto*-Zuschreibungen und *de re*-Zuschreibungen zu beachten (vgl. Quine 1966c, 183 ff.).

Was hier über Überzeugungen gesagt wurde, gilt auch für Wissen (immerhin setzt Wissen, wie wir gesehen haben, Überzeugung voraus). Wissen ist intensional. Auch aus

(8) Anna weiß, dass sie gerade mit Erikas Nachbarn telefoniert

folgt zusammen mit

(2) Erikas Nachbar ist der Neffe von Erikas Vermieterin

nicht

(9) Anna weiß, dass sie gerade mit dem Neffen von Erikas Vermieterin telefoniert.

(8) und (9) haben nicht denselben Gehalt und folgen nicht auseinander. Auch »Wissen« erzeugt also intensionale Kontexte und setzt das Extensionalitätsprinzip außer Kraft. Auch im Fall von »Wissen« gibt es *de dicto*- und *de re*-Verwendungsweisen und auch in diesem Fall kann man Hyper-Intensionalität vermuten.

2.3 Dispositionen

Ein weiterer wichtiger Aspekt von Überzeugungen (und anderen propositionalen Einstellungen) ist deren sogenannter »**dispositionaler**« Charakter. Was ist damit gemeint? Nehmen wir an, dass Karla glaubt, dass Vanille-Eis gegen Schluckauf hilft. Dass sie das glaubt, heißt nicht, dass sie immer akut daran denkt, dass Vanille-Eis gegen Schluckauf hilft. Manchmal schläft sie und manchmal denkt sie an etwas ganz anderes. Wenn Meinungen akut wären, dann könnte man zu einem Zeitpunkt wohl nicht viel mehr als eine Meinung haben (wie viele Gedanken kann man denn zur selben Zeit denken?). Wir scheinen aber viele Meinungen zur selben Zeit haben zu können und auch in der Tat zu haben. Auch über die traumlos schlafende Karla oder über eine Karla, die nicht im entferntesten an Eis oder Schluckauf denkt, kann man also korrekterweise sagen, dass sie glaubt, dass Vanille-Eis gegen Schluckauf hilft. Überzeugungen sind dispositional.

Um den Begriff der Disposition noch besser zu verstehen (vgl. etwa Carnap: Testability and Meaning, 439–441; Hempel 1965, 457 ff.; Ryle 1949, Kap. 5 sowie den Sammelband Tuomela 1978), hilft die Betrachtung eines anderen Beispiels:

(10) Dieses Stück Zucker ist wasserlöslich.

Hier wird einem Gegenstand (»diesem Stück Zucker«) eine Disposition (Wasser-löslichkeit) zugeschrieben. Was genau ist damit gemeint, dass ein bestimmtes Stück Zucker wasserlöslich ist? Es ist nicht gemeint, dass das Zuckerstück sich gerade in Wasser auflöst. Dies mag der Fall sein, aber es muss nicht der Fall sein. Ein Stück Zucker kann die Eigenschaft der Wasserlöslichkeit auch dann haben, wenn es si-cher im Trockenen liegt. Es mag nahe liegen zu sagen, dass mit (10) das Folgende gemeint ist:

> (11) Wenn man dieses Stück Zucker in Wasser legt, löst es sich auf.

Allgemeiner könnte man sagen, dass ein Gegenstand a genau dann wasserlöslich ist, wenn Folgendes gilt:

> (12) Wenn man einen Gegenstand a in Wasser legt, löst er sich auf.

Diese Analyse ist aber unzureichend. Ihr zufolge wäre auch ein bestimmtes Stück Holz, das nie das Wasser gesehen hat, wasserlöslich: Schließlich ist ein Konditional genau dann falsch, wenn das Vorderglied wahr und das Hinterglied falsch ist. Dies ist im Holzbeispiel nicht der Fall. Also gilt (12) auch für den Fall unseres – natürlich nicht wasserlöslichen – Holzstücks (vgl. Carnap: Testability and Meaning, 439–441). Der Sache schon näher kommt diese Erklärung der Wasserlöslichkeit unseres Zu-ckerstückes:

> (13) Wenn man dieses Stück Zucker in Wasser legen würde, würde es sich auflösen.

Das Wörtchen »würde« drückt aus, worauf es hier ankommt: Es ist die Rede von etwas als etwas, das nicht der Fall ist, aber der Fall sein könnte. Das Stück Zucker liegt im Trockenen und löst sich auch nicht auf, aber es ist möglich, dass man es ins Wasser legt und dass es sich auflöst. Solche Konditionale – Konditionale, in denen sowohl das Vorderglied als auch das Hinterglied eine Sachlage beschreiben, die nicht der Fall ist, aber der Fall sein könnte – nennt man auch »**kontrafaktische Konditio-nale**«. Sie spielen eine wichtige Rolle in vielerlei Zusammenhängen – etwa, wenn es um Erklärung und Naturgesetze geht und unter anderem auch bei der Erläuterung des Dispositionsbegriffs. Da nun ein Stück Zucker natürlich auch dann wasserlöslich ist, wenn es sich tatsächlich gerade in Wasser auflöst, bietet sich folgende Erklärung des Begriffes der Wasserlöslichkeit an:

> Ein Stück Zucker ist wasserlöslich gdw.
> es sich entweder gerade im Wasser befindet und sich auflöst oder
> es sich nicht im Wasser befindet, sich aber auflösen würde, wenn man es in Wasser geben würde.

Allgemeiner bietet sich folgende Erklärung des Dispositionsbegriffes an:

> Ein Gegenstand a hat die Disposition D, den Prozess P zu durchlaufen, gdw.
> a sich entweder gerade in Umstand U befindet und den Prozess P durchläuft oder
> a sich nicht in Umstand U befindet, aber den Prozess P durchlaufen würde, wenn es sich in Umstand U befinden würde.

Interessanterweise handelt es sich hier um eine reduktive Erklärung des Dispositions-Begriffs: Die Erklärung selbst enthält keinen Dispositions-Ausdruck mehr. Diese Erklärung ist nicht unkontrovers und auf jeden Fall in mancher Hinsicht noch ergänzungs- und modifikationsbedürftig. So scheint es etwa notwendig zu sein, zusätzlich zu fordern, dass a P durchläuft (das Zuckerstück sich auflöst), weil a sich in Umstand U befindet (im Wasser ist). Würde a (der Zucker) sich – unter sonst gleichen Bedingungen – nicht in Umstand U (im Wasser) befinden, so würde a nicht P durchlaufen (sich nicht auflösen). Abgesehen davon scheint das Gesagte nur unter gewissen ›normalen‹ Randbedingungen und zu bestimmten Zeiten zu gelten, die näher angegeben werden müssten. Wasser könnte z. B. so mit einem anderen Stoff versetzt sein, dass sich Zucker nicht mehr darin auflösen kann. Wie man diese Verfeinerungen im Einzelnen vornehmen muss, ist alles andere als klar oder unkontrovers. Hier aber reicht das Gesagte aus; wir benötigen hier keine vollständig ›wasserdichte‹ Definition des Dispositionsbegriffes. Wir können also, in aller Vorläufigkeit, festhalten:

> Ein Gegenstand a hat zur Zeit t die Disposition D, den Prozess P zu durchlaufen gdw.
> > entweder
> > > a sich zu t in Umstand U befindet und
> > > den Prozess P durchläuft, aber
> > > a P nicht durchlaufen würde, wenn a sich – unter sonst gleichen Umständen –
> > > > nicht in U befinden würde,
> > oder
> > > a sich zu t nicht in U befindet und
> > > nicht P durchläuft, aber
> > > P durchlaufen würde, wenn a sich in U befinden würde.

Der Zusammenhang zwischen dem Vorliegen von U und dem Durchlaufen von P kann ein strikt kausaler oder ein probabilistischer sein.

Es spricht nun offenbar einiges dafür, auch Überzeugungen in dieser Weise als Dispositionen zu charakterisieren (vgl. Ryle 1949, Kap. 2, 5; Carnap: Meaning and Necessity, § 13). Da Dispositionen entweder ›latent‹ oder ›manifest‹ sind, müssen wir, wie oben, zwei Fälle berücksichtigen. Etwas vereinfacht ergibt sich folgende Erklärung:

> S glaubt zu t, dass p, gdw.
> > entweder
> > > S zu t urteilt, dass p,
> > oder
> > > S zu t nicht darüber nachdenkt, ob p, aber
> > > urteilen würde, dass p, wenn S darüber nachdenken würde, ob p.

Dass Maria glaubt, dass Weihnachten vor der Tür steht, heißt demzufolge, dass sie entweder gerade daran denkt und für wahr hält, dass Weihnachten vor der Tür steht, oder doch dies denken und für wahr halten würde, würde sie daran denken. Was Maria nun denkt oder denken würde, ist – so eine verbreitete Auffassung – für Maria selbst recht leicht zu sagen, aber für andere Personen ziemlich schwer zu bestimmen. Da wir aber den Begriff der Überzeugung nicht nur jeweils auf uns selbst anwenden, sondern auch auf andere Personen, liegt es nahe, die obigen Kriterien noch durch Kriterien zu ergänzen, die auch ein äußerer Beobachter verwenden kann (vgl. Strawson 1959, 99 ff.). Es ist typisch für Begriffe über Mentales, Geistiges, dass die Kriterien für die Anwendung des Begriffes auf sich selbst grundsätzlich andere sind oder zumindest zu sein scheinen als die Kriterien der Anwendung des Begriffs auf andere Personen: Ich weiß von meinem Appetit auf Nachtisch auf andere Weise als vom Nachtischappetit anderer Personen (vgl. Davidson 1984d, 101 ff. zu der

Frage, ob es sich dann überhaupt noch in beiden Fällen um denselben Begriff handeln kann). Die Kriterien nun für das Vorliegen von bestimmten Überzeugungen bei anderen Personen betreffen das sprachliche und nicht-sprachliche Verhalten der Person. Dass Maria glaubt, dass Weihnachten vor der Tür steht, schlägt sich z. B. auch darin nieder, dass sie anderen Personen gegenüber vom baldigen Weihnachtsfest spricht oder Weihnachtseinkäufe tätigt etc. Man kann die obige Erklärung also folgendermaßen ergänzen:

> S glaubt zu t, dass p, gdw.
>> entweder
>>> S zu t urteilt, dass p, oder (bestimmte Umstände vorausgesetzt) ein bestimmtes (sprachliches oder nicht-sprachliches) Verhalten zeigt
>> oder
>>> S zu t nicht darüber nachdenkt, ob p, aber
>>>> urteilen würde, dass p (wenn S darüber nachdenken würde, ob p), oder unter bestimmten Umständen ein bestimmtes (sprachliches oder nicht-sprachliches) Verhalten zeigen würde.

Es gibt also offenbar vielerlei Äußerungsformen einer Überzeugung, nicht nur eine; deshalb werden Überzeugungen oft auch als »**multi-track-dispositions**« bezeichnet (vgl. Ryle 1949, 43–45). Nun kann das Verhalten einer Person sicherlich in dem Sinne irreführend sein, als die Person nicht die Überzeugung hat, die ihr Verhalten andeutet. Maria mag so tun, als glaube sie, dass Weihnachten vor der Tür steht, weil ihr von einem Spaßvogel Geld dafür bezahlt worden ist, dass sie ihre Umgebung in die Irre führt. Offenbar ist ein bestimmtes Verhalten also nur dann ein untrügliches Indiz für eine Überzeugung, wenn es Ausdruck dieser Überzeugung ist. Wenn dem aber so ist, dann ist mit dem für äußere Beobachter hinzugefügten Kriterium des Verhaltens nichts gewonnen: Wir müssten auf jeden Fall schon kennen, was uns das Verhalten erst erschließen soll, nämlich die Überzeugungen der Person. Ein vielleicht gangbarer Ausweg aus diesem Problem besteht darin, dass man bestimmte Umstände angibt (zu deren Angabe keine Angabe von Überzeugungen gehört), unter denen ein bestimmtes Verhalten als Indiz für eine bestimmte Überzeugung gelten kann. Wenn Maria kein Geld für Weihnachtsverhalten gezahlt worden ist und auch keine ähnlichen Umstände vorliegen, dann ist ihr Weihnachtsverhalten ein Indiz für die Überzeugung, dass Weihnachten vor der Tür steht.

So viel zunächst zu der Erläuterung der Auffassung, dass Überzeugungen Dispositionen sind. Obwohl diese Auffassung weit verbreitet ist, ist sie alles andere als unproblematisch. Betrachten wir zunächst wieder ein trockenes Stück Zucker. Besteht das Vorliegen von Wasserlöslichkeit wirklich in nichts anderem als der Tatsache, dass unser Stück Zucker sich auflösen würde, wenn man es in Wasser geben würde? Ist dies – dass das Stück sich auflösen würde, würde man es in Wasser geben – nicht eher eine Äußerungsform der Wasserlöslichkeit als die Wasserlöslichkeit selbst? Ist Wasserlöslichkeit selbst nicht etwas Un-Konditionales und Nicht-Kontrafaktisches (vgl. Armstrong 1973, 11 ff. einerseits und Ryle 1949, Kap. 5 andererseits)? Dieselben Fragen lassen sich mit Bezug auf Überzeugungen stellen. Betrachten wir eine Person, die gerade nicht darüber nachdenkt, ob es eine größte Primzahl gibt. Ist die Überzeugung dieser Person, dass es eine größte Primzahl gibt, einfach nur eine Disposition, unter bestimmten Umständen bestimmte Gedanken zu haben (oder ein bestimmtes Verhalten zu zeigen)? Hat die Überzeugung dieser Person nur damit zu tun, was die Person denken würde? Ist dies – was die Person denken würde – nicht eher eine Äußerungsform ihrer Überzeugung als die Überzeugung selbst? Ist die Überzeugung selbst nicht etwas ganz Un-Konditionales und Nicht-Kontrafaktisches?

Es scheint einiges für eine negative Antwort auf diese Fragen zu sprechen bzw. für ein anderes Bild von Dispositionen und ein anderes Bild von Überzeugungen. Hat Zucker nicht eine bestimmte molekulare Beschaffenheit, die erklärt, warum er sich in Wasser auflöst? Sollten wir nicht die Wasserlöslichkeit eher mit dieser molekularen Struktur identifizieren als mit dem kontrafaktischen Verhalten in Wasser (das nur eine Äußerungsform, aber nicht die Sache selbst darstellt)? Man kann dies auf zweierlei Weise tun. Entweder man geht weiterhin davon aus, dass die obige Analyse von Dispositionen im Allgemeinen richtig ist und betrachtet Wasserlöslichkeit nicht als die Disposition, sondern eher als die Basis einer Disposition zu einem bestimmten Verhalten unter bestimmten Bedingungen. Die Alternative besteht darin, dass man die obige Analyse von Dispositionen aufgibt und Dispositionen nicht als etwas Kontrafaktisches und Konditionales betrachtet; Wasserlöslichkeit wäre so zwar weiterhin als Disposition zu sehen, aber nicht in der oben angegebenen Weise. Ähnliche Optionen ergeben sich für den Begriff der Überzeugung. Man könnte etwa annehmen, dass eine Person (oder ihr Geist oder ihr Gehirn) eine bestimmte Beschaffenheit B aufweist, die erklärt, warum sie dazu neigt, bestimmte Gedanken zu haben bzw. ein bestimmtes Verhalten zu zeigen. Es scheint einiges dafür zu sprechen, die Überzeugung eher mit dieser Beschaffenheit B zu identifizieren als mit einem kontrafaktischen Verhalten (das nur eine Äußerungsform, aber nicht die Sache selbst darstellt). Wiederum ergeben sich zwei Optionen. Entweder man hält an der obigen Analyse von Dispositionen fest und betrachtet Überzeugungen nicht als Disposition, sondern eher als Basis einer Disposition. Oder man gibt wiederum die obige Analyse von Dispositionen auf, betrachtet Überzeugungen weiterhin als Dispositionen, aber eben nicht als etwas Kontrafaktisches und Konditionales.

In beiden Fällen muss man prinzipiell eine Art ›Basis‹ angeben können. Im Fall der Wasserlöslichkeit von Zucker ist noch relativ leicht zu sehen, was diese Basis sein könnte (nämlich z. B. eine bestimmte molekulare Struktur). Was aber ist im Fall von Überzeugungen die ›Basis‹? Man könnte etwa sagen: »Eine bestimmte neuronale Struktur im Gehirn«. Viele Philosophen und Kognitionswissenschaftler setzen ihre Hoffnungen auf diese Antwort-Strategie und identifizieren mentale oder geistige Zustände und Vorgänge mit physischen Zuständen und Vorgängen; diese Position wird deshalb auch **Identitätstheorie**« genannt (vgl. Smart 1970, 52 ff.; Place 1970, 42 ff.). Das Problem mit dieser Art von Antwort liegt allerdings darin, dass zur Zeit überhaupt nicht klar ist, wie man überhaupt bestimmte Strukturen und Prozesse im Gehirn mit bestimmten Überzeugungen in Verbindung bringen kann. Man mag sogar bezweifeln, dass dies jemals gelingen kann: Hat die Überzeugung, dass 512 Gäste auf der Party sind, ebenso eine bestimmte »Realisierung« im Gehirn wie die Überzeugung, dass 511 Gäste auf der Party sind? Worin liegt der Unterschied in der Realisierung? Soll man wirklich Grund zu der Hoffnung haben, dass man Überzeugungen und Gehirnzustände in dieser Weise miteinander korrelieren kann? Die Probleme dieser Forschungsstrategie sind sicherlich viel komplexer als hier angedeutet werden kann, aber sie sind von der hier angedeuteten Art (vgl. etwa Putnam 1975d, 436 ff. sowie als Entgegnung darauf Kim 1980, 234 ff. und Lewis 1980, 232 f.). Und ganz ähnliche Probleme stellen sich, wenn man die Antwort nicht im Gehirn, sondern sonstwo sucht.

Wir kennen im Fall von Überzeugungen das, was man »Äußerungsformen« nennen könnte, nämlich die Neigung zu bestimmten Gedanken bzw. bestimmten Verhaltensweisen. Aber wir haben offenbar große Probleme, im Fall von Überzeugungen die entsprechende Beschaffenheit B bzw. eine Basis zu finden. Aus diesen Schwierigkeiten kann man im Prinzip eine von zwei Konsequenzen ziehen. Entweder man vertraut darauf, dass wir diese Basis B eines Tages finden werden. Für diesen vielleicht nicht einmal besonders gut begründeten Optimismus muss man allerdings einen Preis bezahlen: Man müsste sagen, dass wir eigentlich nur die Äußerungsformen von Überzeugungen kennen, aber fast nichts über Überzeugungen selbst wissen. Manche werden dies für ein für den wissenschaftlichen Fortschritt notwendiges Eingeständnis der eigenen Ignoranz halten. Manche hingegen werden es einfach für sehr unplausibel halten: Verstehen wir denn nicht, was Worte wie »Überzeugung« bedeuten? Und könnten wir das überhaupt verstehen, wenn wir so wenig über Überzeugungen wüssten? Manche Philosophen neigen deshalb eher dazu, die anfänglich angegebene dispositionelle Theorie von Überzeugungen aufrechtzuerhalten und die Rede von einer »Basis« zurückzuweisen.

Aber auch unter diesen Voraussetzungen gibt es noch Probleme für die dispositionelle Auffassung von Überzeugungen. Wozu genau ist man denn disponiert, wenn man eine bestimmte Überzeugung hat? Eine Antwort besagt, dass man zu dem Gedanken, dass p, und dazu, »p« für wahr zu halten, disponiert ist, wenn man der Überzeugung ist, dass p. Wer glaubt, dass es eine größte Primzahl gibt, ist dazu disponiert zu denken und für wahr zu halten, dass es eine größte Primzahl gibt. Insoweit gibt es relativ wenig Probleme mit der Angabe dessen, wozu eine Überzeugung disponiert. Wesentlich schwieriger ist es allerdings, das relevante (sprachliche und nicht-sprachliche) Verhalten zu identifizieren. Betrachten wir zunächst das sprachliche Verhalten. Offenbar ist nicht jede Äußerung eines Satzes wie »Es gibt eine größte Primzahl« (im Deutschen oder einer anderen Sprache) ein Beleg dafür, dass die Person glaubt, was sie sagt. Manchmal sagen wir nicht, was wir glauben. Wie aber kann man diese Fälle – die Person glaubt, was sie sagt, vs. die Person glaubt nicht, was sie sagt – voneinander unterscheiden, ohne schon Annahmen darüber zu machen, was die Person glaubt (vgl. dazu etwa Putnam 1975c, 332–334; Putnam 1975d, 438 f.)? Noch schwieriger scheint es im Fall nicht-sprachlichen Verhaltens zu stehen: Wie verhält sich denn typischerweise eine Person, die glaubt, dass es eine größte Primzahl gibt? Welchen Unterschied gibt es zum Verhalten einer Person, die nicht glaubt, dass es eine größte Primzahl gibt, oder einer Person, die glaubt, dass es keine größte Primzahl gibt? Schlägt sich die Überzeugung, dass Dreiecke drei Ecken haben, wirklich in anderem Verhalten nieder als die Überzeugung, dass Dreiecke drei Seiten haben? Die dispositionelle Auffassung von Überzeugungen ist in großen Schwierigkeiten, falls man diese Fragen nicht beantworten kann.

Ein letzter Punkt soll zur dispositionellen Auffassung von Überzeugungen noch erwähnt werden: das Verhältnis von akuten Gedanken und dispositionellen Überzeugungen. Betrachten wir ein Beispiel (vgl. Dennett 1978b, 104). Paul wird gefragt, ob er meint, dass Zebras in freier Wildbahn Regenmäntel tragen. Paul hat sich das noch nie überlegt, aber er kann sofort antworten: »Natürlich nicht!« Paul hatte also offenbar eine klare Disposition zu denken und für wahr zu halten, dass Zebras in freier Wildbahn keine Regenmäntel tragen. Er zeigt zudem klare Dispositionen zu entsprechendem sprachlichen und nicht-sprachlichen Verhalten. Der obigen dispositionellen Erklärung von Überzeugungen zufolge müsste man deshalb sagen, dass Paul schon vor dem Stellen der Frage der Meinung war, dass Zebras in freier Wildbahn keine Regenmäntel tragen. Dies ist aber unplausibel. Auf diese Weise müsste man einer Person alle möglichen Überzeugungen zuschreiben, selbst wenn sie noch nie über das entsprechende Thema nachgedacht hat. Selbst wer nie über die Höhe des schiefen Turms von Pisa nachgedacht hat, würde sicher sofort zustimmen, dass er nicht höher als 1 Kilometer ist und auch nicht höher als 2 Kilometer und so weiter und so fort. Man müsste jeder Person unendlich viele Überzeugungen zuschreiben. Es ist aber alles andere als klar, ob begrenzte Wesen wie menschliche Personen unendlich viele Überzeugungen haben können. Beides – sowohl die Unendlichkeit der Anzahl der Überzeugungen als auch die Tatsache, dass man Überzeugungen über etwas hätte, worüber man noch nie nachgedacht hat – ist sehr kontra-intuitiv und spricht dafür, dass die obige dispositionelle Erklärung von Überzeugungen zumindest unvollständig ist.

Man kann sie verbessern, indem man zusätzlich verlangt, dass die Person schon einmal über das Thema nachgedacht haben muss und zu dem Schluss gelangt sein muss, dass die entsprechende Proposition wahr ist. Erst nachdem Paul sich die Frage vorgelegt und für sich entschieden hat, ob Zebras in freier Wildbahn Regenmäntel tragen, kann man zu Recht von ihm sagen, dass er glaubt, dass Zebras in freier Wildbahn keine Regenmäntel tragen. Noch eine weitere Bedingung müssen wir hinzufügen. Nehmen wir an, Paul wird nach 20 Jahren erneut zu Zebras und Regenmänteln befragt. Er hat inzwischen völlig vergessen, dass er dazu schon mal befragt worden ist bzw. sich mit dieser Frage beschäftigt hat. Unter solchen Umständen würden wir nicht sagen, dass er die ganzen 20 Jahre über glaubte, dass Zebras in freier Wildbahn Regenmäntel tragen. Wir müssen also auch verlangen, dass die Person sich noch daran erinnern kann (oder leicht könnte), die entsprechende Frage schon einmal für sich entschieden zu haben. Diese Erinnerung muss nicht die Ursache für ihrer erneute spontane Beantwortung der Frage sein, aber sie stellt offenbar doch eine Bedingung dafür dar. Wir können also – bei aller gegenüber reduktiven Definitionen gebotenen Vorsicht und in aller Vorläufigkeit – die folgende dispositionelle Erklärung des Begriffs der Überzeugung festhalten:

Die dispositionelle Konzeption von Überzeugung

S glaubt zu t, dass p, gdw.
> entweder
>> S zu t urteilt, dass p, oder (bestimmte Umstände vorausgesetzt) ein bestimmtes (sprachliches oder nicht-sprachliches) Verhalten zeigt
> oder
>> S zu t nicht darüber nachdenkt, ob p, aber
>> urteilen würde, dass p (wenn S darüber nachdenken würde, ob p), oder unter bestimmten Umständen ein bestimmtes (sprachliches oder nicht-sprachliches) Verhalten zeigen würde
>> und sich korrekt daran erinnern kann (oder leicht könnte), vor t schon einmal entschieden zu haben, dass p.

Wir können die Frage hier offen lassen, was man sagen sollte, wenn die Person sich die entsprechende Frage zuvor mehrfach vorgelegt und unterschiedlich beantwortet hat. In Pauls Fall müsste man dem Gesagten zufolge also sagen, dass er vor dem erstmaligen Stellen der Frage keine Meinung dazu hatte, ob Zebras in freier Wildbahn Regenmäntel tragen. Man kann allerdings sagen, dass er eine klare Disposition dazu hatte, diese Frage in bestimmter Weise zu beantworten: Gegeben sein Wissen über Zebras, die Tierwelt im Allgemeinen und einiges Andere, war es sehr wahrscheinlich, dass er diese Antwort geben würde, Paul hatte, mit anderen Worten, eine Disposition zu einer bestimmten Überzeugung, – auch wenn der diese Überzeugung selbst noch nicht hatte. Es ist wichtig, diesen Unterschied zwischen einer **Disposition zu einer Überzeugung** und der Überzeugung selbst (die selbst wieder eine Disposition darstellt) nicht aus den Augen zu verlieren (vgl. hierzu Audi 1994, 419 ff.).

Die dispositionelle Konzeption von Überzeugungen – die oft auch als »**behavioristische Konzeption**« bezeichnet wird (vgl. Ryle 1949) – ist, wie gesagt, weit verbreitet, aber sie wirft auch grundsätzliche Probleme auf. Gibt es bessere Alternativen? Was sind mögliche Alternativen? Eine Alternative hatten wir schon erwähnt: die Auffassung, derzufolge Überzeugungen mit Gehirnzuständen zu identifizieren sind. Diese schon erwähnte identitätstheoretische Auffassung scheint zu zum Teil ähnlichen Problemen wie die dispositionelle Auffassung zu führen. Sehr oft wird auch eine sogenannte »**funktionalistische Auffassung**« vertreten, derzufolge Überzeugungen (wie alle anderen mentalen Zustände) durch spezifische Ursachen, Wirkungen und Beziehungen zu anderen mentalen Zuständen charakterisiert werden können (vgl. Putnam 1975b, 291 ff.). Die Überzeugung z. B., dass jetzt ein hungriger Löwe vor mir steht, wird typischerweise durch die Wahrnehmung eines zähnefletschenden Löwen verursacht, hat Fluchtverhalten meinerseits zur Folge und hängt sowohl mit Überzeugungen über Wildkatzen (»Gefährlich!«) als auch mit Wünschen zu meiner persönlichen Zukunft (»Überleben!«) zusammen. Auch hier kann man wieder ähnliche Fragen stellen wie mit Bezug auf die dispositionelle Auffassung: Werden hier nicht Überzeugungen verwechselt mit ihren Ursachen, Wirkungen und Zusammenhängen mit anderen Zuständen? Ist eine Überzeugung nicht etwas anderes als die Relationen, in denen sie zu Anderem steht? Und was sind denn z. B. die typischen Ursachen und Wirkungen der Überzeugung, dass es keine größte Primzahl gibt? Wie unterscheiden sich in ›funktionaler‹ Hinsicht etwa die Überzeugung, dass der schiefe Turm von Pisa kleiner als 100 Lichtjahre ist, von der Überzeugung, dass er kleiner als 101 Lichtjahre ist? Auch im Fall des Funktionalismus ist es nicht leicht, die Hoffnung zu bewahren, dass man solche Fragen überzeugend beantworten kann (vgl. als Kritik Block 1980, Abs. 1.2, 1.5, 2.1). Ein Problem, das alle diese Konzeptionen (dispositionelle, funktionalistische oder identitätstheoretische) zu teilen scheinen, ist das, dass sie zwar Kriterien zur Feststellung und Identifikation von Überzeugungen liefern, aber nicht wirklich etwas zu der davon unabhängigen Frage sagen, was denn die Natur von Überzeugungen ist. Es ist aus allen diesen Gründen auch nicht überraschend, dass manchmal der Vorschlag gemacht wird, Begriffe wie den der Überzeugung ganz aufzugeben, sie zu »**eliminieren**«. Solange allerdings nicht klar ist, was an die Stelle treten kann, sind Zweifel an diesem radikalen Vorschlag nahe liegend (vgl. hierzu neben Quine 1960, Kap. 6 auch Churchland 1981, 67 ff. und als Entgegnung Kitcher 1984, 89 ff. sowie als ausgeprägte Gegenposition Fodor 1975; vgl. auch Stich 1983; vgl. als Überblick zu den erwähnten Theorien des Geistes Beckermann 1999, Kap. 4, 5, 6, 9).

Dass Wissen Überzeugung voraussetzt, legt nahe, Wissen als dispositional aufzufassen, sofern man auch bereit ist, Überzeugungen als dispositional zu betrachten.

Und ist Wissen nicht ganz offensichtlich dispositional? Nehmen wir an, dass Elisabeth weiß, dass Caesar keines natürlichen Todes starb. Um dies zu wissen, muss sie nicht die ganze Zeit daran denken, dass Caesar keines natürlichen Todes starb. Auch wenn sie gerade an etwas ganz Anderes denkt oder gar nichts denkt (oder z. B. schläft), kann man doch mit vollem Recht von Elisabeth sagen, dass sie weiß, dass Caesar keines natürlichen Todes gestorben ist. Wäre dem nicht so, wäre schwer zu sehen, wie irgendjemand mehr als eine Sache zu einem Zeitpunkt wissen kann. Wissen ist also offenbar auch dispositional, – wenn es denn eine haltbare dispositionale Konzeption von propositionalen Einstellungen geben kann.

2.4   Eine Sache des Grades?

Doch zurück zum Begriff der Überzeugung! Eine weitere, sehr wichtige Frage ist diese: Sind Überzeugungen eine ›Ja-Nein-Angelegenheit‹? Gibt es mit Bezug auf die Überzeugung, dass p, genau zwei Möglichkeiten, nämlich zum einen die, dass man die Überzeugung hat, und zum anderen die, dass man die Überzeugung nicht hat? Ist der Begriff der Überzeugung insofern dem der Schwangerschaft vergleichbar (entweder man ist schwanger oder man ist nicht schwanger)? Oder sind Überzeugungen eine Sache des Grades? Kann man mehr oder weniger stark überzeugt sein oder glauben, dass p? Ist der Begriff der Überzeugung eher dem des Hungers vergleichbar (man kann mehr oder weniger hungrig sein)?

Da Wissen keine Grade zulässt – entweder man weiß, dass p, oder man weiß nicht, dass p, und es gibt keine weiteren Möglichkeiten – und da Wissen Überzeugung voraussetzt, könnte man vermuten, dass auch Überzeugung keine Grade zulässt. Es gibt aber gute Gründe, die für eine **graduelle Auffassung von Überzeugungen** sprechen (vgl. als klassischen Vertreter dieser Position Ramsey: Truth and Probability, 52 ff.; vgl. auch Jeffrey 1983). Ein Grund besteht darin, dass alltägliche Phänomene einer graduellen Auffassung eher zu entsprechen scheinen. Betrachten wir ein Beispiel: Klara ist 25 Jahre alt, gesund und zuversichtlich, dass sie noch einige Jahrzehnte leben wird. Sie ist ziemlich sicher, dass sie keine 100 Jahre mehr leben wird, aber sie kann sich gut vorstellen, dass sie noch 50 Jahre leben wird. Noch sicherer ist sie, dass sie in 10 Jahren noch am Leben sein wird und sie ist sich sehr sicher, dass sie die nächsten 5 Minuten überleben wird. Die Frage, ob Karla all dies – dass sie noch weniger als 100 Jahre, aber mehr als 50 Jahre, 10 Jahre, 5 Minuten leben wird – glaubt oder nicht glaubt, scheint etwas Wichtiges außer Acht zu lassen. Offenbar ist es viel angemessener nach der Stärke ihrer Überzeugtheit zu fragen. Ist sie nicht in einem stärkeren Grade davon überzeugt, dass sie die nächsten 5 Minuten überleben wird, als dass sie die nächsten 50 Jahre überleben wird?

Offenbar also ist Überzeugung eine Sache des Grades. Im einen Extremfall wäre man sich ›100 %‹ sicher, dass p, im anderen Extremfall wäre man sich ›0 %‹ sicher, dass p. Es ist eine Frage für sich – auf die wir an dieser Stelle nicht näher eingehen können –, ob man jemals irgendeiner Sache zu 100 % (oder zu 0 %) sicher sein kann. Bin ich mir völlig sicher, dass mein Name »Peter Baumann« ist? Ziemlich, aber es kann schon sein, dass man mich getäuscht hat. Bin ich völlig sicher, dass ich jetzt existiere? Vielleicht! In der Regel jedenfalls (wenn nicht gar immer) sind wir uns weder zu 100 % noch zu 0 % sicher, dass etwas der Fall ist. Statt von »Graden von Überzeugungen« spricht man oft auch von »subjektiven Wahrscheinlichkeiten«:

Dass jemand mehr oder weniger stark davon überzeugt ist, dass p, heißt, dass seine subjektive Wahrscheinlichkeit, dass p, größer oder kleiner ist. Wir haben schon gesehen, dass Wahrscheinlichkeiten reelle Werte zwischen 0 und 1 (inklusive 0 und 1) annehmen können. Dementsprechend würde man die Grade von Überzeugungen in reellen Zahlen zwischen 0 und 1 (inklusive 0 und 1) angeben. Karla etwa könnte zu 70 % sicher sein, dass sie noch 50 Jahre leben wird; ihre subjektive Wahrscheinlichkeit, dass dem so sein wird, hätte den Wert 0,7. Darauf, wie man den Grad von Überzeugungen bzw. subjektive Wahrscheinlichkeiten messen kann, werden wir gleich noch eingehen.

Zuvor soll noch ein anderes Argument für eine graduelle Auffassung von Überzeugungen betrachtet werden: Sie erlaubt es, gewisse Probleme zu lösen, die eine nicht-gradualistische Auffassung offenbar nicht oder nur schwer lösen kann. Ein Beispiel ist das sogenannte »**Vorwort-Paradox**« (vgl. Makinson 1965, 205 ff.; Conee 1992, 357 ff.). Worum handelt es sich dabei? In Vorworten teilen Autoren dem Leser gerne mit, dass das Buch sicherlich Irrtümer enthält, – dass also nicht alle Behauptungen im Buch wahr sind. Dies ist nicht nur ein Ausdruck von Höflichkeit, sondern wohlbegründet. Schließlich ist jeder fehlbar und es ist nur vernünftig zu erwarten, dass nicht alle Behauptungen aus einer größeren Menge von Behauptungen wahr sind. Es wäre geradezu unvernünftig, das Gegenteil anzunehmen. Zugleich gilt aber (normalerweise) auch, dass der Autor jede einzelne seiner Behauptungen für wahr hält – sonst hätte er sie ja nicht niedergeschrieben. Wer aber jede einzelne aus einer Menge von Behauptungen für wahr hält, hat auch sehr gute Gründe, die Konjunktion dieser Behauptungen für wahr zu halten; es wäre irrational, dies nicht zu tun. Wer »p« für wahr hält und außerdem »q« für wahr hält, sollte vernünftigerweise auch »p und q« für wahr halten. Mit all dem ergibt sich aber offenbar ein Paradox, das Vorwort-Paradox: Zum einen gibt es guten Grund, die Konjunktion aller Behauptungen in dem Buch für wahr zu halten, zum anderen gibt es ebenso guten Grund, die Konjunktion aller Behauptungen aus dem Buch nicht für wahr zu halten. Wie kann man dies Paradox auflösen?

Für eine nicht-gradualistische Auffassung von Überzeugung ist dies ein vertracktes Problem. Für eine gradualistische Auffassung hingegen – eine Auffassung, die nicht nur die subjektiven Wahrscheinlichkeiten 0 und 1 verteilt – ist es relativ leicht zu lösen. Nehmen wir an, wir haben es mit 20 Behauptungen eines Buches zu tun, die alle probabilistisch voneinander unabhängig sind. Nehmen wir weiterhin an, dass sich der Autor bezüglich jeder dieser Behauptungen ziemlich sicher ist, – zwar nicht zu 100 % sicher, aber immerhin zu 95 % sicher. Die subjektive Wahrscheinlichkeit bzw. der Glaubensgrad für jede einzelne der behaupteten Propositionen beträgt dann 0,95. Die subjektive Wahrscheinlichkeit für die Konjunktion der einzelnen behaupteten Propositionen beträgt dann gemäß dem oben (s. Kap. II.6) angeführten Prinzip (11) der Wahrscheinlichkeits-Theorie $0,95^{20}$, d. h. etwas weniger als 0,36. Für größere Zahlen als 20 sinkt die Wahrscheinlichkeit der Konjunktion natürlich noch weiter ab. Für die gradualistische Konzeption von Überzeugung gibt es hier also gar kein Problem, geschweige denn ein Paradox. Man kann vernünftigerweise jeder einzelnen Proposition eine sehr hohe subjektive Wahrscheinlichkeit zuschreiben (solange sie etwas geringer als 1 ist), sich also bezüglich jeder einzelnen Behauptung sehr sicher sein und doch die Konjunktion aller dieser Propositionen für eher unwahrscheinlich halten. Dass die gradualistische Auffassung keinerlei Schwierigkeiten mit der Antwort auf eine Frage hat, die geradezu paradoxe Züge für die nicht-gradualistische Alternative hat, spricht sicherlich für die gradualistische Auffassung (vgl. Ramsey: Knowledge, 111).

Nun zurück zu der Frage, wie man subjektive Wahrscheinlichkeiten messen kann: Wie kann man Glaubensgrade bestimmen? Die Grundidee zur Beantwortung dieser Frage ist einfach: über das **Wettverhalten** der Person. Verschiedene Glaubensgrade drücken sich, so die Annahme, in verschiedenem Wettverhalten aus. Dabei wird allerdings vorausgesetzt, dass die Person uneingeschränkt rational ist, insbesondere die Regeln der Wahrscheinlichkeitstheorie befolgt. Wie geht die Bestimmung von Glaubensgraden nun im Einzelnen vor sich? Eine Methode ist die folgende. Nehmen wir an, wir wollen herausbekommen, welchen Grad S's Überzeugung, dass p, hat (z. B. die Überzeugung, dass es am nächsten Tag regnen wird). Nehmen wir weiterhin an, dass wir wissen, dass S eine Option O1 einer anderen Option O2 vorzieht (es z. B. vorzieht, ein Stück Kuchen zu haben, als kein Stück Kuchen zu haben). S habe eine weitere Überzeugung, dass q (z. B. die Überzeugung, dass der Außenminister bei der letzten Pressekonferenz gelogen hat). Wir bieten S nun die Wahl zwischen den folgenden beiden Wetten an:

> Wette A: Falls »p« wahr ist, wird O1 realisiert; falls »p« nicht wahr ist, wird O2 realisiert (wenn es regnet, bekommt S ein Stück Kuchen, sonst nicht).
>
> Wette B: Falls »q« wahr ist, wird O1 realisiert; falls »q« nicht wahr ist, wird O2 realisiert (falls der Außenminister bei der letzten Pressekonferenz gelogen hat, bekommt S ein Stück Kuchen, sonst nicht).

Falls S weder Wette A der Wette B noch Wette B der Wette A vorzieht, also indifferent zwischen ihnen ist, haben »p« und »q« dieselbe subjektive Wahrscheinlichkeit für ihn. Falls S Wette A der Wette B vorzieht, hat »p« eine höhere subjektive Wahrscheinlichkeit als »q« (und natürlich umgekehrt: Falls S Wette B der Wette A vorzieht, hat »q« eine höhere subjektive Wahrscheinlichkeit als »p«). Auf diese Weise kann man verschiedene Propositionen in eine Reihenfolge größerer bzw. geringerer subjektiver Wahrscheinlichkeit bringen. Damit ist schon Einiges gewonnen, aber man hat damit den einzelnen Propositionen noch keine Wahrscheinlichkeits-Werte zugeordnet. Wie ist dies möglich?

Wir bieten S die Wahl zwischen Wette A und einer weiteren Wette C an:

> Wette A: Falls »p« wahr ist, wird O1 realisiert; falls »p« nicht wahr ist, wird O2 realisiert (wenn es regnet, bekommt S ein Stück Kuchen, sonst nicht).
>
> Wette C: Falls »p« nicht wahr ist, wird O1 realisiert; falls »p« wahr ist, wird O2 realisiert (wenn es nicht regnet, bekommt S ein Stück Kuchen, sonst nicht).

Falls S indifferent zwischen Wette A und Wette C ist, hat »p« für S die subjektive Wahrscheinlichkeit von 0,5. Falls S Wette A der Wette C vorzieht, hat »p« für S eine höhere Wahrscheinlichkeit als 0,5 (und bei Vorziehen von Wette C eine niedrigere Wahrscheinlichkeit als 0,5). Auf diese Weise kann man feststellen, welche Propositionen für S eine subjektive Wahrscheinlichkeit von 0,5 haben und welche Propositionen für S eine höhere bzw. eine niedrigere Wahrscheinlichkeit als 0,5 haben. Wie kann man nun noch die genauen Werte der subjektiven Wahrscheinlichkeiten bestimmen, die größer oder kleiner als 0,5 sind?

Nehmen wir an, dass es in der Tat eine Proposition gibt, die für S die subjektive Wahrscheinlichkeit 1 hat: Eine einfache logische Tautologie wie »Es regnet oder es regnet nicht« könnte ein Beispiel sein (vgl. Bedingung (2) der Wahrscheinlichkeits-Theorie; s. Kap. II.6). Nennen wir die entsprechende (von uns gewählte) Proposition, die für S die subjektive Wahrscheinlichkeit 1 hat, »t«. Nennen wir eine bestimmte Proposition, die für S die subjektive Wahrscheinlichkeit 0,5 hat, »u« (z. B.: »Diese normale Münze wird beim nächsten Wurf Kopf ergeben«); nennen wir eine weitere solche Proposition, die unabhängig von »u« ist, »v« (z. B.: »Der übernächste Wurf dieser normalen Münze wird Kopf ergeben«). Wir wollen die subjektive Wahrscheinlichkeit einer Proposition »r« für S ermitteln. Wieder bieten wir nun S eine Wahl zwischen verschiedenen Wetten an:

> Wette D:
>> Falls »u« wahr ist, geht S folgende weitere Wette D1 ein:
>>> Falls »t« wahr ist, wird O1 realisiert; falls »t« nicht wahr ist, wird O2 realisiert.
>> Falls »u« nicht wahr ist, geht S folgende weitere Wette D2 ein:
>>> Falls »v« wahr ist, wird O1 realisiert, falls »v« nicht wahr ist, wird O2 realisiert.
> Wette E:
>> Falls »r« wahr ist, wird O1 realisiert; falls »r« nicht wahr ist, wird O2 realisiert.

Betrachten wir zunächst den »Wert«, den Wette D für S hat. Es gibt hier zwei Möglichkeiten. Wenn »u« wahr ist, ist S das Kuchenstück (O1) sicher. Wenn »u« nicht wahr ist, hat S eine 50 %-Chance auf ein Kuchenstück. Da diese beiden Möglichkeiten für S gleich wahrscheinlich sind (0,5) und sich gegenseitig ausschließen, lässt sich leicht sehen, dass die Wette D S eine 75 %-Chance auf ein Kuchenstück eröffnet.

Wenn S zwischen Wette D und Wette E indifferent ist, hat »r« für S die subjektive Wahrscheinlichkeit von 0,75. Wenn S Wette D vorzieht, liegt der Wert für »r« unter 0,75; wenn S Wette E vorzieht, liegt der Wert für »r« über 0,75. Genauso, wie man feststellen kann, ob eine Proposition eine subjektive Wahrscheinlichkeit hat, die ›in der Mitte‹ zwischen 0,5 und 1 liegt, kann man im Anschluss daran feststellen, ob eine weitere Proposition eine subjektive Wahrscheinlichkeit hat, die ›in der Mitte‹ zwischen 0,5 und 0,75 bzw. 0,75 und 1 liegt. Dieses Verfahren kann man im Prinzip beliebig oft wiederholen, so dass man die subjektiven Wahrscheinlichkeiten einer Proposition zwischen 0,5 und 1 im Prinzip beliebig genau feststellen kann. Da man dasselbe auch für das Intervall zwischen 0 und 0,5 tun kann, kann man alle subjektiven Wahrscheinlichkeiten mit im Prinzip beliebiger Genauigkeit feststellen (auch wenn man vielleicht oft nur ein Intervall anstatt eines präzisen Werts angeben kann).

Soviel soll hier als Skizze zur Bestimmung und Messung subjektiver Wahrscheinlichkeiten bzw. von Glaubensgraden genügen. Es gibt verschiedene Verfahren, die man diskutieren könnte, aber auf all diese Details kommt es hier nicht an (vgl. Ramsey: Truth and Probability, 72–79; von Neumann/Morgenstern 1953, 15 ff.). Es ist wichtig zu sehen, dass die Bestimmung subjektiver Wahrscheinlichkeiten über Wettverhalten eine bestimmte sehr wichtige Voraussetzung macht: dass die Person ihre Präferenzen zwischen den verschiedenen Wetten kennt bzw. herausfinden kann und im Anschluss daran eine rationale Entscheidung fällt. Das ganze Verfahren versagt im Fall von irrationalem oder begrenzt rationalem Wettverhalten, etwa dann, wenn die Person die Regeln der Wahrscheinlichkeitstheorie nicht befolgt. Es ist deshalb auch nicht überraschend, dass viele Vertreter einer gradualistischen Konzeption von Überzeugungen das Kalkül der Wahrscheinlichkeitstheorie auf die Glaubensgrade von Personen anwenden, wobei die Axiome und Theoreme der Wahrscheinlichkeitstheorie zu Elementen einer Rationalitätstheorie (s. dazu auch unten, Kap. V.4/7) werden. Grade von Überzeugungen werden so verstanden als Grade rationaler Überzeugungen. Sobald man aber davon ausgeht, dass die meisten (wenn nicht alle) Personen sehr oft nicht vollständig rational sind (wenn nicht gar irrational; s. Kap. V.7), verliert das erläuterte Verfahren zur Bestimmung von Glaubensgraden seinen Wert (vgl. hierzu Davidson 1980c, 12).

Dies führt auch auf eine weitere mögliche Kritik gradualistischer Auffassungen. Die obige Art von Methode zur Bestimmung von Glaubensgraden setzt voraus, dass die Person, um deren Glaubensgrade es geht, in jedem Fall selbst herausfinden kann, welche Wetten sie welchen anderen Wetten vorzieht. Ist dies aber eine plausible Annahme? Betrachten wir das folgende Beispiel. Ist meine Überzeugung, dass der gegenwärtige Präsident auch die nächsten Wahlen gewinnen wird, genau so stark wie meine Überzeugung, dass es morgen nicht regnen wird? Zur Beantwortung dieser Frage können wir eine Wahl der obigen Art zwischen zwei Wetten verwenden:

> Wette F: Falls der gegenwärtige Präsident auch die nächsten Wahlen gewinnt, gibt es ein Stück Kuchen, sonst nicht.
> Wette G: Falls es morgen nicht regnet, gibt es ein Stück Kuchen, sonst nicht.

Wenn meine beiden Überzeugungen denselben Glaubensgrad aufweisen, müsste ich indifferent zwischen diesen beiden Wetten sein. Bin ich es? Bei Alternativen wie dieser kann es gut sein, dass ich schlichtweg nicht weiß, was ich sagen soll. Selbst bei langer und angestrengter Überlegung will es mir nicht gelingen festzustellen, ob ich indifferent zwischen beiden Wetten bin oder die eine der anderen vorziehe (und falls ja: welche welcher und wie stark). Ist es nicht plausibel anzunehmen, dass ich mich hier sogar täuschen kann? Dass es hier eine unfehlbare Introspektion gibt, ist nicht besonders plausibel. Es ist ebenfalls nicht besonders plausibel anzunehmen, dass die Glaubensgrade der Person genau das sind, was sich in ihrem Wettverhalten ausdrückt. Man kann ja, wie wir schon gesehen haben, keine direkten Rückschlüsse vom Verhalten einer Person auf ihre Überzeugungen ziehen. Wenn dies zutrifft, gibt es hier eine prinzipielle Unbestimmtheit. Personen mit ganz unterschiedlichen Präferenzen zwischen O1 und O2 und mit ganz unterschiedlichen subjektiven Wahrscheinlichkeiten können dasselbe Wett-Verhalten zeigen. Die rationale Person, die sich selbst kennt, könnte z. B. dasselbe Wettverhalten zeigen wie eine irrationale Person oder eine Person, die sich selbst nicht kennt.

Diese Einwände betreffen die Möglichkeit der Bestimmung und Messung von Glaubensgraden. Selbst wenn man nun aber subjektive Wahrscheinlichkeiten nicht oder nicht immer bestimmen könnte, könnte man doch immer noch an der Vorstellung festhalten, dass die Überzeugungen der Person eine bestimmte Stärke haben, und zwar unabhängig davon, ob wir diese auch nur im Prinzip feststellen können oder nicht. Selbst wenn die Beobachter oder die Person selbst sich im Prinzip immer täuschen können, hat die Person, so könnte man sagen, doch Überzeugungen einer bestimmten Stärke. Ist diese Auffassung plausibel? Macht es wirklich Sinn zu sagen, dass S's Überzeugung, dass p, eine bestimmte Stärke hat, selbst wenn sich dies prinzipiell nie in S's Verhalten ausdrückt (etwa weil S irrational oder ignorant oder im Irrtum mit Bezug auf die eigenen Überzeugungen ist)? Was kann dies dann überhaupt noch heißen? Was ist eine Überzeugung einer bestimmten Stärke, wenn nicht eine Disposition zu einem bestimmten Verhalten?

Aber selbst wenn die erläuterte Methode im Prinzip praktikabel ist, gibt es Probleme. Ist es wirklich realistisch, Überzeugungen Grade zuzuordnen, die sich in bestimmten Zahlenwerten ausdrücken lassen? Hat z. B. meine subjektive Wahrscheinlichkeit, dass Caesar erstochen worden ist, einen exakten Wert wie etwa 0,824? Oder eher den Wert 0,8284? Kann ich, falls notwendig, beliebig viele Stellen hinter dem Komma angeben? Offenbar ist diese Vorstellung unsinnig: Unser ›Auflösungsvermögen‹ im Hinblick auf die Werte von subjektiven Wahrscheinlichkeiten ist sicherlich begrenzt (genauso wie z. B. das visuelle Auflösungsvermögen unserer Augen begrenzt ist). Kann man aber innerhalb solcher Grenzen Zahlenwerte angeben, die die jeweiligen Glaubensgrade angeben? Es geht hier, wie gesagt, nicht um die Möglichkeit der exakten Feststellung des Wertes der subjektiven Wahrscheinlichkeit, sondern eher darum, ob subjektive Wahrscheinlichkeiten überhaupt exakte Werte haben. Dies erscheint zumindest unplausibel. In den meisten Fällen zumindest erscheint es realistischer, Überzeugungen Zahlen-Intervalle anstatt bestimmte Zahlenwerte zuzuordnen. Meine subjektive Wahrscheinlichkeit, dass Caesar erstochen worden ist, mag etwa irgendwo zwischen 0,9 und 0,95 liegen. Dabei sind offenbar zudem die Grenzen des Intervalls vage: Meine subjektive Wahrscheinlichkeit, dass Caesar erstochen worden ist, liegt irgendwo zwischen ungefähr 0,9 und ungefähr 0,95. Vielleicht also sollte man nicht Zahlenwerte, sondern Zahlenintervalle (die selbst vage Grenzen haben) angeben, wenn man über die Stärke einer Überzeugung spricht.

Wenn dem so ist, dann bezahlt man allerdings einen gewissen ›Preis‹: Man kann den Kalkül der Wahrscheinlichkeits-Theorie nicht bzw. kaum auf subjektive Wahrscheinlichkeiten anwenden. Betrachten wir etwa eine so simple Annahme, dass alle sich gegenseitig ausschließenden Wahrscheinlichkeiten addiert 1 ergeben müssen. Wenn meine subjektive Wahrscheinlichkeit, dass Caesar erstochen worden ist, irgendwo zwischen ungefähr 0,9 und ungefähr 0,95 liegt, dann sollte meine subjektive Wahrscheinlichkeit, dass Caesar nicht erstochen worden ist, sicherlich nicht ebenso hoch sein. Muss man wirklich sagen, dass sie zwischen ungefähr 0,05 und ungefähr 1 liegen sollte? Wie addiert man denn vage Intervalle? Es ist nicht ohne weiteres klar, ob man ein brauchbares Wahrscheinlichkeits-Kalkül für vage Intervalle entwerfen kann, das auch nur halbwegs dem Wahrscheinlichkeits-Kalkül für reelle Zahlen vergleichbar wäre (Für die Logik versucht die sogenannte »fuzzy logic« genau das: vgl. Zadeh 1965, 338 ff.). Andererseits könnte man dem entgegenhalten, dass dieser Verlust mit einem größeren Gewinn verbunden ist: mit einem Gewinn an Realismus. Was nützt der raffinierteste Kalkül, wenn seine Anwendung ›im wirklichen Leben‹ geradezu verrückt erscheint?

Ein letztes, allerdings sicherlich lösbares Problem einer gradualistischen Auffassung von Überzeugungen haben wir schon angesprochen: Wie kann Überzeugung graduell sein, wenn Wissen, das Überzeugung voraussetzt, selbst nicht graduell ist? Es macht sicherlich wenig Sinn, den Begriff des Wissens zu gradualisieren. Wie kann man dann aber weiterhin behaupten, dass Wissen Überzeugung voraussetzt? Betrachten wir wieder ein Beispiel. Nehmen wir an, Kurt glaubt, dass Pommes frites aus Frankreich kommen. Er ist sich ziemlich sicher, dass dem so ist, auch wenn er nicht ganz ausschließen kann, dass sie woanders erfunden worden sind (sie stammen in der Tat aus Belgien). Seine subjektive Wahrscheinlichkeit, dass Pommes frites aus Frankreich kommen, liegt etwas unter 1, seine subjektive Wahrscheinlichkeit, dass sie nicht aus Frankreich kommen, liegt etwas über 0. Soll man allein deshalb, weil letzteres wahr ist und weil Kurt es zu einem (wenn auch sehr niedrigen Grad) glaubt, sagen, dass Kurt die Wahrheit über den Herkunftsort von Pommes frites kennt? Oder gar Wissen darüber hat? Offenbar nicht. Dies ist ganz unplausibel und hat auch ganz unplausible Konsequenzen. Gehen wir davon aus, dass unsere Meinungen weder den Wert 0 noch den Wert 1 haben, sondern die Werte unserer subjektiven Wahrscheinlichkeiten in der Regel dazwischen liegen. Machen wir weiterhin die ebenfalls plausible Annahme, dass wir zu jeder solchen Meinung, dass p, eine ›Gegen‹-Meinung, dass nicht-p, haben, und zwar derart, dass die Wahrscheinlichkeiten sich zu 1 addieren. Dann ergibt sich die extrem unglaubwürdige Konsequenz, dass wir zu jedem Thema, über das wir uns überhaupt eine Meinung bilden, die Wahrheit kennen (wenn nicht gar über Wissen verfügen).

Wenn man also eine gradualistische Konzeption von Überzeugung vertritt, muss man offenbar mehr verlangen als das Vorliegen einer entsprechenden Überzeugung (gleich welchen Grades). Man muss auch das Vorliegen einer entsprechenden Überzeugung bestimmter Stärke verlangen; man muss verlangen, dass die entsprechende subjektive Wahrscheinlichkeit einen gewissen Wert übersteigt. Wissen setzt zwar nicht absolute Sicherheit hinsichtlich der entsprechenden wahren Meinung voraus, aber doch eine große Sicherheit. Wie groß die Sicherheit sein muss, variiert sicher mit dem Kontext. Für den meteorologischen Laien erwarten wir einen geringeren Grad der Überzeugtheit, um ihm Wissen über das morgige Wetter zuzusprechen, als für den Meteorologen. Die Gradualität von Überzeugungen ist also vereinbar mit der Nicht-Gradualität des Wissens. Allerdings muss man die Erklärung des Wissensbegriffs etwas modifizieren; sie muss die folgende Form haben:

Die Konzeption des Wissens bei Überzeugungs-Gradualismus

S weiß, dass p, gdw.
(1) S die Überzeugung hat, dass p,
(2) die entsprechende subjektive Wahrscheinlichkeit einen bestimmten Wert übersteigt,
(3) es wahr ist, dass p und
(4) eine weitere Bedingung erfüllt ist (S nicht zufällig zu dieser wahren Meinung gelangt ist).

So viel zu einer gradualistischen Konzeption von Überzeugung. Wir werden weiter unten, im Zusammenhang mit Rationalität und Rechtfertigung, wieder darauf zurück kommen (s. Kap. V.4/7).

2.5 Bello, Thermometer und wir

Wer kann nun überhaupt Überzeugungen haben? Können Tiere Überzeugungen haben? Glaubt der Hund, dass vor ihm sein Knochen liegt oder dass Nachbars Katze auf dem großen Baum sitzt? Können unbelebte Gegenstände Überzeugungen haben? Glaubt das Thermometer, das 38 Grad Celsius anzeigt, dass die Temperatur 38 Grad Celsius beträgt? Was muss man können, um Überzeugungen haben zu können? Das bisher über Überzeugungen Gesagte legt nahe, dass die Bedingungen dafür sehr anspruchsvoll sind. Drei miteinander zusammenhängende Aspekte sind hier von besonderer Wichtigkeit:

(a) Wer Überzeugungen hat, versteht den Unterschied zwischen Begriff und Gegenstand;
(b) Wer Überzeugungen hat, kann verschiedene Begriffe auf verschiedene Gegenstände anwenden;
(c) Wer Überzeugungen hat, kann Intensionen erfassen.

Man kann diese Bedingungen auch als notwendige Bedingungen für Begriffsbesitz betrachten. Betrachten wir zunächst den Fall des Thermometers. Ganz offensichtlich erfüllen Thermometer die Bedingung (c) nicht: Ein Thermometer kann intensionale Differenzen nicht erfassen. Nehmen wir an, dass das Thermometer 38 Grad Celsius anzeigt. Sobald man dem Thermometer eine entsprechende Überzeugung zuschreiben will, muss man angeben können, was genau die Überzeugung ist bzw. was genau die entsprechende Intension ist. Glaubt das Thermometer, dass die Temperatur 38 Grad Celsius beträgt? Oder glaubt es, dass die Temperatur um 1 Grad Celsius gestiegen ist seit der letzten Messung? Oder glaubt es, dass das Quecksilber auf »seiner« (»meiner«) Skala bis zum fünften Strich gestiegen ist? Auf alle diese Fragen gibt es offensichtlich nur eine negative Antwort; es gibt keine Überzeugung, die man dem Thermometer zuschreiben kann. Dies hängt auch damit zusammen, dass das Thermometer die anderen beiden Bedingungen nicht erfüllt: Es ›versteht‹ den Unterschied zwischen Begriff und Gegenstand nicht und erst recht nicht kann es einen Begriff auf verschiedene Gegenstände anwenden, schon allein deshalb nicht, weil es ganz unsinnig ist zu sagen, dass es Begriffe besitzt. Ob alle Fälle von Artefakten dem Thermometer-Fall vergleichbar sind, ist eine schwierige Frage, die wir hier offen lassen müssen, – insbesondere die Frage, ob Computer (welcher Art auch immer) eines Tages die Bedingungen (a)–(c) erfüllen bzw. zum Haben von Überzeugungen in der Lage sein werden (oder vielleicht schon sind?). Manche Philosophen jedenfalls sind der Auffassung, dass man durchaus Maschinen Überzeugungen zuschreiben kann (vgl. etwa Dennett 1978a, 3 ff., Dennett 1987, 13 ff., 32 f. und insbesondere McCarthy 1980, 435; vgl. zu einem Thermometer-Modell des Wissens Armstrong 1973, 166 ff.).

Schwieriger als der Fall des Thermometers ist der Fall von Tieren zu beurteilen. Sicher, der Hund Bello glaubt nicht (und sicherlich nicht *de dicto*) und ist auch nicht in der Lage zu glauben, dass Müllers Katze seit zwei Stunden auf der zweitgrößten Eiche in der Ahornstraße sitzt. Bello verfügt einfach nicht über Begriffe wie den der Eiche, er verfügt über keinerlei halbwegs akzeptable Methoden der Zeitmessung, er kann wohl nicht zählen, er kennt die Familie Müller nicht bei ihrem Nachnamen, etc. Dass Bello bestimmte Begriffe nicht besitzt, heißt aber nicht, dass er keinerlei Begriffe besitzt. Verfügt er etwa über den Begriff des Miauens? Kann er einen Gedanken haben wie den, den wir mit den Worten »Da miaut etwas« ausdrücken würden? Dies klingt vor allem deshalb seltsam, weil Hunde keine Sprache haben, die der unseren vergleichbar wäre und in der man ihre etwaigen Gedanken ausdrücken könnte. Aber dennoch: Kann Bello die Welt vielleicht doch aufteilen in miauende und nicht-miauende Dinge? Woran zeigt sich eigentlich der Besitz eines bestimmten Begriffes? Oder kann er schon deshalb keine Begriffe und damit auch keine Überzeugungen haben, weil er keine Sprache hat? Erwerben wir nicht unsere Begriffe, indem wir eine Sprache erwerben? Und ist es nicht schwer vorstellbar, dass man Begriffe auf andere Weise erwerben könnte? Können also nur Wesen mit einer Sprache Überzeugungen haben (vgl. etwa Davidson 1982, 317 ff.)? Manche Tiere aber haben doch offenbar, wie man seit einiger Zeit weiß, so etwas wie eine Sprache, oder die Fähigkeit dazu, so etwas wie eine Sprache zu verwenden. Könnten diese Tiere, wenn dem denn so ist, Begriffe und Überzeugungen haben?

Vielleicht kommt man einer Antwort auf diese Fragen näher, wenn man eine weitere Bedingung für Begriffs- und Überzeugungsbesitz betrachtet:

Wer der Überzeugung ist, dass p, bzw. einen Begriff F besitzt, der ein konstitutives Element dieser Überzeugung ist, der kann bestimmte einfache logische Schlüsse aus »p« ziehen bzw. »p« in gewissen einfachen logischen Schlüssen verwenden.

Was ist damit gemeint? Betrachten wir ein Beispiel. Herbert glaubt offenbar, dass beide von Nachbars Zwillingen – Max wie Moritz – Schlittschuh-Läufer sind. Jedenfalls spricht vieles dafür, dass er dies glaubt: unter anderem, dass er sie auf dem Eis gesehen hat, immer wieder sagt, dass beide Zwillinge Schlittschuh laufen, etc. Legt man Herbert allerdings die Frage vor, ob der eine von den beiden Zwillingen – Max – Schlittschuh läuft, so ist er völlig ratlos und bekundet, keine Ahnung davon zu haben. Nehmen wir an, er habe wirklich keine Meinung in dieser Frage. Dann muss man auch daran zweifeln, dass er wirklich glaubt, dass beide Zwillinge Schlittschuh laufen. Die Unfähigkeit, einen sehr einfachen Schluss aus der vermeintlich geglaubten Proposition zu ziehen, ist sehr starke Evidenz dafür, dass er diese Proposition nicht glaubt bzw. nicht versteht. Die scheinbare Evidenz dafür, dass er die entsprechende Überzeugung hat, war irreführend. Es gibt also ganz offenbar gewisse elementare Rationalitätsbedingungen für das Haben von Begriffen und Überzeugungen bzw. die Fähigkeit, Begriffe und Überzeugungen zu haben: Wer eine bestimmte Überzeugung hat, muss offenbar in der Lage sein, bestimmte elementare Schlüsse daraus zu ziehen. Es wäre allerdings offenbar zu viel verlangt zu erwarten, dass jemand, der bestimmte Überzeugungen hat, alle nur möglichen Schlüsse daraus zieht oder nur ziehen kann. Manche Schlüsse sind zu komplex. Die Unfähigkeit, sie zu ziehen, sollte aber nicht als Evidenz gegen das Vorliegen der Überzeugungen sprechen, aus denen sie folgen (vgl. etwa Stich 1983, 54 ff. sowie Brandom 2000, Kap. 1).

Eine Implikation des Gesagten besteht übrigens darin, dass man offenbar nicht nur eine Überzeugung haben kann, sondern eine Vielzahl von miteinander über Schlussbeziehungen zusammenhängenden Überzeugungen hat, wenn man denn überhaupt Überzeugungen hat. Überzeugungen kommen nur in Gruppen vor. Dies wird auch durch die obige Bedingung (b) nahegelegt: Um einen Begriff F zu haben, muss man in der Lage sein, ihn auf viele verschiedene Gegenstände anzuwenden, also viele verschiedene F-Gedanken und F-Überzeugungen zu haben.

Hilft uns all das, die Frage zu beantworten, ob Tiere Begriffe und Überzeugungen haben bzw. haben können? Sind Tiere in der Lage, gewisse elementare Schlüsse zu ziehen? Nehmen wir an Bello ist auf der Spur seines Besitzers. Er kommt an eine Weggabelung. Er schnuppert an der linken Abzweigung und kann nichts Besonderes riechen. Ohne erst an der anderen Abzweigung zu schnuppern, rennt er nach rechts weiter. Hat Bello eine Art Schluss gezogen – »Entweder hier oder da; hier nicht, also da!« (vgl. etwa Sextus Empiricus: Grundriss der pyrrhonischen Skepsis, I.69 sowie auch Hume: Enquiry, sec. 9)?

Es scheint nur klug zu sein, wenn die Philosophen sich bei der Beantwortung all dieser Fragen zunächst einmal zurückhalten und weitere wissenschaftliche Forschungen abwarten. Was man allerdings schon sagen kann, ist dieses: Selbst wenn Tiere keine Begriffe und keine Überzeugungen haben, so spricht doch offenbar einiges dafür, dass sie etwas ›Ähnliches‹ haben. Bello hat gestern seinen Knochen im Garten vergraben und heute läuft er zu der entsprechenden Stelle und gräbt ihn wieder aus. Kann man wirklich vermeiden, ihm so etwas Ähnliches (was immer genau) wie eine Überzeugung zuzuschreiben? Gibt es nicht sogar Gründe, ihm eine Art von ›Wissen‹ (in einem modifizierten Sinne des Wortes) zuzuschreiben? Vielleicht sollte man eher von »Proto-Begriffen«, »Proto-Überzeugungen« und »Proto-Wissen« sprechen, um den etwaigen Unterschied zu »Begriffen«, »Überzeugungen« und »Wissen« im vollen Sinne des Wortes deutlich zu machen. Es ist auf jeden Fall sehr schwer, diese epistemische Charakterisierung des Verhaltens bestimmter Tiere zu vermeiden.

Manchmal wird gesagt, dass das Haben von Meinungen gewisse ›höherstufige‹ Fähigkeiten voraussetzt. Wer es für wahr hält, dass p, muss in der Lage sein, seine Meinung gegebenenfalls zu korrigieren. Die Fähigkeit zur Korrektur eigener Meinungen setzt aber – so das Argument – voraus, dass man sich bewusst werden kann, dass man diese Meinung überhaupt hat. Man muss also Meinungen über die eigenen Meinungen haben können. Dazu gehört auch, dass man versteht, was eine Meinung ist, was Für-Wahr-Halten ist, etc. Man muss Begriffe wie den der Wahrheit, des Grundes (zur Revision von Meinungen) etc. haben und verstehen. Und man muss Selbstbewusstsein haben: ein Bewusstsein von sich selbst und den eigenen Meinungen haben (vgl. Davidson 1982, 317 ff.; Shoemaker 1988, 183 ff., 190 ff.; Shoemaker 1995, 211 ff., 218 ff.; Burge 1996, 91 ff.). Thermometer erfüllen diese Bedingung sicherlich nicht und Tiere wohl auch nicht. Man kann gegen dieses Argument allerdings einwenden, dass die Fähigkeit zur Korrektur der eigenen Meinungen (einmal konzediert, dass dies zu den Rationalitätsbedingungen für das Haben von Meinungen gehört) nicht voraussetzt, dass man sich dieser Meinungen bewusst wird. Ich glaube, dass noch etwas zu trinken im Kühlschrank ist, öffne den Kühlschrank und sehe, dass er völlig leer ist. Ich gebe meine frühere Meinung auf und gehe zu der Meinung über, dass der Kühlschrank leer ist. Dabei muss ich doch offenbar, so das Gegenargument, nur über den Zustand des Kühlschranks und nicht über mich selbst nachdenken. Ich frage mich ja nicht, welche Meinungen ich habe, sondern ob noch etwas im Kühlschrank ist. Ich beschäftige mich mit der ›äußeren‹ Welt und nicht mit meiner mentalen ›Innenwelt‹. Soviel zu der Frage, wer Überzeugungen hat oder haben kann, bzw. was die Bedingungen dafür sind.

2.6   Woher kommt der Inhalt? Eine kausale Antwort

Gehen wir nun zu der Frage über, wie Überzeugungen ihren Inhalt bekommen. Diese Formulierung ist etwas missverständlich, weil sie nahe legen könnte, dass es auch Überzeugungen ohne Inhalt geben kann, – dass es ein Stadium geben kann, in dem eine Überzeugung schon präsent ist, aber noch keinen Inhalt hat. Dies ist sicherlich unmöglich. Gemeint ist hier vielmehr die Frage, wie man erklären kann, dass unsere Überzeugungen den Inhalt haben, den sie haben. Wie ist z. B. zu erklären, dass ich zu einer Überzeugung des Inhalts gelange, dass meine Kaffeetasse leer ist? Woher und wie bekommt sie diesen Inhalt?

Wir haben oben schon gesehen, dass es manchen Philosophen zufolge **kausale Erklärungen** dafür gibt, dass jemand zu der Überzeugung gelangt, dass p (s. Kap. II.5). Dass meine Kaffeetasse leer ist, erklärt kausal (zusammen mit einigen weiteren Faktoren), so könnte man sagen, dass ich zu der Überzeugung gelange, dass sie leer ist. Wir haben auch schon gewisse Probleme dieser Theorie diskutiert: Worin besteht die Angemessenheit der kausalen Relation? Was kommt als Ursache in Frage? Gibt es wirklich kausale Gesetze für Meinungen? Trotz dieser Schwierigkeiten werden kausale Theorien auch zur Beantwortung der eben aufgeworfenen Frage herangezogen, der Frage nämlich, wie zu erklären ist, dass Überzeugungen den Gehalt haben, den sie haben. Kausale Antworten auf diese Frage sind zur Zeit so verbreitet, dass man sie gerade zu als die Standard-Antworten betrachten kann (vgl. etwa Dretske 1991a, 354 ff.; Fodor 1987, Kap. 4; Armstrong 1977, 82 ff.). Die Idee, dass es nicht nur Kausalbeziehungen zwischen Überzeugungen und etwas in der Welt gibt, sondern dass diese Kausalbeziehungen zudem auch den Gehalt unserer Überzeugungen erklären, wirft neben den obigen Fragen einige weitere Fragen auf (vgl. auch Dretske/ Enc 1984, 517 ff. sowie kritisch Wittgenstein: Zettel, § 437). Beschränken wir uns dabei der Einfachheit halber auf Überzeugungen mit empirischem Gehalt und lassen wir z. B. mathematische Überzeugungen, die besondere Probleme aufwerfen, beiseite.

Ein Problem hat mit der Intensionalität von Überzeugungen und der **Extensionalität des Tatsachenbegriffs** zu tun. Nehmen wir z. B. an, dass Kurt gerade eine Herdplatte anstellt (Ursache-1), auf der ein Topf mit Wasser steht, dessen Inhalt nach einigen Minuten zu kochen beginnt (Wirkung-1 = Ursache-2), worauf Kurt die Überzeugung erwirbt, dass das Wasser kocht (Wirkung-2). Man könnte nun mit gleichem Recht auch sagen, dass Kurt H_2O erhitzt. Die Tatsache, dass Kurt H_2O erhitzt, ist aber dieselbe Tatsache wie die Tatsache, dass Kurt Wasser erhitzt; es handelt sich hier nur um verschiedene Beschreibungen derselben Tatsache. Die Überzeugung aber, dass gerade H_2O erhitzt wird, ist aufgrund der Intensionalität von Überzeugungen eine andere Überzeugung als die, dass gerade Wasser erhitzt wird. Das Problem ist, mit anderen Worten, das, die Intensionalität von Überzeugungen durch etwas zu erklären, das selbst nicht intensional ist.

Eng damit hängt ein weiteres Problem zusammen. Der Begriff der Ursache erfüllt nämlich offenbar eine Bedingung, die man »**Transitivitäts-Bedingung**« nennen kann. Gegeben drei beliebige Ereignisse E_1, E_2 und E_3 gilt dieser Bedingung entsprechend Folgendes:

Wenn E_1 E_2 verursacht und wenn E_2 E_3 verursacht, dann verursacht auch E_1 E_3.

Wenn dem aber so ist, dann ist gar nicht mehr klar, was man als Ursache von Kurts Überzeugung ansehen soll: dass er die Herdplatte angestellt hat oder dass das Wasser (oder das H_2O?) begonnen hat zu kochen. Im Prinzip kommen beliebig viele Ursachen als Ursachen von Kurts Überzeugung in Frage. Es scheint schwer zu sein, von »der« Ursache von Kurts Überzeugung zu sprechen.

Es liegt nun aber für Vertreter der kausalen Konzeption nahe anzunehmen, dass es in der Tat nur eine Ursache für Kurts Überzeugung, dass das Wasser (oder das H_2O) zu kochen beginnt, geben kann, nämlich die Tatsache, dass das Wasser (oder das H_2O) zu kochen beginnt. Die Tatsache, dass Kurt zuvor die Herdplatte angestellt hat, kann nicht als Ursache für die Überzeugung angesehen werden, dass das Wasser zu kochen beginnt, selbst wenn das Anstellen der Herdplatte das Kochen des Wassers verursacht hat; es kann nur als Ursache für die Überzeugung angesehen werden, dass Kurt zuvor die Herdplatte angestellt hat. Allgemein: Die ›eigentliche‹ Ursache der Überzeugung, dass p, kann nur in der Tatsache, dass p, liegen und nicht in einer Ursache dieser Tatsache. Eine mögliche Erklärung dafür besteht darin, dass die Ursache der Überzeugung durch ihren Inhalt festgelegt wird. Das hilft uns hier aber gerade nicht, da wir doch an einer Erklärung ›in der anderen Richtung‹ interessiert sind. Wir wollen doch den Inhalt der Überzeugung mit Bezug auf ihre Ursache erklären, – wie etwa im folgenden Prinzip:

(UI) Der Inhalt einer Überzeugung wird durch ihre Ursache festgelegt.

Dieses Prinzip ist attraktiv, weil es eine Erklärung dafür anbietet, dass Überzeugungen den Inhalt haben, den sie haben. Es sagt damit deutlich mehr als bloß, dass unsere Überzeugungen Ursachen haben. Es ist wichtig zu sehen, dass es mehr sagt als das: Dass eine Überzeugung eine bestimmte Ursache U hat, besagt an sich ja noch nicht, dass der Inhalt der Überzeugung durch U bestimmt wird. Die Idee, dass die Ursachen und der Inhalt unserer Vorstellungen, Gedanken und Überzeugungen zusammenfallen, hat insbesondere seit dem 17. Jh. große Verbreitung in der Philosophie gehabt, auch wenn der kausale und der Inhaltsaspekt nicht immer explizit und deutlich unterschieden worden sind (vgl. Descartes: Meditationes, 41; Locke, Essay, II.1). Ein wesentliches Problem von (UI) haben wir nun aber gerade eben erwähnt: Aufgrund der Transitivität des Ursachebegriffs gibt es eine Vielzahl von Ursachen für jede Überzeugung, aber keine Überzeugung kann eine Vielzahl von Inhalten haben. Wie also kann man (UI) dennoch halten?

Ein ähnliches Problem ergibt sich, wenn man falsche Meinungen betrachtet (vgl. Dretske 1986, 17 ff.; Dretske 1981a, 190 ff.; Fodor 1987, 106 ff. sowie schon Platon: Sophistes, 236e ff.). Wie kann (UI) den Inhalt falscher Meinungen erklären? Es gibt ja gerade keine Tatsache, die dafür verantwortlich gemacht werden kann. Nehmen wir z. B. an, dass auf der Wiese gegenüber eine braune Kuh steht. Ich schaue dorthin (die Bedingungen sind normal), gelange aber zu der falschen Überzeugung, dass dort ein Pferd steht. Wie kann das sein, wenn ich doch in kausaler Verbindung mit einer Szenerie stehe, zu der kein Pferd gehört? Wenn (UI) wahr ist, dann legen die Ursachen meiner Überzeugung ihren Inhalt fest. Zur Ursache gehört hier wesentlich die Präsenz einer Kuh (und die Absenz eines Pferdes), aber ich erwerbe ja gerade keine Überzeugung, die eine Kuh betrifft, sondern eine, die ein Pferd betrifft. Vielleicht muss man bei der Erklärung, weshalb ich zu obiger falscher Überzeugung gelangt, noch hinzufügen, dass ich kurzsichtig bin und deshalb Schwierigkeiten habe, braune Kühe von Pferden unterscheiden. Wenn das aber – also dass dort eine braune Kuh steht und dass ich erwähnte Schwierigkeiten habe – die Ursache meiner (falschen) Überzeugung ausmacht, und wenn weiterhin, gemäß (UI), die Ursache der Überzeugung ihren Inhalt festlegt, dann wäre der Inhalt meiner Überzeugung dieser: »Dort steht eine braune Kuh und ich kann sie als solche aber aufgrund meiner Kurzsichtigkeit nicht erkennen.« Dies ist aber gerade nicht der Inhalt meiner Überzeugung und kann es auch gar nicht sein, da sie ja falsch ist und die Wahrheit (»Dort steht eine braune Kuh«) nicht Inhalt einer falschen Überzeugung (»Dort steht ein Pferd«) sein kann. Wir wollen auch nicht sagen, dass ich die Überzeugung mit dem Inhalt »Dort steht eine braune Kuh oder ein Pferd« habe; vielmehr habe ich doch die Überzeugung, dass dort ein Pferd steht, selbst wenn mich eine braune Kuh dazu gebracht hat (dies ist das sogenannte »**Disjunktionsproblem**«; vgl. Fodor 1987, 106 ff.). Wie man es auch dreht und wendet, (UI) scheint große Probleme aufzuwerfen und es ist nicht klar, ob man befriedigende Lösungen finden kann. Zugleich aber steht (UI) nicht für irgendeine Theorie des Inhalts von Überzeugungen (und mentalen Zuständen im Allgemeinen), sondern macht eine der traditionsreichsten, am weitesten verbreiteten und sicherlich auch attraktivsten Theorien aus. Einer ihrer Reize besteht für viele sicherlich darin, dass sie das Intentionale durch etwas Nicht-Intentionales zu erklären beansprucht.

Ob man nun (UI) vertritt oder aufgibt, – es gibt eine weitere strittige Frage, die eng mit den obigen Fragen zusammenhängt, sogar leicht mit ihnen verwechselt werden kann, aber doch von ihnen unterschieden ist: Ist das, was den Inhalt einer Überzeugung festlegt, der Person vollständig zugänglich oder kann er zumindest zum Teil von etwas abhängen, das der Person nicht zugänglich ist? Um besser zu verstehen, was hier gemeint ist, empfiehlt es sich wieder, ein Beispiel zu betrachten, diesmal ein Gedankenexperiment (vgl. Putnam 1975a, 223 ff. sowie schon Husserl: Vorlesungen über Bedeutungslehre, 211 (44)–212 (8)).

Nehmen wir an, dass in weiter Ferne – »am anderen Ende des Universums« – sich ein Planet befindet, der unserer Erde bis auf das kleinste Teilchen hin gleicht; nennen wir diesen Planeten »Zwillings-Erde« (»Z-Erde«). Nehmen wir an, wir befinden uns im Jahr 1950. Auf unserer Erde nun wäscht sich Fred gerade die Hände und denkt »Das Wasser ist kalt«. Auf der Z-Erde gibt es, entsprechend dem Szenario, einen Z-Fred, der Fred bis auf das kleinste Detail hin gleicht und sich dementsprechend auch gerade die Hände wäscht und denkt »Das Wasser ist kalt«. Verändern wir nun dieses Szenario leicht. Nehmen wir an, dass es einen einzigen Unterschied zwischen der Erde und der Z-Erde gibt. Auf der Erde kommt Wasser, also H_2O, aus den Hähnen, fließt H_2O in den Flüssen, etc. Auf der Z-Erde hingegen kommt etwas anderes als Wasser, nämlich XYZ (»Z-Wasser«) aus den Hähnen und fließt Z-Wasser bzw. XYZ in den Flüssen, etc. Nehmen wir schließlich auch an, dass Wasser und Z-Wasser weder für Fred noch für Z-Fred noch für sonst irgendeinen Menschen im Jahr 1950 unterscheidbar sind. Welche Gedanken haben Fred bzw. Z-Fred?

Soll man sagen, dass Z-Fred beim Händewaschen denselben Gedanken hat wie Fred, nämlich den, dass das Wasser kalt ist? Wie kann man das sagen, wo es doch auf der Z-Erde gar kein Wasser gibt, sondern nur Z-Wasser? Wie kann Z-Fred einen Gedanken über Wasser haben, wenn er nie mit Wasser in Kontakt gekommen ist (oder mit etwas, das die Bildung des Begriffes von Wasser ermöglicht)? Und falls man dennoch sagt, dass Fred und Z-Fred denselben Gedanken haben (vgl. dazu Fodor 1987, Kap. 2) – wieso sagt man nicht, dass beide den Gedanken haben, dass das Z-Wasser kalt ist? Der Wasser-Gedanke ist ja ein anderer Gedanke als der Z-Wasser-Gedanke, aber wenn man die Auffassung vertritt, dass Fred und Z-Fred denselben Gedanken denken, dann kann man offenbar gar nicht entscheiden, welchen der beiden Gedanken sie denn beide denken; nichts in der Situation scheint diese Frage zu entscheiden. Die Alternative besteht nun darin, dass man sagt, dass Fred und Z-Fred nicht denselben Gedanken denken. Fred denkt dementsprechend, dass das Wasser kalt ist, und Z-Fred denkt, dass das Z-Wasser kalt ist. Nun hatten wir aber angenommen, dass Fred und Z-Fred sich bis auf das kleinste Teilchen hin gleichen; dementsprechend muss auch das, was ›in ihrem Kopf‹ oder ›in ihrem Geist‹ oder ›in ihrem Gehirn‹ ist, sich vollständig gleichen. Wenn dem aber so ist, dann wird der Inhalt ihrer jeweiligen Überzeugungen zumindest zum Teil durch etwas festgelegt, das ihnen selbst nicht zugänglich ist. Mit anderen Worten: Will man sagen, welche Überzeugungen Fred und Z-Fred haben, reicht es nicht, nur Fred und Z-Fred zu betrachten (nur ›in ihre Köpfe oder ihren Geist oder ihre Gehirne‹ zu schauen), sondern man muss auch ihre (verschiedenen) Umgebungen betrachten. Diese These wird sowohl mit Bezug auf die Inhalte von Gedanken und Überzeugungen (von mentalen Zuständen im Allgemeinen) als auch mit Bezug auf die Inhalte von sprachlichen Äußerungen vertreten. Sie wird auch »semantischer Externalismus« genannt. Einer ihrer Slogans lautet: »Inhalte sind nicht im Kopf!« (vgl. Putnam 1975a, 227). Die Gegenposition wird »semantischer Internalismus« genannt und vertritt die Verneinung der externalistischen These. Ihr Slogan ist also: »Inhalte sind im Kopf (wo sonst?)!« (vgl. Searle 1983, 200, 197 ff.) Es mag unmittelbar nahe liegender sein, die internalistische These zu vertreten, aber die externalistische These hat den Vorteil, obiges Problem zu lösen. Der semantische Externalismus (Internalismus) ist übrigens nicht mit dem oben erläuterten (s. Kap. II.4.3/5.3) epistemologischen Externalismus (Internalismus) zu verwechseln (auf den semantischen Externalismus werden wir unten, bei der Betrachtung antiskeptischer Strategien, noch zurückkommen: s. Kap. VIII.2/3).

Um ein mögliches Missverständnis zu vermeiden, sei das Folgende noch hinzugefügt. Man kann natürlich sowohl (UI) als auch den semantischen Externalismus vertreten (vgl. Putnam 1975a, 215 ff.) und man kann auch beide verneinen (vgl. Searle 1983, 197 ff.). Man kann aber auch sowohl (UI) als auch den semantischen Internalismus vertreten (vgl. Fodor 1987, Kap. 2): etwa, indem man sagt, dass die Inhalte von Überzeugungen durch ihre Ursachen festgelegt sind, diese Ursachen aber der Person zugänglich sind. Ebenso kann man als semantischer Externalist (UI) verneinen: etwa, indem man sagt, dass die Inhalte von Überzeugungen nicht kausal bestimmt werden, sondern z. B. durch die Regeln der Sprache, die der Person selbst nicht vollständig zugänglich sind oder sein müssen (»wir sagen mehr als uns klar ist!«; vgl. hierzu etwa den von Burge 1979, 73 ff. vorgestellten sozialen Externalismus). Die Frage, ob die Inhalte unserer Überzeugungen durch ihre Ursachen festgelegt sind, ist unabhängig von der davon verschiedenen Frage zu beantworten, ob das, was die Inhalte unserer Überzeugungen festlegt, der Person selbst vollständig zugänglich sein muss. Soviel zu verschiedenen Theorien über den Gehalt von Überzeugungen.

2.7 Überzeugung und Handlung

Wir haben Überzeugungen bisher nur unter ihrem ›theoretischen‹ und nicht unter ihrem ›praktischen‹ Aspekt betrachtet. Überzeugungen repräsentieren aber nicht nur die Welt für uns, sondern sie bestimmen auch unsere **Handlungen**. Warum öffne ich das Fenster? Weil ich glaube, dass ich so die gewünschte frische Luft ins Zimmer bringen kann. Gemäß einer sehr verbreiteten und von David Hume nachhaltig vertretenen, wenn auch sicherlich nicht unkontroversen Idee lassen sich Handlungen durch das Zusammenspiel zweier Arten von propositionalen Einstellungen erklären: von Überzeugungen und Wünschen (vgl. Hume: Treatise, II.3.3; vgl. auch Williams 1981, 101 ff. und Nagel 1970). Genau genommen öffne ich das Fenster, weil ich frische Luft ins Zimmer lassen will und weil ich glaube, dass das Öffnen des Fensters das optimale Mittel dazu darstellt. Ich kann das Fenster auch öffnen, weil ich glaube, dass die Luft draußen noch schlechter ist als drinnen und weil ich, aus irgendeinem Grund, die Luft im Zimmer noch schlechter machen will. Würde ich dies glauben, aber die Luft im Zimmer nicht verschlechtern wollen, so würde ich das Fenster nicht öffnen. Und ich würde das Fenster ebenfalls nicht öffnen, wenn ich die Luft im Zimmer verschlechtern wollte, aber nicht glauben würde, dass das Öffnen des Fensters ein guter Weg dazu ist. Wie dem auch sei, – Überzeugungen haben sowohl einen repräsentationalen als auch einen handlungsanleitenden (kausalen) Aspekt. Beide Aspekte hängen miteinander zusammen: Weil ich etwas Bestimmtes glaube, wähle ich eine bestimmte Handlung.

Wie der Inhalt einer Überzeugung kausal im Verhalten wirksam sein kann, ist eine Frage für sich, die nicht leicht zu beantworten ist.

Interessanterweise sind nicht alle Überzeugungen in gleicher Weise handlungswirksam. Ein gutes Beispiel dafür ist der Fall des kleinen Kindes und der Herdplatte. Auch wenn einem Kind sehr oft gesagt worden ist, dass es schmerzt, wenn man eine heiße Herdplatte mit der Hand berührt, wird es (normalerweise) doch irgendwann einmal absichtlich eine heiße Herdplatte berühren, danach aber (normalerweise) nie wieder. Dieser Fall ist interessant, weil viel dafür spricht, dass das Kind vor dem ersten Berühren der heißen Herdplatte durchaus davon überzeugt war, dass das schmerzhaft ist. Dennoch führt das nicht zur Vermeidung von heißen Herdplatten. Dies spricht aber normalerweise (gegeben die Aversion gegen Schmerz) dafür, dass das Kind nicht wirklich davon überzeugt ist, dass das Berühren heißer Herdplatten schmerzhaft ist. Das Problem ist also zu sagen, ob das Kind nun davon überzeugt war oder nicht davon überzeugt war, dass das Berühren von heißen Herdplatten schmerzhaft ist. Solche Fälle sind übrigens nicht auf Kinder beschränkt und nicht einmal für Erwachsene ungewöhnlich: So ziemlich jeder hat hin und wieder den Eindruck, bestimmte Fehler ›selbst machen zu müssen‹: Obwohl man vorher weiß, dass etwas ein Fehler ist (z. B. aus Berichten anderer), begeht man diesen Fehler – was erstaunlich ist, weil man doch weiß, dass dies ein Fehler ist. Ist man also zugleich überzeugt und nicht überzeugt, dass etwas ein Fehler ist? Wie kann das sein?

Eine mögliche Erklärung besagt, dass es sich hier einfach um Fälle von Irrationalität, z. B. von Willensschwäche handelt. Dagegen spricht aber, dass in solchen Fällen gar nicht zu sehen ist, was den Willen ›schwach macht‹ und wir auch nicht wirklich den Eindruck haben, dass es sich um etwas Irrationales handelt. Eine andere Erklärung besteht darin, dass man in solchen Fällen gerne aus eigener Erfahrung wissen will, dass dem so ist, wie man glaubt. Der Nachteil dieser Erklärung besteht darin, dass nicht zu sehen ist, wieso man dies nur in bestimmten Fällen will – und wieso man es eigentlich überhaupt will. Vielleicht führt es weiter, zwei verschiedene Arten oder ›Stile‹ des Überzeugtseins zu unterscheiden: einen ›heißen‹ und einen ›kalten‹. Eine heiße Überzeugung wäre eine Überzeugung, die zumindest zum Teil auf eigenem Erleben, der Erfahrung ›wie es ist‹ (»Ah, so ist das!«) und dem Durchleben entsprechender Affekte (Schmerz, Ärger über den vermeidbaren Fehler) beruhen. Kalten Überzeugungen fehlt genau dieses Element. Diese Unterscheidung hätte jedenfalls den Vorteil, die unterschiedliche Handlungswirksamkeit verschiedener Arten von Überzeugungen zu erklären. Und sie könnte das obige, vermeintliche Paradox auflösen: Die Person ist nicht zugleich überzeugt und nicht überzeugt, dass p, sondern sie ist zunächst nur ›kalt‹ überzeugt, dass p (so kalt, dass es nicht zur Vermeidung entsprechenden Handelns führt), und danach zusätzlich auch ›heiß‹ überzeugt (so heiß, dass das entsprechende Handeln in Zukunft unterbleibt). So viel ganz knapp zum Zusammenhang von Überzeugung und Verhalten.

2.8   Eine abschließende Nebenbemerkung

Seit einigen Jahren wird, insbesondere unter dem Einfluss der Kognitionswissenschaften, neben Überzeugungen noch eine andere Art von kognitivem Zustand angenommen und untersucht, die einiges mit Überzeugungen zu tun hat, aber auch deutlich davon unterschieden ist: die sogenannten »**subdoxastischen Zustände**« (vgl.

Stich 1978, 499 ff.; Davies 1995, 309 ff.). Was damit gemeint ist, kann man sich am besten mit einem in diesem Zusammenhang klassischen Beispiel klar machen. Normalerweise kann jemand, der die grammatischen Regeln einer Sprache kennt, diesen Regeln zwar folgen, aber sie nicht explizit angeben. Ein muttersprachlicher Sprecher des Deutschen etwa ist in der Lage einen Satz wie »Dem Philosoph ist nichts zu doof!« als grammatikalisch inkorrekt zu erkennen und entsprechend (»Dem Philosophen ist nichts zu doof!«) zu korrigieren. Interessanterweise aber kann ein solcher Sprecher oft den Fehler weder beschreiben noch erklären, warum der eine Satz korrekt und der andere Satz inkorrekt ist. Die Auskunft, dass der Dativ des Wortes »Philosoph« eine »en«-Endung verlangt, kann ihm etwa deshalb unzugänglich sein, weil er gar nicht über Begriffe wie den des Dativs verfügt. Wer aber nicht über die relevanten Begriffe verfügt, kann nicht, wie wir oben gesehen haben, die entsprechenden Überzeugungen haben. Es handelt sich hier also nicht um eine Überzeugung, aber doch um etwas damit ›Verwandtes‹: immerhin einen kognitiven Zustand mit einem intentionalen und wahrheitsfähigen Gehalt. Welche Relevanz die subdoxastischen Zustände für die Erkenntnistheorie haben, ist nicht leicht zu sagen. Was den Zusammenhang mit Wissen angeht, liegt jedenfalls folgende Annahme nahe: So wie propositionales ›Wissen, dass‹ das Vorliegen einer entsprechenden Überzeugung voraussetzt, so scheint praktisches ›Wissen, wie‹ (zu dieser Unterscheidung: s. Kap. II.2), wie etwa das Beherrschen grammatischer Regeln, subdoxastische Zustände vorauszusetzen. Was Überzeugungen, dass p, für Wissen, dass p, sind, wären ›Überzeugungen, wie‹ (subdoxastische Zustände) für ›Wissen, wie‹. Wenn dem so ist, dann gibt es allerdings einen guten Grund dafür, den Begriff der Überzeugung im Rahmen einer Untersuchung propositionalen Wissens eindeutig ins Zentrum zu stellen – und den des subdoxastischen Zustandes eher nicht.

Wissen setzt – wie wir gesehen haben – nicht nur das Haben entsprechender Überzeugungen, sondern auch deren Wahrheit voraus. Betrachten wir diese Bedingung nun etwas näher.

IV. WAHRHEIT

Was ist Wahrheit? Die Beantwortung dieser Frage hat die Philosophen immer schon in besondere Verlegenheit gestürzt, mehr vielleicht als jede andere philosophische Frage. Man kann den Eindruck gewinnen, dass selbst die ausführlichste Antwort nicht genug sagt und selbst die knappste Antwort schon zu viel. Manchen scheint die Frage »Was ist Wahrheit?« fast zu schwer für den menschlichen Verstand zu sein, wohingegen anderen zufolge das Problem eher darin besteht zu sehen, dass der Begriff der Wahrheit extrem ›leicht‹, ja geradezu trivial ist.

Es ist sicherlich keine gute Idee, schon am Anfang zu kapitulieren. Dafür gibt es keinen Grund. Immerhin verstehen wir Worte wie »wahr«, so dass im Prinzip eine Erklärung des Wahrheitsbegriffes nicht von vornherein ausgeschlossen sein sollte (vgl. als detaillierte Überblicke Kirkham 1992; Schmitt 1995; vgl. als knappere Überblicke Haack 1978, Kap. 7; Tugendhat/Wolf 1983, Kap. 13; Künne 1991, 116 ff.; als Sammelbände vgl. Pitcher 1964; Lynch 2001; Skirbekk 1977). Um Missverständnisse auszuschließen, sei gleich am Anfang darauf hingewiesen, dass Worte wie »wahr« eine Mehrdeutigkeit aufweisen. Wir sprechen etwa zum einen davon, dass es wahr sei, dass Bäume im Frühling ausschlagen, und wir sprechen zum anderen z.B. davon, dass jemand (nennen wir ihn »Karl-Heinz«) ein wahrer Freund sei. Diese beiden Verwendungsweisen sind grundverschieden und lassen sich nicht aufeinander reduzieren. Dass Karl-Heinz ein wahrer Freund ist, heißt nicht, dass er ein Freund ist und zudem wahr; es ist ganz unsinnig von Karl-Heinz oder sonst jemandem zu sagen, er oder sie sei wahr. Dass jemand ein wahrer Freund ist, soll eher heißen, dass diese Person die Qualitäten eines Freundes in besonders hohem Maße aufweist und nicht nur aufzuweisen scheint. Man sagt etwas ganz Ähnliches, wenn man das Wort »wahr« z.B. durch das Wort »echt« ersetzt und von einem »echten Freund« spricht. Ganz anders steht es um »Wahrheit, dass (etwas sich so und so verhält)«, wie z.B. die Wahrheit, dass Bäume im Frühling ausschlagen. Hier kann man das Wort »wahr« nicht durch Worte wie »echt« ersetzen (»Es ist echt, dass Bäume im Frühling ausschlagen« ist Unsinn). Dies zeigt an, dass es sich hier um eine ganz andere Verwendung des Wortes »wahr« handelt. Dieser letztere Sinn des Wortes ist nun allein für die Erkenntnistheorie interessant (vgl. aber Williams 1986, 223 ff.), nicht hingegen der erstere – so wichtig wahre Freundschaft auch sein mag (zu einer radikal anderen Verwendung des Wortes »Wahrheit« vgl. etwa Heidegger: Sein und Zeit, 212–230).

1. Was kann überhaupt wahr oder nicht wahr sein?

Damit haben wir auch schon begonnen, eine erste inhaltliche Frage zum Wahrheitsbegriff zu beantworten, nämlich die Frage, was überhaupt wahr oder nicht wahr sein kann. Wir können übrigens »nicht wahr« hier jederzeit durch »falsch« ersetzen und umgekehrt, auch wenn dies, wie wir noch sehen werden, nicht völlig unumstritten ist. Was sind nun **mögliche Kandidaten für die Anwendung des Begriffs der Wahrheit**? Es gibt ja nicht nur zwei Fälle – dass ein Begriff auf etwas zutrifft und dass ein Begriff auf etwas nicht zutrifft –, sondern noch einen dritten Fall, nämlich den, dass die Frage, ob der Begriff zutrifft oder nicht, gar nicht sinnvoll stellbar ist. Der Begriff der Primzahl trifft auf die Zahl 11 zu, er trifft auf die Zahl 8 nicht zu und von Karl-Heinz kann man weder sinnvoll sagen, dass er eine Primzahl ist, noch dass er keine Primzahl ist. Man kann sich natürlich auch anders ausdrücken und sagen, dass Karl-Heinz keine Primzahl ist oder dass der Begriff der Primzahl nicht auf Karl-Heinz zutrifft. Diese Ausdrucksweise hat allerdings den Nachteil, dass sie den Ausdruck »Nicht-Zutreffen eines Begriffs« zweideutig macht: Der Begriff der Primzahl trifft sowohl auf die Zahl 8 als auch auf Karl-Heinz nicht zu, aber jeweils in ganz verschiedenem Sinne. Um Missverständnissen aus dem Weg zu gehen, sollte man diese Ausdrucksweise vermeiden. Begriffe haben also ›**Anwendungsbereiche**‹. Der Begriff der Primzahl etwa ist nur auf Zahlen anwendbar. Ebenso hat auch der Begriff der Wahrheit einen Anwendungsbereich. Offenbar gehört z. B. Karl-Heinz nicht zum Anwendungsbereich des Wahrheitsbegriffes. Zu sagen, dass Karl-Heinz wahr ist, ist genauso Unsinn wie zu sagen, dass Karl-Heinz nicht wahr (falsch) ist. Wovon kann man also sinnvoll sagen, dass es wahr oder nicht wahr ist? Was gehört zum Anwendungsbereich des Wahrheitsbegriffes? Was ist in diesem Sinne »wahrheitsfähig«, – kann also einen »Wahrheitswert« wie »wahr« oder »falsch« haben?

Personen oder Tiere wie der Hund Bello scheiden sicherlich genauso aus wie Zahlen oder materielle Gegenstände wie Tische, Wassertürme oder Quarks. Offenbar muss es sich um etwas handeln, dem Intentionalität (s. Kap. III.2.1) zukommt, – also um etwas, das ›über etwas ist‹. Mit anderen Worten: Es muss sich ganz offensichtlich um etwas handeln, das im weitesten Sinne »semantische« Eigenschaften hat (eben ›über‹ etwas ist). Eng damit hängt zusammen, dass es sich um etwas handeln muss, das eine propositionale Struktur hat. Schließlich handelt es sich bei Wahrheit immer um Wahrheit, dass sich etwas so und so verhält. Etwas, das nur intentional ist, aber nicht propositional, wie z. B. Liebe, fällt aus; nur in dem oben ausgeschlossenen Sinne kann man von »wahrer Liebe« sprechen.

Es gibt nun mehrere Kandidaten, die die genannten Bedingungen erfüllen und die zum Anwendungsbereich des Wahrheitsbegriffes gehören könnten:

- **Aussagesätze** bzw. **Äußerungen von Aussagesätzen** (vgl. etwa Tarski: The Concept of Truth in Formalized Languages),
- **Urteile** und **Überzeugungen** (vgl. etwa Kant: Kritik der reinen Vernunft, A 58/B 82) und
- **Propositionen** bzw. die Inhalte von Aussagesätzen, von Äußerungen von Aussagesätzen, von Urteilen oder von Überzeugungen (vgl. etwa Horwich 1990, 1 ff. 17 f.).

Diese drei Typen von Kandidaten hängen eng untereinander zusammen. Urteile und Überzeugungen sind mentaler Natur, lassen sich aber prinzipiell durch Aussagesätze ausdrücken. Aussagesätze und ihre Äußerungen sind sprachlicher Natur, dienen aber primär (wenn auch nicht ausschließlich, wie z. B. der Fall der Lüge zeigt) dazu, Urteile und Überzeugungen auszudrücken. Und Propositionen lassen sich als mentale oder sprachliche Inhalte verstehen. Trotz dieses engen Zusammenhangs ist es natürlich wichtig, die jeweiligen grundsätzlichen Unterschiede im Auge zu behalten. Es ist ebenfalls wichtig zu sehen, dass nicht alles, das intentional und propositional ist, einen möglichen Anwendungsfall des Wahrheitsbegriffes darstellt. Wünsche z. B. sind genauso wenig wahrheitsfähig wie z. B. Befehlssätze.

Es liegt wohl nahe zu meinen, dass nur einer der drei Kandidaten als Anwendungsbereich des Wahrheitsbegriffs in Frage kommt. Betrachten wir die Kandidaten der Reihe nach! Zunächst zu Sätzen (wenn im Folgenden von »Sätzen« die Rede ist, sind immer Aussagesätze gemeint). Das Wort »Satz« ist zweideutig und es ist wichtig, diese Zweideutigkeit zu beachten. Sie lässt sich an dem Beispiel der folgenden Liste verdeutlichen:

(a) »Rom ist die Hauptstadt Italiens«,
(b) »Paris ist die Hauptstadt Italiens«,
(c) »Rom ist die Hauptstadt Italiens«.

Wie viele Sätze enthält diese Liste? Es gibt hier zwei korrekte Antworten: 2 bzw. 3. Dass es zwei korrekte Antworten gibt, zeigt, dass es zwei verschiedene Weisen gibt, das Wort »Satz« zu verstehen. In einem Sinne enthält die Liste genau 2 Sätze, und zwar einen wahren und einen falschen Satz. Man spricht hier auch von »**Satz-Typen**« (»sentence-types«). In einem anderen Sinne enthält die Liste 3 Sätze, und zwar zwei wahre und einen falschen Satz. Man spricht hier auch von »**Satz-Token**« (»sentence-token«). Der Satz-Typ »Rom ist die Hauptstadt Italiens« ist in der Liste in genau zwei Satz-Token realisiert (vgl. zu dieser Unterscheidung auch Haack 1978, 75).

Soll man nun Satz-Typen oder Satz-Token als Wahrheitswertträger betrachten? Es scheint zunächst nahe zu liegen, sich für Satz-Typen und gegen Satz-Token zu entscheiden. Schließlich drücken (a) und (c) ja nur ein und dieselbe Wahrheit aus. Andererseits aber können verschiedene Token desselben Satz-Typs verschiedene Wahrheitswerte haben, wie folgende Liste zeigt:

(d) »Der nächste Satz ist eine Wiederholung seines Vorgängers«,
(e) »Der nächste Satz ist eine Wiederholung seines Vorgängers«.

Ganz offensichtlich ist (d) wahr und (e) falsch (wie dieser Satz belegt!). Ein und derselbe Satz-Typ kann also wahr und falsch bei verschiedenen Anlässen der Äußerung sein. Dieser Schwierigkeit kann man entgehen, indem man sich für Satz-Token und gegen Satz-Typen als Wahrheitswertträger entscheidet. Das eine Token ist wahr, das andere falsch.

Wenn man sich aber für Token entscheidet, spricht einiges dafür, sich gleich für die Äußerung eines Satzes als Wahrheitswertträger zu entscheiden. Unter »Äußerung eines Satzes« ist dabei die Verwendung eines Satz-Tokens durch einen Sprecher zu einem bestimmten Zeitpunkt zu verstehen; Äußerungen werden durch Sätze, Sprecher und Zeitpunkte identifiziert. Auch der Ort kann übrigens wichtig sein, wie »Ich bin hier« zeigt. Beschränken wir uns hier auf Sprecher und Zeitpunkte: Warum sind sie wichtig? Nun, betrachten wir z. B. den Satz »Ich bin hungrig« und nehmen wir an, dass ich (P.B.) um 8 Uhr hungrig bin, aber um 9 Uhr nicht mehr und dass weiterhin mein Nachbar N um 8 Uhr nicht hungrig ist. Dann kann man sich drei Äußerungen vorstellen:

Äußerung I: die Äußerung des Satzes »Ich bin jetzt hungrig« durch P.B. um 8,
Äußerung II: die Äußerung des Satzes »Ich bin jetzt hungrig« durch P.B. um 9,
Äußerung III: die Äußerung des Satzes »Ich bin jetzt hungrig« durch N um 8.

Äußerung I ist wahr, nicht aber Äußerungen II und III. Betrachtet man Äußerungen als Wahrheitswertträger und nicht die in der Äußerung verwandten Sätze (Typen), so kann man leicht und ohne in Schwierigkeiten zu geraten erklären, wie man mit ein und demselben Satz (Typ) ganz verschiedene Dinge sagen kann – sowohl etwas Wahres wie auch etwas Falsches. Die Entscheidung für Äußerungen macht zudem – anders als die Entscheidung für Satz-Token – deutlich, warum der Inhalt und Wahrheitswert eines Satz-Typen variieren kann. Es gilt allerdings auch, dass jede Äußerung von »Rom ist die Hauptstadt Italiens« nur ein und dieselbe Wahrheit ausdrückt, was wiederum für die Wahl von Satz-Typen als Wahrheitswertträgern zu sprechen scheint.

Wie dem auch sei: Ein Vorteil jeder Entscheidung für einen sprachlichen Wahrheitswertträger liegt sicherlich darin, dass Sätze und Äußerungen recht gut ›greifbar‹ sind: Äußerungen sind konkrete Ereignisse, Satz-Token sind (ob in geschriebener oder gesprochener Form) ebenfalls sehr konkret und auch die abstrakteren Satz-Typen kann man sich doch mit Bezug auf konkrete Satz-Token verständlich machen. Urteile, Überzeugungen und vor allem Propositionen weisen diesen Vorteil nicht auf. Ein Nachteil der Wahl eines linguistischen Wahrheitswertträgers liegt aber darin, dass Sätze und Äußerungen von Sätzen zu einer Sprache gehören (in den obigen Beispielen zum Deutschen), dass der Begriff der Wahrheit aber offenbar nicht sprach-relativ, sondern sprach-übergreifend zu verstehen ist. Wenn ich sage, dass es wahr ist, dass die Erde nur einen Mond hat, dann will ich doch nicht nur über den deutschen Satz »Die Erde hat nur einen Mond« sagen, dass er wahr ist, sondern auch über alle entsprechenden Sätze (Übersetzungen) in anderen Sprachen, z. B. auch über den englischen Satz »The earth has only one moon«. Analoge Probleme tauchen schon innerhalb einer einzigen Sprache auf: »Rosen sind rot« und »Rot sind die Rosen« drücken dieselbe Wahrheit oder Falschheit aus, aber sie sind sicherlich nicht dieselben Sätze. Will ich überhaupt etwas über Sätze oder Äußerungen sagen und nicht vielmehr etwas über dasjenige, das alle diese Sätze oder Äußerungen gemein haben, nämlich einen bestimmten Inhalt bzw. eine bestimmte Proposition (die man im Prinzip in allen möglichen Sprachen ausdrücken kann)?

Diese Alternativen sind allerdings auch nicht ohne Probleme. Betrachten wir zunächst Urteile und Überzeugungen. Wir hatten oben zwischen Überzeugungen und Gedanken unterschieden; unter »Urteilen« sollen hier Gedanken verstanden werden, die die Person nicht bloß erwägt etc., sondern für wahr hält. Die Entscheidung für Urteile und Überzeugungen als Wahrheitswertträger hat sicherlich den Vorteil, dass diese nicht sprach-relativ sind: Dasselbe Urteil und dieselbe Überzeugung lässt sich zumindest im Prinzip in allen möglichen Sprachen ausdrücken (eine Behauptung, die allerdings auch nicht völlig unumstritten ist: vgl. etwa Whorf 1956, 134 ff. sowie dazu auch Davidson 1984b, 183 ff.). Auch mit Bezug auf Urteile und Überzeugungen kann man nun versuchen, eine Unterscheidung zwischen Typ und Token zu machen. Ich mag z. B. um 8 Uhr urteilen und überzeugt sein, dass ich hungrig bin, und ebenso um 8 Uhr 5 (ich mag die ganze Zeit an nichts Anderes denken). Man könnte dann sagen, dass ich über die Zeit hinweg verschiedene Token desselben Urteils- oder Überzeugungs-Typen denke. Es ist allerdings nicht ganz leicht, sich unter Typen von Urteilen oder Überzeugungen etwas Anderes vorzustellen als deren Inhalte bzw. Propositionen. Wenn Max und Moritz beide die Überzeugung teilen, dass Rom die Hauptstadt von Italien ist, dann ist damit offenbar gemeint, dass ihre

Überzeugungs-Token denselben propositionalen Gehalt aufweisen. Und geht es nicht gerade um diesen propositionalen Gehalt, wenn man von der Wahrheit von Überzeugungen oder Urteilen spricht?

Sollte man also nicht Sätze, Äußerungen, Urteile oder Überzeugungen, sondern deren Inhalte bzw. Propositionen als **Wahrheitswertträger** betrachten? Wie Urteile und Überzeugungen sind Propositionen zwar nicht sprach-relativ, aber doch schwerer greifbar als linguistische Gebilde und vielleicht sogar schwerer als Urteile und Überzeugungen. Was genau soll man denn unter einer »Proposition« verstehen? Diese Frage ist erstaunlich schwer zu beantworten und manche Philosophen sind der Auffassung, dass der Begriff der Proposition von geringem Nutzen ist und eher eine missglückte Erfindung einiger (anderer!) Philosophen darstellt (vgl. Quine 1960, Kap. 6 und dazu Horwich 1990, 89 ff.). Soll man z. B. sagen, dass die Proposition, dass die Erde nur einen Mond hat, dasjenige ist, das alle Sätze aller Sprachen miteinander gemeinsam haben, die korrekte Übersetzungen des deutschen Satzes »Die Erde hat nur einen Mond« sind? Dies führt nicht weit, sondern eher im Kreis herum: Wie kann man erklären, was eine Übersetzung eines Satzes in eine andere Sprache ist, ohne zu sagen, dass es sich dabei um einen inhaltsgleichen Satz in einer anderen Sprache handelt? Damit hätten wir nicht mehr gesagt, als dass die Proposition, dass p, der Inhalt des Satzes »p« ist. Und damit ist offenbar gar nichts gewonnen. – Lassen wir all diese Fragen im Folgenden auf sich beruhen – wir müssen sie hier nicht entscheiden – und gehen wir einmal davon aus, dass sich schon ein Wahrheitswertträger finden lässt. Vielleicht sind sogar alle drei Kandidaten gleichermaßen geeignet. Im Folgenden sollen in der Regel (und wenn nicht anders vermerkt) Propositionen als Wahrheitswertträger aufgefasst werden, aber nur der Einfachheit der Darstellung halber.

Was immer man als **Wahrheitsträger** betrachtet (vgl. dazu auch Kirkham 1992, 54 ff. und Haack, 1978, 79 ff.): Wahrheit ist auf jeden Fall extensional. Betrachten wir der Einfachheit halber Sätze. Sätze, die sich nicht hinsichtlich der Extension ihrer Teilausdrücke, sondern nur mit Bezug auf deren Intension unterscheiden, unterscheiden sich nicht hinsichtlich ihres Wahrheitswertes. Die Sätze »Der Morgenstern ist ein Himmelskörper« und »Der Abendstern ist ein Himmelskörper« sind ein Beispiel (weil der Morgenstern = der Abendstern; vgl. zu diesem Beispiel Frege: Über Sinn und Bedeutung, 47). Nur Sätze, die sich hinsichtlich der Extension ihrer Teilausdrücke unterscheiden, können sich auch hinsichtlich ihrer Wahrheitswerte unterscheiden (z. B.: »Der Morgenstern ist ein Himmelskörper« und »Der Christian Morgenstern ist ein Himmelskörper«). Dies führt zu der plausiblen Annahme, dass die Wahrheit eines Satzes nur mit dessen Extension zu tun hat (vgl. Frege: Über Sinn und Bedeutung, 47 ff.). Nicht umsonst spielt bei der Beantwortung der Frage, ob etwas wahr ist, die Intension keine Rolle.

2. Wahrheit und Objektivität

Noch wichtiger als all dies ist etwas, das man die »**Objektivität**« **der Wahrheit** nennen kann. Was ist damit gemeint? Hier ist ein erster Anlauf zu einer Antwort: Wahrheit hängt nicht von uns ab, sondern von der Sache, von der Welt. Diese Rede von »der

Sache« oder »der Welt« ist allerdings sehr vage und explikationsbedürftig; wir werden noch in etwas anderem Zusammenhang darauf zurückkommen. Hier benötigen wir nur den negativen Teil der Erklärung: Wahrheit hängt nicht von uns ab. Diese Erklärung ist immer noch sehr vage. Zunächst: Was heißt es, dass sie »nicht von uns abhängt«? Was genau ist es, das angeblich nicht von uns abhängt? Nun, offenbar dies: ob eine bestimmte Proposition wahr ist oder nicht. Wir können also, genauer, sagen: Ob eine bestimmte Proposition wahr ist oder nicht, hängt nicht von uns ab. Näher betrachtet zeigt sich allerdings, dass diese These aus recht trivialen Gründen falsch ist und wohl nicht so gemeint sein kann. Es gibt zum Beispiel viele Propositionen über mich bzw. uns (»Karlchen fährt Roller« etc.) und insofern, als die Wahrheit der entsprechenden Proposition davon abhängt, wie es um uns (z. B. um Karlchen und einen bestimmten Roller) steht, hängt sie von uns ab. Nicht sehr viel weiter führt ein dritter Anlauf: Ob eine Proposition wahr ist oder nicht, hängt nicht davon ab, was wir denken. Aber auch dies ist aus recht trivialen Gründen falsch: Anneliese weiß genau, was Harry denkt: nämlich dass es schon spät ist. Die Wahrheit der Proposition »Harry denkt, dass es schon spät ist« hängt natürlich davon ab, was Harry denkt. Sehr viel besser hält sich hingegen der folgende, vierte Anlauf zur Erklärung der Objektivität der Wahrheit:

Die Objektivität der Wahrheit

(O) Ob eine Proposition wahr ist oder nicht, hängt nicht davon ab, ob sie irgendjemand für wahr hält oder nicht.

Auch diese Erklärung ist zugegebenermaßen nicht ganz ohne Probleme: Die Wahrheit von

(X) »Ich halte (X) für wahr«

hängt davon ab, ob ich (x) für wahr halte. Dieses Problem ist allerdings relativ harmlos; man muss nur selbst-bezügliche Propositionen wie (x) von der obigen Erklärung ausnehmen. Wichtig ist hier, dass mit der »Objektivität« der Wahrheit die prinzipielle Differenz von **Wahr-sein** und **Für-Wahr-Halten** (oder Für-Wahr-Gehalten-Werden) gemeint ist. Mit anderen Worten: die prinzipielle Differenz von Wahrheit und Überzeugungen (die ja sowohl wahr als auch nicht wahr oder falsch sein können).

Manchmal wird nun gesagt, dieses oder jenes sei nur »für mich« oder »für Dich« oder für sonst jemanden wahr, aber nicht für jeden. »Die Erde ist keine Scheibe? Ja, das ist für uns heute wahr, aber für die Leute vor 5000 Jahren war es wahr, dass die Erde eine Scheibe ist!« (s. Kap. II.3.2). Die Position, die sich in dieser Redeweise ausdrückt, wird auch »**Relativismus**« genannt (vgl. etwa Feyerabend 1975; Feyerabend 1977, 7 ff.; vgl. als eine Kritik Putnam 1983, 234 ff.). Wie der Name schon sagt, besagt diese Position, dass Wahrheit relativ ist, und zwar auf Personen bzw. einiges andere (Orte, Zeiten, Kulturen, Gesellschaften, Klassen, Geschlechter, etc.). Nicht-relative bzw. absolute Wahrheit gibt es dem Relativismus zufolge nicht. Genaugenommen muss man demzufolge also immer hinzufügen, relativ auf wen oder was etwas wahr oder nicht wahr ist. Dieselbe Proposition kann demnach sowohl wahr als auch nicht wahr sein, je nachdem, mit Bezug auf wen oder was man sie betrachtet. Diese Position ist natürlich mit der Auffassung von Wahrheit als etwas ›Objektivem‹, also mit (O), nicht vereinbar. Man kann sie ganz grob folgendermaßen ausdrücken:

(Rel) Wahrheit ist relativ auf Personen (etc.).

Es gibt nun mehrere sehr schwerwiegende Probleme für diese Auffassung. Was ist die Antwort auf die folgende Frage: Haben die Relativisten Recht? Ist der Relativismus wahr? (Rel) soll ganz offensichtlich wahr sein und wenn er wahr ist, ist er selbst auch nur für bestimmte Personen wahr. Aber für wen? Nur für die Relativisten? Dann gibt es gerade für Anhänger von (Rel) aber keinen Grund, von Anderen zu erwarten, (Rel) zu akzeptieren und (Rel) wird völlig uninteressant. (Rel) kann auf der anderen Seite aber auch nicht ›absolut‹ wahr sein, weil (Rel) dann peinlicherweise selbst das erste Gegenbeispiel zu sich selbst darstellen würde, sich also selbst falsch machen würde. Man kann das Prinzip des Relativismus sicherlich vom Relativismus ausnehmen, aber besonders überzeugend ist dies sicherlich nicht. Abgesehen von dieser Schwierigkeit, ist auf relativistische Weise gar nicht verständlich, wie jemand überhaupt z. B. von der Überzeugung, dass die Erde flach ist, zu der Überzeugung, dass sie nicht flach ist, übergehen kann bzw. wie man diesen Übergang überhaupt noch als Erkenntnis charakterisieren kann. Vorher war es doch »für diese Person wahr«, dass die Erde eine Scheibe ist; es gibt also gar keinen Grund, diese Überzeugung aufzugeben. Die Person kann jedenfalls nicht beanspruchen, »erkannt« zu haben, dass die Erde keine Scheibe ist, weil die sogenannte »Erkenntnis« dem Relativismus zufolge ja nur darin besteht, dass eine Wahrheit für die Person zu einem früheren Zeitpunkt durch eine andere Wahrheit für die Person zu einem späteren Zeitpunkt ersetzt worden ist und beide Wahrheiten ›gleich gut‹ sind.

Was kann überhaupt mit dieser Rede von »für jemanden wahr sein« gemeint sein? Offenbar nichts anderes, als dass dieser Jemand das Besagte für wahr hält. Da Für-Wahr-Halten aber ganz offensichtlich nicht dasselbe ist wie Wahr-Sein, kann man nur sagen, dass der Relativismus fälschlicherweise Wahrheit auf etwas ganz Anderes, nämlich Für-Wahr-Halten bzw. Überzeugung reduziert. Damit werden Begriffe wie der der Wahrheit, der Erkenntnis und des Wissens aufgegeben (eliminiert), und zwar ohne jeden Grund. Wahrheit aber ist nicht-relativistisch und Relativisten haben keinen Grund, den Wahrheitsbegriff zu verwenden.

Eng mit der Nicht-Relativität der Wahrheit hängt die **Zeitlosigkeit der Wahrheit** zusammen (und natürlich die Zeitlosigkeit der Falschheit). Damit ist nicht gemeint, dass das Für-Wahr-Halten einer Proposition oder Erkenntnis und Wissen zeitlos wären: Was für wahr gehalten oder erkannt und gewusst wird, variiert sicherlich mit der Zeit (z. B. »Die Erde ist keine Scheibe«). Gemeint ist vielmehr, dass ein und dieselbe Proposition nicht ihren Wahrheits-Wert mit der Zeit verändern kann, – dass sie nicht zu einem Zeitpunkt wahr und zu einem anderen Zeitpunkt nicht wahr oder falsch sein kann. Die Wahrheit ist keine Tochter der Zeit, das Für-Wahr-Halten, Erkennen und Wissen hingegen schon. Wahrheit hat keine Geschichte, Glauben und Wissen hingegen schon. Wir würden gar nicht verstehen, was es heißen soll, dass etwas heute wahr (oder nicht wahr) ist, aber morgen nicht mehr (vgl. hingegen Horkheimer/ Adorno 1969, IX).

Das alles schließt nicht aus, dass es Wahrheiten über Zeitliches – historische Wahrheiten – geben kann, z. B.:

(1) Der Beginn der Französischen Revolution fällt auf das Jahr 1789.

Dass etwas eine **historische Wahrheit** ist, heißt nur, dass es etwas Historisches betrifft, und nicht, dass die Wahrheit der Proposition sich historisch verändert. (1) ist sicherlich auch heute noch wahr und wird es auch in Zukunft bleiben. Es ist kaum vorstellbar, wie eine Proposition ihren Wahrheitswert soll verlieren können.

War nun (1) auch schon vor 1789 wahr? Das Ereignis, das (1) wahr macht, nämlich die Französische Revolution von 1789, existierte doch vor 1789 noch gar nicht. Wie kann (1) dann schon vor 1789 wahr gewesen sein, – zumal es dabei ja um menschliches Handeln geht und die Ereignisse des Jahres 1789 vorher in einem bestimmten Sinne »offen« waren? Diese Frage lässt sich leicht verallgemeinern: Haben Propositionen über die Zukunft – insbesondere solche, die menschliches Handeln betreffen und insofern offen sind – einen Wahrheitswert, bevor das entsprechende Ereignis eintritt? Bekommen Propositionen über Ereignisse in der Zeit nicht erst dann einen Wahrheitswert, wenn das entsprechende Ereignis eintritt (vgl. die klassische Diskussion bei Aristoteles: De interpretatione, Kap. 9)? Kann eine Proposition nur dann einen Wahrheitswert haben, wenn das, was die Proposition wahr macht – der »**Wahrmacher**« –, existiert (im obigen Beispielfall: die Französische Revolution)? Dies ist eine spätestens seit Aristoteles und bis heute umstrittene Frage. Gegen eine positive Antwort auf diese Frage scheint jedenfalls zu sprechen, dass wir interessanterweise kaum Probleme damit haben zu akzeptieren, dass eine Proposition wie (1) wahr sein kann, auch wenn der Wahrmacher nicht mehr existiert. Warum aber soll sie nicht auch wahr sein können, wenn der Wahrmacher noch nicht existiert? Was könnte diese seltsame Asymmetrie zwischen Vergangenheit und Zukunft erklären?

Zuvor soll noch kurz auf eine andere Schwierigkeit eingegangen werden. Es gibt offenbar Sätze, die manchmal wahr sind und manchmal falsch, wie z. B. dieser Satz: »Ich bin jetzt hungrig« (vgl. Frege: Der Gedanke, 37 ff.). Ich bin ja nicht ständig hungrig, sondern nur manchmal. Ist also der Satz »Ich bin jetzt hungrig« nur manchmal wahr (und manchmal nicht)? Nein: Der Satz »Ich bin jetzt hungrig« für sich genommen hat keinerlei Wahrheitswert. Dies zeigt sich auch daran, dass man ohne Ahnung davon, wer diesen Satz zu welchem Zeitpunkt äußert – ohne Ahnung vom Kontext der Äußerung eines solchen Satzes –, nicht einmal versteht oder doch nur teilweise versteht, was der Satz überhaupt besagt. Wer auf einem Tisch einen Zettel findet, auf dem steht »Ich bin jetzt hungrig«, aber keine Ahnung hat, wer diesen Zettel geschrieben hat und wann, muss ratlos sein. Er kann schließen, dass da offenbar jemand zu einem bestimmten Zeitpunkt hungrig war, aber das ist sicherlich viel weniger als das, was der Sprecher oder Schreiber zum Zeitpunkt der Äußerung sagen oder schreiben wollte oder gesagt oder geschrieben hat. Nur in einem Kontext kann man mit einem Satz wie »Ich bin jetzt hungrig« etwas Wahres oder Unwahres sagen; und nur in einem Kontext kann man mit einem solchen Satz das sagen, was man sagen will. Auch wenn ein Satz wie »Ich bin jetzt hungrig« in verschiedenen zeitlich bestimmten Kontexten verschiedene Wahrheiten ausdrücken kann, sind die jeweiligen Wahrheiten doch zeit-unabhängig. Die Wahrheit, die ich (P.B.) jetzt (11 Uhr 41) ausdrücke, indem ich den Satz »ich bin hungrig« äußere, nämlich, dass Peter Baumann um 11 Uhr 41 hungrig ist, – diese Wahrheit ist zeitunabhängig. Wie könnte es auch z. B. um 11 Uhr 47 falsch werden, dass Peter Baumann um 11 Uhr 41 hungrig war?

Es gibt weitere Fragen, die die These von der Objektivität der Wahrheit aufwirft und die nicht ganz leicht zu beantworten sind. Hier ist eines dieser Probleme. Wir hatten gesagt, dass Wahrheit objektiv ist und zugleich darauf hingewiesen, dass wahr oder falsch nur sprachliche Gebilde (Sätze, Äußerungen von Sätzen), mentale

Gebilde (Urteile, Überzeugungen) oder die Inhalte solcher sprachlicher oder mentaler Gebilde (Propositionen) sein können. Sprachliche und mentale Gebilde sind nun aber an die Existenz von sprechenden und denkenden Wesen gebunden; ohne diese kann es jene nicht geben. Nun hat es aber nicht immer sprechende und denkende Wesen gegeben (und wird sie vielleicht auch nicht immer geben). Wie aber kann es dann unter solchen Bedingungen (unter denen es keine denkenden und sprechenden Wesen gibt) überhaupt Wahrheiten geben? Ist Wahrheit also doch nicht objektiv? Nehmen wir die Wahrheit, dass Wasser H_2O ist, als Beispiel. Diese Wahrheit soll objektiv und unabhängig von uns und unserem Für-Wahr-Halten sein. Was soll man aber über eine ferne Vergangenheit sagen, in der es zwar Wasser gab, aber keine denkenden und sprechenden Wesen? Offenbar kann die Wahrheit, dass Wasser H_2O ist, damals nicht existiert haben; schließlich gab es ja nichts, das wahr oder falsch hätte sein können. Es gab keine Wesen, die denken oder sagen konnten, dass Wasser H_2O ist. Die Wahrheit soll unabhängig von uns und unserem Für-Wahr-Halten sein und zugleich kann es sie offenbar nicht geben ohne uns und unser Für-Wahr-Halten. Da wir gleichermaßen gute Gründe für beide Annahmen haben, scheint hier ein Dilemma vorzuliegen. Wie kann man dieses Dilemma auflösen?

Es erstaunt nicht, dass es hier mehrere Antworten gibt. Eine mögliche Antwort besagt, dass zwar Sätze und ihre Äußerungen sowie Urteile und Überzeugungen die Existenz von sprechenden und denkenden Wesen voraussetzen, aber nicht die Inhalte dieser sprachlichen und mentalen Gebilde; Propositionen haben dieser Antwort zufolge eine von uns unabhängige Existenz (vgl. etwa Frege: Der Gedanke, 30 ff., 42 ff.). Ein Vorteil dieser Antwort liegt darin, dass sie das obige Problem auf einfache Weise löst. Ein Nachteil liegt allerdings darin, dass (wie gesagt) gar nicht so klar ist, was Propositionen genau sein sollen; um so schwerer fällt es, an die von uns unabhängige Existenz von Propositionen zu glauben oder auch nur zu verstehen, was damit eigentlich gemeint ist. Existieren sie in einer Art ›Ideen-Himmel‹? Es empfiehlt sich also, nach einer Antwort zu suchen, die nicht solche problematischen ›ontologischen‹ Annahmen (Annahmen darüber, was es in der Welt gibt) voraussetzt.

Weniger verfänglich ist schon die folgende mögliche Antwort: Es mag zu einem bestimmten Zeitpunkt keine denkenden und sprechenden Wesen gegeben haben, aber wenn es sie gegeben hätte, dann wären bestimmte Sätze, Äußerungen, Urteile, Überzeugungen oder Propositionen wahr gewesen und andere nicht wahr. Dass Wasser H_2O ist, war auch schon eine Wahrheit als es nicht viel Anderes als Wasser gab; wenn es nämlich damals sprechende und denkende Wesen gegeben hätte, dann hätten sie mit »Wasser ist H_2O« eine Wahrheit ausgedrückt. Der Nachteil dieser Antwort liegt nun aber ganz einfach darin, dass es damals keine denkenden und sprechenden Wesen gegeben hat. Dass es sie (vielleicht) hätte geben können, hilft nicht darüber hinweg, dass es nichts gab, das wahr oder falsch sein konnte. Und dies genau ruft unser Problem hervor. Auch die zweite Antwort hilft also nicht viel weiter.

Offenbar hilft eine dritte Antwort weiter. Die Rede von »der Wahrheit« kann irreführend, weil zweideutig sein. Zum einen kann mit »der Wahrheit, dass p« der **Wahrheitsträger** gemeint sein, also ein Satz (dass p), eine Äußerung (dass p), ein Urteil (dass p), eine Überzeugung (dass p) oder eine Proposition (dass p). Mit »die Wahrheit, dass Wasser H_2O ist« kann also etwa »die wahre Proposition, dass Wasser H_2O ist« gemeint sein. Zum anderen kann mit »der Wahrheit, dass p« der **Wahrmacher** gemeint sein, also gerade nicht ein Satz, eine Äußerung, ein Urteil, eine

Überzeugung oder eine Proposition, sondern etwas, das den Wahrheitswert dieser Gebilde festlegt (eine ›objektive‹ Tatsache oder was auch immer). Mit »die Wahrheit, dass Wasser H_2O ist« kann »dasjenige, das »Wasser ist H_2O« wahr macht« gemeint sein. Wenn mit »der Wahrheit« der Wahrheitsträger gemeint ist, dann ist es korrekt zu sagen, dass es keine Wahrheit ohne Wesen wie uns gibt. Wenn hingegen der Wahrmacher gemeint ist, dann ist es korrekt zu sagen, dass es Wahrheit ohne Wesen wie uns geben kann. Auf diese Weise lässt sich das obige Dilemma auflösen, ohne dass man dafür problematische Annahmen machen müsste. Die These von der Objektivität der Wahrheit besagt:

> (O) Ob eine Proposition wahr ist oder nicht, hängt nicht davon ab, ob sie irgendjemand für wahr hält oder nicht.

(O) ist vereinbar damit, dass die Wahrheitsträger nicht unabhängig von uns sind; es sagt allerdings, dass die Wahrmacher unabhängig von uns sind, – dass der Wahrheitswert einer Proposition (wenn es sie denn gibt) nicht von unserem Für-Wahr-Halten abhängt. Dies alles erklärt auch, wie Wahrheit zugleich ›immanent‹ als auch ›transzendent‹ sein kann: wie sie einerseits über unser Für-Wahr-Halten hinausreicht, andererseits aber gerade daran gebunden ist.

Betrachten wir nun einen Zustand, in dem es denkende und sprechende Wesen wie uns gibt. Auch unter diesen Bedingungen gibt es viele Dinge, die noch niemand gesagt oder gedacht hat. Soll man sagen, dass es somit ungesagte oder ungedachte Wahrheiten gibt? Wenn mit »Wahrheiten« die Wahrmacher gemeint sind, muss die Antwort klarerweise »Ja« lauten. Was aber, wenn mit »Wahrheiten« die Wahrheitsträger gemeint sind? Betrachten wir den Fall von Sätzen. Jede natürliche Sprache lässt eine unendliche Anzahl von Sätzen zu und ständig werden Sätze geäußert, die zuvor noch nie geäußert worden sind. Gibt es also ungesagte (wahre) Sätze? Die Antwort hängt davon ab, ob man sagen kann, dass es Sätze gibt, auch wenn sie noch nie geäußert worden sind. Nehmen wir an, dass der Satz »Der Präsident war noch nie in Bergisch-Gladbach« vor dieser Verwendung noch nie geäußert worden ist. Wir würden dennoch sagen, dass dieser Satz schon vorher ein korrekter deutscher Satz war. Eine Sprache legt eben fest, was ein korrekter Satz in dieser Sprache ist und in diesem besonderen Sinne gibt es Satz-Typen auch dann, wenn noch kein entsprechendes Satz-Token verwandt worden ist, – wenn es also noch keine Token des Satzes gibt. Man kann also sagen, dass es ungesagte wahre Sätze (Typen) gibt. Also kann man – in diesem speziellen Sinne – auch sagen, dass es ungesagte (oder gar: ungedachte) Wahrheiten (im Sinne von »Wahrheitsträger«) gibt. Da auch ungesagte Sätze natürlich einen propositionalen Gehalt haben, kann man insofern (aber nur insofern) auch sagen, dass es Propositionen gibt, selbst wenn sie noch niemand ausgesprochen oder gedacht hat. Schließlich kann man dann in diesem Sinne auch sagen (allerdings nur in diesem Sinne), dass es unerkannte Wahrheiten (im Sinne von »Wahrheitsträger«) gibt.

Man kann die Objektivität der Wahrheit auch auf andere Weise erklären: nämlich mit Bezug auf den Unterschied zwischen

> (a) der **Definition** oder Erklärung des Wahrheitsbegriffes und
> (b) dem **Kriterium** oder den Kriterien der Wahrheit (vgl. Kant: Kritik der reinen Vernunft, A 58/B 82).

Eine **Definition oder Erklärung des Wahrheitsbegriffes** gibt an, was Wahrheit ist, während ein **Kriterium** dazu dient herauszufinden, was die Wahrheit ist. Eine Definition oder Erklärung sagt, was es heißt, »wahr« zu sein, während ein Kriterium dazu dient zu entscheiden, ob etwas wahr ist oder nicht, es in diesem Sinne zu »verifizieren«. Beides muss deutlich unterschieden werden: Ein Kriterium ist noch keine Definition und eine Definition ist noch kein Kriterium. Die These von der Objektivität der Wahrheit enthält die These von der prinzipiellen Verschiedenheit von Definition und Kriterium der Wahrheit.

Sind Definition und Kriterium der Wahrheit unabhängig voneinander? Verschiedenheit ist ja nicht dasselbe wie Unabhängigkeit. Kann man das eine haben ohne das andere? Dies sind schwierige und umstrittene Fragen. Eine erste Auffassung besagt, dass beides völlig unabhängig voneinander ist: Ihr zufolge kann jemand verstehen, was mit »Wahrheit« gemeint ist, ohne jemals über Kriterien zu verfügen, und umgekehrt kann jemand über Kriterien der Wahrheit verfügen, ohne jemals zu verstehen, was mit »Wahrheit« gemeint ist. Beide Teilthesen erscheinen aber gleichermaßen unplausibel. Wenn jemand angeblich über Kriterien der Wahrheit verfügt, aber nicht weiß, was unter »Wahrheit« zu verstehen ist, dann weiß er nicht, wofür seine Kriterien Kriterien sind; er weiß nicht, dass seine Kriterien Kriterien der Wahrheit sind und insofern kann man auch nicht wirklich sagen, dass er über Kriterien der Wahrheit verfügt (wozu sonst er auch immer diese Kriterien verwenden mag). Umgekehrt: Wenn jemand angeblich den Begriff der Wahrheit versteht, aber nicht in der Lage ist, Wahrheiten herauszufinden, d. h. den Begriff der Wahrheit auf irgendetwas anzuwenden, dann hat man auch keinen Grund anzunehmen, dass er wirklich versteht, was mit »Wahrheit« gemeint ist; Begriffsbesitz setzt die Fähigkeit der Anwendung des Begriffs voraus und darin zeigt sich das Verständnis des Begriffs (s. Kap. III.1). Beides – Definition und Kriterium der Wahrheit – hängt also offenbar miteinander zusammen.

Damit sind aber noch nicht alle Fragen beantwortet. Wie eng ist die wechselseitige Abhängigkeit von Kriterium und Wahrheit? An dieser Frage scheiden sich die Geister. Man kann im Wesentlichen zwei Auffassungen unterscheiden. Eine erste Auffassung, die auch »**realistisch**« genannt wird, besagt, dass es hier eine ›schwache‹ Abhängigkeit gibt: dass man zwar grundsätzlich kein Verständnis des Wahrheitsbegriffs haben kann, wenn man in keinem Fall über ein Kriterium verfügt bzw. diesen Begriff in keinem Einzelfall anwenden kann, dass man aber in manchen Fällen durchaus verstehen kann, was es heißt, dass eine bestimmte Proposition »wahr« ist, ohne deshalb prinzipiell über ihre Wahrheit entscheiden zu können. Es mag etwa bestimmte mathematische Propositionen oder Propositionen über die sehr ferne Vergangenheit (»Vor genau 10 Millionen Jahren hat es an dieser Stelle geregnet«) geben, die wir prinzipiell nicht entscheiden können; Realisten zufolge verstehen wir dennoch, was es heißt, dass diese Propositionen »wahr« sind (vgl. etwa Williams 1978, 64 ff.). Eine zweite Auffassung, die auch »**anti-realistisch**« genannt wird, verneint dies (vgl. etwa Dummett 1978, 16 f.; Dummett 1993, 46 ff.). Sie behauptet eine ›starke‹ Abhängigkeit von Definition und Kriterium der Wahrheit: Wenn man in einem bestimmten Fall einer Proposition oder eines Typs von Propositionen prinzipiell nicht über ihre Wahrheit entscheiden kann, dann versteht man auch nicht, was es heißt, dass diese Propositionen »wahr« sind. Wenn wir prinzipiell bestimmte Propositionen über die ferne Vergangenheit oder bestimmte mathematische Propositionen nicht entscheiden können und prinzipiell gar keine Idee von einem Verifikationsverfahren haben, dann verstehen wir nicht, was es heißt, dass diese Propositionen »wahr« sind. Realisten wenden an dieser Stelle oft ein, dass wir dann auch die Proposition selbst nicht verstehen, weil dazu das Verständnis ihrer Wahrheitsbedingungen erforderlich sei, wohingegen Anti-Realisten wiederum einwenden, dass man eine Proposition durchaus verstehen kann, auch wenn man ihre Wahrheitsbedingungen nicht kennt.

Die These von der schwachen Abhängigkeit von Kriterium und Definition der Wahrheit besagt auch, dass Wahrheit etwas ist, das unsere Kriterien und Verifikationsverfahren ›transzendieren‹ kann (wenn auch nicht in allen Fällen). Wahrheit wird also als etwas aufgefasst, das jenseits unserer kognitiven Perspektive liegen kann; daher auch der Ausdruck »Realismus«. Realisten verbinden den Aspekt der **Transzendenz** zugleich mit dem der **Immanenz**, d. h. einer gewissen Abhängigkeit der Wahrheit von ihrer Zugänglichkeit für uns. Die Anti-Realisten hingegen sehen Wahrheit nicht als etwas im eben erwähnten Sinne ›Objektives‹, – nicht als etwas, das unsere Erkenntnisfähigkeiten und unsere kognitive Perspektive übersteigen kann. Deshalb werden anti-realistische Auffassungen von Wahrheit auch »verifikationistisch« oder »epistemisch« genannt.

Anti-Realisten zufolge ist **Wahrheit an Entscheidbarkeit gebunden**; wenn eine Proposition hinsichtlich ihrer Wahrheit oder Falschheit nicht entscheidbar ist, dann hat sie Anti-Realisten zufolge keinen Wahrheitswert, ist weder wahr noch falsch, oder sie hat, wie man auch sagt, den Wahrheitswert »Unentschieden«. Viele Anti-Realisten nehmen also neben den klassischen beiden Wahrheitswerten ›wahr‹ und ›falsch‹ noch einen dritten Wahrheitswert an (und weisen damit das klassische Prinzip der Zweiwertigkeit der Logik, der »Bivalenz«, zurück; vgl. etwa Dummett 1993, 63 f., 75). Schließlich kann man ja offenbar in bestimmten Fällen den Begriff der Wahrheit prinzipiell nicht anwenden und nicht entscheiden, ob eine Proposition wahr oder falsch ist; wenn man aber einen Begriff prinzipiell nicht auf etwas anwenden kann (indem man ihn der Sache zu- oder abspricht), dann, so die Anti-Realisten, ergibt es auch gar keinen Sinn zu sagen, dass der Begriff auf die Sache zutrifft oder nicht zutrifft; im Fall des Wahrheitsbegriffs heißt dies, dass es keinen Sinn ergibt zu sagen, dass die entsprechende Proposition »wahr« ist oder »falsch« ist und der Begriff der Wahrheit ist demzufolge grundsätzlich fehl am Platz. Realisten geht all dies zu weit. Ihnen zufolge haben Propositionen entweder den Wahrheitswert ›wahr‹ oder den Wahrheitswert ›falsch‹, ganz unabhängig von ihrer Erkennbarkeit. Dementsprechend haben es Realisten auch leichter einem Prinzip der klassischen Logik treu zu bleiben, demzufolge es neben ›wahr‹ und ›falsch‹ ein »Drittes nicht gibt«.

Es ist wichtig zu sehen, dass unser Prinzip der Objektivität der Wahrheit

(O)   Ob eine Proposition wahr ist oder nicht, hängt nicht davon ab, ob sie irgendjemand für wahr hält oder nicht

sowohl mit dem Realismus wie mit dem Anti-Realismus vereinbar ist. Anti-Realisten sagen ›nur‹ dieses:

(A–R)   Ob eine Proposition wahr ist oder falsch, hängt davon ab, ob wir sie prinzipiell verifizieren können,

während Realisten dieses behaupten:

(R) Ob eine Proposition wahr ist oder falsch, hängt nicht davon ab, ob wir sie prinzipiell
   verifizieren können (wir müssen nur manche Propositionen verifizieren können).

Da man etwas für wahr halten kann, ohne es verifizieren zu können, kann man (O)
und (A-R) zugleich vertreten. Da (O) sehr plausibel ist, sollte man es auch sowohl als
Realist wie auch als Anti-Realist vertreten. Die Art von ›Objektivität‹ der Wahrheit,
die zwischen Realisten und Anti-Realisten strittig ist und die durch (R) angedeutet
wird, ist von anderer Art als die von (O) behauptete.

Es gibt noch eine andere Art des Anti-Realismus bzw. Realismus, die hier kurz
behandelt werden soll (vgl. zu den verschiedenen Formen von Realismus und Anti-
Realismus auch den Sammelband Willaschek 2000b). Wir sind oben (s. Kap. I.4)
schon auf ein Problem eingegangen, das sich am Fall der Farben gut erklären lässt.
Betrachten wir ein Beispiel. Vor mir liegt jetzt ein blaues Buch. Also ist, so scheint
es, die Proposition, dass vor mir jetzt ein blaues Buch liegt, wahr. Zunächst mag es
ganz unproblematisch erscheinen hinzuzufügen, dass diese Wahrheit (im Sinne von
»Wahrmacher«) ganz unabhängig davon besteht, wie wir das Buch wahrnehmen. Dem
ist aber offenbar nicht so. Schließlich ist es ja gemäß einer Standard-Auffassung von
Farben extrem irreführend, wenn nicht gar einfach falsch, zu sagen, dass das Buch
blau ist. Vielmehr hat das Buch eine bestimmte Oberflächenbeschaffenheit derart, dass
Licht bestimmter Wellenlänge reflektiert wird und in uns zu einer Blau-Empfindung
führt. Über das Buch selbst kann man genau genommen nur sagen, dass es eine
bestimmte Oberflächenbeschaffenheit hat. Wenn wir sagen, dass das Buch blau ist,
dann sprechen wir genau genommen über die Wirkung, die vom Buch reflektiertes
Licht in uns hervorruft. Farben sind nur ein Beispiel für einen solchen Zusammenhang; Ähnliches gilt für Geschmäcker und einiges Andere. All diese vermeintlichen
Eigenschaften der Dinge selbst werden auch als »**sekundäre Qualitäten**« bezeichnet
und von den »**primären Qualitäten**« unterschieden, die den Gegenständen ganz
unabhängig von unserem Blick auf sie oder unserer Perspektive auf sie zukommen
(vgl. als klassische Positionen Locke: Essay, II.8; Berkeley: Principles, §§ 9f., 14f.;
vgl. als Überblick Stroud 1992, 362–365).

Die Unterscheidung von primären und sekundären Qualitäten wirft gewisse
Fragen auf: Ist das, was wir über die Welt denken oder sagen können, ganz oder zum
Teil durch unsere **Perspektive** auf die Welt geprägt? Falls ja: Welche Implikationen
hätte dies für unser Verständnis von Wahrheit? Sollen wir im Fall der Farben z.B.
sagen, dass Propositionen, in denen Gegenständen Farben zugeschrieben werden,
streng genommen falsch sind? Oder sind sie in einem bestimmten Sinn doch wahr
und falls ja, in welchem Sinn? Solange man es nur mit primären und sekundären
Qualitäten zu tun hat und davon ausgeht, dass es beides gibt, ist das Problem noch
begrenzt, nämlich auf die sekundären Qualitäten. Aber man kann dieses Problem
auch auf sehr viel grundsätzlichere Weise stellen.

Die fundamentalere Problemstellung, die hier gemeint ist, geht auf Immanuel
Kant zurück und kann folgendermaßen umrissen werden. Unsere Erfahrung der
Welt ist im Wesentlichen eine Erfahrung von raum-zeitlichen Gegenständen, die
in kausalen Beziehungen zueinander stehen. ›Raum‹, ›Zeit‹ und ›Kausalität‹ sind
Bestimmungen der grundlegendsten Art. Dies ist nach Kant allerdings nicht so zu
verstehen, dass die Dinge selbst (»**an sich**«) raum-zeitlich strukturiert sind und Kausalbeziehungen eingehen. Vielmehr geben wir bzw. unsere Erkenntnisfähigkeiten eine
bestimmte Form der Erfahrung der Welt vor: Wir können nicht anders als die Welt

als raum-zeitlich und von Kausalbeziehungen geprägt zu sehen. Ohne diese Art der Perspektive auf die Welt könnten wir keinerlei Erfahrung haben. Insofern ist unsere Weise der Erfahrung der Welt gerechtfertigt (vgl. Kant: Kritik der reinen Vernunft, A 26 ff./B 42 ff., A 32 ff./B 49 ff., A 49/B 74, A 110 ff, 125 ff., B 146 ff., 163 ff.; vgl. als Sekundärliteratur: Allison 1983; Körner 1980, Kap. 2–4; Patzig 1976, 13 ff.; Strawson 1966, 15 ff., 47 ff., 235 ff.).

Die allgemeine Idee, die dieser Auffassung zugrunde liegt, dürfte klar sein: In unser Bild von der Welt geht nicht nur die Welt ein, sondern auch unsere Perspektive auf die Welt (vgl. neben Kant Nagel 1986, bes. Kap. 6; Nagel 1991; Putnam 1981, 49 ff. und, besonders extrem Nietzsche: Über Wahrheit und Lüge im außermoralischen Sinne, 367 ff. sowie Goodman 1978, demzufolge wir die Welt »machen«). Oder, etwas anders formuliert:

> (P)   Was wir überhaupt über die Welt denken oder sagen können, ist auf ganz grundsätzliche Weise durch unsere Perspektive auf die Welt geprägt.

(P) ist, wie nicht anders zu erwarten, äußerst umstritten. Man kann diejenigen, die (P) zustimmen, als »Anti-Realisten« und diejenigen, die (P) verneinen, als »Realisten« bezeichnen, allerdings in einem etwas anderem Sinne als dem weiter oben verwandten (um Verwirrung zu vermeiden, kann man hier auch von »P-(Anti-)Realismus« sprechen). Abgesehen von der Frage, ob (P) wahr ist oder nicht, stellt sich die weitere Frage, ob man überhaupt noch von »Wahrheit« sprechen kann, wenn man (P) vertritt. Für Gegner von (P) liegt es nahe, dies zu verneinen und folgende Auffassung von der Objektivität der Wahrheit zu vertreten:

> (O*) Wahrheit ist insofern ›objektiv‹, als eine im Sinne von (P) ›perspektiven-abhängige‹ Proposition nicht wahrheitswertfähig ist.

Für Vertreter von (P) liegt es hingegen nahe, (O*) zu verneinen und somit eine Perspektivität der Wahrheit zuzulassen. Vertreter von (P) hätten etwa, sofern sie (O*) verneinen, keine grundsätzlichen Schwierigkeiten damit, perspektiven-abhängige Propositionen als wahr oder nicht wahr anzusehen. Gegnern von (P), die zugleich (O*) vertreten, steht dieser Weg nicht offen.

Wir haben hier drei verschiedene Auffassungen von der Objektivität der Wahrheit kennen gelernt. Jeder Auffassung entspricht genau eines der folgenden, schon bekannten Prinzipien:

> (O)   Ob eine Proposition wahr ist oder nicht, hängt nicht davon ab, ob sie irgendjemand für wahr hält oder nicht,
>
> (R)   Ob eine Proposition wahr ist oder falsch, hängt nicht davon ab, ob wir sie prinzipiell verifizieren können (wir müssen nur manche Propositionen verifizieren können),
>
> (O*) Wahrheit ist insofern ›objektiv‹, als eine im Sinne von (P) ›perspektiven-abhängige‹ Proposition nicht wahrheitswertfähig ist.

Wir hatten schon gesagt, dass (O) nicht (R) impliziert. Es ist leicht zu sehen, dass auch (O*) nicht von (O) impliziert wird. Und auch (R) und (O*) sind wechselseitig voneinander unabhängig. Die verschiedenen Auffassungen von Objektivität (›O-Objektivität‹, ›R-Objektivität‹ und ›O*-Objektivität‹) sind in dieser Weise unabhängig voneinander (und Ähnliches gilt für die entsprechenden Formen von Realismus bzw. Anti-Realismus). Besonders wichtig ist der O-Realismus; zu ihm scheint es keine vertretbare Alternative zu geben, wohingegen die anderen Formen durchaus kontrovers sind. Betrachten wir nun einige Erklärungen des Wahrheitsbegriffs!

3. Die Korrespondenztheorie der Wahrheit

Die bei weitem älteste und am weitesten verbreitete Konzeption der Wahrheit ist die sogenannte »**Korrespondenztheorie**« **der Wahrheit**. Deren Grundidee findet sich schon bei Aristoteles explizit formuliert: »Zu sagen, dass das, was ist, nicht ist, oder das, was nicht ist, ist, ist falsch; hingegen (zu sagen), dass das, was ist, ist, oder das, was nicht ist, nicht ist, ist wahr« (Aristoteles: Metaphysica, 1011b26 f.; vgl. etwa auch Kant: Kritik der reinen Vernunft, A 58/B 82 und Russell: The Problems of Philosophy, Kap. 12 sowie als grundsätzliche Kritik Heidegger: Sein und Zeit, 212–230). Die Korrespondenztheorie der Wahrheit ist ungefähr so alt wie die Philosophie selbst, wohingegen die alternativen Konzeptionen (auf die wir unten noch eingehen werden) in der Regel kaum viel älter als 100 Jahre sind. Sie ist so weit verbreitet, dass man die Grundidee auch außerhalb der Philosophie findet, während die Alternativen fast ausnahmslos wenig mit dem ›common sense‹ gemein haben. Was nun besagt die Korrespondenztheorie der Wahrheit?

Wie der Name schon andeutet, besteht ihr zufolge Wahrheit in einer Korrespondenz oder »Entsprechung« oder »**Übereinstimmung**«. Hier ist eine erste Annäherung: Etwas ist genau dann wahr, wenn es mit der Welt übereinstimmt (korrespondiert, ihr entspricht). Dies ergibt eine intuitive Idee von der Korrespondenztheorie, aber vieles ist noch sehr vage gehalten; versuchen wir also, sie etwas zu präzisieren. Korrespondenz ist ganz offensichtlich etwas, das man eine »zweistellige Relation« nennt, also eine Relation, die zwischen zwei Gegenständen (in einem sehr weiten Sinn von »Gegenstand«) oder »Relata« besteht. Über die eine Seite der Relation haben wir oben schon etwas gesagt: Als wahrheitsfähig können Sätze, Äußerungen, Urteile, Überzeugungen und Propositionen angesehen werden und wir werden uns in der Regel der Einfachheit halber auf Propositionen beschränken. Wie kann man nun das andere Relat der Korrespondenz-Beziehung näher charakterisieren? Die Rede von der »Welt« ist nicht nur vage, sondern auch zu allgemein. Womit also korrespondieren wahre Propositionen? Ganz offenbar muss es sich um etwas handeln, das selbst propositionale Struktur hat – wie sonst könnte es mit einer Proposition korrespondieren? – und hier gibt es wohl nur einen Kandidaten: Tatsachen. Tatsachen sind demzufolge die Wahrmacher von Propositionen und sie haben zudem – da sie zur ›Welt‹ gehören – den oben erläuterten objektiven Status. Da sie Wahrmacher sind, müssen sie wie Wahrheit extensional sein; dieser Aspekt wird noch wichtig werden. Damit ergibt sich folgende präzisierte korrespondenztheoretische Erklärung des Wahrheitsbegriffes:

Die Korrespondenztheorie der Wahrheit

(K) Eine Proposition (ein Satz, eine Äußerung, ein Urteil, eine Überzeugung) ist genau dann wahr, wenn sie (er, es) mit einer Tatsache korrespondiert (übereinstimmt, ihr entspricht).

Man kann hinzufügen: Eine Proposition (etc.) ist genau dann nicht wahr oder falsch, wenn sie nicht mit einer Tatsache korrespondiert, d. h. wenn es keine Tatsache gibt, mit der sie korrespondiert. Die Proposition »Mozart hat mehr als 10 Symphonien geschrieben« ist wahr, weil sie der Tatsache entspricht, dass Mozart mehr als 10 Symphonien geschrieben hat. Die Proposition »Beethoven hat mehr als 10 Symphonien geschrieben« ist nicht wahr, weil es keine Tatsache ist, dass Beethoven mehr als 10 Symphonien geschrieben hat.

Jede wahre Proposition korrespondiert mit genau einer Tatsache, nicht mehr. Die Proposition »Alle Menschen sind sterblich« korrespondiert z. B. nicht mit der Tatsache, dass Süßigkeiten schlecht für die Zähne sind. Sie korrespondiert mit genau einer Tatsache, und zwar mit derjenigen, deren Bestehen sie ausdrückt: dass nämlich alle Menschen sterblich sind. Hingegen kann eine Tatsache mehr als einer Proposition entsprechen. Die Tatsache, dass Mozart mehr als 10 Symphonien geschrieben hat, macht sowohl die Proposition »Mozart hat mehr als 10 Symphonien geschrieben« als auch die Propositionen »Der Komponist des *Don Giovanni* hat mehr als 10 Symphonien geschrieben« und »Der Namensgeber der Mozartkugeln hat mehr als 10 Symphonien geschrieben« wahr. Alle drei erwähnten Propositionen sind extensional äquivalent, d. h. die entsprechenden Teilausdrücke der entsprechenden Sätze haben dieselben Extensionen (wenn auch verschiedene Intensionen). Alle untereinander extensional äquivalenten und wahren Propositionen korrespondieren genau einer Tatsache. Oder umgekehrt: Die Tatsache, die einer bestimmten wahren Proposition korrespondiert, ist dieselbe Tatsache wie die, die allen ihr extensional äquivalenten Propositionen korrespondiert. Dass also mehrere Propositionen derselben Tatsache korrespondieren können, aber eine bestimmte Proposition nur einer Tatsache korrespondieren kann, erklärt sich daraus, dass Tatsachen extensional sind und Propositionen intensional. Wir werden unten noch auf ein Problem eingehen, das sich in diesem Zusammenhang stellt.

Die Korrespondenztheorie der Wahrheit bzw. (K) scheint nicht nur selbst wahr zu sein, sondern geradezu trivial, so trivial sogar, dass man sich über diejenigen, die sich die Mühe machen, sie explizit zu vertreten, wundern könnte. Der Schein trügt allerdings: Die Korrespondenztheorie wirft schwierige Probleme auf, – so schwerwiegende Probleme, dass man sogar gute Gründe sehen kann, sie zu verwerfen. Welche Probleme sind dies?

Sowohl der Begriff der Korrespondenz als auch die Rede von »Tatsachen« wirft Fragen auf (vgl. zum Folgenden etwa Kirkham 1992, Kap. 4; Schmitt 1995, Kap. 6; Künne 1991, 135 ff.). Betrachten wir zunächst den Begriff der Korrespondenz. Was soll man sich darunter vorstellen? Inwiefern kann eine Tatsache mit einer Proposition übereinstimmen, wo beides doch grundsätzlich verschiedene Dinge sind (vgl. etwa Frege: Der Gedanke, 32)? Was an einer Proposition kann denn mit welchem Aspekt einer Tatsache übereinstimmen? Es hilft sicherlich nichts, »Übereinstimmung« als korrekte Wiedergabe der Tatsache zu erklären, weil wir uns dann nur im Kreise gedreht hätten: mit »korrekter Wiedergabe« kann nur »Wahrheit« gemeint sein, also genau dasjenige, nach dessen Erklärung wir allererst suchen. Wir suchen eine Erklärung von »Übereinstimmung«, die nicht schon ein Verständnis von »Wahrheit« voraussetzt. Darüber hinaus sollte der Begriff der Übereinstimmung selbst nicht unklarer sein als der der Wahrheit. Kann man eine solche Erklärung von »Übereinstimmung« geben?

Betrachten wir hier der Einfachheit halber Sätze. Eine Erklärung geht davon aus, dass sowohl Sätze als auch Tatsachen einen propositionale Struktur aufweisen, und zwar eine Struktur, die in einer bestimmten Beziehung von Teilelementen besteht. Der Satz »Die Katze liegt auf der Matte« etwa besteht aus zwei singulären Ausdrücken (»die Katze«, »die Matte«) und einem zweistelligen Prädikat (»liegt auf«). Ebenso besteht die Tatsache, dass die Katze auf der Matte liegt, aus mehreren Elementen: zwei Einzeldingen (einer Katze, einer Matte) und einer Relation (Liegen auf). Für wahre Sätze sind nun neben dieser Bedingung

(a) Die semantische Bedingung: Die Teilelemente des Satzes stehen für entsprechende Elemente der Tatsachen

auch diese Bedingung erfüllt:

(b) Die Bedingung der Strukturgleichheit: Die Teilelemente des Satzes sind untereinander genauso angeordnet wie die Teilelemente der Tatsache.

Im Fall des Satzes »Die Katze liegt auf der Matte« steht etwa der Ausdruck »die Katze« für eine bestimmte Katze, der Ausdruck »die Matte« für eine bestimmte Matte und der Ausdruck »liegt auf« für die Relation des Auf-Etwas-Liegens. Dies ist die semantische Bedingung. Da unser Beispielsatz wahr ist, gilt zudem die Bedingung der Strukturgleichheit: So wie die Worte »die Katze«, »die Matte« und »liegt auf« im Satz in bestimmter Weise angeordnet sind – so, dass sich »Die Katze liegt auf der Matte« und nicht etwa »Die Matte liegt auf der Katze« ergibt –, so sind auch Katze, Matte und die Beziehung des Auf-Etwas-Liegens in bestimmter Weise angeordnet – so, dass sich das Liegen der Katze auf der Matte ergibt und nicht etwa das Liegen der Matte auf der Katze. Kurz und allgemein ausgedrückt: Wahrheit besteht in Korrespondenz und Korrespondenz liegt genau dann vor, wenn die Bedingungen (a) und (b) erfüllt sind.

Diese Auffassung von Korrespondenz, die im Anschluss an Wittgenstein oft auch »**Bild-Theorie**« genannt wird, wirft gleich mehrere Probleme auf (vgl. Wittgenstein: Tractatus logico-philosophicus, Sätze 2 ff. sowie die Rekonstruktion der Wittgenstein'schen Bildtheorie bei Stenius 1960; vgl. Wittgenstein: Philosophische Untersuchungen, §§ 1–133, 96 als eine spätere Kritik des Ansatzes im *Tractatus* sowie Russell: The Philosophy of Logical Atomism, 177 ff. als eine verwandte Theorie). Wir verstehen, was mit »Teilelementen von Sätzen« gemeint ist. Was aber ist unter »Teilelementen von Tatsachen« zu verstehen? Sicher, es gibt Katzen und Matten, also einzelne Gegenstände in der Welt, aber gibt es auch die sogenannten »Universalien«, also Eigenschaften und Relationen wie etwa das Auf-Etwas-Liegen? Dies ist eine traditionell sehr umstrittene Frage, auf die wir hier nicht näher eingehen müssen, weil es noch tieferreichende Probleme mit der obigen Auffassung gibt. Wir hatten gesagt, dass die Elemente der Tatsache in bestimmter Weise angeordnet sind, z. B. die Katze, die Matte und das Auf-Etwas-Liegen. Nennen wir diese bestimmte Weise der Anordnung »A«. Müssen wir dann nicht sagen, dass es in der Tatsache 4 und nicht nur 3 Elemente gibt, nämlich neben den drei erwähnten Elementen noch die dreistellige Relation A? Offenbar! Dann aber müssten wir auch sagen, dass die Tatsache selbst in einer Anordnung – nennen wir sie »A*« – der 4 Elemente, also der Katze, der Matte, der Relation des Auf-Etwas-Liegens sowie der Relation A besteht. Es ist klar, dass man nun wiederum A* auch als Element der Tatsache begreifen kann, so dass sich schließlich ein unendlicher Regress ergibt und man gezwungen ist zu sagen, dass Tatsachen unendlich viele Elemente haben. Dies aber führt die obige Auffassung ad absurdum.

Dies legt nahe, dass wir die Idee der Anordnung von Tatsachenelementen nur scheinbar verstehen und dass sich bei näherem Hinsehen offenbar unlösbare Probleme ergeben. Und diese Probleme ergeben sich schon bei so einfachen Sätzen wie »Die Katze liegt auf der Matte«. Was soll man erst bei negativen wahren Sätzen (»Bello ist nicht auf der Matte«) sagen? Was sind hier die Teilelemente der Tatsache und was ist hier unter »Anordnung« zu verstehen? Ähnliche Fragen stellen sich für Existenz-Sätze (»Es gibt eine Katze, die auf der Matte liegt«), kontrafaktische Sätze (»Würde die Katze nicht auf der Matte liegen, würde Bello auf der Matte liegen«), probabilistische Sätze (»Die Wahrscheinlichkeit, dass Bello die Katze gleich verjagt, ist höher als 50 %«) und viele andere Typen von Sätzen.

Das vielleicht größte Problem für die obige Variante der Korrespondenztheorie der Wahrheit, die Bild-Theorie, liegt in der Erklärung dessen, was man unter »**Struktur-Gleichheit**« zu verstehen hat. Was heißt es, dass die Struktur der Teilausdrücke in »Die Katze liegt auf der Matte« identisch ist mit der Struktur der Teilelemente der Tatsache, dass die Katze auf der Matte liegt? Was ist damit gemeint, dass im Fall des Satzes »Die Matte liegt auf der Katze« die Struktur sich nicht mit der der Tatsache deckt? Man kann ja nicht etwa sagen, dass die Struktur des Satzes die der Tatsache »abbildet«. Dann fragt sich nämlich, was mit »Abbildung« gemeint ist und wir stehen im Prinzip vor derselben Art von Frage wie am Anfang: Was ist mit »Korrespondenz« gemeint? Wir hätten uns nur im Kreis gedreht. Ähnliche Probleme ergeben sich, wenn man sagt, dass Struktur-Gleichheit darin besteht, dass die Struktur der Tatsache so ist, wie der Satz sagt. Das heißt nämlich nichts Anderes, als dass der Satz die Struktur der Tatsache wahrheitsgemäß angibt, womit wir wieder bei dem Begriff angelangt sind, den wir doch allererst erklären wollen: dem der Wahrheit. Kurz: Es gibt Grund anzunehmen, dass die Rede von »Struktur-Gleichheit« bzw. die entsprechende Auffassung von Korrespondenz und Wahrheit in ein Dilemma führt: Entweder sie setzt den zu erklärenden Begriff der Wahrheit schon als geklärt voraus oder sie erklärt den Begriff der Korrespondenz und damit den der Wahrheit durch einen ganz unklaren Begriff der Struktur-Gleichheit, womit auch nichts gewonnen wäre.

Diese Schwierigkeiten mit der bild-theoretischen Variante der Korrespondenz-theorie der Wahrheit können Anlass dazu geben, die obige Bedingung (b) bzw. die Rede von »Tatsachen-Elementen« und »Struktur-Gleichheit« aufzugeben und durch folgende einfachere Bedingung zu ersetzen (vgl. zu dieser Art von Ansatz etwa Austin 1964, 18 ff.):

(b*) Der Satz entspricht der Tatsache.

Damit allein ist allerdings noch nicht sehr viel gewonnen, da wir ja gerade erst nach einer Erklärung dafür suchen, was dies heißt.

Was ist überhaupt unter »Tatsachen« zu verstehen? Wir hatten schon gesehen, dass zumindest die Auffassung von Tatsachen als aus Teilelementen zusammengesetzten Elementen auf Probleme führt. Es hilft aber auch nichts, Tatsachen als das zu verstehen, worauf sich wahre Sätze beziehen; schließlich soll der Tatsachenbegriff ja bei der Erklärung des Wahrheitsbegriffs verwandt werden und nicht umgekehrt. Je länger man versucht zu sagen, was eine Tatsache ist, desto mehr scheint alles zwischen den Fingern zu zerrinnen.

Und: Gibt es z. B. mathematische Tatsachen? Gibt es irgendwo etwas, nämlich die Tatsache, dass 2 + 2 = 4, die den Satz »2 + 2 = 4« wahr macht? Wie steht es mit all den Arten von Tatsachen, die wir oben schon erwähnt hatten (s. Kap. II.5.2): mit negativen, allgemeinen oder kontrafaktischen Tatsachen? Soll man wirklich annehmen, dass es Tatsachen in der Welt gibt wie Einzeldinge und (vielleicht) Eigenschaften? Gibt es hierzu überhaupt andere Gründe als die Zuneigung zu einer bestimmten philosophischen Theorie? Gibt es neben der Katze, der Matte und der Relation des Auf-Etwas-Liegens auch noch eine Tatsache, dass die Katze auf der Matte liegt? Gibt es wirklich propositional strukturierte Dinge in der Welt, die unabhängig von unserem Denken und Sprechen sind? Oder ist Propositionalität nicht vielmehr ein spezifisches Merkmal unseres Denkens und Sprechens?

Man kann sicherlich die generelle Vermutung hegen, dass die Rede von der »Korrespondenz zu Tatsachen« gar nicht das leisten kann, was sie zu leisten verspricht: nämlich etwas in der Welt (eine Tatsache und eine Beziehung der Korrespondenz) zu identifizieren, das auf informative Weise erklärt, was unter »Wahrheit« zu verstehen ist. Letztlich, so kann man vermuten, besagt die Rede von Tatsachen genau dasselbe wie die Rede von wahren Sätzen. Dann taugen aber die Begriffe der Tatsache und der Korrespondenz zu Tatsachen nicht zur Erklärung des Wahrheitsbegriffes. Oder, wie ein Philosoph der Gegenwart im Kontext einer Kritik der Korrespondenztheorie gesagt hat: »The correspondence theory requires, not purification, but elimination« (Strawson 1964, 32). Um Missverständnisse zu vermeiden, sei hinzugefügt, dass mit der Verneinung der Existenz von Tatsachen nicht die Existenz einer objektiven Wahrheit verneint wird. Nein, es wird nur verneint, dass Tatsachen etwas in der Welt sind wie Stühle, Rauhhaardackel oder Wolkenkratzer.

Dass jedenfalls die korrespondenztheoretische Erklärung von Wahrheit als Korrespondenz mit Tatsachen große Probleme aufwirft, lässt sich auch schön an einem Argument sehen, das als »**Steinschleuder-Argument**« (»slingshot-argument«) bekannt ist. Worum geht es dabei? Betrachten wir wieder Sätze und gehen wir wieder davon aus, dass die Teilausdrücke von Sätzen für etwas in der Welt stehen (auf etwas referieren, eine Extension haben). Außerdem, so die für eine Korrespondenztheorie nahe liegende Annahme, sollen nicht nur Teilausdrücke von Sätzen, sondern auch ganze Sätze für etwas in der Welt stehen (eine Extension haben): Tatsachen. Schließlich benötigen wir wieder die schon erwähnte (s. Kap. III.2.2) **Extensionalitäts-Bedingung** in einer leichten Variation: Wenn man einen Teilausdruck eines Satzes durch einen anderen Teilausdruck mit gleicher Extension ersetzt, bezieht sich der Satz, der sich daraus ergibt, auf dieselbe Tatsache wie der ursprüngliche Satz. Für die im Folgenden betrachteten Sätze ist diese Bedingung erfüllt; d. h. wir werden keine Sätze betrachten, die »intensionale Kontexte« erzeugen. Das Steinschleuder-Argument soll nun zeigen, dass diese plausiblen Annahmen zusammen mit den Annahmen der Korrespondenztheorie zu einer absurden Schlussfolgerung führen: nämlich dazu, dass alle wahren Sätze sich auf dieselbe Tatsache beziehen. Es handelt sich bei diesem Argument also um eine »reductio ad absurdum«, um den Nachweis, dass bestimmte Voraussetzungen zu inakzeptablen Schlussfolgerungen führen und deshalb selbst inakzeptabel sind. Betrachten wir dieses Argument näher und beginnen wir mit einem Beispiel (das sich bei Church 1956, 24 f. findet; vgl. auch Gödel 1944, 129; Davidson 1984a, 19; als Entgegnungen etwa Bennett 1988, 37 ff.; Searle 1995, 221–226).

Der Schriftsteller Walter Scott ist der Verfasser von *Waverly*. Also ist der Satz

(1)   Scott ist der Autor von *Waverly*

wahr. Der Korrespondenztheorie zufolge bezieht er sich auf diese Tatsache:

(T-1) Die Tatsache, dass Scott der Autor von *Waverly* ist.

Es ist wichtig zu sehen, dass (1) eine Identität behauptet, die man auch so ausdrücken könnte: »Scott = der Autor von *Waverly*«. Nun wissen wir aus der Literaturgeschichte, dass Scott (und sonst niemand) 29 *Waverly*-Novellen geschrieben hat. Das Folgende ist also auch wahr:

Der Autor von *Waverly* = der, der 29 *Waverly*-Novellen geschrieben hat.

Da die Ausdrücke links und rechts des Gleichheits-Zeichens dieselbe Extension haben (für dasselbe stehen) und da (1) der Extensionalitäts-Bedingung genügt, können wir in (1) den Ausdruck »der Autor von *Waverly*« durch den Ausdruck »der, der 29 *Waverly*-Novellen geschrieben hat« ersetzen, ohne dass sich dadurch an der Extension von (1) etwas ändert. Der wahre Satz, der sich somit ergibt –

(2)   Scott ist der, der 29 *Waverly*-Novellen geschrieben hat

(mit anderen Worten: Scott = der, der 29 *Waverly*-Novellen geschrieben hat) – bezieht sich also auf dieselbe Tatsache wie (1), nämlich auf (T-1).

Nun lässt sich (2) umformulieren in

(3)   Die Anzahl von Scotts *Waverly*-Novellen ist 29

(mit anderen Worten: Die Anzahl von Scotts *Waverly*-Novellen = 29). Auch (3) ist wahr. Die Sätze (2) und (3) sind extensionsgleich, wenn nicht sogar intensionsgleich. Dies zeigt sich daran, dass keine Situation vorstellbar ist, in der (2) und (3) verschiedene Wahrheitswerte haben. Sowohl (2) als auch (3) erfordern, dass es jemand namens »Scott« gibt (gegeben hat) und dass er genau 29 *Waverly*-Novellen geschrieben hat; und mehr erfordert weder die Wahrheit von (2) noch die von (3). Da also (3) extensionsgleich (wenn nicht gar intensionsgleich) mit (2) ist, bezieht auch (3) sich auf dieselbe Tatsache wie (1) und (2), nämlich auf (T-1).

Betrachten wir schließlich noch eine weitere Wahrheit oder nehmen wir zumindest an, dass sich seit Church daran nichts geändert hat: dass nämlich die Anzahl der Verwaltungsbezirke im US-Bundesstaat Utah 29 ist. Sowohl die Anzahl der Verwaltungsbezirke im US-Bundesstaat Utah ist 29 als auch die Anzahl von Scotts *Waverly*-Novellen. Es gilt also:

Die Anzahl der Verwaltungsbezirke im US-Bundesstaat Utah = die Anzahl von Scotts *Waverly*-Novellen.

Die Ausdrücke links und rechts des Gleichheits-Zeichens haben wieder dieselbe Extension und da hier die Extensionalitäts-Bedingung erfüllt ist, können wir in (3) den Ausdruck »die Anzahl von Scotts *Waverly*-Novellen« durch den Ausdruck »die Anzahl der Verwaltungsbezirke im US-Bundesstaat Utah« ersetzen, ohne dass sich dadurch an der Extension von (3) etwas ändert. Der wahre Satz, der sich somit ergibt –

(4)   Die Anzahl der Verwaltungsbezirke im US-Bundesstaat Utah ist 29

(mit anderen Worten: Die Anzahl der Verwaltungsbezirke im US-Bundesstaat Utah = 29) – bezieht sich also auf dieselbe Tatsache wie (3) und damit auch auf dieselbe Tatsache wie (1) und (2): nämlich auf (T-1). Wir gelangen also zu dem Resultat, dass

(1) Scott ist der Autor von *Waverly*

und

(4) Die Anzahl der Verwaltungsbezirke im US-Bundesstaat Utah ist 29

extensionsgleich sind und sich auf ein und dieselbe Tatsache (T-1) beziehen, – obwohl sie doch offenbar wenig miteinander zu tun haben.

Man kann dies leicht verallgemeinern (und diese Verallgemeinerung ist nicht zu vermeiden): Alle wahren Sätze (oder Äußerungen, Urteile, Überzeugungen, Propositionen) sind extensional äquivalent und beziehen sich auf dieselbe Tatsache (nämlich die Tatsache, dass Scott der Autor von *Waverly* ist). Es spielt keinerlei Rolle, ob all diese Sätze (etc.) viel oder wenig miteinander zu tun haben. Da eine Tatsache hier als das verstanden wird, das einem wahren Satz (etc.) korrespondiert, ergibt sich auch, dass es nur genau eine Tatsache gibt, nämlich die Tatsache, dass Scott der Autor von *Waverly* ist. Und diese Tatsache ist dieselbe Tatsache wie z.B. die, dass Wasser H_2O ist, oder die Tatsache, dass es keinen Weihnachtsmann gibt, oder die Tatsache, dass $2 + 2 = 4$.

Dieses Ergebnis erscheint inakzeptabel (»absurd«), weil es nicht mit unserer Konzeption von Tatsachen vereinbar ist, derzufolge es eine Vielzahl von Tatsachen gibt. Das Steinschleuder-Argument ist allerdings nicht unumstritten. Nehmen wir aber an, man könne nichts Wesentliches dagegen einwenden. Dann muss man eine der Prämissen des Arguments, eine der Voraussetzungen aufgeben. Da die Annahmen über Extension extrem plausibel sind, bleibt nur die These übrig, dass wahre Sätze sich auf Tatsachen beziehen. Die Rede von »Tatsachen« scheint im Zusammenhang mit der Erklärung des Wahrheitsbegriffs wertlos und geradezu irreführend zu sein. Das Problem, auf das das Steinschleuder-Argument aufmerksam macht, hat damit zu tun, dass Sätze (etc.) intensional sind, aber Tatsachen nicht. Man kann die weitere Frage anschließen, ob Sätze überhaupt eine Extension haben. Gottlob Frege etwa war der Auffassung (vgl. Frege: Über Sinn und Bedeutung, 47 ff.), dass die Extension eines Satzes sein Wahrheitswert – bei ihm: »das Wahre« oder »das Falsche« sei. Es ist sicherlich alles andere als selbstverständlich, Wahrheitswerte als etwas in der Welt anzusehen.

Zum Abschluss sei noch ein anderes Argument gegen die Korrespondenztheorie der Wahrheit erwähnt, das zwar häufig angebracht wird, aber nicht besonders aussichtsreich ist. Es besagt im Kern, dass wir unsere Überzeugungen (etc.) nicht mit der Welt oder den Tatsachen vergleichen können, weil es keinen Standpunkt ›außerhalb‹ unserer Überzeugungen (etc.) gibt, von dem aus man diesen Vergleich vornehmen könnte. Wir haben doch immer nur unsere Überzeugungen (etc.) und können aus ihnen nicht ›aussteigen‹. Ich kann meine Überzeugung, dass die Katze im Garten ist, nicht direkt mit der Welt vergleichen; ich kann nur z.B. zum Garten laufen, nachsehen, ob die Katze da ist, und, falls sie da ist, eine weitere Überzeugung erwerben (»Die Katze liegt unter dem Apfelbaum«) und so meine ursprüngliche Überzeugung überprüfen. Niemals können wir Überzeugungen (etc.) mit der Welt selbst oder den Tatsachen vergleichen (vgl. etwa Frege: Der Gedanke, 32 sowie die Kontroverse zwischen Hempel 1935a, 49 ff., Hempel 1935b, 93 ff. und Schlick 1935, 65 ff.). Gegen diesen

Einwand gegen die Korrespondenztheorie lässt sich Einiges einwenden. Hier sei nur zweierlei angeführt. Zunächst kann ich doch im Fall anderer Personen prinzipiell durchaus feststellen, ob die Überzeugung der Person »den Tatsachen entspricht«. Nur in meinem eigenen Fall gibt es Schwierigkeiten. Aber selbst wenn dem nicht so wäre, würde der obige Einwand gegen die Korrespondenztheorie doch nur etwas über die Kriterien der Wahrheit, über die Art und Weise, sie festzustellen, aussagen. Hier geht es aber, wie gesagt, um die Definition oder Erklärung des Wahrheitsbegriffs und diese werden durch den Einwand nicht einmal berührt.

4. Tarski

Soviel zur Korrespondenztheorie der Wahrheit und einigen Fragen bzw. Problemen, die sie aufwirft. Da die Korrespondenztheorie trotz allem doch eine wichtige Grund-Intuition zum Wahrheitsbegriff zu treffen scheint, lohnt es sich, nach einer alternativen Konzeption zu suchen, die von derselben Intuition ausgeht, aber dennoch die Probleme der Korrespondenztheorie vermeidet, also ganz ohne die Begriffe der Korrespondenz und der Tatsache auskommt. Glücklicherweise gibt es eine solche Theorie: die so-genannte »**semantische Theorie der Wahrheit**«, die auf den Logiker **Alfred Tarski** (1901–1983) zurückgeht, der sie in den 1930er Jahren entwickelt hat (vgl. Tarski: The Concept of Truth in Formalized Languages; eine knappe Version von Tarskis Theorie mit Einführungscharakter findet sich in Tarski: The Semantic Conception of Truth sowie in Tarski: Truth and Proof, 101–116; vgl. ansonsten: Kirkham 1992, Kap. 5, 6; Schmitt 1995, Kap. 5; Haack 1978, 99 ff.; Tugendhat/Wolf 1983, 226 ff.; Künne 1991, 147 ff.). Tarskis Theorie ist vielleicht die wichtigste unter den Wahr-heitstheorien der Gegenwart und sicherlich die zur Zeit am meisten diskutierte. Sie ist einerseits sehr viel unverfänglicher als die Korrespondenztheorie: Sie macht keinen Gebrauch vom Begriff der Tatsache oder der Korrespondenz. Andererseits ist sie sehr viel präziser als die Korrespondenztheorie, was auch damit zu tun hat, dass sie das prägnantere Instrumentarium der modernen Semantik verwendet. Wir werden noch sehen, ob diese Theorie wirklich nur Vorteile oder auch Nachteile hat. Zunächst aber zu der Frage, was sie überhaupt besagt. Betrachten wir dabei, wie Tarski, Sätze.

Beginnen wir mit der erwähnten Intuition! Sie lässt sich ohne Rückgriff auf Begriffe wie den der Tatsache und der Korrespondenz folgendermaßen formulieren:

> Ein Satz ist genau dann wahr, wenn es sich so verhält, wie der Satz sagt.

Man kann übrigens die oben zitierte Stelle bei Aristoteles auch in diesem Sinne ver-stehen: »Zu sagen, dass das, was ist, nicht ist, oder das, was nicht ist, ist, ist falsch; hingegen (zu sagen), dass das, was ist, ist, oder das, was nicht ist, nicht ist, ist wahr« (Aristoteles: Metaphysica, 1011b26 f.). Die eben gegebene Erklärung ist allerdings noch vage und sehr erklärungsbedürftig: Was ist damit gemeint, dass »etwas sich auf bestimmte Weise verhält«? Und was ist mit »was der Satz sagt« gemeint?

Ein Beispiel hilft hier weiter. Betrachten wir den Satz »Neapel liegt südlich von Rom«. Wie kann man die obige allgemeine Erklärung auf diesen Beispielsatz anwenden? So:

(B_1) Der Satz »Neapel liegt südlich von Rom« ist wahr genau dann, wenn Neapel südlich von Rom liegt.

Man kann hinzufügen: Der Satz »Neapel liegt südlich von Rom« ist nicht wahr genau dann, wenn Neapel nicht südlich von Rom liegt. Und sofern man mit Tarski und vielen anderen der Auffassung ist, dass die Verneinung von etwas Wahrem falsch ist, kann man auch sagen: Der Satz »Neapel liegt südlich von Rom« ist falsch genau dann, wenn Neapel nicht südlich von Rom liegt.

Nun kann man sich vorstellen, dass es eine dem Deutschen sehr ähnliche Sprache gibt (etwa eine Sprache für Geheimagenten) – das »Queutsche« –, in der zwar genau dieselben Worte und Regeln wie im Deutschen vorkommen, die Worte aber zum Teil eine ganz andere Bedeutung haben. So bedeuten etwa die drei Ausdrücke »Neapel«, »liegt südlich von« und »Rom« im Queutschen dasselbe wie (in dieser Reihenfolge) »die Katze«, »trinkt« und »die Milch« im Deutschen. Sowohl im Deutschen als auch im Queutschen gibt es also den Satz »Neapel liegt südlich von Rom«, aber er bedeutet jeweils etwas ganz Anderes. Für das Queutsche gilt dann:

(B_2) Der Satz »Neapel liegt südlich von Rom« ist wahr genau dann, wenn die Katze die Milch trinkt.

Wir haben es hier mit einem Bikonditional zu tun: »p gdw. q« oder »p <–> q«; Bikonditionale sind genau dann wahr, wenn beide Glieder denselben Wahrheitswert haben. Da nun auf der rechten Seite des Bikonditionals jeweils (in B_1 und in B_2) etwas ganz Verschiedenes steht, haben wir ein Problem: B_1 und B_2 können nicht beide wahr sein. Dieses Problem lässt sich sehr leicht auflösen, indem man jeweils die Sprache des Satzes, dessen Wahrheit erklärt wird, angibt. Genau genommen muss es also heißen:

(B_3) Der Satz »Neapel liegt südlich von Rom« ist im Deutschen wahr genau dann, wenn Neapel südlich von Rom liegt

und

(B_4) Der Satz »Neapel liegt südlich von Rom« ist im Queutschen wahr genau dann, wenn die Katze die Milch trinkt.

Die Wahrheit eines Satzes ist relativ auf die Sprache, zu der der Satz gehört. In dieser Weise kann man dann auch mit Sätzen verfahren, die zu einer Sprache gehören, die nicht fiktiv ist, wie z. B. dem Englischen. Für den englischen Satz »Naples is south of Rome« muss es dann z. B. heißen:

(B_5) Der Satz »Naples is south of Rome« ist im Englischen wahr genau dann, wenn Neapel südlich von Rom liegt.

All dies hat eine sehr wichtige Implikation: Wahrheitsdefinitionen nach Tarskis Art sind immer **relativ auf eine Sprache** und darauf begrenzt; sie müssen dies sein (vgl. Tarski: The Concept of Truth in Formalized Languages, 152 f.).

Bleiben wir für einen Augenblick bei (B_5). Interessant ist hier unter anderem, dass zwei Sprachen eine Rolle spielen: das Englische und das Deutsche. Der Satz, um dessen Wahrheit es geht, ist ein englischer Satz und der Satz, der die Wahrheit dieses englischen Satzes erklärt, ist ein deutscher Satz. Man könnte dagegen einwenden, dass (B_5) nicht vollständig deutsch ist, weil doch in den Anführungszeichen englische Worte vorkommen. Letzteres ist richtig, aber die englischen Worte zusammen mit den Anführungszeichen können als Teil der deutschen Sprache (ebenso wie des Englischen) betrachtet werden. Damit ist (B₅) auch ein durchgängig deutscher Satz. Obwohl die Zeichenfolge »N«, »a«, »p« bis »o«, »m«, »e« in (B₅) ein englischer Satz ist, ist die Zeichenfolge, die sich durch Hinzufügung der Anführungszeichen am Anfang und am Ende ergibt, ein Ausdruck der deutschen Sprache, der einen englischen Satz benennt – so wie etwa der Ausdruck »der englische Satz auf S. XY« den entsprechenden englischen Satz benennt.

Aber zurück zu (B₅)! Bemerkenswerterweise steht auf der rechten Seite des Bikonditionals die Übersetzung des auf der linken Seite zitierten englischen Satzes ins Deutsche. Tarski nennt nun die Sprache, zu der der Satz gehört, über dessen Wahrheit wir reden, die »**Objekt-Sprache**«; in unserem Beispiel ist das die englische Sprache (»Naples is south of Rome«). Er nennt die Sprache, in der wir die Wahrheitsdefinition geben, also die Sprache des Bikonditionals, die »**Meta-Sprache**«; in unserem Beispiel ist das natürlich das Deutsche (vgl. Tarski: The Concept of Truth in Formalized Languages, 167 ff.). Unser erstes Beispiel

(B₃) Der Satz »Neapel liegt südlich von Rom« ist im Deutschen wahr genau dann, wenn Neapel südlich von Rom liegt

ist also ein Spezialfall, weil Objekt- und Meta-Sprache hier identisch sind. Die Unterscheidung von Objekt- und Meta-Sprache ist von zentraler Bedeutung für die semantische Konzeption der Wahrheit und wir werden gleich noch einmal darauf zurückkommen.

Mit (B₃) haben wir immerhin schon eine Definition des Begriffes der Wahrheit für den deutschen Satz »Neapel liegt südlich von Rom«, aber noch nicht das, was uns eigentlich interessiert, nämlich eine allgemeine Definition des Wahrheitsbegriffes für alle Sätze der Sprache. Wie kann man das bekommen? Eine denkbare Antwort ist diese: Man gibt für jeden einzelnen Satz der Sprache (in unserem Beispiel: des Deutschen) eine Wahrheitsdefinition nach dem Vorbild von (B₃). Da Sprachen wie das Deutsche unendliche viele Sätze zulassen, würde sich so eine unendlich lange Liste der folgenden Art ergeben:

Der Satz »Neapel liegt südlich von Rom« ist im Deutschen wahr genau dann, wenn Neapel südlich von Rom liegt,
Der Satz »Es gibt keinen Weihnachtsmann« ist im Deutschen wahr genau dann, wenn es keinen Weihnachtsmann gibt,
Der Satz »Hätte Hans geschwiegen, wäre er Philosoph geblieben« ist im Deutschen wahr genau dann, wenn Hans Philosoph geblieben wäre, hätte er geschwiegen,
Der Satz »Kreise haben keine Ecken« ist im Deutschen wahr genau dann, wenn Kreise keine Ecken haben,
etc.

Diese listenförmige Definition hat allerdings den großen Nachteil, dass sie unendlich lang und insofern unbrauchbar ist. Abgesehen davon sagt sie nicht in wirklich allgemeiner Form, was Wahrheit ist, sondern liefert nur eine Liste von einzelnen Wahrheiten.

Ein nahe liegender Vorschlag ergibt sich, wenn man einzelne Sätze der obigen Liste betrachtet. Sie legen folgende allgemeine Erklärung des Wahrheitsbegriffs für eine beliebige Sprache L nahe:

> Der Satz »p« ist wahr in L genau dann, wenn p.

Da Objekt- und Meta-Sprache nicht identisch sein müssen (– nicht einmal dürfen, wie wir gleich noch sehen werden), empfiehlt sich folgende modifizierte Fassung:

> (T)   »z« ist wahr in L genau dann, wenn p,

wobei »z« ein Satz der Objekt-Sprache L ist und »p« dessen Übersetzung in die Meta-Sprache ist.

Bevor wir nun (T) näher betrachten, müssen wir noch auf einen sehr wichtigen Aspekt des Verhältnisses von Objekt- und Meta-Sprache eingehen. Betrachten wir den folgenden Satz:

> (W) Der Satz (W) ist nicht wahr.

(W) ist natürlich ein Beispiel für die berühmte **Lügner-Paradoxie**, die auf den Ausspruch eines Kreters zurückgeführt wird, demzufolge alle Kreter lügen (vgl. etwa Sainsbury 1993, Kap. 5.2). Es gibt verschiedene Versionen dieser Paradoxie, wie etwa

> Dieser Satz ist falsch

oder dieses Satzpaar

> Der folgende Satz ist wahr.
> Der vorhergehende Satz ist falsch.

Betrachten wir (W): Wenn (W) wahr ist, dann verhält es sich so, wie (W) sagt, d. h. (W) ist nicht wahr. Und wenn (W) nicht wahr ist, dann trifft das zu, was (W) sagt, d. h. (W) ist wahr. (W) ist also genau dann wahr, wenn (W) nicht wahr ist. Zu demselben Resultat gelangen wir, wenn wir gemäß (T) die Wahrheitsbedingungen von (W) formulieren:

> »Der Satz (W) ist nicht wahr« ist wahr in L (im Deutschen) genau dann, wenn der Satz (W) nicht wahr ist.

Da gilt, dass

> Der Satz (W) = »Der Satz (W) ist nicht wahr«

kann man auch sagen:

> Der Satz (W) ist wahr in L (im Deutschen) genau dann, wenn der Satz (W) nicht wahr ist

– oder, wenn man die Objekt-Sprache nicht explizit angibt:

> Der Satz (W) ist wahr genau dann, wenn der Satz (W) nicht wahr ist

Und dies ist ein logischer Widerspruch.

Die korrekte Auflösung dieses Widerspruchs erhitzt die Gemüter bis heute. Es ist bemerkenswert, dass natürliche Sprachen wie Deutsch, Englisch etc. die Möglichkeit dieses Widerspruchs enthalten. Man sollte ja zunächst nicht unbedingt erwarten, dass die Anwendung des Wahrheits-Prädikates auf beliebige Sätze einer Sprache zu Widersprüchen führt. Die Lügner-Paradoxie zeigt, dass dem so ist, und damit auch, dass natürliche Sprachen wie das Deutsche, Englische etc. die entsprechenden Wahrheits-Prädikate (»wahr«, »true« etc.) insofern inkohärent sind, als sie diesen

Widerspruch nicht ausschließen. Jede halbwegs diskussionsfähige Erklärung des Wahrheitsbegriffes muss also erklären können, wie die Lügner-Paradoxie zustande kommt und wie sie aufgelöst werden kann. Das heißt auch, dass eine akzeptable Erklärung des Wahrheitsbegriffes nicht rein explikativ sein kann, sondern zum Teil auch stipulativ sein muss (zu dieser Unterscheidung s. Kap. III.1.1); sie muss den alltäglichen Wahrheitsbegriff zumindest in Teilen ›reformieren‹.

Was hat Tarski hierzu zu sagen? Er zieht eine für die Wahrheitstheorie ganz wesentliche Konsequenz: Der Wahrheitsbegriff kann für **natürliche Sprachen** nicht definiert werden, sondern nur für sogenannte »**formale Sprachen**«, also Sprachen, in denen jeder Ausdruck explizit und eindeutig definiert ist, wie etwa die Sprachen der Logik und der Mathematik (vgl. Tarski: The Concept of Truth in Formalized Languages, § 1 sowie 157 f., 164 f. zu der Tatsache, dass natürliche Sprachen die Lügerantinomie zulassen). Wir werden auf diese Beschränkung der Tarskischen Wahrheitstheorie auf formale Sprachen noch zurückkommen (unsere Beispiele aber der Einfachheit halber natürlichen Sprachen entlehnen). Anders als in natürlichen Sprachen kann in formalen Sprachen die Entstehung des Widerspruchs verhindert werden. Tarski zufolge darf eine Sprache L-1 zwar ein Wahrheits-Prädikat enthalten, aber sie darf nicht ihr eigenes Wahrheitsprädikat enthalten, d. h. ihr Wahrheits-Prädikat muss in seinem Anwendungsbereich auf andere Sprachen als L-1 begrenzt sein; es kann z. B. auf eine von L-1 verschiedene Sprache L-2 Anwendung finden. Damit ist auch gesagt, dass es eine Differenz zwischen Objekt- und Meta-Sprache nicht nur geben kann, sondern geben muss: Die Sprache, für die der Begriff der Wahrheit definiert wird, darf nicht dieselbe Sprache sein wie die Sprache, in der der Begriff der Wahrheit definiert wird. Der Wahrheitsbegriff für eine Sprache – die Objekt-Sprache – kann nur in einer von ihr verschiedenen Meta-Sprache definiert werden. Natürliche Sprachen sind beides zugleich: Objekt-Sprachen und ihre eigenen Meta-Sprachen. Und deshalb lassen sie die Lügner-Paradoxie zu. Wir können die Frage hier außer acht lassen, wie Tarkis Theorie im Hinblick auf die Lösung des Lügnerparadoxes zu beurteilen ist; hier kommt es nur auf die Konsequenzen für Tarskis Wahrheitstheorie an.

Betrachten wir unter diesen Vorzeichen wieder (T)! Vorausgesetzt, dass die Objekt-Sprache nicht ihr eigenes Wahrheits-Prädikat enthält – taugt

(T) »z« ist wahr in L genau dann, wenn p,

(wobei »z« wieder ein Satz der Objekt-Sprache und »p« seine Übersetzung in die Meta-Sprache ist) dann als Wahrheitsdefinition? Nein! Die Ausdrücke »z«, »p« und »L« stehen nämlich nicht für etwas Bestimmtes, sondern sind »Variablen«, also Ausdrücke, für die etwas eingesetzt werden kann. Wenn man bestimmte Sätze und eine Sprache angibt, wird aus (T) ein Satz mit einem vollständigen Inhalt. (T) selbst deutet nur die Form bestimmter Sätze an. Wenn man z. B. für »z« einen Satz der entsprechenden Objekt-Sprache (etwa »Naples is south of Rome«), für »p« dessen Übersetzung in die Meta-Sprache (hier »Neapel liegt südlich von Rom«) und für »L« eine Bezeichnung für die Objekt-Sprache (hier »Englisch«) einsetzt, ergibt sich ein vollständiger Satz, nämlich (B$_3$).

Nun führt dieses Verfahren, wie wir gesehen haben, nur zu einer unbrauchbaren, weil unendlichen Liste von Erklärungen der Wahrheit der einzelnen Sätze der entsprechenden Sprache. Wir suchen aber eine allgemeine und endliche Erklärung. Hier ist ein Vorschlag dazu:

(T*) Für alle z, L und p gilt: »z« ist ein wahrer Satz der Objektsprache L genau dann, wenn p (wobei »p« die Übersetzung des objektsprachlichen »z« in die Metasprache darstellt).

Aber auch (T*) wirft schwerwiegende Probleme auf (vgl. Tarski: The Concept of Truth in Formalized Languages, 158 ff.). Ein Problem besteht darin, dass hier die nur scheinbar harmlosen Anführungszeichen auftauchen. Zunächst einige knappe Bemerkungen zu (doppelten) **Anführungszeichen** und zu ihrer primären Verwendungsweise, die hier allein interessiert (vgl. etwa Frege: Über Sinn und Bedeutung, 43 sowie Tragesser 1992, 517). Wenn man einen sprachlichen Ausdruck, der sich auf etwas bezieht, ohne Anführungszeichen verwendet, dann redet (oder schreibt etc.) man über das, wofür der Ausdruck steht. Wenn man aber den Ausdruck verändert, indem man ihn mit Anführungszeichen einrahmt, dann redet (oder schreibt etc.) man über den ursprünglichen Ausdruck und nicht die Sache, für die er steht. Wenn man etwas über Snoopy, den Hund der Peanuts, sagen will, dann verwendet man einfach seinen Namen ohne Anführungszeichen. Wenn man aber über den Namen des Hundes etwas sagen will – z. B. dass er zweisilbig ist, was man von dem Hund selbst nicht sagen kann –, dann rahmt man den Namen des Hundes mit Anführungszeichen ein. Man kann z. B. sinnvoll sagen, dass »Snoopy« ein ungewöhnlicher Name für Hunde ist, aber man kann nicht sinnvoll sagen, dass Snoopy ein ungewöhnlicher Name für Hunde ist, ganz einfach weil Snoopy ein Hund und kein Name, nicht einmal einer für Hunde, ist. Und man kann sinnvoll sagen, dass Snoopy nicht in seiner Hütte schläft, aber man kann nicht sinnvoll sagen, dass »Snoopy« in seiner Hütte schläft, ganz einfach, weil Namen nicht schlafen, schon gar nicht außerhalb der Hütte. Es ist auf jeden Fall wichtig, dass man scharf zwischen der Verwendung eines Ausdrucks und der Erwähnung eines Ausdrucks (zwischen Snoopy und »Snoopy«) unterscheidet. Im einen Fall redet man über die Sache, für die der Ausdruck steht, im anderen Fall über den Ausdruck. Missachtet man diesen feinen Unterschied, können sich folgenreiche Missverständnisse und Konfusionen einstellen.

Zurück zu den Problemen, die (T*) aufwirft! Für den Buchstaben »z« soll, wenn er ohne Anführungszeichen vorkommt, ein Satz der Objekt-Sprache eingesetzt werden; wenn aber am Anfang und Ende der Zeichenkette, die diesen Satz ausmacht, Anführungszeichen stehen, dann hat man es nicht mit dem Satz selbst, sondern mit etwas, das für diesen Satz steht, einem Namen für den Satz, zu tun. Ein Satz ist aber etwas anderes als die Bezeichnung des Satzes. Der Ausdruck

Naples is south of Rome

sieht zwar sehr ähnlich aus wie der Ausdruck

»Naples is south of Rome«;

die erste Zeichenkette ist in der zweiten Zeichenkette enthalten. Das gilt aber auch für diese beiden Ausdrücke:

echt

und

rechts

– und man kann ja nicht gerade sagen, dass diese beiden Worte inhaltlich viel miteinander zu tun haben. Das Problem bei (T*) ist ähnlich: Zunächst ist von Sätzen

(»z«) die Rede und dann von Bezeichnungen für Sätze (»z«). Es ist also – trotz dem oft trügerischen Schein der Anführungszeichen – von verschiedenen Dingen die Rede. Deshalb gibt es auch Probleme beim Einsetzen von einzelnen Sätzen in den auf den Doppelpunkt folgenden rechten Teil von (T*). Wir würden höchstens zu

> »z« ist im Englischen genau dann wahr, wenn Neapel südlich von Rom liegt,

was ein unvollständiger und insofern unverständlicher Ausdruck ist; wir würden jedenfalls nicht zu

> »Naples is south of Rome« ist im Englischen genau dann wahr, wenn Neapel südlich von Rom liegt,

gelangen. Wir müssen und können hier nicht näher auf die Natur der Anführungszeichen eingehen und es ist auch nicht unumstritten, wie genau man das obige Problem zu beschreiben und zu lösen hat. Tarski jedenfalls hat die Konsequenz gezogen, dass so etwas wie (T*) nicht weiterhilft.

Man kann an all diesen Erklärungen gut sehen, wie ein scheinbar so einfacher Begriff wie der der Wahrheit bei näherer Betrachtung vertrackte Probleme aufwirft. Man darf sich allerdings von der Vertracktheit auch nicht entmutigen lassen. Und was unser ursprüngliches (T) angeht, so ist es nach Tarski gar nicht so unbrauchbar, wie man jetzt vielleicht meinen könnte. Es taugt zwar nicht zur **Definition des Wahrheitsbegriffes**, aber doch für die Formulierung einer **Adäquatheitsbedingung** der Definition des Wahrheitsbegriffes, also einer Bedingung, die jeder Definitionsvorschlag erfüllen muss, um überhaupt als Vorschlag der Definition von »Wahrheit« angesehen werden zu können. So ist z. B. eine recht triviale Adäquatheitsbedingung für die Definition des Begriffes der Wahrheit, dass es einen Unterschied zwischen »wahr« und »falsch« gibt; eine Definition, auf die das nicht zutrifft, mag alles mögliche darstellen, aber sicherlich keine Definition des Wahrheitsbegriffes. Aber zurück zu (T)! Tarski zufolge lässt sich (T) für die Konstruktion einer Adäquatheitsbedingung für die Definition des Wahrheitsbegriffes verwenden. Diese Bedingung ist unter dem Namen »**Konvention T**« (»convention T«, wobei »T« für »truth«, nicht für »Tarski« steht) bekannt und lässt sich folgendermaßen beschreiben (vgl. Tarski 1956, 187 f.):

> (Konvention T) Eine adäquate Wahrheitsdefinition für eine bestimme Objekt-Sprache impliziert alle Sätze, die sich aus
>> »z« ist wahr (in der Objektsprache) genau dann, wenn p
> ergeben, indem man an die Stelle von »z« einen Satz der Objekt-Sprache setzt und an die Stelle von »p« die Übersetzung von »z« in die Meta-Sprache.

Dies ist zwar nicht die Definition selbst, aber es gibt doch einen Eindruck davon, wie Tarskis Wahrheitstheorie aussieht. Eine Tarski'sche Wahrheitstheorie liefert für jeden Satz der Sprache den entsprechenden »T-Satz«, also die Erklärung seiner Wahrheitsbedingungen, z. B.:

> (B₅) Der Satz »Naples is south of Rome« ist im Englischen wahr genau dann, wenn Neapel südlich von Rom liegt.

Da beim Übergang vom entsprechenden Satz zur Angabe seiner Wahrheitsbedingungen die Anführungszeichen wegfallen, wird diese Art von Wahrheitskonzeption oft auch »**disquotational**« genannt. Tarski erklärt ausführlich, wie man eine solche

Wahrheitstheorie angeben kann. Man gibt die Wahrheitsbedingungen für die grund-legenden logischen Formen von Sätzen an (Allsätze, Existenzsätze, »Fa«-Sätze, etc.) und erklärt die Wahrheitsbedingungen logisch komplexer Sätze mit Rekurs auf die Wahrheitsbedingungen logisch elementarer Sätze. Auf die technischen Details der Tarski'schen Theorie können und müssen wir hier nicht eingehen (vgl. hierzu etwa Kirkham 1992, Kap. 5; Schmitt 1995, Kap. 5; Haack 1978, 99 ff.; Tugendhat/Wolf 1983, 226 ff.; Künne 1991, 147 ff.).

Zum Abschluss sei noch kurz auf einige Probleme und Schwierigkeiten dieser Theorie hingewiesen (vgl. dazu Kirkham 1992, Kap. 6; Schmitt 1995, Kap. 5; Haack 1978, 110 ff.; Künne 1991, 155 ff.). Zunächst sei angemerkt, dass sie nur die Wahr-heit von Sätzen betrifft, nicht die von Propositionen, Urteilen oder Überzeugungen; inwiefern sie darauf übertragbar ist oder nicht, sei hier offengelassen. Wir hatten oben jedenfalls auf Schwierigkeiten hingewiesen, die entstehen, wenn man Wahrheit als Wahrheit von Sätzen begreift.

Sehr viel tiefer gehen zwei weitere, eng miteinander zusammenhängende, Pro-bleme. Tarskis Wahrheitstheorie ist, wie schon gesagt, nicht für natürliche Sprachen wie das Englische oder Spanische gedacht, sondern nur für formale Sprachen. Sie ist sozusagen nicht für den Alltag gemacht. Kann man z. B. eine Tarski'sche Erklärung der Wahrheit von Sätzen geben, in denen indexikalische Ausdrücke (wie »ich«, »jetzt«, »hier« etc.) auftauchen geben? »Ich bin jetzt hungrig« ist ja nicht nur dann wahr, wenn ich jetzt hungrig bin. Es gibt zwar inzwischen Versuche, Tarskis Theorie auf natürliche Sprachen anzuwenden (vgl. Davidson 1984a, 17 ff.), aber es ist umstritten, ob das prinzipiell gelingen kann und Tarski war in dieser Hinsicht sicherlich mehr als skeptisch.

Zum anderen ist eine Tarski'sche Wahrheitsdefinition immer relativ auf eine bestimmte Sprache (die jeweilige Objekt-Sprache). Unser alltäglicher Wahrheitsbegriff ist aber wesentlich sprach-übergreifend und allgemein. Man könnte sogar soweit ge-hen zu sagen, dass Tarski genaugenommen nicht den Begriff der Wahrheit definiert, sondern den Begriff der Wahrheit-in-der-Sprache-XYZ. Beide zuletzt genannten Pro-bleme werfen die Frage auf, ob Tarski vielleicht nicht alles gesagt hat, was über den Begriff der Wahrheit zu sagen wäre, ja ob er vielleicht sogar das Thema verfehlt hat. Manche Philosophen sind andererseits der Auffassung, dass man mehr Konsistentes gar nicht über den Begriff der Wahrheit sagen kann (vgl. z. B. Horwich 1990).

Wie dem auch sei: Die semantische Wahrheitstheorie vermeidet jedenfalls die Probleme der Korrespondenztheorie, also diejenigen Probleme, die mit den Begriffen der Korrespondenz und der Tatsache zusammenhängen. Manchmal wird sie aller-dings auch als »Korrespondenztheorie« bezeichnet; dies ist aber nur in einem sehr schwachen (und nicht dem obigen) Sinne möglich, etwa in dem Sinne, dass auch diese Theorie der Intuition folgt, dass ein Satz (etc.) wahr ist, wenn die Dinge sich so verhalten, wie der Satz sagt.

5. Ist ›Wahrheit‹ überflüssig?
Die Redundanztheorie der Wahrheit

Man kann den Eindruck gewinnen, dass die semantische Wahrheitstheorie insofern
ein sehr viel ›magereres‹ Bild von Wahrheit entwirft als die Korrespondenztheorie
der Wahrheit, als sie keine besonderen Implikationen bezüglich der Struktur der
Wirklichkeit (gibt es Tatsachen in der Welt oder nicht?) enthält und insofern, trotz
aller technischen Raffinesse, den Begriff der Wahrheit ›tiefer hängt‹ als die Korrespondenztheorie der Wahrheit. Betrachtet man die Erklärungen der Wahrheitsbedingungen
einzelner Sätze, die sich aus der semantischen Wahrheitsdefinition ergeben, so kann
man sogar den Eindruck gewinnen, dass der Begriff der Wahrheit ganz überflüssig
ist. Berechtigt nicht

> (B₃) Der Satz »Neapel liegt südlich von Rom« ist im Deutschen wahr genau dann, wenn
> Neapel südlich von Rom liegt

dazu, den Satz

> Der Satz »Neapel liegt südlich von Rom« ist im Deutschen wahr

jederzeit durch den Satz

> Neapel liegt südlich von Rom

zu ersetzen? Allgemeiner formuliert – so, dass auch Propositionen, Gedanken und
Überzeugungen erfasst sind, und ohne expliziten Bezug auf eine Sprache –: Berechtigt
nicht das Schema

> »p« ist wahr genau dann, wenn p

dazu, jeden Satz (etc.) der Form

> »p« ist wahr

durch einen Satz (etc.) der Form

> p

zu ersetzen? Können wir nicht in jedem Fall, in dem von einem Satz gesagt wird,
dass er wahr sei, einfach den Satz selbst verwenden – also sowohl die Anführungszeichen als auch das Wörtchen wahr streichen? Sagt nicht »Es ist wahr, dass es regnet« dasselbe wie »Es regnet«? Sagen alle diese Paare von Sätzen (etc.) nicht jeweils
dasselbe?

Der **Redundanztheorie der Wahrheit** zufolge ist die Antwort auf alle diese Fragen positiv (vgl. vor allem Ramsey: Facts and Propositions, 34 ff. sowie auch Frege:
Logik, 140, 153 und Wittgenstein: Philosophische Untersuchungen, § 136; vgl. dazu
auch Horwich 1990, 38–43). Ihr zufolge ist das Wort »Wahrheit« bzw. der Begriff
der Wahrheit überflüssig, »redundant« (deshalb wird eine solche Theorie oft auch
»**deflationär**« genannt: Sie lässt vom Wahrheitsbegriff sozusagen »nichts übrig«).
Dies ist sicherlich eine erstaunliche These: Gibt es wirklich keinen guten Grund dafür, dass wir den Wahrheitsbegriff überhaupt haben? Wieso haben wir diesen Begriff
überhaupt, wenn er denn eigentlich überflüssig ist? Vielleicht doch gerade deshalb,
weil er nicht überflüssig ist, sondern geradezu sehr wichtig ist?

Für die Redundanztheorie spricht, dass Sätze (etc.) der Form

»p« ist wahr

dieselben Wahrheitsbedingungen haben wie Sätze (etc.) der Form

p.

Es ist nicht vorstellbar, dass etwa »Es ist wahr, dass es regnet« falsch ist und »Es regnet« wahr ist (oder umgekehrt).

Es gibt aber andere Verwendungsweisen des Wahrheitsbegriffs, und zwar solche, mit denen die Redundanztheorie Schwierigkeiten hat. Hier ist ein Beispiel:

Alles, was Anna sagt, ist wahr.

Wie soll man hier den Wahrheitsbegriff eliminieren? Schließlich wird ja nicht gesagt, was Anna genau sagt. Streicht man »ist wahr«, so gelangt man zu etwas, das keine (vollständige) Proposition ausdrückt: »Alles, was Anna sagt«. Es ist nicht klar, ob die Redundanztheorie mit solchen Problemfällen auf befriedigende Weise umgehen kann. Hier seien kurz zwei Arten von Lösungsversuchen erwähnt.

Zunächst könnte man daran denken, eine Liste der folgenden Form aufzustellen und als diese Liste als eine Analyse von »Alles, was Anna sagt, ist wahr« anzugeben, in der der Wahrheitsbegriff nicht mehr vorkommt:

Wenn Anna sagt, dass Neapel südlich von Rom liegt, dann liegt Neapel südlich von Rom,
Wenn Anna sagt, dass Eis gut für die Zähne ist, dann ist Eis gut für die Zähne,
Wenn Anna sagt, dass es keine größte Primzahl gibt, dann gibt es keine größte Primzahl,
etc.

Eine solche Analyse hat allerdings einen schlagenden Nachteil: Die entsprechende Liste ist unendlich lang und dementsprechend unbrauchbar.

Eine Alternative besteht darin, einen allgemeinen Ausdruck zu finden. Hier ist ein Vorschlag:

Für alle p gilt: Wenn Anna sagt, dass p, dann p.

Hier gibt es allerdings subtile logische Probleme. Viele Logiker sind der Auffassung, dass in Allaussagen – also in Aussagen der logischen Form »Für alle x gilt: Wenn x F ist, dann ist x G« (z. B. »Alle Lebewesen sind sterblich«) – das, was die Stelle des »x« einnimmt, sich auf Gegenstände beziehen muss. Dem obigen Vorschlag zufolge sollen aber für »p« nicht Ausdrücke für Gegenstände, sondern ganze Sätze eingesetzt werden. Und es ist umstritten, ob das logisch zulässig ist (worauf wir hier nicht näher eingehen können).

Interessanterweise hat die Redundanztheorie auch zusätzliche Schwierigkeiten mit den zu »wahr« komplementären Ausdrücken »nicht wahr« bzw. »falsch«. Man könnte vorschlagen, einen Fall wie

Es ist nicht wahr (falsch), dass Elefanten singen

in der folgenden Weise umzuformulieren:

Elefanten singen nicht.

Wie erklärt man aber die Bedeutung eines logischen Wortes wie »nicht«? Eine gängige Antwort besagt, dass die Hinzufügung des Wörtchens »nicht« aus etwas Wahrem etwas Falsches macht und umgekehrt. Allgemeiner formuliert: Offenbar können wir bei der Erklärung der Bedeutung der grundlegenden logischen Ausdrücke (wie »nicht«, »und«, »oder«, »wenn-dann« etc.) nicht auf Begriffe wie den der Wahrheit verzichten. Dieser Begriff erscheint geradezu unabdingbar (vgl. Dummett 1978, 4 ff.). Am Rande sei hinzugefügt, dass die Redundanztheorie offenbar die Lügner-Paradoxie nicht ausdrücken kann. Der Satz (W) (»Der Satz (W) ist nicht wahr«) kann gar nicht entsprechend umgeformt werden. Ist dies ein Vorteil oder ein Nachteil der Redundanztheorie?

Zum Abschluss sei noch eine besondere Form der Redundanztheorie kurz erwähnt: die sogenannte »**performative**« **Auffassung** (vgl. etwa Strawson 1964, 32 ff.). Der Ausdruck »performativ« bezieht sich darauf, dass man etwas tun kann, indem man etwas sagt: z. B. ein Versprechen geben, indem man sagt »Ich komme morgen ganz bestimmt vorbei!« (vgl. grundsätzlich Austin 1962a und Searle 1969). Der performativen Auffassung zufolge hat das Wort »wahr« zwar eine gewisse Funktion, aber keine deskriptive Funktion. Es dient nicht dazu, irgendetwas über etwas zu sagen, sondern vielmehr dazu, etwas auszudrücken, und zwar den Tatbestand, dass man etwas behauptet bzw. mit behauptender Kraft ausspricht. Wer z. B. den Satz »Hohe Inflationsraten hemmen das Wachstum« unter bestimmten (normalen) Bedingungen ausspricht, macht damit eine Behauptung (und stellt z. B. keine bloße Vermutung an etc.). Indem man den Satz unter diesen Bedingungen ausspricht, macht man eine Behauptung. Verwendet man den Satz »Es ist wahr, dass hohe Inflationsraten das Wachstum hemmen«, so wird mit dem Wort »wahr« nur explizit gemacht, dass man eine Behauptung macht, indem man sagt, dass hohe Inflationsraten das Wachstum hemmen. Die beiden Sätze unterscheiden sich hingegen überhaupt nicht in ihrem Informationsgehalt.

Diese Auffassung wirft dieselben Fragen auf, die oben schon angesprochen wurden. Darüber hinaus ist festzuhalten, dass sie auf sprachliche Phänomene beschränkt ist – schließlich ist das Behaupten etwas Sprachliches – und nicht auf nicht-sprachliche Wahrheitsträger anwendbar zu sein scheint. Schließlich wirft sie noch folgendes Problem auf. Versucht man zu erklären, was eine Behauptung ist, scheint man den Begriff der Wahrheit verwenden zu müssen: Wer etwas behauptet, stellt es als wahr hin. So scheint der Begriff der Wahrheit doch wieder – ›durch die Hintertür‹ – ins Spiel zu kommen.

Die Redundanztheorie macht in gewisser Weise ›kurzen Prozess‹ mit der Idee einer Erklärung des Wahrheitsbegriffs, so wie wir sie hier im Auge haben: Da der Wahrheitsbegriff redundant ist, ist auch die entsprechende Suche nach einer Wahrheitsdefinition fehl am Platz. Es gibt noch eine andere Art von Skepsis gegenüber dieser Suche. Sie drückt sich in der Überzeugung aus, dass der Begriff der Wahrheit gar nicht definierbar oder durch andere Begriffe erklärbar ist, und zwar im Wesentlichen deshalb, weil er ein ganz fundamentaler Begriff ist (vgl. etwa Frege: Der Gedanke, 32; vgl. auch Davidson 1996, 263 ff.). Man kann diese Auffassung auch als »**Keine Theorie**«-**Theorie der Wahrheit** bezeichnen. Meist wird zu ihren Gunsten nicht sehr viel mehr getan als sie einfach zu behaupten. Es ist jedenfalls nicht unumstritten, dass es überhaupt fundamentale Begriffe gibt und unsere Begriffe nicht alle untereinander in einer Weise zusammenhängen, dass sie sich gegenseitig Bedeutung verleihen (s. dazu Kap. III.1.5 und Kap. VI.7). Gehen wir zum Abschluss noch kurz auf einige weitere Wahrheits-Konzeptionen ein!

6. Epistemische Wahrheitstheorien: Rationale Akzeptierbarkeit, Kohärenz und mehr

Oben wurden mehrere Hinsichten erwähnt, in denen Wahrheit für abhängig oder unabhängig von uns gehalten werden könnte (s. Kap. IV.2). Eine dieser Hinsichten betrifft die Unterscheidung von Definition und Kriterium bzw. die Rolle der Verifikation. Die beiden Grundpositionen waren die folgenden (für den Fall von Propositionen formuliert):

> (A-R) Ob eine Proposition wahr ist oder falsch, hängt davon ab, ob wir sie prinzipiell verifizieren können,
>
> (R) Ob eine Proposition wahr ist oder falsch, hängt nicht davon ab, ob wir sie prinzipiell verifizieren können (wir müssen nur manche Propositionen verifizieren können).

Manche Philosophen glauben nun, dass der Zusammenhang zwischen Wahrheit und Verifikation noch enger ist als in (A-R) behauptet: Sie identifizieren Wahrheit mit Verifizierbarkeit bzw. Erkennbarkeit. Diese Wahrheitskonzeption wird deshalb auch als »verifikationistisch« oder »**epistemisch**« bezeichnet. Man muss allerdings sofort hinzufügen, dass mit »Verifizierbarkeit« hier immer »**prinzipielle Verifizierbarkeit unter bestimmten idealen oder optimalen Bedingungen**« gemeint ist. Was genau soll all dies heißen?

Die Grundidee ist folgende. Betrachten wir wieder den Fall von Propositionen. Wir können eine Proposition aus verschiedenen Gründen für wahr halten, und zwar aus guten wie aus schlechten Gründen. Ich kann die Proposition, dass ich in der Lotterie gewonnen habe, für wahr halten, weil ein Wahrsager mir dies mitgeteilt hat (schlechter Grund), oder ich kann sie für wahr halten, weil ich gerade eine offizielle Gewinnbestätigung erhalten habe (guter Grund). Eine Proposition, für deren Akzeptanz als wahr ich gute Gründe habe, kann als »**rational akzeptierbar**« bezeichnet werden. Wir können allgemeiner sagen: Eine Proposition (etc.) ist rational akzeptierbar genau dann, wenn eine rationale Person sie akzeptieren würde. Nun ist Rationalität aber eine Sache des Grades: Man kann mehr oder weniger rational sein. Auch eine ziemlich rationale Person kann Fehler machen und deshalb die Wahrheit verfehlen. Da wir hier aber an einem Begriff von rationaler Akzeptierbarkeit interessiert sind, der bei der Erklärung des Wahrheitsbegriffes dienlich sein kann, sollten wir die eben gegebene Erklärung von »rationaler Akzeptierbarkeit« in folgender Weise modifizieren:

> Eine Proposition (etc.) ist rational akzeptierbar genau dann, wenn eine vollständig rationale Person sie akzeptieren würde.

Nun kann es allerdings vorkommen, dass auch eine vollständig rationale Person z. B. nicht über wesentliche Informationen verfügt und deshalb in die Irre geführt wird. Es mag gute Gründe für die Akzeptanz der Proposition als wahr geben, ohne dass diese Gründe der Person bekannt sind – so etwa, wenn ich keine Ahnung davon habe, dass die Lotteriegesellschaft eine offizielle Gewinnbestätigung an mich losgesandt hat. Zugleich mag alles darauf hindeuten, dass es sich nicht so verhält, wie es sich in Wahrheit verhält: Es mag z. B. alles darauf hindeuten, dass ich wieder nicht gewonnen habe, weil die Gewinnbestätigungen normalerweise früher ankommen.

Rationale Akzeptierbarkeit garantiert also nicht Wahrheit. Man muss zudem auch ideale oder optimale Bedingungen (z. B. bezüglich der Informationslage) verlangen. Damit gelangen wir zu folgender epistemischen Erklärung des Wahrheitsbegriffes:

Eine epistemische Konzeption der Wahrheit

Eine Proposition (etc.) ist wahr genau dann, wenn sie unter idealen oder optimalen Bedingungen rational akzeptierbar ist (d. h. von einer vollständig rationalen Person akzeptiert würde).

Wahr ist demzufolge mit anderen Worten das, was vollständig vernünftige Leute nach ausreichender Nachforschung für wahr halten. Man kann diese Konzeption insofern als »anti-realistisch« bezeichnen, als es ihr zufolge nichts Wahres gibt, das prinzipiell die Perspektive rationaler Personen übersteigt (vgl. (A-R) oben). Was ist von einer solchen Konzeption (vgl. etwa Peirce: How to Make our Ideas Clear, 5.405–5.410 und Putnam 1981, 49 ff., 55 f.) zu halten?

Zunächst gibt es zwei Möglichkeiten, die obige Erklärung zu verstehen. Entweder die Ausdrücke »wahr« und »rational akzeptierbar unter idealen Bedingungen« haben nur dieselbe Extension oder sie haben zudem auch dieselbe Intension. Die letztere, stärkere Interpretation ist zumindest nicht auf den ersten Blick plausibel: Meinen wir mit den Worten »wahr« und »rational akzeptierbar unter idealen Bedingungen« wirklich dasselbe?

Abgesehen davon fällt auf, dass in der obigen Erklärung an zwei Stellen ›idealisiert‹ wird: Die Bedingungen müssen ideal oder optimal sein und die Person muss vollständig rational sein. Diese Bedingungen sind ideal und – niemals realisiert. Nicht nur Personen sind nicht perfekt, auch Bedingungen sind dies nicht (»Nobody and nothing is perfect!«). Was aber taugt die epistemische Erklärung des Wahrheitsbegriffes dann? Wenn die epistemischen Konzeption korrekt ist, dann müssten wir bei der Entscheidung über die Wahrheit einer Proposition (etc.) prüfen, was eine vollständig rationale Person unter idealen Bedingungen akzeptieren würde. Da wir keine vollständig rationalen Personen sind und die Bedingungen auch niemals ideal sind, ist mehr als fraglich, ob wir herausfinden können, was eine vollständig rationale Person unter idealen Bedingungen akzeptieren würde. Da wir dies aber herausfinden müssten, um den (epistemisch verstandenen) Wahrheitsbegriff überhaupt anwenden zu können, ist auch mehr als fraglich, ob wir den Wahrheitsbegriff (epistemisch verstanden) überhaupt anwenden können. Nun können wir aber ganz offensichtlich den Wahrheitsbegriff anwenden und jede diskussionsfähige Wahrheitskonzeption sollte dem Rechnung tragen (dies kann als Adäquatheitsbedingung für jede Erklärung des Wahrheitsbegriffes verstanden werden). Also ist der epistemisch verstandene Wahrheitsbegriff nicht der Wahrheitsbegriff, den wir normalerweise meinen und um dessen Erklärung alleine es hier geht.

Es liegt eine gewisse Ironie darin, dass gerade epistemische Ansätze, die ja die ›Immanenz‹ von Wahrheit betonen, mit einer Wahrheitsdefinition enden, die Wahrheit vollständig ›transzendent‹ macht. Die epistemische Konzeption der Wahrheit scheint, wenn man die Sache näher betrachtet, in eine nicht-epistemische Konzeption der Wahrheit zu kollabieren. Ist die Rede von »vollständiger Rationalität« und »idealen Bedingungen« nicht sowieso eine sehr irreführende Weise, letztlich doch über etwas Nicht-Epistemisches wie z. B. Korrespondenz zu sprechen? Warum verlangt man denn das Vorliegen idealer Bedingungen und was hat man damit eigentlich im Auge?

Offenbar idealisiert man die epistemischen Bedingungen, damit garantiert ist, dass die Wahrheit nicht verfehlt wird. Diese Überlegung setzt aber gerade voraus, dass Wahrheit nicht auf von Menschen prinzipiell realisierbare epistemische Bedingungen reduziert werden kann – warum sonst die Idealisierungen?

Dieser Verdacht wird durch weitere Überlegungen verstärkt. Was ist denn mit »Akzeptanz« gemeint? Ganz offensichtlich ist die Akzeptanz von etwas als wahr gemeint. In diesem Fall aber wäre die epistemische Erklärung des Wahrheitsbegriffes zirkulär. Ähnliches gilt für den anderen Aspekt von rationaler Akzeptierbarkeit: Kann man erklären, was mit »Rationalität« gemeint ist, ohne dabei den Begriff der Wahrheit zu verwenden? Es ist schwer zu sehen, wie dies möglich sein soll (s. dazu Kap. V.5) und auch insofern wäre die epistemische Konzeption der Wahrheit zirkulär.

Eine besondere Variante der epistemischen Wahrheitskonzeption stellt die sogenannte »**Konsenstheorie der Wahrheit**« dar (vgl. Habermas 1973, 211 ff. und Peirce: How to Make our Ideas Clear, 5.405–5.410 sowie generell auch Apel 1973, 358 ff.). Ihr zufolge ist wahr das, worauf alle sich einigen können. Genauer:

> Eine Proposition (etc.) ist wahr genau dann, wenn sie unter idealen oder optimalen Bedingungen für alle rational akzeptierbar ist.

Da die Konsenstheorie ein Spezialfall der epistemischen Konzeption der Wahrheit ist, wirft sie auch alle ihre Fragen und Probleme auf. Hinzu kommt als weitere Frage, weshalb eine Person nicht im Prinzip alleine über die Wahrheit einer Proposition soll entscheiden können. Wieso soll Wahrheit eine soziale Angelegenheit sein? Beruht ein Konsens Mehrerer hinsichtlich der Wahrheit nicht darauf, dass jeder einzelne für sich schon von dieser Wahrheit überzeugt ist (andernfalls würde man ja unabhängig von der eigenen Überzeugung zu einem Konsens gelangen – und warum sollte man das?)? Bestätigt ein Konsens nicht bestenfalls eine Wahrheit, anstatt sie allererst zu begründen oder auszumachen?

Es gibt noch andere (und nicht so oft vertretene) Konzeptionen von Wahrheit, die in einem allgemeineren Sinne »epistemisch« genannt werden können, – und zwar insofern, als sie »Wahrheit« mit Bezug auf epistemische Begriffe erklären. Eine dieser Konzeptionen ist die sogenannte »**Kohärenztheorie der Wahrheit**« (vgl. etwa Blanshard 1939, 260 ff., Neurath 1931, 403, Neurath 1932/33, 209 sowie Hempel 1935a, 49 ff. und Hempel 1935b, 93 ff.; vgl. auch die Entgegnung auf Hempel in Schlick 1935, 65 ff. und Schlick 1969b, 290 ff.). Sie besagt im Kern Folgendes:

Die Kohärenztheorie der Wahrheit

> Eine Überzeugung (etc.) ist wahr genau dann, wenn sie Mitglied eines kohärenten Systems von Überzeugungen (etc.) ist.

Es wird meist nicht näher erklärt, was hier unter »Kohärenz« zu verstehen ist, und wir müssen hier auch nicht näher darauf eingehen (zumal wir später in etwas anderem Zusammenhang darauf eingehen werden; s. Kap. V.6.2). Es reicht hier, neben der logischen Konsistenz und Nicht-Widersprüchlichkeit der Überzeugungen untereinander noch zu fordern, dass sie in irgendeiner Weise etwas miteinander zu tun haben, also nicht beziehungslos (wenn auch in konsistenter Weise) nebeneinander stehen; in dieser Hinsicht wäre etwa daran zu denken, dass sie in Schlussfolgerungs-, Rechtfertigungs- und Erklärungsbeziehungen zueinander stehen. Eine bestimmte Rekonstruktion eines Verbrechens z.B. ist in diesem Sinne »kohärent«, wenn sie keine logischen Widersprüche enthält, einige Teile der Rekonstruktion aus anderen Teilen folgen und manche Teile andere Teile erklärend stützen.

Die Kohärenztheorie der Wahrheit wird oft mit dem Hinweis empfohlen, dass wir doch ›nur unsere Überzeugungen haben‹ und unsere Überzeugungen nur an anderen Überzeugungen überprüfen können. Auf diese Idee sind wir oben im Zusammenhang mit der Diskussion der Korrespondenztheorie der Wahrheit eingegangen, so dass hier nur noch einmal wiederholt werden muss, dass jener Hinweis auf einer Konfusion von Definition und Kriterium der Wahrheit zu beruhen scheint.

Es gibt nun einen sehr nahe liegenden Einwand gegen die Kohärenztheorie. Der Einwand lässt sich folgendermaßen formulieren. Zu jedem kohärenten System von Überzeugungen gibt es mindestens ein anderes, ebenfalls kohärentes System von Überzeugungen derart, dass die beiden Systeme sich gegenseitig logisch ausschließen. Der Kommissar mag eine andere Version des Verbrechens haben als der Hauptverdächtige und beide Versionen mögen gleichermaßen kohärent sein. Nur eine von beiden kann aber wahr sein. Man kann kohärente Märchen erzählen. Mit anderen Worten: Kohärenz mag notwendig für die Wahrheit eines Systems von Überzeugungen sein, aber sie ist sicherlich nicht hinreichend dafür (vgl. etwa Schlick 1969b, 295 ff. und dagegen Blanshard 1939, 275 ff.).

Nun könnte man einwenden, dass wir doch alle gewisse zentrale Überzeugungen miteinander teilen und dass die Verschiedenheit unserer Überzeugungssysteme nur auf deren unterschiedliche innere Kohärenz oder Inkohärenz zurückzuführen ist. Dieses ›Ausweich-Manöver‹ hilft allerdings nicht weiter. Selbst wenn wir alle gewisse zentrale Überzeugungen miteinander teilen sollten (was alles andere als plausibel ist), könnte man den obigen Einwand doch immer noch für den Fall von Sätzen oder Propositionen formulieren. Es gibt sicherlich kohärente Systeme von Propositionen bzw. Sätzen, die niemand für wahr hält und die mit denen, die wir für wahr halten, logisch unvereinbar sind. Wenn Kohärenz für Wahrheit ausreicht, müsste man auch diese Systeme für wahr halten, – womit wir wieder bei obigem Einwand gegen die Kohärenztheorie angelangt wären. Abgesehen davon: Selbst wenn man nur Systeme von Überzeugungen betrachtet und zudem die Annahme macht, dass wir gewisse zentrale Überzeugungen miteinander teilen, kann es immer noch verschiedene kohärente, aber miteinander unvereinbare Systeme von Überzeugungen geben. Nur wenn man Kohärenz auf logische Konsistenz reduziert, ist dem nicht so. Der Kommissar und der Hauptverdächtige stimmen beide z. B. darin überein, dass das Opfer getötet worden ist, aber sie liefern ganz unterschiedliche kohärente Erklärungen dafür.

Es gibt noch andere Schwierigkeiten für die Kohärenztheorie der Wahrheit. Sie erklärt Wahrheit nur mit Bezug auf ein System von Überzeugungen (etc.); eine Überzeugung (etc.) allein und unabhängig von einem solchen System kann nicht »wahr« oder »nicht wahr« bzw. »falsch« genannt werden. »Das Wahre ist das Ganze«, wie Hegel sagt (Hegel: Phänomenologie des Geistes, 24). Dies ist eine starke und kontra-intuitive These, die eines Argumentes bedarf, – zumal es einen wiederum nahe liegenden Einwand gegen die ›Systematizität‹ der Wahrheit gibt. Betrachten wir den klarsten Fall einer Inkohärenz: einen logischen Widerspruch, also etwas der Form ›p und nicht-p‹. Ein Überzeugungssystem, das sowohl die Überzeugung, dass p, als auch die Überzeugung, dass nicht-p enthält, ist inkonsistent und inkohärent, weil »p« und »nicht-p« nicht zugleich wahr sein können, sondern vielmehr eine der beiden Überzeugungen wahr und die andere falsch (oder nicht wahr) sein muss. Damit haben wir aber schon gesagt, dass Überzeugungen (etc.) auch unabhängig von irgendeinem System, dem sie zugehören mögen, als »wahr« oder »nicht wahr« bzw. »falsch« qualifizierbar sein können müssen (vgl. hingegen Blanshard 1949, 292 ff.).

Abgesehen davon ist Kohärenz zum Teil eine Sache des Grades: Dies gilt zwar nicht für logische Konsistenz und logische Folgerungen, aber sicherlich für nicht-logische Folgerungen (wie etwa induktive Folgerungen: s. Kap. VII.1) oder Erklärungen. Erklärungen z. B. sind mehr oder weniger gut. Dementsprechend unterscheiden sich Systeme von Überzeugungen (etc.) hinsichtlich des Grades der Kohärenz oder Inkohärenz. Wenn Kohärenz aber eine Sache des Grades ist, dann müsste der Kohärenztheorie zufolge auch Wahrheit eine Sache des Grades sein. Es gibt zwar Philosophen (vgl. Blanshard 1939, 304 f.) und Logiker (vgl. Zadeh 1965, 338 ff.; vgl. kritisch dazu Haack 1978, 162–169), die diese Auffassung vertreten; sie erfordert allerdings sehr viel tiefreichendere und stärkere Argumente als die, die gewöhnlich für die Kohärenztheorie der Wahrheit angeboten werden.

Wir haben oben einen Zirkularitätseinwand gegen die (im engeren Sinne) epistemische Wahrheitskonzeption erwähnt; einen ähnlichen Einwand kann man auch gegen die Kohärenztheorie vorbringen. Wie kann man erklären, was mit »logischer Konsistenz«, »Schlussfolgerung« und »Erklärung« gemeint ist, ohne dabei genau denjenigen Begriff zu verwenden, der hier gerade erklärt werden soll, nämlich den der Wahrheit?

Alles in allem kann man sagen, dass die Kohärenztheorie der Wahrheit der Objektivität der Wahrheit (etwa im Sinne von (O)) nicht gerecht wird. Die Rolle der Welt kommt sozusagen ›zu kurz‹. Es gibt zwar einen wichtigen Zusammenhang zwischen Kohärenz oder Rechtfertigung einerseits und Wahrheit andererseits (s. dazu Kap. V.5), aber der Zusammenhang ist nicht so eng wie die Kohärenztheorie besagt. Als eine Wahrheitstheorie scheint die Kohärenztheorie große Schwierigkeiten aufzuwerfen; ob sie als Theorie der Rechtfertigung besser dasteht, werden wir noch zu sehen haben.

Eine letzte Auffassung von Wahrheit sei noch kurz erwähnt: die **pragmatistische Auffassung** (vgl. etwa James: Pragmatism, 95 ff., 106 und kritisch dazu Russell: William James's Conception of Truth, 127 ff.; vgl. auch Putnam 1995, 8–12 und Rorty 1979, 174 ff.). Sie besagt im Kern Folgendes:

Die pragmatistische Theorie der Wahrheit

Eine Überzeugung (etc.) ist genau dann wahr, wenn sie nützlich ist.

Falschheit könnte man dann entsprechend entweder als Nutzlosigkeit oder als Schädlichkeit verstehen. Das Wahre ist also das Nützliche. Um Missverständnisse zu vermeiden: Mit »Nützlichkeit« kann hier nur die Nützlichkeit des Wahrheitsträgers gemeint sein, nicht die Nützlichkeit des Wahrmachers (zu dieser Unterscheidung s. Kap. IV.2). Dass die Welt auf nützliche Weise eingerichtet ist, ist zwar auch eine interessante These, aber nicht die, um die es hier geht.

Es ist nicht ganz klar, ob diese Theorie in dieser extremen Form von irgendjemandem vertreten wurde oder wird. Diese Theorie ist schwerwiegenden Einwänden ausgesetzt. Zunächst scheint es ganz unabweisbar zu sein, dass eine falsche Überzeugung genauso nutzen kann – man denke etwa an gewisse Fälle von Wunschdenken – wie eine wahre Überzeugung schaden kann. Und in vielen Fällen ist überhaupt nicht klar, ob eine wahre Überzeugung überhaupt irgendeinen Nutzen hat: Welchen hätte etwa die Überzeugung, dass 422644866 keine Primzahl ist? Aber selbst wenn eine wahre Überzeugung zumindest in der Regel einen Nutzen hat, so ist damit doch nur gesagt, dass die Wahrheit nützlich ist, aber nicht, dass Wahrheit Nützlichkeit ist. Die pragmatistische Idee der Wahrheit scheint also ganz und gar uneinsichtig zu sein.

Abgesehen davon variiert das, was nützlich ist, mit Personen, Zeitpunkten und dem Kontext. Was mir heute in dieser Situation nützt, muss Dir morgen in einer anderen Situation überhaupt nicht nützen. Dementsprechend müsste Wahrheit auch relativ auf Personen, Zeitpunkte und den sonstigen Kontext sein. Die pragmatistische Konzeption stellt also eine Art von Relativismus dar und es gelten dementsprechend die oben angeführten Bedenken gegen den Relativismus (s. Kap. IV.2).

Darüber hinaus ist Nützlichkeit eine Sache des Grades, womit auch Wahrheit eine Sache des Grades wäre, – eine Sicht, die, wie schon gesagt, sehr problematisch ist. Schließlich kann man den Begriff der Nützlichkeit auf Überzeugungen und Gedanken anwenden, aber z. B. kaum auf Sätze oder Propositionen, die keiner für wahr hält. Die pragmatistische Konzeption ist also auch insofern eine epistemische Konzeption der Wahrheit, als es ihr zufolge nichts Wahres gibt, das nicht für wahr gehalten wird.

7. Schluss

Soviel zu einigen Theorien oder Konzeptionen der Wahrheit. Man mag immer noch den anfangs erwähnten Eindruck haben: dass nämlich entweder zu viel oder zu wenig über Wahrheit gesagt wird, aber nie wirklich das, was man eigentlich wissen will. Die Korrespondenztheorie z. B. scheint zu viel zu sagen, d. h. fragwürdige Annahmen über die Korrespondenzbeziehung sowie den Tatsachenbegriff zu machen. Andererseits stellt sie die einzige Konzeption dar, die überhaupt etwas Greifbares über Wahrmacher sagt und sich nicht auf Ausführungen über die Wahrheitsträger beschränkt. Könnte es nicht eine Wahrheitstheorie geben, die beide Vorteile vereinigt: etwas Substantiel-leres über Wahrheit sagt und doch nicht zu fragwürdigen Annahmen greifen muss?

Was die fehlende oder vielleicht unerreichbare ›Substantialität‹ angeht, so stellt sich noch eine andere Frage: Gibt es nicht auch ganz andere Typen von Wahrheiten als diejenigen, die wir hier behandelt haben? Gibt es z. B. moralische Wahrheiten? Nehmen wir an, dass Lügen verwerflich ist. Korrespondiert dem moralischen Satz »Lügen ist verwerflich« eine moralische Tatsache? Kann man sich auf Tarski berufen und etwa sagen, dass der Satz »Lügen ist verwerflich« genau dann wahr ist, wenn Lügen verwerflich ist? Wie steht es mit ästhetischen Wahrheiten? Gibt es sie und falls ja: Wie sind sie zu analysieren? Und was schließlich soll man über die Idee religiöser oder metaphysischer Wahrheit sagen? Wir können diese Fragen hier nur aufwerfen.

Die zuletzt behandelten Wahrheitstheorien waren diverse epistemische Konzeptionen. In diesen spielt ein Begriff eine große Rolle, auf den nun näher eingegangen werden soll: der der Rechtfertigung bzw. der Rationalität.

V. RATIONALITÄT UND RECHTFERTIGUNG

Die Natur der **Rechtfertigung** einer Überzeugung ist ein zentrales Thema für die Erkenntnistheorie, – gleich ob man der Auffassung ist, dass Rechtfertigung notwendig für Wissen ist oder nicht. Eine Rechtfertigung für eine Überzeugung zu haben, heißt so viel wie, einen **Grund** oder eine Begründung für diese Überzeugung zu haben, und darin wiederum besteht die Rationalität oder Vernünftigkeit einer Überzeugung. Wenn wir im Folgenden also von »Rechtfertigung«, »Begründung« oder »**Rationalität**« einer Überzeugung sprechen, ist – sofern nicht explizit etwas Anderes vermerkt wird – dasselbe gemeint (vgl. als allgemeine Überblicke Gosepath 1992, Baron 2000, Patzig 1996, 99 ff., Elster 1983, 1 ff. sowie Schnädelbach 1991, 77 ff.; vgl. als wichtige neuere Positionen Bennett 1964, Nozick 1993 und Rescher 1988; vgl. als Sammelband Sosa 1994).

Wir haben oben (s. Kap. II.5.3) schon erwähnt, dass man den Begriff der Rechtfertigung in einem weiteren und in einem engeren Sinne verwenden kann. In einem weiten Sinne kann eine Überzeugung auch dann »gerechtfertigt« sein, wenn die Rechtfertigung der Person selbst nicht kognitiv zugänglich ist, – so etwa, wenn die Überzeugung auf angemessene Weise kausal entstanden ist oder auf verlässliche Weise erworben worden ist. Dementsprechend kann man externalistische Konzeptionen von Rechtfertigung von internalistischen Konzeptionen unterscheiden, denen zufolge Rechtfertigung kognitive Zugänglichkeit voraussetzt. Man kann sich diesen Unterschied auch an der Differenz zwischen »**gerechtfertigt sein**« und »**rechtfertigen**« klar machen. Externalisten zufolge kann man in einer Überzeugung gerechtfertigt sein, ohne diese Überzeugung rechtfertigen zu können, d. h. ohne selbst aktiv Gründe für sie anführen zu können. Auf verlässliche Weise entstandene Wahrnehmungsmeinungen sind ein Beispiel: Externalisten zufolge kann ich in der Überzeugung gerechtfertigt sein, dass vor mir eine Kaffeetasse steht, auch wenn ich nicht in der Lage bin, diese Überzeugung zu begründen. Für Internalisten stellt sich dies natürlich anders dar: Ihnen zufolge ist man in einer Überzeugung nur gerechtfertigt, wenn man sie rechtfertigen kann. Während es also für Externalisten sozusagen **epistemische ›Rechte‹** ohne **epistemische ›Pflichten‹** gibt, ist dem für Internalisten nicht so (vgl. etwa Dretske 2001, 53 ff.). Internalisten verlangen für Rechtfertigung mehr als Externalisten: nämlich nicht nur, dass man sich in einem bestimmten Zustand befindet, sondern auch, dass man etwas tun kann (rechtfertigen). Dementsprechend fällt es Internalisten schwerer bzw. Externalisten leichter, z. B. Tieren so etwas wie gerechtfertigte Überzeugungen zuzubilligen. Über externalistische Konzeptionen von Rechtfertigung (im weiteren Sinne des Wortes) haben wir oben schon gesprochen; wir müssen hier nicht noch einmal darauf eingehen. Im Folgenden soll (wie bisher) »Rechtfertigung« im engeren (internalistischen) Sinne verstanden werden.

Des weiteren kann und sollte man ›theoretische‹ oder ›**epistemische**‹ von ›**praktischer**‹ Rechtfertigung unterscheiden (vgl. dazu z. B. Foley 1987, 209 ff.; Foley

1993, 15 ff.; Alston 1989c, 83 f.). Was ist damit gemeint? Betrachten wir ein Beispiel. Anna und Ludwig sind beide Violinisten von Beruf und beide nicht herausragend gut. Während aber Anna dies zur Kenntnis nimmt, schafft es Ludwig, alle entsprechenden Evidenzen (die Stimmen der Kritiker etc.) zu ignorieren. Anna glaubt, dass sie keine besonders gute Violinistin ist, während Ludwig überzeugt ist, dass ihm kaum jemand das Wasser reichen kann. Nehmen wir weiterhin an, dass diese Meinungen über das eigene Spiel keine besonderen Auswirkungen auf das eigene Spiel haben. Anna ist nicht besonders glücklich über ihre musikalischen Fähigkeiten, während Ludwig mehr als jeder Andere sein eigenes Spiel genießt. Es gibt nun eine Hinsicht, in der Annas, aber nicht Ludwigs Überzeugung über die jeweils eigenen Fähigkeiten gerechtfertigt ist: Annas Überzeugung, dass sie keine besonders gute Violinistin ist, ist auf Evidenzen gestützt, während dies für Ludwigs hohe Meinung über sich selbst nicht gilt, ja sogar Einiges dagegen spricht. Annas Überzeugung ist theoretisch oder epistemisch gerechtfertigt, während dies für Ludwigs Überzeugung nicht gilt. Zugleich aber hat Ludwigs Überzeugung etwas für sich, das Annas Überzeugung abgeht: Sie erlaubt es ihm nämlich, deutlich mehr Befriedigung im Musizieren zu finden als Anna, die geradezu glaubt, ihren Beruf verfehlt zu haben. Bezogen auf das Erreichen des Ziels beruflicher Zufriedenheit ist Ludwigs Festhalten an der Überzeugung von den eigenen Qualitäten gerechtfertigt, während man Ähnliches von Annas Überzeugung nicht sagen kann. Ludwigs Überzeugung ist, mit anderen Worten, praktisch gerechtfertigt (als Mittel zum Zweck beruflicher Zufriedenheit), nicht aber Annas Überzeugung. Überzeugungen können in einer Hinsicht (epistemisch, praktisch) gerechtfertigt sein, ohne dies in der anderen Hinsicht zu sein. Hier wird es um die epistemische Rechtfertigung und nicht um die praktische Rechtfertigung von Überzeugungen gehen und es ist wichtig, beides klar auseinanderzuhalten.

Es sei allerdings angemerkt, dass sich zum Verhältnis theoretischer und praktischer Rationalität von Überzeugungen weitreichende Fragen stellen (vgl. etwa Foley 1987, 209 ff.; Foley 1993, 16 ff.; Gosepath 1992, 125 ff.). Wie verhält sich denn eine vernünftige Person – eher so wie Anna oder eher so wie Ludwig? Hat epistemische Rationalität im Konfliktfall immer den Vorzug vor praktischer Rationalität (von Überzeugungen) oder umgekehrt? Oder verhält es sich von Fall zu Fall unterschiedlich? Wie kann man beides gegeneinander abwägen? Kann man theoretische und praktische Rationalität selbst wieder rational gegeneinander abwägen? Praktische Ziele wie berufliche Zufriedenheit sind sicherlich sehr wichtig, aber theoretischer Rationalität kommt offenbar auch ein hoher Wert zu. Es scheint so zu sein, dass man auf keines von beidem verzichten kann oder sollte. Eine Person, die keinerlei Wert auf die epistemische Rechtfertigung ihrer Überzeugungen legt und nur an ihrem ›praktischen Nutzen‹ orientiert ist, ist schwerlich vollständig ernst zu nehmen, jedenfalls nicht als erkennendes Subjekt. Wer auf epistemische Rationalität verzichtet, verzichtet auf etwas sehr Grundlegendes und vielleicht kann man dies nicht einmal (einmal abgesehen davon, dass die Orientierung am Nutzen, soll sie halbwegs erfolgreich sein, mehr oder minder gut gerechtfertigte Überzeugungen über den Nutzen voraussetzt). Umgekehrt ist auch schwer vorstellbar, dass wir beim Erwerb unserer Überzeugungen praktische Aspekte immer völlig außer Acht lassen. Nehmen wir z. B. an, ich bereite mich auf ein sehr wichtiges Examen vor. Es gibt gewisse Evidenzen, die meine Freundschaft zu einer mir halbwegs nahestehenden Person belasten. Ich kann diese Evidenzen aber ignorieren und verdrängen, weil mich ihre volle Zurkenntnisnahme nur von meinem zunächst deutlich wichtigeren Examen ablenken würde und ich mich außerdem auch noch danach um meine Freundschaft kümmern kann. In solchen Fällen – in Fällen, in denen es um sehr wichtige praktische Ziele geht – spricht offenbar einiges dafür, die theoretische Rationalität der praktischen Rationalität von Überzeugungen unterzuordnen und wir können vielleicht auch gar nicht anders. Wir sind ja nicht nur erkennende und denkende Wesen, sondern auch handelnde Wesen und müssen auch unsere praktischen Ziele halbwegs erreichen. Vielleicht sollte man in den meisten Fällen der theoretischen Rationalität den Vorzug geben, aber vielleicht hat auch theoretische Rationalität letztlich nur eine praktische Berechtigung.

1. Die Form der Rechtfertigung

Was ist nun näher unter »epistemischer Rechtfertigung im engeren, internalistischen Sinne« – oder kurz: unter »Rechtfertigung« (wie wir dies ab jetzt nennen wollen) – zu verstehen? Es handelt sich dabei um eine zweistellige Relation, – um eine Beziehung zwischen etwas, das rechtfertigt (dem »**Rechtfertiger**«), und etwas, **das gerechtfertigt wird**. Diese Beziehung hat gewisse formale Eigenschaften. Sie ist offenbar asymmetrisch (Wenn A B rechtfertigt, dann rechtfertigt B nicht A), irreflexiv (Nichts rechtfertigt sich selbst) und transitiv (Wenn A B rechtfertigt und B C, dann rechtfertigt auch A C).

Was kommt prinzipiell als Gerechtfertigtes in Frage? Zwei verschiedene Antworten liegen hier nahe: Überzeugungen und Propositionen. Man kann sich darüber streiten, ob einem der beiden Kandidaten Priorität zukommt; hier soll es aber darauf nicht ankommen und im Folgenden werden der Einfachheit halber Überzeugungen als dasjenige betrachtet, das prinzipiell gerechtfertigt werden kann. Propositionen können insofern gerechtfertigt sein, als sie die Inhalte von Überzeugungen darstellen.

Schwieriger ist die Antwort auf die Frage, was prinzipiell als Rechtfertiger in Frage kommt. Viele Philosophen meinen, dass Überzeugungen nur durch andere Überzeugungen gerechtfertigt werden können (vgl. etwa Neurath 1932/33, 206 ff. und Davidson 1986, 310; vgl. hingegen McDowell 1994a, 5 ff.). Da Überzeugungen einen propositionalen Gehalt haben, muss auch dasjenige, das die Überzeugung rechtfertigt, einen propositionalen Gehalt haben. Wie sonst sollte eine Rechtfertigungsbeziehung möglich sein? Wie soll man rechtfertigen, dass Sokrates sterblich ist, wenn nicht durch etwas Anderes, das ebenfalls nur durch einen auf ein »dass« folgenden Aussagesatz angebbar ist (etwa, dass Sokrates ein Mensch ist und alle Menschen sterblich sind)? Darüber hinaus kann es sich beim Rechtfertiger offenbar nur ebenfalls um eine Überzeugung handeln. Wie sollte etwa ein Wunsch eine Überzeugung rechtfertigen können? Die Überzeugung, dass die Erde keine Scheibe ist, lässt sich z. B. durch keinen Wunsch, welchen Inhalts auch immer, (epistemisch) rechtfertigen.

Manche Philosophen sind allerdings der Meinung, dass auch etwas, das selbst keine Überzeugung ist, Überzeugungen rechtfertigen kann; diese Philosophen sind in der Regel sogar der Auffassung, dass es Rechtfertiger geben muss, die selbst keine Überzeugungen sind (vgl. etwa Schlick 1969b, 290 ff. und McDowell 1994a). Wieso?

Betrachten wir ein Beispiel. Ich bin der Überzeugung, dass vor mir gerade ein Hund vorbeiläuft. Diese Überzeugung beruht nicht – wie z. B. obige Überzeugung, dass Sokrates sterblich ist – auf anderen Überzeugungen. Es handelt sich hier um eine Wahrnehmungsmeinung. Worauf beruht eine solche Überzeugung? Nun, nicht auf einer anderen Überzeugung, sondern auf einer Wahrnehmung, einem bestimmten Erlebnis. Würde es sich dabei wiederum um eine Überzeugung handeln, könnte man wieder fragen, worauf sie beruht, – bis man schließlich doch zu etwas gelangt, das selbst keine Überzeugung ist. Dasjenige, worauf eine Wahrnehmungsmeinung beruht, kann also selbst keine Überzeugung sein; dies zeichnet Wahrnehmungsmeinungen gerade aus. Da es sich bei einem Wahrnehmungserlebnis nicht um eine Überzeugung handelt, liegt es auch sehr nahe anzunehmen, dass es keinen propositionalen Gehalt hat; ansonsten wäre es schwer zu sehen, wie es sich dabei nicht um eine Überzeugung handeln könnte. Als Rechtfertiger einer Wahrnehmungsmeinung kommt also nur ein Erlebnis in Frage, das einen **nicht-propositionalen Gehalt** hat. Diese Auffassung hat gewisse Argumente für sich, aber sie führt auch in Schwierigkeiten. Zum einen kann man bezweifeln, dass es Meinungen gibt, die nicht wieder auf anderen Meinungen beruhen. Zum anderen ist nicht ohne weiteres klar, wie ein nicht-propositionales Erlebnis eine propositionale Überzeugung soll rechtfertigen können und was genau man sich überhaupt unter einem »nicht-propositionalen Gehalt« vorstellen soll. Wir werden deshalb hier davon ausgehen, dass nur Überzeugungen als Rechtfertiger von Überzeugungen in Frage kommen.

Dass Überzeugungen durch andere Überzeugungen gerechtfertigt werden, hat eine interessante Implikation. Ob eine Überzeugung gerechtfertigt ist, hängt von den anderen Überzeugungen, die die Person zu einem bestimmten Zeitpunkt hat, ab. Mit anderen Worten: **Die Rechtfertigung einer Überzeugung ist relativ** zu und variiert mit Überzeugungssystemen bzw. Personen und Zeitpunkten. So hat es z. B. einmal eine Zeit gegeben, in der es durchaus vernünftig war zu glauben, dass die Erde eine Scheibe ist. Alles oder fast alles sprach dafür und nichts oder kaum etwas dagegen. Zu dieser Zeit wäre es geradezu unvernünftig gewesen anzunehmen, dass die Erde etwa eine kugelartige Form hat. Heutzutage verhält es sich bekanntlich umgekehrt.

Nun mag man einwenden, dass es aber doch falsch ist, dass die Erde eine Scheibe ist: Wie kann man dann jemals in der Überzeugung gerechtfertigt sein, dass die Erde eine Scheibe ist? Die Antwort ist, dass dies durchaus möglich ist. **Wahrheit und Rechtfertigung** ist nämlich nicht dasselbe und das eine impliziert nicht das andere. Die Wahrheit einer Überzeugung hat – jedenfalls den plausibleren Konzeptionen von Wahrheit zufolge – mit dem Verhältnis der Überzeugung zur Welt zu tun, während die Rechtfertigung einer Überzeugung mit ihrem Verhältnis zu anderen Überzeugungen zu tun hat. Dementsprechend ist Wahrheit unabhängig davon, was wir für wahr halten (s. Kap. IV.2), während Rechtfertigung davon abhängt, was wir sonst noch für wahr halten (wir werden auf das Verhältnis zwischen Wahrheit und Rechtfertigung noch zurückkommen). Man kann sehr gut begründete Meinungen haben, die aber falsch sind, und man kann wahre, aber sehr schlecht begründete Meinungen haben. Dies erklärt auch, weshalb vernünftige Leute manchmal (aber nicht immer) schlechter dran sind als unvernünftige oder gar dumme Leute, zumindest was die Kenntnis der Wahrheit angeht. Ein wiederum astronomisches Beispiel für die Divergenz von Wahrheit und Rechtfertigung liefert Aristarchos von Samos, der im 3. Jh. vor Christus offenbar dem damals konkurrenzlosen geozentrischen Weltbild eine heliozentrische Sicht entgegengesetzt hat. Auch wenn er damit Recht hatte, dass die Erde sich um die Sonne dreht (und nicht umgekehrt), so schien er doch keine guten Gründe dafür gehabt zu haben oder gehabt haben zu können. Alles schien vielmehr darauf hinzudeuten, dass die Sonne sich um die Erde dreht. Selbst wenn wir heute sagen würden, dass Aristarchos von Samos damals schon Recht hatte, müssten wir doch zugleich zugeben, dass seine Auffassung nicht gut begründet war, wenn nicht sogar unvernünftig.

Rechtfertigung ist also relativ auf die anderen Überzeugungen, die die Person zum gegebenen Zeitpunkt hat, – unabhängig davon, ob diese Überzeugungen wahr oder falsch sind. In diesem Zusammenhang sind allerdings noch einige weitere Erläuterungen erforderlich. Betrachten wir als Beispiel wieder die Überzeugung, dass die Erde eine Scheibe ist. Auch heute noch gibt es Leute, die glauben, dass dem so ist (in den USA haben sie sich sogar zur »flat earth society« zusammengeschlossen). Wir würden diese Leute für irrational halten und ihre Überzeugung für nicht gerechtfertigt. Warum dann nicht auch die Leute von vor 2000 Jahren? Nun, es gibt hier einen wichtigen Unterschied. Anders als den Leuten von vor 2000 Jahren sind den heutigen Mitgliedern der *flat earth society* viele gute Gründe dafür bekannt, dass die Erde keine Scheibe ist. Auch die Mitglieder der *flat earth society* sind zur Schule gegangen, sehen fern, etc. Kurz: Ihnen wird in vielfacher Form überwältigende Evidenz gegen ihr Credo geliefert. Gegeben all diese Evidenz ist ihre Überzeugung, dass die Erde eine Scheibe ist, ungerechtfertigt und irrational. Dies gilt für die Leute von vor 2000 Jahren nicht.

Was aber, wenn die Mitglieder der *flat earth society* schon seit Generationen in weitgehender Isolierung von der umgebenden Gesellschaft leben, ohne Zeitungen oder Fernsehen, mit eigenen *flat earth*-Schulen, etc.? Nun, in dem Maße, in dem ihnen die **Evidenz**, die gegen die These von der Scheiben-Erde spricht, **prinzipiell zugänglich** ist, sie diese Evidenz aber nicht zur Kenntnis nehmen wollen, ist ihre Überzeugung nicht gerechtfertigt und irrational. Selbst wenn all das, was sie als wahr akzeptieren, ein geschlossenes System bildet, ist es doch nicht gerechtfertigt; auch Wahnsinn mit Methode hat wenig mit Rationalität zu tun. Rationale Personen nehmen die ihnen prinzipiell zugängliche Evidenz zur Kenntnis.

2. Gründe und Ursachen

Bisher haben wir nur davon gesprochen, dass eine Überzeugung die andere Überzeugung rechtfertigt. Betrachten wir nun diese Rechtfertigungsbeziehung näher. Zunächst muss es sich bei beiden Überzeugungen natürlich um Überzeugungen derselben Person handeln. Wenn Karl und Maria beide glauben, dass es keine größte Primzahl gibt, aber nur Maria einen Grund dafür angeben kann, dann ist Karls Überzeugung nicht gerechtfertigt (nur Marias). Insofern ist Rechtfertigung ›persönlich‹. Es reicht nicht, dass irgendjemand anders einen Grund für eine Überzeugung einer Person kennt oder kennen könnte; die Person selbst muss den Grund kennen. Wir können also festhalten:

> Wenn Ss Überzeugung, dass p, gerechtfertigt ist, dann hat S eine oder mehrere andere Überzeugungen (dass q, dass r etc.), die die Überzeugung, dass p, stützen.

Wir werden noch darauf eingehen, was mit »**Stützen**« näher gemeint ist; auf jeden Fall handelt es sich dabei um ein wesentliches Element der Rechtfertigungsbeziehung.

Reicht diese Erklärung aus (vgl. zum Folgenden Alston 1989c, 86–90, 99–107, 112 f.; Audi 1993, 332 ff.; Foley 1987; Gosepath 1992, 59 ff.)? Betrachten wir das folgende Beispiel. Ernie glaubt, dass es bald regnen wird (p). Außerdem sieht er an seinem Barometer, dass der Luftdruck dramatisch abfällt (q). Ernie ist allerdings nicht klar, dass der dramatische Fall des Luftdrucks für baldigen Regen spricht. Ernie hat also zwei Überzeugungen derart, dass die eine (q; in Verbindung mit weiteren meteorologischen Überzeugungen) die andere stützt. Dennoch würden wir nicht sagen, dass Ernies Überzeugung, dass es bald regnen wird, gerechtfertigt ist. Warum nicht? Was fehlt? Eine mögliche Antwort besagt, dass Ernie zudem auch klar sein muss, dass die eine Überzeugung die andere Überzeugung stützt. Dementsprechend könnte man Folgendes sagen:

> Wenn Ss Überzeugung, dass p, gerechtfertigt ist,
> dann hat S eine oder mehrere andere Überzeugungen (dass q, dass r etc.), die die Überzeugung, dass p, stützen
> und S ist diese Stützungsbeziehung klar.

Eine Frage ist nun aber die, was genau damit gemeint sein soll, dass S dies ›klar ist‹. Reicht es, wenn S (wahrheitsgemäß) glaubt, dass die eine Überzeugung die andere Überzeugung stützt? Offenbar nicht: Schließlich könnte S dies ja ›einfach so‹ glauben, ohne jeden Grund. Die bloße wahre Meinung, dass die eine Überzeugung die andere Überzeugung stützt, reicht hier nicht. Man könnte also vorschlagen, dass S mit Grund annehmen muss, dass die eine Überzeugung die andere Überzeugung stützt:

> Wenn Ss Überzeugung, dass p, gerechtfertigt ist,
> dann hat S eine oder mehrere andere Überzeugungen (dass q, dass r etc.), die die Überzeugung, dass p, stützen
> und S ist der gerechtfertigten Überzeugung, dass diese Stützungsbeziehung besteht.

Der offenbare Nachteil dieser Erklärung liegt allerdings darin, dass bei der Erklärung des Begriffs der Rechtfertigung dieser Begriff selbst verwandt wird und als schon geklärt vorausgesetzt wird. Außerdem ergibt sich ein unendlicher Regress von Rechtfertigungen: Die Überzeugung, dass die eine Überzeugung die andere Überzeugung stützt, muss selbst wieder auf etwas beruhen, und so weiter und so fort.

Wie steht es mit dieser Variante:

> Wenn Ss Überzeugung, dass p, gerechtfertigt ist,
> dann hat S eine oder mehrere andere Überzeugungen (dass q, dass r etc.), die die Überzeugung, dass p, stützen
> und S ist der verlässlichen Überzeugung, dass diese Stützungsbeziehung besteht?

Was soll man aber sagen, wenn jemand gar keine Überzeugungen darüber hat, welche seiner Überzeugungen welche anderen seiner Überzeugungen stützen? Was, wenn jemand einfach nicht über die Rechtfertigung seiner Meinungen nachdenkt? Ganz offenbar kann doch auch solch eine Person gerechtfertigte Überzeugungen haben. Bert mag die Evidenzen zur Kenntnis nehmen (Ernies Auto steht nicht vor der Tür und das

Licht in seiner Wohnung ist aus) und sofort seine Schlüsse daraus ziehen (Ernie ist nicht zu Hause), – ohne überhaupt daran zu denken, welche Überzeugungen er hat und ob die eine die andere stützt. Dennoch kann er in seinem Schluss gerechtfertigt sein. Das Haben von gerechtfertigten Überzeugungen setzt also offenbar nicht voraus, dass die Person Überzeugungen über ihre Überzeugungen sowie deren Beziehungen untereinander hat.

Da aber dennoch eine ›Verbindung‹ zwischen Rechtfertiger und Gerechtfertigtem bestehen muss, liegt folgende alternative Erklärung nahe (vgl. dazu auch Alston 1989d, 227 ff.; Audi 1993, 332 ff. sowie dagegen Foley 1987, 175 ff.):

> Wenn Ss Überzeugung, dass p, gerechtfertigt ist,
> dann hat S eine oder mehrere andere Überzeugungen (dass q, dass r etc.), die die Überzeugung, dass p, stützen
> und die rechtfertigende Überzeugung verursacht die gerechtfertigte Überzeugung (in angemessener Weise: s. Kap. II.5.1).

Mit anderen Worten: Wenn eine Überzeugung einer Person gerechtfertigt ist, dann sind die **Gründe** dieser Überzeugung zugleich deren **Ursachen**. Es reicht nicht, wenn die Person zwar Überzeugungen hat, die als Gründe für die fragliche Überzeugung taugen, aber nicht durch diese Gründe, sondern etwas Anderes dazu gebracht wird, die entsprechende Überzeugung zu haben. Der Kommissar mag von der Unschuld des Verdächtigen überzeugt sein und auch die Evidenzen, die für dessen Unschuld sprechen, kennen, aber nur deshalb an die Unschuld des Verdächtigen glauben, weil er ihn so nett findet. Wäre er ihm unsympathisch, würde er ihn gar für verdächtig halten, trotz aller Evidenz für das Gegenteil. Der Kommissar ist also in seiner Überzeugung von der Unschuld des Verdächtigen nicht gerechtfertigt.

Dass die rechtfertigende Überzeugung die gerechtfertigte Überzeugung verursacht, soll hier auch heißen, dass die erstere Überzeugung für das Fortbestehen der letzteren Überzeugung über eine gewisse Zeitspanne hinweg kausal verantwortlich ist. Nun kann es natürlich vorkommen, dass eine Person die gerechtfertigte Überzeugung beibehält, aber nicht den ursprünglichen Rechtfertiger. Der Kommissar kann z. B. weiterhin von der Unschuld des Verdächtigen überzeugt sein, aber völlig vergessen haben, was im Einzelnen eigentlich dafür sprach. Dies muss nicht heißen, dass die ursprünglich gerechtfertigte Überzeugung ihre Rechtfertigung für die Person verliert. Der Kommissar mag sich z. B. daran erinnern und allen Grund für die Annahme haben, dass es gute Gründe für die Unschuldsvermutung gibt und dass er diese Gründe einmal angeben konnte. In diesem Fall ist an die Stelle des ursprünglichen Rechtfertigers ein anderer Rechtfertiger getreten: die Überzeugung, dass es gute Gründe für die fragliche Überzeugung gibt und dass diese Gründe ihr ursprünglich einmal zugrunde gelegen haben. Viele sind in der Überzeugung gerechtfertigt, dass es unendlich viele Primzahlen gibt, auch wenn sie sich nicht mehr an den Beweis dafür erinnern können. Abgesehen davon können auch neue spezifische Evidenzen die alten Evidenzen ablösen. Der Kommissar mag weiterhin von der Unschuld des ursprünglich Verdächtigen überzeugt sein, aber nicht mehr aufgrund der ursprünglichen Evidenzen, sondern aufgrund des Geständnisses einer anderen Person. Wichtig ist, dass eine Überzeugung durch eine andere Überzeugung gerechtfertigt wird; ob es sich dabei immer um dieselbe Überzeugung handelt oder nicht, spielt dabei keine Rolle. Problematisch ist allerdings der Fall, in dem der ursprüngliche Rechtfertiger

›verloren geht‹, ohne dass ein neuer Rechtfertiger an seine Stelle tritt. Psychologische Experimente haben eindrucksvoll gezeigt, dass Menschen in der Tat dazu neigen, an Überzeugungen auch dann festzuhalten, wenn die ursprünglichen Rechtfertiger verschwinden und keine neue Evidenzen an ihre Stelle treten (vgl. etwa Baron 2000, 195–197). Dies ist ein klarer Fall von Irrationalität und die entsprechenden Überzeugungen sind nicht mehr gerechtfertigt, selbst wenn sie das einmal waren.

Die Idee, dass Gründe zugleich Ursachen sein können, ist übrigens, wie kaum anders zu erwarten, sehr umstritten. Vorwiegend dreht sich die entsprechende Diskussion um Gründe und Ursachen von Handlungen, aber einen analogen Streit gibt es auch im Fall von Überzeugungen. Ein verbreitetes Argument gegen die These, dass Gründe Ursachen sein können, ist dieses (vgl. etwa Melden 1961, 52). Ursachen und Wirkungen sind insofern ›äußerlich‹ aufeinander bezogen, als aus dem Vorliegen der Ursache allein und an sich noch nichts über das Vorliegen oder Nicht-Vorliegen der Wirkung folgt. Bei Rechtfertigungsbeziehungen hingegen ist dies, so wird gesagt, anders; hier gibt es eine ›**innere**‹, ›**logische**‹ **Beziehung** zwischen Grund und Begründetem. Der Grund alleine schon führt auf das Begründete. Deshalb können Gründe keine Ursachen sein. Gegen dieses Argument ist wiederum eingewandt worden, dass die innere, ›logische‹ Beziehung zwischen Grund und Begründetem nur vorliegt, wenn sie auf bestimmte Weise gegeben sind bzw. beschrieben werden; man kann, so der Gegeneinwand, sie auch in einer Form angeben, die keine innere Beziehung zwischen beidem enthält. Wenn man etwa sagt, dass die Überzeugung, dass Franz ein Junggeselle ist, einen Grund für die Überzeugung darstellt, dass Franz unverheiratet ist, dann hat man es mit einer inneren, ›logischen‹ Beziehung zwischen beidem zu tun. Wenn man es nun aber z. B. für möglich hält, dass Überzeugungen nichts anderes als Gehirnzustände sind – wie manche Philosophen meinen –, dann könnte die erste Überzeugung der Gehirnzustand A sein und die zweite Überzeugung der Gehirnzustand B; wenn man dann sagt, dass A B verursacht, dann involviert dies keinerlei innere, ›logische‹ Beziehung zwischen beidem. Es kommt hier nicht darauf an, ob Überzeugungen wirklich nichts anderes sind als Gehirnzustände, sondern nur auf eine mögliche Illustration der These, dass die Beziehung zwischen Grund und Begründetem nicht unbedingt in einer Weise beschrieben werden muss, die eine innere, ›logische‹ Beziehung involviert.

3. Arten von Gründen und die Rolle der Logik

Bisher haben wir Gründe (oder Rechtfertiger) nicht nach Typen unterschieden, aber es bietet sich an, das zu tun und zwei Arten von Gründen zu unterscheiden: **konklusive und nicht-konklusive Gründe** (vgl. dazu etwa Skyrms 1975, Kap. 1 und Hacking 2001, Kap. 1, 2). Was ist gemeint?

Konklusive Gründe sind Gründe, deren rechtfertigende Kraft sich der Logik verdankt (vgl. in diesem Zusammenhang auch Dretske 1971, 1 ff.). Wenn Bert glaubt, dass jeder Wal, aber kein Fisch ein Säugetier ist, so hat er einen konklusiven Grund für die Meinung, dass kein Wal ein Fisch ist. Aus dem Ersten folgt logisch das Zweite. Wenn Ernie glaubt, dass Maria die Mutter von Anna ist, dann hat er einen konklusiven

Grund zu glauben, dass Maria weiblich ist. Dies folgt zwar nicht logisch aus jenem, aber es ergibt sich aufgrund der Logik in Verbindung mit der Erklärung der Bedeutung von Worten wie »Mutter« (also aus »logischen und semantischen Gründen«, wie man auch sagt). Wenn man weiß, was eine Mutter ist, dann weiß man unter anderem, dass es sich dabei um eine weibliche Person handelt (wenn wir des Beispiels halber einmal von Problemen absehen, die in Kap. III.1.1 und VI.7 behandelt werden); daraus und daraus, dass Maria die Mutter von Anna ist, folgt dann logisch, dass Maria weiblich ist. Wir können also allgemein festhalten: Eine Überzeugung, dass q, ist genau dann ein konklusiver Grund für eine Überzeugung, dass p, wenn »p« sich entweder **aus bloß logischen oder aus logischen und semantischen Gründen** aus »q« ergibt. Die Rechtfertigungsbeziehung zwischen Überzeugungen beruht also auf einer bestimmten Beziehung zwischen den propositionalen Gehalten dieser Überzeugungen (dies gilt nicht nur für konklusive, sondern für alle Gründe).

Das Gesagte macht auch verständlich, dass konklusive Gründe **wahrheitserhaltend** sind: Wenn der Grund wahr ist (und die Person korrekt überlegt), dann ist auch das Begründete wahr. Man darf dies übrigens nicht mit der Behauptung verwechseln, dass konklusive Gründe auch **wahrheitswert-erhaltend** sind. Dies ist falsch: Schließlich kann ja aus Falschem Wahres folgen (wie wir ja an Gettiers Beispielen gesehen haben). Konklusive Gründe sind also nur wahrheits-erhaltend. Eng damit hängt zusammen, dass sich im Fall konklusiver Gründe die Konklusion nicht verändert, wenn man weitere Annahmen zur Menge der Gründe hinzufügt. Wenn man davon ausgeht, dass jeder Wal, aber kein Fisch ein Säugetier ist, dann ergibt sich die Konklusion, dass kein Wal ein Fisch ist, ganz gleich, was man sonst noch alles an Annahmen über Wale, Fische oder sonst etwas hinzufügen mag.

Nicht-konklusive Gründe sind Gründe, deren rechtfertigende Kraft sich nicht der Logik verdankt, – nicht auf Logik oder Semantik beruht. Wenn ich davon überzeugt bin, dass Sven ein Schwede ist und dass fast alle Schweden blond sind, dann habe ich einen nicht-konklusiven Grund dazu zu glauben, dass Sven blond ist. Aus ersterem folgt nicht logisch das letztere. Sven könnte einer der ganz wenigen rothaarigen Schweden sein. Selbst wenn die Ausgangsmeinungen wahr sind und die Person korrekt überlegt, kann die Konklusion dennoch falsch sein. Nicht-konklusive Gründe sind also nicht wahrheits-erhaltend (und natürlich erst recht nicht wahrheitswert-erhaltend). Dennoch können auch nicht-konklusive Gründe sehr gute Gründe sein, selbst wenn sie nicht so ›zwingend‹ sind wie die konklusiven Gründe. Ja, sie sind sogar unverzichtbar, wie man am Beispiel der Wettervorhersagen sehen kann: Wir verfügen einfach über keinerlei Ausgangsannahmen über das Wetter, aus denen die jeweilige Wettervorhersage logisch folgen würde. Vielmehr beruhen nicht-konklusive Gründe, wie z.B. die Gründe der Meteorologen, wesentlich auf Induktion und Wahrscheinlichkeitserwägungen. Selbst wenn Logik unverzichtbar ist, so kommen wir mit Logik allein nicht durchs Leben; wir brauchen auch Begriffe von **Wahrscheinlichkeit**.

Aus all dem wird auch leicht verständlich, dass nicht-konklusive Rechtfertigung ›**entwertbar**‹ (s. Kap. II.4.2) ist: Fügt man weitere Annahmen zu der Menge der Gründe hinzu, so kann die Rechtfertigungsbeziehung entfallen (man nennt nicht-konklusives Überlegen auch »**nicht-monoton**«: Mehr Evidenz führt nicht notwendigerweise zu mehr Rechtfertigung). Nehmen wir an, ich erfahre, dass Sven aus einer ganz bestimmten Gegend in Schweden stammt und dass viele Menschen aus dieser Gegend rothaarig sind. Dann habe ich auf einmal keinen (nicht-konklusiven)

Grund mehr zu glauben, dass Sven blond ist, bzw. einen guten (nicht-konklusiven) Grund anzunehmen, dass er rothaarig ist. Aber auch dieser nicht-konklusive Grund kann wieder ›ausgehebelt‹ werden: so etwa, wenn ich zusätzlich erfahre, dass Sven ein bestimmtes Gen hat, das stark mit blonder Haarfarbe korreliert ist. Wenn man also einen bestimmten nicht-konklusiven Grund P1 für eine bestimmte Überzeugung Q hat, dann kann es passieren, dass P1 zusammen mit einer weiteren Annahme P2 die Überzeugung Q nicht mehr rechtfertigt; und selbst wenn P1 zusammen mit P2 und einer weiteren Annahme P3 Q wieder rechtfertigt, kann es doch eine weitere Annahme P4 geben, die Q wieder entkräftet. Solange man nicht auf konklusive Gründe für Q stößt, ist die Rechtfertigung für Q prinzipiell immer offen für weitere entwertende oder bekräftigende zusätzliche Evidenz.

Was sind nun ganz allgemein die Regeln der Rationalität, die Standards der Rechtfertigung und Begründung? Eine erste Regel klingt ziemlich trivial:

(R₁) Eine rationale Person stützt ihre Überzeugungen auf gute Gründe.

Wir werden noch näher darauf eingehen, worin die Güte von Gründen besteht. Wenn es jedenfalls keine guten Gründe für eine Überzeugung gibt oder wenn Gründe gegen die Überzeugung auftauchen, dann ist es vernünftig, diese Überzeugung aufzugeben, bzw. irrational, weiter an ihr festzuhalten. Wunschdenken ist ein Beispiel für Irrationalität im Hinblick auf Überzeugungen: An die Stelle eines Grundes rückt hier ein Wunsch. Manche Philosophen sind der Auffassung, dass man in einer Überzeugung gerechtfertigt sein kann, auch wenn man keinen Grund für sie anführen kann; es reicht ihnen zufolge, wenn man keinen Gegengrund gegen diese Überzeugung sieht (vgl. Harman 1986, 32 ff.). Man kann diese Auffassung als externalistische Interpretation von »Rechtfertigung« verstehen. Versteht man sie aber so, dass jede Überzeugung – selbst die willkürlichste und beliebigste – gerechtfertigt ist, solange die Person keinen Grund gegen sie sieht, ergibt sich eine extrem unplausible These: Die schiere Unfähigkeit einer Person, eine Überzeugung zur Disposition zu stellen, wird dann zum Garanten ihrer Rationalität.

Versuchen wir etwas mehr und Interessanteres über die Bedingungen der Rationalität zu sagen und betrachten wir zunächst konklusive Gründe. Einer sehr verbreiteten Auffassung zufolge ist **logische Konsistenz und Widerspruchsfreiheit** eine notwendige Bedingung für rationale Überzeugungen (vgl. etwa Patzig 1996, 105; Gosepath 1992, 25 f.). Es gibt nun mehrere Typen von Inkonsistenz. Ein erster Fall liegt vor, wenn der propositionale Gehalt der Überzeugung eine logische Kontradiktion darstellt. Die Überzeugung, dass es im nächsten Jahr eine Steuerreform geben wird und doch keine geben wird, ist in diesem Sinne kontradiktorisch. Man muss allerdings etwas vorsichtig sein beim Konstatieren von Widersprüchen; manchmal handelt es sich auch nur um einen scheinbaren Widerspruch. So könnte z.B. jemand sagen, dass sein Hund schwarz ist und dann doch wieder nicht schwarz, und damit nur meinen, dass der Hund an manchen Stellen schwarz ist und an manchen anderen Stellen nicht. Eine Kontradiktion liegt nur vor, wenn in ein und derselben Hinsicht und ohne jede Mehrdeutigkeit gesagt wird, dass etwas der Fall ist und zugleich nicht der Fall ist. Inkonsistente Überzeugungen des ersten Typs haben also die Form »S glaubt, dass p und nicht p.«

Dies ist der offenste und klarste Fall von Widersprüchlichkeit. Er liegt so offen und klar zu Tage, dass man begründete Zweifel daran haben kann, ob man überhaupt inkonsistente Überzeugungen dieser Art haben kann (vgl. z.B. Foley 1987, 288 ff.; vgl.

hingegen Priest 1985/86, 102 ff.; zu verrückten Überzeugungen vgl. Davies/Coltheart 2000, 1 ff.). In Lewis Carrolls *Through the Looking Glass* behauptet die Königin gegenüber Alice, dass sie früher noch vor dem Frühstück bis zu 6 unmögliche Dinge geglaubt hat (vgl. Carroll: Through the Looking Glass, Kap. 5, 153). Können wir uns aber wirklich vorstellen, dass jemand z. B. allen Ernstes glaubt, dass Wasser nass ist und nicht nass ist? Ist so etwas möglich? Manche Philosophen (vgl. etwa Quine 1960, 57 ff.) verneinen dies und weisen darauf hin, dass es eher ein Zeichen für ein Missverständnis ist, wenn man jemandem einen derart klaren und offenen Widerspruch zuschreibt (und im Fall der Selbstzuschreibung eines solchen Widerspruchs ein Selbst-Missverständnis). Wir können dieser Auffassung zufolge eine Überzeugung überhaupt nur verstehen und ihr einen Inhalt zuschreiben, wenn wir die Erfüllung gewisser minimaler logischer Bedingungen voraussetzen. Dementsprechend hätte die mögliche Irrationalität gewisse Grenzen (s. dazu Kap. V.7).

Man könnte dagegen allerdings einwenden, dass es doch offenbar Fälle gibt, in denen wir klar widersprüchliche Überzeugungen haben. Betrachten wir z. B. eine Variante der bekannten **Müller-Lyer-Illusion** (s. Abb. 1). Beide Linien sind gleich lang, aber sie erscheinen verschieden lang, und zwar selbst wenn man weiß, dass sie gleich lang sind. Wie soll man dies interpretieren? Soll man sagen, dass man – sofern man der optischen Täuschung unterliegt und zugleich weiß, dass es sich um eine Täuschung handelt – eine kontradiktorische Überzeugung hat, nämlich die, dass die beiden Linien gleich lang und nicht gleich lang sind? Es ist nicht von vornherein klar, was man hier sagen soll (vgl. dazu Armstrong 1968, 216 ff., 221 ff.).

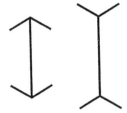

Abb. 1: Die Müller-Lyer Illusion (aus: Foss 1966, 73)

Ein weiterer Typ von Inkonsistenz besteht darin, dass der propositionale Gehalt der Überzeugung zwar keine Kontradiktion darstellt, aber (mehr oder minder) **verdeckt** enthält. Was ist damit gemeint? Die Überzeugung z. B., dass Karl-Heinz Junggeselle und verheiratet ist, ist ein Beispiel (gegeben die oben am Falle von »Mutter« gemachten Vorbehalte). Die logische Form des Inhalts dieser Überzeugung ist »p & q«; sie hat also nicht die Form einer Kontradiktion. Gegeben aber die Bedeutung von »Junggeselle« – gegeben, dass Junggesellen unverheiratet sind –, lässt sich ein Widerspruch ableiten. »Karl-Heinz ist Junggeselle und verheiratet« ›enthält‹ in diesem Sinne die Kontradiktion »Karl-Heinz ist unverheiratet und er ist verheiratet«. Eine Überzeugung kann also auch ›verdeckt‹ einen Widerspruch enthalten: In diesem Fall stellt ihr Inhalt zwar keine Kontradiktion dar, aber aus ihrem Inhalt lässt sich zusammen mit gewissen semantischen Erklärungen ein Widerspruch ableiten. Was diesen Typ von inkonsistenten Überzeugungen angeht, so kann man schon weniger Zweifel haben, dass sie wirklich vorkommen, – zumindest in den nicht ganz so einfachen Fällen.

Die beiden bisher erwähnten Formen von Inkonsistenz betreffen einzelne Überzeugungen. Nun können aber auch **Systeme von Meinungen inkonsistent** sein. Es können sich mehrere Meinungen untereinander widersprechen, ohne dass eine der Meinungen einen Widerspruch darstellt oder enthält. Hier ist ein Beispiel: Anna glaubt zum einen, dass in ihrem Haus einige Kinder wohnen; sie glaubt aber auch, dass alle Bewohner volljährig sind. Beide Überzeugungen sind für sich nicht inkonsistent, aber zusammen ergeben sie einen Widerspruch. Zwei Überzeugungen widersprechen sich nämlich genau dann, wenn die Konjunktion ihrer Gehalte eine Kontradiktion darstellt oder enthält. Die Rationalität von Überzeugungen erfordert also offenbar auch, dass das System der Überzeugungen der Person keine Überzeugungen enthält, die sich gegenseitig (offen oder verdeckt) widersprechen. **Systematische Konsistenz** interessiert uns in der Regel besonders – auch weil systematische Inkonsistenz nicht so leicht zu entdecken ist. Nicht umsonst legen Mathematiker und Logiker großen Wert auf Beweise der Widerspruchsfreiheit von Aussage-Systemen.

Die eben erwähnte systematische Inkonsistenz ist insofern ›**manifest**‹, als sie Überzeugungen betrifft, die die Person tatsächlich hat. Überzeugungssysteme können aber auch ›**latent**‹ widersprüchlich sein. Hier ist ein Beispiel. Karl hat die folgenden drei Überzeugungen: dass Franzens Hund Bello menschliche Sprache versteht, dass alle Hunde Tiere sind und dass kein Tier menschliche Sprache versteht. Die Gehalte dieser drei Überzeugungen stehen zwar nicht miteinander direkt in Widerspruch (derart, dass die Konjunktion der Gehalte zweier dieser Überzeugungen die Form »p & ¬p« aufweist), aber es lässt sich daraus eine Schlussfolgerung logisch ableiten, die mit einer der Ausgangsüberzeugungen in Widerspruch steht: nämlich die Schlussfolgerung, dass Bello keine menschliche Sprache versteht. Sofern Karl diesen (zugegebenermaßen nahe liegenden) Schluss nicht zieht und die entsprechende Überzeugung nicht hat, ist das System seiner Meinungen latent inkonsistent.

Man könnte nun das Bello-Beispiel für relativ uninteressant halten, bezweifeln, dass irgendjemand tatsächlich ein latent widersprüchliches Überzeugungssystem hat und als weitere Bedingung der Rationalität von Überzeugungen hinzufügen, dass das Überzeugungssystem der Person nicht latent widersprüchlich sein darf. Aber so einfach ist die Sache nicht. Die Arbeit des Logikers, Mathematikers und Philosophen Gottlob Frege zu den Grundlagen der Arithmetik stellt ein Musterbeispiel für das Problem dar, um das es hier geht. Frege hatte versucht, die Arithmetik auf Logik und Mengenlehre zu reduzieren. Es hat eine Weile gedauert, bis jemandem, nämlich Bertrand Russell, auffiel, dass eines der von Frege vorgeschlagenen Axiome einen Widerspruch enthält, nämlich die der Lügner-Paradoxie (s. Kap. IV.4) verwandte Antinomie der Menge aller Mengen, die sich nicht selbst zum Element haben (vgl. Russell: Brief an Frege (16. Juni 1902); Frege: Brief an Russell (22. Juni 1902)).

Frege hatte also ein System von Überzeugungen, das latent widersprüchlich war. Soll man wirklich sagen, dass er deshalb irrational war? Soll man z. B. jeden Mathematiker für irrational halten, der eine knifflige mathematische Vermutung für falsch hält, bis dann ein verwickelter Beweis zeigt, wie sie aus gewissen Axiomen folgt? Dies erscheint ausgesprochen unplausibel, und zwar in Freges Fall etwa deshalb, weil es alles andere als leicht zu sehen war, dass seine Axiome einen Widerspruch implizieren. In Freges Fall könnte man sogar sagen, dass seine Theorie ein Musterbeispiel rationalen Denkens darstellt und dass einer ihrer großen Verdienste (ironischerweise) darin liegt, dass sie wesentliche Zusammenhänge so weit aufgeklärt hat, dass die Entdeckung der

Mengen-Paradoxie überhaupt möglich wurde. Menschen haben jedenfalls begrenzte kognitive Fähigkeiten und der Begriff der Rationalität wäre unbrauchbar, würde dies nicht berücksichtigt. Unser Begriff der Rationalität berücksichtigt diese Grenzen in der Tat: Wir würden jemanden wie Frege nicht »irrational« nennen, und zwar eben weil der Widerspruch zu ›versteckt‹, ›zu latent‹ war. Es kann also nur eine Bedingung der Rationalität von Überzeugungen sein, dass es keine nahe liegenden latenten Widersprüche des Überzeugungssystems gibt (wie etwa den über den obigen Hund Bello). Dies zeigt übrigens nicht nur, dass Rationalität wesentlich etwas Begrenztes ist, sondern auch, dass es Grade zulässt: Je nahe liegender der Widerspruch, desto irrationaler die Person (vgl. Simon 1983, 3 ff. zu seiner Konzeption von »**bounded rationality**« sowie Cherniak 1986, 3 ff., 16 ff.).

Das bisher Gesagte zusammenfassend können wir folgendes Konsistenz-Prinzip rationaler Überzeugungen festhalten:

(R$_2$)   Wenn die Überzeugungen einer Person (zu einem bestimmten Zeitpunkt) rational sind, dann
        enhält keine dieser Überzeugungen offen oder verdeckt einen Widerspruch
        und das System dieser Überzeugungen enthält weder einen manifesten noch einen nahe liegenden latenten Widerspruch.

Da die Überzeugungen einer Person sich im Lauf der Zeit verändern können, ohne dass dies irrational wäre, ist der Zusatz »zu einem bestimmten Zeitpunkt« notwendig.

Dieses Prinzip beruht auf der Idee, dass Widersprüche zu glauben im Prinzip irrational und insofern zu vermeiden ist. Die Logik (oder das, was normalerweise und so auch hier als »Logik« bezeichnet wird) lässt sich demgemäß als Teil einer Theorie der zentralen Bedingungen von Rationalität und Rechtfertigung verstehen. Fast alle Philosophen und Logiker sind der Auffassung, dass Widersprüche zu vermeiden sind. Aber es gibt auch Ausnahmen. Hegel ist sicherlich die berühmteste. Er war der Auffassung, dass Widersprüche geradezu einen fundamentalen Aspekt der Wirklichkeit ausmachen (vgl. etwa Hegel: Wissenschaft der Logik, II, 74–80). Seit einiger Zeit gibt es sogar innerhalb der Logik eine kleine Minderheit, derzufolge Widersprüche zuzulassen seien (vgl. Priest 1998, 208 ff.; Priest 1985/86, 99 ff.). Warum genau sind Widersprüche also etwas Schlechtes? Man könnte sicherlich antworten, dass die Abwesenheit von Widersprüchen *per definitionem* eine Bedingung von Meinungs-Rationalität darstellt und dass dies eine so grundlegende Rationalitätsbedingung darstellt, dass man die Frage nach ihrer weiteren Begründung nicht einmal sinnvoll stellen kann. Diese Antwort hat offenbar Einiges für sich, aber sie ist sicherlich auch etwas enttäuschend; wir werden allerdings weiter unten noch auf Einwände gegen die zentrale Bedeutung der Logik für die Rationalität einzugehen haben.

Manchmal wird auch gesagt, dass Widersprüche deshalb zu vermeiden seien, weil sie inhaltsleer seien. Dass Bello knurrt und nicht knurrt, sagt weder über Bello etwas aus noch über sonst etwas. Ähnliches gilt aber auch für Tautologien (vgl. Wittgenstein: Tractatus logico-philosophicus, 4.461). Dass das Wetter sich ändert oder nicht ändert, sagt nichts über das Wetter oder sonst etwas. Wenn also Inhaltsleere gegen Kontradiktionen sprechen würde, dann müsste man aus demselben Grund auch Tautologien aus einem rationalen Überzeugungssystem verbannen, – was ausgesprochen unplausibel ist. Also kann Inhaltsleere nicht das Problem der Kontradiktionen sein.

Sehr viel überzeugender ist da ein anderer Einwand gegen das Zulassen von Kontradiktionen: Aus ihnen lässt sich offenbar jede beliebige Schlussfolgerung ziehen, was sie für die Logik unbrauchbar macht (»**ex contradictione quodlibet**«). Betrachten wir ein Beispiel:

(1) Es gibt Leben auf dem Mars und es gibt kein Leben auf dem Mars.
  (p & (¬p))

Wir wollen nun die folgende, beliebige Konklusion daraus ableiten:

(C) Pavarotti isst gerne.
  (q)

Aus (1) folgt gemäß der Logik (wenn die Konjunktion wahr ist, dann ist jedes ihrer Bestandteile wahr) sowohl

(2) Es gibt Leben auf dem Mars.
  (p)

als auch

(3) Es gibt kein Leben auf dem Mars.
  (¬p)

Aus (2) folgt nun ebenfalls aufgrund der Logik (wenn eine einzelne Aussage wahr ist, dann ist auch eine beliebige Disjunktion mit ihr als einem Bestandteil wahr):

(4) Es gibt Leben auf dem Mars oder Pavarotti isst gerne.
  (p v q)

Aus (3) und (4) folgt nun, so sagt uns die Logik (wenn »p« oder »q« wahr ist und »p« nicht wahr ist, dann ist »q« wahr):

(C) Pavarotti isst gerne.
  (q)

So haben wir also aus einer Kontradiktion eine beliebige Konklusion logisch abgeleitet. Wenn also Kontradiktionen rational akzeptabel sind, dann müssten somit auch alle nur denkbaren Propositionen rational akzeptabel sein (schließlich folgen sie ja logisch aus ihnen). Das aber ist absurd (vgl. allerdings Priest 1998, 208 ff.).

Es gibt allerdings einen interessanten weiteren Einwand gegen das völlige Ausschließen von Widersprüchen aus rationalen Überzeugungssystemen. Dieser Einwand stützt sich auf die Existenz von **Paradoxien** (vgl. Sainsbury 1993), also von Widersprüchen, die sich in offenbar korrekter Weise aus offenbar akzeptablen Prämissen ergeben (so dass nicht leicht zu sehen ist, wie die Paradoxie aufzulösen ist). Die Lügner-Paradoxie (s. Kap. IV.4) ist das berühmteste Beispiel dafür. Bestimmte metaphysische Paradoxien (es muss doch einen Anfang in der Zeit geben, aber es muss doch auch zu jedem Zeitpunkt einen Zeitpunkt davor geben; vgl. Kant: Kritik der reinen Vernunft, A 426 ff./B 454 ff.) sind hier ebenso anzuführen wie das schon erwähnte Vorwort-Paradox rationaler Meinungen (s. Kap. III.2.4; vgl. hier auch das damit verwandte »Lotterie-Paradox« in Kyburg 1961, 197). Handelt es sich bei all diesen Paradoxien nicht um Fälle, in denen man geradezu guten Grund hat, einen Widerspruch zu akzeptieren (vgl. Priest 1985/86, 100, 108 f.)? Schließlich sprechen ja gleichermaßen gute Gründe für beide ›Seiten‹ des Widerspruchs – wie also sollte man sich mit Grund für eine und gegen die andere entscheiden können? Man könnte entgegnen, dass sich die rationale Person in solchen Fällen eben eines Urteils bzw. **einer Meinung zur Sache enthält.** Aber leugnet man damit nicht einen wesentlichen Punkt, nämlich den, dass gute Gründe sowohl für die eine Seite als auch für die andere Seite des Widerspruchs sprechen? Und ist es nicht geradezu irrational, gute Gründe beiseite zu schieben und nicht zu den entsprechenden Überzeugungen zu gelangen? Man könnte wiederum entgegnen, dass man auch bei einer Urteilsenthaltung doch die Kraft der Gründe für beide Seiten sehen kann, aufgrund der besonderen (paradoxen) Konstellation aber zugleich einen überwältigenden Grund hat, sich letztlich doch eines Urteils bzw. einer Meinung zu enthalten: Schließlich können Kontradiktionen ja nicht wahr sein. Oder zeigen die Paradoxien der Rationalität gar, dass der Begriff der Rationalität selbst inkonsistent ist und deshalb aufgegeben werden sollte? Gegen diese ›panikartige‹ Reaktion spricht einiges. Zum einen sind die erwähnten Paradoxien derart fundamental, dass man sehr viele Babys mit sehr viel Badewasser auskippen müsste (so müsste man etwa den Begriff der Wahrheit aufgeben). Zum anderen ist kein Grund zu sehen, wieso es ausgeschlossen sein sollte, Paradoxien aufzulösen, ganz im Gegenteil!

Auch wenn Widersprüche nicht rational akzeptabel sind, sollte man doch den Ernst der Probleme, die Widersprüche aufwerfen können, nicht ignorieren. Betrachten wir etwa den Fall von wissenschaftlichen Theorien, also von etwas, das gewöhnlich als Musterbeispiel rationaler Überzeugungssysteme betrachtet wird. Seit einiger Zeit (vgl. Kuhn 1962) hat die Auffassung vermehrt Zustimmung gefunden, dass auch wissenschaftliche Theorien ›Probleme‹ haben und damit sogar erstaunlich gut leben können. Gemeint ist, dass auch sehr gut bestätigte und erklärungskräftige Theorien nicht mit allen experimentellen Befunden verträglich sind (etwa weil diese dem, was man aufgrund der Theorie erwarten sollte, glatt widersprechen). Was sollte man in einem solchen Fall tun? Sollte man eine ansonsten exzellente und vielleicht sogar konkurrenzlose Theorie nur wegen ein paar experimentellen Befunden aufgeben? Könnte es nicht sein, dass etwas mit den Experimenten nicht stimmt oder dass die Theorie so modifiziert werden kann, dass sie mit den Befunden verträglich wird und sie vielleicht sogar erklären kann? Andererseits sollte man sich sicherlich auch nicht einfach mit Verweis auf die Qualität der Theorie über widerstreitende empirische Befunde hinwegsetzen. Sollte man nicht vielleicht sogar den Experimenten eher trauen als den Theorien, die ja kommen und gehen? Die Sache wird übrigens noch dadurch komplizierter, dass man Theorie und Experiment gar nicht in dieser scharfen Weise trennen kann. Experimente ›besagen‹ etwas nur im Kontext einer Theorie (und umgekehrt). Vielleicht kann man keine generelle Antwort auf die Frage geben, was man in solchen Situationen im Einzelnen tun sollte. Eine gewisse Zurückhaltung des Urteils ist aber wohl keine schlechte Idee – auch wenn man nicht so weit gehen sollte wie manche Skeptiker und sich ganz des Urteils enthalten.

Alles in allem liegt es sehr nahe zu sagen, dass Konsistenz eine notwendige Bedingung für Rationalität ist, aber sie scheint nicht hinreichend zu sein. Warum nicht? Betrachten wir folgendes Beispiel. Franz glaubt, dass Zitronen Vitamin C enthalten; er glaubt auch, dass Vitamin C gut für die Gesundheit ist. Er hat allerdings keine Meinung zu der Frage, ob Zitronen gut für die Gesundheit sind, – obwohl genau dies die nahe liegende logische Schlussfolgerung ist. Franz aber zieht diesen logischen Schluss nicht, er macht sozusagen ›nichts oder nicht genug aus seinen Meinungen‹.

Wir würden nicht sagen, dass Franzens Überzeugungen inkonsistent sind, aber wir würden dennoch sagen, dass es ihm an Rationalität fehlt, ja vielleicht würden wir ihn sogar für dumm halten. Wenn wir jemanden, der inkorrekt schließt, gemäß (R_1) für irrational halten, dann liegt es nahe, auch jemanden, der überhaupt keine Schlüsse zieht (in einem Einzelfall oder häufiger), für irrational zu halten. Auf den ersten Blick könnte man also versucht sein, folgende weitere Bedingung der Rationalität hinzuzufügen: Eine rationale Person zieht logische Schlüsse aus ihren Überzeugungen. Wer »A« sagt, muss auch »B« sagen, wenn »B« aus »A« logisch folgt.

Dies ist allerdings zu unspezifisch und sogar etwas irreführend, und zwar aus mehreren Gründen. Zunächst kann man aus einer endlichen Menge von Prämissen unendlich viele Schlüsse ziehen. Wenn man davon ausgeht, dass die Erde genau einen Mond hat, dann kann man sich leicht denken, dass sie weder zwei, noch drei, noch vier etc. Monde hat. Menschen sind aber in ihren kognitiven Fähigkeiten begrenzt und sicherlich nicht in der Lage, eine unendliche Anzahl von Schlussfolgerungen zu ziehen (ganz abgesehen davon, dass viele dieser Schlussfolgerungen ganz uninteressant sind). Da das Prädikat »rational« aber Anwendung auf normale Menschen hat, kann das Ziehen aller möglichen Schlussfolgerungen aus einer gegebenen Prämissen-Menge nicht eine Rationalitätsbedingung sein. Hinzu kommt, dass manche dieser Schlussfolgerungen zu komplex sind und insofern die menschlichen kognitiven Fähigkeiten übersteigen. Gewisse mathematische Probleme mögen für den menschlichen Verstand zu hart sein und schon, wenn man die Rätselecken mancher Zeitschriften betrachtet, kann man einen lebhaften Eindruck von der Begrenztheit menschlicher Rationalität bekommen. Es ist wichtig, diese Grenzen zur Kenntnis zu nehmen. Begrenzte Rationalität ist nicht dasselbe wie Irrationalität; die Frage der Rationalität lässt sich überhaupt nur innerhalb der Grenzen des menschlich Machbaren sinnvoll stellen (vgl. Simon 1983, 3 ff.).

Es wäre aber auch schon zu viel verlangt, wenn man von einer rationalen Person erwarten würde, dass sie alle ihr prinzipiell zugänglichen Schlussfolgerungen zieht. Betrachten wir wieder ein Beispiel. Bert ist gerade mit dem Auto unterwegs. Er ist in Zeitnot: Er ist gerade dabei, sich zu verfahren, muss aber unbedingt rechtzeitig zu einem bestimmten Termin erscheinen. Während seiner angestrengten Suche hört er im Autoradio, dass auf der jährlichen Gartenbauausstellung 50 % mehr Besucher als im letzten Jahr gezählt wurden und dass für das nächste Jahr wiederum mit einem Anwachsen der Besucherzahlen um 50 % gegenüber dem laufenden Jahr gerechnet wird. Es ist nicht schwer, sich zu überlegen, dass die Besucherzahlen im nächsten Jahr voraussichtlich um das 2,25-fache höher sein werden als im letzten Jahr. Bert aber ist daran einfach nicht interessiert und er hat sogar einen sehr guten praktischen Grund, sich nicht näher mit den Besucherzahlen der jährlichen Gartenbauausstellung zu befassen: Er muss dringend den richtigen Weg finden. Gegeben seine Interessen und praktischen Prioritäten erscheint es nicht nur nicht irrational, wenn er selbst nahe liegende Schlüsse zu der Entwicklung der Besucherzahlen bei der jährlichen Gartenbauausstellung nicht zieht, sondern es erscheint geradezu rational, sich nicht mit diesen Implikationen zu befassen. Auch das Schlüsse-Ziehen erzeugt Kosten: Es erfordert eine gewisse Anstrengung und lenkt von alternativen Beschäftigungen ab, die wichtiger sein können. In Berts Fall stehen die Kosten der Überlegung über die Entwicklung der Besucherzahlen der jährlichen Gartenbauausstellung in keinem angemessenen Verhältnis zu dem zu erwartenden Nutzen (oder Schaden) dieser Überlegung. Aus all diesen Gründen ist es also nicht angemessen, Bert für irrational halten, weil er einen seine kognitiven Fähigkeiten nicht überlastenden Schluss nicht zieht.

Allgemein kann man festhalten, dass Rationalität nicht verlangt, dass man Schlussfolgerungen zieht, die uninteressant sind oder gar von Wichtigerem ablenken (worüber die Person sich durchaus täuschen kann); die Rationalität verlangt nicht, dass man Überlegungen anstellt, deren Durchführung mehr Kosten als Nutzen verursacht. Was die Rationalität von Überzeugungen verlangt, hängt also auch vom praktischen Kontext ab; was die theoretische Rationalität verlangt, wird durch die Erfordernisse praktischer Rationalität mitbestimmt (vgl. etwa Cherniak 1986, 10 ff.).

Was das Ziehen von logischen Schlüssen angeht, so können wir folgende allgemeine Regel festhalten:

(R_3) Wenn eine Person (zu einem bestimmten Zeitpunkt) hinsichtlich ihrer Überzeugungen rational ist, dann zieht sie diejenigen logischen Schlüsse,
die die typischen menschlichen Überlegungsfähigkeiten nicht überfordern
und die von einem gewissen Interesse und von praktischer Relevanz für die Person sind.

4. Eine probabilistische Alternative, die Grade der Rechtfertigung und die Prinzipien rationaler Meinungsänderung

Die Regeln (R_2) und (R_3) legen die Annahme nahe, dass Logik zentral für Rationalität ist; (R_2) und (R_3) zufolge kann man nicht rational sein, ohne gewisse logische Minimal-Bedingungen zu erfüllen. Aber ist dem wirklich so? Wir hatten ja gesehen, dass es neben konklusiven Gründen auch nicht-konklusive Gründe gibt; die rechtfertigende Kraft dieser Gründe beruht nicht auf der Logik. Die Logik spielt demnach nur für konklusive Gründe eine zentrale Rolle, für nicht-konklusive Gründe nimmt die Wahrscheinlichkeitstheorie deren Rolle ein (vgl. zum Folgenden etwa Howson/ Urbach 1989; Kyburg 1970, Kap. 6; Osherson 1990, 55 ff.). Dementsprechend müsste man die Regeln (R_2) und (R_3) für den Fall nicht-konklusiver Gründe umformulieren. Rationale Überzeugungen müssten nicht im Sinne der Logik konsistent sein (also widerspruchsfrei), sondern im Sinne der Wahrscheinlichkeitstheorie, – also den Prinzipien der Wahrscheinlichkeitstheorie genügen (R_2'). Außerdem würde die Rationalität in diesem Fall das Ziehen gewisser probabilistischer Schlüsse verlangen (R_3').

Vielleicht muss man sogar noch einen Schritt weiter gehen. Wir hatten oben gesehen, dass es gute Gründe für die Annahme gibt, dass Überzeugungen gradueller Natur sind, – sogar Gründe, die mit der Natur rationaler Überzeugungen zu tun haben (s. die Bemerkungen zum Vorwort-Paradox in Kap. III.2.4). Wenn aber alle Arten von Überzeugungen **Grade** aufweisen, dann verliert die Logik ihre zentrale Bedeutung für die Rationalität von Überzeugungen. Aus dem Prinzip, dass eine rationale Person keine Überzeugungen hat, deren Gehalt die logische Form »p & ¬p« aufweist, wird – gemäß Prinzip (5) der Wahrscheinlichkeitstheorie (s. Kap. II.6) – das Prinzip, dass eine rationale Person solchen Überzeugungen die Wahrscheinlichkeit 0 zuschreibt.

Das Prinzip, dass rationale Überzeugungssysteme keine Widersprüche zwischen verschiedenen Überzeugungen zulassen, muss sogar ganz aufgegeben werden. Es ist der Wahrscheinlichkeitstheorie zufolge nicht irrational, sowohl der Überzeugung zu sein, dass p (dass es regnet), als auch der Überzeugung zu sein, dass nicht p (dass es nicht regnet). Rationalität verlangt nur – gemäß Prinzip (4) der Wahrscheinlichkeitstheorie –, dass die subjektiven Wahrscheinlichkeiten von »p« und »¬p« (von »Es regnet« und »Es regnet nicht«) sich zu 1 addieren. Auch die bekannten logischen Schlussformen finden sich in der Wahrscheinlichkeitstheorie so nicht wieder. Aus »p« (»Es hat gestern geregnet«) und »q« (»Es hat vorgestern geregnet«) folgt logisch »p & q« (»Es hat gestern und vorgestern geregnet«); aber daraus, dass man »p« ebenso wie »q« eine Wahrscheinlichkeit von 0,6 zuschreibt, folgt nicht, dass man »p & q« eine Wahrscheinlichkeit von 0,6 zuschreibt, sondern (außer in einem Grenzfall) eine deutlich niedrigere Wahrscheinlichkeit (gemäß Prinzip (11) bei probabilistischer Unabhängigkeit von »p« und »q« eine Wahrscheinlichkeit von 0,36). Gemäß Prinzip (7) hat die logische Konklusion aus gewissen Prämissen eine gleich große oder gar höhere Wahrscheinlichkeit als diese Prämissen; dies ist ein Prinzip, das ebenfalls klar über die Logik hinausgeht. Kurz: Wenn man davon ausgeht, dass Überzeugungen Grade haben, dann gibt die Logik herzlich wenig für die Prinzipien rationaler Überzeugungen her und an ihre Stelle tritt die Wahrscheinlichkeitstheorie. An die Stelle von (R_2) und (R_3) tritt

> (R_4) Wenn die Überzeugungen einer Person (zu einem bestimmten Zeitpunkt) rational sind, dann genügen sie den Prinzipien der Wahrscheinlichkeitstheorie

und

> (R_5) Wenn eine Person (zu einem bestimmten Zeitpunkt) hinsichtlich ihrer Überzeugungen rational ist, dann zieht sie diejenigen probabilistischen Schlüsse, die die typischen menschlichen Überlegungsfähigkeiten nicht überfordern und die von einem gewissen Interesse und von praktischer Relevanz für die Person sind.

Was (R_4) angeht, so muss man allerdings analoge Einschränkungen machen wie im Fall von (R_2): Man kann genauso wenig erwarten, dass ein gegebenes Überzeugungssystem vollständig den Prinzipien der Wahrscheinlichkeitstheorie genügt, wie man erwarten kann, dass es vollständig den Regeln der Logik genügt. Entsprechend dem Prinzip (2) der Wahrscheinlichkeitstheorie z. B. sollte eine rationale Person jeder Tautologie die Wahrscheinlichkeit 1 zuschreiben. Dies ist allerdings extrem unwahrscheinlich, da es bekanntlich sehr komplizierte Tautologien gibt, die sehr schwer einsichtig sind (man denke etwa an die Konjunktion mathematischer Axiome und eines mathematischen Theorems, das aus jenen ableitbar ist). Analoges gilt für das Prinzip (5), demzufolge man jeder Kontradiktion, selbst der verborgensten, die Wahrscheinlichkeit 0 zuschreiben müsste. (R_4) ist also als Prinzip rationaler Überzeugungen zu stark und muss entsprechend abgeschwächt werden:

> (R_4') Wenn die Überzeugungen einer Person (zu einem bestimmten Zeitpunkt) rational sind, dann genügen sie in einem bestimmten Maße den Prinzipien der Wahrscheinlichkeitstheorie.

Ein weiteres Problem ist schon erwähnt worden: Sehr oft können wir subjektiven Wahrscheinlichkeiten keine präzisen Werte zuschreiben bzw. es macht sogar wenig Sinn, präzise Werte anzunehmen (unabhängig davon, ob wir sie bestimmen können).

Wir können hier offen lassen, ob man eine brauchbare Wahrscheinlichkeitstheorie für vage Werte bzw. Intervalle angeben kann.

Schließlich müssen wir noch eine weitere Modifikation vornehmen. Wir haben oben gesagt, dass die Rechtfertigungsbeziehung unter anderem asymmetrisch und transitiv ist. Dies gilt unter probabilistischen Vorzeichen nicht mehr. Wir werden gleich noch näher darauf eingehen, wie man die Rechtfertigungsbeziehung unter probabilistischen Vorzeichen charakterisieren kann. Hier kann allerdings schon so viel gesagt werden. Dass eine Überzeugung, dass p, eine andere Überzeugung, dass q, rechtfertigt, heißt unter anderem, dass die eine Proposition (p) die andere Proposition (q) wahrscheinlich macht; da zwei Propositionen sich gegenseitig wahrscheinlich machen können, können sich auch die entsprechenden Überzeugungen gegenseitig rechtfertigen. Unter probabilistischen Vorzeichen ist die Rechtfertigungsbeziehung also nicht asymmetrisch (Sie ist allerdings auch nicht symmetrisch, da nicht jedes Paar von Propositionen sich gegenseitig wahrscheinlich macht). Auch die Annahme der Transitivität ist nicht haltbar: »p« kann »q« wahrscheinlich machen, »q« »r«, »r« »s« und »s« »t«; aber das heißt nicht, dass »p« »t« wahrscheinlich macht.

Wenn Überzeugungen Grade haben und untereinander in probabilistischen Beziehungen stehen, dann liegt es sehr nahe anzunehmen, dass auch Rechtfertigung Grade hat. Dies entspricht auch unserer alltäglichen Rede davon, dass Gründe mehr oder weniger gut sind. Einer der Vorzüge einer probabilistischen Auffassung von Rechtfertigung liegt darin, dass sie sehr viel über die Güte von Gründen und deren Grade zu sagen hat sowie dazu, wie sich diese Qualität von Gründen bemisst.

Betrachten wir zwei Überzeugungen, wobei die Überzeugung, dass E (»E« für »**Evidenz**«), die Überzeugung, dass H (»H« für »**Hypothese**«), rechtfertigt. Dieser Sachverhalt kann dann in folgender Weise präzisiert werden:

$$P(H/E) > P(H).$$

Mit anderen Worten: Im Fall der Rechtfertigung von »H« durch »E« ist die konditionale Wahrscheinlichkeit von »H«, gegeben »E«, höher als die nicht-konditionale Wahrscheinlichkeit von »H«. Setzen wir z. B. für »H« »Tante Gerda wird morgen zu Besuch kommen« und für »E« »Tante Gerda ist schon auf dem Weg hierher«. Dass Tante Gerda schon auf dem Weg hierher ist, ist deshalb ein guter Grund für die Annahme, dass sie morgen zu Besuch kommen wird, weil die Wahrscheinlichkeit, dass sie kommen wird, gegeben dass sie schon auf dem Weg ist, deutlich höher ist als die nicht-konditionale Wahrscheinlichkeit, dass sie kommen wird. Ein guter Grund macht das Begründete wahrscheinlicher.

Umgekehrt kann man so auch genauer charakterisieren, was ein »entkräftender« oder ein Gegengrund gegen eine bestimmte Annahme ist. In dem Fall, in dem die Überzeugung, dass E, die Überzeugung, dass H, entkräftet, gilt Folgendes:

$$P(H/E) < P(H).$$

Ein entsprechendes Beispiel erhalten wir, wenn wir für »H« »Tante Gerda wird morgen bei sich zu Hause bleiben« setzen und »E« unverändert lassen. Entkräftende Gründe oder Gegengründe machen die entsprechende andere Annahme unwahrscheinlicher. Wenn schließlich gilt, dass

$$P(H/E) = P(H),$$

dann besteht keinerlei Rechtfertigungsbeziehung (weder positiver noch negativer Art) zwischen der Überzeugung, dass H, und der Überzeugung, dass E.

Wie genau kann man nun den Grad der Rechtfertigung messen? Sicher, je mehr der Wert von »P(H/E)« den Wert von »P(H)« übersteigt (je größer der erste und je kleiner der zweite Wert ist), desto besser bzw. stärker ist der jeweilige Grund. Einer sehr verbreiteten Auffassung zufolge (vgl. etwa Howson/Urbach 1989, 57 f., 79–81) bestimmt sich der Grad der Rechtfertigung GR (H,E) einer Überzeugung, dass H, durch eine Überzeugung, dass E, folgendermaßen:

$$GR(H,E) = P(H/E) - P(H),$$

wobei positive Werte natürlich für den Grad der rechtfertigenden Kraft stehen und negative Werte für den Grad der Entkräftung (und der Wert 0 für die Abwesenheit jeglicher Rechtfertigungsbeziehung). Wenn die nicht-konditionale Wahrscheinlichkeit, dass Tante Gerda morgen zu Besuch kommen wird, bei 0,1 liegt, die konditionale Wahrscheinlichkeit aber, dass sie kommt, gegeben, dass sie schon unterwegs ist, bei 0,98, dann beträgt der Grad der Rechtfertigung der Annahme, dass Tante Gerda kommen wird, durch die Annahme, dass sie schon unterwegs ist, 0,88. Dies ist ein sehr hoher Rechtfertigungsgrad. Der Grad der Rechtfertigung kann übrigens nicht 1 sein kann (wenn auch 1 beliebig nahe kommen): Es müsste sonst gelten, dass P(H/E) = 1 und P(H) = 0; wenn aber ausgeschlossen ist, dass H, dann kann auch keine andere Proposition die Wahrscheinlichkeit von »H« noch über 0 steigern. Gute Gründe können alle Werte zwischen 0 und 1 (0 und 1 ausgeschlossen) annehmen; für entkräftende Gründe liegen die Werte zwischen 0 und −1 (0 und −1 ausgenommen). Manchmal wird auch vorgeschlagen, dass nicht die Differenz »P(H/E) − P(H)«, sondern der Quotient »P(H/E)/P(H)« den Grad der Rechtfertigung angibt; auf diese Differenzen muss hier aber nicht näher eingegangen werden (vgl. dazu etwa Curd/Cover 1998, 627 ff.).

Was besagt all dies für den Grenzfall von Überzeugungen mit der subjektiven Wahrscheinlichkeit 1 oder 0, also für Tautologien und Kontradiktionen? Für eine Kontradiktion K und für irgendeine beliebige andere Proposition »p« gilt:

$$GR(K,p) = P(K/p) - P(K) = 0 - 0 = 0.$$

Eine Kontradiktion kann also nicht gerechtfertigt werden. Für eine Tautologie T und irgendeine beliebige andere Proposition »p« gilt das Folgende:

$$GR(T,p) = P(T/p) - P(T) = 1 - 1 = 0.$$

Eine Tautologie kann demnach ebenfalls nicht weiter gerechtfertigt werden.

Der **Probabilismus** – die Auffassung, dass Überzeugungen Grade haben und rationale Überzeugungen den Prinzipien der Wahrscheinlichkeitstheorie genügen – erklärt also den graduellen Charakter von Rechtfertigung, – dass Gründe verschieden gut oder schlecht sein können. Zugleich gibt es neben diesem ›relativen‹ Sinn von »Rechtfertigung« auch einen ›absoluten‹ Sinn. Wir sprechen davon, diese oder jene Überzeugung sei gerechtfertigt oder nicht gerechtfertigt. Beides, der relative und der absolute Aspekt, schließt sich nicht gegenseitig aus. Je nach Kontext und Situation gibt es eine mehr oder minder klare Grenze zwischen Graden von Rechtfertigung, die als ausreichend bzw. als nicht ausreichend dafür angesehen werden können, dass man die entsprechende Überzeugung in einem absoluten Sinne als ›gerechtfertigt‹ betrachten kann. In einem Laienkontext z. B. gilt ein Blick auf die Form der Wolkenbildung unter Umständen als ausreichende Evidenz für eine bestimmte Wettervorhersage, während dies unter professionellen Meteorologen nicht so sein muss. Mit all dem hängt auch zusammen, dass wir es oft, wenn nicht in der Regel, nicht nur mit Gründen für, sondern auch mit Gründen gegen eine bestimmte Annahme zu tun haben, so dass wir die Gründe und die Gegengründe gegeneinander abwägen müssen. Der Probabilismus stellt die begrifflichen Mittel für eine solche Abwägung bereit. Ein Gegengrund kann übrigens zweierlei Formen annehmen: Er kann den Grund für die fragliche Hypothese entkräften, ohne Letztere selbst zu entkräften, und er kann die Hypothese selbst entkräften. Dass Tante Gerda auf dem Weg hierher ist, mag dadurch begründet werden, dass Onkel Franz dies am Telefon gesagt hat. Dass Onkel Franz ein notorischer Lügner ist, entkräftet jene Begründung, ohne direkt etwas zur Antwort auf die uns eigentlich interessierende Frage beizutragen, ob Tante Gerda wirklich kommt. Hingegen spricht die Information, dass Tante Gerda im Krankenhaus liegt, direkt dagegen, dass sie auf dem Weg hierher ist.

Ein sehr großer Vorzug des Probabilismus (bzw. einer bestimmten Variante des Probabilismus, auf die wir gleich näher eingehen werden) liegt darin, dass er nicht nur Auskunft darüber gibt, worin die Rationalität von Überzeugungen zu einem bestimmten Zeitpunkt besteht, sondern auch darüber etwas sagt, wie man vernünftigerweise seine Überzeugungen im Lauf der Zeit **bei Erwerb neuer Evidenzen** verändern sollte. Die Logik sagt hierzu gar nichts. Nur im Fall von logischen Widersprüchen sagt eine an der Logik orientierte Rationalitätstheorie etwas: nämlich, dass man etwas an dem System der eigenen Überzeugungen verändern sollte; sie sagt aber nicht, was. Nehmen wir an, Anna hat die folgenden drei Überzeugungen: dass Franz zu Hause ist (p; sie hat gerade mit ihm telefoniert), dass Franz' Auto vor der Tür steht, wenn Franz zu Hause ist (p –> q), und dass Franz' Auto nicht vor der Tür steht (¬q). Da aus den ersten beiden Überzeugungen logisch folgt, dass q (Franz' Auto vor der Tür steht), haben wir es mit einem Widerspruch zu tun. Will man der Logik folgen, muss Anna also eine ihrer drei Überzeugungen aufgeben; die Logik sagt aber nichts darüber, welche dieser drei Überzeugungen Anna aufgeben sollte. Ein anderes Beispiel: Wenn eine wissenschaftliche Theorie nicht mit bestimmten experimentellen Befunden verträglich ist, dann hilft die Logik wenig bei der Beantwortung der Frage, ob man die Theorie aufgeben, modifizieren oder unverändert beibehalten soll. Die Logik gibt keinerlei Hinweise darauf, was man glauben sollte und wie man seine Überzeugungen rationalerweise verändern sollte (vgl. etwa Harman 1986, Kap. 1, 2).

Anders der Probabilismus: Ihm (bzw. einer seiner Varianten) zufolge lässt sich prinzipiell angeben, wie man den Grad einer Überzeugung rationalerweise unter dem Eindruck neuer Evidenzen verändern sollte. Nennen wir wieder die Überzeugung, um die es geht, die »Hypothese« (H) und die neu hinzutretende Evidenz »E«. Da die Hypothese ihre Wahrscheinlichkeit bei Hinzutreten neuer Evidenz verändert, müssen wir die Wahrscheinlichkeit der Hypothese vor dem Hinzutreten der neuen Evidenz von der Wahrscheinlichkeit der Hypothese nach dem Hinzutreten der neuen Evidenz unterscheiden. Man kann hier auch von der »alten« und der »neuen« Wahrscheinlichkeit von H sprechen: von »$P_{alt}(H)$« und »$P_{neu}(H)$«. Es geht nun darum, den Wert von H unter dem Eindruck neu hinzutretender Evidenz E zu verändern. Es erscheint rational, den bisherigen Wert von H durch den Wert den konditionalen Wahrscheinlichkeit von H, gegeben E, zu ersetzen. Mit anderen Worten:

(K) $P_{neu}(H) = P_{alt}(H/E)$.

Da der Übergang von $P_{alt}(H)$ zu $P_{neu}(H)$ – oder $P_{alt}(H/E)$ – mit Bezug auf eine konditionale Wahrscheinlichkeit geschieht, spricht man hier auch von »**Konditionalisierung**«. Es ist rational, die eigenen subjektiven Wahrscheinlichkeiten bei Hinzutreten neuer Evidenz mit Bezug auf diese Evidenz zu »konditionalisieren« (vgl. z. B. Ramsey: Truth and Probability, 88; Carnap: The Aim of Inductive Logic, 309 f., und Hacking 2001, Kap. 15; vgl. auch den Vorschlag von Jeffrey 1983, Kap. 11; vgl. kritisch Plantinga 1993a, Kap. 6, 7; Plantinga 1993b, Kap. 8, bes. 143 f.; Pollock 1999, 102 ff.; Harman 1986, 25 f.).

Betrachten wir zur Veranschaulichung wieder das obige Beispiel mit Tante Gerda. Gehen wir wieder davon aus, dass die alte Wahrscheinlichkeit der Hypothese, dass Tante Gerda morgen zu Besuch kommt, 0,1 beträgt. Die konditionale Wahrscheinlichkeit, dass sie kommen wird, wenn sie schon unterwegs ist, liege wieder bei 0,98. Wenn wir nun erfahren, dass Tante Gerda tatsächlich schon unterwegs ist, dann sollten wir die alte Wahrscheinlichkeit der Hypothese, dass sie kommen wird, auf 0,98 erhöhen.

Sehr oft allerdings kennen wir den Wert von P(H/E) zunächst nicht. Betrachten wir dazu ein anderes Beispiel (vgl. Eddy 1982, 252 f.). Hugo gehört zu einer Gruppe von Menschen, die ein relativ hohes Krebsrisiko aufweisen, nämlich eine Wahrscheinlichkeit auf Krebs von 10 % (also: P(H) = 0,1). Hugo lässt einen Krebstest machen. Der Test ist allerdings nicht absolut zuverlässig: In 90 % der Krebsfälle ist das Testresultat positiv, ansonsten fälschlicherweise negativ; in 80 % der Fälle, in denen kein Krebs vorliegt, ist das Testresultat negativ, ansonsten fälschlicherweise positiv. Hugo lässt diesen Test machen und das Testresultat ist positiv (E). Wie hoch ist die Wahrscheinlichkeit, dass Hugo Krebs hat, gegeben dass das Testresultat positiv ist? Wie hoch ist, mit anderen Worten, der Wert von »P(H/E)«? Wie können wir diesen Wert bestimmen?

Hier kommt uns ein Prinzip der Wahrscheinlichkeitstheorie zu Hilfe, das wir oben (s. Kap. II.6, Prinzipien (12) und (13)) schon kennen gelernt haben: Bayes' Prinzip. Diejenigen, die für rationale Meinungsänderung Konditionalisierung empfehlen – und dabei eben dieses Prinzip verwenden –, werden oft »Bayesianer« genannt. In einem weiteren Sinne bezeichnet man als »**Bayesianer**« oft auch diejenigen, die den Begriff der Überzeugung mit Rekurs auf subjektive Wahrscheinlichkeiten erklären und die Sätze der Wahrscheinlichkeitstheorie für Rationalitätsbedingungen halten. Um Verwirrungen zu vermeiden, sollen Letztere hier, wie gesagt, als »**Probabilisten**« bezeichnet werden. Aber zurück zu Bayes' Prinzip. Es besagt:

(12) $P(p/q) = P(p) \times P(q/p)/P(q)$

bzw. in einer etwas anderen Formulierung

(13) $P(p/q) = P(p) \times P(q/p)/[P(q/p) \times P(p) + P(q/\neg p) \times P(\neg p)]$.

Setzt man für »p« und »q« »H« und »E« ein, so ergibt sich dies:

(12*) $P(H/E) = P(H) \times P(E/H)/P(E)$

bzw.

(13*) $P(H/E) = P(H) \times P(E/H)/[P(E/H) \times P(H) + P(E/\neg H) \times P(\neg H)]$.

Betrachten wir die letzte Formel. In unserem medizinischen Beispiel kennen wir nämlich die Werte aller auf der rechten Seite dieser Formel angegebenen Größen (was für die Formel davor nicht gilt, da wir den Wert von »P(E)« nicht kennen), so dass wir den gesuchten Wert von P(H/E) errechnen können. Für die rechte Seite der Gleichung ergibt sich:

$$0,1 \times 0,9/[0,9 \times 0,1 + 0,2 \times 0,9].$$

Dieser Wert beträgt aber 1/3. Die Wahrscheinlichkeit, dass Hugo Krebs hat, gegeben dass das Testresultat positiv ist, beträgt also 1/3. Hugo sollte aufgrund des Testresultates seine subjektive Wahrscheinlichkeit, dass er Krebs hat, also von 0,1 auf 1/3 erhöhen. Es ist übrigens bemerkenswert, dass viele Menschen (Hugo wohl eingeschlossen!) diese Wahrscheinlichkeit zunächst sehr viel höher eingeschätzt hätten, etwa bei 90 % oder jedenfalls als deutlich höher als die Wahrscheinlichkeit, dass kein Krebs vorliegt. Dies hat damit zu tun, dass die relativ geringe nicht-konditionale Ausgangs-Wahrscheinlichkeit von 0,1, dass Hugo Krebs hat, nicht berücksichtigt wird. Wir werden darauf unten noch zurückkommen (s. Kap. V.7).

Wir haben hier der Einfachheit halber nur die Veränderung einer einzelnen subjektiven Wahrscheinlichkeit aufgrund neu hinzutretender Evidenz betrachtet. Sehr viel komplizierter wird der Prozess der Konditionalisierung natürlich, sobald man die realistische Annahme macht, dass neue Evidenz in der Regel für eine Vielzahl von subjektiven Wahrscheinlichkeiten relevant ist und dass alle diese subjektiven Wahrscheinlichkeiten zudem noch in Abhängigkeitsbeziehungen untereinander stehen.

5. Warum rational sein?

Warum sollte man eigentlich überhaupt rational sein? Warum sollte man überhaupt nach Gründen für die eigenen Überzeugungen suchen und sich um ihre Rechtfertigung kümmern? Diese Fragen sind selbst wieder Fragen nach Gründen und Rechtfertigungen und insofern geht man beim Stellen der Frage »Warum rational sein?« schon davon aus, dass es sinnvoll und angemessen ist, nach Gründen zu fragen. Das heißt aber nicht, dass diese Frage nicht legitim oder nicht wichtig wäre. Ganz im Gegenteil! Was also ist der Grund dafür, nach Gründen zu fragen?

Es gibt, wie kaum anders zu erwarten, mehrere Antworten auf diese Frage. Eine Antwort, die sich auf Aristoteles stützen kann (vgl. Aristoteles: Politica, 1253a7 ff., 1259b28 ff.), besagt, dass wir **rationale Wesen** sind und dass es einfach zu unserer Natur gehört, nach Gründen zu fragen und zu suchen. Selbst wenn man gewisse Zweifel an unseren rationalen Fähigkeiten (s. dazu Kap. V.7) einmal außer acht lässt, so muss man doch sagen, dass diese Antwort eher eine Erklärung als eine Rechtfertigung liefert: Sie zeigt, wie es dazu kommt, dass wir uns um Rechtfertigung kümmern, aber sie zeigt nicht, mit welchem Recht wir dies tun und worin der ›Witz‹ von Rationalität und Rechtfertigung besteht. Diese Antwort zeigt nicht, dass und wieso unsere rationalen Fähigkeiten einen anderen Status haben als z. B. der Blinddarm, der ziemlich überflüssig ist und doch zu unserer ›natürlichen Ausstattung‹ gehört. Was also ist der Wert von Rationalität und Begründung?

Einen Hinweis auf eine Antwort erhält man, wenn man das, was gerechtfertigt wird, näher betrachtet, nämlich Überzeugungen. Wer überzeugt ist, dass p, der hält es für wahr, dass p. **Überzeugungen sind an Wahrheit orientiert.** Das ist der ›Witz‹ von Überzeugungen. Das heißt nicht, dass falsche Überzeugungen nicht wirklich Überzeugungen wären oder keinen ›Witz‹ hätten; es heißt vielmehr, dass Überzeugungen wesentlich auf Wahrheit abzielen. Nun ist die Wahrheit – für uns zumindest – nicht immer leicht zu erfassen (um es vorsichtig auszudrücken). Ich schaue z. B. zum Fenster hinaus und frage mich, ob es wohl in der nächsten halben Stunde zu regnen beginnen wird. Im Augenblick regnet es nicht – wie soll ich nun die Wahrheit über das Wetter in der nächsten halben Stunde erfassen können? Nun, was tut man denn in einer solchen Situation? Man schaut sich z. B. den Himmel genauer an und bemerkt etwa, dass es einige Hundert Meter schon regnet und dass ein starker Wind die Wolken in Richtung auf einen selbst treibt. Dies sind sehr gute Evidenzen dafür, dass es in den nächsten Minuten auch hier zu regnen beginnen wird. Wir sind an der Wahrheit interessiert und da Gründe uns der Wahrheit näher bringen, sind wir auch an Gründen interessiert. Der Zusammenhang von Rechtfertigung und Wahrheit, die **Wahrheitszuträglichkeit von Gründen** ist es also, die den ›Witz‹ und den tieferen Grund für die Bemühung um rationale Überzeugungen ausmacht.

Was aber heißt es, der Wahrheit ›näher‹ zu sein oder ›näher zu kommen‹? Wir wollen ja der Wahrheit nicht einfach nur nahe kommen, sondern sie erfassen. Wie beim Topfschlagen und den Hilfestellungen der Umstehenden (»Kalt, lauwarm, wärmer…«) ist das Näherkommen nur insofern interessant, als man dadurch vielleicht die Sache selbst erfasst (»ganz heiß!«). Abgesehen davon haben wir ja schon gesehen, dass man hinsichtlich einer Überzeugung sowohl sehr gut gerechtfertigt sein und dennoch falsch liegen kann als auch miserabel gerechtfertigt sein und doch richtig liegen kann. Worin besteht also genau der Zusammenhang zwischen Rechtfertigung und Wahrheit?

Es gibt insofern eine ›Kluft‹ zwischen Rechtfertigung und Wahrheit, als die Rechtfertigung in einem Einzelfall nicht garantiert, dass man auch die Wahrheit erfasst. Zugleich gibt es aber einen Zusammenhang zwischen Rechtfertigung und Wahrheit (vgl. z. B. Bonjour 1985, 7 f., 157 ff.). Dieser Zusammenhang wird erst richtig deutlich, wenn man nicht einzelne Fälle von gerechtfertigten Überzeugungen betrachtet, sondern eine Vielzahl von gerechtfertigten Überzeugungen. Wer sich um Gründe für die eigenen Überzeugungen kümmert, wird auf lange Sicht eine deutlich höhere Ausbeute an wahren Überzeugungen erlangen als jemand, der dies nicht tut. Der Zusammenhang zwischen Rechtfertigung und Wahrheit ist also ein statistischer Zusammenhang. Rechtfertigung ist eine verlässliche Methode des Meinungserwerbs (s. Kap. II.7). Und das genau ist gemeint, wenn man sagt, dass in einem Einzelfall gute Gründe einen der Wahrheit ›näher‹ bringen: Sie erhöhen die Chance darauf, die Wahrheit zu finden. Jemand, der Wolken und Windrichtung prüft, hat wesentlich bessere Chancen, die Wahrheit über möglichen Regen in der nächsten halben Stunde zu finden, als jemand, der sich z. B. von Wunschdenken leiten lässt.

Für die Bayesianer ist, wie wir gesehen haben, das Prinzip der Konditionalisierung bzw. Bayes' Prinzip das zentrale Prinzip rationaler Meinungsbildung. Nun kann es aber sein, dass man von ganz verfehlten subjektiven Wahrscheinlichkeiten ausgeht. Wie kann aber Konditionalisierung näher zur Wahrheit bzw. zu den wirklichen Wahrscheinlichkeiten führen, wenn die Ausgangswahrscheinlichkeiten ganz inkorrekt sind?

Die Antwort der Bayesianer besagt, dass Bayes' Prinzip gute Chancen eröffnet, auf Dauer immer näher an die wirklichen Wahrscheinlichkeiten heranzukommen. Selbst ganz unterschiedliche Ausgangsannahmen über die jeweiligen Wahrscheinlichkeiten **konvergieren** (zumindest mit großer Wahrscheinlichkeit) bei Konditionalisierung. Vorausgesetzt ist dabei, dass es Übereinstimmung hinsichtlich der Propositionen mit Wahrscheinlichkeit 0 gibt; andernfalls würde die Wahrscheinlichkeit der entsprechenden Proposition in einem Fall Auswirkungen auf die anderen Wahrscheinlichkeiten haben und im anderen Fall nicht.

Man kann dies an einem Beispiel illustrieren (vgl. Resnik 1987, 55 f.). Nehmen wir an, ein Würfel ist gezinkt: die Wahrscheinlichkeit auf eine Sechs beträgt 95 %, wohingegen die Wahrscheinlichkeit auf eine der anderen Augenzahlen jeweils 1 % beträgt. Nennen wir die Proposition, dass der Würfel in dieser Weise gezinkt ist, »z« und die Proposition, dass der Würfel völlig in Ordnung ist, »u«. Nehmen wir an, Anna ist sich ziemlich sicher, dass der Würfel in Ordnung ist. Ihre subjektive Wahrscheinlichkeit, dass u, betrage 99 %. Wenn der Würfel überhaupt gezinkt ist, dann kann sie sich höchstens vorstellen (aus welchen Gründen auch immer), dass er in der erläuterten Weise gezinkt ist; ihre subjektive Wahrscheinlichkeit, dass z, betrage also 1 %. Nehmen wir schließlich an, dass der Würfel 10 Mal nacheinander geworfen wird und jedes Mal eine Sechs ergibt. Dies ist natürlich sowohl mit der Annahme, dass der Würfel in der angegebenen Weise gezinkt ist, als auch mit der Annahme, dass der Würfel in Ordnung ist, vereinbar. Allerdings ist die Wahrscheinlichkeit von 10 Sechsen nacheinander verschieden groß bei beiden Annahmen:

$$P(10 \text{ Sechsen}/z) = (95/100)^{10} \approx 0{,}6$$

und

$$P(10 \text{ Sechsen}/u) = (1/6)^{10} \approx 1/60\,000\,000 \approx 0{,}000000016$$

Wie würde Anna nun ihre subjektive Wahrscheinlichkeit, dass u, gegenüber ihrer subjektiven Wahrscheinlichkeit, dass z, verändern, wenn sie Bayes' Prinzip anwenden würde? Vor den 10 Würfen war für sie P(u) 99 Mal größer als P(z). Betrachten wir das Verhältnis der neuen Wahrscheinlichkeiten für »u« und »z« – also, gemäß dem Prinzip der Konditionalisierung (K), das Verhältnis von P(u/10 Sechsen) zu P(z/10 Sechsen) und wenden wir dabei Prinzip (12) der Wahrscheinlichkeitstheorie an:

$$\frac{P(u/10 \text{ Sechsen})}{P(z/10 \text{ Sechsen})} = \frac{P(u) \times P(10 \text{ Sechsen}/u)/P(10 \text{ Sechsen})}{P(z) \times P(10 \text{ Sechsen}/z)/P(10 \text{ Sechsen})}$$

$$= \frac{P(u) \times P(10 \text{ Sechsen}/u)}{P(z) \times P(10 \text{ Sechsen}/z)}$$

$$\approx \frac{0{,}99 \times 1/60\,000\,000}{0{,}01 \times 0{,}6}$$

$$\approx \frac{1}{360\,000}$$

Mit anderen Worten: Nach 10 Würfen und der Anwendung von Bayes' Prinzip hält die rationale Anna es für ungefähr 360 000 Mal wahrscheinlicher, dass der Würfel in der angegebenen Weise gezinkt ist als dass er in Ordnung ist. Vor den 10 Würfen hingegen hielt sie es für 99 Mal wahrscheinlicher, dass der Würfel in Ordnung ist. Anna ist also ganz offensichtlich durch Konditionalisierung der Wahrheit bzw. den wirklichen Wahrscheinlichkeiten sehr viel näher gekommen. Konditionalisierung erhöht also ganz offensichtlich die Wahrscheinlichkeit, dass man auf Dauer mehr oder weniger korrekte Glaubensgrade erwirbt.

Viele Rationalitätstheoretiker sind nun keine Bayesianer. Wie erklärt sich der Zusammenhang von Rechtfertigung und Wahrheit für den Fall nicht-graduierter, ›voller‹ Überzeugungen bzw. konklusiver Gründe? Nehmen wir an, wir haben es tatsächlich mit konklusiver Rechtfertigung zu tun, d. h. von den jeweiligen Prämissen wird in korrekter Weise auf die Konklusion geschlossen. Dann garantieren wahre Prämissen auch wahre Konklusionen. Gegeben also, dass man wahre Prämissen hat, führt konklusive Rechtfertigung sehr viel eher zur Wahrheit als der Verzicht auf konklusive Rechtfertigung und z. B. bloßes Raten. Was aber ist der Fall, wenn man von falschen Prämissen ausgeht? Dann kann konklusives Schließen sowohl auf wahre als auch auf falsche Konklusionen führen. Gibt es aber eine bessere Alternative in solchen Fällen? Der Verzicht auf konklusive Rechtfertigung und das bloße Raten z. B. kann ja ebenfalls sowohl auf wahre als auch auf falsche ›Konklusionen‹ führen. Es ist nicht zu sehen, dass Raten z. B. in diesen Fällen eher zur Wahrheit führt als konklusive Rechtfertigung; und selbst wenn dem so sein sollte, müsste der Vorteil, den der Verzicht auf Rechtfertigung im Fall falscher Prämissen hat, den Nachteil überwiegen, den er im Fall von wahren Prämissen hat, – was nicht gerade plausibel ist. Ganz offensichtlich weist also auch konklusives Rechtfertigen eine hohe Wahrheitszuträglichkeit auf.

Was aber, wenn unsere Meinungen sämtlich oder vorwiegend falsch sind? Was taugt dann noch konklusive Rechtfertigung und Logik? Was, wenn wir hinsichtlich dessen, was wir für Evidenz halten, immer oder vorwiegend ganz falsch liegen? Was taugt dann noch alle Konditionalisierung und alle Wahrscheinlichkeitstheorie? Die Antwort kann offenbar nur lauten: Wenig oder nichts! Rechtfertigung hat also nur dann einen Sinn, ist nur dann wahrheitszuträglich, wenn man voraussetzt, dass wir nicht nur oder vorwiegend falsche Meinungen haben. Nur, wenn wir keine Skeptiker in dem Sinne sind, dass wir nicht glauben, dass alle oder die meisten unserer Meinungen falsch sind, können wir das Rechtfertigen unserer Überzeugungen für sinnvoll und selbst gerechtfertigt halten. Ob man nun Grund für die Annahme hat oder haben kann, dass alle oder viele unserer Meinungen falsch sind, bzw. ob man Grund für die gegenteilige Annahme hat oder haben kann, dass zumindest viele unserer Meinungen wahr sind, – hier können wir jedenfalls festhalten, dass Rechtfertigung nur unter anti-skeptischen Voraussetzungen sinnvoll ist.

Unter solchen Voraussetzungen kann man jedenfalls mit Recht sagen, dass Rechtfertigungen uns der Wahrheit ›näher bringen‹. Und insofern wir an der Wahrheit interessiert sind, hätten wir damit auch einen Grund dafür, an Rechtfertigung interessiert zu sein. Dies wirft mindestens zwei weitere Fragen auf: Warum sind wir an Wahrheit interessiert bzw. aus welchem Grund sollten wir dies sein? Und: Hängt der Wert von Rechtfertigung ausschließlich von dem Wert der Wahrheit ab oder hat Rechtfertigung davon abgesehen auch einen Wert für sich, einen ›intrinsischen‹ Wert? Vielleicht kann man die alte, oben erwähnte ›aristotelischen‹ Idee in diesem Sinne verwenden: dass für uns Rechtfertigung an sich etwas Wertvolles ist, so wie gewisse andere Dinge für uns an sich wertvoll sind, unabhängig davon, welche Wirkungen sie sonst noch haben. Vielleicht ist Rationalität ein menschliches Grundbedürfnis (vgl. hingegen Stich 1990, 21 ff.).

6. Netze, Fundamente und die Struktur der Rechtfertigung

Wir haben uns bisher vorwiegend mit der Beziehung zwischen rechtfertigenden und gerechtfertigten Überzeugungen befasst. Wie aber steht es mit den **rechtfertigenden Überzeugungen** selbst – müssen diese selbst wiederum gerechtfertigt sein? Sind sie sonst nicht in der Lage, andere Überzeugungen zu rechtfertigen? Verlieren sie sonst ihre rechtfertigende Kraft? Betrachten wir ein Beispiel. Nehmen wir an, der Kommissar glaubt, dass der Koch den Grafen umgebracht hat (Überzeugung Ü). Die Begründung des Kommissars für diese Überzeugung liegt darin, dass es nur drei weitere mögliche Täter gibt (den Fahrer, den Gärtner und den Butler), dass alle drei anderen möglichen Verdächtigen, anders als der Koch, handfeste Alibis haben und dass kein Zweifel daran besteht, dass der Graf umgebracht worden ist (Menge von Gründen G1). Sind diese Gründe gute Gründe für die obige Überzeugung? Das hängt offenbar auch davon ab, ob diese Gründe selbst wiederum gut begründet sind. Hat der Kommissar gute Gründe für die Annahmen, dass es nur drei weitere mögliche Täter gibt, dass deren Alibis wasserdicht sind, dass der Koch kein wasserdichtes Alibi hat und dass der Graf umgebracht worden ist? Erscheint auch nur eine dieser Annahmen unbegründet – deuten z. B. alle Indizien darauf hin, dass der Graf friedlich an Altersschwäche verschieden ist –, so würden wir offenbar auch nicht mehr sagen können, dass der Kommissar gute Gründe für die Annahme hat, dass der Koch den Grafen umgebracht hat. Sind hingegen alle diese stützenden Annahmen, die Menge von Gründen G1, selbst gut begründet – durch eine Menge von Gründen G2: Der Hals des Grafen weist klare Würgespuren auf, der Koch verwickelt sich in Widersprüche etc. –, so dürfen wir offenbar davon ausgehen, dass der Kommissar darin gerechtfertigt ist zu glauben, dass der Koch den Grafen ermordet hat.

Allgemein kann man sich diese Zusammenhänge folgendermaßen klar machen. Wir fragen uns, ob eine Überzeugung Ü gerechtfertigt ist. Dies setzt voraus, dass sie durch eine Menge von Gründen G1 gerechtfertigt ist. In diesem Fall gibt es zu der Überzeugung Ü eine Menge von Gründen G1, derart dass gilt (wobei das Zeichen »~>« für die Rechtfertigungsbeziehung steht):

$$G1 \sim> Ü.$$

Ob dies nun der Fall ist – ob also die vermeintlichen Gründe die Überzeugung wirklich begründen –, hängt ganz offenbar davon ab, ob diese Gründe selbst wieder gerechtfertigt sind. Falls dem so ist, gibt es zu der Menge von Gründen G1 eine Menge von Gründen G2, derart dass gilt:

$$G2 \sim> G1.$$

Entscheidend ist dabei, dass G1 ~> Ü nur, wenn G2 ~> G1:

$$(G1 \sim> Ü) \rightarrow (G2 \sim> G1),$$

so dass also Folgendes gilt:

$$G2 \sim> G1 \sim> Ü.$$

Welche Implikationen aber hat all dies? Offenbar eröffnen sich genau drei Möglichkeiten für die Struktur von Rechtfertigung. Entweder es ergibt sich ein **infiniter Regress von Gründen**. Dass G1 Ü rechtfertigt, setzt voraus, dass G2 G1 rechtfertigt, was wiederum voraussetzt, dass es eine Menge von Gründen G3 gibt, die G2 rechtfertigt, und so weiter und so fort, ad infinitum:

$$... G4 \sim> G3 \sim> G2 \sim> G1 \sim> Ü.$$

Schließlich brauchen Gründe auch Gründe. Jeder Rechtfertiger muss selbst gerechtfertigt sein. Die zweite Möglichkeit besteht darin, dass der Regress nicht unendlich ist, sondern an einer Stelle – bei einem »**Regress-Stopper**« – endet. Da es sich dabei um die Basis oder das **Fundament der Rechtfertigungskette** handelt, soll dieser Regress-Stopper auch mit »**F**« abgekürzt werden. Demgemäß ergibt sich folgende Struktur (wobei die Kette im Extremfall natürlich auch nur 2 Glieder haben kann):

$$F \sim> ... \sim> G2 \sim> G1 \sim> Ü.$$

Schließlich gibt es noch eine dritte Möglichkeit, die weder auf einen infiniten Regress noch auf ein Fundament hinausläuft: den **Zirkel**. In diesem Fall stößt man beim Rückgang durch die Kette der Gründe an einer Stelle auf einen Grund, der danach noch einmal als Grund auftaucht. Es ergibt sich dann im einfachsten Fall etwas der folgenden Form:

$$G(n+m) \sim> ... \sim> Gn \sim> ... \sim> Ü, \text{ wobei } G(n+m) = Gn.$$

Ein Beispiel könnte etwa diese Form haben:

$$G1 \sim> G3 \sim> G2 \sim> G1 \sim> Ü.$$

Die Kette der Begründung schließt sich so zu einem Kreis. Mit dem Zirkel wird eine Annahme aufgegeben, die sowohl beim infiniten Regress als auch bei der Annahme von Regress-Stoppern vorausgesetzt ist: dass keiner der Gründe zweimal in der Kette der Begründungen vorkommt, – dass also jedes Glied der Begründung von jedem anderen Glied der Begründung verschieden ist.

Dass es genau diese drei Alternativen gibt, ist eine Einsicht, die bis auf Aristoteles zurückgeführt werden kann (vgl. Aristoteles: Analytica Posteriora, 72b5 ff.; vgl. auch Sextus Empiricus: Grundriss der pyrrhonischen Skepsis, I, 164 ff.). Manchmal wird dieser Sachverhalt auch als »**Trilemma**« bezeichnet; damit wird der Auffassung Ausdruck gegeben, dass keine der drei Alternativen akzeptabel ist und dass es keine weitere Alternative gibt. Ein infiniter Regress von Gründen erscheint inakzeptabel, weil Menschen endliche Wesen sind und offenbar keine unendliche Anzahl von Überzeugungen haben können. Abgesehen davon scheint nicht zu sehen zu sein, wie irgendetwas einen Grund haben kann, wenn jeder Grund wieder einen anderen Grund erfordert. Dies scheint für die Notwendigkeit eines letzten Grundes, also eines Regress-Stoppers zu sprechen. Aber wie kann es so etwas geben, wenn keine Überzeugung eine andere Überzeugung rechtfertigen kann, wenn sie nicht selbst gerechtfertigt ist? Ist es nicht einfach dogmatisch, an einer bestimmten Stelle mit dem Begründen aufzuhören? Es scheint also nur, sozusagen als Kompromiss, die dritte Alternative, die Möglichkeit des Zirkels übrig zu bleiben. Wenn die Begründungskette weder einfach unendlich noch einfach endlich sein kann, dann könnte sie immer noch beides zugleich, wenn auch in verschiedener Hinsicht sein. Diese Alternative aber scheint einen durch und durch ›faulen Kompromiss‹ darzustellen: Wie kann denn zur Begründung einer Überzeugung diese Überzeugung selbst herangezogen werden? Wenn es also nur diese drei Alternativen gibt und alle drei Alternativen inakzeptabel sind, dann ergibt sich ein Rechtfertigungs-Skeptizismus: Es gibt demzufolge keine Rechtfertigung. Insofern es für jede der Alternativen sowohl Gründe als auch schlagende Gegengründe gibt, könnte man auch von einem »Paradox« oder einer »Antinomie« sprechen. Dies würde dafür sprechen, dass der Begriff der Rechtfertigung selbst inkohärent ist. All dies würde schließlich auf die Empfehlung hinauslaufen, den Begriff der Rechtfertigung ganz aufzugeben.

Diese Konsequenz aber erscheint vielen, wenn nicht den allermeisten Philosophen als so unplausibel oder unangenehm, dass sie nach Auswegen aus dem vermeintlichen Rechtfertigungs-Trilemma suchen. Es ist nicht erstaunlich, dass hier gleich mehrere Auswege angeboten werden. Alle diese Vorschläge stellen zugleich verschiedene Auffassungen von der Struktur der Rechtfertigung und unserer Überzeugungssysteme (sofern diese gerechtfertigt sind) dar. Wir haben ja viele Überzeugungen und diese Überzeugungen hängen untereinander auf komplexe Weise zusammen. Und sofern Wissen mit Rechtfertigung zusammenhängt (s. Kap. II.3.3/4), betrifft all dies auch die Struktur des Wissens. Wie gesagt: Wir haben es hier mit einem internalistischen Sinn von Rechtfertigung zu tun. Aber auch für Externalisten stellt sich das eben erläuterte Problem in analoger Weise und auch für sie stellen sich ähnliche Alternativen, was die angemessene Reaktion auf dieses Problem angeht. Der Einfachheit halber werden wir hier darauf aber auf diese Parallelen nicht eingehen.

6.1 Fundamentalismus

Welche Auffassungen von der Struktur der Rechtfertigung bzw. von Systemen gerechtfertigter Überzeugungen gibt es nun? Einen infiniten Regress will kaum jemand in Kauf nehmen (vgl. aber Klein 1998, 919 ff.). Die bei weitem älteste und vielleicht immer noch am weitesten verbreitete Auffassung ist der sogenannte »**Fundamentalismus**«. Sie findet sich schon bei Aristoteles, demzufolge Wissen auf der Kenntnis unmittelbar einleuchtender Prämissen beruht, die selbst nicht weiter begründet werden können (vgl. Aristoteles: Analytica Posteriora, 71b16 ff.). Descartes zufolge beruht unser Wissen letztlich auf der Gewissheit der eigenen Gedanken bzw. der eigenen Existenz (vgl. Descartes: Meditationes, 24 ff.), während klassischen Empiristen wie Locke und vielen neueren Empiristen zufolge die Erfahrung das Fundament unseres Wissens darstellt (vgl. Locke: Essay, II.1, IV.1–2; Carnap: Aufbau; Schlick 1969b, 290 ff.). Während es Kant zufolge Prinzipien der Erfahrungserkenntnis gibt, die selbst nicht auf Erfahrung beruhen (vgl. Kant: Kritik der reinen Vernunft), sind die Prinzipien des Wissens Thomas Reid (dem klassischen Philosophen des gesunden Menschenverstandes) zufolge die Grundsätze des »common sense« (vgl. Reid: Inquiry, 100 ff., 108, 127, 130, 183 f.; Reid: Essays, 230 ff., 416, 421 ff., 425, 434 ff., 442 ff., 452 ff.). Bei allen sonstigen Unterschieden teilen alle diese Philosophen die Grundidee des Fundamentalismus (vgl. als neuere Positionen auch Alston 1989e, 19 ff.; sowie Chisholm 1989, 85–89). Wie der Name schon besagt ist dies die Position, dass die Kette der Rechtfertigung ein Ende finden muss und findet. Es gibt dieser Auffassung zufolge Regress-Stopper. Wie soll es auch überhaupt Rechtfertigung geben können, wenn die Kette der Rechtfertigung nicht irgendwo ein Ende findet? Schließlich kann man ja nicht alles begründen. Das Fundament eines Systems von Überzeugungen liefert die letzte Rechtfertigung für die Überzeugungen des Systems und sie ist selbst nicht durch etwas Anderes gerechtfertigt.

Es gibt recht verschiedene Versionen von Fundamentalismus. Sie unterscheiden sich in mindestens drei Hinsichten: danach,

> ob die Basis in irgendeiner Weise (wenn auch nicht durch anderes) gerechtfertigt ist oder nicht,
>
> ob die Basis propositionaler oder nicht-propositionaler Natur ist (in Überzeugungen oder etwas anderem besteht) und
>
> ob die fundamentalen Gehalte eigene Erlebnisse betreffen oder nicht.

Den ältesten Formen des Fundamentalismus zufolge ist die Basis selbst gerechtfertigt, und zwar in sehr starker Weise; dies gilt unter den eben erwähnten Philosophen sicherlich für Aristoteles, Descartes, die meisten Empiristen und Kant. Damit ist gemeint, dass die Basis unmittelbar einleuchtend oder »**selbst-evident**« ist, **mit Sicherheit wahr** ist und **nicht sinnvoll angezweifelt werden kann**. Einer Variante zufolge handelt es sich dabei um Überzeugungen, deren propositionaler Gehalt alle möglichen Gegenstände betreffen kann. Diese Auffassung mag auf den ersten Blick attraktiv erscheinen, aber sie scheint nur schwer haltbar zu sein. Liefert die Wissenschaftsgeschichte nicht vielerlei Beispiele dafür, dass eine für grundlegend und unerschütterliche gehaltene Annahme widerlegt worden ist? Gibt es nicht zu viele Beispiele dafür, dass man sich selbst dann über die Welt im Irrtum befinden kann, wenn man sich ganz sicher war (z. B., dass die Erde eine Scheibe ist)?

Manche Philosophen haben aus all dem die Konsequenz gezogen, dass nur bestimmte Typen von Überzeugungen in der angegebenen starken Weise gerechtfertigt sein können. Während Überzeugungen über die Welt in vielerlei Weise täuschungsanfällig sind, trifft dies für Überzeugungen über die eigenen mentalen Zustände nicht zu. Wenn ich z. B. Zahnschmerzen habe, ist mir dies unmittelbar klar und ich kann mich darüber auch nicht täuschen. Zahnschmerzen-Haben ist ein bewusster Zustand, also ein Zustand, der nicht von dem Bewusstsein, dass man sich in ihm befindet, getrennt werden kann. Ähnliches gilt dieser Art von Auffassung zufolge für den Inhalt unserer Gedanken und Überzeugungen. Ich mag mich darüber täuschen können, dass gerade ein Hund meinen Weg kreuzt, aber ich kann mich doch offenbar nicht darüber täuschen, dass es mir so erscheint, als kreuze gerade ein Hund meinen Weg. Dies scheint unmittelbar einleuchtend zu sein sowie irrtums- und zweifels-resistent. Kurz: Manche Philosophen schlagen vor, Überzeugungen über die eigenen mentalen Zustände als sichere Basis aller gerechtfertigten Überzeugungen anzunehmen (vgl. Descartes: Meditationes, 24 ff.; Carnap: Aufbau).

Auch diese Auffassung wirft grundlegende Probleme auf. Zunächst: Haben Überzeugungen über die eigenen mentalen Zustände wirklich diesen »**privilegierten**« **Status**? Wie kann ich mir sicher sein, dass ich ein visuelles Erlebnis von einem Hund habe, selbst wenn ich mir niemals sicher sein kann, ob ich wirklich einen Hund sehe?

Muss ich nicht erst lernen, was ein Hund ist – und zwar an wirklichen Vierbeinern –, bevor ich darüber urteilen kann, dass es mir so erscheint, als sehe ich einen Hund? Sind Urteile über die eigenen mentalen Zustände nicht eher abhängig von Urteilen über die Welt? Lernen wir nicht zuerst, über die Welt zu urteilen, und dann erst über unser Erleben der Welt (vgl. zu dieser Art von Einwand Sellars 1963, 140 ff.)?

Abgesehen davon ist es fraglich, ob man sich wirklich nicht darüber täuschen kann, dass man z. B. ein visuelles Hundeerlebnis hat. Nehmen wir an, ich stelle mir das Haustier meiner Nachbarn vor. Würde man mich fragen, was ich mir vorstelle, so würde ich sofort sagen, dass ich mir einen Hund vorstelle. Ich sehe das Tier deutlich vor mir, mit seinen charakteristischen weißen Flecken unter der Schnauze. Und plötzlich fällt mir ein, dass es sich beim Tier meiner Nachbarn gar nicht um einen Hund, sondern um einen Kojoten handelt. Habe ich mich damit nicht darüber getäuscht, was der Inhalt meiner Vorstellungen war (vgl. zu dieser Art von Argument Austin 1962b, 104 ff.; Crumley 1999, 108)?

Entscheidend ist aber ein weiterer Einwand: Überzeugungen über die eigenen mentalen Zustände allein können keine Überzeugungen über etwas anderes – über die Welt – rechtfertigen (wie etwa Descartes: Meditationes zu zeigen versucht). Der Großteil unserer Überzeugungen betrifft aber etwas anderes als die eigenen mentalen Zustände. Also taugen die Überzeugungen über die eigenen mentalen Zustände nicht als Fundament unserer Überzeugungssysteme. Hat man sich einmal – der ›Sicherheit‹ zuliebe – auf die eigenen mentalen Zustände zurückgezogen, so führt kein Weg mehr zur – unsicheren – Welt zurück. Überzeugungen über die eigenen mentalen Zustände geben eine zu schmale Basis für die Stützung aller unserer Überzeugungen über die Welt ab. Man könnte einwenden, dass doch bestimmte mentale Zustände mit bestimmten Zuständen in der Welt korreliert sind. Normalerweise gehen doch z. B. Hunde-Erlebnisse mit wirklichen Hunden einher. Kann man also nicht Rückschlüsse über die Welt ziehen, indem man von den eigenen mentalen Zuständen ausgeht? Nein: Um diese Rückschlüsse ziehen zu können, muss man Überzeugungen über die Korrelationen zwischen mentalen Zuständen und Zuständen in der Welt haben und solche Überzeugungen betreffen klarerweise mehr als die eigenen mentalen Zustände (vgl. hier auch Wittgenstein: Philosophische Untersuchungen, §§ 243 ff. zu der Frage, ob es eine »private« Sprache über die eigenen Empfindungen geben kann).

Fundamentalisten sollten aus all dem zwei Konsequenzen ziehen. Zum einen scheinen alle Ansätze von vornherein zum Scheitern verurteilt zu sein, die als Basis unserer Überzeugungen etwas annehmen, dessen Gehalt ausschließlich die eigenen mentalen Zustände betrifft. Zum anderen liegt es nahe, die Vorstellung aufzugeben, dass die Basis unserer Überzeugungen in dem erwähnten Sinne ›stark gerechtfertigt‹ sein muss. Damit etwas ein Fundament unserer Überzeugungen sein kann, muss es nicht **selbst-evident, irrtumsresistent und jenseits möglichen Zweifels** liegen. Auch eine nicht absolut sichere Basis kann doch ein Fundament darstellen. Auch ein nicht gegen Erdbeben jeder Stärke gefeites Fundament eines Hauses ist doch immer noch ein Fundament eines Hauses. Die Suche nach einer sicheren Basis unserer Überzeugungen führt leicht zu etwas, das gar nicht als eine solche Basis taugt, und wenn man in der Tat etwas finden kann, das als Basis taugt, dann scheint es sich dabei nicht um eine ›absolut‹ sichere Basis handeln zu können.

Betrachten wir also Varianten des Fundamentalismus, denen zufolge unsere Überzeugungen eine gerechtfertigte Basis haben, aber keine in dem obigen starken

Sinne ›gerechtfertigte‹ Basis. Diese Fundamente mögen fallibel sein, aber dennoch den Überzeugungen des Systems ihre Rechtfertigung verleihen. Wie kann man sich so etwas vorstellen? Es gibt hier im Wesentlichen zwei Alternativen: Entweder die Basis besteht in etwas Propositionalem oder sie besteht in etwas Nicht-Propositionalem: Hier kommen hauptsächlich Überzeugungen einerseits und nicht-propositionale mentale Zustände andererseits in Frage (wir lassen hier also die bisherige Annahme fallen, dass nur Überzeugungen Überzeugungen rechtfertigen können). Es ist nicht unumstritten, ob es **nicht-propositionale (nicht-begriffliche) gedankliche Gehalte** geben kann, aber nehmen wir hier der Diskussion halber einmal an, dem sei so (vgl. zu der These, dass es nicht-propositionale Gehalte geben kann, die zudem Überzeugungen rechtfertigen können, Husserl: Erfahrung und Urteil, 73 ff., 21 sowie Peacocke 1992, 61 ff., 66; vgl. auch Evans 1982, 123 f. und dagegen McDowell 1994a, 46 ff.). Beide Varianten werfen Probleme auf. Für die Annahme, dass die Basis in propositionalen Überzeugungen besteht, spricht, dass schwer vorstellbar erscheint, wie etwas, das keine propositionale Struktur hat, etwas mit propositionaler Struktur soll rechtfertigen können. Ist Rechtfertigung nicht wesentlich eine Relation zwischen Propositionalem bzw. Überzeugungen? Andererseits ist aber nicht leicht zu sehen, wie gewisse basale Überzeugungen selbst gerechtfertigt sein können, ohne durch andere Überzeugungen gerechtfertigt zu sein. Auf die Idee einer Selbst-Rechtfertigung (Selbst-Evidenz) haben wir ja gerade verzichtet. Diese Schwierigkeit scheint wieder für die Auffassung zu sprechen, dass als Basis nicht Überzeugungen, sondern etwas Nicht-Propositionales, wie etwa eine nicht-propositionale ›Erfahrung‹ angenommen werden muss. Im Fall eines empiristischen Fundamentalismus (zum Empirismus s. Kap. VI.) würde man etwa nicht unmittelbare Erfahrungs-Meinungen (»Da ist ein Hund«), sondern nicht-propositionale Erfahrungen (ein Erlebnis von einem Hund) als Basis für die Überzeugungen und auch für die Erfahrungs-Meinungen annehmen. Erfahrungen scheinen nicht dieselben Zweifel hinsichtlich der Möglichkeit ihrer Rechtfertigung aufzuwerfen wie Überzeugungen, und zwar gerade deshalb, weil sie nicht propositional sind. Diese Variante hat allerdings wieder den eben erwähnten Nachteil, dass sie nicht verständlich machen kann, wie etwas Nicht-Propositionales etwas Propositionales rechtfertigen kann. Wir scheinen es hier mit einem Dilemma zu tun zu haben: Entweder man kann erklären, wie die Basis rechtfertigende Funktionen ausüben kann, aber nicht, wie sie selbst gerechtfertigt sein kann, oder man kann vielleicht Letzteres erklären, aber nicht Ersteres.

Diese Probleme sprechen dafür, dass wir nicht verstehen, wie es überhaupt eine letzte Rechtfertigung für ein Überzeugungssystem geben kann. Die Idee einer solchen letzten Rechtfertigung scheint geradezu inkohärent zu sein und in obiges Dilemma zu führen. Dies spricht dafür, die Idee einer irgendwie gerechtfertigten Basis ganz aufzugeben. Damit ergibt sich ein Fundamentalismus mit nicht gerechtfertigter Basis, – ein Rekurs auf Gründe ohne Gründe. Damit muss man allerdings auch die bisher vorausgesetzte »**Domino-Theorie der Rechtfertigung**« aufgeben, derzufolge die ganze Rechtfertigungskette fällt, wenn ein Rechtfertiger – und sei dies auch der Letzte – nicht durch Gründe gestützt ist. Man muss also die These aufgeben, dass für beliebige Überzeugungen Ü1 und Ü2 gilt (womit wir nur der Einfachheit halber wieder zu der Annahme zurückkehren, dass alle Rechtfertiger Überzeugungen sind):

(Ü2 ~> Ü1) –> (es gibt eine Überzeugung Ü3, so dass gilt: Ü3 ~> Ü2).

Nicht alle Rechtfertiger müssen selbst gerechtfertigt sein: die basalen Rechtfertiger müssen dies nicht sein. Dennoch können sie andere Überzeugungen rechtfertigen. Rechtfertigen-Können setzt also nicht Gerechtfertigtsein voraus. Vielleicht hatte Wittgenstein auch das im Sinn, als er sagte: »Wenn das Wahre das Begründete ist, dann ist der Grund nicht *wahr*, noch falsch« (Wittgenstein: Über Gewissheit, § 205; vgl. auch §§ 110, 150, 192, 204).

Was aber unterscheidet Überzeugungen, bei denen man weiter nach Gründen fragen kann, von Überzeugungen, bei denen man dies nicht kann? Offenbar nicht mehr, als dass wir bestimmte Überzeugungen (die grundlegenden) nicht deshalb haben, weil wir durch andere Überzeugungen zu ihnen geführt worden sind. Betrachten wir als besonders plausible Variante wieder einen empiristischen Fundamentalismus, demzufolge die Basis in Wahrnehmungs-Meinungen besteht, die selbst nicht weiter gerechtfertigt werden können; diese Wahrnehmungs-Meinungen werden allerdings, so die Annahme, durch Umstände in der Umgebung des Wahrnehmenden kausal hervorgerufen. Vertritt man eine externalistische Konzeption von Rechtfertigung, so könnte man hier auch von »Rechtfertigung« sprechen, aber nicht in dem hier einschlägigen Sinne von »Rechtfertigung«.

Was berechtigt uns aber dazu, dieser Basis zu vertrauen? Was, wenn der Skeptiker Recht hat, der vermutet, dass die fundamentalen Überzeugungen falsch sind bzw. unzuverlässig? Müssen wir nicht einen Grund haben, der Basis zu trauen? Müssen wir im Fall eines empiristischen Fundamentalismus nicht einen Grund haben, unseren Wahrnehmungen zu trauen? Man könnte an dieser Stelle antworten, dass man solange darin gerechtfertigt ist, sich auf die fundamentalen Überzeugungen zu verlassen, wie man keinen Grund hat, ihnen zu misstrauen (vgl. etwa Harman 1986, 32 ff.); dies führt allerdings auf einen externalistischen Rechtfertigungsbegriff, um den es, wie gesagt, hier nicht geht. Es scheint also schwer zu sein, der Frage aus dem Weg zu gehen, mit welchem Recht man der Basis vertrauen kann. Ist man nicht bloß dogmatisch, wenn man dies ohne Grund tut? Kaum haben wir uns etwas mit der Idee einer rechtfertigungslosen Basis angefreundet, tauchen offenbar die alten Fragen, die damit erledigt sein sollten, doch wieder auf: Mit welchem Recht tun wir dies? Ja, verstehen wir überhaupt, wie etwas eine Basis der Rechtfertigung sein kann, ohne selbst gerechtfertigt zu sein? Sollten wir doch wieder auf die Konzeption einer Basis zurückgreifen, die selbst gerechtfertigt ist?

Der Fundamentalismus, gleich welcher Variante, scheint vor einem grundlegenden Dilemma zu stehen. Er ist motiviert durch die Absicht, die Suche nach Gründen zu einem endlichen Unterfangen zu machen, aber er kann dies offenbar nicht tun, ohne genau die Frage wieder aufzuwerfen, die die Suche endlos macht: nämlich die Frage nach Gründen. Es ist wie mit Kants metaphysischen Antinomien: Wie kann die Welt keinen Anfang in der Zeit haben? Sobald wir aber einen Anfang in der Zeit annehmen, sehen wir uns doch genötigt zu fragen, was davor war (vgl. Kant: Kritik der reinen Vernunft, A 426 ff./B 454 ff.). Der Fundamentalismus scheint fundamentale Schwierigkeiten zu haben, einen Mittelweg zwischen der endlosen Fragerei nach Gründen einerseits und einem bloß dogmatischen Stopp an einer bestimmten Stelle andererseits zu finden.

Noch ein grundlegendes Problem des Fundamentalismus sei erwähnt. Betrachten wir wieder die Variante des empiristischen Fundamentalismus. Ihm zufolge besteht die Basis in Erfahrungen (was immer das im Einzelnen heißen mag) und diese

Erfahrungen beruhen nicht auf anderen Überzeugungen oder mentalen Zuständen, sondern sind uns einfach ›gegeben‹. Viele Empiristen haben diese Auffassung vertreten (vgl. z. B. Carnap: Aufbau). Was aber ist uns in der Erfahrung ›gegeben‹? Wie gesagt: Es soll sich dabei um etwas handeln, das keine weiteren Überzeugungen voraussetzt. Nehmen wir eine Wahrnehmungs-Meinung wie die, dass mich gerade ein schwarzer Hund anbellt, als Beispiel. Ist mir hier einfach nur etwas ›gegeben‹? Oder ist es nicht vielmehr so, dass das Haben einer solchen Meinung andere Meinungen voraussetzt – in unserem Beispiel etwa die, dass meine Wahrnehmungssituation normal ist, dass es sich bei meinem Gegenüber um einen Hund und nicht um einen Wolf handelt, etc.? Machen wir Erfahrungen nicht immer im Lichte einer Theorie (s. Kap. VI.7)? Man könnte darauf reagieren, indem man nicht Wahrnehmungs-Überzeugungen als Basis annimmt, sondern nur nicht-propositionale Wahrnehmungserlebnisse, die sozusagen den ›Kern‹ der empirischen Basis darstellen und aufgrund ihrer Nicht-Propositionalität selbst nicht weiter auf anderen Überzeugungen beruhen können. Aber auch dieses Manöver hat Kosten: Es macht, wie wir oben schon gesehen haben, die empiristische Basis so schmal, dass nicht mehr zu sehen ist, wie man darauf noch das Gebäude unseres Wissens bzw. unserer Überzeugungen errichten können soll (s. dazu auch Kap. VI.6). Dies alles scheint dafür zu sprechen, die Idee eines ›Gegebenen‹ und damit auch die Idee einer Basis der Rechtfertigung ganz aufzugeben (vgl. als Kritik an der **Idee eines »Gegebenen«**: Sellars 1963, 164 ff.; Austin 1962b; McDowell 1994a, 4 ff., passim).

6.2 Kohärentismus

Die verbreitetste Alternative besteht darin, Rechtfertigungsbeziehungen zwischen allen Überzeugungen eines Überzeugungssystems anzunehmen und die Möglichkeit eines Fundaments der Rechtfertigung zurückzuweisen. Dies ist die Position des **Kohärentismus**, die wesentlich jünger als der Fundamentalismus ist und erst seit einigen Jahrzehnten größere Gefolgschaft hat (vgl. als Überblick Bartelborth 1996 sowie allgemein auch Sosa 1980, 3 ff.; zur Kohärenztheorie der Wahrheit s. Kap. IV.6). Man kann Ansätze des Kohärentismus schon bei Hegel (vgl. Hegel: Phänomenologie des Geistes, 24) sehen, aber richtiggehende kohärentistische Theorien gibt es erst seit dem 20. Jh., etwa bei **Brand Blanshard** (1892–1987) (vgl. Blanshard 1939, 212 ff.). Besondere Bedeutung kommt den Diskussionen innerhalb des »Wiener Kreises« zu, einer Gruppe von Empiristen, die besonders in der ersten Hälfte des 20. Jh.s sehr einflussreich waren. Während etwa **Rudolf Carnap** (1891–1970) und **Moritz Schlick** (1882–1936) fundamentalistische Positionen vertraten, traten z. B. **Otto Neurath** (1882–1945) und **Carl Gustav Hempel** (1905–1997) für den Kohärentismus ein (vgl. Carnap: Aufbau, Schlick 1969b, 290 ff.; Neurath 1931, 393 ff. sowie die Diskussion zwischen Hempel 1935a, 49 ff., Hempel 1935b, 93 ff. und Schlick 1935, 65 ff.). Besonders nachdrücklich hat Neurath die Grundidee des Kohärentismus in folgendem Bild ausgedrückt: »Wie Schiffer sind wir, die ihr Schiff auf offener See umbauen müssen, ohne es jemals in einem Dock zerlegen und aus besten Bestandteilen neu errichten zu können« (Neurath 1932/33, 206; vgl. als spätere Kohärentisten Quine/Ullian 1970, Davidson 1986, 307 ff., Lehrer 1986, 5 ff. und Thagard 2000, Kap. 1–3; besonders ausgearbeitet findet sich der Kohärentismus bei Bonjour 1985; vgl. auch dessen spätere Wende zum Fundamentalismus in Bonjour 1999, 117 ff.).

Der Kohärentismus könnte von vornherein als inakzeptabel erscheinen, weil er auf einen Zirkel der Rechtfertigung hinauszulaufen scheint und dies klarerweise inakzeptabel ist. Dem ist aber nur so, wenn man – wie bisher – eine ›**lineare**‹ **Konzeption von Rechtfertigung** voraussetzt, also davon ausgeht, dass die Rechtfertigungsbeziehung asymmetrisch ist. Kohärentisten hingegen teilen diese Annahme typischerweise nicht (vgl. etwa Bonjour 1985, 90 ff.; sie halten allerdings an der Irreflexivität und Transitivität der Rechtfertigungsbeziehung fest und können übrigens auch an dem oben angeführten Domino-Prinzip der Rechtfertigung festhalten). Wenn die Überzeugungen eines Überzeugungssystems gerechtfertigt sind, dann stehen sie in vielfältigen Rechtfertigungsbeziehungen untereinander. Sie stützen sich gegenseitig, – so wie sich verschiedene Holzbalken gegeneinander stützen können, wenn sie geschickt aufgestellt sind. Sehr oft wird zur Veranschaulichung des Kohärentismus auch das Bild eines ›Netzes‹ von Überzeugungen gewählt. Die Überzeugungen eines kohärenten Überzeugungssystems stützen sich gegenseitig wie die Einträge in einem Kreuzworträtsel (vgl. Haack 1993a, 85) oder so, wie die Einzelteile eines Puzzles nur zusammen ein sinnvolles Bild ergeben (vgl. Crumley 1999, 122). Man spricht in diesem Zusammenhang auch von »holistischer Rechtfertigung«. Was ist damit genau gemeint?

Die einzelnen Überzeugungen eines kohärenten Systems von Überzeugungen stehen in vielfältigen Rechtfertigungsbeziehungen untereinander (vgl. Bonjour 1985, 93 ff.). Sicherlich sind hier konklusive Rechtfertigungen anzuführen, aber das ist nicht alles. Es gibt, wie wir oben gesehen haben, auch Rechtfertigungen, die nicht konklusiv und nicht asymmetrisch sind: induktive und probabilistische Beziehungen zwischen Überzeugungen. Die Tatsache, dass diese Beziehungen nicht asymmetrisch sind, erklärt, wie man auf basale Überzeugungen verzichten kann, ohne in einen schlechten Zirkel der Rechtfertigung zu geraten. Neben solchen im engeren Sinne ›**inferentiellen**‹ **Beziehungen** sind noch **explanatorische Beziehungen** zu nennen. Ein Beispiel liefert wieder der oben erwähnte Kommissar, der einen Todesfall aufzuklären hat. Seine ›Theorie‹ besteht aus einer Reihe von Überzeugungen, die z. B. in logischen Beziehungen untereinander stehen (»Wenn es sich hier um einen Mord handelt und nur vier Personen als Mörder in Frage kommen, alle außer dem Koch aber als Tatverdächtige ausscheiden, dann bleibt nur der Koch als Verdächtiger übrig!«), aber auch in probabilistischen und explanatorischen Beziehungen (»Die Ausrede des Kochs ist dermaßen an den Haaren herbeigezogen, dass man sie getrost zu den Akten legen kann!« oder »Dass der Koch den Grafen erwürgt hat, erklärt jedenfalls, dass sich unter den Fingernägeln des Kochs Hautspuren des Grafen finden!«).

Kohärentisten zufolge besteht die Rechtfertigung einer einzelnen Überzeugung in der **Mitgliedschaft in einem System von Überzeugungen**, dessen einzelne Überzeugungen untereinander in den angeführten Beziehungen stehen (vgl. Bonjour 1985, Kap. 5). Als »**holistisch**« kann man diese Konzeption von Rechtfertigung insofern bezeichnen, als eine einzelne Überzeugung nur insofern und in dem Maße gerechtfertigt ist, als sie Teil eines umfassenden Systems von Überzeugungen ist, die zu einem bestimmten Maß in den genannten Beziehungen zueinander stehen. Der **Holismus der Rechtfertigung** ist übrigens nicht mit einer anderen Art von Holismus zu verwechseln: dem **Holismus des Gehalts** (von Überzeugungen etc.). Auf letzteren werden wir unten noch näher eingehen (s. Kap. VI.7). Man kann Rechtfertigungs-Holist sein, ohne Gehalts-Holist zu sein; hingegen liegt es nahe, Rechtfertigungs-Holist zu sein, wenn man schon Gehalts-Holist ist. Interessanterweise scheuen sich Kohärentisten oft, näher auf die Natur holistischer Rechtfertigung einzugehen, – was aber vielleicht gerade daran liegt, dass diese Konzeption von Rechtfertigung der Komplexität von Rechtfertigung in besonderer Weise gerecht zu werden verspricht und deshalb selbst nicht leicht im Detail ausarbeitbar ist.

Logische Konsistenz (zu einem bestimmten Grad: s. Kap. V.3) ist übrigens nur eine notwendige Bedingung für Kohärenz, aber bei weitem nicht hinreichend. Man kann sich leicht ein System von Überzeugungen vorstellen, die logisch miteinander verträglich sind, aber inhaltlich nichts miteinander zu tun haben; die ›friedliche Koexistenz‹ ist hier schon durch fehlenden ›Kontakt‹ garantiert. Zu einem kohärenten System von Überzeugungen gehört also auch, dass die einzelnen Überzeugungen miteinander verbunden sind, etwas ›miteinander zu tun haben‹: also in den erwähnten inferentiellen und explanatorischen Beziehungen zueinander stehen. Da diese Beziehungen (abgesehen von den logischen Beziehungen) Grade zulassen, ist auch zu erwarten, dass das Netz unserer Überzeugungen an verschiedenen Stellen verschieden ›eng geknüpft‹ ist. Manche Überzeugungen bilden Teilsysteme, die sich von ihrer Umgebung durch besonders enge Rechtfertigungsbeziehungen abgrenzen. Das heißt nicht, dass nicht alle Überzeugungen mit allen anderen Überzeugungen mehr oder weniger direkt oder indirekt zusammenhängen. Wäre dies nicht der Fall, gäbe es keine Einheit der Erkenntnis und Erfahrung und unser Bild der Welt würde in verschiedene, untereinander beziehungslose ›Teil-Ansichten‹ zerfallen. Man kann schließlich auch die ›Reichweite‹ der Themen und Gegenstände eines Überzeugungssystems zu den Faktoren rechnen, die dessen Kohärenz bestimmen; je mehr ein Überzeugungssystem sagt, desto kohärenter wäre es. Dieser Aspekt erscheint allerdings nicht als notwendig.

Gegen die Kohärenztheorie der Wahrheit wurde oben (s. Kap. IV.6) eingewandt, dass es mehrere miteinander unvereinbare Überzeugungssysteme geben kann, aber nur eines von ihnen wahr sein kann. Stellt dies auch einen Einwand gegen die Kohärenztheorie der Rechtfertigung dar? Wir haben ja gesehen (s. Kap. V.5), dass es einen Zusammenhang zwischen Rechtfertigung und Wahrheit gibt. Wie kann der Kohärentist dies erklären (vgl. z. B. Bonjour 1985, Kap. 8)? Kann er es? Kann er, mit anderen Worten, das System der Überzeugungen als Ganzes rechtfertigen und nicht nur die einzelnen Überzeugungen relativ zum System? Offenbar muss der Kohärentist auch ›nicht-kohärentistische‹ Annahmen machen: nämlich annehmen, dass unsere Überzeugungen in bestimmten (wahrheitszuträglichen) Beziehungen zur Welt stehen (und nicht nur zu anderen Überzeugungen). Aus diesem Grund liegt es auch für den Kohärentisten nahe, seine Grundidee – dass alle Überzeugungen gleichen epistemischen Status haben – zu modifizieren und einzuräumen, dass bestimmte Überzeugungen – etwa Wahrnehmungs-Meinungen – zwar keine basalen Überzeugungen darstellen, aber doch einen besonderen Status insofern haben, als sie nicht nur Beziehungen zu anderen Überzeugungen unterhalten, sondern auch mehr oder minder ›direkte‹ Beziehungen zur Welt. Der Zusammenhang von Rechtfertigung und Wahrheit ist übrigens auch für Fundamentalisten ein Problem; auch sie müssen zeigen, wieso man glauben soll, dass die fundamentalen Überzeugungen irgendetwas mit der Welt und ihrer Beschaffenheit zu tun haben.

Wenn man als Kohärentist nun einräumt, dass bestimmte Meinungen, etwa Wahrnehmungs-Meinungen, einen besonderen Status haben, kann man bestimmte

Wahnsysteme von Überzeugungen, die auf verzerrter oder nicht ausreichend beachteter Wahrnehmung beruhen, als inkohärent aus der Menge der gerechtfertigten Überzeugungssysteme ausschließen. So systematisch die Theorien der Anhänger der *flat earth society* auch erscheinen mögen, so müssen sie doch deshalb als inkohärent angesehen werden, weil sie nicht mit bestimmten wichtigen empirischen Daten kohärieren. Damit ist übrigens nicht gesagt, dass es zu einer gegebenen Menge empirischer Daten nicht mehr als ein kohärentes Meinungssystem gibt. Mit dieser Modifikation nimmt der Kohärentist allerdings einen ›Schuss von Fundamentalismus‹ in Kauf und vielleicht zeigt all dies, dass die Wahrheit irgendwo ›zwischen‹ reinem Fundamentalismus und reinem Kohärentismus liegt: etwa im »**Fundhärentismus**«, wie diese Position einmal genannt worden ist (vgl. Haack 1982/83, 143 ff. und Haack 1993a).

6.3 Kontextualismus

Eine letzte Auffassung von der Struktur der Rechtfertigung sei noch erwähnt: der **Kontextualismus**. Da wir oben schon etwas zu kontextualistischen Konzeptionen des Wissens gesagt haben, können wir uns hier relativ kurz fassen (vgl. Annis 1978b, 213 ff.; Hamburger 1987, 241 ff.; als Überblick vgl. DeRose 1999, 187 ff.; s. auch Kap. II.8). Ob etwas etwas anderes rechtfertigt und falls ja, wie stark diese Rechtfertigung ist, hängt Kontextualisten zufolge vom Kontext ab und variiert mit dem Kontext. Betrachten wir wieder ein Beispiel. Kurt ist Hobby-Archäologe und findet eines Tages zufällig bei einer Ausgrabung einen Krug, der mehrere hundert Jahre alt zu sein scheint. Mehrere Anzeichen sprechen dafür, dass es sich um einen spätmittelalterlichen Krug handelt und auch in Kurts Handbuch zum Thema wird dieser Eindruck bestätigt. Kurt hat also gute Gründe für die Annahme, dass es sich in der Tat um einen spätmittelalterlichen Krug handelt. Er erzählt seiner Bekannten Maria von seinem Fund. Maria ist professionelle Archäologin und für sie sind Kurts Gründe bestenfalls Indizien, aber um zu einer begründeten Meinung zu gelangen, muss sie sich den Krug näher anschauen und einige raffiniertere Methoden anwenden. Schließlich kommt auch sie zu dem Schluss, dass es sich um einen spätmittelalterlichen Krug handelt. Anders als für Kurt zählen für sie dessen Indizien nicht als gute Gründe; für sie, als professionelle Archäologin, sind die Standards der Begründung deutlich höher. Was ein Grund ist und wie gut ein Grund ist, variiert mit dem Kontext. Dieser Kontext wird – wie wir oben in etwas anderem Zusammenhang schon angedeutet haben – wesentlich durch praktische Gesichtspunkte (Relevanz, Kosten, Interesse) mitbestimmt.

Wer von einem Kontext in einen anderen Kontext wechselt, kann dementsprechend plötzlich Rechtfertigung erwerben oder verlieren (vgl. etwa Lewis 1996, 549 ff.). Maria mag, bevor sie sich als Profi einen Reim auf den besagten Krug gemacht hat, einen Tag frei nehmen und außerhalb des professionellen Kontextes kann sie auf einmal sehr gut in der Überzeugung gerechtfertigt sein, dass der Krug spätmittelalterlich ist. Sobald sie wieder bei ihrer Arbeit ist, verliert sie diese Rechtfertigung wieder. Auf ein analoges Phänomen wurde oben schon im Zusammenhang mit der Kontextabhängigkeit von Wissen eingegangen. Und wie im Fall des Wissens gibt es auch im Fall der Rechtfertigung die Möglichkeit der Beobachter-Relativität der Rechtfertigung. Maria mag als professionelle Archäologin der Stadt Kurts Indizien für nicht besonders gut halten, während Kurts Freund Max dessen Indizien für gut genug halten mag. Es gibt hier nichts in der Sache, das entscheiden könnte, wer von beiden Recht hat (s. zu all dem auch Kap. II.8).

Zum Kontext der Rechtfertigung gehören übrigens auch die übrigen Überzeugungen des Systems. In einem System von Meinungen z. B. kann eine bestimmte Meinung einen guten Grund darstellen, während dies in einem anderen System nicht gilt. Im Rahmen eines inzwischen überholten Weltbildes war das Argument, dass die Erde keine Kugel sein könne, weil sonst die Antipoden auf der jeweils anderen Seite des Globus mit dem Kopf ›nach unten‹ hängen würden, kein schlechtes Argument gegen die Kugelform. Gegeben aber eine bestimmte Theorie der Gravitation und ein wenig neuere Astronomie ist dieses Argument nicht einmal mehr ernst zu nehmen. Eng damit hängt zusammen, dass sich die Güte eines Grundes an der Güte der weiteren erreichbaren Evidenz bemisst. Gründe sind nicht ›absolut‹ gut oder schlecht, sondern relativ auf andere verfügbare Evidenzen.

Schließlich sei noch hinzugefügt, dass der Kontextualismus für Fundamentalisten eine besondere Attraktivität besitzen kann (auch wenn man als Kontextualist kein Fundamentalist sein muss und umgekehrt). Eines der wesentlichen Probleme des Fundamentalismus besteht ja darin, wie man bei bestimmten Überzeugungen als Basis-Überzeugungen Halt machen kann, ohne deswegen in irgendeiner Weise dogmatisch zu sein. Der Kontextualismus entdramatisiert diese Problemlage: Was eine basale Überzeugung ist und was nicht, kann mit dem Kontext variieren. Im Rahmen eines Kindergartenspiels drückt »Hier sind zwei Hände« eine basale Überzeugung aus, während dies im Rahmen einer philosophischen Diskussion über den Skeptizismus gerade nicht der Fall ist. Der Kontextualismus erklärt, wie man darin gerechtfertigt sein kann, bei bestimmten Überzeugungen Halt zu machen, ohne doch deswegen in die oben erläuterten Begründungsnöte zu kommen. Die Kette der Begründungen muss irgendwo aufhören (vgl. Wittgenstein: Philosophische Untersuchungen, § 217), auch wenn es vielleicht keine bestimmte Stelle gibt, an der sie unbedingt aufhören muss; wo sie aufhören kann, hängt eben vom Kontext ab.

Dies soll hier genügen zu verschiedenen Konzeptionen der Rechtfertigung und der Rationalität. Überlegungen dieser Art haben natürlich nur einen ›Witz‹, solange man davon ausgehen kann, dass wir in der Tat rationale Wesen sind und unsere Überzeugungen zumindest oft gerechtfertigt sind. Aber ist dem wirklich so?

7. Wie irrational sind wir eigentlich?

Psychologen haben vielfältige empirische Untersuchungen zu dieser Frage angestellt (vgl. Kahneman/Slovic/Tversky 1982; Nisbett/Ross 1980; Abelson 1976, 58 ff.; Reisberg 1997, Kap. 11, 12; Baron 2000; Piattelli-Palmarini 1994; Stich 1990, Kap. 1). Hier sind einige Fälle vermeintlicher oder wirklicher Irrationalität.

Fall 1: **Linien und Gruppen.** Solomon Asch hat Anfang der 1950er Jahre Experimente der folgenden Art angestellt (vgl. etwa Asch 1951, 177 ff.). Versuchspersonen mussten eine Linie (Linie A) hinsichtlich ihrer Länge mit einer von drei anderen Linien (Linien B, C, und D) vergleichen. Die Längenverhältnisse waren klar ersichtlich, wie etwa hier:

Linie A:	----------
Linie B:	------
Linie C:	-----------
Linie D:	--------------------

Die Versuchspersonen wurden zusammen mit einigen anderen Personen um die entsprechenden Längenvergleiche gebeten (z. B. darum, die Frage zu beantworten »Ist Linie A länger oder kürzer als Linie D?«). Die Versuchspersonen wussten allerdings nicht, dass die anderen Mitglieder ihrer Gruppe nur scheinbar Versuchspersonen waren und in Wirklichkeit von den Psychologen instruiert, bestimmte Antworten zu geben. In manchen Gruppen waren die vermeintlichen Versuchspersonen instruiert, die richtigen Antworten zu geben, und in manchen Gruppen waren sie instruiert, ganz falsche Antworten zu geben (z. B. »Linie A ist länger als Linie D«). Hatte dies eine signifikante Auswirkung auf die Antworten der (wirklichen) Versuchspersonen?

Die Antwort lautet »Ja!«. Selbst wenn die Gruppenmehrheit klar falsche Urteile abgab, passten sich viele Versuchspersonen dieser Mehrheitsmeinung an – und dies, obwohl die Sache doch ganz klar war und kaum etwas vorstellbar ist, das klarer ersichtlich ist als die relative Länge solcher Linien. Offenbar handelt es sich hier um eine Verletzung einer Grundregel der Rationalität:

(R_1) Eine rationale Person stützt ihre Überzeugungen auf gute Gründe.

Zeigt dies nicht, dass viele Menschen unter Gruppendruck dazu bereit sind, ihre Vernunft aufzugeben und elementarste Standards der Rationalität fahren zu lassen? Hat **Konformität** des Urteils die Oberhand über Rationalität des Urteils? Liefern hier psychologische Experimente die wissenschaftliche Bestätigung für einen Eindruck, den z. B. die flüchtigste Betrachtung der Geschichte des 20. Jh.s sowieso schon liefert?

Fall 2: **Karten und Logik.** Versuchspersonen werden 4 Karten gezeigt, die auf einem Tisch liegen (vgl. etwa Johnson-Laird/Wason 1977, 143 ff.; die in diesem Experiment gestellte Aufgabe ist als »**Wason selection task**« bekannt.). Ihnen wird gesagt, dass jede Karte auf der einen Seite einen Buchstaben zeigt und auf der anderen Seite eine Zahl. Den Versuchspersonen werden Karten mit den folgenden Oberseiten gezeigt:

Karte I	Karte II	Karte III	Karte IV
A	D	4	7

Den Versuchspersonen wird folgende Regel präsentiert:

Wenn auf der einen Seite der Karte ein Vokal steht, steht auf der anderen Seite der Karte eine gerade Zahl.

Die Versuchspersonen werden nun gebeten zu sagen, welche Karten man umdrehen muss, wenn man überprüfen will, ob die Regel auf diese 4 Karten zutrifft.

Man könnte meinen, dass es sich hier um eine einfache Frage handelt. Aber dennoch geben die allermeisten Versuchspersonen falsche Antworten. Die beiden häufigsten Antworten sind »Karte I« und »Karte I und III«. Dass man Karte I umdrehen muss, ist korrekt; schließlich könnte auf der Rückseite ja eine ungerade Zahl stehen, was die Regel verletzen würde. Aber Karte III muss man nicht umdrehen;

auch wenn auf der anderen Seite ein Konsonant steht, lässt dies die Regel ganz unberührt (schließlich sagt sie ja nicht, dass nur Karten mit einem Vokal auf einer Seite auf der Rückseite eine gerade Zahl haben können). Aus ähnlichen Gründen muss man auch Karte II nicht umdrehen. Hingegen muss man neben Karte I auch Karte IV umdrehen; schließlich könnte auf der Rückseite ja ein Vokal stehen, womit die Regel verletzt wäre. Was soll man dazu sagen, dass die allermeisten Versuchspersonen solche elementaren logischen Fehler machen? Sind die meisten Menschen nicht einmal zu den einfachsten logischen Schlüssen in der Lage? Verwickeln sie sich in die fundamentalsten logischen Widersprüche? Sind etwa schon die obigen, relativ moderaten Regeln (R_2) und (R_3) zu anspruchsvoll?

Fall 3: **Linda, Konjunktionen und Wahrscheinlichkeit.** Versuchspersonen wird folgende Information gegeben (vgl. Tversky/Kahneman 1983, 297 ff.):

> Linda ist 31 Jahre alt, allein stehend, offenherzig und sehr intelligent. Sie hat einen Universitätsabschluss in Philosophie. Als Studentin war sie stark gegen Diskriminierung und für soziale Gerechtigkeit engagiert und sie hat auch an Anti-Atomkraft-Demonstrationen teilgenommen.

Die Versuchspersonen sollten nun entscheiden, welche der beiden folgenden Aussagen – gegeben die Informationen über Linda – wahrscheinlicher ist:

> (a) Linda ist Bankangestellte,
> (b) Linda ist Bankangestellte und in der Frauenbewegung aktiv.

Eine große Mehrheit von Versuchspersonen antwortete, dass (b) eine größere Wahrscheinlichkeit zukommt als (a). Dies widerspricht aber einer Grundregel der Wahrscheinlichkeitstheorie, derzufolge die Wahrscheinlichkeit einer Konjunktion nicht größer sein kann als die Wahrscheinlichkeit eines einzelnen Konjunktionsgliedes (s. Regeln (10) und (11)).

Was legen diese Befunde nahe? Steht es um die Grundregeln der Wahrscheinlichkeitstheorie bei vielen oder den meisten Menschen ähnlich schlecht wie um die Grundregeln der Logik? Sind auch die obigen Regeln (R_4) und (R_5) zu anspruchsvoll? Betrachten wir noch einen letzten Fall, ebenfalls zur Wahrscheinlichkeit.

Fall 4: **Taxis, Ringer, Basisraten.** Wir hatten oben (s. Kap. V.4) im Zusammenhang mit der Anwendung des bayesianischen Prinzips der **Konditionalisierung** das Beispiel einer Krebsuntersuchung betrachtet. Hier ist eine andere Variante desselben Problems (vgl. etwa Tversky/Kahneman 1982b, 156 f.):

> Ein Taxi war in einen nächtlichen Unfall verwickelt und der Fahrer hat Fahrerflucht begangen. In der Stadt gibt es zwei Taxi-Gesellschaften: die »Grünen« und die »Blauen«. 85 % der Taxis sind grün und 15 % sind blau. Ein Zeuge hat das Unfall-Taxi als blau identifiziert. Dem Gericht, das diesen Unfall verhandelt, ist bekannt, dass Zeugen unter solchen Umständen eine 80 %-Verläßlichkeit aufweisen, was die korrekte Identifikation einer der beiden Farben angeht.

Wie hoch ist die Wahrscheinlichkeit (gegeben all diese Information), dass das Unfall-Taxi blau und nicht grün war?

Eine sehr verbreitete Antwort lautet »80 %«. Wendet man hingegen Bayes' Prinzip an, so gelangt man, wie man leicht nachrechnen kann, zu einem ganz anderen Ergebnis: ungefähr 41 %. Es ist also deutlich wahrscheinlicher, dass das Unfall-Taxi grün war als dass es blau war; die verbreitete Antwort besagt das Gegenteil. Offenbar wurde hier nicht berücksichtigt, dass die grünen Taxis sehr viel häufiger in der Stadt vorkommen als die blauen Taxis – womit auch die Wahrscheinlichkeit, dass ein Unfall-Taxi grün ist, deutlich höher ist als die Wahrscheinlichkeit, dass es blau ist. Mit anderen Worten: Es wurde offenbar die »Basisrate« nicht berücksichtigt. Man kann nur hoffen, dass die Gerichte die Formel (13) kennen! Und wiederum stellt sich die Frage, ob die scheinbar so plausiblen Rationalitätsprinzipien (R_4) und (R_5) vielleicht doch zu anspruchsvoll sind.

Um diesen Punkt möglichst deutlich zu machen und etwaige Zweifel auszuräumen, soll hier noch ein anderes Beispiel angeführt werden (vgl. Morton 1997, 202):

> Georg wiegt 150 Kilo und hat sehr muskulöse Beine. Er ist entweder Sumo-Ringer oder Schwimmer.

Was ist wahrscheinlicher? Viele antworten, dass es wahrscheinlicher ist, dass Georg Sumo-Ringer (schließlich sieht er aus wie einer). Aber ist dem wirklich so? Immerhin gibt es viel mehr Schwimmer als Sumo-Ringer, – so viel mehr, dass es auch mehr Schwimmer als Sumo-Ringer mit 150 Kilo Körpergewicht und muskulösen Beinen gibt (selbst wenn der Anteil der Schwergewichte unter den Sumo-Ringern größer ist als unter den Schwimmern).

So viel zu einigen psychologischen Experimenten zu Rationalität. Wie soll man solche Ergebnisse interpretieren? Viele meinen, dass diese Ergebnisse niederschmetternd sind, weil sie zeigen, dass die Mehrheit von uns ziemlich irrational ist (vgl. hierzu auch Tversky/Kahneman 1982a, 3 ff. sowie Abelson 1976, 83; vgl. hingegen Cohen 1981, 317 ff. und Stich 1990, Kap. 1). Wenn dem so ist, dann verliert auch eine Theorie der Rationalität ihren ›Witz‹ und ihre Berechtigung: Wozu noch eine Theorie von etwas, das es höchstens in Ausnahmefällen gibt? Und, sofern Rationalität wesentlich für Erkenntnis ist: Wozu überhaupt noch Erkenntnistheorie?

Aber vielleicht liegt der Fehler ja auch bei denen, die solche Katastrophen-Interpretationen abgeben? Vielleicht kann man ja auch etwas zur Ehrenrettung der Versuchspersonen bzw. der Mehrheit von uns sagen? Betrachten wir die 4 vorgestellten Fälle noch einmal unter diesem Gesichtspunkt. Man könnte etwa einwenden, dass Aschs Ergebnisse mitnichten für einen Konformismus des Urteilens sprechen. Wer sagt denn, dass die Versuchspersonen wirklich der Überzeugung waren, die die im Irrtum befindliche Mehrheit offenbar vertrat? Es gibt viele Motive, um sich öffentlich einer Mehrheitsmeinung anzuschließen (Höflichkeit, der Wunsch, nicht aufzufallen, etc.), auch wenn man insgeheim ganz anderer Auffassung ist. Wichtiger noch ist, dass man unter Umständen wie denen von Aschs Versuchspersonen durchaus einen gewissen Grund hat, sich der Mehrheitsmeinung anzuschließen: Halluzinationen sind ja durchaus möglich, und dass alle anderen vernünftigen Personen offenbar darin übereinstimmen, dass p, verleiht der Annahme, dass p, einige Rechtfertigung (vgl. Hetherington 1996a, 57 sowie zum sozialen Aspekt von Wissen Kap. VII.3).

Was Fall 2 angeht (Wasons »selection task«), so ist zunächst nachzutragen, dass die Ergebnisse ganz andere sind, wenn man das Experiment scheinbar unwesentlich verändert (vgl. Johnson-Laird/Wason 1977, 152). Anstelle der Buchstaben und Zahlen wurden Versuchspersonen Karten mit Aufschriften wie den folgenden gezeigt:

Karte I   Maria fährt nach Hamburg
Karte II   Maria fährt nach Köln
Karte III   Maria nimmt den Zug
Karte IV   Maria nimmt das Auto

Die zu überprüfende Regel lautete:

Wenn Maria nach Hamburg fährt, dann nimmt sie den Zug.

Obwohl es sich hier um eine Variante mit genau derselben logischen Form wie die oben vorgestellte Variante handelt, schneiden die Versuchspersonen hier sehr viel besser ab, – ja, es macht ihnen kaum Schwierigkeiten, die richtigen Antworten zu geben.

Dies ist aus mehreren Gründen sehr interessant (vgl. hierzu etwa Cohen 1981, 323 ff.; Gigerenzer 2000a, 201 ff.; Stich 1990, 4 ff.). Logische Folgerungsbeziehungen sind insofern ›formal‹, als dafür, ob sie bestehen oder nicht, der Inhalt keine Rolle spielt. Dass aus »Alle Fische leben im Wasser« und »Hechte sind Fische« »Hechte leben im Wasser« folgt, hat nichts mit Biologie zu tun; wir können es hier bei dieser ›intuitiven‹ Erklärung von »logischer Form« belassen. Es ist nun bemerkenswert, dass für uns offenbar der **Inhalt** insofern doch eine Rolle spielt, als unsere Fähigkeit, gewisse logische Schlüsse zu ziehen, nicht nur von der logischen Form, sondern auch von dem jeweiligen Inhalt abhängt. Offenbar fällt es uns wesentlich leichter, logische Schlüsse zu ziehen, wenn es um aus dem Alltag vertraute Phänomene geht, als wenn es um ›abstrakte Dinge‹ (wie irgendwelche Buchstaben und Zahlen) geht. Viele Psychologen und Philosophen meinen, aus all dem recht weitgehende Konsequenzen im Hinblick auf die Natur des menschlichen Geistes ziehen zu können (vgl. z. B. Johnson-Laird 1983). Der Arbeitsweise unseres Geistes bzw. unserer Gehirne liegt kein bloßes ›Logik-Programm‹ zugrunde; vielmehr sind unsere kognitiven Fähigkeiten spezialisiert für und ausgerichtet auf spezifische Probleme, die sich uns gewöhnlich stellen; Geist und Gehirn mögen sich evolutionär sogar recht eng an spezifischen Problemen entwickelt haben, die wir bzw. unsere Vorfahren lösen mussten, um zu überleben.

Aber lassen wir diese Spekulationen hier auf sich beruhen! Eine andere Frage ist in diesem Zusammenhang vielleicht noch wichtiger: Woher weiß man eigentlich, wie die Versuchspersonen die Regel interpretieren? Es liegt ja z. B. nicht auf der Hand, dass sie die Regel als einfaches Konditional und nicht als Bikonditional verstehen. Dies ist deshalb wichtig, weil wir im Alltag oft Äußerungen machen, die die Form eines Konditionals zu haben scheinen, aber in Wirklichkeit als Bikonditional gemeint sind. Hier ist ein Beispiel: »Wenn Du jetzt ruhig bist, kaufe ich Dir ein Eis!« Mit solchen Äußerungen ist üblicherweise etwas mit bikonditionaler Form gemeint: »Wenn Du jetzt ruhig bist, kaufe ich Dir ein Eis, und wenn Du nicht ruhig bist, kaufe ich Dir kein Eis!« Versteht man die ursprüngliche Regel in Wasons »selection task« als Bikonditional, so ergibt sich etwas ganz anderes als korrekte Antwort: Man muss alle Karten umdrehen. Allgemein gesagt: Bevor man die Testergebnisse überhaupt interpretieren kann, muss man allererst herausfinden, wie die Versuchspersonen bestimmt Sätze genau verstehen. Davon kann abhängen, ob man zu dem Resultat kommt, dass sie weitgehend irrational sind, oder zu dem Resultat, dass sie weitgehend rational sind. Vielleicht haben die Psychologen bzw. die Interpreten der Resultate der angeführten Experimente die Versuchspersonen nur falsch verstanden?

Manche sind der Auffassung, dass wir jemanden überhaupt nur verstehen können, wenn wir der Person weitgehende Rationalität unterstellen (vgl. Quine 1960, 57 ff.; Davidson 1982, 321). Sobald wir zu dem Schluss gelangen, eine Person sei weitgehend irrational, haben wir demnach nur bewiesen, dass wir sie weitgehend nicht richtig verstanden haben. Dies hat übrigens auch Implikationen für die inzwischen seltener vertretene These, bestimmte »primitive Kulturen« zeichneten sich durch »alogisches Denken« und Irrationalität aus; vielleicht haben die, die dies behaupten, damit nur ihr Unverständnis unter Beweis gestellt.

Die Möglichkeit einer Fehlinterpretation liegt jedenfalls im Linda-Beispiel nicht so fern. Wenn man im Alltag (gegeben der obige Kontext) die beiden Sätze

a)   Linda ist Bankangestellte
b)   Linda ist Bankangestellte und in der Frauenbewegung aktiv

gemeinsam zur Beurteilung vorstellt, dann liegt es geradezu nahe, (a) als eine elliptische Formulierung zu verstehen, mit der eigentlich das Folgende gemeint ist:

(a*) Linda ist Bankangestellte und nicht in der Frauenbewegung aktiv.

Gegeben diese Interpretation, ist es überhaupt nicht mehr unvernünftig und verstößt auch nicht gegen Regeln der Wahrscheinlichkeitstheorie, dem zweiten zur Auswahl stehenden Satz eine höhere Wahrscheinlichkeit zuzuschreiben als dem ersten Satz (vgl. außerdem Gigerenzer 2000b, 248 ff.; vgl. hingegen Tversky/Kahneman 1983, 299, 303).

Betrachten wir schließlich Fall 4 bzw. die Vernachlässigung der Basisraten! Spielen diese wirklich eine Rolle in den Fällen der genannten Art? Macht man wirklich einen Fehler, wenn man die Basisraten ignoriert? Warum eigentlich? Man könnte z. B. einwenden, dass die Versuchspersonen die Frage einfach nicht so verstanden haben, wie ihre in Wahrscheinlichkeitstheorie geschulten Experimentatoren. Sie haben vielleicht etwas ignoriert, das den Experimentatoren wichtig war (z. B. die Aussage, dass 85 % der Taxis grün sind), aber das heißt nicht, dass sie irrational geurteilt haben. Man kann sich ja schließlich auch Fragen stellen wie diese: Wie wahrscheinlich ist es, dass Bello den Briefträger gebissen hat? Und kann man sich diese Frage nicht ganz unabhängig davon stellen, dass Franz dies gesagt hat und dass er in diesen Dingen zu 80 % zuverlässig ist (vgl. Gigerenzer 2000b, 252 ff.; Cohen 1981, 327 ff.)?

Der all diesen Einwänden zugrunde liegende Gedanke ist immer derselbe: Es kann sein, dass die Experimentatoren bzw. die Interpreten der Resultate der Experimente die Versuchspersonen einfach falsch verstanden haben. Fügt man noch hinzu, dass die Annahme, der andere sei grundsätzlich bei Trost und halbwegs rational, eine notwendige Bedingung dafür darstellt, dass man den anderen überhaupt verstehen kann, so ergibt sich nicht nur kein katastrophales Resümee hinsichtlich der rationalen Fähigkeiten der Menschen; vielmehr müsste man sogar sagen, dass Rationalität schon aus methodologischen Gründen eine Grundeigenschaft des ›**animal rationale**‹ ist. Anstatt zu sagen, dass die meisten Leute meistens ziemlich irrational sind, müsste man sagen, dass die meisten Leute meistens ziemlich rational sind.

Wir haben den Begriff des Wissens und die damit eng zusammenhängenden Begriffe der Überzeugung, der Wahrheit und der Rationalität bzw. Rechtfertigung jetzt ausreichend behandelt, um zu einer weiteren zentralen Frage der Erkenntnistheorie überzugehen: Woher stammt denn unser Wissen (wenn wir denn welches haben)?

VI. EMPIRISMUS UND APRIORISMUS: WOHER UNSER WISSEN STAMMT

Gehen wir einmal davon aus, dass wir eine Menge wissen. Zu den Dingen, die z. B. Frank weiß, gehört vielerlei: so z. B., dass der Hund seines Nachbarn Flöhe hat, oder dass 24 mal 12 = 288. All das, was Frank weiß, unterscheidet sich natürlich hinsichtlich des Inhalts, und zwar zum Teil ganz erheblich: Dass der Nachbarhund Flöhe hat, hat recht wenig damit zu tun, dass 24 mal 12 = 288. Es gibt aber ganz offensichtlich noch einen weiteren wichtigen und tieferliegenden Unterschied. Betrachten wir die eben genannten beiden Beispiele für Wissen: das Wissen, dass der Hund des Nachbarn Flöhe hat, und das Wissen, dass 24 mal 12 = 288. Woher weiß Frank all dies? Dass der Hund des Nachbarn Flöhe hat, mag er daher wissen, dass er gerade das Fell des Hundes begutachtet hat. Dass 24 mal 12 = 288, weiß er aus eigener Berechnung. Macht dies einen wesentlichen Unterschied aus? Schließlich muss Frank doch in beiden Fällen etwas Bestimmtes tun, um zu dem jeweiligen Wissen zu gelangen, – er muss seine kognitiven Fähigkeiten anwenden. Es gibt allerdings einen sehr wichtigen Unterschied zwischen beiden Fällen. Dass der Hund des Nachbarn Flöhe hat, weiß Frank aufgrund von Erfahrung. Ohne Erfahrung könnte er dies nicht wissen. Frank könnte etwa durch bloßes Nachdenken über den Hund des Nachbarn und ohne irgendwelche Erfahrung über dessen Fell niemals zu dem Wissen gelangen, dass der Nachbarhund Flöhe hat. Frank könnte natürlich von der Idee besessen sein, dass alle Hund Flöhe haben und insbesondere der des Nachbarn, aber in diesem Fall würde Franks Überzeugung nicht als Wissen gelten, auch wenn sie im Fall des Nachbarhundes wahr ist. Anders verhält es sich mit dem Wissen, dass 24 mal 12 = 288. Dies kann Frank wissen, ohne sich dabei auf Erfahrung zu stützen; er kann es durch ›bloßes Nachdenken‹ herausfinden. Frank muss z. B. nicht in eine Konditorei gehen, sich 24 Torten zeigen lassen, die jeweils in 12 Stücke aufgeteilt sind, und dann alle Stücke aller 24 Torten durchzählen (und dieses Verfahren womöglich noch in anderen Konditoreien wiederholen). Verschiedene Fälle von Wissen unterscheiden sich also ganz offensichtlich hinsichtlich des Ursprungs des Wissens: Manches Wissen stammt aus Erfahrung und manches Wissen stammt nicht aus Erfahrung. Manches können wir nicht ohne Erfahrung wissen und manches können wir ohne Erfahrung wissen. Im letzteren Fall spricht man auch von »**apriorischem Wissen**« bzw. »Wissen a priori« (»im Vorhinein«), im ersteren Fall von »**empirischem Wissen**« bzw. »Wissen a posteriori« (»im Nachhinein«).

Stammt unser Wissen ausschließlich oder zu wesentlichen Teilen aus Erfahrung? Diejenigen Philosophen, die diese Frage bejahen, werden »**Empiristen**« genannt. Ist all unser Wissen oder zumindest ein wesentlicher Teil unseres Wissens a priori? Diejenigen Philosophen, die diese Frage bejahen, werden »**Aprioristen**« genannt.

Die klassischen Vertreter des **Empirismus** sind die britischen Empiristen des 17. und 18. Jh.s: Locke, Berkeley und Hume (vgl. Locke: Essay; Berkeley: Principles;

Hume: Treatise; Hume: Enquiry). Ihnen standen zur selben Zeit die sogenannten »**Rationalisten**« gegenüber, die als klassische Vertreter des Apriorismus betrachtet werden können. Diese Gegenüberstellung von Empiristen und Rationalisten hat sich in der Philosophiegeschichtsschreibung sehr eingebürgert, und sie ist auch hilfreich. Man muss aber auch etwas vorsichtig mit solchen Einteilungen sein, weil sie leicht die vielen Übereinstimmungen vergessen lassen. Was nun den Rationalismus angeht, so sind hier neben Descartes (vgl. Descartes: Meditationes) vor allem Leibniz und **Baruch de Spinoza** (1632–1677) zu nennen, der sich später in »Benedictus« umbenannte (vgl. Spinoza: Ethik; Leibniz: Nouveaux Essais). Leibniz' *Nouveaux Essais* antworten übrigens direkt auf Lockes *Essay* und zwar manchmal Absatz für Absatz. Berühmt geworden ist Leibniz' Erwiderung auf Lockes These, dass der menschliche Geist vor der Erfahrung »leer« ist wie ein »empty cabinet« oder ein weißes Stück Papier (vgl. Locke: Essay, I.2.15, II.1.2). Leibniz stimmt zunächst der empiristischen These zu, dass nichts im Intellekt oder Geist sei, das nicht zuvor in den Sinnen gewesen sei, und fügt dann aber hinzu: »außer dem Intellekt selbst!« (vgl. Leibniz: Nouveaux Essais, II.1.2).

Eine ganz einzigartige Stellung in der Diskussion zwischen Empirismus und Apriorismus nimmt Kant und die *Kritik der reinen Vernunft* ein. Er hat der Frage, um die es hier geht, nicht nur eine neue Schärfe und Präzision verliehen, sondern auch mit einer ganz neuen Theorie geantwortet. Die ganze bisherige Diskussion zum Thema ist von Kant mehr als von jedem anderen Philosophen geprägt worden. Wir werden deshalb auf Kant immer wieder zurückkommen. Hier kann man schon vorwegnehmen, dass Kants Theorie empiristische mit aprioristischen Elementen vereinigt. Unsere Erkenntnis beginnt zwar zeitlich mit Erfahrung, aber sie entspringt zu wesentlichen Teilen nicht aus Erfahrung und ist nicht allein auf Erfahrung begründet (vgl. Kant: Kritik der reinen Vernunft, B 1 f.). Wir verfügen über apriorische Erkenntnisse, aber diese beziehen sich ausschließlich auf Gegenstände der Erfahrung und unterliegen insofern einer empiristischen Einschränkung (Kant: Kritik der reinen Vernunft, B 146 ff.). Über Gott, Freiheit und Unsterblichkeit – die klassischen Themen der aprioristischen Metaphysik – können wir nichts wissen (vgl. als Einführung und Überblick zu Kant etwa Körner 1980).

Eine besondere Weiterentwicklung hat nach Kant vor allem der Empirismus erfahren, und zwar Anfang des 20. Jh.s im »**Logischen Empirismus**« des **Wiener Kreises** um Philosophen wie Carnap, Schlick, Hempel, Neurath und andere (vgl. als ›Manifest‹ des Wiener Kreises Carnap/Hahn/Neurath: Wissenschaftliche Weltauffassung: Der Wiener Kreis; vgl. auch Carnap: Aufbau). »Logisch« wurde diese Art von Empirismus übrigens genannt, weil der Logik von diesen Empiristen (anders als von denen des 17. und 18. Jh.s) eine wichtige Rolle eingeräumt wurde. Diese Art von Empirismus war lange Zeit sehr einflussreich, bis **Willard Van Orman Quine** (1908–2000) 1951 den Aufsatz *Two Dogmas of Empiricism* veröffentlichte (vgl. Quine 1961, S. 20 ff.), – vielleicht den einflussreichsten und wichtigsten philosophischen Aufsatz der letzten 50 Jahre. Quine brachte den Empirismus in nachhaltige Erklärungsnöte. Damit soll nicht gesagt sein, dass nur Quine etwas an der empiristischen Tradition auszusetzen hatte; die Kritik lag sozusagen ›in der Luft‹ (vgl. z. B. Wittgenstein: Über Gewißheit, §§ 83, 87 f., 96 f., 114, 309, 319, 506; Austin 1979a, 55 ff.). Allerdings waren Quines Argumente besonders einflussreich und wir werden deshalb auch unten darauf ausführlich zurückkommen. Seit einigen Jahren sind übrigens die Aprioristen wieder mit positiven Theorievorschlägen hervorgetreten (vgl. etwa Bonjour 1998, den Sammelband Hanson/Hunter 1992; vgl. allgemein Moser 1987). Eine ganz besondere Bedeutung kommt hier übrigens dem Sprachwissenschaftler **Noam Chomsky** (geb. 1928) zu, demzufolge sprachliches Wissen nicht allein auf Erfahrung zurückgeführt werden kann, sondern apriorisches und angeborenes grammatikalisches Wissen voraussetzt (vgl. z. B. Chomsky 1965, 47–59 sowie die Beiträge in Stich 1975). Chomsky hat ganz wesentlich dazu beigetragen, dass nach einer langen Zeit der Vorherrschaft des Empirismus der Apriorismus und Nativismus (die These, dass manches Wissen und manche Begriffe angeboren sind) wieder vermehrt ernst genommen wurden.

Bevor wir näher auf die Diskussion zwischen Apriorismus und Empirismus eingehen, müssen wir den Unterschied zwischen apriorischem und empirischem Wissen noch näher betrachten. Selbst wenn wir aufgrund von Beispielen wie den obigen eine Intuition dazu haben, worum es dabei geht, müssen wir doch näher nachfragen, was eigentlich damit gemeint ist, dass ein Wissen aus Erfahrung bzw. nicht aus Erfahrung stammt.

Beginnen wir mit der Frage, was überhaupt »a priori« oder »empirisch« genannt werden kann. Wir haben es hier mit Wissen zu tun, aber es finden sich noch andere Kandidaten: (wahrheitswertfähige Aussage-) Sätze und Äußerungen, Urteile und Überzeugungen, Propositionen, Rechtfertigungen sowie Begriffe. Manchmal ist auch die Rede von apriorischen oder empirischen »Wahrheiten«, aber damit ist genau genommen dasjenige gemeint, das wahr ist, also Gedanken, Überzeugungen, Sätze, Äußerungen oder Propositionen (s. dazu Kap. IV.1). Im Fall von Sätzen, Äußerungen, Urteilen, Überzeugungen und Propositionen werden entweder nur wahre oder sowohl wahr als auch falsche als »a priori« oder »empirisch« bezeichnet. Da es hier um Wissen geht, werden im Folgenden als primäre Kandidaten für die Qualifizierung als »a priori« oder »empirisch« neben Wissen Überzeugungen betrachtet, – nämlich diejenigen Überzeugungen, die Wissen darstellen. Da Wissen Wahrheit voraussetzt, können wir uns auf wahre Überzeugungen beschränken.

Eine besondere Rolle unter all diesen Kandidaten kommt den Begriffen zu. Anders als die anderen Kandidaten sind sie nicht propositionaler Natur (sie sind eher Elemente von Propositionen; s. Kap. III.1). Es ist deshalb wichtig, einen klaren Unterschied zwischen einem Empirismus oder Apriorismus der Begriffe einerseits und einem Empirismus oder Apriorismus des Wissens (bzw. der anderen propositionalen Kandidaten) andererseits zu machen. Die Begriffe, die in eine Überzeugung eingehen, mögen z. B. empirisch sein, aber die Überzeugung selbst kann dennoch a priori sein. Ein gutes Beispiel ist »Alle Rennpferde sind Tiere«. Die Begriffe des Rennpferdes und des Tieres sind empirische Begriffe, aber »Alle Rennpferde sind Tiere« ist ein guter Kandidat für Apriorität. Vielleicht gilt auch das Umgekehrte: Es mag apriorische Begriffe geben (›Objekt‹, ›Geschwindigkeit‹), die in empirische Urteile eingehen (»Objekte können sich nicht beliebig schnell fortbewegen«). Uns interessiert hier, wie gesagt, besonders der Ursprung des Wissens, aber da ein Empirismus bzw. Apriorismus bezüglich Wissen oft mit einem Empirismus bzw. Apriorismus bezüglich Begriffen einhergeht, soll auf den letzteren Fall hier ebenfalls, wenn auch nur kurz, eingegangen werden.

1. Empirische und apriorische Begriffe

Was kann es nun heißen, dass ein Begriff »empirisch« ist? Ein Begriff ist, so könnte man zunächst sagen, insofern empirisch, als er aus Erfahrung stammt, durch Erfahrung erworben wurde. Der Begriff des Tisches ist – so können wir zumindest des Beispiels halber annehmen – empirisch, weil er aus Erfahrung stammt. Nun stammt der Begriff des Tisches nicht aus der Erfahrung mit Rennpferden, Junggesellen oder Stühlen, sondern eben aus der Erfahrung mit Tischen. Wir können also genauer sagen:

> Ein Begriff ist insofern empirisch, als er aus Erfahrung mit solchen Gegenständen stammt, auf die der Begriff zutrifft.

Der Begriff des Tisches ist empirisch, weil er aus der Erfahrung mit Tischen stammt.

Dies alles mag unproblematisch, ja geradezu trivial erscheinen, aber dieser Eindruck verflüchtigt sich, sobald man näher hinschaut. Ein Problem besteht in den leeren Begriffen, also in Begriffen, die auf nichts zutreffen. Da es nichts gibt, worauf sie zutreffen, kann es auch keine Erfahrung mit demjenigen geben, worauf sie vermeintlich zutreffen, und somit auch keinen empirischen Ursprung des Begriffs. Wie soll es z. B. einen empirischen Begriff eines goldenen Berges geben, wenn es überhaupt keine goldenen Berge und damit auch keine Erfahrung von ihnen geben kann (vgl. Hume: Enquiry, 19; Hume: Treatise, 3)? Die klassische empiristische Antwort ist die folgende (vgl. Hume: Treatise, 2 ff.; Hume: Enquiry, 19 ff.; Locke: Essay, II.12). Leere Begriffe sind insofern **komplex**, als sie aus einfacheren Begriffen ›zusammengesetzt‹ sind. Der Begriff des goldenen Berges ergibt sich durch ›Kombination‹ der Begriffe des Goldes und des Berges. Und insofern die jeweiligen einfachen Begriffe in oben angegebener Weise empirisch sind, kann auch der darauf beruhende komplexere Begriff als empirisch betrachtet werden. Wir können die obige Erklärung also folgendermaßen modifizieren:

> Ein Begriff ist insofern empirisch, als er
> entweder (a) aus Erfahrung mit solchen Gegenständen stammt, auf die der Begriff
>   zutrifft,
> oder (b) auf Begriffen beruht, die die Bedingung (a) erfüllen.

Ein Begriff mag in der Vergangenheit einmal auf etwas zugetroffen haben, in der Gegenwart aber auf nichts mehr zutreffen. Der Begriff des Königs von Frankreich ist ein solcher Begriff. Die obige Erklärung kann leicht auf solche Begriffe ausgedehnt werden. Ähnliches gilt für kontradiktorische Begriffe wie etwa den des untergewichtigen Schwergewichts.

Das Besondere am Empirismus der Begriffe – also an der These, dass alle Begriffe in der eben angegebenen Weise erworben werden – liegt also nicht darin, dass die entsprechenden Begriffe sich auf Gegenstände der Erfahrung beziehen; auch Aprioristen behaupten, dass ihre nicht-empirischen Begriffe sich auf Gegenstände der Erfahrung beziehen (vgl. Kant: Kritik der reinen Vernunft, B 146 ff.). Der ganze Unterschied zwischen Empirismus und Apriorismus der Begriffe liegt vielmehr nicht in dem Inhalt der Begriffe, sondern in der Art ihres Erwerbs: durch Erfahrung oder nicht. Interessant an der empiristischen Konzeption von Begriffen ist übrigens auch, dass es eine bestimmte Vorstellung von der Struktur unserer Begriffsysteme involviert: die fundamentalistische Vorstellung, dass es gewisse grundlegende und einfache Begriffe gibt, auf denen alle anderen Begriffe aufbauen.

Man mag diese Antwort auf das Problem der leeren Begriffe für unproblematisch halten. Grundlegendere Probleme ergeben sich allerdings, wenn man sich die Frage stellt, wie genau Begriffe (seien sie nun leer oder nicht) aus Erfahrung entstehen. Die klassische Antwort auf diese Frage liefert die sogenannte »**Abstraktionstheorie**« der Begriffe (vgl. Locke: Essay, II.11.9, II.12, III.3, IV.7.9 und dazu Leibniz: Nouveaux Essais, III.3; vgl. auch Kant: Logik, 94 f. sowie dagegen Berkeley: Principles, §§ 10 ff. und Hume: Treatise, 17 ff.). Sie besagt, wie der Name schon sagt, dass Begriffe durch Abstraktion entstehen. Was ist damit gemeint? Betrachten wir wieder das Beispiel des offenbar empirischen Begriffes des Tisches. Zunächst haben wir mit einer Vielfalt von Tischen zu tun: mit großen und kleinen Tischen, mit Tischen verschiedener Farbe, verschiedenen Materials, verschiedener Beinzahl etc. Wir bemerken, dass alle diese Gegenstände trotz aller Verschiedenheiten etwas miteinander gemein haben: etwa, dass sie eine halbwegs waagerechte Ablagefläche bieten, die man für bestimmte Funktionen in Anspruch nehmen kann. Indem wir nun die Verschiedenheiten außer Acht lassen und nur auf die Gemeinsamkeiten achten, erwerben wir den Begriff des Tisches. Allgemein ausgedrückt: Gemäß der Abstraktionstheorie erwerben wir empirische Begriffe, indem wir bestimmte Gegenstände (nämlich genau diejenigen Gegenstände, die unter den Begriff fallen) miteinander vergleichen, die Verschiedenheiten außer Acht lassen (von ihnen »abstrahieren«) und die gemeinsamen Merkmale zu definierenden Merkmalen des neuen Begriffs machen, den wir auf diese Weise empirisch erwerben.

Die Abstraktionstheorie mag auf den ersten Blick sehr plausibel erscheinen, aber sie wirft grundlegende Probleme auf. Ein erstes Problem besteht darin, dass man für die Feststellung von Verschiedenheiten und Gemeinsamkeiten schon Begriffe benötigt. Um z.B. bemerken zu können, dass eine Reihe von Gegenständen (Tische) sich hinsichtlich des Materials unterscheiden, aber nicht hinsichtlich der Tatsache, dass sie eine mehr oder minder waagerechte Ablagefläche bieten, benötigt man die Begriffe des Materials sowie der mehr oder minder waagerechten Ablagefläche. Ohne diese Begriffe könnte man die entsprechenden Gemeinsamkeiten und Verschiedenheiten gar nicht erfassen. Verschiedene Gegenstände lassen sich in verschiedenen Hinsichten betrachten und die Erfassung dieser Hinsichten setzt das Verfügen über entsprechende Begriffe voraus. Aus all dem folgt, dass die Abstraktionstheorie nicht das erklären kann, was sie Empiristen zufolge erklären soll: wie man nämlich überhaupt zu empirischen Begriffen gelangt, ohne bereits irgendwelche Begriffe zu besitzen. Damit wird übrigens auch die mit der Abstraktionstheorie verbundene Vorstellung, dass es gewisse grundlegende Begriffe gibt, auf denen alle anderen Begriffe aufbauen, fragwürdig (s. dazu auch Kap. V.6.1).

Außerdem setzt die Abstraktionstheorie voraus, dass alle Gegenstände, die unter einen Begriff fallen, etwas miteinander gemein haben (etwas, das kein Gegenstand, der nicht unter den Begriff fällt, aufweist). Dies ist die oben (s. Kap. III.1.1) schon diskutierte klassische Theorie des Begriffs, derzufolge Begriffe sich durch Angabe notwendiger und gemeinsam hinreichender Bedingungen charakterisieren lassen. Wir haben schon gesehen, welche schwerwiegenden Probleme diese Auffassung von Begriffen aufwirft. Wenn man gerade in eine neue Wohnung eingezogen ist und noch keinen Tisch hat, dann kann man einen Stuhl ›zum Tisch machen‹. Und wenn man unterwegs ist, kann man etwa die Kühlerhaube seines Autos als Unterlage zum Schmieren von Schmalzstullen benutzen. Was kann nicht alles in bestimmten Kontexten als Tisch betrachtet werden und wie soll man die Hoffnung aufrechterhalten, eine reduktive Definition eines scheinbar so einfachen Begriffes wie dem des Tisches geben zu können?

Eine Alternative zur Abstraktionstheorie besteht darin, die Idee ganz aufzugeben, dass alle Begriffe empirisch erworben werden, also aus der Erfahrung mit denjenigen Gegenständen stammen, auf die der Begriff zutrifft. Es gibt verschiedene Varianten des Apriorismus der Begriffe. Eine sehr alte Version besagt, dass bestimmte oder alle Begriffe vollständig **angeboren** sind (Platon: Menon, 80dff.; Descartes: Meditationes, 37ff.; Leibniz: Nouveaux Essais, I.1, II.1 und jüngst, im Anschluss an Chomsky, etwa Fodor 1975; vgl. als klassische Kritik Locke, Essay, I.2; vgl. als neuere überblicksartige Beiträge aus verschiedenen Richtungen: Fodor 1981b, 257ff. und Kitcher 1978, 1ff.). Dass alle Begriffe angeboren sind, scheint recht unplausibel zu sein: Sollte z.B. der Begriff des Internets wirklich angeboren sein? Sollten also auch Menschen, die vor 8500 Jahren gelebt haben, über diesen Begriff verfügt haben, selbst wenn sie dies nicht wussten? Wenn überhaupt Begriffe angeboren sind, dann wohl nur sehr grundlegende und vermeintlich allgemein verbreitete Begriffe, wie z.B. Begriffe räumlicher und zeitlicher Relationen (›über‹, ›unter‹, ›davor‹, ›danach‹ etc.). Es ist allerdings überaus fraglich, ob es wirklich empirische oder sonstige Evidenz für eine solche These gibt.

Ähnliches gilt für eine weitere Abschwächung des Apriorismus der Begriffe, die dem Empirismus der Begriffe in gewisser Weise entgegenkommt. Dieser Abschwächung zufolge sind bestimmte Begriffe nicht in dem Sinne »angeboren«, dass wir über sie verfügen, selbst wenn wir über keinerlei Erfahrungen verfügen. Angeboren ist vielmehr eine **Disposition**, unter bestimmten Umständen einen bestimmten Begriff explizit auszubilden und anzuwenden (vgl. dazu auch Leibniz: Nouveaux Essais, I.1, II.1, Chomsky 1965, 47–59 und Fodor 1975, Fodor 1981b, 257ff. sowie Kitcher 1978, 1ff). Zu diesen auslösenden Umständen gehört Erfahrung (und vielleicht nichts als Erfahrung). Eine Serie verschiedener Arten von Wahrnehmungen könnte etwa – gegeben eine entsprechende angeborene Disposition – dazu führen, dass ein kleines Kind den Begriff eines dreidimensionalen Objekts, das unabhängig von ihm existiert, ausbildet. Erfahrung wäre hier als Auslöser notwendig, aber der Begriff des dreidimensionalen Objektes wäre deshalb nicht empirisch erworben: Schließlich liefert nicht die Erfahrung diesen Begriff, sondern eine angeborene Disposition, die durch Erfahrung (Erfahrung im Allgemeinen oder Erfahrung bestimmten Typs, wie etwa visuelle und taktile Wahrnehmungen bestimmter Objekte) nur ausgelöst wird. Wer diese Disposition nicht schon mitbringt, könnte vielleicht den entsprechenden Begriff nicht erwerben: Wie soll man denn allein aus einer ungeordneten Vielfalt von Wahrnehmungsdaten einen Begriff wie den des dreidimensionalen Gegenstandes entwickeln?

Diese Version der Angeborenheitsthese (der »**nativistischen**« These) unterscheidet sich vom Empirismus der Begriffe dadurch, dass der Erwerb des entsprechenden Begriffs nicht auf der Erfahrung mit Gegenständen beruht, die unter diesen Begriff fallen. Beide Auffassungen unterscheiden sich allerdings nicht darin, dass Erfahrung eine notwendige Bedingung für die Verwendung von Begriffen ist. Nun gestehen allerdings auch Empiristen zu, dass wir über bestimmte kognitive Dispositionen (geistige

Fähigkeiten) verfügen, die etwa den Erwerb von Begriffen allererst ermöglichen (vgl. Locke: Essay, II.1 ff.; Hume: Treatise, 1 ff.). Und Empiristen haben in der Regel keine Probleme damit zuzugeben, dass diese Dispositionen – anders als die Begriffe, bei deren Erwerb sie eine Rolle spielen – angeboren sind. Worin besteht dann aber noch der Unterschied zwischen einem dispositionalen Apriorismus und einem Empirismus der Begriffe? Liegt der ganze Unterschied darin, dass der dispositionale Nativismus nicht verlangt, dass die einschlägige Erfahrung eine Erfahrung mit solchen Gegenständen ist, auf die der Begriff zutrifft? Sehr viel plausibler erscheint doch die Annahme, dass die relevante Erfahrung eine Erfahrung von genau diesen Gegenständen sein muss. Wie soll ich bei allen angeborenen Dispositionen den Begriff des Tisches erwerben, wenn als Auslöser nicht die Erfahrung von Tischen fungiert? Wenn dem aber so ist, dann ›kollabiert‹ die dispositionale Angeborenheitsthese offenbar in eine empiristische Auffassung des Begriffserwerbs; die Unterschiede zwischen beiden Auffassungen wären nur scheinbar. Es ist interessant zu sehen, dass die aussichtsreichste Version des Nativismus, die dispositionale Auffassung, zumindest in Gefahr steht, in eine empiristische Auffassung zu kollabieren, – also in eine Auffassung, deren Probleme gerade einen wesentlichen Anlass zur Ausbildung des dispositionalen Apriorismus gegeben haben.

Vielleicht gibt es einen gangbaren dritten Weg zwischen dem Nativismus und dem Empirismus der Begriffe. Demzufolge wären Begriffe nicht angeboren, sondern müssten allererst erworben werden, allerdings nicht in der oben erläuterten Weise: nicht aufgrund von Erfahrung mit denjenigen Gegenständen, auf die sie (bzw. die weiteren Begriffe, auf denen sie beruhen) zutreffen. Es ist alles andere als klar, wie man sich diesen Erwerb näher vorstellen soll. Kant z.B. hat eine aprioristische Konzeption von Begriffen vertreten, ohne eine Angeborenheitsthese zu akzeptieren (vgl. etwa Kant: Kritik der reinen Vernunft, B 167 f.; vgl. dazu auch Strawson 1966, 68 f.). Allerdings muss man hier vorsichtig sein: Kant war nicht so sehr an Fragen des Erwerbs von (apriorischen) Begriffen interessiert, sondern vielmehr daran, ob diese Begriffe ›Gültigkeit‹ für Gegenstände der Erfahrung haben. Und diese Frage kann nur als die Frage verstanden werden, ob diejenigen apriorischen Urteile, in denen jene apriorischen Begriffe involviert sind, ›gültig‹ und gerechtfertigt sind (vgl. zum Unterschied von »Genese« und »Rechtfertigung«: Kant: Kritik der reinen Vernunft, A 84 ff./B 116 ff.). Mit anderen Worten: Kant interessiert sich für die Apriorität von Begriffen nur insofern, als es dabei um die Apriorität des Wissens geht. Lassen wir also die Frage nach dem Erwerb unserer Begriffe auf sich beruhen und gehen wir zu der eigentlich wichtigen Frage nach dem empirischen oder apriorischen Ursprung unseres Wissens über.

2. Empirisches und apriorisches Wissen

Wir haben schon gesehen, was damit gemeint sein könnte, dass Begriffe »empirisch« oder »a priori« sind, aber es ist noch nicht ausreichend klar, was damit gemeint sein könnte, dass Wissen »empirisch« oder »apriori« ist. Deshalb soll zunächst darauf eingegangen werden; andernfalls wird nicht wirklich klar, was mit der Alternative zwischen Apriorismus und Empirismus genau zur Diskussion steht.

Was ist damit gemeint, dass Wissen auf Erfahrung beruht? Der vielleicht klarste Fall von Erfahrung ist der der **Wahrnehmung**, z. B. der visuellen Wahrnehmung äußerer Gegenstände. Wissen, das auf Wahrnehmung beruht, ist der paradigmatische Fall von empirischem Wissen. Mein Wahrnehmungswissen z. B., dass die Sonne gerade untergeht, ist ein Fall von empirischem Wissen. Nun ist nicht alles empirische Wissen in dieser direkten Weise auf Wahrnehmung bezogen. Ich kann mich z. B. daran erinnern, dass die Sonne gestern untergegangen ist; dieses Wissen beruht auf Erinnerung. Sofern ich mich aber nur deshalb daran erinnern kann, dass die Sonne gestern untergegangen ist, weil ich dies wahrgenommen habe, beruht auch dieses Erinnerungswissen auf Wahrnehmung. Oder ich kann induktiv darauf geschlossen haben, dass gestern die Sonne untergegangen ist, weil die Sonne ja bisher jeden Tag untergegangen ist; dieses Wissen beruht auf Schlussfolgerung. Sofern aber deren Prämissen in irgendeiner Weise auf Wahrnehmung zurückgehen (ich habe viele Tage erlebt, an denen die Sonne abends untergegangen ist; ich habe von anderen Personen gehört, dass die Sonne bisher immer abends untergegangen ist), beruht auch dieses inferentielle Wissen auf Wahrnehmung. Wir können allgemein Folgendes sagen: Empirisches Wissen ist Wissen, das in irgendeiner Weise – direkt oder indirekt – auf Wahrnehmung beruht (vgl. z. B. Kitcher 1987, 190 ff.).

Es spielt keine Rolle, ob dieses Wissen zudem auf etwas anderem als Wahrnehmung – z. B. Schlussfolgerung – beruht. Wichtig ist, dass es nicht ohne Wahrnehmung möglich wäre; im Fall von empirischem Wissen ist Wahrnehmung eine notwendige Bedingung für Wissen. Dies unterscheidet empirisches Wissen von apriorischem Wissen. Wir können also festhalten:

> S weiß aus Erfahrung, dass p, gdw. dieses Wissen entsprechende Wahrnehmung voraussetzt.

Es liegt nahe, apriorisches Wissen folgendermaßen zu charakterisieren:

> S weiß a priori, dass p, gdw. dieses Wissen keine entsprechende Wahrnehmung voraussetzt.

Gewöhnlich wird angenommen, dass diese Unterscheidung sowohl vollständig ist (alles Wissen ist entweder a priori oder empirisch) als auch exklusiv (kein Wissen ist zugleich a priori und empirisch). Die obige Erklärung verlangt noch einige weitere Erläuterungen.

Betrachten wir ein Beispiel. Anna weiß a priori, dass 24 mal 12 = 288. Sie hat es selbst ausgerechnet und Wahrnehmung hat dabei keine Rolle gespielt. Rolf hingegen hat nicht selbst gerechnet, sondern seinen Taschenrechner benutzt. Er ist von der Verlässlichkeit seines Taschenrechners ausgegangen und hat einen induktiven Schluss gezogen: Der Taschenrechner ist verlässlich und er zeigt als Ergebnis »288« an, also ist 24 mal 12 = 288. Es gibt keinen Grund zu bestreiten, dass auch Rolf weiß, dass 24 mal 12 = 288. Allerdings beruht sein Wissen auf Wahrnehmung: Die Prämissen seines Schlusses beruhen mit auf Wahrnehmung. Er hat ja z. B. gesehen, dass der Rechner das Ergebnis »288« anzeigt. Ist sein Wissen nun apriorischer oder empirischer Natur? Dies hängt der obigen Erklärung zufolge davon ab, ob Wahrnehmung eine notwendige Bedingung für Rolfs Wissen, dass 24 mal 12 = 288, darstellt.

Nehmen wir an, Rolf hätte wie Anna selbst rechnen können. In diesem Fall müsste man der obigen Erklärung zufolge sagen, dass er über apriorisches Wissen verfügt, auch wenn er auf ›empirischem Wege‹ dazu gekommen ist. Was, wenn Rolf schwach im Kopfrechnen ist und keine Chance hat, das Ergebnis durch eigenes Rechnen zu finden? Reicht es für die Apriorität von Rolfs Wissen, dass andere Personen in der Lage sind, das Ergebnis ohne Bezug auf Wahrnehmung zu finden? Muss die Mehrheit der anderen Personen dazu in der Lage sein oder nur die besten Mathematiker? Und was, wenn Anna beim Kopfrechnen Papier und Bleistift verwendet? Oder ihre Finger? Oder ihre Finger ›vor ihrem geisten Auge‹ sieht?

Wie auch immer man diese Fragen im Einzelnen beantwortet, es wird hier deutlich, dass es zwei verschiedene Verwendungsweisen der Ausdrücke »empirisches Wissen« und »apriorisches Wissen« gibt. Beide haben ihre Berechtigung; wichtig ist nur, dass man sie nicht durcheinander wirft. Die erste Verwendungsweise ist die oben erwähnte. Sie ist insofern ›unpersönlich‹, als es nicht darauf ankommt, wie die Person zu ihrem Wissen gelangt ist – mithilfe von Wahrnehmung oder nicht; wichtig ist nur, ob man dazu gelangen kann, ohne Wahrnehmung in Anspruch zu nehmen. Selbst wenn die Person faktisch Wahrnehmung in Anspruch genommen hat, kann ihr Wissen dennoch a priori sein, nämlich dann, wenn man auch ohne Wahrnehmung ausgekommen wäre, – wenn also der Rekurs auf Wahrnehmung nicht notwendig ist. Man kann diese ›unpersönliche‹ Verwendungsweise auch »die **kontrafaktische** Verwendungsweise« nennen. Ihr zufolge haben sowohl Anna als auch Rolf apriorisches Wissen, dass 24 mal 12 = 288. Mit dieser Auffassung kontrastiert eine ›persönliche‹ Verwendungsweise, derzufolge alles davon abhängt, ob die Person im Einzelfall **faktisch** auf Wahrnehmung zurückgegriffen hat. Ihr zufolge verfügt nur Anna, aber nicht Rolf über apriorisches Wissen, dass 24 mal 12 = 288. Dieser Auffassung zufolge gibt es eben keinen ›empirischen Weg zu apriorischem Wissen‹. Man kann die beiden Verwendungsweisen folgendermaßen kontrastieren. Zunächst die unpersönliche und kontrafaktische Verwendungsweise:

(E_1) S weiß aus Erfahrung, dass p, gdw. man nicht ohne Rekurs auf entsprechende Wahrnehmung wissen kann, dass p.

(A_1) S weiß a priori, dass p, gdw. man ohne Rekurs auf entsprechende Wahrnehmung wissen kann, dass p.

Hier die persönliche und nicht kontrafaktische Verwendungsweise:

(E_2) S weiß aus Erfahrung, dass p, gdw. S's Wissen, dass p, auf entsprechender Wahrnehmung beruht.

(A_2) S weiß a priori, dass p, gdw. S's Wissen, dass p, nicht auf entsprechender Wahrnehmung beruht.

Die letztere Verwendungsweise wirft eine Frage auf. Was soll man sagen, wenn Rolf das Kopfrechnen erlernt und auf apriorische Weise das Ergebnis bestätigt, zu dem er schon auf empirischem Wege gelangt ist? Was soll man sagen, wenn Anna einen Taschenrechner heranzieht und damit auf empirische Weise bestätigt, was sie schon auf apriorischem Wege herausgefunden hat? Wenn Rolf im Folgenden nur noch auf seine Kopfrechnung vertraut und nicht mehr auf den Taschenrechner, dann hat sich der zweiten Verwendungsweise zufolge sein empirisches Wissen in apriorisches Wissen verwandelt. Und wenn Anna im Folgenden nur noch auf den Taschenrechner vertraut, aber nicht mehr auf die Kopfrechnung, dann hat sich demzufolge ihr apriorisches

Wissen in empirisches Wissen verwandelt. Der apriorische oder empirische Charakter des Wissens hängt dann davon ab, ob die Person das, was sie glaubt, aus einem empirischen oder einem apriorischen Grund glaubt. Nun ist es natürlich vorstellbar, dass Anna oder Rolf ihr Wissen sowohl auf empirische als auch auf apriorische Gründe stützen. Ob man in diesen Fällen von empirischem oder apriorischem Wissen oder von einem Wissen, das weder eindeutig empirisch noch eindeutig a priori ist, sprechen soll, ist glücklicherweise keine substantielle Frage und betrifft nur die Ausdruckweise, die man so oder so wählen kann. Davon hängt nichts Wichtiges ab. Man sollte allerdings die Unterschiede beachten.

Wichtig ist allerdings ein anderer Ausdruck, der hier gefallen ist: »Grund«. Wenn davon die Rede ist, dass ein Wissen auf Wahrnehmung ›rekurriert‹ oder nicht bzw. auf Wahrnehmung ›beruht‹ oder nicht, dann ist damit die Art der **Rechtfertigung** des Wissens bzw. der entsprechenden Überzeugung gemeint (wobei »Rechtfertigung« hier in einem ganz allgemeinen, für Internalisten wie Externalisten akzeptablen Sinn verwandt wird; s. dazu Kap. II.5.3, V, Anfang). Man könnte also auch sagen: Empirisches Wissen ist Wissen, das nicht ohne Rekurs auf Wahrnehmung gerechtfertigt werden kann bzw. dessen Rechtfertigung einen Rekurs auf Wahrnehmung involviert, während apriorisches Wissen Wissen ist, das ohne Rekurs auf Wahrnehmung gerechtfertigt werden kann bzw. dessen Rechtfertigung keinen Rekurs auf Wahrnehmung involviert (vgl. dazu auch Frege: Grundlagen der Arithmetik, § 3).

Eine weitere Art und Weise, apriorisches von empirischem Wissen zu unterscheiden, sei kurz angeführt. Sie war bis vor kurzem allgemein akzeptiert und findet sich, wie so viele andere Ausführungen nicht nur zu apriorischem und empirischem Wissen, in klassischer Form bei Kant: »Erfahrung lehrt uns zwar, dass etwas so oder so beschaffen sei, aber nicht, dass es nicht anders sein könne« (Kant: Kritik der reinen Vernunft, B 3). Apriorisches Wissen und nur dieses ist Wissen von **notwendigen Wahrheiten**, während empirisches Wissen und nur dieses ein Wissen von nicht-notwendigen oder »**kontingenten**« **Wahrheiten** ist. »p« ist notwendigerweise wahr, wenn es gar nicht möglich ist, dass »p« nicht wahr ist (»p« ist notwendigerweise falsch, wenn es gar nicht möglich ist, dass »p« wahr ist). Wenn es hingegen möglich ist, dass »p« nicht wahr ist, dann handelt es sich um eine kontingente Wahrheit (es handelt sich um eine kontingente Falschheit, wenn »p« falsch ist, aber wahr sein könnte). Es ist z. B. notwendigerweise wahr, dass 2 + 2 = 4; es kann nicht sein, dass 2 + 2 ungleich 4 ist. Hingegen ist es z. B. kontingenterweise wahr, dass Napoleon bei Waterloo verloren hat; ein Sieg Napoleons wäre möglich gewesen. Oft wird »Notwendigkeit« und »Kontingenz« auch mit Bezug auf den Begriff der (**logisch) möglichen Welten** erklärt. »p« ist notwendigerweise wahr, wenn es in allen möglichen Welten wahr ist (»p« ist notwendigerweise nicht wahr bzw. falsch oder unmöglicherweise wahr, wenn es in keiner möglichen Welt wahr ist). »p« ist kontingenterweise wahr, wenn es in der aktuellen Welt wahr ist, aber nicht in allen möglichen Welten (»p« ist kontingenterweise unwahr, wenn es in der aktuellen Welt nicht wahr bzw. falsch ist, aber in einigen möglichen Welten wahr ist). »2 + 2 = 4« ist in allen möglichen Welten wahr, während »Napoleon ist der Verlierer der Schlacht von Waterloo« nicht in allen möglichen Welten wahr ist.

Die Grundidee von Kant (die nicht nur seine Idee ist) ist zumindest auf den ersten Blick sehr plausibel: Wie soll Erfahrung denn zur Erkenntnis notwendiger Wahrheiten führen? Wie soll umgekehrt apriorisches Wissen denn kontingente Wahrheiten betreffen? Darüber hinaus ist Kants Idee auch enorm attraktiv: Schließlich liefert sie ein Kriterium für die erkenntnistheoretische Unterscheidung von empirischem und apriorischem Wissen, – ein Kriterium, das zudem selbst nicht erkenntnistheoretischer, sondern logischer Natur ist. Wie schon angedeutet, gibt es aber seit einiger Zeit Zweifel daran, dass die a priori erkennbaren Wahrheiten mit den notwendigen Wahrheiten und die empirisch erkennbaren Wahrheiten mit den kontingenten Wahrheiten zusammenfallen. Es wurden sowohl Beispiele für a priori erkennbare und kontingente Wahrheiten als auch Beispiele für empirische und notwendige Wahrheiten angeführt (vgl. Kaplan 1989, 538 ff.; Kripke 1972, 260 ff., 275, 303 ff.).

Zunächst zu letzterem Fall; hier ist ein Beispiel. Künstler legen sich bekanntlich manchmal Künstlernamen zu. Samuel Clemens z. B. ist nicht unter dem Namen »Samuel Clemens«, sondern unter dem Künstlernamen »Mark Twain« bekannt geworden. Es gilt also, dass Samuel Clemens = Mark Twain. Es gibt nun aber viele, die dies nicht wissen bzw. dies erst durch Erfahrung herausfinden. »Samuel Clemens = Mark Twain« ist also eine empirische Wahrheit. Zugleich aber scheint es sich dabei um eine notwendige Wahrheit zu handeln: Wie könnte Samuel Clemens nicht Mark Twain sein? Wie könnte irgend jemand nicht identisch mit sich selbst sein? Offenbar gibt es also notwendige Wahrheiten a posteriori. Hier ein Beispiel für den anderen der beiden Fälle. Dass ich jetzt hier bin, ist ein recht trivialer Fall einer apriorischen Wahrheit: Ich benötige ja keine Erfahrung, um herauszufinden, dass ich jetzt hier bin. Zugleich aber handelt es sich dabei ganz offensichtlich um eine kontingente Wahrheit: Es ist ja nicht notwendig, dass ich jetzt hier bin; ich könnte jetzt ja auch ganz woanders sein. Offenbar gibt es also auch kontingente Wahrheiten a priori. Beide Gegenbeispiele gegen Kants Idee sind nicht ganz unumstritten, aber sie zeigen zumindest, dass Kants Idee gar nicht so plausibel ist, wie man zunächst annehmen könnte.

Wir haben oben eine Erklärung der Begriffe des apriorischen und des empirischen Wissens gegeben. Im Fall des apriorischen Wissens ist diese Erklärung allerdings negativ: Apriorisches Wissen wird als Wissen charakterisiert, das nicht empirisch ist. Was fehlt, ist eine positive Erklärung von apriorischem Wissen, die verständlich macht, worauf dieses Wissen denn beruht, wenn es denn nicht auf Erfahrung beruht. Um dies besser zu verstehen und zugleich mehr Einsicht in die Natur empirischen Wissens zu erlangen, empfiehlt es sich, eine weitere Unterscheidung zu betrachten, die von sehr großer Bedeutung ist und ebenfalls eng mit Kant verbunden ist: die Unterscheidung von analytischen und synthetischen Urteilen.

3. Analytisch-Synthetisch

Betrachten wir zwei Beispiele: »Alle Junggesellen sind unverheiratet« und »Manche Griechen sind Philosophen«. Im Folgenden werden wir übrigens mal von »Sätzen«, mal von »Propositionen«, »Urteilen«, »Überzeugungen« oder »Wissen« sprechen, – je nachdem, was der Einfachheit der Darstellung dienlicher ist; man kann die eine Ausdruckweise jeweils ohne allzu große Probleme in die andere Ausdruckweise übersetzen. Der erste der beiden obigen Sätze ist nun offenbar a priori, der zweite hingegen empirisch. Es gibt allerdings noch einen anderen Unterschied zwischen diesen beiden

Sätzen. Kant, auf den die Diskussion über »**analytisch**« und »**synthetisch**« wesentlich zurückgeht, würde den Unterschied zwischen den obigen beiden Beispielen unter anderem folgendermaßen ausdrücken. Im Fall von »Alle Junggesellen sind unverheiratet« »enthält« der erste Begriff (›Junggeselle‹) den zweiten Begriff (›unverheiratet‹) in sich; im Fall von »Manche Griechen sind Philosophen« hingegen »enthält« keiner der beiden Begriffe den anderen in sich. Kant spricht nicht von »Sätzen«, sondern von »Urteilen« und nennt Urteile der ersten Art »Erläuterungs-Urteile« oder »analytische Urteile«: In solchen Urteilen »erläutert« oder »analysiert« der zweite Begriff sozusagen etwas, das schon mit dem ersten Begriff gegeben ist, und fügt dem ersten Begriff nichts hinzu. In Fällen wie »Manche Griechen sind Philosophen« hingegen spricht Kant von »Erweiterungs-Urteilen« oder »synthetischen Urteilen«: In solchen Urteilen fügt der zweite Begriff dem ersten Begriff etwas hinzu und »analysiert« ihn nicht, weswegen auch von »Synthese« die Rede ist (vgl. Kant: Kritik der reinen Vernunft, A 6 ff., B 10 ff.).

Diese Erläuterungen erweitern durchaus unser Verständnis davon, was mit »analytisch« und »synthetisch« gemeint sein könnte. Andererseits geben sie aber auch nicht viel mehr als einen eher intuitiven Zugang zu dieser Unterscheidung; sie sind metaphorischer Natur. Schließlich enthält ja ein Begriff einen anderen Begriff nicht wie etwa ein Kochtopf die Bohnensuppe enthält. Was genau ist also gemeint, wenn von »enthalten« oder »nicht enthalten« die Rede ist?

Betrachten wir wieder den Satz »Alle Junggesellen sind unverheiratet«. Worauf beruht unsere Überzeugung, dass dieser Satz wahr ist? Sicher, wir können eine groß angelegte empirische Untersuchung über Junggesellen anstellen und so herausfinden, dass alle Junggesellen unverheiratet sind. Wir müssen dies aber nicht tun. Vielmehr ergibt sich die Wahrheit des Satzes »Alle Junggesellen sind unverheiratet« schon aus der Bedeutung der Teilausdrücke dieses Satzes. Zur Bedeutung von »Junggeselle« gehört eben das Unverheiratetsein; wer die Bedeutung von »Junggeselle« kennt, weiß, dass alle Junggesellen unverheiratet sind (s. allerdings Kap. III.1.1). Wir können also sagen (wobei wir der Einfachheit halber von mehrdeutigen Sätzen, Sätzen mit indexikalischen Ausdrücken – wie »ich«, »jetzt«, »hier« etc. – und ähnlichen Komplikationen absehen):

> Ein Satz ist analytisch gdw. seine Wahrheit sich schon allein aufgrund der Bedeutung der Teilausdrücke des Satzes ergibt.

Mit dem Satz »Manche Griechen sind Philosophen« verhält es sich anders: Zur Bedeutung von »Grieche« gehört eben nicht das Philosoph-Sein (andernfalls gäbe es wohl deutlich weniger Griechen als wir glauben). Allein aufgrund der Bedeutung der Teilausdrücke des Satzes ergibt sich hier noch nicht die Wahrheit des Satzes. Wir können die obige Erklärung also folgendermaßen ergänzen:

> Ein Satz ist synthetisch gdw. seine Wahrheit sich nicht schon allein aufgrund der Bedeutung der Teilausdrücke des Satzes ergibt.

Diese Erklärung von »analytisch« und »synthetisch« bezieht sich nur auf wahre Sätze. Man kann »analytisch« und »synthetisch« aber auch für wahre wie falsche Sätze erklären. Man müsste in der obigen Erklärung nur den Ausdruck »Wahrheit« durch »Wahrheit oder Falschheit« oder »Wahrheitswert« ersetzen. Da es uns hier letztlich um Wissen geht, können wir es aber bei der Beschränkung auf wahre Sätze etc. belassen.

Einen Sonderfall stellen die sogenannten »**logisch wahren Sätze**« dar, wie z. B. »Wenn es schneit, dann schneit es«. Die Wahrheit solcher Sätze hängt insbesondere ausschließlich von der Bedeutung der sogenannten »logischen Ausdrücke«, – also derjenigen Ausdrücke, die für das Vorliegen logischer Folgerungsbeziehungen eine Rolle spielen (»wenn-dann«, »und«, »nicht«, »oder«, »alle«, »einige« sind logische Ausdrücke, wohingegen »Junggeselle« oder »unverheiratet« nicht-logische Ausdrücke sind). Logisch wahre Sätze sind, wie man auch sagen kann, schon allein aufgrund ihrer logischen Form wahr; ein Satz der Form »p –> p« ist wahr, ganz gleich, was man für »p« einsetzt (»Es schneit«, »13 + 12 = 25«, »13 + 12 = 26«, »Napoleon hat bei Waterloo verloren (gewonnen)«, »Bello beißt« etc.).

Man kann nun die logisch wahren Sätze zu den analytischen Sätzen hinzurechnen oder nicht; je nachdem ergibt sich ein weiterer oder ein engerer Sinn von »analytisch« bzw. »synthetisch«. Hier sollen sie mit zu den analytischen Sätzen gerechnet werden, so dass sich folgende, etwas ausführlichere Erklärung ergibt:

> (A) Ein Satz ist analytisch gdw. seine Wahrheit sich
> (a) entweder schon allein aufgrund der Bedeutung der logischen Teilausdrücke des Satzes
> (b) oder schon allein aufgrund der Bedeutung der (logischen wie nicht-logischen) Teilausdrücke des Satzes ergibt.

Und:

> (S) Ein Satz ist synthetisch gdw. seine Wahrheit sich
> (a) weder schon allein aufgrund der Bedeutung der logischen Teilausdrücke des Satzes
> (b) noch schon allein aufgrund der Bedeutung der (logischen wie nicht-logischen) Teilausdrücke des Satzes ergibt.

Etwas kürzer wird dies oft auch folgendermaßen ausgedrückt:

> Analytische Sätze sind Sätze, die schon aus logischen oder semantischen Gründen wahr sind,

und

> Synthetische Sätze sind Sätze, die nicht schon aus logischen oder semantischen Gründen wahr sind.

Manche Philosophen stellen bei der Erklärung von Analytizität den Begriff der logischen Wahrheit noch mehr in den Mittelpunkt. Ein Grund dafür liegt darin, dass der Begriff der logischen Wahrheit vergleichsweise klar erscheint und dass hingegen die Rede davon, dass ein Satz »aufgrund seiner Bedeutung« wahr sei, nicht ganz so klar sei. Betrachten wir wieder den Satz »Alle Junggesellen sind unverheiratet«. Ersetzt man in diesem Satz den Ausdruck »Junggeselle« durch den, wie wir hier annehmen wollen, bedeutungsgleichen Ausdruck »unverheirateter Mann im heiratsfähigen Alter«, so wird aus einem nicht-logisch wahren Satz ein logisch wahrer Satz: »Alle unverheirateten jungen Männer sind unverheiratet«. Allgemein ausgedrückt (vgl. Frege: Grundlagen der Arithmetik, § 3):

> Ein Satz ist analytisch gdw.
> (a) er logisch wahr ist
> (b) oder durch geeignete Ersetzung von Teilausdrücken durch andere, bedeutungsgleiche Teilausdrücke in eine logische Wahrheit umgewandelt werden kann.

Ebenso gilt dann:

> Ein Satz ist synthetisch gdw.
> (a) er weder logisch wahr ist
> (b) noch durch geeignete Ersetzung von Teilausdrücken durch andere, bedeutungsgleiche Teilausdrücke in eine logische Wahrheit umgewandelt werden kann.

Diese Erklärung setzt allerdings voraus, dass der Begriff der Bedeutungsgleichheit klar ist (s. Kap. VI.7). Außerdem rückt er den Begriff der Analytizität sehr eng an die klassische Konzeption des Begriffs, die, wie wir gesehen haben, alles andere als unproblematisch ist (s. Kap. III.1.1).

Mit all diesen Erklärungen vereinbar ist eine weitere Art, den Unterschied zwischen analytischen und synthetischen Sätzen zu verdeutlichen, – eine Erklärung, die sich ebenfalls schon bei Kant findet (vgl. Kant: Kritik der reinen Vernunft, A 6 ff, B 10 ff.): Die Verneinung eines analytischen Satzes enthält einen Widerspruch, nicht hingegen die Verneinung eines synthetischen Satzes. Im Fall von logischen Wahrheiten liegt dies auf der Hand: Die Verneinung einer logischen Wahrheit ist eine Kontradiktion. »Es ist nicht der Fall, dass es regnet, wenn es regnet« ist logisch widersprüchlich. Die Verneinung einer nicht-logischen analytischen Wahrheit hingegen ist nicht offen, sondern eher ›verdeckt‹ widersprüchlich (s. Kap. V.3). In diesem Sinne enthält »Nicht alle Junggesellen sind unverheiratet« einen Widerspruch. Man kann dementsprechend sagen:

> Analytische Sätze sind Sätze, deren Negation (offen oder verdeckt) einen Widerspruch enthält.

Und:

> Synthetische Sätze sind Sätze, deren Negation nicht (offen oder verdeckt) einen Widerspruch enthält.

Wir können uns hier aber an die obigen Formulierungen (A) und (S) halten.

Einem vielleicht naheliegenden Missverständnis sei hier noch entgegengetreten: dem, dass analytische Sätze trivial und deshalb nutzlos sind. Sicher, der Satz »Alle Junggesellen sind unverheiratet« ist nicht besonders aufregend, aber es gibt auch andere Beispiele. Viele logische Wahrheiten z. B. sind alles andere als trivial. Ähnliches gilt für die Arithmetik, wenn denn die weit verbreitete Auffassung, dass die Arithmetik analytisch ist, zutrifft (vgl. Frege: Grundlagen der Arithmetik). Demzufolge wäre etwa Fermats Vermutung (Die Gleichung »$a^n + b^n = c^n$« hat keine ganzzahligen Lösungen für n > 2) analytisch, aber sicherlich alles andere als trivial; schließlich ist diese Vermutung erst kürzlich und nach jahrhundertelangen Bemühungen bewiesen worden. Wir haben uns hier nur der Einfachheit der Darstellung halber auf eher ›triviale‹ Beispiele analytischer Sätze konzentriert.

Die analytisch-synthetisch-Unterscheidung wird gewöhnlich – wie die a priori-a posteriori-Unterscheidung – sowohl für vollständig als auch für exklusiv gehalten: Jeder Satz ist entweder analytisch oder synthetisch und kein Satz ist beides zugleich. Man kann diese Unterscheidung nun leicht auf andere ›Kandidaten‹ übertragen: auf Propositionen, Urteile, Überzeugungen, Rechtfertigungen und Wissen. Uns interessiert hier natürlich besonders die Übertragung auf »Wissen«. Sie ergibt sich nach (A) und (S) recht leicht:

(AW) Ss Wissen, dass p, ist analytisch gdw. der Satz »p« analytisch ist.

Und:

(SW) Ss Wissen, dass p, ist synthetisch gdw. der Satz »p« synthetisch ist.

Man kann die Begriffe des analytischen und des synthetischen Wissens allerdings auch noch etwas anders erklären, nämlich mit Bezug auf den Begriff der Rechtfertigung (vgl. dazu wiederum Frege: Grundlagen der Arithmetik, § 3):

> Ss Wissen, dass p, ist analytisch gdw. seine Rechtfertigung ausschließlich auf logischen und semantischen Gründen beruht.

Und:

> Ss Wissen, dass p, ist synthetisch gdw. seine Rechtfertigung nicht ausschließlich auf logischen und semantischen Gründen beruht.

Hier soll allerdings (AW) und (SW) verwandt werden.

So viel zunächst zu der Erklärung der analytisch-synthetisch Unterscheidung (vgl. auch den Sammelband Harris 1970). Wir sind darauf eingegangen, weil diese Unterscheidung sehr nützlich ist beim Versuch, sich über die Alternative zwischen Apriorismus und Empirismus Klarheit zu verschaffen. Was also hat die analytisch-synthetisch-Distinktion mit der a priori-a posteriori-Unterscheidung zu tun?

4. Eine (erkenntnistheoretische) Gretchenfrage

Wir können beide Unterscheidungen miteinander kombinieren. Betrachtet man Sätze, so scheinen sich folgende vier Möglichkeiten zu ergeben (wobei ein Satz a priori (a posteriori) ein Satz ist, dessen Wahrheit a priori (a posteriori) eingesehen werden kann):

(1) Analytische Sätze a priori,
(2) Synthetische Sätze a posteriori,
(3) Synthetische Sätze a priori,
(4) Analytische Sätze a posteriori.

Der Fall (4) scheidet offenbar von vornherein aus: Wenn ein Satz analytisch ist, dann benötigt man gerade keine Erfahrung, um seine Wahrheit einzusehen. Dass Junggesellen unverheiratet sind, kann man ohne Rekurs auf Erfahrung wissen. Also ergibt sich, dass alle analytischen Sätze a priori sind. Mit anderen Worten: Alle Sätze a posteriori sind synthetisch. Dagegen könnte man nun einwenden, dass wir die logischen und nicht-logischen Ausdrücke einer Sprache – auf deren Kenntnis das entsprechende analytische Wissen beruht – nicht verstehen, wenn wir nicht zuvor diese Sprache erworben haben; da der Erwerb einer Sprache aber ein Erfahrungsprozess ist, kann auch das Wissen, das auf der Bedeutung der logischen und nicht-logischen Ausdrücke der Sprache beruht, nicht a priori sein. Wie soll »Alle Junggesellen sind unverheiratet« a priori sein können, wenn man die Begriffe des Junggesellen und des Unverheiratetseins wie so viele linguistische Kenntnisse empirisch erworben hat?

Dieser Einwand beruht auf einem Missverständnis. Sicherlich hat der Erwerb einer Sprache eine Menge mit Erfahrung zu tun. Dies schließt aber nicht aus, dass man – gegeben die Kenntnis einer Sprache – die Wahrheit bestimmter Sätze analytisch und ohne Hilfe der Erfahrung einsehen kann. Wie ich zu einer bestimmten Erkenntnis gekommen bin, sagt noch nichts darüber, wie sich diese Erkenntnis rechtfertigen lässt. Ich habe die Begriffe des Junggesellen und des Unverheiratetseins auf empirische Weise erworben, aber dass alle Junggesellen unverheiratet sind, kann ich ohne Rekurs auf Erfahrung herausfinden. Wir haben oben (Kap. VI.1) schon gesehen, dass auch eine Proposition, in die empirische Begriffe eingehen, a priori sein kann.

Aus der obigen Vierer-Gruppe wird also eine Dreier-Gruppe:

(1) Analytische Sätze a priori,
(2) Synthetische Sätze a posteriori,
(3) Synthetische Sätze a priori.

Es spricht offenbar einiges dafür, dass wir einige Dinge aus Erfahrung wissen und einige Dinge nicht aus Erfahrung. Es gibt kaum Empiristen, die behaupten, dass wir alles aus Erfahrung wissen (vgl. aber Mill: A System of Logic, VII, 186 ff./II.3–6), und es gibt kaum Aprioristen, die behaupten, dass wir alles a priori wissen (vgl. aber Platon: Menon, 80dff.). Ebenso spricht offenbar alles dafür, dass es synthetische Sätze a posteriori gibt (wir haben ja gesehen, dass alle empirischen Sätze synthetisch sind) wie es auch analytische Sätze (a priori, natürlich) gibt. Darin kann, so scheint es, der Streit zwischen Empiristen und Aprioristen nicht liegen, – auch wenn beide sich vielleicht hinsichtlich der relativen Bedeutung und Wichtigkeit der beiden Gruppen von Sätzen bzw. Erkenntnissen nicht einig sind. Worum dreht sich dann aber überhaupt der Streit zwischen Empiristen und Aprioristen?

Er dreht sich um die Frage, ob die dritte obige Klasse von Sätzen leer ist, – also um die Frage:

Gibt es synthetische Sätze a priori?

Oder, etwas anders formuliert:

Gibt es synthetisches Wissen a priori?

Dies ist, so kann man sagen, die eigentliche Frage, um die sich der Streit zwischen Aprioristen und Empiristen letztlich dreht. Dies ist die Gretchenfrage, an der sich die philosophischen Geister scheiden. Sie macht klar, worum es eigentlich in dem Streit zwischen Empirismus und Apriorismus geht.

Diese Art, die zwischen Empiristen und Aprioristen strittige Frage zu formulieren, geht auf Kant zurück (vgl. Kant: Kritik der reinen Vernunft, B 1 ff.; vgl. auch Patzig 1976, 9 ff.). Er hat diese Frage bejaht und die Erklärung, wie dies sein kann, ins Zentrum seiner Erkenntnistheorie gestellt, – und damit die ganze folgende Erkenntnistheorie bis heute tief geprägt. Seine Formulierung dieser Frage lautet: »Wie sind synthetische Urteile a priori möglich?« (Kant: Kritik der reinen Vernunft, B 19). Man kann sich den Inhalt und die Bedeutung dieser Frage nicht deutlich genug vor Augen führen. Wer der Auffassung ist, dass es synthetische Erkenntnis a priori gibt, meint, dass wir etwas ›Sachhaltiges‹ (etwas, das nicht einfach aus der Logik und dem Gehalt unserer Begriffe folgt) über die Welt wissen können, ohne dabei Erfahrung zu Hilfe nehmen zu müssen. Was könnte dies sein? Und wie kann man sich das überhaupt verständlich machen? Wir haben ja offenbar keine grundsätzlichen Probleme zu verstehen, wie es empirisches und analytisches Wissen geben kann. Wie aber kann es synthetische Erkenntnis a priori geben?

5. Wie sind synthetische Erkenntnisse a priori möglich?

Beginnen wir mit der Frage, was überhaupt als synthetisch a priori in Frage kommen könnte. Hier sind einige Beispiele, die häufiger angeführt werden (vgl. dazu und zum Folgenden etwa Schlick 1969a, 20 ff.; Putnam 1956, 206 ff.; Bonjour 1998, 29 ff.):

(a) Kein Gegenstand, der vollständig rot ist, kann zur selben Zeit vollständig grün sein,

(b) Alles Farbige ist räumlich ausgedehnt,

(c) Jeder Ton hat eine Höhe,

(d) Hunde sind keine Katzen,

(e) Wenn A höher als B ist und B höher als C, dann ist A höher als C,

(f) $5 + 7 = 12$,

(g) Die kürzeste Verbindung zwischen zwei Punkten ist die Gerade,

(h) Kein Gegenstand kann sich zur selben Zeit an zwei verschiedenen Orten befinden,

(i) An ein und demselben Ort können sich zur selben Zeit nicht zwei verschiedene Gegenstände befinden,

(k) Jedes Ereignis hat eine Ursache,

(l) Die Welt hat eine raum-zeitliche Struktur.

Betrachten wir zunächst (a). Ganz offensichtlich handelt es sich dabei nicht um einen empirischen Satz. Ist er also analytisch oder synthetisch a priori (eines von beidem muss er ja offenbar sein)? Gegen die Analytizität von (a) wird oft vorgebracht, dass zur Bedeutung von »rot« ja nicht »nicht grün« gehört (– und erst recht nicht »nicht grün und nicht rot und nicht blau und nicht gelb ...«). Wer das Wort »rot« versteht, denkt ganz einfach an eine bestimmte Farbe, nämlich die rote Farbe, und muss keinesfalls daran denken, dass irgendeine andere Farbe, wie etwa die grüne Farbe, nicht vorliegt. Also kann (a) nicht analytisch sein und muss dementsprechend synthetisch a priori sein. Von Empiristen wird dagegen oft eingewandt, dass jemand, der das Wort »rot« versteht, unter anderem weiß, dass Rot eine Farbe ist. Es erscheint nicht vorstellbar, dass jemand alle möglichen Gegenstände in der Regel korrekt als rot oder nicht rot identifiziert, aber nur mit den Achseln zucken kann, wenn man ihn fragt, ob Rot eine Farbe ist. »Rot ist eine Farbe« wäre also offenbar analytisch. Wer glaubt, dass es nur eine einzige Farbe gibt, etwa Rot, der versteht den Begriff der Farbe nicht wirklich. Zum Verständnis des Wortes »Farbe« gehört, dass man weiß, dass es mehrere Farben gibt, die einander ausschließen. Das Verstehen eines Farbwortes setzt das Verstehen eines Systems von Farbworten voraus. Wem all dies fehlt, der erfasst die Bedeutung von »Farbe« nicht wirklich. Gegeben also die Bedeutung der Worte »rot« und »grün« erscheint (a) als ein Fall einer analytischen Wahrheit: Rot und Grün sind Farben, Farben schließen sich gegenseitig aus, also kann etwas nicht zugleich rot und grün sein.

Die Beispiele (b), (c) und (d) werfen ähnliche Fragen auf und legen ähnliche Antworten nahe. Wie verhält es sich mit (e)? Auch hier scheint es nur zwei Möglichkeiten zu geben: dass es analytisch oder synthetisch a priori ist. Für Letzteres scheint zu sprechen, dass es sich weder um eine logische Wahrheit handelt noch um etwas, das aus bloß »semantischen Gründen« wahr ist: Schließlich kann man ja zwei Höhenvergleiche verstehen, ohne deshalb an einen dritten Höhenvergleich denken zu müssen. Dagegen lässt sich einwenden, dass man die Bedeutung von »höher als« nicht erfasst, wenn man nicht sieht, dass die Beziehung des Höherseins »transitiv« ist, – dass, mit anderen Worten, (e) erfüllt ist. Wer zustimmt, dass der Eiffelturm höher ist als der schiefe Turm von Pisa, und ebenfalls zustimmt, dass das höchste Hochhaus von New York höher ist als der Eiffelturm, aber keine Vorstellung davon hat, ob das höchste Hochhaus von New York höher als der schiefe Turm von Pisa ist, der scheint ganz offensichtlich nicht oder nicht vollständig zu verstehen, was mit »höher als« gemeint ist. Dementsprechend müsste (e) als analytisch verstanden werden.

Die Beispiele (f) und (g) stammen von Kant und er hat auch Argumente dafür geliefert, dass man sie als synthetisch a priori verstehen müsse: Weder gehört zur Bedeutung von »7 + 5«, dass dies gleich 12 ist, noch gehört zur Bedeutung von »Gerade« irgendeine quantitative Angabe wie »kürzeste Verbindung zwischen zwei Punkten« (vgl. Kant: Kritik der reinen Vernunft, B 15 f., B 16 f.). Da die Mathematik, so nicht nur Kant, ganz offensichtlich nicht empirisch ist, bleibt nur der Schluss übrig, dass (f) und (g) synthetisch a priori sind. Was (f) angeht, wird dagegen oft eingewandt, dass in der Mathematik doch erklärt ist, was unter den Zahlzeichen und dem Additionszeichen zu verstehen sei. Gegeben aber etwa die Bedeutung der Zeichen »5«, »7« und »+« lasse sich logisch folgern, dass das Ergebnis 12 betrage. Also sei (f) analytisch. Ähnliche Argumente wurden für die Analytizität von (g) vorgebracht; es sei aber angemerkt, dass der Fall der Geometrie umstrittener ist als der der Arithmetik. Bemerkenswerterweise ist der vielleicht wichtigste Vertreter der These von der Analytizität der Arithmetik, Frege, zugleich der Auffassung, dass die Geometrie synthetisch a priori ist (vgl. Frege: Grundlagen der Arithmetik, § 89). Hat geometrische Erkenntnis nicht etwas Anschauliches und Konstruktives, das über bloße Analyse von Bedeutungen hinausgeht (vgl. Kant: Kritik der reinen Vernunft, B. 40 f.)?

Wie verhält es sich mit den Fällen (h) und (i)? Sind diese überhaupt a priori? Schließlich hat die Physik des 20. Jh.s unsere Vorstellungen von der physikalischen Welt derart radikal umgewälzt, dass man mit der Zuschreibung von Apriorität vorsichtig sein sollte. Aber wenn (h) und (i) a priori sein sollten – handelt es sich dann um ein analytisches oder um ein synthetisches A priori? Ergeben sich (h) und (i) schon aus der Bedeutung von »räumlicher Gegenstand« oder ist hier mehr nötig?

Ziehen wir hier (k) heran, das ähnliche Fragen aufwirft und an dessen Beispiel diese Fragen gut diskutiert werden können. Dieser Fall ist für Kant der wichtigste Fall eines synthetischen A priori (vgl. Kant: Kritik der reinen Vernunft, B 17 f.; A 80 ff./B 106 ff.; A 95 ff.; B 129 ff.,; A 189 ff./B 232 ff.). Dass (k) analytisch ist, möchte man so schnell wohl nicht gerne behaupten: Soll die Bedeutung von »Ereignis« wirklich beinhalten, dass es eine Ursache dazu gibt? Enthält es wirklich einen Widerspruch, von einem Ereignis zu sagen, dass es keine Ursache für es gebe? Wenn nicht, dann besteht die eigentliche Alternative eher darin, das Kausalprinzip (k) entweder als empirisch oder als synthetisch a priori aufzufassen. Ein wichtiges – wohl das wichtigste

– Argument für die letztere Position (das wiederum auf Kant zurückgeht) besagt, dass (k) deshalb nicht empirisch ist, weil es aller möglichen Erfahrung zugrunde liegt und vorausgeht, also nicht aus ihr entlehnt werden kann. Prinzipien wie (k) legen die Grundstruktur unserer Welterfahrung fest und können deshalb nicht aus dieser Erfahrung stammen. Wir können keine Erfahrung von irgendetwas haben, wenn wir nicht einige Prinzipien und insbesondere das Kausalprinzip voraussetzen. Kant dachte übrigens auch an einen Erhaltungssatz (vgl. Kant: Kritik der reinen Vernunft, A 182 ff./B 224 ff.); er hatte im Wesentlichen die Grundprinzipien der Newtonschen Mechanik im Auge. Das Kausalprinzip (k) etwa ist, in Kants Worten, »eine Bedingung der Möglichkeit der Erfahrung« (vgl. z. B. Kant: Kritik der reinen Vernunft, A 95; auf die Einzelheiten des Kantschen Arguments kann hier nicht eingegangen werden). Das Prinzip (k) ist a priori und synthetisch und die Tatsache, dass es Erfahrungserkenntnis allererst möglich macht (eine notwendige Bedingung von Erfahrung darstellt), rechtfertigt dem Kantschen Argument zufolge unseren Wissensanspruch mit Bezug auf (k). Dass wir a priori ein synthetisches Wissen über die Welt haben können, wird dann durch den Hinweis verständlich gemacht, dass wir die Welt nicht so erkennen, wie sie an sich ist, sondern so, wie sie sich aus unserer Perspektive, für unseren ›Erkenntnis-Apparat‹ darstellt (vgl. Kant: Kritik der reinen Vernunft, A 128 ff. sowie A 26 ff./B 42 ff., A 32–49/B 49–73).

Diese Art der Argumentation, die im Anschluss an Kant gewöhnlich auch »**transzendental**« genannt wird, wirft einige Fragen auf (vgl. Kant: Kritik der reinen Vernunft, A 56 f./B 80 f., A 11 f., B 25; Strawson 1966, 47 ff.; Stroud 1968, 241 ff.; Körner 1967, 317 ff.). Zunächst: Wenn wir die Welt nicht so erkennen, wie sie an sich ist, – mit welchem Recht sprechen wir dann überhaupt davon, dass wir sie erkennen? Ist Welterkenntnis nicht Erkenntnis einer von uns unabhängigen Welt, und zwar so, wie sie unabhängig von uns beschaffen ist? Abgesehen davon hat die Entwicklung der Physik des 20. Jh.s – wie immer man diese im Einzelnen interpretiert – berechtigte Zweifel daran aufgeworfen, dass die Newton'sche Mechanik, die zumindest Kant für synthetisch a priori hielt, oder das Kausalprinzip (k) wirklich a priori ist, und manche würden sogar soweit gehen zu behaupten, dass sie strikt genommen nicht einmal wahr sind. Auf jeden Fall sollte man sehr vorsichtig damit sein, bestimmte Prinzipien als »synthetisch a priori« oder als »notwendige Bedingung der Erfahrung« zu deklarieren. Das schließt natürlich noch nicht aus, dass es gewisse Grundprinzipien gibt, die alle Erkenntnis der Welt allererst möglich machen. Nehmen wir an, dem sei so: Was würde das zeigen? Würde das wirklich zeigen, dass diese Grundprinzipien mit einem Anspruch auf Wissen vertreten werden können? Wieso soll daraus, dass etwas eine notwendige Bedingung für Erkenntnis darstellt, folgen, dass es selbst Erkenntnis darstellt? Abgesehen davon: Wieso sollte man überhaupt annehmen, dass bestimmte Prinzipien für alle Erfahrung notwendig vorausgesetzt werden müssen? All diese Fragen ermutigen den Empiristen, ein Prinzip wie (k) für empirisch zu halten. Wir werden darauf sowie auf die damit verbundenen Probleme noch zurückkommen.

Ähnlich verhält es sich mit dem Prinzip (l). Wieder scheint wenig dafür zu sprechen, es als analytisch zu betrachten. Und wieder gibt es ein Kant'sches, transzendentales Argument dafür, bestimmte Prinzipien von Raum und Zeit für synthetisch a priori zu halten (vgl. Kant: Kritik der reinen Vernunft, A 22 ff./B 37 ff.). Wir können die Welt nur als raumzeitlich strukturiert erfahren. Oft wurde in diesem Zusammenhang etwa angenommen, dass die Euklidische Geometrie die Grundstruktur des Raumes beschreibt und deshalb synthetische Erkenntnisse a priori liefert. Auch hier liefert die Wissenschaftsentwicklung wieder erheblichen Grund zum Zweifel. Es gibt seit langem nicht-euklidische Geometrien und der gegenwärtigen Physik zufolge ist der physikalische Raum nicht-euklidisch (und selbst unsere psychologische Raumerfahrung wird durch die Euklidische Geometrie nicht adäquat erfasst). Wichtiger aber als der Bezug auf eine bestimmte Art von Geometrie (die Kant z. B. vielleicht nicht einmal im Sinne hatte) ist die Tatsache, dass es im Fall von (l) ähnliche generelle Einwände gegen eine transzendentale Argumentation gibt wie im Fall von (k). Und wieder kann der Empirist eine indirekte Bestätigung seiner Position darin erblicken, dass die alternative Position zu solchen Schwierigkeiten führt.

Man kann also mit Grund bezweifeln, dass es synthetische Erkenntnisse a priori gibt; abgesehen davon ist fraglich, wie so etwas überhaupt möglich sein soll. Wenn dem aber so ist, dann deutet alles auf einen Empirismus hin. Aber ist der Empirismus wirklich so viel besser dran als der Apriorismus?

6. Probleme des Empirismus: Ist die Basis zu schmal?

Das vielleicht größte und wichtigste Problem des Empirismus liegt darin, dass er alles nicht-analytische Wissen über die Welt auf eine relativ ›magere‹ Ausgangsbasis zurückführen will, nämlich Wahrnehmung bzw. Erfahrung, und dass diese Basis zu ›schmal‹ sein könnte, um darauf das ganze Gebäude unseres (vermeintlichen) Wissens zu errichten. Erfahrung ist immer Erfahrung von einzelnen Gegenständen, Ereignissen oder Sachverhalten. Unser Wissen – oder das, was wir dafür halten – besteht aber aus sehr viel mehr als einem Haufen miteinander unverbunder Einzel-Erfahrungen. Unser Wissen von der Welt weist einen systematischen Zusammenhang auf. Dies zeigt sich etwa darin, dass wir über generelles Wissen verfügen. Wir beanspruchen sehr viel mehr, als nur von einzelnen Proben von Wasser zu wissen, dass sie unter bestimmten Bedingungen (bestimmter Druck etc.) bei 100° Celsius in einen gasförmigen Aggregatzustand übergehen; vielmehr beanspruchen wir zu wissen, dass alles Wasser (auch das nicht in unserer Gegenwart erhitzte Wasser) bei 100° Celsius in einen gasförmigen Aggregatzustand übergeht. Wie kann man also als Empirist die **Allgemeinheit** zentraler Teile unseres Wissens erklären, wenn man letztlich nur Rekurs auf **partikulare Erfahrung** zulässt (vgl. Locke: Essay, IV.6.1–7, 13, 16; Kant: Kritik der reinen Vernunft, B 3 f.; Popper 1994; Kuhn 1962)?

Dies ist ein Aspekt des bekannten **Induktionsproblems**, auf das wir noch ausführlicher zurückkommen werden (vgl. Kap. VII.1 sowie Hume: Treatise, I.3, I.4.1 und Hume: Enquiry, sec. 4 f.) und das zwar nicht nur für Empiristen ein Problem darstellt, aber doch für diese besonders schwerwiegend ist. Gehen wir davon aus, dass bisher jede Wasserprobe, die in unserer Gegenwart und unter bestimmten Bedingungen auf 100° Celsius erhitzt worden ist, in einen gasförmigen Zustand übergegangen ist. Wie kann uns dies dazu berechtigen, zu der sehr viel stärkeren

Behauptung überzugehen, dass alles Wasser schlechthin sich in dieser Weise verhält? Die Erfahrung rechtfertigt uns doch offenbar nur darin, dass alles Wasser, das wir bisher daraufhin geprüft haben, sich in der angegebenen Weise verhält. Woher wissen wir denn, dass alles Wasser sich unter bestimmten Bedingungen gleich verhält? Woher wissen wir denn, dass Wasser ab morgen unter den angegebenen Bedingungen nicht schon ab 95° Celsius zu kochen beginnt? Woher wissen wir, dass die Natur ›uniform‹ ist, also überall und zu allen Zeitpunkten denselben Gesetzmäßigkeiten gehorcht? Aus Erfahrung können wir so etwas sicherlich gerade nicht wissen: Aus Erfahrung können wir offenbar nur wissen, dass die Natur sich bisher und in den Bereichen, von denen wir Erfahrungen haben, uniform verhalten hat. Es hilft natürlich auch nichts, sich wiederum auf das Induktionsprinzip zu berufen und daraus, dass die Natur sich bisher uniform verhalten hat, zu schließen, dass sie das auch weiterhin tun wird. Dieselbe Frage würde sich nämlich wieder stellen: Was berechtigt uns dazu, zu letzterer, sehr starken Annahme überzugehen? Erfahrung offenbar nicht. Das Induktionsprinzip und die Annahme der Uniformität der Natur sind ebenso plausible wie zentrale und unverzichtbare Bestandteile unseres Wissens, – ja, man kann sogar sagen, dass sie unserer Erkenntnis der Welt zugrunde liegen. Der Empirismus hat Probleme, dem sowie der Allgemeinheit eines bedeutenden Teils unseres Wissens gerecht zu werden.

Bleiben wir noch etwas bei dem Fall allgemeinen Wissens. Dass z. B. alles Wasser unter bestimmten Bedingungen bei 100° Celsius in einen gasförmigen Zustand übergeht, drückt nicht nur ein allgemeines Wissen aus, sondern ein gesetzesartiges Wissen: Es handelt sich hier, so meinen wir jedenfalls zu wissen, um ein **Naturgesetz**. Ohne hier näher auf den Begriff eines (Natur-) Gesetzes eingehen zu können, ist aus dem oben Gesagten doch schon klar, dass der Empirismus Schwierigkeiten hat zu erklären, wie es solches Gesetzes-Wissen geben kann.

Eine besondere Bedeutung kommt hier Kausal-Gesetzen zu. Einer verbreiteten Auffassung von Kausalität zufolge beinhaltet die Behauptung eines kausalen Zusammenhangs die Behauptung eines sogenannten »**kontrafaktischen Konditionals**«. Wenn man sagt, dass die Wärmezufuhr das Kochen des Wassers verursacht hat, dann sagt man, dieser Auffassung zufolge, auch, dass das Wasser unter sonst gleichen Bedingungen nicht gekocht hätte, wenn es nicht erhitzt worden wäre (man nennt solche Sätze »kontrafaktische Konditionale«, weil beide Glieder des Konditionals von Umständen handeln, die »faktisch« nicht vorliegen oder vorgelegen haben). Wie kann man als Empirist solches Wissen von kontrafaktischen Konditionalen erklären? Nicht realisierte Umstände sind ja gerade etwas, das nicht in der Erfahrung gegeben ist.

Betrachten wir das oft diskutierte Beispiel der Wasserlöslichkeit eines bestimmten Stücks Zucker. Dieses Stück Zucker liegt, so wollen wir annehmen, vor uns, – ganz sicher im Trockenen. Nehmen wir sogar an, dass das Zuckerstück niemals in Wasser aufgelöst werden wird (sondern z. B. durch Verbrennung zerstört werden wird). Dennoch würden wir beanspruchen zu wissen, dass dieses Stück Zucker sich in Wasser auflösen würde, würde man es in Wasser geben. Wie soll man ein solches **Dispositions-Wissen** auf Erfahrung zurückführen können (vgl. etwa Carnap: Testability and Meaning, 439–441)?

Es gibt noch andere Arten von Beispielen dafür, die offenbar dafür sprechen, dass unser Wissen über das Erfahrbare und Beobachtbare hinausgeht. Die Naturwissenschaften enthalten viele Annahmen über nicht oder nur sehr indirekt Beobachtbares, wie Elektronen oder Gravitationskräfte. Aber nicht nur in den raffinierten Wissenschaften kommt so etwas vor, sondern auch im ganz normalen Alltag: Jede Erklärung der Handlung einer Person, die auf deren Motive Bezug nimmt, nimmt damit etwas an, das nicht oder nur sehr indirekt beobachtbar und erfahrbar ist. Oder hat schon einmal jemand ein Motiv einer Handlung gesehen? Unser Wissen – z.B. über Wasser oder die Handlungen von Personen – ist untrennbar mit **Theorien** verbunden, die Annahmen über nicht oder nur indirekt Beobachtbares enthalten – wie etwa Elektronen oder Motive (vgl. z.B. Quine 1960, 21 ff.). Theorien, auf deren Rolle für unser Wissen wir gleich noch eingehen werden, sind offenbar nicht vollständig auf Erfahrung zurückführbar und dies erklärt auch, dass dieselben empirischen Daten in der Regel mehr als eine Theorie zulassen (wenn auch nicht alle möglichen Theorien). Theorien sind, wie man auch sagt, durch empirische Daten »**unterbestimmt**«. Damit ist auch unser Theorie-durchsetztes Wissen durch Erfahrung unterbestimmt.

Vorher sei noch ein bemerkenswerter Aspekt der Erfahrungs-›Distanz‹ unseres Wissens erwähnt: die Rolle der **Idealisierung** (vgl. als Überblick Laymon 1998, 669 ff.). Was ist damit gemeint? Betrachten wir z.B. das Newtonsche Trägheitsgesetz, demzufolge ein Körper, der ab einem bestimmten Zeitpunkt keinen Kräften unterliegt, in Ruhe bleibt oder eine geradlinige Bewegung mit konstanter Geschwindigkeit beibehält. Da aber kein Körper unter ›realen Bedingungen‹ keinerlei Kräften unterliegt, handelt es sich hier um eine Idealisierung, der streng genommen keine Erfahrung entspricht. Zugleich aber handelt es sich um einen sehr wichtigen Bestandteil unseres Wissens. Auch hier wirft ein empiristischer Ansatz Probleme auf.

Die empiristische Basis des Wissens scheint also, darauf deutet all dies hin, zu schmal bzw. zu mager für eine Rekonstruktion unseres (vermeintlichen) Wissens zu sein. Damit hängt zusammen, dass die Basis nicht einmal ›rein‹ zu sein scheint. Was ist damit gemeint? Empiristen neigen dazu, einen **Fundamentalismus** des Wissens zu vertreten (s. dazu Kap. V.6.1), demzufolge die Basis des Wissens ausschließlich in etwas in der Erfahrung Gegebenem besteht. Dieses ›**Gegebene**‹ wird dann als etwas betrachtet, das völlig ›rein‹ von irgendwelchen ›Beimischungen‹ durch andere Annahmen oder gar Theorien ist. Wir sind oben schon kritisch darauf eingegangen und wollen diese Bedenken hier wieder anbringen. Der hauptsächliche Einwand besagt ganz einfach, dass es ein solches ›reines‹ empirisches Gegebenes nicht zu geben scheint. Vielmehr ist das, was wir »Erfahrung« nennen, nur im Rahmen und im Lichte von Theorien möglich, – also von etwas, das nicht vollständig auf ›reine‹ Erfahrung zurückführbar ist. Selbst relativ einfache Beispiele von Wahrnehmung liefern ein Beispiel dafür. Was ist denn etwa auf der Abbildung Abb.2 zu sehen? Eine Ente oder ein Hase? Die Striche auf dem Papier bzw. das, was unserer Wahrnehmung vorgegeben ist, können diese Frage nicht entscheiden. Dennoch sehen wir, vermeintlich ›unmittelbar‹, eine Ente oder einen Hasen. Davon abgesehen: Sind hier wirklich Striche vorgegeben? Liegt es nicht am begrenzten Auflösungsvermögen unserer Augen, dass wir kontinuierliche Striche wahrnehmen, wo vielleicht in Wirklichkeit nicht-kontinuierliche Punktemengen vorliegen? Hier ist noch ein anderes Beispiel (vgl. z.B. Lehrer 1995, 156 ff.; Pacherie 1995, 171 ff.). Ein Mediziner stellt durch einen kurzen Blick durch sein Mikroskop fest, dass sich in einer bestimmten Flüssigkeit Bakterien befinden. Sieht er das? Lässt man einen Laien durch dasselbe Mikroskop auf dieselbe Flüssigkeit blicken, sieht er mitnichten, dass in der Flüssigkeit bestimmte Bakterien vorliegen. Was man durch ein Mikroskop hindurch ›sieht‹, ist stark durch Hintergrundannahmen und Theorien – über Bakterien, Flüssigkeiten, aber auch über die Arbeitsweise des Mikroskops – geprägt. Dies gilt auch für das, was der Laie sieht: Auch er macht gewisse Hintergrundannahmen und bringt gewisse Theorien mit. Allgemein läuft dies auf Folgendes hinaus: Erfahrung ist immer schon ›theorie-geladen‹ und kommt in ›reiner‹ Form gar nicht vor. Das, was wir »Erfahrung« nennen, enthält immer schon etwas (Theorien), das nicht auf bloße Erfahrung reduzierbar ist, – und ist sogar nur deshalb möglich.

Abb. 2: Die Hasen-Ente (aus: Hoffmann 1998, 95)

Zusammenfassend können wir also sagen, dass das, was der Empirismus als Basis unseres Wissens anbietet, weder breit und tragfähig genug noch rein ist. Nun können Empiristen darauf antworten – und Philosophen wie Hume haben dies in der Tat getan (vgl. etwa Hume: Treatise, I.4.1; Hume: Enquiry, sec. 12.): »Um so schlimmer für unsere Wissensansprüche!« Gegeben die empiristische Konzeption des Wissens und gegeben die Unmöglichkeit der empiristischen Rekonstruktion unseres vermeintlichen Wissens kann man nur folgern, dass wir offenbar kein Wissen haben. In dieser Weise kann der Empirismus zu einem **Skeptizismus** führen. Aber man muss diesen Weg nicht gehen: Dieser Weg zum Skeptizismus ist allzu schnell und einfach und schließlich kann man ja auch den Empirismus aufgeben. Was spricht denn überhaupt für ihn? Welche Art von Argumenten kann man für ihn anbringen? Es dürfen ja keine synthetischen Annahmen a priori für den Empirismus angeführt werden, weil es ihm zufolge ja gerade kein synthetisches Wissen a priori geben kann. Es bleiben also nur empirische oder analytische Argumente. Es scheint wenig Hoffnung zu geben, dass man eine philosophische Position wie den Empirismus empirisch begründen kann. Soll man also sagen, dass der Empirismus das Resultat einer ›Analyse‹ unseres Begriffs von Erkenntnis ist?

Wie dem auch sei: Vor die Wahl gestellt, entweder unsere Wissensansprüche oder eine nicht voraussetzungslose Theorie wie den Empirismus aufzugeben, spricht offenbar nicht wenig dafür, sich für letztere Option zu entscheiden. Insofern der Empirismus als die Rekonstruktion unserer Wissensansprüche nicht zulässt, würde dies eher gegen den Empirismus als gegen unsere Wissensansprüche sprechen.

Was folgt aus all dem, was wir hier über den Apriorismus und den Skeptizismus gesagt haben? Es scheint einiges dafür zu sprechen, dass keine der beiden Positionen befriedigen kann. Mit ausschließlichem Rekurs auf analytische und empirische Wahrheiten scheint man unser Wissen nicht oder nicht vollständig rechtfertigen und rekonstruieren zu können. Der Apriorismus hingegen lässt grundsätzliche Zweifel daran bestehen, dass man in dieser Hinsicht wirklich mehr tun kann als die Empiristen meinen. Wie soll man denn ein ›substantielles‹ A priori rechtfertigen können?

Befinden wir uns also in einem Dilemma? Ist keine Theorie über den Ursprung des Wissens haltbar? Muss man doch zum Skeptizismus übergehen?

Vielleicht ergibt sich das Dilemma ja nur, wenn man von verfehlten Voraussetzungen ausgeht. Es könnte ja sein, dass wir unsere Wissensansprüche nur teilweise und nicht vollständig rechtfertigen können. Erfahrung ist ein unverzichtbares Element, aber das, was wir als Wissen beanspruchen, geht über Erfahrung deutlich hinaus, ist durch Erfahrung unterbestimmt. Aber genau diese Aspekte unseres Wissens, die ebenfalls unverzichtbar sind, können wir offenbar nicht überzeugend rechtfertigen. Es bietet sich also der Schluss an, dass wir unser Wissen nur zum Teil rechtfertigen können. Dies ist vielleicht nicht so viel, wie man sich wünschen könnte, aber es ist doch deutlich mehr als gar nichts.

7. Gibt es den analytisch-synthetisch-Unterschied überhaupt?

Wir haben die Frage, die zwischen Empiristen und Aprioristen strittig ist, mithilfe der beiden Unterscheidungen von »a priori« und »a posteriori« sowie von »analytisch« und »synthetisch« formuliert. Es gibt nun grundsätzliche Argumente gegen die Haltbarkeit der letzteren Unterscheidung. Wohl gemerkt: Es geht nicht darum zu sagen, dass die Grenze zwischen analytischen und synthetischen Sätzen (etc.) nicht scharf ist und unklare Fälle möglich sind: es geht vielmehr darum, viel grundsätzlicher die Möglichkeit einer solchen Unterscheidung anzuzweifeln. Wenn man aber die analytisch-synthetisch-Distinktion aufgibt, muss man auch neu bestimmen, worin eigentlich die Alternative zwischen Apriorismus und Empirismus besteht. Wenn man nämlich weder zwischen analytischen und synthetischen Sätzen a priori noch zwischen analytischen und empirischen Sätzen unterscheiden kann, dann wird auch die bisherige Unterscheidung zwischen A priori und Empirischem hinfällig und es fragt sich, ob man mit dem Streit zwischen Empiristen und Aprioristen überhaupt noch irgendeinen Sinn verbinden kann. Gehen wir also auf Argumente gegen die analytisch-synthetisch-Distinktion ein.

Hier ist das bekannteste und bisher einflussreichste Argument. Es besagt in einer Version im Kern Folgendes (wir betrachten dabei Sätze):

(1) Wir überprüfen nicht einzelne Sätze, sondern ganze Systeme von Sätzen (Theorien) und im Extremfall alle Sätze, die wir für wahr halten, an der Erfahrung;

(2) Wenn ein System von Sätzen nicht mit der Erfahrung vereinbar ist, muss man das System rationalerweise durch Aufgabe einzelner Sätze revidieren;

(3) Jeder einzelne Satz kann im Prinzip aufgegeben werden, so dass es immer eine Vielfalt rational zulässiger Revisionen des Systems bei widerstreitender Erfahrung gibt;

(4) Wenn ein einzelner Satz unabhängig vom Satz-System, zu dem er gehört, einen (z. B. empirischen) Gehalt hat, dann gibt es klare Bedingungen, unter denen man den Satz rationalerweise beibehalten oder aufgeben sollte;

(5) Es gibt aber für einzelne Sätze keine Akzeptanz- und Revisions-Bedingungen (gemäß (1)–(3));

(6) Also hat auch kein einzelner Satz – unabhängig vom Satz-System – einen (z. B. empirischen) Gehalt (gemäß (4) und (5));

(7) Wenn man einzelnen Sätzen – unabhängig vom Satz-System – keinen (empirischen) Gehalt zuschreiben kann, dann kann man auch nicht einzelne Sätze als »analytisch« oder »empirisch« charakterisieren;

(8) Also ist die analytisch-synthetisch-Distinktion mit Bezug auf einzelne Sätze bzw. überhaupt nicht haltbar (gemäß (6) und (7)).

Dieses Argument geht auf Quine zurück (vgl. Quine 1961, 20 ff.; vgl. auch Quine 1966a, 70 ff., Quine 1966b, 100 ff., Quine 1960, Kap. 2; vgl. auch Putnam 1975e, 33 ff. und Wittgenstein: Über Gewißheit, §§ 83, 87 f., 96 f., 114, 309, 319, 506). Quine, der aus der empiristischen Tradition des Wiener Kreises kommt, gegen die sich seine Kritik richtet (vgl. z. B. Carnap: Meaning and Necessity, 8 ff.), denkt nur an zwei Möglichkeiten: an analytische und an empirische Sätze; diese Einschränkung ändert aber an der Reichweite des Arguments nichts. Zunächst einige Erläuterungen zu diesem Argument (vgl. allgemein auch Boghossian 1997, 331 ff. und Bonjour 1998, Kap. 2.2–3 sowie kritisch zu Quine Fodor/Lepore 1992, Kap. 1–2 und Grice/ Strawson 1956, 141 ff.).

Die Annahmen (1)–(3) formulieren eine Position, die man gewöhnlich als »Bestätigungs-Holismus« oder »Überprüfungs-Holismus« (»Holismus« wegen des Bezugs auf ein Ganzes) bezeichnet. Manchmal wird dies auch als die »Quine-Duhem-These« bezeichnet; Pierre Duhem (1861–1916) war ein französischer Physiker und Philosoph, der schon vor Quine ähnliche Ideen über Bestätigung und Überprüfung von Theorien vertrat. Besonders interessant an den obigen Annahmen (1)–(3) ist (3). Extremen Formen des Bestätigungs-Holismus' zufolge stehen sogar Grundsätze der Logik zur Disposition. Die Entwicklung der Quantenphysik (der Befund etwa, dass etwas offenbar zugleich die einander ausschließenden Eigenschaften von Teilchen und von Wellen haben kann) wird oft als ein Anlass genannt, den man für die Revision bisher als grundlegend erachteter logischer Prinzipen haben könnte. Ob man nun die Logik selbst zur Revision freigeben will oder nicht, macht für die grundsätzliche Struktur des Arguments keinen Unterschied, so dass wir der Einfachheit halber von dieser Frage hier absehen können.

Betrachten wir zwei Beispiele, um die These des Bestätigungs-Holismus möglichst klar zu machen: eines aus der Wissenschaft und eines aus dem Alltag. Zunächst noch einmal das Beispiel der Quantenmechanik. Nehmen wir an, ein Physiker aus der Zeit der Entstehung der Quantenmechanik wird mit zwei verschiedenen empirischen Befunden konfrontiert. Dem einen Befund zufolge hat Licht Teilcheneigenschaften, dem anderen Befund zufolge hat es Welleneigenschaften. Dies kommt ihm seltsam vor, weil er bisher (unter den Voraussetzungen der klassischen Beschreibung) guten Grund hatte, davon auszugehen, dass nichts zugleich Teilchen- als auch Welleneigenschaften hat bzw. haben kann. Etwas stimmt also nicht mit seinen Annahmen. Was soll der Physiker revidieren? Soll er seinem Experiment misstrauen und seine Messgeräte überprüfen? Oder soll er seine Theorie über das Licht in Frage stellen? Aber was wäre eine akzeptable alternative Theorie? Soll er gar die Logik in Frage stellen? Die Wissenschaftsentwicklung hat bekanntlich zu einer neuen Theorie über das Licht geführt, derzufolge das Licht zugleich Teilchen- und Welleneigenschaften hat. Hier kommt es nur darauf an zu sehen, dass nicht ein einzelner Satz (etwa über die Welleneigenschaften des Lichts) überprüft wird, sondern im Prinzip immer ein ganzes System von Sätzen. In der Regel fällt uns dies nur deshalb nicht auf, weil wir in der Regel keine besonders tiefgreifenden Entdeckungen machen. Dies ändert aber nichts daran, dass auch in diesen Fällen das ganze System von Sätzen zur Disposition steht.

Ein zweites Beispiel stammt aus dem nicht-wissenschaftlichen Alltag. Kurt ist ein recht guter Bekannter von mir, den ich als sehr freundliche Person kenne. Eines Tages lade ich ihn zu meiner Sylvesterparty ein. Zu meiner völligen Überraschung reagiert Kurt mit einem Telefonanruf, in dem er mich empört beschimpft. Ich verstehe die Welt nicht mehr: Spinnt Kurt oder stimmt etwas mit mir nicht? Bin ich ihm aus Versehen in der letzten Zeit auf die Füße getreten? Habe ich einen empfindlichen Punkt bei Kurt berührt, von dem ich nichts ahnte? Stimmt etwas mit meinen grundsätzlichen Annahmen über andere Personen nicht? Habe ich irgendetwas, das dieses Sylvester oder Kurt betrifft, nicht mitbekommen? Wiederum macht ein Problemfall wie dieser deutlich, dass nicht einzelne Sätze, sondern ganze Satz-Systeme zur Überprüfung durch Erfahrung anstehen.

Das zweite wesentliche Element des Arguments – neben dem Bestätigungs-Holismus – wird durch (4) formuliert: Es gibt einen engen Zusammenhang zwischen Bedeutung und Bestätigung. Die Gehalte von Sätzen oder Systemen von Sätzen werden durch ihre Akzeptanz- und Revisions-Bedingungen festgelegt (und umgekehrt: die Akzeptanz- und Revisions-Bedingungen ergeben sich aus den Gehalten der Sätze). Die These, dass es einen solchen Zusammenhang gibt, kann man auch als »**Verifikationismus**« bezeichnen. Als Nicht-Holist könnte man etwa sagen, dass der Gehalt des Satzes »Kurtchen fährt Roller« durch die Umstände festgelegt wird, in denen man diesen Satz beibehalten würde; und umgekehrt ergeben sich die Akzeptanzbedingungen des Satzes aus seinem Inhalt, nämlich dass Kurtchen Roller fährt. Üblicherweise spricht man von »Verifikationismus« nur, wenn es sich um die Bestätigung einzelner Sätze handelt. Es gibt aber auch einen weiteren Sinn von »Verifikationismus«, in dem auch unser Holist insofern ein Verifikationist sein kann, als er überhaupt einen Zusammenhang zwischen Bedeutung und Bestätigung annimmt. In diesem allgemeineren Sinne soll hier von »Verifikationismus« die Rede sein.

Quine hatte übrigens mit seiner Kritik der analytisch-synthetisch-Distinktion in erster Linie (wenn auch nicht nur) die Empiristen des Wiener Kreises um Rudolf Carnap und andere im Sinn (vgl. hierzu etwa auch Carnap: Meaning and Necessity). Es entbehrt nicht einer gewissen historischen Ironie, dass Quine mit (4) eine These vertritt, die gerade zu den zentralen Auffassungen des Wiener Kreises gehört: den Verifikationismus, also die These, dass die Bedeutung von Sätzen in ihren Bestätigungs- und Revisions-Bedingungen zu suchen ist (vgl. dazu etwa Carnap: Überwindung der Metaphysik durch logische Analyse der Sprache, 149 ff.). Insofern sollte Quine nicht nur als erster Kritiker des Wiener Kreises, sondern auch als deren letzter Vertreter verstanden werden.

Der **Bestätigungs-Holist** zieht aus dem Verifikationismus, der (4) zugrunde liegt, andere Konsequenzen als der Nicht-Holist: Er geht zu einem **Bedeutungs-Holismus** (einem Holismus des Gehalts) über. Dies ist es, was (6) besagt und was sich aus dem Bestätigungs-Holismus und dem Verifikationismus ergibt. Ein einzelner Satz hat unabhängig vom Satz-System keine Bedeutung oder einen Gehalt; letztlich kann man nur Satz-Systemen Bedeutung oder Gehalt zuschreiben und einzelnen Sätzen nur insofern, als sie Bestandteile von Satzsystemen sind. Diesem semantischen Holismus zufolge hätte z. B. der Satz »Kraft ist gleich Masse mal Beschleunigung« unabhängig von einer bestimmten Theorie, zu der er gehört, keine Bedeutung und keinen Gehalt.

Ebenso hat demnach ein Satz wie »Anna freut sich auf ihren Geburtstag« abgetrennt von vielen anderen Sätzen über Anna, die Psychologie von Menschen, soziale Institutionen wie Geburtstagsfeiern etc. keine Bedeutung und keinen Gehalt. Frege hat ein grundlegendes sprachphilosophisches Prinzip, das »**Kontextprinzip**«, aufgestellt. Es besagt Folgendes: »nach der Bedeutung der Wörter muss im Satzzusammenhange, nicht in ihrer Vereinzelung gefragt werden« (Frege: Grundlagen der Arithmetik, XXII). Der Bedeutungs-Holismus dehnt den Holismus des Satzes auf einen Holismus des Satzsystems bzw. der ganzen Sprache aus.

Es ist wichtig, die verschiedenen Arten von Holismus auseinander zu halten. Der Bestätigungs-Holismus ist – wie der Rechtfertigungs-Holismus, auf den wir oben schon eingegangen sind (s. Kap. V.6.2) – ein epistemischer, erkenntnistheoretischer Holismus. Der Bedeutungs-Holismus von (6) hingegen ist ein semantischer Holismus (wie etwa auch der Begriffs-Holismus, auf den wir in Kapitel III.1.5 schon eingegangen sind). Epistemischer und semantischer Holismus implizieren sich nicht gegenseitig und es ist durchaus vorstellbar, das eine, aber nicht das andere zu vertreten. Im obigen Argument ergibt sich der semantische Holismus aus dem Bestätigungs-Holismus erst in Verbindung mit einem allgemein aufgefassten Verifikationismus. Geht man vom semantischen Holismus aus, ist aufgrund der plausiblen Annahme (7) die Schlussfolgerung unvermeidlich, dass die analytisch-synthetisch-Distinktion nicht gehalten werden kann.

Diese Schlussfolgerung hat tiefgreifende Implikationen nicht nur für die Erkenntnistheorie, sondern auch für unser Verständnis von Philosophie im Allgemeinen. Einer verbreiteten Auffassung zufolge ist die Philosophie keine empirische Disziplin, sondern befasst sich mit apriorischen Analysen von Begriffen. Wenn nun mit der analytisch-synthetisch-Distinktion auch die Unterscheidung zwischen empirischen und begrifflichen Untersuchungen hinfällig wird, dann kann man auch keinen grundlegenden Unterschied mehr zwischen Philosophie und empirischer Wissenschaft machen. Für die Erkenntnistheorie bedeutet dies nach Quine (vgl. Quine 1969, 69 ff.), dass sie in Kognitionspsychologie übergeht (nicht etwa umgekehrt!). Die Erkenntnistheorie wird damit zu einer rein deskriptiven Disziplin, die keinerlei normative Fragen (z. B.: Wie sollen wir auf der Suche nach Wahrheit vorgehen?) mehr zulässt. Diesen Vorgang nennt man auch »**Naturalisierung der Erkenntnistheorie**« und man spricht von einer »naturalisierten Erkenntnistheorie« (vgl. dazu: Kim 1988, 381 ff., Kitcher 1992, 53 ff., Putnam 1983, 229 ff., Kornblith 1994a, 1 ff. sowie den Sammelband Kornblith 1994b).

Was also ist von Quines Argument gegen die analytisch-synthetisch-Distinktion zu halten (vgl. die Kritik in Fodor/Lepore 1992, Kap. 1–2)? Zunächst erscheint der semantische Holismus in einer extremen und uneingeschränkten Form als sehr unplausibel. Wie soll es unter diesen Bedingungen z. B. möglich sein, seine Meinungen über irgend etwas zu ändern? Sobald eine Person eine Meinung aufgibt oder eine neue Meinung erwirbt, verändert sich das System ihrer Meinungen und damit auch der Gehalt ihrer Meinungen. Ihre Meinungen haben sich zwar in einem gewissen Sinne geändert, aber man könnte nicht mehr einmal sinnvoll sagen, dass die Person ihre Meinungen zu ein und derselben Sache verändert hat. Nehmen wir an, Kurt drückt seine Meinungen in Form von Sätzen aus. Zu den Sätzen, die er für wahr hält, gehört dieser: »Die Erde übt auf den Mond eine enorme Anziehungskraft aus«. Nun lernt Kurt etwas Neues über Gravitationstheorie. Dem uneingeschränkten Bedeutungs-

Holismus zufolge müsste man sagen, dass damit auch der Satz »Die Erde übt auf den Mond eine enorme Anziehungskraft aus« für ihn (wie geringfügig auch immer) seine Bedeutung verändert. Dementsprechend hätte Kurt strikt genommen keine einzige seiner früheren Meinungen mehr. In einem gewissen Sinne hätte er seine Meinungen ›geändert‹, aber gerade nicht in dem Sinne, den man normalerweise im Auge hat: dass er nämlich eine andere Meinung über dieselbe Sache hat. Der Satz »Die Erde übt auf den Mond eine enorme Anziehungskraft aus« hat vorher und nachher einfach nicht dieselbe Bedeutung.

Aus ähnlichen Gründen könnte man einwenden, dass dem uneingeschränkten Bedeutungs-Holismus zufolge sprachliche Kommunikation unmöglich sein müsste. Eine unverzichtbare (wenn auch nicht die einzige) Funktion der Sprache besteht darin, Meinungen auszudrücken und Anderen mitzuteilen. Wenn nun Kurt ein anderes Meinungs-System hat als Anna – z.B. andere Dinge über Gravitationstheorie weiß –, dann hat offenbar der Satz »Die Erde übt auf den Mond eine enorme Anziehungskraft aus« für Kurt eine andere Bedeutung als für Anna. Wenn also Anna zu Kurt sagt »Die Erde übt auf den Mond eine enorme Anziehungskraft aus« und Kurt antwortet »Genau, ganz Deiner Meinung«, dann wären beide nur scheinbar einer Meinung und hätten sich dementsprechend missverstanden. Wollte eine Person verstehen, was die andere sagt, müsste sie zuerst alle Meinungen der anderen Person kennen. Dies erscheint aber kaum möglich, ohne wiederum auf sprachliche Äußerungen der Person zurückzugreifen. Außerdem hätte jemand, der schon alle Meinungen einer anderen Person kennt, keinen Bedarf mehr, deren Äußerungen ihrer Meinungen zu interpretieren. Der extreme Bedeutungs-Holismus lässt also offenbar genau so wenig ein Verständnis sprachlicher Kommunikation zu wie ein Verständnis von Meinungsänderung. Ihm zufolge hätten genau genommen wohl keine zwei Personen jemals irgendeine Meinung miteinander gemein und selbst eine Person hätte dieselbe Meinung wohl kaum zu verschiedenen Zeitpunkten. Spricht dies nicht für die Absurdität des Bedeutungs-Holismus?

Nicht unbedingt! Zum einen kann der Holist seinen uneingeschränkten ›**globalen**‹ **Holismus** aufgeben und durch einen ›lokalen‹ Holismus ersetzen, demzufolge die Gehalte von Sätzen bzw. Überzeugungen zwar nicht von allen anderen Sätzen bzw. Überzeugungen des Systems abhängen, aber doch von vielen anderen solchen Sätzen bzw. Überzeugungen. Dass 18 keine Primzahl ist, hat keinen Einfluss auf die Bedeutung von »Kurtchen fährt Roller«.

Aber der Holist kann sogar noch mehr entgegnen. Er kann daran festhalten, dass ›genau genommen‹ keine zwei Personen mit irgendwie verschiedenen Meinungssystemen (und welche zwei Personen haben schon genau dasselbe Meinungssystem?) irgendeine Meinung gemeinsam haben oder dass keine Person (und welche Person verändert nicht ihr Meinungssystem mit der Zeit?) irgendeine Meinung durch die Zeit hindurch beibehält. Dem Holisten zufolge ist dies deshalb nicht absurd, weil – wie das obige Argument gerade zeigt – man es ›in Sachen Meinungen‹ gar nicht ›genau nehmen‹ kann. Der Begriff der Bedeutung von Sätzen oder des Gehaltes von Meinungen ist eben zu einem bestimmten Grade unbestimmt, – in einem Maße, das man durchaus verkraften kann. Der Holist könnte etwa hinzufügen, dass wir einen Begriff von strikter Identität des Gehalts gar nicht benötigen und eher zu **Graden der Ähnlichkeit des Gehalts** übergehen sollten (vgl. etwa Stich 1983, 88 ff., 135 ff. sowie dagegen Fodor 1998, 30–34).

Der semantische Holismus, auf dem das Quine'sche Argument gegen die analytisch-synthetisch-Distinktion beruht, ist sicherlich der Hauptangriffspunkt für Verteidiger dieser traditionellen Unterscheidung. Allerdings kann man kritische Fragen auch mit Bezug auf die anderen beiden zentralen Elemente des Arguments aufwerfen: Ist der Verifikationismus (in dem hier verwandten allgemeinen Sinne des Wortes) wirklich plausibel? Und stimmt es wirklich, dass wir immer ganze Systeme von Sätzen und nie einzelne, isolierte Sätze an der Erfahrung überprüfen (vgl. Fodor/LePore 1992)?

Es gibt allerdings noch andere Gründe – Gründe, die nicht oder nicht direkt mit Quines Argument zusammenhängen –, die man gegen den Versuch einer analytisch-synthetisch-Unterscheidung vorbringen könnte. Erinnern wir uns etwa an die obige Diskussion der klassischen Konzeption von Begriffen (s. Kap. III.1.1). Nicht nur hat diese Diskussion gezeigt, dass es gute Gründe zum Zweifel an der reduktiven Definierbarkeit von Begriffen gibt, sondern darüber hinaus auch, dass man nicht sich offenbar nicht einmal in den scheinbar einfachsten Fällen vermeintlich analytischer Wahrheiten sicher sein kann. Für Vertreter einer **Familienähnlichkeits-Konzeption** oder einer **Prototypen-Konzeption** liegt Analytizitäts-Skepsis sehr nahe. Ist »Jeder Mensch hat genau eine Mutter« angesichts der neueren Reproduktionstechnologie wirklich noch als analytisch anzusehen? Sollte man wirklich sicher sein, dass »Alle Mütter sind weiblich« für alle Zeiten gegen Widerlegung sicher ist, – eben analytisch wahr ist?

Es fällt bemerkenswerterweise sehr schwer, aussichtsreiche Kandidaten für analytische Wahrheiten anzuführen (s. auch Kap. VI.5). Betrachten wir ein Beispiel Kants: Ihm zufolge ist »Alle Körper sind ausgedehnt« analytisch und »Alle Körper haben eine Masse (sind ›schwer‹)« synthetisch und empirisch (vgl. Kant: Kritik der reinen Vernunft, A 8, B 11 f.). Aber warum? Würde man z. B. eine Vielzahl von kompetenten Sprechern des Deutschen fragen, ob diese beiden Sätze analytisch oder synthetisch sind, so könnte man durchaus erwarten, dass man ganz unterschiedliche Antworten erhält. Die linguistischen Intuitionen mögen hier divergieren und es nicht klar, ob es abgesehen davon noch andere Evidenz dafür gibt, den ersten Satz, aber nicht den zweiten für synthetisch zu halten. Oder betrachten wir »Alle Ereignisse haben eine Ursache«. Kant meinte, wie gesagt, dass es sich hier um ein synthetisches Apriori handelt, aber wir haben gesehen, dass man durchaus meinen könnte, dass es sich um einen empirischen Satz handelt; und sicherlich wird man auch Sprecher finden, die das Wort »Ereignis« so interpretieren, dass zu seiner Bedeutung das Vorliegen einer Ursache gehört.

Betrachten wir zum Abschluss noch eine weitere Überlegung, die Fragen bezüglich der analytisch-synthetisch-Distinktion aufwirft und gehen wir von einem Beispiel aus. Nehmen wir an, Anna glaubt, dass Wale Fische sind. Eines Tages erfährt sie, dass Wale keine Fische, sondern Säugetiere sind. Was hat sich hier verändert? Zunächst stimmt Anna dem Satz »Wale sind Fische« zu, dann stimmt sie diesem Satz nicht mehr zu, sondern behauptet einen anderen Satz, nämlich »Wale sind Säugetiere«. Wenn »Wale sind Fische« für Anna analytisch war, dann hat sie herausgefunden, dass diejenigen Tiere, die sie für Wale hielt, in Wirklichkeit keine Wale bzw. Fische sind, sondern eine Art von Säugetieren (und dass es vielleicht gar keine »Wale« gibt). Wenn »Wale sind Fische« für Anna hingegen synthetisch a posteriori war, dann hat sie etwas Neues über Wale gelernt. Im ersten Fall hätte Anna ihren Begriff von Wal verändert und würde mit dem Satz »Wale leben im Wasser« nicht mehr über dieselbe Sache (dieselbe Tiergattung) sprechen. Im zweiten Fall hingegen würde sie weiterhin über dieselbe Sache sprechen, aber eben andere Dinge behaupten. Was soll man hier sagen? Liegt hier ein **Bedeutungswandel** (des Wortes »Wal«) vor oder ein **Wissens-zuwachs**? Was gehört denn zur Bedeutung von »Wal«?

Betrachten wir noch ein anderes Beispiel. Schon die alten Griechen hatten Atomtheorien. Diese Theorien unterscheiden sich beträchtlich von den Atomtheorien der modernen Physik. Soll man sagen, dass die antiken und die modernen Theorien beide von Atomen handeln und eben nur verschiedene Dinge über Atome behaupten? Oder soll man eher sagen, dass die alten Griechen gar nicht denselben Begriff von Atom hatten wie wir heutzutage und dass es gar nicht um dieselbe Sache ging und somit auch keine Divergenz zwischen den antiken und den modernen Theorien gibt? Hat die wissenschaftliche Entwicklung der Atomtheorie zu einem Bedeutungswandel oder zu einem Wissenszuwachs geführt? Ist »Zu jedem Atom gehören Elektronen« analytisch oder synthetisch?

Diese Fragen haben übrigens große Bedeutung für die Wissenschaftstheorie und Wissenschaftsgeschichte. Seit **Thomas Kuhn** (1922–1996), 1962 sein Buch *The Structure of Scientific Revolutions* veröffentlichte, hat die Auffassung viele Anhänger gewonnen, dass bei grundlegenden wissenschaftlichen Revolutionen nicht etwas Neues über dieselbe Sache herausgefunden wird, sondern sich sozusagen das »Thema« grundlegend verändert (ein »**Paradigmen-Wechsel**« stattfindet). Dementsprechend sollte man nicht sagen, dass eine Theorie besser ist als eine konkurrierende Theorie oder dass ein strikter wissenschaftlicher Fortschritt stattgefunden habe (vgl. Kuhn 1962).

Aber zurück zu den obigen Fragen. Eine mögliche Antwort besteht darin zu sagen, dass es hier keine Antwort gibt (vgl. Wittgenstein: Über Gewißheit, §§ 96 f., 309, 319; Putnam 1975e, 33 ff.). Es gibt eben keinen grundsätzlichen Unterschied zwischen Bedeutungswandel und Wissenszuwachs. Deshalb gibt es auch keinen grund-sätzlichen Unterschied zwischen synthetischen und analytischen Sätzen. Dennoch, so könnte man hinzufügen, verliert die Unterscheidung von analytischen und syntheti-schen Wahrheiten nicht ihren Sinn oder ihre Berechtigung. Es handelt sich eben nur nicht um eine fundamentale Unterscheidung, die man nur auf eine bestimmte Weise vornehmen kann. Vielmehr – so diese Idee – behandeln wir ein und denselben Satz mal als analytisch, mal als synthetisch. Es hängt eben vom Kontext ab. Wenn man mit kleinen Kindern, die nicht verstehen, was ein »Säugetier« ist, ein Aquarium besucht, kann man »Wale sind Fische« durchaus als analytisch behandeln; wenn die Kinder dann älter werden, kann man langsam zu einer nicht-analytischen Verwendungsweise übergehen. In vielen wissenschaftlichen Kontexten spielt es keine große Rolle, ob man einen bestimmten Grundsatz als analytisch oder synthetisch betrachtet und man kann ein und denselben Satz in verschiedenen Kontexten verschieden betrachten. »Wasser ist H_2O« mag in einem bestimmten Stadium der Geschichte der Chemie als analytisch gelten, aber sobald eine neue Form von »Wasser« entdeckt wird (was ja nicht ausgeschlossen ist), mag man denselben Satz für synthetisch halten. Was also analytisch und was synthetisch ist, hängt diesem Vorschlag zufolge vom Kontext ab und variiert mit diesem. Die Gründe, einen Satz als analytisch oder nicht zu behandeln, sind offenbar eher pragmatischer Art. Ein Satz ist dann nicht einfach analytisch oder synthetisch, sondern immer nur relativ auf einen Kontext (etwa einen bestimmten

Theorie-Kontext) als »analytisch« oder »synthetisch« zu betrachten. Damit wird natürlich auch die Unterscheidung von apriorischen und empirischen Wahrheiten relativiert; es gibt kein ›absolutes‹ A priori mehr, sondern nur noch ein ›relatives‹ A priori (relativ auf einen bestimmten Kontext).

8. Was bleibt vom Streit übrig?

Soviel zu Zweifeln an der analytisch-synthetisch-Distinktion. Nehmen wir an, diese Zweifel sind berechtigt. Was folgt daraus für die Diskussion um Empirismus und Apriorismus? Diese Frage ist sehr viel weniger harmlos als sie vielleicht erscheint: Schließlich wurde die Frage, die zwischen Aprioristen und Empiristen strittig ist, in Begriffen von ›analytisch‹ und ›synthetisch‹ formuliert. Kann man überhaupt noch Empirismus von Apriorismus unterscheiden (ganz zu schweigen davon, ob man ein synthetisches A priori annehmen soll)? Quine selbst hat sich eindeutig für einen Empiristen gehalten und zwar deshalb, weil er der Wahrnehmung einen Einfluss auf unsere Überzeugungen einräumt, wenn dies auch kein so durchschlagender und klarer Einfluss ist, wie sich dies die Empiristen noch bis zur Mitte des 20. Jh.s vorgestellt haben (vgl. Quine 1961, 20 ff.). Aber kann man jemanden wie Quine nicht zugleich auch als Aprioristen betrachten? Schließlich hat die Erfahrung und Wahrnehmung ja, wie eben gesagt, keinen alles entscheidenden Einfluss darauf, wie wir unsere Theorien über die Welt verändern. Verliert die Unterscheidung von Empirismus und Apriorismus nach Aufgabe der analytisch-synthetisch-Distinktion nicht völlig ihren Biss? Ist nicht jeder irgendwie Empirist, sobald er der Wahrnehmung auch nur irgendeine Rolle bei der Veränderung unserer Überzeugungssysteme zuspricht? Eine solche Konsequenz zieht etwa **Donald Davidson** (geb. 1917), der mit Quine im Prinzip übereinstimmt (vgl. Davidson 1984b, 183 ff.). Noch mehr: Was bleibt eigentlich noch von der Erkenntnistheorie übrig, wenn sie die Frage nach dem Ursprung der Erkenntnis nicht einmal mehr stellen kann? Es bleibt abzuwarten, ob es gelingt, einen Begriff von Empirismus und Apriorismus vorzuschlagen, der es erlaubt, der traditionellen Frage eine neue Schärfe zu verleihen.

Man kann die Frage, woher unser Wissen stammt (wenn wir denn welches haben), noch in etwas spezifischerem Sinne verstehen als in diesem Kapitel, nämlich als die Frage nach den einzelnen Quellen des Wissens. Dazu soll jetzt übergegangen werden.

VII. QUELLEN DES WISSENS

Welches sind im Einzelnen die Quellen, aus denen unser Wissen stammt? Welche Typen von Antworten gibt es auf die Frage »Woher weißt Du das?«? Relativ unstrittig ist, dass Wahrnehmung, Schlussfolgerung und Erinnerung Wissensquellen sind; manchmal wird auch die Introspektion angeführt; kontrovers hingegen ist das Hörensagen bzw. die Berichte anderer Personen. Darauf soll im Folgenden ebenso eingegangen werden wie auf Wahrnehmung und Schlussfolgerung. Zunächst zu letzterer. Es gibt verschiedene Arten des Schließens. Die Logik behandelt die Regeln des korrekten logischen oder deduktiven Schließens; darauf kann und muss hier nicht eingegangen werden. Es gibt aber eine andere Art von Schließen, die schwerwiegende philosophische Probleme aufwirft und die im Folgenden näher betrachtet werden soll: das induktive Schließen.

1. Das Problem der Induktion

Alle bisher beobachteten Proben von Wasser haben bei einer Erhitzung auf 100° Celsius zu kochen begonnen (gegeben bestimmte weitere Bedingungen – bestimmter Druck etc. –, die wir hier aber außer Acht lassen können). Darf man daraus schließen, dass eine bestimmte, bisher ungeprüfte Wasserprobe ebenfalls ab 100° Celsius zu kochen beginnen wird? Um einen korrekten deduktiven Schluss handelt es sich hier ganz offensichtlich nicht: Aus

> (1) Alles bisher beobachtete Wasser hat bei 100° Celsius zu kochen begonnen

und

> (2) Diese bisher ungeprüfte Probe besteht aus Wasser

folgt jedenfalls nicht logisch:

> (C_1) Diese bisher ungeprüfte Probe Wasser wird bei 100° Celsius zu kochen beginnen.

Dennoch scheint der Übergang zu (C_1) sehr gut gerechtfertigt zu sein. Es scheint sich also um einen korrekten Schluss zu handeln, wenn auch um einen nicht-deduktiven oder, wie man auch sagt, einen »**induktiven Schluss**« (vgl. allgemein Kyburg 1970, Skyrms 1975, Hacking 2001, Kap. 20 sowie den Sammelband Swinburne 1974). Bei den Gründen für die Konklusion handelt es sich um **nicht-konklusive Gründe** (s. Kap V.3). Aber sind wir wirklich darin gerechtfertigt, solche induktiven Schlüsse zu ziehen? Und falls ja: wodurch?

Zunächst: Es gibt verschiedene Arten von induktiven Schlüssen. In der eben erwähnten Variante wird aus Sätzen der Form ›Alle bisher beobachteten F sind G‹ und ›Dies ist ein bisher unbeobachtetes F‹ auf einen Satz der Form ›Dies F ist G‹

geschlossen. Man kann auch allgemeinere Schlüsse ziehen und (C_1) durch (C_2) ersetzen:

(C_2) Alles Wasser beginnt bei Erhitzung auf 100° Celsius zu kochen.

Hier hat also die Konklusion, die schon aus (1) alleine gezogen wird, die Form ›Alle F sind G‹. Andererseits kann man sowohl (C_1) als auch (C_2) – und damit die entsprechenden Schlüsse – in gewisser Weise abschwächen, nämlich indem man (C_1) durch

(C_3) Es ist sehr wahrscheinlich, dass diese bisher ungeprüfte Probe Wasser bei 100° Celsius zu kochen beginnen wird

und (C_2) durch

(C_4) Es ist sehr wahrscheinlich, dass alles Wasser bei Erhitzung auf 100° Celsius zu kochen beginnt

ersetzt.

Induktive Schlüsse können sich nicht nur hinsichtlich der Form der Konklusion unterscheiden, sondern auch hinsichtlich der Form der Prämissen. Hier ist ein Beispiel: Aus

(3)   99 % aller Kindergartenkinder stecken sich im Kindergarten irgendwann mit Masern an

und

(4)   Franziska ist ein Kindergartenkind

wird auf

(C_5) Franziska steckt sich irgendwann im Kindergarten mit Masern an.

geschlossen. Aus Sätzen der Form ›x% aller F sind G‹ und ›a ist ein F‹ wird auf etwas der Form ›a ist ein G‹ geschlossen. Wiederum kann man die Konklusion abschwächen und (C_5) durch

(C_6) Franziska steckt sich mit der 99-prozentiger Wahrscheinlichkeit irgendwann im Kindergarten mit Masern an.

ersetzen. Schließlich kann man noch statt von (3) von

(5)   99 % aller beobachteten Kindergartenkinder stecken sich im Kindergarten irgendwann mit Masern an

ausgehen und daraus mit (4) zusammen entweder auf (C_5) oder auf (C_6) schließen. Oder man kann von (5) direkt zu (3) übergehen.

Es liegt auf der Hand, dass induktives Schließen eine enorme Bedeutung im Alltag und in der Wissenschaft hat. Wir halten uns gewöhnlich für berechtigt, Schlüsse dieser Form zu ziehen. Die Frage ist nur, ob wir dazu wirklich berechtigt sind und worin die Rechtfergung des induktiven Schließens besteht. Wenn wir diese Fragen nicht in befriedigender Weise beantworten können, wird ein wesentlicher Teil unserer epistemischen Praxis sehr fragwürdig. Da in der Tat eine Antwort auf diese Frage erstaunlich schwer fällt, wird das entsprechende Problem der Rechtfertigung induktiven Schließens gewöhnlich auch »das **Induktionsproblem**« genannt; es wurde von David Hume als ein zentrales Problem der Erkenntnistheorie eingeführt (vgl. Hume:

Treatise, I.3, I.4.1.; Hume: Enquiry, sec.4 ff.). Betrachten wir als exemplarischen Fall den zuerst angeführten Schluss, – den von (1) und (2) auf (C$_1$).

Zunächst sei – um Missverständnisse zu vermeiden – darauf hingewiesen, dass nicht alle Schlüsse der erwähnten Formen, z. B. nicht alle Schlüsse der zuerst angeführten Form gerechtfertigt sind. Betrachten wir ein Beispiel, das auf Bertrand Russell zurückgeht (vgl. Russell 1980, 63). Ein Huhn, das auf einem Bauernhof lebt, erlebt Tag für Tag, dass der Bauer es am Morgen füttert. Da das Huhn ziemlich schlau ist, schließt es induktiv, dass der Bauer es auch am jeweils nächsten Tag füttern wird. Eine Zeit lang werden seine induktiven Schlüsse auf das, was am jeweils nächsten Tag passieren wird, bestätigt, – bis der Bauer es eines Tages in den Suppentopf wirft. Das Huhn lag mit seinem induktiven Schluss vom Vortag also falsch; ihm fehlten wesentliche Informationen über die Absichten des Bauern. Das Huhn war zwar ziemlich schlau, aber nicht schlau genug. Ebenfalls einen Fehler begeht jemand, der z. B. beobachtet, dass der Wurf eines Würfels – von dem er weiß, dass er in Ordnung ist – fünf Mal nacheinander eine 6 ergibt, und daraus induktiv schließt, dass auch der nächste Wurf eine 6 ergeben wird; wir hatten schon gesehen, dass die Wahrscheinlichkeit einer weiteren 6 (bei einem normalen Würfel) eher gering (1/6) ist. Gegeben also bestimmte **relevante Hintergrundinformationen** (z. B. über die Absichten des Bauern oder über die Beschaffenheit des Würfels) scheiden bestimmte Schlüsse von vornherein als inkorrekt aus. Es ist wichtig zu sehen, dass die Akzeptabilität induktiver Schlüsse relativ ist zu den jeweiligen relevanten Hintergrundinformationen. In beiden Beispielen besteht der Fehler darin, dass relevante und zugängliche Hintergrundinformation nicht berücksichtigt wurde.

Das eigentliche Induktionsproblem stellt sich erst, wenn kein Fehler dieser Art vorliegt. Betrachten wir wieder ein Beispiel. Jemand untersucht eine Vielzahl von Schwänen auf ihre Farbe hin und kommt zu dem Ergebnis, dass alle bisher von ihm untersuchten Schwäne weiß sind. Hat er nicht exzellente induktive Evidenz dafür, dass auch der nächste Schwan sich als weiß herausstellen wird, – ja, dass alle Schwäne weiß sind? Bekanntlich gibt es schwarze Schwäne in Australien. Handelt es sich nun bei unserem Schwanen-Forscher etwa um einen Europäer aus einer Zeit, bevor in Europa etwas von der Existenz Australiens bekannt war, so kann man nicht behaupten, dass der Schwanen-Forscher einen Fehler der obigen Art gemacht hat: Dass es in Australien schwarze Schwäne gibt, war ihm prinzipiell nicht zugänglich (s. Kap. V.1 zu der prinzipiellen Begrenztheit zugänglicher Evidenz). Induktive Schlüsse sind ihrer Natur nach fallibel; wir können vielleicht nie ausschließen, dass uns bestimmte relevante Hintergrundinformationen prinzipiell nicht zugänglich sind. Dennoch stellt sich die Frage, ob der Schwanen-Forscher nicht vielleicht einen anderen, tiefer liegenden Fehler gemacht hat. War er überhaupt irgendwie darin gerechtfertigt zu schließen, dass der nächste oder gar alle Schwäne weiß sind? Mit welchem Recht nehmen wir eigentlich an, dass wir nicht immer in der Situation des Schwanen-Forschers sind (selbst wenn wir nicht in der Situation von Russells Huhn sind)? Könnte es nicht sein, dass tatsächlich nicht alles Wasser bei 100° Celsius zu kochen beginnt? Könnte es nicht sein, dass morgen die Sonne nicht aufgehen wird? Wie können wir dies ausschließen? Die Logik schließt das ja, wie gesagt, nicht aus. Was sollte es dann ausschließen? Und selbst wenn wir faktisch manchmal wirklich nicht in der Situation des Schwanen-Forschers sind, was berechtigt uns dazu anzunehmen, dass wir in einer besseren Lage sind? Mit anderen Worten und etwas allgemeiner ausgedrückt: Was berechtigt uns, gewisse induktive Schlüsse zu ziehen? Gibt es überhaupt eine Rechtfertigung dafür?

Dies ist der Kern des Induktionsproblems. Eine vielleicht nahe liegende Reaktion auf dieses Problem besteht darin zu sagen, dass induktive Schlüsse dadurch gerechtfertigt sind, dass die Welt Regelmäßigkeiten aufweist, – dass die Gesetze der Natur zu allen Zeiten und an allen Orten dieselben sind. Diesem Vorschlag zufolge können wir bei unseren induktiven Schlüssen also auf die ›Kooperation‹ der Welt setzen; dass die Welt Regelmäßigkeiten aufweist, rechtfertigt unsere induktiven Schlüsse. Vielleicht können wir nie sicher sein, welche unserer induktiven Schlüsse verlässlich sind, aber wir können uns dem vorliegenden Vorschlag zufolge auf jeden Fall sicher sein und sind berechtigt davon auszugehen, dass irgendwelche induktiven Schlüsse verlässlich sind. Letztlich beruht die Rechtfertigung induktiver Schlüsse diesem Vorschlag zufolge also darauf, dass es in der Tat gewisse Regelmäßigkeiten oder Gesetzmäßigkeiten gibt. Nennen wir diese Annahme das »**Induktionsprinzip**«. Man könnte auf die Idee kommen, dieses Prinzip als weitere Prämisse den angeführten induktiven Schlüssen hinzuzufügen. Damit aber würde man jeden induktiven Schluss in einen deduktiven Schluss verwandeln und das Induktionsproblem leugnen.

Ein schwerwiegendes Problem mit diesem Prinzip besteht darin, dass es in der eben angegebenen Form einfach falsch ist und nicht leicht zu sehen ist, wie man ihm eine akzeptable Form geben kann. Wie die australischen Schwäne und viele andere Phänomene zeigen, ist die Welt nicht nur von Regelmäßigkeiten gekennzeichnet; es gibt auch Unregelmäßigkeiten. Wenn überhaupt, so ist die Welt nur in bestimmten Hinsichten von Regelmäßigkeiten gekennzeichnet. Soll man die obigen Formulierungen also durch die folgende ersetzen: Es gibt Regelmäßigkeiten in der Welt? Diese Formulierung ist zu vage und unbestimmt. In dieser Form rechtfertigt das Prinzip z. B. nicht den Schluss von (1) und (2) auf (C_1): Was berechtigt uns denn zu dem Vertrauen, dass die Welt sich hinsichtlich des Siedepunktes von Wasser gesetzesartig verhält? Schließlich kann man das Induktionsprinzip auch nicht dadurch spezifizieren, dass man einzelne gesetzesmäßige Zusammenhänge angibt, wie z. B. den, dass Wasser sich hinsichtlich seines Siedepunktes immer gleich verhält. Ob dem so ist, wollen wir doch gerade wissen, und zur Rechtfertigung der Annahme, dass dem so ist, kann man natürlich diese Annahme selbst nicht heranziehen.

Aber nehmen wir einmal an, dass man dem Induktionsprinzip eine akzeptable und für unseren Zusammenhang brauchbare Form geben kann. Wir können diese Annahme hier machen, weil es ein noch viel grundlegenderes Problem mit dem Induktionsprinzip (was immer es im Einzelnen besagt) gibt: Woher wissen wir denn, dass das Induktionsprinzip wahr ist? Was rechtfertigt uns darin, dieses Prinzip für wahr zu halten?

Eine Antwort auf diese Frage besteht darin zu sagen, dass wir dies unabhängig von Erfahrung wissen bzw. unabhängig von Erfahrung berechtigt sind, dies anzunehmen. Die bei weitem wichtigste Version dieser Art von Antwort finden wir, wie schon gesagt (s. Kap. VI.5), bei Kant (vgl. Kant: Kritik der reinen Vernunft, A 76 ff./B 102 ff., A 95 ff., B 129 ff., A 189 ff./B 232 ff.; vgl. neuerdings auch Bonjour 1998, Kap. 7). Dass die Welt gewissen Regelmäßigkeiten gehorcht, müssen wir annehmen, um überhaupt Erkenntnis von der Welt haben zu können, und dies rechtfertigt diese Annahme der Regelmäßigkeit. Wir sind oben schon auf die grundsätzlichen Schwierigkeiten mit dieser Art von Auffassung eingegangen (vgl. dazu auch Hume:

Enquiry, sec.4 und Hume: Treatise, III.6, 12, 14). Übrigens hat Kant an einer berühmt gewordenen Stelle gesagt, dass es Hume gewesen sei, der ihn aus seinem »dogmatischen Schlummer« hinsichtlich der Induktion und des damit verbundenen Kausalprinzips gerissen habe – ihm gezeigt habe, dass es nicht analytisch sei und ihn schließlich zu einer expliziten Rechtfertigung des synthetisch apriorischen Status' dieses Prinzips veranlasst habe (vgl. Kant: Prolegomena, AA IV, 260, 257 ff.). Bertrand Russell, der nicht an die Möglichkeit eines synthetischen Apriori glaubte, hat dazu bemerkt, dass Kant nicht lange gebraucht hat, um ein neues Schlafmittel zu erfinden, das ihm erlaubte, schnell wieder einzuschlafen (vgl. Russell: A History of Western Philosophy, 704).

Wie steht es um die alternative Antwort, dass wir aufgrund von Erfahrung berechtigt sind, das Induktionsprinzip für wahr zu halten? Ist es nicht so, dass Induktion bisher insofern sehr erfolgreich war, als es uns sehr oft zur Wahrheit geführt hat? Belegen nicht z. B. die großen Fortschritte des Wissens und insbesondere der Naturwissenschaften, dass das Induktionsprinzip sich bewährt hat und dass wir berechtigt sind, es für wahr zu halten? Das entsprechende Argument hat die folgende Form:

> Das Induktionsprinzip hat sich bisher bewährt
> Also wird es sich auch in Zukunft bewähren und wir sind darin gerechtfertigt, es für schlechthin wahr zu halten.

Das Problem mit dieser Art von Argumentation liegt auf der Hand: Es handelt sich hier selbst wieder um eine induktive Rechtfertigung. Es ist zwar nicht zirkulär, die Induktion induktiv zu rechtfertigen (sofern eben diese induktive Rechtfertigung nicht zugleich die Rolle einer Prämisse und der Konklusion eines Arguments spielt), aber die Frage, um die es eigentlich geht, wird nur verschoben: Sind wir denn berechtigt, diesen induktiven Schluss hinsichtlich der Verlässlichkeit induktiven Schließens zu vollziehen? Wir scheinen hier keine Antwort auf die zentrale Frage vor uns zu haben, sondern eher den Beginn eines Regresses (s. dazu Kap. V.6). Abgesehen haben wir oben (s. Kap. VI.6) schon erwähnt, dass es gute Gründe gibt zu bezweifeln, dass wir von der Wahrheit des Induktionsprinzips aufgrund von Erfahrung wissen können; schließlich scheint es die Erfahrung doch eher zu ›organisieren‹ und selbst nicht aus ihr zu stammen. Insofern hat der Kantsche Ansatz eine gewisse Plausibilität (zu Argumenten gegen eine empirische Rechtfertigung des Induktionsprinzips vgl. auch Hume: Enquiry, sec. 4; Hume: Treatise, III.6, 12, 14).

Das Problem, eine Rechtfertigung für induktive Schlüsse anzugeben bzw. zu zeigen, dass es eine solche Rechtfertigung überhaupt gibt, scheint um so vertrackter zu werden, je länger man darüber nachdenkt. Es hilft jedenfalls wenig, sich auf eine **probabilistische Position** zurückzuziehen, Bayes' Prinzip anzuwenden (s. Kap. II.6, V.4 und vgl. Howson/Urbach 1989, 79 ff., 235 ff. sowie Hacking 2001, Kap. 21) und darauf hinzuweisen, dass die Konklusion induktiver Schlüsse ja nicht die Form ›p‹, sondern die Form ›Es ist so und so wahrscheinlich, dass p‹ aufweist oder – alternativ – darauf hinzuweisen, dass induktive Schlüsse nur zu einem bestimmten Glaubensgrad bezüglich der Konklusion berechtigen (s. Kap. III.2.4). Schließlich erfordert auch dies – Wahrscheinlichkeit und Glaubensgrade hin oder her – eine Rechtfertigung. Mit welchem Recht vertrauen wir denn auf das Verfahren der Konditionalisierung? Was die Rechtfertigung der Induktion angeht, sitzen also die Probabilisten in keinem seetüchtigeren Boot als die Nicht-Probabilisten (auch wenn sie vielleicht nicht in demselben Boot sitzen).

Es gibt noch eine weitere interessante, ebenfalls ›optimistische‹ Reaktion auf das Induktionsproblem (vgl. Goodman 1979, 63 f.). Sie beruht auf einer bestimmten Auffassung darüber, wie Standards der Rechtfertigung im Allgemeinen (Induktion ist nur ein Beispiel dafür; Deduktion ist ein anderes) selbst wieder gerechtfertigt werden können. Es wird zunächst zwischen Standards der Rechtfertigung einerseits und unserer Praxis des Rechtfertigens andererseits unterschieden. Die Grundidee ist diese: Eine bestimmte Praxis z. B. des induktiven Argumentierens lässt sich mit Bezug auf gewisse Standards des induktiven Argumentierens rechtfertigen und umgekehrt lassen sich diese Standards letztlich nur wieder mit Bezug auf unsere Praxis z. B. des induktiven Argumentierens rechtfertigen. Wie sollten sie sich sonst rechtfertigen lassen – sie ›fallen ja nicht vom Himmel‹? Die Praxis des induktiven Argumentierens und deren Standards sind gerechtfertigt, wenn sie nach einer Reihe von gegenseitigen Anpassungsprozessen ein »**reflektives Gleichgewicht**« erreicht haben. Dabei handelt es sich natürlich um eine Form ›zirkulären Argumentierens‹ (s. Kap. V.6). Wir können hier offen lassen, ob es sich um eine anstößige Form von Zirkel handelt, weil eine andere Frage noch drängender ist: Wie kann man überhaupt Standards aus einer gegeben Praxis (die sich doch nach diesen Standards richten soll und sie verfehlen kann) entnehmen? Es ist doch, so könnte man einwenden, vorstellbar, dass z. B. aufgrund irgendeiner globalen ökologischen Katastrophe die Denkfähigkeit der Menschen und insbesondere die probabilistische Denkfähigkeit so nachhaltig geschädigt wird, dass so ziemlich alle Menschen die elementarsten Regeln der Wahrscheinlichkeitstheorie verletzen und z. B. urteilen, dass die Wahrscheinlichkeit einer 6 fällt, je mehr 6en mit einem normalen Würfel schon nacheinander geworfen worden sind. Soll man dieses Urteil unter den neuen Umständen wirklich als korrekt akzeptieren?

Soviel zu einigen Antworten auf das Induktionsproblem, die die Auffassung miteinander verbindet, dass man die Induktion rechtfertigen kann. Es gibt nun andere Auffassungen, denen zufolge man die Induktion zwar nicht rechtfertigen kann, aber auch nicht rechtfertigen muss. Diesen Auffassungen zufolge handelt es sich bei dem Induktionsproblem also um ein ›Schein-Problem‹, nicht um ein echtes Problem. Zwei solche Auffassungen seien hier erwähnt.

Die erste Auffassung wurde insbesondere von **Peter Frederick Strawson** (geb. 1919) vertreten (vgl. Strawson 1952, 248 ff.). Ihr zufolge kann man darauf hinweisen, dass unsere Standards des induktiven Schließens selbst (zusammen mit den logischen Standards des deduktiven Schließens) das ausmachen, was wir unter »Rechtfertigung« oder »rationaler Argumentation« verstehen (vgl. Strawson 1952, 256 f.). Es ist also demnach analytisch wahr zu sagen, dass es rational ist, induktiv zu schließen (vgl. Strawson 1952, 256 f.). Zu fragen, wie die Standards der Rechtfertigung selbst gerechtfertigt sind, ist der Frage vergleichbar, ob die Gesetze eines Landes selbst legal sind (vgl. Strawson 1952, 257). Es zeugt von einer tiefliegenden Konfusion, wenn man nach der Rechtfertigung dessen fragt, das doch allererst unseren Begriff von Rechtfertigung bestimmt und ausmacht. Man kann nur nach der Rechtfertigung bestimmter induktiver Schlüsse fragen, aber nicht nach der Rechtfertigung induktiven Schließens überhaupt (vgl. Strawson 1952, 249). Die Standards der Rechtfertigung lassen demzufolge keine Rechtfertigung zu und erfordern auch keine Rechtfertigung.

Diese Auffassung hat nicht nur die Eleganz für sich. Aber auch hier stellen sich gewisse Fragen: Ist es wirklich so klar, dass induktives Schließen Rationalität mitdefiniert? Könnten wir uns nicht auch darüber täuschen, dass ein bestimmtes Schlussverfahren rational ist? Es ist schwer zu sehen, wieso das nicht möglich sein sollte: Vielleicht ist der Beweis mit Rekurs auf Tradition und Autoritäten ein Beispiel für ein Argumentationsverfahren, das einmal von vielen für konstitutiv für Rationalität gehalten wurde, von dem wir heute aber mit Recht bezweifeln, dass es sich dabei um ein akzeptables Verfahren handelt. Es ist gar nicht klar, wieso Induktion prinzipiell von möglichen Zweifeln dieser Art ausgenommen sein sollte. Der Induktions-Skeptiker jedenfalls ist durch ein solches Argument nicht zu beeindrucken: Er weist darauf hin, dass hier gerade das ungeprüft angenommen wird, was er bezweifelt.

Eine andere Auffassung geht auf **Karl Popper** (1902–1994) zurück (vgl. Popper 1972, 7 ff.). Ihr zufolge kann die Induktion nicht gerechtfertigt werden, muss aber auch nicht gerechtfertigt werden. Poppers Idee besagt, dass Induktion gar keine Quelle des Wissens oder keine Art der Rechtfertigung darstellt. Vielmehr besteht das, was wir gewöhnlich als »Wissen« oder »gerechtfertigt« bezeichnen – also z. B. unsere wissenschaftlichen Theorien – aus Hypothesen, die wir sozusagen ›erraten‹ und die wir nicht endgültig bestätigen, sondern bestenfalls widerlegen können (»bestenfalls«, weil wir damit zu einer besseren Theorie übergehen können). Diese Position des »**Falsifikationismus**« wirft viele Fragen auf, auf die wir hier allerdings nicht näher eingehen müssen. Hier ist die Frage wichtig, ob diese Sicht wirklich plausibel ist: Verkennt sie nicht einfach die Tatsache, dass *prima facie* eine Menge dafür spricht, dass es so etwas gibt wie induktive Evidenz und induktives Wissen? Spricht nicht ungeheuer viel – zumindest auf den ersten Blick – dafür, dass morgen wieder die Sonne aufgehen wird, und ziemlich wenig dafür, dass dem nicht so sein wird? Müsste man diesen *prima-facie*-Eindruck nicht zumindest erklären? Ist dieser Ausweg aus dem Induktionsproblem nicht zu ›billig‹ (und durch einen latenten Skeptizismus – »Alles Wissen ist Raten« – zu ›teuer‹) erkauft? Verfehlt es nicht eher das eigentliche Problem?

Vielleicht sollte man eher zugestehen, dass das Induktionsproblem nicht lösbar ist, aber dennoch ein echtes Problem darstellt. Damit ist man allerdings fast schon beim Induktions-Skeptizismus angelangt – »fast«, weil es in der Tat eine Reaktion auf das Induktionsproblem gibt, derzufolge eine gewisse »**pragmatische**« Rechtfertigung der Induktion möglich ist, wenn auch keine prinzipielle Rechtfertigung. Die sehr attraktive Grundidee, die vor allem von **Hans Reichenbach** (1891–1953), einem Mitglied des Berliner Zweiges des Wiener Kreises, vertreten wurde, ist diese (vgl. Reichenbach 1935, § 80; Salmon 1974, 85 ff.). Entweder die Welt weist Regelmäßigkeiten auf oder sie weist keine Regelmäßigkeiten auf. Falls letzteres der Fall ist, ist man mit Induktion jedenfalls nicht schlechter dran als mit jedem anderen möglichen Verfahren (wie z. B. ziellosem Raten). Wenn die Welt aber Regelmäßigkeiten aufweist, dann hat man mit dem Induktionsverfahren die besten Aussichten, die Wahrheit bzw. diese Regelmäßigkeiten zu identifizieren. Dieses Argument, das hier nur ganz grob skizziert werden kann, hat sicherlich für sich, dass es eine gewisse Rechtfertigung der Induktion bietet, allerdings, wie gesagt, nicht die eigentlich und ursprünglich gesuchte Rechtfertigung: Es zeigt nicht, dass wir Grund haben, an das Induktionsprinzip zu glauben. Es zeigt nur, dass man mit der Induktion bessere Aussichten hat, die Wahrheit zu treffen, als mit allen Alternativen. Das pragmatische Argument weist also ein gewisses skeptisches Element auf.

Warum also nicht gleich zum **Induktions-Skeptiker** werden? Dies war Humes Reaktion auf das Induktionsproblem (vgl. Hume: Treatise, I.3, I.4.1.; Hume: Enquiry, sec. 4 f.).). Ihm zufolge kann man nur erklären, wieso wir induktiv vorgehen, aber man kann dies nicht rechtfertigen. Schließlich kann man die Induktion ja weder a priori noch empirisch rechtfertigen. Also kann man sie gar nicht rechtfertigen. Es liegt in unserer Natur, dass wir induktive Schlüsse ziehen. Je mehr wir das, was wir »induktive Evidenz« für einen bestimmten Zusammenhang nennen, ansammeln, desto mehr gewöhnen wir uns daran, das Vorliegen dieses Zusammenhangs auch weiterhin zu erwarten. Wir haben schon so oft Wasser ab 100° Celsius kochen sehen (und niemals etwas anderes beobachtet), dass wir gar nicht anders können (aufgrund einer eingeschliffenen intellektuellen Gewohnheit), als bei der nächsten Wasserprobe wieder zu erwarten, dass der Siedepunkt bei 100° Celsius liegt. Mehr kann man nach Hume aber zu diesem Thema nicht sagen. Es gibt jedenfalls nicht das, was wir eigentlich suchten: eine Rechtfertigung der Induktion.

Diese Position ist sehr radikal. Sie stellt einen großen Teil unserer Wissensansprüche grundsätzlich in Frage und damit wird auch fraglich, ob die philosophische Erkenntnistheorie nicht ziemlich obsolet wird. Es ist jedenfalls bemerkenswert, dass die Philosophen immer wieder versucht haben und immer wieder versuchen, dem Induktionsproblem eine positive Lösung zu geben. Es fällt offenbar sehr schwer, die Hoffnung auf eine solche Lösung endgültig aufzugeben.

Ein gewisser ›Trost‹ liegt vielleicht darin, dass man die Induktion offenbar nicht nur nicht rechtfertigen kann, sondern auch nicht widerlegen kann. Was hätten wir denn Grund zu sagen, wenn ab dem 1. April des nächsten Jahres plötzlich alle bisherigen ›Regelmäßigkeiten‹ zusammenbrechen würden: Wasser mal ab 55° Celsius, mal überhaupt nicht kochen würde, manche Gegenstände plötzlich nur noch zeitweise der Gravitation unterliegen würden, und so weiter? Wir hätten sicherlich Grund, erstaunt zu sein und unsere Welt für seltsamer als erwartet zu halten. Aber wir hätten sicherlich keinen Anlass, das Induktionsprinzip über Bord zu werfen: Schließlich kann man ja nie ausschließen, dass es doch verborgene Gesetzmäßigkeiten gibt. Vielleicht verliert das Induktionsproblem so ja etwas von seiner Brisanz und der Skeptizismus etwas von seiner Bedrohlichkeit: nämlich durch den Nachweis, dass das Induktionsprinzip ein ›**metaphysisches**‹ Prinzip ist, das weder belegbar noch widerlegbar ist und mit jeder möglichen Erfahrung vereinbar ist. Ein weiterer Trost mag darin gesucht werden, dass es ja offenbar nicht leichter ist, das deduktive Schließen zu rechtfertigen als das induktive Schließen. Die Frage ist nur, wie man dies bewerten soll: Ist es um das induktive Schließen genauso gut bestellt wie um das deduktive Schließen oder ist es um das deduktive Schließen genauso schlecht bestellt wie um das induktive Schließen (vgl. Haack 1993b, 76 ff.)?

Zum Schluss sei noch kurz auf das sogenannte »**neue Rätsel der Induktion**« eingegangen. Es geht auf den Philosophen **Nelson Goodman** (1906–1998) zurück, der für das »alte Rätsel der Induktion« eine Lösung vorschlug (die des reflektiven Gleichgewichts), – nur um gleich mit einem anderen, neuen Problem aufzuwarten (vgl. Goodman 1979, Kap. 3, 4, bes. 72 ff.; vgl. auch Stalker 1994). Man könnte zunächst meinen, dass das »neue Induktionsproblem« (wie wir es nennen wollen), weniger fundamental ist, weil hier nicht an dem Induktionsprinzip selbst gezweifelt wird. Vielmehr hat dieses Problem mit der Frage zu tun, welche Konklusion denn durch eine bestimmte induktive Evidenz gestützt wird. Es wird sich aber zeigen, dass das neue Induktionsproblem nur scheinbar harmlos ist und ebenfalls sehr grundlegende Probleme aufwirft. Worum geht es also?

Betrachten wir wieder ein Beispiel. Nehmen wir an, dass wir sehr gute induktive Evidenz für die Annahme haben, dass Gras grün ist (und lassen wir hier des Beispiels halber das Problem außer acht, dass Gras manchmal braun ist, z. B. dann, wenn es von der Sonne verbrannt ist). Wir haben sehr viel Gras gesehen und immer war es grün, nie nicht grün. Also sollte man annehmen, dass unsere induktive Evidenz die folgende Konklusion oder Hypothese stützt:

(H$_1$) Gras ist grün.

Wir verstehen sehr gut, was Worte wie »grün« bedeuten; es handelt sich hier um wohlbekannte Farbworte. Nun spricht prinzipiell nichts dagegen, ein neues Wort in die Sprache einzuführen, und zwar das Wort »grot« (vgl. Goodman 1979, Kap. 3, 4, bes. 72 ff.). Was unter »grot« zu verstehen ist, lässt sich folgendermaßen erklären:

Etwas ist grot gdw.
es entweder von uns vor einem bestimmten Zeitpunkt t beobachtet worden ist und sich als grün herausgestellt hat
oder dies nicht der Fall ist und es rot ist.

Sicher, das Prädikat »grot« macht einen sehr ›exotischen‹ Eindruck. Aber es wirft ein überhaupt nicht exotisches Problem auf: Was hindert uns daran zu sagen, dass unsere bisherige induktive Evidenz (aus der Zeit vor t) nicht nur die Hypothese

(H$_1$) Gras ist grün.

sondern auch die damit unvereinbare Hypothese

(H$_2$) Gras ist grot

stützt? Da offenbar beliebig viele Prädikate wie »grot« denkbar sind (»grelb«, »grosa« etc.), sind offenbar auch beliebig viele Hypothesen denkbar, die durch unsere induktive Evidenz gestützt werden. Man ist fast geneigt zu sagen, dass alles Mögliche durch alles Mögliche induktiv bestätigt werden kann (vgl. Goodman 1979, 75). Es scheint kaum möglich zu sein, eine Hypothese als diejenige auszuzeichnen, die durch die induktive Evidenz gestützt wird, – im Unterschied zu allen anderen möglichen Hypothesen. Dies scheint aber absurd zu sein: Es scheint doch ganz offensichtlich zu sein, dass unsere induktive Evidenz die Konklusion (H$_1$) stützt und keinesfalls irgendeine der alternativen, ›verrückten‹ Konklusionen. Wie aber kann man dies zeigen? Die Diskussion um diese Frage hat gezeigt, dass eine Antwort auf diese Frage enorm schwer fällt. Damit aber wird unsere Praxis des induktiven Schließens auf ähnlich radikale Weise in Frage gestellt wie durch das »alte Induktionsproblem«. Das neue Induktionsproblem, das hier nur kurz erwähnt werden kann, sei jedenfalls dem Leser zum weiteren eigenen Nachdenken empfohlen.

2. Wahrnehmung

Ohne Wahrnehmung hätten wir kein Wissen, – selbst wenn Wahrnehmung allein offenbar nicht ausreicht, um unser Wissen zu erklären (s. Kap. VI.6/7). Unsere fünf Sinne – das Hören, Riechen, Schmecken, Tasten und Sehen – lassen sich als die ›Kanäle‹ verstehen, auf denen wir Informationen über die Welt aufnehmen. Und selbst Wissen, das ganz offenbar in keiner Weise auf Wahrnehmung beruht, wie etwa mathematisches Wissen, könnten wir ohne jede Wahrnehmung nicht erwerben: Wie sollte ein Wesen, das über keinerlei Wahrnehmung verfügt, etwa dazu kommen können, über die Winkelsumme von Dreiecken nachzudenken? Gehört dazu nicht z. B., dass man den Begriff des Dreiecks versteht – und wie könnte man dies, wenn man nicht z. B. irgendwann Erklärungen anderer gehört hätte oder dreiecksartige Formen gesehen hätte? Was Kant in der folgenden Passage über Erfahrung sagt, lässt sich ebenso über Wahrnehmung sagen: »Dass alle unsere Erkenntnis mit der Erfahrung anfange, daran ist gar kein Zweifel; denn wodurch sollte das Erkenntnisvermögen sonst zur Ausübung erweckt werden, geschähe es nicht durch Gegenstände, die unsere Sinne rühren ... Der Zeit nach geht also keine Erkenntnis in uns vor der Erfahrung vorher, und mit dieser fängt alle an. Wenn aber gleich alle unsere Erkenntnis mit der Erfahrung anhebt, so entspringt sie darum doch nicht eben all aus der Erfahrung« (Kant: Kritik der reinen Vernunft, B 1). Ohne Wahrnehmung hätten wir, so kann man hinzufügen, nicht nur kein Wissen, – noch schlimmer: Wir hätten nicht einmal eine nennenswerte Überlebenschance!

So groß die Bedeutung der Wahrnehmung ist, so unproblematisch erscheint sie auf den ersten Blick. Ich sehe meine Kaffeetasse vor mir, höre draußen einen Zug vorbeifahren, schmecke und rieche den Keks, den ich gerade kaue, und spüre das Kissen in meinem Rücken. Was könnte unproblematischer und einfacher sein als all das? Nun, der Eindruck des Unproblematischen trügt, – und wie! Die visuelle Wahrnehmung liefert ein Beispiel. Ich nehme die Gegenstände um mich herum ganz selbstverständlich, mühelos und offenbar unmittelbar als drei-dimensional wahr. Die visuelle Ausgangsinformation beruht aber auf Licht verschiedener Wellenlänge und Intensität, das auf meine beiden (im Prinzip) zwei-dimensionalen Retinas fällt. Wie ist es nun überhaupt möglich, aufgrund von zwei-dimensionaler Ausgangsinformation ein drei-dimensionales Bild der Welt zu erhalten? Denkt man über Fragen wie diese näher nach, so erscheint die Wahrnehmung plötzlich nicht nur nicht unproblematisch, sondern geradezu rätselhaft. Selbst die scheinbar so simple und unmittelbare Wahrnehmung meiner Kaffeetasse auf dem Tisch ist ungeheuer voraussetzungsvoll. Nicht nur die Wahrnehmung selbst wird rätselhaft, sondern auch die Tatsache, dass sie uns so leicht fällt und so einfach erscheinen kann. Wie also ist unsere Wahrnehmung möglich, wie genau ›funktioniert‹ sie?

Neben diese ›**Wie-Frage**‹ tritt eine ›**Was-Frage**‹: Was genau nehmen wir eigentlich in erster Linie wahr, wenn wir etwas wahrnehmen? Ist es primär meine Kaffeetasse, die ich sehe, oder das Licht, das von der Tasse reflektiert wird, oder die Abbildung auf meiner Netzhaut oder noch etwas anderes? Diese Frage ist noch sehr vage gefasst und vielleicht etwas unverständlich, aber wir werden sie selbst ebenso wie ihre Dringlichkeit gleich noch deutlicher machen. Zunächst aber eine Einschränkung: Wir werden uns im Folgenden auf den Fall der visuellen Wahrnehmung beschränken, – nicht nur der Einfachheit halber, sondern auch deshalb, weil die visuelle Wahrnehmung als besonders wichtig erscheint.

Philosophen haben sich schon immer mit der Wahrnehmung und insbesondere der visuellen Wahrnehmung befasst. Da die Verbindung zwischen Philosophie und Wissenschaft bis in das 18. Jh. sehr eng war, kann man – zumindest für diesen Zeitraum – hinzufügen, dass die Philosophen sich in der Regel zugleich als Wissenschaftler zum Thema geäußert haben. Aristoteles ist hier ebenso anzuführen (vgl. Aristoteles: De Anima, 416b32 ff.) wie unter den modernen Philosophen etwa Descartes (vgl. Descartes: La Dioptrique, Discours III–VI) und Berkeley (vgl. Berkeley: New Theory of Vision). Heutzutage ist die philosophische Beschäftigung mit der Wahrnehmung (vgl. etwa Chisholm 1957, Dretske 1969, Grice 1961, 121 ff. und Strawson 1988, 92 ff. sowie die Sammelbände Swartz 1965, Dancy 1988 und Noë/Thompson 2002) nur sehr locker, wenn überhaupt, auf die wissenschaftliche Beschäftigung mit der Wahrnehmung (vgl. als einen neueren Überblick Palmer 1999) bezogen. Im Folgenden soll auf beides eingegangen werden.

Bevor wir nun zunächst zu der erwähnten Was-Frage übergehen, müssen noch einige Vorklärungen getroffen werden (vgl. dazu auch Dretske 1969, Dretske 1992 sowie den Überblick in Siebel 2000, Kap. 1). Besonders wichtig ist die Unterscheidung zwischen **Objekt-Sehen** und **propositionalem Sehen**. Hier sind einige Beispiele:

> Anna sieht Franz,
> Kurt sieht die Explosion,
> Maria sieht, dass es zum Dach herein regnet.

Bei den ersten beiden Beispielen handelt es sich um Fälle von Objekt-Sehen, wobei »Objekt« in einem weiten Sinne zu verstehen ist, der sowohl Dinge wie Ereignisse umfasst. Objekt-Sehen hat die Form »S sieht a«, wobei »S« für den Wahrnehmenden und »a« für das entsprechende Objekt steht. Beim letzten Beispiel hingegen handelt es sich um propositionales Sehen, also um ein Sehen der Form »S sieht, dass p«.

Es ist klar, dass diese Unterscheidung exklusiv ist: Fälle von Objekt-Sehen sind keine Fälle von propositionalem Sehen, und umgekehrt. Darüber hinaus sind sie offenbar auch unabhängig voneinander, jedenfalls zu einem bestimmten Grad. Objekt-Sehen involviert kein propositionales Sehen und setzt dies nicht voraus. Anna mag Franz sehen, aber nicht sehen, dass es sich um Franz handelt; ja, sie mag so in Gedanken sein, dass sie gar nicht bemerkt, dass sie irgendjemanden oder irgendetwas sieht. Wir sehen zu einem bestimmten Zeitpunkt so enorm viel, dass wir nur auf einen kleinen Teil achten können und nicht mehr als einen kleinen Teil des prinzipiell möglichen propositionalen Sehens realisieren können. Waldi, der Dackel, ist in der Lage, einen Teilchenbeschleuniger zu sehen, aber er ist wohl nicht in der Lage zu sehen, dass er einen Teilchenbeschleuniger vor sich hat. Ihm fehlt der Begriff des Teilchenbeschleunigers und vielleicht fehlen ihm Begriffe überhaupt. Vielleicht ist er überhaupt nicht zu propositionalem Sehen in der Lage. Dennoch ist er in der Lage, Objekte zu sehen. Die Fähigkeit, Objekte zu sehen, setzt also nicht propositionale oder **begriffliche Fähigkeiten** voraus. Bei den Inhalten des Objekt-Sehens handelt es sich deshalb um – wie man das nennt – »**nicht-begriffliche Gehalte**« (vgl. Husserl: Erfahrung und Urteil, 73 ff., 21 und Peacocke 1992, 61 ff., 66; sowie McDowell 1994a, 46 ff.; s. auch Kap. V.6.1).

Umgekehrt setzt propositionales Sehen nicht ein Sehen bestimmter Objekte voraus. Ich kann sehen, dass Frank nicht da ist, ohne Frank zu sehen (wie sollte ich sehen können, dass er nicht da ist, wenn ich ihn sehe?). Oder ich kann sehen, dass der Tank meines Autos leer ist (durch einen Blick auf die Tankanzeige), ohne den Tank zu sehen. Dass etwas der Form ›S sieht, dass a F ist‹ wahr ist, setzt also nicht voraus, dass etwas der Form ›S sieht a‹ wahr ist. Das heißt aber nicht, dass propositionales Sehen keinerlei Objekt-Sehen voraussetzen würde. Vielmehr muss man offenbar irgendetwas sehen, um sehen zu können, dass etwas Bestimmtes der Fall ist. Ich muss z. B. ein Zimmer und die Gegenstände darin sehen, um zu sehen, dass Frank nicht darin ist. Und um zu sehen, dass mein Tank leer ist, muss ich z. B. eine Tankanzeige sehen. Dass S sieht, dass a F ist, setzt zwar nicht voraus, dass S a sieht, aber irgendetwas muss S sehen. In dieser Weise setzt propositionales Sehen ein Objekt-Sehen voraus (aber nicht umgekehrt).

Propositionales Sehen ist begrifflicher Natur; seine Gehalte sind begriffliche Gehalte. Um z. B. zu sehen, dass irgendetwas F ist, muss man den Begriff des F haben. Die Sache wird allerdings dadurch etwas kompliziert, dass es – wie wir gesehen haben (s. Kap. III.2.2) – sowohl **de dicto**- als auch **de re-Zuschreibungen** von propositionalen Einstellungen gibt. Man kann z. B. (*de re*) von Frank sagen, dass er sieht, dass der Teilchenbeschleuniger entlang der Hügelkette verläuft, auch wenn Frank den Begriff des Teilchenbeschleunigers gar nicht hat und die angemessene *de dicto*-Beschreibung etwa besagt, dass Frank sieht, dass dieses seltsame Gebäude entlang der Hügelkette verläuft. Dass propositionales Sehen Begriffsbesitz voraussetzt, muss also genau genommen so verstanden werden: Propositionales Sehen setzt den Besitz derjenigen Begriffe voraus, die in den *de dicto*-Gehalt des propositionalen Sehens eingehen.

Deshalb ist fraglich, ob z. B. Tiere zu propositionalem Sehen in der Lage sind. Uns interessiert am Sehen und an der Wahrnehmung generell besonders der Bezug auf Wissen. In diesem Zusammenhang sind zwei Bemerkungen von Interesse. Erstens: Propositionales Sehen ist »**veritativ**« (vgl. Dretske 1969, 79). Aus »S sieht, dass p« folgt »p«. Nun sagt man in Fällen von Irrtümern, dass jemand »sieht«, dass p, auch wenn »p« falsch ist. Im Fall der Müller-Lyer-Illusion z. B. (s. Kap. V.3) könnte man sagen, dass man sieht, dass die beiden Linien verschieden lang sind. Damit meint man aber offenbar genau genommen nur, dass es für einen so aussieht, als seien sie von verschiedener Länge. Sehen, dass p, setzt also streng genommen die Wahrheit von »p« voraus. Zweitens: Dass S sieht, dass p, impliziert nicht, dass S glaubt, dass p. Schließlich kann man ja seinen Sinnen misstrauen. Kurt mag z. B. sehen, dass aus seiner Schreibtischschublade Flammen kommen, aber er mag dies nicht glauben und eher eine Halluzination aufgrund von Übermüdung annehmen.

Gegeben all diese Erklärungen, stellen sich folgende Fragen: Wie gelangt man vom Objekt-Sehen zum propositionalen Sehen? Und wie vom propositionalen Sehen zu visuellen Meinungen bzw. visuellen Wissen? Beginnen wir mit einer näheren Betrachtung des Objekt-Sehens und kehren wir zu der erwähnten Was-Frage zurück: Was ist der unmittelbare oder direkte Gegenstand der visuellen Wahrnehmung?

2.1 Die Was-Frage

Um diese Frage und insbesondere die Rede von »Unmittelbarkeit« und »Direktheit« besser zu verstehen, empfiehlt es sich, zunächst zu den obigen Beispielen zurückzugehen. Ich sehe meinen Kaffeebecher vor mir und der **unmittelbare und direkte**

Gegenstand meiner Wahrnehmung ist eben dieser Becher. Wenn ich sehe, dass mein Tank leer ist, indem ich auf die Tankanzeige blicke, dann ist nicht der Tank, sondern die Tankanzeige der unmittelbare und direkte Gegenstand meiner Wahrnehmung. Was immer das unmittelbare und direkte Objekt der Wahrnehmung ist, es handelt sich dabei doch offenbar immer um einen ›äußeren‹ Gegenstand. Diese Position wird auch als »**naiver Realismus**« bezeichnet und sie erscheint auf den ersten Blick derart selbstverständlich (wenn nicht gar trivial), dass sich die Frage stellt, was daran »naiv« sein soll (vgl. z. B. Strawson 1988, 92 ff.).

Dass die Dinge allerdings nicht so selbstverständlich sind, wie sie erscheinen, sieht man, wenn man das folgende Beispiel betrachtet. Bert sitzt eines Abends auf einer Parkbank und betrachtet einen Stern. Man ist zunächst geneigt zu sagen, dass er diesen Stern sieht und dass der Stern zudem der direkte und unmittelbare Gegenstand der Wahrnehmung ist. Nun verhält es sich aber so, dass der Stern schon seit langer Zeit erloschen ist. Da er aber sehr weit von der Erde entfernt ist, ist immer noch Licht, das früher einmal von ihm ausgegangen ist, zur Erde unterwegs. Wie aber kann Bert einen Stern sehen und wie kann dieser Stern zudem der direkte und unmittelbare Gegenstand seiner Wahrnehmung sein, wenn es diesen Stern gar nicht mehr gibt? Andererseits sieht Bert doch ganz offensichtlich etwas. Wie kann das sein? Was kann Bert denn sehen, wenn nicht jenen Stern?

Eine Antwort besagt, dass Bert in der Tat nicht den Stern (den es ja gar nicht mehr gibt) sieht, sondern etwas anderes, ebenfalls Glänzendes, – etwas, das sozusagen ›zwischen‹ dem (inzwischen erloschenen) Stern und Bert steht und zwischen beidem vermittelt: ein »**Sinnesdatum**« eines Sterns, wie man dies auch nennt. Der direkte und unmittelbare Gegenstand von Berts Seherlebnis ist also nicht ein äußerer Gegenstand, sondern ein Sinnesdatum. Sinnesdaten sind geradezu als dasjenige ausgezeichnet, das wir direkt und unmittelbar wahrnehmen. Dieses Argument für die Annahme von Sinnesdaten lässt sich nun leicht verallgemeinern. Unmittelbar und direkt sind wir nämlich nie mit den scheinbar so nahen und vertrauten Gegenständen in der Welt konfrontiert, sondern mit deren »Stellvertretern« oder »Repräsentanten«, den Sinnesdaten. Schließlich gibt es immer einen komplexen kausalen Prozess mit mehreren Stadien, an dessen Anfang das Reflektieren (oder Aussenden) von Licht durch ein Objekt und an dessen Ende das Seherlebnis steht. Also sind wir nie direkt und unmittelbar auf den äußeren Gegenstand bezogen (auch wenn zunächst alles so aussieht), sondern nur auf das letzte Glied der kausalen Kette vor dem Seherlebnis selbst. Und dieses letzte Glied ist eben das entsprechende Sinnesdatum.

Die Sinnesdaten-Theorie war vor allem (aber nicht nur) in der ersten Hälfte des 20. Jh.s verbreitet und wurde von Philosophen wie Russell (vgl. Russell: The Problems of Philosophy, Kap. 1,2), Moore (vgl. Moore: The Status of Sense-Data, 168 ff.) und anderen vertreten. Ein Vorläufer der Sinnesdaten-Theorie ist die besonders im 17. und 18. Jh. verbreitete Theorie der Ideen als unmittelbarer Objekte des Geistes, wie sie sich z. B. bei Locke findet (s. dazu Kap. I.3 und vgl. etwa Locke, Essay, II.1.1, II.8.8, IV.21.4.). Bei Locke findet sich – in etwas anderem Zusammenhang – auch ein schönes Beispiel: Wasser derselben Temperatur kann in einer Hand die Empfindung von Wärme, in der anderen Hand die Empfindung von Kälte hervorrufen. Da ein und dasselbe Wasser nicht an derselben Stelle und zur selben Zeit verschiedene Temperatureigenschaften haben kann, liegt es nahe zu folgern, dass hier nicht das Wasser direkt wahrgenommen wird, sondern etwas Anderes (vgl. Locke, Essay, II.8.21; vgl.

als eine grundsätzliche Kritik Austin 1962b, Sellars 1963, 127 ff. Dretske 1969, 65 f. und Armstrong 1968, 218 ff.).

Es gibt noch ein anderes Argument für die Annahme von Sinnesdaten, das sehr verbreitet ist und in verschiedenen Variationen vorgebracht wird: das sogenannte **Illusions-Argument** (vgl. etwa Ayer 1956, 84 ff. sowie die Kritik von Ryle 1949, 200 ff. und die Entgegnung von Ayer 1956, 105 ff.). Unterscheiden wir zunächst zwischen drei Fällen von Objekt-Sehen. Hier sind drei entsprechende Beispiele:

> (a) Anna sieht eine halbleere Kaffeetasse vor sich, und in der Tat steht eine halbleere Kaffeetasse vor ihr;
> (b) Vor Fred befindet sich ein gerader Stab, der sich zur Hälfte in einem Wasserbehälter befindet, so dass er ihm abgeknickt erscheint;
> (c) Franz hat halluzinogene Pilze gegessen und sieht einen Elefanten vor sich, wo nicht einmal eine Maus ist.

Die Beispiele (b) und (c) sind Fälle von ›täuschender‹ Wahrnehmung (im einen Fall gibt es gar keinen äußeren Gegenstand, der der Wahrnehmung entspricht, im anderen Fall gibt es zwar einen solchen Gegenstand, aber er ist nicht so beschaffen, wie er erscheint). Das Beispiel (a) hingegen ist ein Fall von ›nicht-täuschender‹ Wahrnehmung. Nun zu einer Version des Illusions-Arguments.

Die erste Prämisse besagt Folgendes:

> (1) In jeder (täuschenden oder nicht-täuschenden) Wahrnehmung gibt es etwas, das direkt wahrgenommen wird und worüber man sich nicht täuschen kann.

Eine ähnliche Annahme hatten wir schon oben beim Sternen-Beispiel verwandt. Selbst im Fall täuschender Wahrnehmungen – wie in den obigen Fällen (b) und c) – gibt es doch etwas, das direkt wahrgenommen wird: im Fall von Fred ein abgeknickter Stab und im Fall von Franz ein Elefant. Und auch wenn Fred und Franz insofern einer Täuschung erliegen, als kein abgeknickter Stab bzw. kein Elefant vor ihnen ist, so täuschen sie sich doch nicht darin, dass sie eine visuelle Erscheinung eines abge-knickten Stabes bzw. eines Elefanten ›vor sich haben‹.

Die zweite Prämisse besagt Folgendes:

> (2) Was in einer Wahrnehmung direkt wahrgenommen wird, hängt nicht davon ab, ob es sich dabei um eine täuschende oder eine nicht-täuschende Wahrnehmung han-delt.

Meine Wahrnehmung eines geknickten Stabes hat immer denselben unmittelbaren Gegenstand, ob ich nun wirklich einen geknickten Stab vor mir habe oder einen geraden Stab, der nur geknickt erscheint oder gar keinen Stab.

Aus (2) und dem, was wir oben über täuschende und nicht-täuschende Wahr-nehmungen gesagt haben, ergibt sich

> (3) Äußere Gegenstände sind weder in einer täuschenden noch in einer nicht-täuschenden Wahrnehmung das, was direkt wahrgenommen wird.

Geht man davon aus, dass der einzige mögliche alternative Kandidat für das, was direkt wahrgenommen wird, Sinnesdaten sind, ergibt sich schließlich aus all dem:

> (4) Sinnesdaten sind dasjenige, das in jeder (täuschenden oder nicht-täuschenden) Wahr-nehmung direkt wahrgenommen wird und worüber man sich nicht täuschen kann.

Die Annahme von Sinnesdaten bzw. von etwas, das direkt und täuschungssicher wahrgenommen wird, hat auf viele Philosophen eine große Anziehungskraft ausgeübt. Sinnesdaten scheinen genau das darzustellen, woran z. B. erkenntnistheoretische Fundamentalisten (s. Kap. V.6.1) interessiert sind, zumal dann, wenn sie es auf ein infallibles Fundament abgesehen haben, das uns einfach ›gegeben‹ ist. Auch für viele Empiristen hat der Rekurs auf etwas wie Sinnesdaten große Attraktivität gehabt (vgl. etwa Carnap: Aufbau). Und löst die Annahme von Sinnesdaten nicht die oben erwähnten Probleme mit Wahrnehmungstäuschungen? Vermeidet sie nicht die notorischen Schwierigkeiten des naiven Realismus?

Es gibt aber auch grundlegende Probleme mit der Sinnesdaten-Theorie. Zunächst ist gar nicht so klar, was das überhaupt sein soll, – ein Sinnesdatum. Handelt es sich dabei um etwas Mentales, Geistiges oder um etwas Nicht-Mentales, Nicht-Psychisches? Sind sie physischer Natur oder nicht? In welcher Beziehung steht ein Sinnesdatum zu dem äußeren Gegenstand, den es ›repräsentiert‹? Ähnelt es ihm? Falls ja: Was kann das heißen, wo doch Sinnesdaten und äußere Gegenstände ganz unterschiedliche Arten von Dingen darstellen? Und in welcher Hinsicht kann ein Sinnesdatum einem äußeren Gegenstand ähnlich sein? Kann ein Sinnesdatum dieselben Eigenschaften haben wie der repräsentierte Gegenstand? Funkeln nicht nur die Sterne, sondern auch ihre Sinnesdaten? Dampft nicht nur der Kaffee in der Tasse, sondern auch das Sinnesdatum des Kaffees? Sind Sinnesdaten nicht ganz seltsame Arten von Dingen, – ja vielleicht nichts anderes als eine Erfindung der Philosophen?

Gegen Sinnesdaten-Theorien wird oft eingewandt, dass sie zum Skeptizismus führen: Schließlich können wir ihnen zufolge direkt nur von unseren Sinnesdaten, aber nicht von äußeren Gegenständen wissen. Ja, vielleicht gibt es überhaupt keine äußeren Gegenstände, vielleicht repräsentieren die Sinnesdaten gar nichts? Und selbst wenn es äußere Gegenstände gibt: Könnten sie nicht ganz anders beschaffen sein, als sie uns erscheinen? Mit einer Sinnesdaten-Theorie erscheinen all diese Fragen unbeantwortbar. Eng damit hängt ein anderes Problem zusammen, das oben (s. Kap. V.6.1) schon erwähnt worden ist: Wie kann man, wenn man von Sinnesdaten ausgeht, überhaupt zur Annahme von davon verschiedenen äußeren Gegenständen gelangen? Sobald man Annahmen über bestimmte Beziehungen zwischen Sinnesdaten und äußeren Gegenständen macht, nimmt man schon in Anspruch, was erst gerechtfertigt werden muss, nämlich die Annahme äußerer Gegenstände. Mit anderen Worten: Hat man sich erst einmal von der Welt äußerer Gegenstände verabschiedet, führt kein Weg in sie zurück (vgl. zu der Kritik, dass die Rede von äußeren Gegenständen primär gegenüber der Rede von Sinnesdaten ist und von dieser vorausgesetzt wird: Sellars 1963, 140 ff.).

Oft wird angenommen, dass Sinnesdaten »**privat**« sind, also nicht intersubjektiv zugänglich, und nur so lange existieren, wie sie wahrgenommen werden. Gibt es so etwas wirklich? Und kann man sich hinsichtlich solcher Sinnesdaten nicht doch täuschen? Nehmen wir an, meine Kaffeetasse steht vor mir und ich nehme direkt ein Sinnesdatum meiner Kaffeetasse wahr. Sinnesdaten-Theoretiker behaupten, dass ich mich zwar darüber täuschen kann, dass meine Kaffeetasse vor mir steht, dass ich mich aber nicht darüber täuschen kann, dass es mir so erscheint, als stünde meine Kaffeetasse vor mir. Aber ist dem so? Wenn ich z. B. urteile, dass es mir so erscheint, als stünde meine Kaffeetasse vor mir, dann wende ich doch den Begriff der Kaffeetasse an und bei der Anwendung solcher Begriffe können doch Fehler vorkommen. Ich mag z. B. vergessen haben, dass die entsprechende Tasse, die ich ›vor mir sehe‹, seit kurzem nicht mehr meine Kaffeetasse ist, sondern von jemand anders als Teetasse verwandt wird. Oder nimmt man immer genau das direkt wahr, was man direkt wahrzunehmen meint? Wie aber kann das sein? Wird damit die Möglichkeit inkorrekter Wahrnehmung nicht von vornherein ausgeschlossen und setzt aber die Verwendung von Begriffen nicht gerade die prinzipielle Möglichkeit von Fehlern voraus? Was als Wittgensteins »**Privatsprachenargument**« bekannt ist, richtet sich zumindest zum Teil gegen die Vorstellung, dass man sich auf etwas (sprachlich oder gedanklich) beziehen könne, das nur einem selbst zugänglich sei, wie etwa eigene Erlebnisse. Unter solchen Bedingungen, so Wittgenstein, gibt es keinen Unterschied mehr zwischen »etwas korrekt identifizieren und beschreiben« und »glauben, etwas korrekt zu identifizieren und zu beschreiben«. Korrektheitskriterien setzen Intersubjektivität voraus (vgl. Wittgenstein: Philosophische Untersuchungen, § 243 ff.).

Zurück zum Sternen-Beispiel: Ist dies wirklich überzeugend? Warum soll man nicht etwas wahrnehmen können, das es zum Zeitpunkt der Wahrnehmung gar nicht mehr gibt? Wo steht geschrieben, dass der äußere Gegenstand der Wahrnehmung zum Zeitpunkt der Wahrnehmung existieren muss? Ist das Sternenbeispiel nicht gerade ein überzeugendes Gegenbeispiel?

Dies führt auf einen allgemeineren Einwand, der zugleich die Prämisse (1) des Illusions-Arguments betrifft: Wieso eigentlich soll daraus, dass mir etwas so und so erscheint (z. B. ein Stab geknickt erscheint), folgen, dass es etwas, nämlich eine ›Erscheinung‹ oder ein Sinnesdatum, gibt, das in der Tat so und so beschaffen ist (z. B. das Sinnesdatum eines geknickten Stabes)? Daraus, dass jemand Gespenster sieht, folgt ja auch nicht, dass es – selbst wenn es keine Gespenster gibt – etwas gibt, das ›gespenstisch‹ ist und von der Person gesehen wird. Wieso soll man also überhaupt annehmen, dass es in jeder Wahrnehmung etwas gibt, das direkt wahrgenommen wird (und das nicht ein äußerer Gegenstand ist)? Diese zentrale Annahme der Sinnesdaten-Theorie erscheint zumindest fragwürdig. Ist es nicht plausibler zu sagen, dass nur manchmal etwas direkt wahrgenommen wird und dass es sich dann um einen äußeren Gegenstand handelt? Und dass es in manchen Fällen von Wahrnehmung (Halluzinationen z. B.) eben nichts gibt, das direkt wahrgenommen wird (vgl. etwa McDowell 1988, 209 ff.)?

Und was kann überhaupt mit »direkt« gemeint sein (vgl. Austin 1962b, 15 ff.)? Das obige kausale Argument, das den Punkt des Sternenbeispiels verallgemeinerte, betraf kausale Direktheit oder Indirektheit: Etwas ist indirekt kausal auf etwas anderes bezogen, wenn es kausale Zwischenglieder zwischen beidem gibt. Die Sinnesdaten-Theorie kann nun aber nicht kausale Direktheit, sondern epistemische Direktheit meinen: Etwas wird direkt wahrgenommen, wenn es nichts anderes gibt, das ebenfalls wahrgenommen wird und ohne dessen Wahrnehmung Ersteres nicht wahrgenommen würde. Das kausale Argument zeigt nicht, dass mit kausaler Vermitteltheit epistemische Indirektheit einhergeht. Warum soll man nicht einen äußeren Gegenstand epistemisch direkt wahrnehmen können, selbst wenn diese Wahrnehmung auf komplexen kausalen Vorgängen beruht?

Wir haben schon einige Einwände gegen das Illusions-Argument, vor allem gegen Prämisse (1), betrachtet; hier ist ein letzter Einwand (andere Versionen des Illusions-Arguments sind analogen Einwänden ausgesetzt). Die Prämisse (2) teilt mit der Prämisse (1) die schon diskutierte Annahme, dass alle Fälle von Wahrnehmung (täuschende und nicht-täuschende) hinsichtlich ihres Inhalts gleich zu behandeln sind. Insbesondere spielt es gemäß (2) keine Rolle für den Gehalt der Wahrnehmung, ob es einen entsprechenden äußeren Gegenstand gibt oder nicht. Dies ist eine sehr voraussetzungsvolle Annahme, die die schon behandelte Annahme des **semantischen Internalismus** voraussetzt (s. Kap. III.2.6). Sind aber nicht gerade die verschiedenen Fälle von Wahrnehmung gute Beispiele dafür, dass der Gehalt einer Wahrnehmung auch durch Faktoren bestimmt wird, die dem Wahrnehmenden selbst nicht zugänglich sein müssen?

Soviel zur Sinnesdaten-Theorie! Die Schwierigkeiten, die sie aufwirft, können einen dazu bewegen, zum **direkten Realismus** überzugehen, – nicht zu einem naiven Realismus, sondern zu einem durch die erwähnten Fragen und Probleme aufgeklärten Realismus (vgl. z. B. Dretske 1969, 65 f., McDowell 1988, 209 ff. und McDowell 1994a). Allerdings muss der direkte Realismus mit Fällen täuschender Wahrnehmung zurecht kommen. Was sieht man ihm zufolge, wenn man z. B. einen geraden Stab gebogen sieht? Man sieht einen geraden Stab, und zwar direkt, aber er erscheint einem gebogen. Wenn man einen eckigen Turm aus der Entfernung sieht und meint, dass er rund ist, dann sieht man deswegen keinen runden Turm, sondern weiterhin einen eckigen Turm, der allerdings rund erscheint. Wie kann der direkte Realist diese Rede von »Erscheinung« näher erklären?

Eine Möglichkeit der Erklärung liefert die sogenannte »**adverbiale Theorie der Wahrnehmung**« (vgl. Chisholm 1957, Kap. 8). Ihr zufolge ist die Rede von einem »direkten« Gegenstand der Wahrnehmung verfehlt. Was von der Sinnesdaten-Theorie – fälschlich – als »Gegenstand« bezeichnet wird, macht eher eine Art und Weise aus, in der sich ein Wahrnehmungserlebnis vollzieht. Dass Kurt einen geknickten Stab zu sehen meint, heißt demzufolge nicht, dass es etwas Geknicktes gibt, das Kurt sieht, sondern vielmehr, dass er etwas »in geknickter Weise« sieht. Es ist nicht leicht, die adverbiale Theorie vorzutragen, ohne sich sehr seltsam auszudrücken; wir können hier offen lassen, ob dies ein Indiz dafür ist, dass etwas mit dieser Theorie nicht stimmt.

2.2 Die Wie-Frage

Die Was-Frage – Was genau ist Gegenstand der visuellen Wahrnehmung? – hat die Philosophen seit langer Zeit interessiert. Aber auch mit der Wie-Frage – Wie eigentlich ist visuelle Wahrnehmung möglich, wie ›funktioniert‹ sie? – haben sich Philosophen, wie gesagt, schon seit langer Zeit beschäftigt. Wir haben eine zentrale Frage in diesem Zusammenhang oben schon erwähnt: Wie gelingt es uns, von der zwei-dimensionalen Ausgangsinformation, die wir durch das Licht, das auf unsere Netzhäute trifft, erhalten, zu der drei-dimensionalen Sicht der Welt zu gelangen, die uns so selbstverständlich ist? Dass dies ein großes Problem darstellt, kann man schon daraus sehen, dass ein und dieselbe zwei-dimensionale Ausgangsinformation auf der Retina von beliebig vielen drei-dimensionalen Quellen stammen kann, wie Abb. 3 veranschaulicht. Wie schaffen wir es also, aus der Menge der prinzipiell möglichen Quellen unserer Netzhauteindrücke genau eine – und dazu noch die wirkliche – Quelle zu rekonstruieren? Wie ist es möglich, aufgrund derart spärlicher Ausgangsinformation ein derart reichhaltiges Bild der Welt zu gewinnen? Dieses Problem wird auch das »**inverse Problem**« genannt (vgl. z. B. Palmer 1999, 23 f.). Sobald man sich allein dieses Problem klar macht, liegt auch auf der Hand, dass die visuelle Wahrnehmung trotz ihrer Mühelosigkeit ein ungeheuer komplexer Vorgang ist. Das inverse Problem wirft alte philosophische Fragen auf neue Weise auf: Können wir in der Tat durch geschicktes Ausnutzen unserer Ausgangsinformationen zu unserem vertrauten Bild der Welt gelangen? Oder benötigen wir dazu Vorannahmen, die nicht aus diesen Ausgangsinformationen entnommen werden können (s. etwa Kap. VI.)? Wie nehmen wir eigentlich (visuell) wahr?

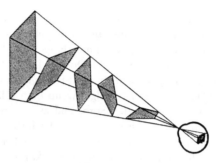

Abb. 3: Das inverse Problem (aus: Coren/Girgus 1978, 21)

Seit langer Zeit wird die Wie-Frage von den Wissenschaften behandelt, und zwar verstärkt seit dem 19. Jh.: zunächst von Psychologie und Physiologie (vgl. stellvertretend für diese Zeit: Helmholtz: Die neueren Fortschritte in der Theorie des Sehens, 265 ff.) und seit den 1950er Jahren zudem mehr und mehr von der Künstliche-Intelligenz-Forschung (»Maschinelles Sehen«) und den Neurowissenschaften (vgl. Palmer 1999). Die verschiedenen wissenschaftlichen Disziplinen, die sich in unterschiedlicher Weise mit der Erforschung der Kognition im Allgemeinen befassen, werden seit den 1970er Jahren oft auch unter dem Titel »Kognitionswissenschaft« zusammengefasst (vgl. die immer noch sehr nützlichen Überblicke von Von Eckardt 1993, Gardner 1989 und Osherson/Lasnik 1990 sowie die *MIT Encyclopedia of Cognitive Science*s). Seit einiger Zeit also gibt es also etwas, das man als »kognitionswissenschaftliche« Erforschung der Wahrnehmung und insbesondere der visuellen Wahrnehmung bezeichnet. Seitdem hält sich die Philosophie nicht nur mit Antworten auf die Wie-Frage zurück, sondern schon das philosophische Interesse an den entsprechenden Fragen, Problemen und Antworten hat deutlich abgenommen. Dies ist bedauerlich, weil dieses Thema philosophische Relevanz hat, selbst wenn diese im Einzelnen nicht immer leicht zu erkennen ist. Daran ist aber auch nicht leicht etwas zu ändern: Mit der stark fortgeschrittenen Spezialisierung und Arbeitsteilung zwischen den verschiedenen Disziplinen ist es für die Philosophie sehr schwer geworden, noch den Kontakt zu den Wissenschaften herzustellen bzw. aufrecht zu erhalten. Es lohnt sich aber auch und gerade für Philosophen, die kognitionswissenschaftliche Beschäftigung mit dem Sehen zur Kenntnis zu nehmen.

Es gibt innerhalb der Kognitionswissenschaften eine sehr weit verbreitete Grundidee davon, worin Kognition besteht: in **Informationsverarbeitung** (vgl. z. B. Fodor 1987, Kap. 1). Wir verfügen demzufolge über **Repräsentationen der Welt**, die nach bestimmten Regeln umgewandelt und ›verarbeitet‹ werden; da es sich bei dieser Verarbeitung um einen von formalen Regeln geleiteten Prozess handelt, spricht man auch von »**Komputation**«. Im Fall des Sehens etwa stellt die Ausgangsinformation, die das auf unsere Netzhäute treffende Licht mit sich bringt, eine Repräsentation unserer Umgebung dar, die dann nach bestimmten Regeln ausgewertet und weiterverarbeitet wird. Viele, wenn nicht die meisten kognitiven Vorgänge sind – wie etwa die Einzelheiten der visuellen Wahrnehmung – nicht bewusst und oft auch prinzipiell nicht bewusst zu machen.

Schon hier stellt sich die philosophische Frage, mit welchem Recht man hier eigentlich von einer »Repräsentation« spricht. Stellt z. B. eine bestimmte Reizung unserer Netzhaut durch einfallendes Licht eine Repräsentation der Umgebung dar? Sind Repräsentationen nicht immer Repräsentationen für jemanden? Und setzt dies nicht voraus, dass die Person die Repräsentation als solche sehen und ›verwenden‹ kann? Dies ist im Fall der Reizung unserer Netzhäute sicherlich nicht der Fall. Kann man dennoch einen weniger voraussetzungsvollen und dennoch nicht trivialen Begriff von Repräsentation entwerfen? Die Antwort auf diese Frage ist alles andere als klar.

Noch eine andere Frage stellt sich: Impliziert diese kognitionswissenschaftliche Behandlung der visuellen Wahrnehmung nicht, dass wir uns nicht direkt auf die Dinge beziehen, sondern auf die mehr oder weniger stark verarbeiteten Repräsentationen der Dinge? Impliziert sie also die oben diskutierte traditionelle philosophische These über die direkten Gegenstände der Wahrnehmung? Es gibt innerhalb der Kognitionswissenschaften eine Minderheit von Forschern, die sich den Arbeiten des Psychologen **James Gibson** (1904–1979) anschließen und die Auffassung vertreten, dass visuelle Wahrnehmung ein Prozess der direkten Aufnahme von Informationen aus der Umgebung ist (vgl. Gibson 1986). Ist diese wissenschaftliche Meinungsverschiedenheit nicht einfach eine Neuauflage des alten philosophischen Streits zwischen **direkten Realisten und Repräsentationalisten** (z. B. Sinnesdaten-Theoretikern)? Die Antwort auf all diese Fragen ist nicht ganz klar, und zwar auch deshalb, weil nicht ganz klar ist, wie genau die kognitionswissenschaftliche Auffassung zu verstehen ist: in dem Sinne, dass die visuelle Wahrnehmung nur in kausaler Hinsicht als indirekt zu verstehen ist, oder auch in dem Sinne, dass sie auch in epistemischer Hinsicht als indirekt zu verstehen ist. Die Wissenschaften lassen hier – wie bei der Frage nach dem Begriff der Repräsentation – einen gewissen Raum für unterschiedliche philosophische Interpretationen.

Für die neuere kognitionswissenschaftliche Erforschung der visuellen Wahrnehmung spielt ein einzelner Ansatz eine überragend wichtige Rolle: der von **David Marr** (1945–1980). Auch wenn dieser Ansatz (vgl. Marr 1982; vgl. dazu auch Palmer 1999 und Garnham 1991, 22 ff. sowie als philosophische Reaktionen Burge 1987, 365 ff., Kitcher 1988, 1 ff. und Hacker 1991, 119 ff.) in der im Vergleich zur Philosophie sehr schnelllebigen Wissenschaft inzwischen in mancherlei Hinsicht als nicht mehr ganz aktuell gilt, kann man ihn doch hinsichtlich der Grundideen weiterhin als repräsentativ für die kognitionswissenschaftliche Erforschung der visuellen Wahrnehmung betrachten (vgl. den neueren Überblick in Palmer 1999). Betrachten wir also diesen Ansatz etwas näher.

Marr unterscheidet grundsätzlich drei verschiedene Aspekte der visuellen Wahrnehmung, die zugleich drei verschiedene Herangehensweisen an Phänomene der visuellen Wahrnehmung darstellen: den **komputationellen Aspekt**, den **Aspekt** von Repräsentation und Algorithmus sowie den **Aspekt der physischen Realisierung** (vgl. Marr 1982, 23 ff.). Der komputationelle Aspekt betrifft die Aufgabe in ihrer abstraktesten Form, die das visuelle System lösen muss: welche Art von Ausgangsinformation das visuelle System hat (z. B. Informationen über die Intensität des auf die Netzhaut fallenden Lichts) und wie es diese Ausgangsinformation zu verarbeiten hat (z. B. die wesentlichen Intensitätsdifferenzen zu identifizieren). Eine komputationelle Beschreibung z. B. einer Rechenmaschine würde angeben, welche Zahlen in sie eingegeben werden können (Nur ganze Zahlen? Auch reelle Zahlen?) und welche Operationen (Addition, Subtraktion, etc.) damit ausgeführt werden können.

Weniger abstrakt und spezifischer ist schon der Aspekt von Repräsentation und Algorithmen. Hier geht es um etwas, das die komputationelle Beschreibung offen lässt: die Art und Weise, in der die Ausgangsinformation repräsentiert wird, sowie die besondere Art und Weise, in der die Komputation durchgeführt wird. Im Fall einer Rechenmaschine z. B. kann ein und dieselbe Zahl als ›81‹ oder als ›9²‹ oder als ›3⁴‹ oder gar im binären Code (›1010001‹) repräsentiert sein. Und ein und dieselbe Komputation (z. B. den Wert von »81²« zu errechnen) lässt ganz verschiedene Algorithmen zu (z. B. kann man zunächst den Wert von »81 x 9« in bestimmter Weise berechnen und dann das Ergebnis wiederum mit »9« multiplizieren, aber man kann auch auf ganz anderen Wegen rechnen). Im Fall eines visuellen Systems können etwa Intensitätsunterschiede des einfallenden Lichts dadurch repräsentiert werden, dass jeweils verschiedene Teile des visuellen Systems ›reagieren‹ oder dass dieselben Teile verschieden reagieren. Entsprechende Algorithmen geben an, in welchen Schritten genau das visuelle System das jeweilige Problem löst (wie es genau ›rechnet‹). Ein und dieselbe Komputation lässt eine Vielzahl von Repräsentationen und Algorithmen zu.

Der Aspekt der physischen Realisierung schließlich betrifft die Art der physischen Bestandteile des visuellen Systems und ihre Organisation im System (welche Arten von Nervenzellen gibt es und wie wirken sie aufeinander ein?). Eine Rechenmaschine kann, wie ein Abakus, aus Holz gebaut sein oder aus Transistoren, Widerständen, etc. Dieselben Repräsentationen und dieselben Algorithmen können physisch ganz unterschiedlich realisiert sein. Und die Art der physischen Realisierung eines visuellen Systems legt auch Grenzen dafür fest, welche Probleme durch das System bearbeitbar sind, welche Algorithmen, Repräsentationen und Komputationen es meistern kann. So wie man mit einem gewöhnlichen Abakus nicht den Wert von »p« bis zur 32. Stelle berechnen kann, so ist z. B. auch die räumliche und zeitliche Auflösung begrenzt, zu der unser Sehvermögen in der Lage ist.

Diese Unterscheidung dreier Hinsichten ist philosophisch von großem Interesse. Alle drei erwähnten Aspekte sind wichtig und keinen kann man außer Acht lassen. Das heißt aber nicht, dass man nicht je nach besonderer Fragestellung und je nach Stand der Forschung verschiedene Aspekte verschieden stark untersuchen kann. Neurowissenschaftler neigen eher zu einer »atomistischen« »**von-unten-nach-oben-Strategie**« und beginnen mit der Untersuchung einzelner Nervenzellen, um dann nach und nach komplexere Zusammenhänge aufzuklären. Psychologen hingegen neigen oft eher zu einer »holistischen« »**von-oben-nach-unten-Strategie**«, kümmern sich zunächst um die Erforschung komplexer Wahrnehmungsprozesse und stellen etwa die physiologischen ›Details‹ eher hinten an. Marr hat die abstrakteren Aspekte und insbesondere den komputationellen Aspekt in den Vordergrund gestellt, weil er der

Auffassung war, dass man zunächst einmal die Probleme besser verstehen muss, mit denen das visuelle System konfrontiert ist. Dennoch ist er aber immer wieder auch auf die physiologische Seite des Sehens eingegangen.

Im Anschluss an Marr lassen sich vier Haupt-Stadien der visuellen Wahrnehmung unterscheiden: »**retinal image**«, »**primal sketch**«, »**2,5-D sketch**« und »**3-D representation**«. Am Anfang steht, wie schon angedeutet, das »retinale Bild«, das dadurch zustande kommt, dass Licht verschiedener Intensität auf die beiden Netzhäute fällt (von den verschiedenen Farben bzw. der unterschiedlichen Wellenlänge des Lichts sieht Marr hier erst einmal ab). Marr gibt als ein Beispiel die Wahrnehmung einer Pflanze vor einem Maschendrahtzaun (s. Abb. 4a).

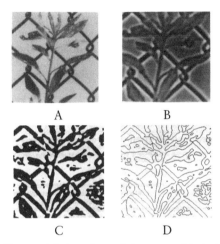

Abb. 4: Herausfiltern wichtiger Intensitätsunterschiede (aus: Marr 1982, 58)

Ein erster Schritt besteht nun in der Feststellung von Intensitätsunterschieden auf dem **retinalen Bild**. Warum sind Intensitätsunterschiede von Interesse? Nun, sie lassen bestimmte Rückschlüsse über die Umgebung bzw. die Quelle des retinalen Bildes zu. Wenn z. B. auf dem retinalen Bild die Intensität entlang einer geraden Linie stark variiert, dann spricht dies dafür, dass man z. B. eine Kante eines Gegenstandes, die Grenze eines Schattens oder Ähnliches wahrnimmt. Das visuelle System arbeitet also bemerkenswerterweise gemäß einer substantiellen Annahme über die Struktur der Umgebung, die selbst nicht aus den visuellen Ausgangsdaten entnommen werden kann. Nach Marr ›filtert‹ das visuelle System zunächst die ausgeprägtesten Intensitätsunterschiede heraus (vgl. zur näheren mathematischen Charakterisierung dieses Filters: Marr 1982, 54 ff.). Damit wird interessanterweise bestimmte Information aufgegeben und andere Information hervorgehoben. Man kann dies an der in Abb. 4 vorliegenden Veränderung eines Bildes illustrieren. Diese Filterung wird nun in verschiedenen Größenordnungen bzw. bei verschiedenen Graden der räumlichen Auflösung vorgenommen. Dies ist deshalb wichtig, weil nach Marr ˙das visuelle System Intensitätsvariationen hervorhebt, die in verschiedenen Größenordnungen an derselben Stelle auftauchen. In der Regel handelt es sich dabei um Intensitätsunterschiede, die auf einen bestimmten Faktor in der Umgebung wie etwa eine Kante eines Objekts zurückgehen, – anders als Intensitätsunterschiede, die sich nicht in allen Größenordnungen zeigen. Der Arbeitsweise des visuellen Systems liegt hier also – wenn Marr recht hat – wiederum eine fundamentale Annahme über die Struktur der Umgebung zugrunde, die nicht selbst aus den Ausgangsdaten entnommen werden kann (vgl. Marr 1982, 65 ff.).

Mit der Identifizierung aufschlussreicher Intensitätsunterschiede gelangt das visuelle System zu einer Repräsentation von Linien, Stäben, Flecken etc., die in bestimmter Weise angeordnet sind. Abb. 5 liefert eine entsprechende Illustration zu der obigen Szenerie mit einer Pflanze vor einem Zaun. Die Repräsentation, die so entsteht, nennt Marr »**primal sketch**«. Es handelt sich noch um eine zwei-dimensionale Repräsentation.

Wie gelangt man nun zu einer drei-dimensionalen visuellen Repräsentation? Eine wesentliche Rolle spielt hier die Tatsache, dass wir über zwei Augen verfügen. Damit verfügen wir jeweils über zwei Netzhautbilder, die die Umgebung aus leicht verschiedener Perspektive abbilden. Die beiden Netzhautbilder unterscheiden sich also voneinander und dies wirft zunächst ein Problem auf: Wie kann man aufgrund zweier verschiedener Bilder zu einem einheitlichen Bild gelangen, zu einem einheitlichen Bild derselben Umgebung? Wie kann man – mit anderen Worten – die Teile des einen Bildes mit den ›zugehörigen‹ Teilen des anderen Bildes korrelieren, d. h. mit denjenigen Teilen, die sich auf denselben Ausschnitt der Umgebung beziehen? Marr gibt hier wiederum ein Verfahren an, das bestimmte Annahmen über die Struktur der Umgebung voraussetzt (vgl. Marr 1982, 111 ff.).

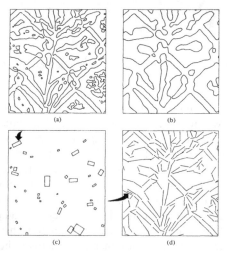

Abb. 5: Der *primal sketch* (aus: Marr 1982, 72)

Die Tatsache, dass wir über zwei Augen und damit jeweils zwei Netzhautbilder derselben Szene verfügen, wirft nicht nur Probleme auf, sondern ermöglicht es uns auch, den Schritt von zwei-dimensionalen zu drei-dimensionalen Repräsentationen zu machen. Wie Marr zeigt, lässt sich aus der »Disparität« der beiden Netzhautbilder (zusammen mit bestimmten Annahmen über die Umgebung) zunächst die räumliche

Orientierung und Distanz von sichtbaren Oberflächen zum Wahrnehmenden errechnen (vgl. Marr 1982, 155 ff.). Damit ergibt sich eine Repräsentation, die insofern mehr als zwei-dimensional ist; sie ist aber noch nicht im vollen Sinne drei-dimensional, weil nur Oberflächen, aber noch keine Objekte repräsentiert sind. Aus diesem Grund – weil diese Repräsentation sozusagen ›zwischen‹ einer zwei- und einer drei-dimensionalen Repräsentation liegt – nennt Marr sie »2,5-D sketch« (vgl. Marr 1982, 268 ff.). Eine 2,5-dimensionale Skizze eines Bechers (wie etwa des schon mehrmals erwähnten Kaffeebechers) wird etwa durch Abb.6 veranschaulicht. Damit ist ein wesentlicher Schritt in Richtung auf die Konstruktion einer **voll drei-dimensionalen Repräsentation** getan (vgl. Marr 1982, 295 ff.).

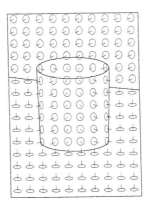

Abb. 6: *2,5-D sketch* eines Bechers (aus: Palmer 1999, 90)

Wir können Marrs Theorie hier nicht ausführlicher diskutieren und erst recht nicht – nicht einmal annähernd – auf die sehr komplexe gegenwärtige Forschungslage zur visuellen Wahrnehmung eingehen (vgl. etwa Palmer 1999). Hier soll nur am Beispiel einer immer noch repräsentativen Theorie ein Eindruck davon vermittelt werden, wie die Wissenschaften die Wie-Frage behandeln.

Marrs Theorie hat einige philosophisch sehr interessante Implikationen. Wenn Marr recht hat, dann sind wir – wie oben mehrfach angedeutet wurde – nicht in der Lage, den Schritt von der zwei-dimensionalen Ausgangsinformation zu unserem drei-dimensionalen Bild der Welt zu vollziehen, wenn wir dabei nicht gewisse fundamentale Annahmen über die Struktur unserer Umgebung machen. Und diese Annahmen können wir nicht aus der eher mageren Ausgangsinformation entnehmen. Schon bei dem scheinbar so einfachen Objekt-Sehen kommen wir offenbar ohne solche fundamentalen Annahmen nicht aus. Ist dies nicht Wasser auf die Mühlen der Aprioristen? Handelt es sich bei diesen Annahmen nicht um ein substantielles (synthetisch) apriorisches Wissen? Oder können Empiristen darauf verweisen, dass unser Wahrnehmungssystem mitsamt den Grundannahmen, auf denen es beruht, im Rahmen der biologischen Evolution entstanden ist und insofern eben doch auf etwas wie Erfahrung beruht, zwar nicht der Erfahrung eines Einzelnen, aber doch der mehrerer an dieser Evolution beteiligter Spezies? Oder sollte man hier eher von einem »evolutionären Apriori« sprechen?

Abgesehen von all dem ist bemerkenswert, wie kompliziert die auf den ersten Blick so einfache visuelle Wahrnehmung ist und wie raffiniert unser Sehvermögen ist. Auch wenn es in der Philosophie nicht oder nicht immer auf die wissenschaftlichen Details ankommt, so ist es doch unentbehrlich für Philosophen, eine Vorstellung von der Sache und ihrer Komplexität zu haben.

2.3 Weitere Fragen

Wir haben hier vor allem das Objekt-Sehen betrachtet. Es ist klar, dass menschliche Kognition nicht dabei stehen bleibt, sondern zum propositionalen Sehen fortschreitet. Propositionales Sehen setzt das Verfügen über entsprechende Begriffe und ihre korrekte Anwendung voraus. Unter bestimmten Bedingungen – wie etwa der, dass man seinen Sinnen nicht misstraut – kann propositionales Sehen zum Erwerb einer Wahrnehmungsmeinung führen oder gar zum Erwerb von Wahrnehmungswissen. Wenn man ehrlich ist, kann man nur sagen, dass zur Zeit niemand so recht weiß, wie dies vor sich geht.

Mit dem Hinzukommen eines begrifflichen Elements verändert sich jedenfalls offenbar eine ganze Menge. Betrachten wir eine Wahrnehmungs-Meinung wie z.B. die, dass vor mir eine halbleere Kaffeetasse steht. Involviert diese Meinung nicht viele andere Meinungen und andere Begriffe? Kann ich gerechtfertigt der Meinung sein, dass vor mir eine Kaffeetasse steht, ohne eine Menge andere Meinungen z.B. über materielle Gegenstände zu haben (s. Kap. V.6.2)? Ist der Inhalt meiner Meinung nicht auf den Gehalt vieler anderer Meinungen bezogen (s. Kap.VI.7)? Falls ja: Woher stammen diese anderen Meinungen? Offenbar nicht ausschließlich aus der Wahrnehmung. Man kann mit einigem Recht die Vermutung hegen, dass das sogenannte »frühe Sehen«, die elementaren Stadien des Objekt-Sehens, auf die wir eben eingegangen sind, nicht in dieser Weise holistisch verfasst sind, wohingegen das propositionale Sehen und insbesondere das Haben von Wahrnehmungs-Meinungen vielleicht gar nicht losgelöst von ganzen Systemen von Meinungen und Begriffen untersucht werden kann. Wenn dem so ist, dann kommt dem propositionalen Sehen ein zusätzlicher Schwierigkeitsgrad zu, der dem Objekt-Sehen abgeht.

Oder kommen etwa doch schon beim Objekt-Sehen Begriffe ins Spiel? Wir hatten oben (s. Kap. VI.6) in etwas anderem Zusammenhang schon die Hase-Ente-Zweideutigkeit angeführt. Zeigt dies nicht, dass es so etwas gibt wie »Sehen-Als« (vgl. Wittgenstein: Philosophische Untersuchungen, II.xi)? Man kann denselben Gegenstand als Ente oder als Hasen sehen. Handelt es sich hier nicht um einen Fall von Objekt-Sehen, der ganz offenbar die Anwendung von Begriffen voraussetzt (hier: den des Hasen und der Ente)? Wie soll man etwas als ein F sehen, wenn man nicht über den Begriff des F verfügt? Und wird an solchen Phänomenen nicht nur besonders deutlich, was auch sonst der Fall ist: dass alle visuelle Wahrnehmung begrifflich strukturiert ist? Oder kann, ganz im Gegenteil, doch etwas für jemanden Fig aussehen, auch wenn er nicht über den Begriff des F verfügt? Kann nicht etwas für jemanden türkis aussehen, auch wenn die Person gar nicht über den Begriff ›türkis‹ verfügt?

Noch ein weiterer Aspekt sei kurz erwähnt: Die visuelle Wahrnehmung scheint nicht ganz unabhängig von den anderen Modi der Wahrnehmung zu sein. Wie diese Zusammenhänge beschaffen sind, ist vielleicht immer noch sowohl ein philosophisches wie auch ein wissenschaftliches Rätsel. Schließen wir mit einer Frage, die auf den irischen Philosophen **William Molyneux** (1656–1698) zurückgeht, dementsprechend »Molyneuxs Problem« genannt wird und durch John Locke bekannt geworden ist. Molyneuxs Problem betrifft den Zusammenhang von visueller und taktiler Wahrnehmung. Es ist weder klar, ob es sich hier um eine philosophische oder um eine empirische Frage oder um beides handelt, noch, wie sie beantwortet werden muss. Es handelt sich auf jeden Fall um eine faszinierende Frage, die verdient, hier zum Abschluss aufgeworfen zu werden:

> »To which purpose I shall here insert a Problem of that very Ingenious and Studious promoter of real Knowledge, the Learned and Worthy Mr *Molineux*, which he was pleased to send me in a Letter some Months since; and it is this: *Suppose a Man born blind, and now adult, and taught by his touch to distinguish between a Cube, and a Sphere of the same metal, and nighly of the same bigness, so as to tell, when he felt one and t'other, which is the Cube, which the Sphere. Suppose then the Cube and Sphere placed on a Table, and the Blind Man to be made to see. Quaere, Whether by his sight, before he touch'd them, he could now distinguish, and tell, which is the Globe, which the Cube*« (Locke: Essay, II.9.8).

3. Hörensagen: Ist unser Wissen sozialer Natur?

Offenbar wissen wir eine ganze Menge; jedenfalls erscheint dies sehr plausibel, wenn wir einmal von skeptischen Bedenken absehen (s. dazu Kap. XZ–1,10). Ich weiß, wie mein Name lautet, dass Norwegen nördlich von Italien liegt, dass Parallelen sich im Unendlichen schneiden und vieles mehr. Woher aber weiß ich solche Dinge? Was ist die Quelle meines Wissens? Zumindest vieles von dem, das ich zu wissen meine, weiß ich offenbar von anderen Personen. Woher weiß ich denn z. B., wie mein Name lautet? Meine Eltern haben es mir gesagt und selbst wenn ich behördliche Auskunft ersuchen sollte, wäre ich doch wieder auf die Auskünfte anderer Personen angewiesen. Dass Norwegen nördlich von Italien liegt, habe ich ebenfalls von anderen Personen gehört. Selbst wenn ich die Probe aufs Exempel machen wollte und dies auf eigene Faust herausbekommen bzw. überprüfen wollte, müsste ich mich doch wieder auf das verlassen, was andere mir sagen: Ich müsste etwa Straßenschildern vertrauen oder mich auf einen Kompass verlassen. Kurz: Ganz offenbar beruht zumindest ein sehr großer Teil unseres Wissens auf den Berichten anderer Personen. Im Folgenden werden wir uns auf den Fall empirischen Wissens beschränken. Diese Einschränkung wird jedoch hinfällig, wenn man die prinzipielle Unterscheidbarkeit von empirischem und apriorischem Wissen bezweifelt (s. Kap. VI.7).

Das Gesagte gilt nicht nur für alltägliche Fälle von Wissen, sondern offenbar auch und gerade für wissenschaftliches Wissen. Hier ist ein Beispiel (vgl. Hardwig 1985, 346 ff.). Vor einiger Zeit machten etwa 100 Wissenschaftler aus verschiedenen Ländern gemeinsam ein Experiment. Einzelne Wissenschaftler bzw. einzelne Gruppen von Wissenschaftlern bearbeiteten einzelne Teilprobleme. Keiner der beteiligten Wissenschaftler überblickte sehr viel mehr als die Arbeit an dem eigenen Teilproblem. Dennoch waren die beteiligten Wissenschaftler in der Lage, ihre Teilergebnisse zusammenzutragen und ein übergreifendes Ergebnis zu erreichen. Jeder einzelne beteiligte Wissenschaftler hat also, so können wir annehmen, Wissen hinsichtlich der Ausgangsfrage erlangt, aber jeder einzelne Wissenschaftler war dabei ganz wesentlich auf die Auskünfte anderer Wissenschaftler angewiesen. Dieses Beispiel mag etwas extrem sein, aber es macht nur besonders deutlich, was für wissenschaftliches Wissen im Allgemeinen zu gelten scheint: Wer es hat, hat es von anderen.

Mit all dem ist nicht gesagt, dass wir alles Wissen von anderen haben. Ich weiß doch auch Dinge wie die folgenden: dass gerade mein halbleerer Kaffeebecher vor mir steht, dass ich gestern ein bisschen in der Sonne gesessen habe und einiges mehr. Offenbar weiß ich dies, ohne dass ich mich dabei auf die Auskünfte anderer Personen verlassen müsste. Es wäre auch seltsam, wenn alles Wissen von Anderen stammen würde: Woher sollten es denn diese Anderen haben? Offenbar wiederum von anderen Personen. Es ergäbe sich ein unendlicher Regress und es wäre so unter anderem schwer verständlich, wie überhaupt neues Wissen erworben werden könnte. Es kann hier also nur darum gehen, dass ein erheblicher Teil unseres Wissen auf den Berichten anderer Personen beruht.

Nun ist diese Behauptung an sich noch nicht besonders aufregend oder kontrovers: Sie betrifft ja nur die Entstehung, die ›**Genese**‹ unseres Wissens und nicht dessen **Rechtfertigung** (»Rechtfertigung« soll hier ganz allgemein verstanden werden, – so, dass es sowohl internalistische als auch externalistische Konzeptionen von Rechtfertigung zulässt; s. Kap. V., Anfang). Es könnte ja sein, dass wir zwar einerseits vieles von unserem Wissen aufgrund von Berichten anderer Personen erwerben, dass wir aber in der Rechtfertigung unseres Wissens letztlich nicht auf die Auskünfte anderer Personen angewiesen sind. Dass es keine größte Zahl gibt, habe ich zwar zunächst von einer anderen Person erfahren, aber im Nachhinein kann ich mir dies offenbar durch eigene Überlegung klar machen, ohne mich dabei auf Auskünfte anderer verlassen zu müssen. Die eigentlich interessante und kontroverse Frage ist also diese: Beruht zumindest ein Teil unseres Wissens insofern auf den Berichten anderer Personen, als dieses Wissen nicht ohne Rekurs auf Berichte anderer Personen gerechtfertigt werden kann? Ist, mit anderen Worten, das sogenannte »**Hörensagen**« eine Wissensquelle für sich, die nicht auf andere (nicht-soziale) Quellen – wie Wahrnehmung oder Schlussfolgerung – reduziert werden kann?

Ist die Antwort positiv, so ist zumindest ein großer Teil unseres Wissens sozialer Natur. Die ganz große Mehrheit der Philosophen, vor allem der neuzeitlichen Philosophen, war bis vor einigen Jahren der Auffassung, dass die Antwort negativ sein muss: Im Prinzip kann einer allein all das wissen, was er weiß, ohne sich dabei auf die Berichte anderer Personen verlassen zu müssen. Diese Position wird auch »**Reduktionismus**« und die Gegenposition »**Anti-Reduktionismus**« genannt. Descartes' *Meditationen* (vgl. Descartes: Meditationes) über die Grundlagen des Wissens etwa sind Überlegungen, die jeder für sich und ohne epistemische Hilfe anderer Personen durchführen kann. Den Empiristen zufolge (vgl. z. B. Locke: Essay) beruht unser Wissen im Wesentlichen auf eigener, individueller Erfahrung. In der Aufklärung des 18. Jahrhunderts, die bekanntlich das individuelle Selbst-Denken empfohlen hat, wurde all dies nur besonders betont (vgl. etwa Kant: Was ist Aufklärung?, 35.). Das klassische reduktionistische Argument findet sich explizit ausgeführt bei Hume (vgl. Hume: Enquiry, sec. 10; vgl. auch Hume: Treatise, 143 ff.). Es gab bis vor einigen Jahrzehnten nur eine große Ausnahme vom reduktionistischen ›mainstream‹: den schottischen Philosophen des ›common sense‹, Thomas Reid (vgl. Reid: Inquiry,

194 ff.; Reid: Essays, 244 f., 329, 425, 435 ff., 449 ff., 469, 482 f.). Seit den 1940er
Jahren aber, als sich viele Philosophen verstärkt der Alltagssprache zuwandten, fand
die Vorstellung vom sozialen Charakter nicht nur der Sprache, sondern auch des
Wissens mehr und mehr Verbreitung (vgl. Wittgenstein: Über Gewißheit, §§ 34, 80 f.,
114, 143 f., 159 ff., 170, 263, 275, 288, 493, 600; Austin 1979b, 81 f., 115). Seit den
1970er Jahren gibt es eine ausgedehnte Diskussion zum Thema und man kann den
Eindruck gewinnen, dass die Anti-Reduktionisten inzwischen in der Mehrheit sind
(vgl. die Anti-Reduktionisten Coady 1992 und Welbourne 1986, auf die die jüngste
Diskussion zurückgeht; als neuere Reduktionisten vgl. etwa Fricker 1987, 57 ff. und
Lehrer 1994, 51 ff.; vgl. auch den Sammelband Matilal/Chakrabarti 1994 sowie Craig
1990, 11 ff., 134 ff. und Baumann 2000, Kap. 3; vgl. als Überblick Matilal 1994,
1 ff. und Schmitt 1994, 4 ff.).

Betrachten wir zunächst die »individualistische« oder reduktionistische Position
näher und beginnen wir mit einem Beispiel. Maria will die Uhrzeit erfahren und fragt
einen Passanten auf der Straße. Sie hat Glück – der Passant weiß, wie spät es ist und
teilt es ihr mit: Es ist Viertel nach 3. Maria erwirbt also das Wissen, dass es Viertel
nach 3 ist, und zwar aufgrund der Auskunft einer anderen Person. Ist die Auskunft
einer anderen Person wesentlich für die Rechtfertigung dieses Wissens? Das klassische
Argument für eine negative Antwort geht, wie gesagt, auf David Hume zurück (vgl.
Hume: Enquiry, sec. 10). Diesem Argument zufolge geht ein Wissen wie das von
Maria auf einen induktiven Schluss zurück: Aus

(1) Dieser Passant teilt mir mit, dass es Viertel nach 3 ist

und

(2) Passanten sagen in der Regel die Wahrheit über die Uhrzeit

folgt induktiv

(3) Es ist Viertel nach 3.

Etwas allgemeiner: Aus

(4) S sagt, dass p

und

(5) Sprecher wie S sagen in der Regel die Wahrheit

folgt induktiv

(6) p.

Das Wissen von der Konklusion beruht also induktiv auf einem Wissen von bestimmten Prämissen.

Den Schluss selbst kann eine Person ziehen, ohne sich dabei auf die Auskünfte
anderer Personen verlassen zu müssen. Die entscheidende Frage ist nun also, worauf
das Wissen von den Prämissen beruht: Ist hier ein Rekurs auf die Auskünfte anderer
Personen notwendig? Die jeweils erste Prämisse – (1) bzw. (4) – beruht auf der Wahrnehmung, dass eine andere Person etwas sagt, sowie auf dem Verständnis dessen, was
diese andere Person sagt. Um zu wissen, dass der Passant sagt, dass es Viertel nach 3
ist, muss Maria nicht glauben, was der Passant sagt. Man kann natürlich wissen, dass

jemand etwas Bestimmtes sagt, ohne das zu wissen, was diese Person sagt (z. B. dann, wenn es sich um eine falsche Äußerung handelt). Zwar muss es hier eine Auskunft einer anderen Person geben – sonst könnte man nicht wissen, was diese Person sagt; aber das Wissen davon, was diese Person sagt, beruht nicht darauf, dass man sich auf das verlässt, was diese Person sagt. Die Auskunft der anderen Person spielt hier keine für die Rechtfertigung des Wissens essentielle Rolle.

Wie steht es um die jeweils zweite Prämisse – also (2) bzw. (5)? Offenbar handelt es sich hier um das Resultat von Beobachtung und Induktion. Maria hat Erfahrungen mit einer Vielzahl von Passanten gemacht und sie hat festgestellt, dass diese in der Regel die Wahrheit sagen, jedenfalls über die Uhrzeit. Allgemeiner: Man kann offenbar aus Wahrnehmung und Induktion wissen, dass Sprecher (bestimmten Typs und in bestimmten Situationen) die Wahrheit sagen. Um dies zu wissen, scheint es wie bei der jeweils ersten Prämisse nicht notwendig zu sein, dass man sich auf das verlässt, was die andere Person sagt.

Damit hat das individualistische Argument sein Ziel erreicht: Das Wissen, das wir aufgrund von Auskünften anderer Personen erwerben, beruht hinsichtlich seiner Rechtfertigung nicht auf diesen Auskünften, sondern allein auf Wahrnehmung und Induktion, also auf nicht-sozialen Wissensquellen. Kann dieses Argument überzeugen?

Alles hängt davon ab, ob man Wissen von der jeweils zweiten Prämisse haben kann, ohne sich dabei auf die Auskünfte anderer Personen zu verlassen (vgl. z. B. Adler 1994, 265 ff.). Kann man wissen, dass Sprecher (eines bestimmten Typs in bestimmten Situationen) in der Regel die Wahrheit sagen – ohne sich dabei auf das zu verlassen, was andere Personen sagen? Betrachten wir das obige Beispiel und das scheinbar bescheidene und unproblematische Wissen Marias, dass Passanten auf der Straße in der Regel die korrekte Uhrzeit angeben. Damit Maria beanspruchen kann, dies zu wissen, muss sie in einer Vielzahl von Fällen die Auskünfte der Passanten überprüft haben. Aber woran? Sie kann z. B. schnell nach Hause gegangen sein und auf ihre Standuhr geschaut haben, um die Aussage eines Passanten zu überprüfen. Mit welchem Recht aber verlässt sie sich auf ihre Standuhr? Und warum verlässt sie sich eher auf ihre Standuhr als auf die Auskunft eines Passanten? Sie verlässt sich darauf, dass ihre Standuhr die korrekte Uhrzeit angibt, weil sie z. B. ihrem Uhrmacher vertraut. Woher aber weiß sie, dass ihr Uhrmacher verlässlich ist? Haben es ihr vielleicht andere Personen erzählt? Oder glaubt sie ihrem Uhrmacher einfach? Und wer tut das überhaupt: die Aussagen anderer Personen systematisch zu überprüfen? Wer kann das überhaupt tun, wer hat die kognitiven und sonstigen Ressourcen (Zeit, Geld, etc.) dazu?

Durchdenkt man Beispiele wie dieses, so wird allgemein zweierlei plausibel. Zum einen überprüft einfach niemand systematisch den Wahrheitsgehalt der Äußerungen anderer Personen, – selbst dann nicht, wenn es um spezifische Typen von Äußerungen in spezifischen Situationen geht. Dies liegt daran, dass niemand in der Lage ist, dies zu tun (vgl. Coady 1992, 82 ff.; Sosa 1994, 220). Autofahrer z. B. verlassen sich einfach auf Landkarten und Straßenschilder und beginnen nicht erst einmal mit eigenen geographischen Erkundungen des Geländes; auf diese Weise würde nie jemand ans Ziel kommen. Es wäre verrückt, diese Arten von Untersuchungen anzustellen und es scheint geradezu einen Aspekt des sozialen Charakters menschlicher Lebensformen auszumachen, dass man mit anderen kommuniziert und dem, was sie sagen, in der

Regel Glauben schenkt. Wichtiger als dieser erste Punkt ist der zweite Punkt: Selbst wenn man in der Lage wäre, die Äußerungen anderer Personen systematisch auf ihren Wahrheitsgehalt hin zu überprüfen, würde einem dies wenig nützen, da dasjenige, woran man die Sprecher-Äußerungen überprüft, selbst wieder zumindest zum Teil in Äußerungen anderer Personen besteht oder auf ihnen beruht. Die Annahme der Verlässlichkeit der Äußerungen anderer Personen beruht selbst wieder darauf, dass man Äußerungen anderer Personen vertraut (vgl. Coady 1992, 82 ff. und McDowell 1994b, 197 ff. sowie dagegen Adler 1994, 269).

Wenn dem so ist, dann muss die Antwort auf obige Frage positiv ausfallen: Wissen, das aufgrund von Auskünften anderer Personen erworben worden ist, ist auch hinsichtlich seiner Rechtfertigung von Auskünften anderer Personen abhängig. Hörensagen kann nicht auf andere, nicht-soziale Quellen des Wissens – wie Wahrnehmung und Schlussfolgerung – reduziert werden, sondern stellt eine Wissensquelle für sich wie alle anderen dar. Insofern ein großer Teil unseres Wissens auf Hörensagen beruht, ist ein großer Teil unseres Wissens sozialer Natur. Dementsprechend wäre auch eine lange Tradition neuzeitlicher Erkenntnistheorie grundsätzlich verfehlt: Untersucht man das Wissen einer Person, reicht es nicht, nur diese eine Person zu betrachten, sondern man muss auch andere Personen betrachten.

Es gibt auch zusätzliche Argumente dafür, dass ein Großteil unseres Wissens auf Hörensagen beruht bzw. beruhen muss. Die verbreitetsten Argumente haben mit dem Phänomen der Sprache zu tun (vgl. Reid: Inquiry, 196 sowie auch Davidson 1984c, 199 ff.). Es gibt hier zwei Varianten. Eine erste Variante betrifft den **Spracherwerb** (vgl. Coady 1992, 90; Welbourne 1986, 36; Quine/Ullian 1970, 34 f.; vgl. auch Russell: Human Knowledge, 190 f.). Ihr zufolge ist der Erwerb einer Sprache untrennbar mit dem Erwerb einer Vielzahl von Meinungen verbunden. Man kann z. B. nicht das Wort »Pferd« erlernen, ohne dabei eine Vielzahl von Meinungen über Tiere und einiges Andere zu erwerben. Ein Erwachsener sagt z. B. in Gegenwart eines Kindes, das gerade die Sprache erlernt, »Das ist ein Pferd«. Das Kind kann in Situationen wie dieser nicht lernen, was z. B. »Pferd« bedeutet, ohne dem Sprecher grundsätzlich zu glauben: ohne z. B. zu glauben, dass das wirklich ein Pferd ist. Man versuche sich einmal ein Kind vorzustellen, das beim Spracherwerb grundsätzlich an der Wahrheit der Äußerungen seines Lehrers zweifelt! Da der Lehrer die Sprache nicht lehren kann, ohne wahre Sätze zu äußern – wie soll man etwa die Bedeutung des Wortes »Pferd« erlernen, wenn der Lehrer lauter falsche Sachen über Pferde sagt? –, erwirbt das Kind nicht nur irgendwelche Meinungen beim Spracherwerb, sondern zudem wahre Meinungen und Wissen (wenn der Sprecher verlässlich ist). Kurz: Unser Wissen ist sozialer Natur, weil der Spracherwerb sozialer Natur ist und wir einen großen Teil unseres Wissens beim Lernen einer Sprache erwerben.

Das Argument des Spracherwerbs ist sehr voraussetzungsvoll: Es setzt voraus, dass man keinen grundsätzlichen Unterschied zwischen sprachlichem Wissen und Wissen über die Welt machen kann. In anderen Worten: Es setzt voraus, dass man keinen grundsätzlichen Unterschied zwischen analytischem Wissen, das auf der Kenntnis der Bedeutung der Worte beruht, und empirischem Wissen machen kann. Wer hingegen an der Unterscheidung von analytischem und nicht-analytischem Wissen festhält, muss durch dieses Argument nicht besonders beeindruckt sein (s. Kap. VI.7). Abgesehen davon sind Situationen des Spracherwerbs sehr spezielle Fälle von sprachlicher Kommunikation; nicht jede sprachliche Kommunikation geht mit Sprachlernen auf Seiten des Hörers einher. Damit aber lässt dieses Argument immer noch offen, weshalb der Hörer nicht im Nachhinein – nach dem Erwerb der Sprache – und ohne Rekurs auf die Äußerungen anderer Personen die beim Spracherwerb akzeptierten Meinungen überprüfen können soll. Um dies auszuschließen, ist ein Argument wie das oben zuerst Angeführte notwendig.

Wichtiger als dieses Erwerbs-Argument ist die zweite Variante von Argumenten, die sich auf sprachliche Phänomene beziehen (vgl. Coady 1992, 85 ff., 152 ff.; Dummett 1994, 266 ff., 269 ff.; Strawson 1994, 25 ff.; Quine/Ullian 1970, 39 f.; Price 1969, 116 ff.). Dieser zweiten Variante zufolge kann man keine **Sprache sprechen und verstehen** – kann man nicht mit anderen kommunizieren – wenn Sprecher nicht weitgehend die Wahrheit sagen und Hörer den Sprechern Glauben schenken. Dass Sprecher zumindest in sehr fundamentalen Fällen die Wahrheit sagen, wird oft mit einer bestimmten externalistischen, nämlich **kausalen Konzeption der Bedeutung** sprachlicher Ausdrücke begründet (s. Kap. III.2.6): Der Gehalt einer Sprecher-Äußerung wird demzufolge in den grundlegenden Fällen durch diejenigen Situationen festgelegt, die die entsprechende Sprecher-Äußerung kausal hervorrufen. Dass »Da ist ein Pferd« im Deutschen bedeutet, dass da ein Pferd ist, liegt demzufolge daran, dass die Präsenz eines Pferdes typischerweise – wenn sie denn überhaupt sprachliche Äußerungen hervorruft – eine Äußerung von so etwas wie »Da ist ein Pferd« hervorruft. Dass andererseits Hörer grundsätzlich den Sprechern glauben, wird oft durch den Hinweis darauf begründet, dass der Austausch von Information den gegenüber Täuschung etc. grundlegenden Fall von sprachlicher Kommunikation darstellt und dass dies jedem normalen Hörer auch klar ist. Lügen kann man im Einzelfall nur, wenn man in der Regel nicht lügt. Gegeben all dies kann ein Hörer also Wissen erwerben, indem er dem Sprecher einer Äußerung Glauben schenkt (vorausgesetzt natürlich, der Sprecher sagt in der Tat die Wahrheit). Wie im Fall des Spracherwerb-Arguments beruht der soziale Charakter zumindest eines großen Teils unseres Wissens auf dem sozialen Charakter der Sprache.

Auch diese zweite, allgemeinere Variante des Sprach-Arguments ist sehr voraussetzungsvoll. Ist Informations-Austausch wirklich ein so grundlegender Fall von Sprachverwendung? Und ist die erwähnte externalistische Konzeption des Gehalts wirklich überzeugend? Mehr noch: Könnte es nicht sein, dass wir uns grundsätzlich im Irrtum darüber befinden, welche Situationen uns zu welchen Äußerungen verursachen bzw. auf welche Situationen wir uns mit unseren Äußerungen beziehen? Wieso genau soll es eigentlich ausgeschlossen sein, dass wir in einer Sprache kommunizieren, die wir alle miteinander grundsätzlich missverstehen? Schließlich wird der erwähnten externalistischen Konzeption von Bedeutung zufolge der Gehalt sprachlicher Äußerungen ja zumindest zum Teil durch etwas festgelegt, das uns nicht kognitiv zugänglich sein muss. Auch das allgemeine Sprachargument ist also sehr voraussetzungsvoll, ebenso wie das Argument des Spracherwerbs. Dies spricht wiederum für die relativ größere Verlässlichkeit des oben zuerst angeführten Arguments.

Dagegen, dass ein Großteil unseres Wissens auf Hörensagen beruht, wird oft eingewandt, dass damit der **Leichtgläubigkeit** Tür und Tor geöffnet werde und gerade nicht dem Wissen (vgl. etwa Fricker 1994, 125 ff.). Wie kann Hörensagen eine Wissensquelle sein, wo es offenbar doch so oft und insbesondere bei leichtgläubigen Personen zu Irrtum und Täuschung führt? Reliabilisten (s. Kap. II.7) haben eine recht einfache und durchschlagende Antwort auf diesen Einwand: Ein Hörer erwirbt durch

Hörensagen nur dann Wissen, wenn der Sprecher die Wahrheit sagt und verlässlich ist. Maria erwirbt durch die Auskunft eines verlässlichen Passanten Wissen über die Uhrzeit, nicht aber durch die Auskunft eines Spaßvogels. Etwas anders gesagt: Hörer sind berechtigt, Sprechern zu glauben, solange sie keinen Grund zum Misstrauen haben; sie benötigen jedenfalls keinen expliziten Grund dafür, dem Sprecher zu glauben. Es gibt eine **generelle Präsumtion zugunsten des Sprechers**, die aber keine Lizenz zur Leichtgläubigkeit darstellt (vgl. Russell: Human Knowledge, 190; Price 1969, 124; Burge 1993, 466 ff.; McDowell 1994, 211; vgl. dagegen Fricker 1994, 125 ff.; Lehrer 1994, 51 ff.).

Wir hatten ja schon festgehalten, dass zwar viel, aber sicherlich nicht alles Wissen von anderen stammen kann: Hörensagen ist eine Wissensquelle, aber sicherlich nicht die einzige Wissensquelle. Wahrnehmung ist eine andere wichtige Wissensquelle. Ohne diese könnten wir nicht zu neuem Wissen kommen, ja, es wäre nicht einmal verständlich, wie wir ohne eine ›informationelle Verbindung mit der Welt‹ überhaupt irgendetwas wissen können sollten.

Es spricht alles in allem einiges dafür, dass die individualistische Vorstellung vom Wissen verfehlt ist: Einer allein kann kaum etwas wissen. Oft wissen wir, was wir wissen, nur von anderen. Das heißt nicht, dass nur Gruppen, ›Kollektive‹ oder ›**epistemische Gemeinschaften**‹ etwas wissen können – und nicht Individuen (vgl. Welbourne 1986). Aber es heißt, dass in vielen Fällen Einzelne nur als Mitglieder von Gruppen etwas wissen können, – nur aufgrund einer ›**epistemischen Arbeitsteilung**‹ (vgl. das Eingangs-Beispiel eines wissenschaftlichen Experiments sowie Kitcher 1990, 5 ff.). Man könnte auch sagen, dass ein großer Teil unseres Wissens ›aus zweiter Hand‹ stammt, – wenn denn die Rede von einem Wissen ›aus erster Hand‹ in diesen Fällen überhaupt angebracht ist.

VIII. SKEPTIZISMUS: ANTWORTEN?

Wir haben uns inzwischen ausführlich mit Wissen beschäftigt. Aber haben wir überhaupt Wissen? Diese Frage stellt sich immer noch (vgl. hier auch die in Kap. 1 genannte Literatur). Im Folgenden sollen einige **anti-skeptische Argumente** erörtert werden. Dabei werden die obigen Ausführungen über Wissen von Nutzen sein. Beginnen wir mit dem Traum-Argument (s. Kap. I.2).

1. Träume

Das **Traum-Argument** besteht, wie gesagt, aus zwei Prämissen und einer Konklusion:

(P1) Wenn ich weiß, dass ich jetzt an meinem Schreibtisch sitze, dann weiß ich auch, dass ich jetzt nicht in meinem Bett liege und bloß träume, dass ich am Schreibtisch sitze

(P2) Ich weiß nicht, dass ich jetzt nicht in meinem Bett liege und bloß träume, dass ich am Schreibtisch sitze

(C) Ich weiß nicht, dass ich jetzt an meinem Schreibtisch sitze.

Wir hatten gesehen, dass man dieses Argument nur angreifen kann, indem man seine Prämissen angreift. Betrachten wir zunächst die erste Prämisse.

Die erste Prämisse beruht, wie wir ebenfalls schon gesehen haben, auf dem **Geschlossenheits-Prinzip (G)**: Wenn eine Person weiß, dass »p« »q« impliziert und wenn sie außerdem weiß, dass »p« wahr ist, dann weiß sie auch, dass »q« wahr ist. Wenn ich weiß, dass ich, falls ich jetzt an meinem Schreibtisch sitze, jetzt nicht in meinem Bett liege und träume, und wenn ich außerdem weiß, dass ich jetzt an meinem Schreibtisch sitze, dann, so dieses Prinzip, weiß ich auch, dass ich jetzt nicht in meinem Bett liege und träume, dass ich z. B. an meinem Schreibtisch sitze. Diese Überlegung stützt (P1).

Das hier zugrunde liegende Geschlossenheits-Prinzip ist allerdings bezweifelt worden (vgl. Dretske 1970, 1007 ff. sowie Nozick 1981, 172 ff., 197 ff.). Muss man wirklich alle Schlüsse ziehen, die man prinzipiell ziehen könnte? Folgt daraus, dass

> ich weiß, dass es zu Stromausfällen in Teilen der Südstadt kommen kann, wenn gestern mehr als 20 cm Regen gefallen sind,

und dass

> ich weiß, dass gestern mehr als 20 cm Regen gefallen sind,

dass

> ich weiß, dass es zu Stromausfällen in Teilen der Südstadt kommen kann?

Ich muss doch gar nicht an die möglichen Auswirkung für die Stromversorgung der Südstadt denken, oder?

Diesen Einwand kann man sich vielleicht noch besser an dem mit dem Geschlossenheits-Prinzip eng verwandten **Diskriminations-Prinzip** (D) klar machen, das man ebenfalls zur Stützung der ersten Prämisse des Traum-Arguments heranziehen kann: Wenn eine Person weiß, dass p, dann ist sie in der Lage auszuschließen, dass mögliche Umstände vorliegen, die mit einem solchen Wissen unvereinbar sind. Wenn ich weiß, dass ich jetzt an meinem Schreibtisch sitze, dann kann ich ausschließen, dass ich jetzt in meinem Bett liege und bloß träume, dass ich an meinem Schreibtisch sitze. Auch dieses Prinzip ist bezweifelt worden und durch das **Prinzip der relevanten Alternativen** (RA) ersetzt worden (vgl. Austin 1979b, 87 ff., 98 ff.; Dretske 1970, 1007 ff.; Dretske 1981b, 363 ff.; Goldman 1992b, 85 ff. Heil 1987, 1 ff.; s. auch Kap. II.7.1): Ich muss nicht alle möglichen Umstände ausschließen können, sondern nur solche, die in der jeweiligen Situation »relevant« sind. Dies wirft natürlich die Frage auf, ob die Möglichkeit, dass ich jetzt träume, eine relevante Alternative ist, wenn es darum geht, ob ich weiß, dass ich jetzt an meinem Schreibtisch sitze. **Kontextualisten** (vgl. etwa Williams 1996 sowie die in Kap. II.8 angeführte Literatur; als einführenden Überblick zu dem antiskeptischen Potential des Kontextualismus vgl. etwa Willaschek 2000a, 151 ff.) weisen hier gerne darauf hin, dass in alltäglichen Kontexten die Möglichkeit des Traums ganz irrelevant ist. Aber ist diese Antwort wirklich überzeugend? Gibt es nicht zumindest auch philosophische Kontexte – etwa den Kontext einer Diskussion des Skeptizismus –, in denen die Möglichkeit des Traums höchst relevant ist? Und bewegen wir uns nicht gerade in genau diesem Kontext?

Offenbar ist es für den Anti-Skeptiker aussichtsreicher, die zweite Prämisse anzugreifen: Ich weiß jetzt nicht, ob ich jetzt träume. Ist dem so? Epistemische **Externalisten** (s. Kap. II.4.3/5.3) haben hier ihre Zweifel. Einer kausalen Konzeption von Wissen zufolge (s. Kap. II.5) ist dafür, dass ich weiß, dass ich jetzt nicht träume, nur erforderlich, dass ich jetzt in der Tat nicht träume, dass ich glaube, dass ich jetzt nicht träume, sowie dass diese Überzeugung kausal mit meiner Wachheit verbunden ist. Und wieso sollte dies nicht möglich sein? Ein ganz analoges anti-skeptisches Argument kann man im Rahmen einer **reliabilistischen** Konzeption von Wissen (s. Kap. II.7) formulieren. Ich mag nicht wissen, dass ich weiß, dass ich jetzt nicht träume, aber das ist den Externalisten zufolge auch nicht notwendig. Um zu wissen, dass ich jetzt nicht träume, muss ich nicht zeigen können, dass dem so ist, – ich muss nicht über ein Kriterium verfügen, das es mir erlaubt festzustellen, ob ich träume oder nicht.

Für dieses Gegen-Argument spricht auch seine Eleganz und Einfachheit. Es kann allerdings nur überzeugen, wenn die entsprechende externalistische Konzeption des Wissens überzeugt – und nicht alle sind davon überzeugt. Außerdem könnte man den Verdacht haben, dass die externalistische Antwort ›zu leicht‹ fällt: dass der Externalismus den Skeptizismus gar nicht als ein ernsthaftes Problem darstellen kann. Nimmt man den Skeptizismus hingegen Ernst – und dafür spricht ja wohl Einiges –, so könnte man es geradezu für eine Adäquatheits-Bedingung jeder Wissens-Konzeption halten, dass sie das skeptische Problem, etwa in Form des Traum-Arguments, als ein ernsthaftes Problem darzustellen erlaubt (vgl. aber Grundmann 2001/2002). Abgesehen davon mag man einwenden, dass der Externalismus ein wesentliches Motiv für skeptische Erwägungen nicht beseitigt: die Vorstellung nämlich, dass uns unsere epistemische Situation (s. Einleitung und Kap. I.5) selbst nicht oder nicht vollständig transparent ist. Externalisten zufolge muss dem Wissenden seine epistemische Situation ja selbst nicht zugänglich sein. Selbst wenn ich weiß, dass ich jetzt nicht träume – weiß ich denn, dass dem so ist?

Externalisten haben Antworten auf diese skeptischen Rückfragen. Zunächst lassen sich durchaus Gründe für die externalistische Konzeption des Wissens anführen. Abgesehen davon ist das Vorlegen einer Lösung für ein Problem kein Beleg dafür, dass das Problem nicht ernst genommen wurde, ganz im Gegenteil. Und schließlich: Selbst wenn wir nicht wissen können, ob wir Wissen haben, spricht dies doch nicht dagegen, dass wir Wissen haben.

2. Die Außenwelt

So viel zu einigen Antworten auf das Traum-Argument. Betrachten wir nun das damit eng zusammenhängende, wenn auch verschiedene **Außenwelt-Argument**: Aus

(1) Ich weiß nicht, ob es eine Außenwelt gibt

und

(2) Wenn ich etwas über irgendeinen Gegenstand der Außenwelt weiß, dann weiß ich auch, dass es eine Außenwelt gibt

ergibt sich diesem Argument zufolge

(C) Ich weiß über keinen Gegenstand der Außenwelt etwas.

Bezüglich der zweiten Prämisse mag man wieder so argumentieren wie bezüglich der ersten Prämisse des Traum-Arguments. Und bezüglich der ersten Prämisse mag man – ähnlich wie bei der zweiten Prämisse des Traum-Arguments – wiederum externalistische Argumente mobilisieren. Konzentrieren wir uns hier auf die These, dass man nicht wissen kann, ob es eine Außenwelt gibt.

Ist dies nicht eine verrückte These? Manche waren und sind jedenfalls der Auffassung, dass sie recht leicht zu widerlegen ist. Der englische Schriftsteller **Samuel Johnson** (1709–1784) ist mit folgendem ›Beweis‹ der Existenz der Außenwelt berühmt geworden: Er stieß einfach einen Stein mit dem Fuß an! Beweise dieser Art haben die allermeisten Philosophen nicht überzeugt. Wenn z. B. alles Traum ist, dann kann man ja schließlich auch träumen, dass man einen Stein mit dem Fuß stößt.

Ähnliche Bedenken werden in der Regel gegen den von **George Edward Moore** (1873–1958) vorgeschlagenen Beweis der Existenz einer Außenwelt vorgebracht (vgl. Moore: Proof of an External World, 144 ff. sowie auch Moore: A Defence of Common Sense, 32 ff.; vgl. zu Moore auch Wittgenstein: Über Gewißheit, passim). Moore verfuhr folgendermaßen. Er hob eine Hand hoch und sagte, dass da eine Hand sei. Dann hob er eine andere Hand hoch und sagte wiederum, dass da eine Hand sei. Die Konklusion lag für ihn auf der Hand: Es gibt da zwei Hände und damit – da Hände Gegenstände der Außenwelt sind – auch eine Außenwelt. Gegen dieses Argument wird naheliegenderweise oft eingewandt, dass es voraussetzt, was doch gerade fraglich ist, und dass man gerade nicht einfach davon ausgehen könne, dass da zwei ›wirkliche‹ und nicht nur ›geträumte‹ Hände sind. Zumindest im Fall von Moore sollte man allerdings vorsichtig sein: Ist es wirklich denkbar, dass ein Philosoph diesen Kalibers im Ernst ein derart schwaches Argument vorgebracht hat? War es vielleicht eher ironisch gemeint? Wollte er vielleicht z. B. andeuten, dass man den Zweifel an der Existenz der Außenwelt gar nicht sinnvoll ausdrücken und deshalb auch nicht ernst nehmen kann (vgl. Clarke 1969, 754 ff.; Stroud 1984, Kap. 3)?

Wie dem auch sei – es gibt noch andere Reaktionen auf die Skepsis hinsichtlich unseres Wissens von der Existenz einer Außenwelt. Ein Einwand besagt, dass es gar nicht vorstellbar ist, dass es keine Außenwelt gibt. Jedes denkbare skeptische Szenario enthält nämlich, so dieser Gegeneinwand, zumindest implizit die Annahme der Existenz einer Außenwelt. Descartes' Vorstellung eines Dämons etwa, der mir Vorstellungen von einer nicht-existenten Außenwelt einflößt (vgl. Descartes: Meditationes, 21 ff., 22 f.), setzt doch zumindest voraus, dass es diesen Dämon gibt sowie einen Mechanismus irgendwelcher Art, der es ihm erlaubt, mir diese oder jene Vorstellungen einzuflößen. Damit ist aber schon eine Art von Außenwelt angenommen, entgegen der eigentlichen Absicht, die mit dem skeptischen Szenario verfolgt wird. Vielleicht gibt es nicht die Dinge, von denen ich glaube, dass es sie gibt (Stühle, Hunde, Fixsterne, etc.), aber irgendwelche Dinge der Außenwelt (Dämonen und ihre ›Werkzeugkästen‹) scheint es doch zu geben. Oder: Wie soll man sich vorstellen, dass es nur meine Vorstellungen gibt, aber nichts, worauf sich diese Vorstellungen beziehen? Kann es Vorstellungen geben ohne jemanden, der sie hat? Kann es Vorstellungen geben ohne so etwas wie ein Gehirn, das diese Vorstellungen ›realisiert‹? Skeptische Szenarien scheinen also sehr viel voraussetzungsvoller zu sein als eigentlich beabsichtigt. Nun mag diese Art von Gegen-Einwand skeptisch hinsichtlich des Skeptizismus stimmen, aber durchschlagend ist sie nicht. Der Skeptiker kann einfach zurückfragen: Na und? Selbst wenn wir uns nicht vorstellen können, dass es keine Außenwelt gibt, folgt daraus doch nicht, dass es eine gibt. Gibt es bessere Argumente gegen das Außenwelt-Argument?

Ein Argument versucht wieder, das skeptische Szenario zu unterlaufen, allerdings auf etwas andere Weise als eben erläutert (vgl. z. B. Austin 1962b, 11 f., 68 f.). Was wäre denn z. B. der Fall, wenn ich immer träumen würde, – wenn alles, was ich für Erfahrung einer Außenwelt halte, nur ein langer Traum wäre? Nun, auch innerhalb dieses Traums würde ich doch einen Unterschied machen zwischen etwas, das ich als »Traum« bezeichne, und etwas, das ich als »Wachheit« bezeichne. Ich würde diesen Unterschied im Rahmen eines Traums machen, aber es handelte sich dennoch um einen Unterschied – oder? Ich würde diesen Unterschied im Traum genauso machen wie im Wachzustand. Was wäre dann aber überhaupt der große Unterschied zwischen diesem Traum-Szenario und der Art von Situation, in der ich mich zu befinden meine? Der einzige Unterschied bestünde offenbar darin, dass man im ersten Fall immer hinzufügen müsste »Es ist alles nur ein Traum«. Aber kann man diesen Zusatz dann nicht auch gleich ganz weglassen? Ist, wo ein radikaler Unterschied zu sein scheint – »Alles Traum« vs. »Nicht alles ist Traum« –, gar kein wirklicher Unterschied? Verhält es sich mit der skeptischen Idee, dass alles Traum sein könnte, wie mit dem Verdacht, dass vielleicht alle Banknoten Falschgeld sein könnten?

Man kann dies als einen »**semantischen**« **Einwand** gegen den Außenwelt-Skeptizismus bezeichnen: So wie man von »Falschgeld« nur sprechen kann, wenn zugleich auch richtiges Geld im Umlauf ist, so kann man von »Traum« nur sprechen, wenn es auch Zustände von Wachheit gibt. Die Begriffe von Traum und Wachheit sind – wie die von Falschgeld und echtem Geld – **Kontrastbegriffe** und die sinnvolle Anwendbarkeit eines Begriffes setzt die sinnvolle Anwendbarkeit des anderen Begriffes voraus. Darauf kann der Skeptiker antworten, dass, selbst wenn dem so sein sollte, es aber dennoch nicht klar ist, ob wir ›wirklich‹ Begriffe anwenden und nicht nur meinen, Begriffe anzuwenden. Mit diesem Gegeneinwand gerät der Skeptiker nun offenbar in Beweisnot: Warum sollten wir annehmen, dass wir nur (fälschlicherweise) glauben, dass wir Begriffe anwenden?

Ein anderes semantisches Argument stützt sich auf den Externalismus, – diesmal allerdings nicht auf den epistemischen, sondern auf den **semantischen Externalismus** (vgl. Putnam 1975a, 215 ff. und Burge 1979, 73 ff. sowie Kap. III.2.6). Dieser Position zufolge haben Gedanken und Worte überhaupt nur einen Inhalt, wenn ein (z. B. kausaler) Kontakt mit etwas in der Außenwelt stattgefunden hat. Ich kann z. B. keinen Gedanken über Wasser haben oder irgendetwas über Wasser sagen, wenn ich nicht mit irgendeinem Stoff in der Außenwelt in Verbindung gestanden habe bzw. stehe. Nun wissen wir – und zwar aus Introspektion –, dass wir Gedanken mit bestimmtem Inhalt haben. Also müssen wir mit etwas in der Außenwelt in Verbindung gestanden haben bzw. stehen. Also gibt es eine Außenwelt. Gäbe es keine Außenwelt, so würden unsere eigenen Gedanken und Worte keinen Inhalt haben und wir würden sie nicht verstehen (weil es hier gar nichts zu verstehen gäbe). Dieses Argument (vgl. z. B. Davidson 1989, 164 f. sowie Bernecker 2000, 1 ff.) muss den Skeptiker nicht besonders beeindrucken: Der semantische Externalismus setzt die Existenz einer Außenwelt von Anfang an voraus. Der Skeptiker bezweifelt dies aber gerade. Ein Argument, das gerade das voraussetzt, was strittig ist, ist aber nicht besonders überzeugend.

3. Eingetankte Gehirne

So viel zu einigen Strategien gegen das Außenwelt-Argument. Ein mit den beiden bisher betrachteten skeptischen Argumenten eng verwandtes, wenn auch davon verschiedenes neueres skeptisches Argument ist das sogenannte »**Gehirn-im-Tank-Argument**« (s. Kap. I.4): Aus

> (1) Ich kann nicht wissen, ob ich ein Gehirn im Tank bin

und

> (2) Wenn ich irgendetwas über die Welt weiß – z. B., dass vor mir ein Apfelbaum steht –, dann weiß ich auch, dass ich kein Gehirn im Tank bin

folgt

> (C) Ich kann nichts über die Welt wissen, z. B. kann ich nicht wissen, dass ich vor einem Apfelbaum stehe.

Auch hier gibt es wieder einen Gegeneinwand (vgl. Putnam 1981, 7 ff.) – und zwar gegen die erste Prämisse –, der sich auf einen semantischen Externalismus stützt, nämlich auf die These, dass der Inhalt der Gedanken eines Wesens davon abhängt, womit dieses Wesen in (kausalem) Kontakt steht. Der Inhalt der Gedanken eines Gehirns im Tank hängt dementsprechend davon ab, womit dieses Gehirn in (kausalem) Kontakt steht. Entsprechend dem Szenario steht es nun nicht mit denjenigen Dingen in Kontakt, mit denen Wesen, die keine Gehirne im Tank sind, in Kontakt stehen: also nicht mit Stühlen, Personen, Straßenbahnen und all den anderen alltäglichen Gegenständen, mit denen wir glauben, in Kontakt zu stehen. Ein Gehirn im Tank steht vielmehr mit einem Computer in Kontakt. Es kann also keine Gedanken über Pferde, Aufzüge oder Kaffeetassen haben, sondern ›nur‹ Gedanken über computer-simulierte Pferde, computer-simulierte Aufzüge oder computer-simulierte Kaffeetassen. Es kann also auch keine Gedanken über Gehirne im Tank haben, sondern nur über computer-simulierte Gehirne im Tank. Wir hingegen haben solche Gedanken, wie die Introspektion zeigt. Wir können – anders als Gehirne im Tank – Gedanken über Gehirne im Tank haben. Also sind wir keine Gehirne im Tank.

Dieser anti-skeptische Einwand gegen das Gehirn-im-Tank-Argument ist verblüffend einfach und sicherlich von einiger Attraktivität. Aber wieder kann der Skeptiker mit einigem Recht darauf verweisen, dass hier von vornherein und implizit etwas angenommen wird, das der Skeptiker gerade bestreitet: Setzt der semantische Externalimus, der hier gegen das skeptische Szenario angeführt wird, nicht implizit schon voraus, was gerade zur Diskussion steht?

Abgesehen davon ist gar nicht so klar, worüber ein Gehirn im Tank Gedanken haben kann und worüber nicht. Kann es nicht z. B. Ich-Gedanken haben (»ich tue dies und das« etc.)? Das wäre doch offenbar ein Gedanke über ein Gehirn im Tank. Oder kann es den Begriff eines Gehirns im Tank nicht haben, – so wie es z. B. auch den Begriff einer Straßenbahn nicht haben kann? Aber warum nicht? Kann der Programmierer des Computers, an den das Gehirn im Tank angeschlossen ist, nicht an Straßenbahnen gedacht haben, als er eine Straßenbahn-Simulation für das Gehirn im Tank veranlasste? In diesem Fall würde das Gehirn im Tank doch – vermittelt über den Programmierer – mit wirklichen Straßenbahnen in Kontakt stehen, wenn auch auf recht komplexe Weise. Man könnte einwenden, dass es sich hier um eine ›deviante Kausalverbindung‹ handelt, aber wir haben schon gesehen, wie schwer es ist zu sagen, worin eigentlich die Devianz einer devianten Kausalverbindung besteht (s. Kap. II.5.2).

Was macht das skeptische Gehirn-im-Tank-Szenario eigentlich so bedrohlich? Offenbar ist es die Idee, dass die Welt ganz anders beschaffen sein könnte als wir meinen. Vielleicht glauben wir nur, in einer Welt zu leben, in der es andere Personen, Tische, und vieles andere gibt. Vielleicht ist die Welt radikal anders als wir meinen – ebenso wie unsere **epistemische Situation**. Ein Gehirn im Tank weiß ja nicht, dass es ein Gehirn im Tank ist, – ihm ist seine eigene epistemische Situation in grundsätzlicher Weise **nicht transparent**. Gegen diesen skeptischen Verdacht hilft es natürlich wenig zu zeigen, dass wir keine Gehirne im Tank sind. Schließlich könnten wir ja auf ganz andere Weise ›beschränkt‹ sein: Die Welt könnte auf ganz andere Weise von unserer Vorstellung differieren und unsere epistemische Situation könnte auf ganz andere Weise grundsätzlich intransparent sein.

Die oben (s. Kap. I.4) angeführten Beispiele der Fliege, die nur über eine zwei-dimensionale Wahrnehmung verfügt, sowie der Farben, die nur scheinbar den Gegenständen selbst zukommen, werfen ähnliche Fragen auf: Ist die Welt ganz anders als wir meinen? Ja ist sie ganz grundsätzlich unserem Verständnis entzogen? Es ist nicht klar, ob diese Fragen überhaupt einen Sinn haben: Was genau ist denn gemeint? Ist z. B. die Fliege nicht einfach nur begrenzt, aber innerhalb ihrer kognitiven Grenzen durchaus fähig, ihre Umgebung adäquat zu erfassen? Und selbst wenn die Gegenstände nicht farbig sind, so haben sie doch offenbar andere Eigenschaften, und zwar unabhängig davon, dass wir ihnen diese Eigenschaften zuschreiben.

4. Der Skeptizismus und die Aufgabe der Erkenntnistheorie

Wir haben einige skeptische Argumente und einige anti-skeptische Einwände dagegen betrachtet. Betrachten wir zum Abschluss die skeptische These im Allgemeinen, dass wir kein Wissen haben bzw. haben können. Ist dies möglich? Wir verwenden und verstehen doch das Wort »Wissen« (bzw. entsprechende Ausdrücke in anderen Sprachen) und wir verfügen doch über den Begriff des Wissens. Wir verstehen, was mit »Wissen« gemeint ist, und dazu gehört doch offenbar, dass es Fälle gibt, auf die wir den Begriff des Wissens mit Recht anwenden dürfen. Argumente diesen Typs sind übrigens auch als »**paradigm case arguments**« bekannt (vgl. z. B. Malcolm 1942, 343 ff.; vgl. dagegen z. B. Unger 1975, 70 ff.): Sie beruhen auf der Annahme, dass die sinnvolle Verwendung eines Begriffswortes die Existenz paradigmatischer Fälle voraussetzt, auf die der Begriff zutrifft. Zeigt also die Tatsache, dass der Begriff des Wissens eine sinnvolle Verwendung hat, dass es Wissen gibt? Zeigt dies, dass der Skeptiker unrecht hat? Oder könnte der Skeptiker einfach entgegnen, dass wir nur glauben, Worte wie »Wissen« zu verstehen und über den Begriff des Wissens zu verfügen? Könnte er nicht bezweifeln, dass die sinnvolle Anwendbarkeit eines Begriffes voraussetzt, dass es Fälle gibt, auf die der Begriff zutrifft?

Man mag bei der Betrachtung der Diskussion um den Skeptizismus den Eindruck gewinnen, dass der Skeptiker wie der Igel ist, der immer schon am Ziel steht, bevor der anti-skeptische Hase dort ankommt. Sollte gerade das den Skeptizismus verdächtig machen? Es könnte ja sein, dass der Zweifel des Skeptikers haltlos ist, weil man zum Zweifeln Gründe braucht, wie Wittgenstein sagt, und weil der Skeptiker keine Gründe für seine Zweifel liefern kann (vgl. Wittgenstein: Über Gewißheit, §§ 4, 122 f., 220, 312, 322 f., 325–327). Ist der skeptische Zweifel also haltlos? Oder macht der Skeptiker, ganz im Gegenteil, substantielle Annahmen, die er nur verschweigt, die aber prinzipiell genauso angezweifelt werden können wie das, was der Skeptiker bezweifelt? Setzt nicht jeder sinnvolle Zweifel – wie wiederum Wittgenstein betont hat – voraus, dass man an manchem nicht zweifelt (vgl. Wittgenstein: Über Gewißheit, §§ 56, 115, 160 f., 163 f., 310, 337, 341–346, 450, 625)?

Offenbar kann man den Skeptizismus nicht in dem Sinne widerlegen, dass man überzeugend nachweist, dass wir in der Tat Wissen über die Welt haben. Aber das ist auch gar nicht nötig. Es reicht, wenn man den Skeptizismus entkräften kann: wenn man zeigen kann, dass es keine guten Gründe für den Skeptizismus gibt. Und wir haben ja gesehen, dass es nicht nur aussichtslose, sondern auch aussichtsreiche

Argumente gegen das Traum-Argument und gegen die Außenwelt-Skepsis gibt. Die philosophischen Skeptiker haben offenbar bisher noch keine wirklich durchschlagenden Gründe dafür geliefert anzunehmen, dass wir kein Wissen über die Welt haben, bzw. zu bezweifeln, dass wir Wissen über die Welt haben. Hinzu kommt etwas, das für den Skeptiker geradezu peinlich ist: dass er nämlich selbst »dogmatisiert«, also Annahmen macht, die man mit Recht bezweifeln kann (vgl. etwa Williams 1996).

Auch wenn das alles stimmt, wird der Skeptizismus nicht obsolet, ganz im Gegenteil. Im Zusammenhang mit der externalistischen Antwort auf das Traum-Argument hatten wir ja schon gesagt, dass dieses anti-skeptische Argument durchaus offen lässt, ob wir wissen können, ob wir Wissen haben. Ob wir Wissen über die Welt haben oder nicht, mag eine Frage sein, die wir prinzipiell nicht beantworten können. Und im Zusammenhang mit dem Gehirn-im-Tank-Zweifel hatten wir eingeräumt, dass wir vielleicht prinzipiell nicht feststellen können, ob wir in einer ähnlichen Lage wie das arme Gehirn im Tank sind. Man kann dies alles folgendermaßen verallgemeinern: Es mag sein, dass unsere epistemische Situation für uns intransparent ist (s. Kap. I.5). Können wir wiederum herausfinden, ob dem so ist (vgl. hierzu auch Stroud 2000, 99 ff. sowie Heil 1987, 1 ff.)?

Wenn man die skeptische Frage in dieser Weise umformuliert und verallgemeinert, wenn man also die Frage nach der Möglichkeit des Wissens durch die Frage nach unserer epistemischen Situation ersetzt, dann gewinnt der Skeptizismus an Gewicht und Radikalität. Es ist dann auch gar nicht mehr klar, ob man Antworten auf diese Art von skeptischer Frage finden kann. Diese Frage kann sich dennoch immer wieder von neuem stellen und man kann sie immer wieder von neuem ernst nehmen, selbst wenn man sie prinzipiell nicht beantworten kann und selbst wenn man weiß, dass man sie prinzipiell nicht beantworten kann. Sie ist Ausdruck des Wunsches, sich über die eigene epistemische Situation und über die eigene Stellung in der Welt Klarheit zu verschaffen. Dies Anliegen charakterisiert nicht nur die skeptische Frage, sondern die Erkenntnistheorie im Allgemeinen.

LITERATURVERZEICHNIS

1. Einführungen, Handbücher, Lexika und Sammelbände

Einführungen

Audi, Robert: *Belief, Justification, and Knowledge: An Introduction to Epistemology.* Belmont/CA 1988.
– : *Epistemology: A Contemporary Introduction to the Theory of Knowledge.* London/New York 1998.
Baergen, Ralph: *Contemporary Epistemology.* Fort Worth etc. 1995.
Bieri, Peter: »Generelle Einführung«. In: ders. (Hg.): *Analytische Philosophie der Erkenntnis.* Frankfurt a.M. 1987b, S. 9–72.
Bonjour, Laurence: *Epistemology: Classic Problems and Contemporary Responses.* Lanham/MD 2002.
Brendel, Elke: *Wissen.* Berlin 2013.
Crumley, Jack S.: *An Introduction to Epistemology.* Mountain View/CA 1999.
Dancy, Jonathan: *An Introduction to Contemporary Epistemology.* Oxford 1985.
Ernst, Gerhard: *Einführung in die Erkenntnistheorie.* Darmstadt 2007.
Everitt, Nicholas/Fisher, Alec: *Modern Epistemology. A New Introduction.* New York etc. 1995.
Feldman, Richard: *Epistemology.* Upper Saddle River/NJ 2003.
Fumerton, Richard: *Epistemology.* Oxford 2006.
Gabriel, Gottfried: *Grundprobleme der Erkenntnistheorie: von Descartes zu Wittgenstein.* Paderborn 1993.
Grundmann, Thomas: *Analytische Einführung in die Erkenntnistheorie.* Berlin 2007.
Hay, Clare: *The Theory of Knowledge: A Coursebook.* Cambridge 2008.
Hetherington, Stephen Cade: *Knowledge Puzzles. An Introduction to Epistemology.* Boulder/CO 1996a.
– : *Reality? Knowledge? Philosophy? An Introduction to Metaphysics and Epistemology.* Edinburgh 2003.
Hoerster, Norbert: *Was können wir wissen? Philosophische Grundfragen.* München 2010.
Janich, Peter: *Was ist Erkenntnis? Eine philosophische Einführung.* München 2000.
Kutschera, Franz von: *Grundfragen der Erkenntnistheorie.* Berlin/New York 1982.
Landesman, Charles: *An Introduction to Epistemology.* Oxford 1997.
Lemos, Noah: *An Introduction to the Theory of Knowledge.* Cambridge 2006.
Morton, Adam: *A Guide through the Theory of Knowledge.* Oxford ²1997.
Moser, Paul K./Mulder, Dwayne H./Trout, J.D.: *The Theory of Knowledge. A Thematic Introduction.* Oxford 1998.
Nagel, Jennifer: *Knowledge. A Very Short Introduction.* Oxford 2014.
Neta, Ram (Hg.): *Current Controversies in Epistemology.* New York 2014.
O'Brien, Dan: *An Introduction to the Theory of Knowledge.* Oxford 2006.
O'Connor, D.J./Carr, Brian: *Introduction to the Theory of Knowledge.* Minneapolis/MN 1982.
Pojman, Louis P.: *What Can We Know? An Introduction to the Theory of Knowledge.* Belmont/CA 1995.
Pollock, John L.: *Contemporary Theories of Knowledge.* Totowa/NJ 1986.
–/Cruz, Joseph: *Contemporary Theories of Knowledge.* Lanham etc. ²1999.
Pritchard, Duncan: *What Is this Thing Called Knowledge?* London etc. 2006.
Rescher, Nicholas: *Epistemology. An Introduction to the Theory of Knowledge.* Albany/NY 2003.
Schnädelbach, Herbert: *Erkenntnistheorie zur Einführung.* Hamburg 2002.
Steup, Matthias: *An Introduction to Contemporary Epistemology.* Upper Saddle River/NJ 1996.
Sturgeon, Scott/Martin M.G.F./Grayling, A.C.: »*Epistemology*«. In: A.C. Grayling (Hg.): *Philosophy 1. A Guide through the Subject.* Oxford 2001, S. 7–60.
Turri, John: *Epistemology: A Guide.* Oxford 2014.

Welbourne, Michael: *Knowledge*. Chesham 2001.
Williams, Michael: *Problems of Knowledge. A Critical Introduction to Epistemology*. Oxford 2001.
Zagzebski, Linda: *On Epistemology*. South Melbourne 2009.

Handbücher und Lexika

Baergen, Ralph: *The A to Z of Epistemology*. Lanham. MD 2010.
Bernecker, Sven/Pritchard, Duncan (Hg.): *The Routledge Companion to Epistemology*. London etc. 2011.
Blaauw, Martijn/Pritchard, Duncan: *Epistemology A–Z*. Edinburgh 2005.
Cullison, Andrew (Hg.): *The Continuum Companion to Epistemology*. London 2012.
Dancy, Jonathan/Sosa, Ernest (Hg.): *A Companion to Epistemology*. Oxford 1992.
Greco, John/Sosa, Ernest (Hg.): *The Blackwell Guide to Epistemology*. Oxford 1999.
Hetherington, Stephen Cade: *Epistemology: The Key Thinkers*. New York 2012.
Moser, Paul K. (Hg.): *The Oxford Handbook of Epistemology*. Oxford 2002.
Niiniluoto, Ilkka/Sintonen, Matti/Wolenski, Jan (Hg.): *Handbook of Epistemology*. Dordrecht etc. 2004.
Ricken, Friedo: *Lexikon der Erkenntnistheorie und Metaphysik*. München 1984.
Sosa, Ernest: *Epistemology: Oxford Bibliographies Online Research Guides*. Oxford 2010.

Sammelbände

Alcoff, Linda Martin (Hg.): *Epistemology: The Big Questions*. Oxford 1998.
Baumgarten, Hans-Ulrich (Hg.): *Erkenntnistheorie*. Freiburg/München 1999.
Bernecker, Sven: *Reading Epistemology. Selected Texts with Interactive Epistemology*. Oxford 2005.
– /Dretske, Fred I. (Hg.): *Knowledge: Readings in Contemporary Epistemology*. Oxford 2000.
Bieri, Peter (Hg.): *Analytische Philosophie der Erkenntnis*. Frankfurt a.M. 1987a.
Cooper, David E. (Hg.): *Epistemology: The Classic Readings*. Oxford 1999.
Goodman, Michael F./Snyder, Robert A. (Hg.): *Contemporary Readings in Epistemology*. Englewood Cliffs/NJ 1993.
Huemer, Michael: *Epistemology: Contemporary Readings*. London etc. 2002.
Luper, Steven (Hg.): *Essential Knowledge: Readings in Epistemology*. New York 2003.
Moser, Paul K. (Hg.): *Empirical Knowledge: Readings in Contemporary Epistemology*. Lanham/MD ²1996.
– /Nat, Arnold van der (Hg.): *Human Knowledge: Classical and Contemporary Approaches*. Oxford ²1995.
Pojman, Louis P. (Hg.): *The Theory of Knowledge: Classical and Contemporary Readings*. Belmont/CA 1993.
Pritchard, Duncan/Neta, Ram (Hg.): *Arguing about Knowledge*. London etc. 2008.
Roth, Michael D./Galis, Leon (Hg.): *Knowing: Essays in the Analysis of Knowledge*. Lanham/MD 1984.
Sosa, Ernest (Hg.): *Knowledge and Justification*. 2 Bde. Aldershot etc. 1994.
– /Kim, Jaegwon (Hg.): *Epistemology: An Anthology*. Oxford 2000.
Steup, Matthias/Sosa, Ernest (Hg.): *Contemporary Debates in Epistemology*. Oxford 2005.

2. Weiterführende Literatur

Abelson, R.P.: »Social Psychology's Rational Man«. In: S.I. Benn/G.W. Mortimore (Hg.): *Rationality and the Social Sciences. Contributions to the Philosophy and Methodology of the Social Sciences*. London etc. 1976, S. 58–89.
Adler, Jonathan E.: »Testimony, Trust, Knowing«. In: *The Journal of Philosophy* 91 (1994), S. 264–275.
Aitchison, Jean: *Words in the Mind. An Introduction to the Mental Lexicon*. Oxford 1987.
Alcoff, Linda Martin (Hg.): *Epistemology: The Big Questions*. Oxford 1998.
Allen, Woody: »Selections from the Allen Notebooks«. In: ders.: *Without Feathers*. New York 1983.
Allison, Henry E.: *Kant's Transcendental Idealism*. New Haven/London 1983.

Alston, William P.: »Justification and Knowledge«. In: ders.: *Epistemic Justification. Essays in the Theory of Knowledge.* Ithaca/NY 1989a, S. 172–182.
– : »Internalism and Externalism in Epistemology«. In: ders.: *Epistemic Justification. Essays in the Theory of Knowledge.* Ithaca/NY 1989b, S. 185–226.
– : »Concepts of Epistemic Justification«. In: ders.: *Epistemic Justification. Essays in the Theory of Knowledge.* Ithaca/NY 1989c, S. 81–114.
– : »An Internalist Externalism«. In: ders.: *Epistemic Justification. Essays in the Theory of Knowledge.* Ithaca/NY 1989d, S. 227–245.
– : »Two Types of Foundationalism«. In: ders.: *Epistemic Justification. Essays in the Theory of Knowledge.* Ithaca/NY 1989e, S. 19–38.
– : »How to Think about Reliability«. In: *Philosophical Topics* 23 (1995), S. 1–29.
Annis, David: »Knowledge and Defeasibility«. In: George S. Pappas/Marshall Swain (Hg.): *Essays on Knowledge and Justification.* Ithaca/NY 1978a, S. 155–159.
– : »A Contextual Theory of Epistemic Justification«. In: *American Philosophical Quarterly* 15 (1978b), S. 213–219.
Anscombe, Gertrude Elizabeth Margaret: *Intention.* Oxford 1958.
Apel, Karl-Otto: »Das Apriori der Kommunikationsgemeinschaft und die Grundlagen der Ethik«. In: ders.: *Transformation der Philosophie.* 2 Bde. Frankfurt a.M. 1973, Bd. 2, S. 358–435.
Aristoteles: *De interpretatione/Lehre vom Satz.* Übers. Eugen Rolfes. Hamburg 1974.
– : *Analytica Priora/Erste Analytiken.* Übers. Eugen Rolfes. Hamburg 1975.
– : *Analytica Posteriora/Zweite Analytiken.* Übers. Eugen Rolfes. Hamburg 1976.
– : *De anima/Über die Seele.* Übers. Willy Theiler. Berlin ⁴1973.
– : *Metaphysica/Metaphysik.* Übers. Franz F. Schwarz. Hamburg 1984.
– : *Politica/Politik.* Übers. Eugen Rolfes. Hamburg 1995.
Armstrong, David M.: *A Materialist Theory of the Mind.* London/New York 1968.
– : *Belief, Truth and Knowledge.* Cambridge 1973.
– : »The Causal Theory of the Mind«. In: *Neue Hefte für Philosophie* 11 (1977), S. 82–95.
Asch, Solomon E.: »Effects of Group Pressure upon the Modification and Distortion of Judgments«. In: Harold Guetzkow (Hg.): *Groups, Leadership and Men. Research in Human Relations.* Pittsburgh/PA 1951, S. 177–191.
Audi, Robert: *Belief, Justification, and Knowledge: An Introduction to Epistemology.* Belmont/CA 1988.
– : »Causalist Internalism«. In: ders.: *The Structure of Justification.* Cambridge 1993, S. 332–352.
– : »Dispositional Beliefs and Dispositions to Believe«. In: *Noûs* 28 (1994), S. 419–434.
– : *Epistemology: A Contemporary Introduction to the Theory of Knowledge.* London/New York 1998.
Austin, John L.: *How to Do Things with Words.* Oxford 1962a.
– : *Sense and Sensibilia.* Hg. G.J. Warnock. Oxford 1962b.
– : »Truth«. In: George Pitcher (Hg.): *Truth.* Englewood Cliffs/NJ 1964, S. 18–31.
– : »The Meaning of a Word«. In: ders.: *Philosophical Papers.* Hg. James O. Urmson/Geoffrey J. Warnock. Oxford ³1979a, S. 55–75.
– : »Other Minds«. In: ders.: *Philosophical Papers.* Hg. James O. Urmson/Geoffrey J. Warnock. Oxford ³1979b, S. 76–116.
Ayer, Alfred J.: *The Problem of Knowledge.* Harmondsworth 1956.

Baergen, Ralph: *Contemporary Epistemology.* Fort Worth etc. 1995.
– : *The A to Z of Epistemology.* Lanham. MD 2010.
Baker, Gordon P./Hacker, Peter M.S.: *Wittgenstein, Understanding and Meaning. An Analytical Commentary on the* Philosophical Investigations. Bd. 1. Oxford 1980.
– /Hacker, Peter M.S.: Wittgenstein, *Rules, Grammar and Necessity. An Analytical Commentary on the* Philosophical Investigations. Bd. 2. Oxford 1985.
Baron, Jonathan: *Thinking and Deciding.* Cambridge 2000.
Bartelborth, Thomas: *Begründungsstrategien: ein Weg durch die analytische Erkenntnistheorie.* Berlin 1996.
Baumann, Peter: *Die Autonomie der Person.* Paderborn 2000.
– : »Im Auge des Betrachters – Über Wissen, Rechtfertigung und Kontext«. In: Thomas Grundmann (Hg.): *Erkenntnistheorie. Positionen zwischen Tradition und Gegenwart.* Paderborn 2001a, S. 72–89.

– : »Ist der Begriff des Wissens inkohärent?«. In: *Zeitschrift für philosophische Forschung* 55 (2001b), S. 104–111.

– : »No Luck with knowledge? On a Dogma of Epistemology«. In: *Philosophy and Phenomenological Research* 89 (2014) S. 523–551.

Baumgarten, Hans-Ulrich (Hg.): *Erkenntnistheorie*. Freiburg/München 1999.

Beckermann, Ansgar: *Analytische Einführung in die Philosophie des Geistes*. Berlin/New York 1999.

– : »*Wissen* – ein inkohärenter und nutzloser Begriff der Erkenntnistheorie«. In: *Zeitschrift für philosophische Forschung* 55 (2001), S. 81–103.

Bennett, Jonathan: *Rationality. An Essay towards an Analysis*. London 1964.

– : *Events and their Names*. Indianapolis/IN 1988.

Berkeley, George: *A Treatise Concerning the Principles of Human Knowledge*. In: ders.: *Philosophical Works*. Hg. M.R. Ayers. London 1975.

– : *An Essay towards a New Theory of Vision*. In: ders.: *Philosophical Works*. Hg. M.R. Ayers. London 1975.

Bernecker, Sven: »Knowing the World by Knowing One's Mind«. In: *Synthese* 123 (2000), S. 1–34.

– : *Reading Epistemology. Selected Texts with Interactive Commentary*. Oxford 2005.

–/Dretske, Fred I. (Hg.): *Knowledge: Readings in Contemporary Epistemology*. Oxford 2000.

–/Pritchard, Duncan (Hg.): *The Routledge Companion to Epistemology*. London etc. 2011.

Bieri, Peter (Hg.): *Analytische Philosophie der Erkenntnis*. Frankfurt a.M. 1987a.

– : »Generelle Einführung«. In: ders. (Hg.): *Analytische Philosophie der Erkenntnis*. Frankfurt a.M. 1987b, S. 9–72.

Blaauw, Martijn/Pritchard, Duncan: *Epistemology A–Z*. Edinburgh 2005.

Blanshard, Brand: *The Nature of Thought*. 2 Bde. London 1939, Bd. 2.

Block, Ned: »Troubles with Functionalism«. In: ders. (Hg.): *Readings in the Philosophy of Psychology*. 2 Bde. Cambridge/MA 1980, Bd. 1, S. 268–305.

– /Flanagan, Owen/Güzeldere, Güven (Hg.): *The Nature of Consciousness. Philosophical Debates*. Cambridge/MA 1997.

Boghossian, Paul Artin: »Analyticity«. In: Bob Hale/Crispin Wright (Hg.): *A Companion to the Philosophy of Language*. Oxford 1997, S. 331–368.

Bonjour, Laurence: *The Structure of Empirical Knowledge*. Cambridge/MA 1985.

– : *In Defense of Pure Reason: a Rationalist Account of A Priori Justification*. Cambridge 1998.

– : »The Dialectic of Foundationalism and Coherentism«. In: John Greco/Ernest Sosa (Hg.): *The Blackwell Guide to Epistemology*. Oxford 1999, S. 117–142.

– : *Epistemology: Classic Problems and Contemporary Responses*. Lanham/MD 2002.

Brandom, Robert: »Insights and Blindspots of Reliabilism«. In: *The Monist* 81 (1998), S. 371–392.

– : *Articulating Reasons: An Introduction to Inferentialism*. Cambridge/MA 2000.

Brendel, Elke: *Wissen*. Berlin 2013.

Brentano, Franz: *Psychologie vom empirischen Standpunkt*. Hg. Oskar Kraus. Hamburg 1955.

Burge, Tyler: »Individualism and the Mental«. In: Peter A. French/Theodore E. Uehling jr./Howard K. Wettstein (Hg.): *Midwest Studies in Philosophy* 4 (*Studies in Metaphysics*). Minneapolis/MN 1979, S. 73–121.

– : »Marr's Theory of Vision«. In: Jay L. Garfield (Hg.): *Modularity in Knowledge Representation*. Cambridge/MA 1987, S. 365–381.

– : »Content Preservation«. In: *The Philosophical Review* 102 (1993), S. 457–488.

– : »Our Entitlement to Self-Knowledge«. In: *Proceedings of the Aristotelian Society* 96 (1996), S. 91–116.

Burnyeat, Myles (Hg.): *The Skeptical Tradition*. Berkeley 1983.

Butler, Joseph: *The Analogy of Religion*. In: ders.: *The Works of Joseph Butler*. Hg. W.E. Gladstone. Oxford 1896, Bd. I.

Carnap, Rudolf: »Überwindung der Metaphysik durch logische Analyse der Sprache«. In: H. Schleichert (Hg.): *Logischer Empirismus – der Wiener Kreis. Ausgewählte Text mit einer Einleitung*. München 1975, S. 149–171.

– : *Der logische Aufbau der Welt*. Hamburg 1961.

– : »Testability and Meaning«. In: *Philosophy of Science* 3 (1936), S. 420–471 und *Philosophy of Science* 4 (1937), S. 2–40.

– : *Meaning and Necessity. A Study in Semantics and Modal Logic*. Chicago/London ²1956.

– : »The Aim of Inductive Logic«. In: Ernest Nagel/Patrick Suppes/Alfred Tarski (Hg.): *Logic, Methodology and Philosophy of Science*. Stanford/CA 1962, S. 303–318.

– /Hahn, Hans/Neurath, Otto: *Wissenschaftliche Weltauffassung: Der Wiener Kreis*. Hg. Verein Ernst Mach. Wien/New York 1929.

Carroll, Lewis (= Charles Lutwidge Dodgson): *Through the Looking Glass*. In: ders.: *Alice in Wonderland*. Hg. Donald J. Gray. New York 1971.

Chalmers, Alan F.: *What is this Thing Called Science? An Assessment of the Nature and Status of Science and its Methods*. St. Lucia/QLD 1982.

Cherniak, Christopher: *Minimal Rationality*. Cambridge/MA 1986.

Chisholm, Roderick M.: »Sentences about Believing«. In: *Proceedings of the Aristotelian Society* 56 (1955/56), S. 125–148.

– : *Perceiving: a Philosophical Study*. Ithaca/NY 1957.

– : *The Foundations of Knowing*. Minneapolis/MN 1982.

– : *Theory of Knowledge*. Englewood Cliffs/NJ ³1989.

Chomsky, Noam: *Aspects of the Theory of Syntax*. Cambridge/MA 1965.

Chuang Tzu: *The Complete Works of Chuang Tzu*. Übers. Burton Watson. New York 1968.

Church, Alonzo: *Introduction to Mathematical Logic*. Princeton 1956.

Churchland, Paul M.: »Eliminative Materialism and the Propositional Attitudes«. In: *The Journal of Philosophy* 78 (1981), S. 67–90.

– : »Reduction, Qualia and the Direct Introspection of Brain States«. In: *The Journal of Philosophy* 82 (1985), S. 8–28.

Clarke, Thompson: »The Legacy of Scepticism«. In: *The Journal of Philosophy* 69 (1972), S. 754–769.

Coady, C.A.J.: *Testimony. A Philosophical Study*. Oxford 1992.

Cohen, L. Jonathan: »Can Human Irrationality Be Experimentally Demonstrated?«. In: *Behavioral and Brain Sciences* 4 (1981), S. 317–332.

– : *An Essay on Belief and Acceptance*. Oxford 1992.

Cohen, Stewart: »Knowledge, Context and Social Standards«. In: *Synthese* 73 (1987), S. 3–26.

– : »Contextualist Solutions to Epistemological Problems: Scepticism, Gettier, and the Lottery«. In: *Australasian Journal of Philosophy* 76 (1998), S. 289–306.

Conee, Earl: »Preface Paradox«. In: Jonathan Dancy/Ernest Sosa (Hg.): *A Companion to Epistemology*. Oxford 1992, S. 357–359.

Cooper, David E. (Hg.): *Epistemology: The Classic Readings*. Oxfordl 1999.

Coren, Stanley/Girgus, Joan Stern: *Seeing is Deceiving: The Psychology of Visual Illusions*. Hillsdale/NJ, New York 1978.

Craig, Edward: »The Practical Explication of Knowledge«. In: *Proceedings of the Aristotelian Society* 87 (1986/7), S. 211–226.

– : *Knowledge and the State of Nature. An Essay in Conceptual Synthesis*. Oxford 1990.

– : *Was wir wissen können. Pragmatische Untersuchungen zum Wissensbegriff*. Frankfurt a. M. 1993.

Crumley, Jack S.: *An Introduction to Epistemology*. Mountain View/CA 1999.

Cullison, Andrew (Hg.): *The Continuum Companion to Epistemology*. London 2012.

Curd, Martin/Cover, J.A.: »Commentary« (zu Salmon, Glymour und Horwich). In: Martin Curd/J.A. Cover (Hg.): *Philosophy of Science. The Central Issues*. New York/London 1998, S. 627–674.

Dancy, Jonathan: *An Introduction to Contemporary Epistemology*. Oxford 1985.

– (Hg.): *Perceptual Knowledge*. Oxford 1988.

– /Sosa, Ernest (Hg.): *A Companion to Epistemology*. Oxford 1992.

Davidson, Donald: »Actions, Reasons, and Causes«. In: ders.: *Essays on Actions and Events*. Oxford 1980a, S. 3–19.

– : »Causal Relations«. In: ders.: *Essays on Actions and Events*. Oxford 1980b, S. 149–162.

– : »Toward a Unified Theory of Meaning and Action«. In: *Grazer Philosophische Studien* 11 (1980c), S. 1–12.

– : »Rational Animals«. In: *Dialectica* 36 (1982), S. 317–327.

– : »Truth and Meaning«. In: ders.: *Inquiries into Truth and Interpretation*. Oxford 1984a, S. 17–36.

– : »On the Very Idea of a Conceptual Scheme«. In: ders.: *Inquiries into Truth and Interpretation*. Oxford 1984b, S. 183–198.

– : »The Method of Truth in Metaphysics«. In: ders.: *Inquiries into Truth and Interpretation*. Oxford 1984c, S. 199–214.

– : »First Person Authority«. In: *Dialectica* 28 (1984d), S. 101–111.
– : »A Coherence Theory of Truth and Knowledge«. In: Ernest LePore (Hg.): *Truth and Interpretation. Perspectives on the Philosophy of Donald Davidson*. Oxford 1986, S. 307–319.
– : »The Myth of the Subjective«. In: Michael Krausz (Hg.): *Relativism: Interpretation and Confrontation*. Notre Dame 1989, S. 159–172.
– : »Epistemology Externalized«. In: *Dialectica* 45 (1991), S. 191–202.
– : »The Folly of Trying to Define Truth«. In: *The Journal of Philosophy* 93 (1996), S. 263–278.
Davies, Martin: »Tacit Knowledge and Subdoxastic States«. In: Cynthia Macdonald/Graham Macdonald (Hg.): *Philosophy of Psychology*. Oxford: 1995, S. 309–330.
– /Coltheart, Max: »Introduction: Pathologies of Belief«. In: Max Coltheart/Martin Davies (Hg.): *Pathologies of Belief*. Oxford 2000, S. 1–46.
Dennett, Daniel: »Intentional Systems«. In: ders.: *Brainstorms. Philosophical Essays on Mind and Psychology*. Cambridge/MA 1978a, S. 3–22.
– : »A Cure for the Common Code?«. In: ders.: *Brainstorms. Philosophical Essays on Mind and Psychology*. Cambridge/MA 1978b, S. 90–108.
– : »True Believers: The Intentional Strategy and why it Works«. In: ders.: *The Intentional Stance*. Cambridge/MA 1987, S. 13–42.
– : »Quining Qualia«. In: William G. Lycan (Hg.): *Mind and Cognition. A Reader*. Oxford 1990, S. 519–547.
DeRose, Keith: »Contextualism and Knowledge Attributions«. In: *Philosophy and Phenomenological Research* 52 (1992), S. 413–429.
– : »Contextualism. An Explanation and Defense«. In: John Greco/Ernest Sosa (Hg.): *The Blackwell Guide to Epistemology*. Oxford 1999, S. 187–205.
– /Warfield, Ted A. (Hg.): *Skepticism: A Contemporary Reader*. Oxford 1999.
Descartes, René: *Discours de la Méthode*. In: ders.: *Œuvres de Descartes*. Hg. Charles Adam & Paul Tannery. Paris 1907–1913/Paris 1964–1976 (reprint). Bd. VI, S. 1–78.
– : *La Dioptrique*. In: ders.: *Œuvres de Descartes*. Hg. Charles Adam & Paul Tannery. Paris 1907–1913/Paris 1964–1976 (reprint). Bd. VI, S. 79–228.
– *Meditationes de prima philosophia*. In: ders.: *Œuvres de Descartes*. Hg. Charles Adam & Paul Tannery. Paris 1907–1913/Paris 1964–1976 (reprint). Bd. VII.
Diemer, A.: »Erkenntnistheorie, Erkenntnislehre, Erkenntniskritik I«. In: Joachim Ritter (Hg.): *Historisches Wörterbuch der Philosophie*. Basel/Stuttgart 1972, Bd. 2, S. 683.
Dretske, Fred I.: *Seeing and Knowing*. Chicago 1969.
– : »Epistemic Operators«. In: *The Journal of Philosophy* 69 (1970), S. 1007–1023.
– : »Conclusive Reasons«. In: *Australasian Journal of Philosophy* 49 (1971), S. 1–22.
– : *Knowledge and the Flow of Information*. Cambridge/MA 1981a.
– : »The Pragmatic Dimension of Knowledge«. In: *Philosophical Studies* 40 (1981b), S. 363–378.
– : »Misrepresentation«. In: Radu J. Bogdan (Hg.): *Belief. Form, Content and Function*. Oxford 1986, S. 17–36.
– : »The Intentionality of Cognitive States«. In: David M. Rosenthal (Hg.): *The Nature of Mind*. Oxford 1991a, S. 354–362.
– : »Two Conceptions of Knowledge: Rational vs. Reliable Belief«. In: *Grazer Philosophische Studien* 40 (1991b), S. 15–30.
– : »Perceptual Knowledge«. In: Jonathan Dancy/Ernest Sosa (Hg.): *A Companion to Epistemology*. Oxford 1992, S. 333–338.
– : »Berechtigung: Epistemische Rechte ohne Pflichten?«. In: Thomas Grundmann (Hg.): *Erkenntnistheorie. Positionen zwischen Tradition und Gegenwart*. Paderborn 2001, S. 53–71.
– /Enc, Berent: »Causal Theories of Knowledge«. In: Peter A. French/Theodore E. Uehling jr./Howard K. Wettstein (Hg.): *Midwest Studies in Philosophy* 9 (*Causation and Causal Theories*). Minneapolis/MN 1984, S. 517–528.
Dummett, Michael: »Truth«. In: ders.: *Truth and other Enigmas*. Cambridge/MA 1978, S. 1–24.
– : *Frege: Philosophy of Language*. Cambridge/MA ²1981.
– : »What is a Theory of Meaning? (II)«. In: ders.: *The Seas of Language*. Oxford 1993, S. 34–93.
– : »Testimony and Memory«. In: Bimal Krishna Matilal/Arindam Chakrabarti (Hg.): *Knowing from Words*. Dordrecht 1994, S. 251–272.

Eddy, David M.: »Probabilistic Reasoning in Clinical Medicine: Problems and Opportunities«. In: Daniel Kahneman/Paul Slovic/Amos Tversky (Hg.): *Judgment under Uncertainty: Heuristics and Biases*. Cambridge 1982, S. 249–267.

Eells, Ellery: *Rational Decision and Causality*. Cambridge 1982.

Elster, Jon: »Rationality«. In: ders.: *Sour Grapes. Studies in the Subversion of Rationality*. Cambridge 1983, S. 1–42.

Ernst, Gerhard: *Einführung in die Erkenntnistheorie*. Darmstadt 2007.

Evans, Gareth: *The Varieties of Reference*. Hg. John McDowell. Oxford 1982.

Everitt, Nicholas/Fisher, Alec: *Modern Epistemology. A New Introduction*. New York etc. 1995.

Feldman, Richard: »An Alleged Defect in Gettier Counter-Examples«. In: *Australasian Journal of Philosophy* 52 (1974), S. 69 f.

– : »Reliability and Justification«. In: *The Monist* 68 (1985), S. 159–174.

– : *Epistemology*. Upper Saddle River/NJ 2003.

Feyerabend, Paul K.: *Against Method: Outline of an Anarchist Theory of Knowledge*. Atlantic Highlands/NJ 1975.

– : »Rationalism, Relativism and Scientific Method«. In: *Philosophy in Context* 6 (1977), S. 7–19.

Fichte, Johann Gottlieb: *Erste Einleitung in die Wissenschaftslehre*. In: ders.: *Sämmtliche Werke*. Hg. I.H. Fichte. Berlin 1845. Bd. 1, S. 419–449.

– : *Zweite Einleitung in die Wissenschaftslehre*. In: ders.: *Sämmtliche Werke*. Hg. I.H. Fichte. Berlin 1845. Bd. 1, S. 453–518.

Fillmore, Charles J.: »Towards a Descriptive Framework for Spatial Deixis«. In: Robert J. Jarvella/Wolfgang Klein (Hg.): *Speech, Place, and Action. Studies in Deixis and Related Topics*. Chichester etc. 1982.

Fodor, Jerry A.: *The Language of Thought*. Cambridge/MA 1975.

– : »Propositional Attitudes«. In: ders.: *Representations: Philosophical Essays on the Foundations of Cognitive Science*. Cambridge/MA 1981a, S. 177–203.

– : »The Present State of the Innateness Controversy«. In: ders.: *Representations: Philosophical Essays on the Foundations of Cognitive Science*. Cambridge/MA 1981b, S. 257–316.

– : *Psychosemantics. The Problem of Meaning in the Philosophy of Mind*. Cambridge/MA 1987.

– : »Fodor's Guide to Mental Representation: The Intelligent Auntie's Vade-Mecum«. In: ders.: *A Theory of Content, and other Essays*. Cambridge/MA 1990, S. 3–29.

– : *Concepts. Where Cognitive Science Went Wrong*. Oxford 1998.

– /Garrett, M.F./Walker, E.C.T./Parkes, C.H.: »Against Definitions«. In: *Cognition* 8 (1980), S. 263–367.

– /LePore, Ernest: *Holism: a Shopper's Guide*. Oxford 1992.

Foley, Richard: »What's Wrong with Reliabilism?«. In: *The Monist* 68 (1985), S. 188–202.

– : *The Theory of Epistemic Rationality*. Cambridge/MA 1987.

– : *Working without a Net: A Study of Egocentric Epistmology*. Oxford 1993.

Foss, Brian M. (Hg.): *New Horizons in Psychology*. London 1966.

Frege, Gottlob: *Die Grundlagen der Arithmetik. Eine logisch-mathematische Untersuchung über den Begriff der Zahl*. Hildesheim 1961.

– : »Funktion und Begriff«. In: ders.: *Funktion, Begriff, Bedeutung. Fünf logische Studien*. Hg. Günther Patzig. Göttingen 1980, S. 18–39.

– : »Über Sinn und Bedeutung«. In: ders.: *Funktion, Begriff, Bedeutung. Fünf logische Studien*. Hg. Günther Patzig. Göttingen 1980, S. 40–65.

– : »Über Begriff und Gegenstand«. In: ders.: *Funktion, Begriff, Bedeutung. Fünf logische Studien*. Hg. Günther Patzig. Göttingen 1980, S. 66–80.

– : »Der Gedanke. Eine logische Untersuchung«. In: ders.: *Logische Untersuchungen*. Hg. Günther Patzig. Göttingen ²1976, S. 30–53.

– : »Logik«. In: ders.: *Nachgelassene Schriften*. Hg. Hans Hermes/Friedrich Kambartel/Friedrich Kaulbach. Hamburg 1969, S. 137–163.

– : »Brief an Russell (22. Juni 1902)«. In: ders.: *Wissenschaftlicher Briefwechsel*. Hg. Gottfried Gabriel/Hans Hermes/Friedrich Kambartel/Christian Thiel/Albert Veraart. Hamburg 1976, S. 211–212.

Fricker, Elizabeth: »The Epistemology of Testimony«. In: *Proceedings of the Aristotelian Society* suppl. 61 (1987), S. 57–93.

– : »Against Gullibility«. In: Bimal Krishna Matilal/Arindam Chakrabarti (Hg.): *Knowing from Words*. Dordrecht 1994, S. 125–161.

Fumerton, Richard: »The Internalism/Externalism Controversy«. In: *Philosophical Perspectives* 2 (James E. Tomberlin (Hg.): *Epistemology*. Atascadero/CA) (1988), S. 443–459.

– : *Epistemology*. Oxford 2006.

Gabriel, Gottfried: *Grundprobleme der Erkenntnistheorie: von Descartes zu Wittgenstein*. Paderborn 1993.

Gardner, Howard: *Dem Denken auf der Spur*. Stuttgart 1989.

Garnham, Alan: *The Mind in Action. A Personal View of Cognitive Science*. London/New York 1991.

Gettier, Edmund L.: »Is Justified True Belief Knowledge?«. In: *Analysis* 23 (1963), S. 121–123.

Gibson, James J.: *The Ecological Approach to Visual Perception*. Hillsdale/NJ, London 1986.

Gigerenzer, Gerd: »Rationality: Why Social Context Matters«. In: ders.: *Adaptive Thinking. Rationality in the Real World*. Oxford 2000a, S. 201–210.

– : »How to Make Cognitive Illusions Disappear«. In: ders.: *Adaptive Thinking. Rationality in the Real World*. Oxford 2000b, S. 241–266.

Gillies, Donald: *Philosophical Theories of Probability*. London 2000.

Ginet, Carl: »*Contra* Reliabilism«. In: *The Monist* 68 (1985), S. 175–187.

Gödel, Kurt: »Russell's Mathematical Logic«. In: Paul Arthur Schilpp (Hg.): *The Philosophy of Bertrand Russell (The Library of Living Philosophers*, Bd. V). Evanston/Chicago 1944, S. 123–153.

Goldman, Alvin I.: »What Is Justified Belief?«. In: George S. Pappas (Hg.): *Justification and Knowledge. New Studies in Epistemology*. Dordrecht etc. 1979, S. 1–23.

– : *Epistemology and Cognition*. Cambridge/MA 1986.

– : »Strong and Weak Justification«. In: *Philosophical Perspectives* 2. Hg. James E. Tomberlin. Epistemology. Atascadero/CA) (1988), S. 51–69.

– : »A Causal Theory of Knowing«. In: ders.: *Liaisons. Philosophy Meets the Cognitive and Social Sciences*. Cambridge/MA 1992a, S. 69–83.

– : »Discrimination and Perceptual Knowledge«. In: ders.: *Liaisons. Philosophy Meets the Cognitive and Social Sciences*. Cambridge/MA 1992b, S. 85–103.

– : »Reliabilism«. In: Jonathan Dancy/Ernest Sosa (Hg.): *A Companion to Epistemology*. Oxford 1992c, S. 433–436.

Goodman, Michael F./Snyder, Robert A. (Hg.): *Contemporary Readings in Epistemology*. Englewood Cliffs/NJ 1993.

Goodman, Nelson: »Seven Strictures on Similarity«. In: ders.: *Problems and Projects*. Indianapolis/ IN 1972, S. 437–446.

– : *Ways of Worldmaking*. Indianapolis/IN 1978.

– : *Fact, Fiction, and Forecast*. Indianapolis/IN ³1979.

Gosepath, Stefan: *Aufgeklärtes Eigeninteresse. Eine Theorie theoretischer und praktischer Rationalität*. Frankfurt a. M. 1992.

Greco, John/Sosa, Ernest (Hg.): *The Blackwell Guide to Epistemology*. Oxford 1999.

Grice, H. Paul: »The Causal Theory of Perception«. In: *Proceedings of the Aristotelian Society*, suppl. 35 (1961), S. 121–152.

– /Strawson, Peter Frederick: »In Defense of a Dogma«. In: *The Philosophical Review* 65 (1956), S. 141–158.

Grundmann, Thomas: »Was der erkenntnistheoretische Internalist vergisst«. In: *Logos* 7 (2001/2002), S. 361-385.

– : *Analytische Einführung in die Erkenntnistheorie*. Berlin 2007.

– /Stüber, Karsten: »Einleitung«. In: dies. (Hg.): *Philosophie der Skepsis*. Paderborn 1996a, S. 9–57.

– /Stüber, Karsten (Hg.): *Philosophie der Skepsis*. Paderborn 1996b.

Haack, Susan: *Philosophy of Logics*. Cambridge 1978.

– : »Theories of Knowledge: An Analytic Framework«. In: *Proceedings of the Aristotelian Society* 83, (1982/83), S. 143–157.

– : *Evidence and Inquiry: Towards Reconstruction in Epistemology*. Oxford 1993a.

– : »The Justification of Deduction«. In: R.I.G. Hughes (Hg.): *A Philosophical Companion to First-Order Logic*. Indianapolis/IN 1993b, S. 76–84.

Habermas, Jürgen: »Wahrheitstheorien«. In: Helmut Fahrenbach (Hg.): *Wirklichkeit und Reflexion. Walter Schulz zum 60. Geburtstag.* Pfullingen 1973, S. 211–265.
Hacker, Peter: »Seeing, Representing and Describing. An Examination of David Marr's Computational Theory of Vision«. In: John Hyman (Hg.): *Investigating Psychology. Sciences of the Mind after Wittgenstein.* London/New York 1991, S. 119–154.
Hacking, Ian: *An Introduction to Probability and Inductive Logic.* Cambridge 2001.
Hambourger, Robert: »Justified Assertion and the Relativity of Knowledge«. In: *Philosophical Studies* 51 (1987), S. 241–269.
Hanson, Philip/Hunter, Bruce (Hg.): *Return of the A priori* (Canadian Journal of Philosophy suppl. Bd. 18). Calgary/Alberta 1992.
Hardwig, John: »Epistemic Dependence«. In: *The Journal of Philosophy* 82 (1985), S. 335–349.
Harman, Gilbert: »New Implications of ›Someone‹ I«. In: *Analysis* 26 (1966), S. 206.
– : »Knowledge, Inference and Explanation«. In: *American Philosophical Quarterly* 5 (1968), S. 164–173.
– : *Thought.* Princeton 1973.
– : *Change in View: Principles of Reasoning.* Cambridge/MA 1986.
Harris, James F. (Hg.): *Analyticity. Selected Readings.* Chicago 1970.
Hay, Clare: *The Theory of Knowledge: A Coursebook.* Cambridge 2008.
Hegel, Georg Wilhelm Friedrich: *Phänomenologie des Geistes.* Frankfurt a. M. 1977.
– : *Wissenschaft der Logik.* In: ders.: *Werke.* Bde. 5 (I) und 6 (II). Frankfurt a. M. 1969.
Heidegger, Martin: *Sein und Zeit.* Tübingen [15]1979.
Heil, John: »Doubts about Skepticism«. In: *Philosophical Studies* 51 (1987), S. 1–17.
Helmholtz, Hermann von: *Die neueren Fortschritte in der Theorie des Sehens.* In: ders.: *Vorträge und Reden.* 2 Bde. Braunschweig [4]1896. Bd. 1, S. 265–365.
Hempel, Carl Gustav: »On the Logical Positivists' Theory of Truth«. In: *Analysis* 2 (4) (1935a), S. 49–59.
– : »Some Remarks on ›Facts‹ and Propositions«. In: *Analysis* 2 (5) (1935b), S. 93–96.
– : *Aspects of Scientific Explanation, and other Essays in the Philosophy of Science.* New York 1965.
Hetherington, Stephen Cade: *Epistemology's Paradox. Is a Theory of Knowledge Possible?* Savage/ ML 1992a.
– : »Gettier and Scepticism«. In: *Australasian Journal of Philosophy* 70 (1992b), S. 277–285.
– : *Knowledge Puzzles. An Introduction to Epistemology.* Boulder/CO 1996a.
– : »Gettieristic Scepticism«. In: *Australasian Journal of Philosophy* 74 (1996b), S. 83–97.
– : *Reality? Knowledge? Philosophy? An Introduction to Metaphysics and Epistemology.* Edinburgh 2003.
– : *Epistemology: The Key Thinkers.* New York 2012.
Hintikka, Jaakko: *Knowledge and Belief. An Introduction to the Logic of the Two Notions.* Ithaca/ NY 1962.
Hoerster, Norbert: *Was können wir wissen? Philosophische Grundfragen.* München 2010.
Hoffman, Donald D.: *Visual Intelligence: How We Create what We See.* New York 1998.
Hookway, Christopher: *Scepticism.* London 1990.
Horkheimer, Max/Adorno, Theodor W.: *Dialektik der Aufklärung. Philosophische Fragmente.* Frankfurt a. M. 1969.
Horwich, Paul, *Truth.* Oxford 1990.
Howson, Colin/Urbach, Peter: *Scientific Reasoning. The Bayesian Approach.* La Salle/IL 1989.
Huemer, Michael: *Epistemology: Contemporary Readings.* London etc. 2002.
Hume, David: *A Treatise of Human Nature.* Hg. Peter H. Nidditch. Oxford 1978.
– : *An Enquiry Concerning Human Understanding.* Hg. Peter H. Nidditch. Oxford 1975.
Husserl, Edmund: *Erfahrung und Urteil. Untersuchung zur Genealogie der Logik.* Hg. Ludwig Landgrebe. Hamburg 1985.
– : *Vorlesungen über Bedeutungslehre: Sommersemester 1908.* Hg. Ursula Panzer. In: Husserliana. Bd. 26. Dordrecht 1987.

Jackson, Frank: »Epiphenomenal Qualia«. In: *Philosophical Quarterly* 32 (1982), S. 127–136.
– : »What Mary Didn't Know«. In: *The Journal of Philosophy* 83 (1986), S. 291–295.
James, William: *Pragmatism.* In: ders.: *The Works of William James.* Cambridge/MA 1975.
Janich, Peter: *Was ist Erkenntnis? Eine philosophische Einführung.* München 2000.

Jeffrey, Richard C.: *The Logic of Decision*. Chicago 1983.

Johnson-Laird, Philip Nicholas: *Mental Models. Towards a Cognitive Science of Language, Inference, and Consiousness*. Cambridge 1983.

– /Wason, P.C.: »A Theoretical Analysic of Insights into a Reasoning Task (plus: Postscript)«. In: P.N. Johnson-Laird/P.C. Wason (Hg.): *Thinking. Readings in Cognitive Science*. Cambridge 1977, S. 143–157.

Kahneman, Daniel/Slovic, Paul/Tversky, Amos (Hg.): *Judgment under Uncertainty: Heuristics and Biases*. Cambridge 1982.

Kant, Immanuel: *Kritik der reinen Vernunft*. In: ders.: *Gesammelte Schriften* (›Akademieausgabe‹). Berlin 1902 ff. Bd. III (zweite Auflage = B-Auflage) und Bd. IV, S. 1–252 (erste Auflage = A-Auflage).

– : *Prolegomena zu einer jeden künftigen Metaphysik, die als Wissenschaft wird auftreten können*. In: ders.: *Gesammelte Schriften* (›Akademieausgabe‹). Berlin 1902 ff. Bd. IV.

– : *Beantwortung der Frage: Was ist Aufklärung?* In: ders.: *Gesammelte Schriften* (›Akademieausgabe‹). Berlin 1902 ff. Bd. VIII, S. 33–42.

– : *Logik*. Hg. G.B. Jäsche. In: ders.: *Gesammelte Schriften* (›Akademieausgabe‹). Berlin 1902 ff. Bd. IX, S. 1–150.

Kaplan, David: »Demonstratives. An Essay on the Semantics, Logic, Metaphysics, and Epistemology of Demonstratives and Other Indexicals«. In: Joseph Almog/John Perry/Howard Wettstein (Hg.): *Themes from Kaplan*. Oxford 1989, S. 481–563.

Kaplan, Mark: »It's not what You Know that Counts«. In: *The Journal of Philosophy* 82 (1985), S. 350–363.

Kellenberger, J.: »On there Being no Necessary and Sufficient Conditions for Knowledge«. In: *Mind* 80 (1971), S. 599–602.

Kim, Jaegwon: »Physicalism and the Multiple Realizability of Mental States«. In: Ned Block (Hg.): *Readings in the Philosophy of Psychology*. 2 Bde. Cambridge/MA 1980, Bd. 1, S. 234–236.

– : »What is ›Naturalized Epistemology?‹«. In: *Philosophical Perspectives* 2. Hg. James E. Tomberlin. Epistemology. Atascadero/CA) (1988), S. 381–405.

– : »Internalism and Externalism in Epistemology«. In: *American Philosophical Quarterly* 30 (1993), S. 303–316.

Kirkham, Richard L.: »Does the Gettier Problem Rest on a Mistake?«. In: *Mind* 93 (1984), S. 501–513.

– : *Theories of Truth. A Critical Introduction*. Cambridge/MA 1992.

Kitcher, Patricia: »In Defense of Intentional Psychology«. In: *The Journal of Philosophy* 81 (1984), S. 89–106.

– : »Marr's Computational Theory of Vision«. In: *Philosophy of Science* 55 (1988), S. 1–24.

Kitcher, Philip: »The Nativist's Dilemma«. In: *Philosophical Quarterly* 28 (1978), S. 1–16.

– : »Apriority and Necessity«. In: Paul K. Moser (Hg.): *A Priori Knowledge*. Oxford 1987, S. 190–207.

– : »The Division of Cognitive Labor«. In: *The Journal of Philosophy* 87 (1990), S. 5–22.

– : »The Naturalists Return«. In: *The Philosophical Review* 101 (1992), S. 53–114.

Klein, Peter: »Foundationalism and the Infinite Regress of Reasons«. In: *Philosophy and Phenomenological Research* 58 (1998), S. 919–925.

Körner, Stephan: »The Impossibility of Transcendental Deductions«. In: *The Monist* 51 (1967), S. 317–331.

– : *Kant*. Göttingen 1980.

Kolmogorow, Andrej Nikolajewitsch: *Grundbegriffe der Wahrscheinlichkeitsrechnung*. Berlin 1933.

Kompa, Nikola: *Wissen und Kontext*. Paderborn 2001.

Kornblith, Hilary: »Introduction: What is Naturalist Epistemology?«. In: Hilary Kornblith (Hg.): *Naturalizing Epistemolgy*. Cambridge/MA ²1994a, S. 1–14.

– (Hg.): *Naturalizing Epistemolgy*. Cambridge/MA ²1994b.

– : »Internalism and Externalism: A Brief Historical Introduction«. In: Hilary Kornblith (Hg.): *Epistemology: Internalism and Externalism*. Malden/MA 2001a, S. 1–9.

– (Hg.): *Epistemology: Internalism and Externalism*. Malden/MA 2001b.

Kripke, Saul A.: »Naming and Necessity«. In: Donald Davidson/Gilbert Harman (Hg.): *Semantics of Natural Language*. Dordrecht ²1972, S. 253–355.

– : *Wittgenstein on Rules and Private Language*. Oxford 1982.

Künne, Wolfgang: »Wahrheit«. In: Ekkehard Martens/Herbert Schnädelbach (Hg.): *Philosophie. Ein Grundkurs*. 2 Bde. Reinbek 1991, Bd. 1, S. 116–171.

Kuhn, Thomas S.: *The Structure of Scientific Revolutions*. Chicago 1962.
Kutschera, Franz von: *Grundfragen der Erkenntnistheorie*. Berlin/New York 1982.
Kyburg, Henry E. jr.: *Probability and the Logic of Rational Belief*. Middletown/CN 1961.
– : *Probability and Inductive Logic*. London 1970.

Lakoff, George/Johnson, Mark: *Metaphors We Live by*. Chicago 1980.
– : *Women, Fire, and Dangerous Things. What Categories Reveal about the Mind*. Chicago 1987.
Landesman, Charles: *An Introduction to Epistemology*. Oxford 1997.
– /Meeks, Robin (Hg.): *Philosophical Skepticism*. Oxford 2002.
Laymon, Ronald: »Idealizations«. In: *Routledge Encyclopedia of Philosophy*. Hg. Edward Craig).
  10 Bde. New York/London 1998, Bd. 4, S. 669–672.
Lehrer, Keith: »The Coherence Theory of Knowledge«. In: *Philosophical Topics* 14 (1986), S. 5–25.
– : *Theory of Knowledge*. Boulder/San Francisco 1990.
– : »Reply to Fred Dretske«. In: *Grazer Philosophische Studien* 40 (1991), S. 31–35.
– : »Testimony, Justification and Coherence«. In: Bimal Krishna Matilal/Arindam Chakrabarti (Hg.):
  Knowing from Words. Dordrecht 1994, S. 51–58.
– : »Knowledge and the Trustworthiness of Instuments«. In: *The Monist* 78 (1995), S. 156–170.
– /Paxson, Thomas D. jr.: »Knowledge: Undefeated Justified True Belief«. In: *The Journal of Philosophy* 66 (1969), S. 225–237.
Leibniz, Gottfried Wilhelm: *Nouveaux Essais sur L'Entendement Humain*. In: ders.: *Sämtliche Schriften und Briefe*. Hg. Deutsche Akademie der Wissenschaften zu Berlin. Sechste Reihe: Philosophische Schriften. Hg. Leibniz-Forschungsstelle der Universität Münster. Sechster Band. Berlin 1962, S. 39–527.
Leinfellner, Werner: *Einführung in die Erkenntnis- und Wissenschaftstheorie*. Mannheim 1965.
Lemos, Noah: *An Introduction to the Theory of Knowledge*. Cambridge 2006.
Lenk, Hans: *Einführung in die Erkenntnistheorie*. München 1998.
Levelt, Willem J.M.: *Speaking. From Intention to Articulation*. Cambridge/MA 1989.
Levi, Isaac: *The Enterprise of Knowledge. An Essay on Knowledge, Credal Probability, and Chance*. Cambridge/MA 1983.
Lewis, David: »Scorekeeping in a Language Game«. In: *Journal of Philosophical Logic* 8 (1979), S. 339–359.
– : »Review of Putnam«. In: Ned Block (Hg.): *Readings in the Philosophy of Psychology*. 2 Bde. Cambridge/MA 1980, Bd. 1, S. 232–233.
– : »Postscript to ›Mad Pain and Martian Pain‹«. In: ders.: *Philosophical Papers*. 2 Bde. Oxford 1983, Bd. 1, S. 130–132.
– : »Elusive Knowledge«. In: *Australasian Journal of Philosophy* 74 (1996), S. 549–567.
Locke, John: *An Essay Concerning Human Understanding*. Hg. Peter H. Nidditch. Oxford 1982.
Luper, Steven (Hg.): *Essential Knowledge: Readings in Epistemology*. New York 2003.
Lycan, William G.: *Judgement and Justification*. Cambridge 1988.
Lynch, Michael P. (Hg.): *The Nature of Truth: Classic and Contemporary Perspectives*. Cambridge/MA 2001.

Mackie, John L.: *Problems from Locke*. Oxford 1976.
Makinson, D.C.: »The Paradox of the Preface«. In: *Analysis* 25 (1965), S. 205–207.
Malcolm, Norman: »Moore and Ordinary Language«. In: Paul Arthur Schilpp (Hg.): *The Philosophy of G.E. Moore* (*The Library of Living Philosophers*, Bd. IV). Open Court/IL ³1968, S. 343–368.
Malt, Barbara C./Smith, Edward E.: »Correlated Properties in Natural Categories«. In: *Journal of Verbal Learning and Verbal Behavior* 23 (1984), S. 250–269.
Margolis, Eric/Laurence, Stephen (Hg.): *Concepts: Core Readings*. Cambridge/MA 1999.
Marr, David: *Vision. A Computational Investigation into the Human Representation and Processing of Visual Information*. New York 1982.
Matilal, Bimal: »Introduction«. In: Bimal Krishna Matilal/Arindam Chakrabarti (Hg.): *Knowing from Words*. Dordrecht 1994, S. 1–21.
Matilal, Bimal Krishna/Chakrabarti, Arindam (Hg.): *Knowing from Words*. Dordrecht 1994.
McCarthy, John: »Beliefs, Machines and Theories«. In: *Behavioral and Brain Sciences* 3 (1980), S. 435.
McDowell, John: »Criteria, Defeasibility, and Knowledge«. In: Jonathan Dancy (Hg.): *Perceptual Knowledge*. Oxford 1988, S. 209–219.

– : *Mind and World*. Cambridge/MA 1994a.
– : »Knowledge by Hearsay«. In: Bimal Krishna Matilal/Arindam Chakrabarti (Hg.): *Knowing from Words*. Dordrecht 1994b, S. 195–224.
Meinong, Alexis: *Über die Erfahrungsgrundlage unseres Wissens*. In: ders.: *Gesamtausgabe*. Hg. Rudolf Haller, Rudolf Kindinger, Roderick M. Chisholm. Bd. V. Hg. Roderick M. Chisholm. Graz 1973, S. 367–481.
Melden, A.I.: *Free Action*. London 1961.
Mellor, D.H.: *Probability: A Philosophical Introduction*. London/New York 2004.
Metzinger, Thomas (Hg.): *Bewußtsein. Beiträge aus der Gegenwartsphilosophie*. Paderborn 1995.
Mill, John Stuart: *A System of Logic, Ratiocinative and Inductive*. Hg. J.M. Robson. In: ders.: *Collected Works*. Bd. VII–VIII. Toronto 1973.
The MIT Encyclopedia of Cognitive Sciences. Hg. Robert A. Wilson/Frank C. Keil. Cambridge/MA 1997.
Montaigne, Michel de: *Essais*. In: ders.: *Œuvres Complètes*. Hg. A. Thibaudet/M. Rat. Paris 1962.
Moore, George Edward: »The Status of Sense-Data«. In: ders.: *Philosophical Studies*. London 1922, S. 168–196.
– : »A Defence of Common Sense«. In: ders.: *Philosophical Papers*. London/New York 1959, S. 32–59.
– : »Proof of an External World«. In: ders.: *Philosophical Papers*. London/New York 1959, S. 127–150.
– : »A Reply to my Critics«. In: Paul Arthur Schilpp (Hg.): *The Philosophy of G.E. Moore (The Library of Living Philosophers*, Bd. IV). Open Court/IL ³1968, S. 533–677.
Morton, Adam: *A Guide through the Theory of Knowledge*. Oxford ²1997.
Moser, Paul K. (Hg.): *A Priori Knowledge*. Oxford 1987.
– (Hg.): *Empirical Knowledge: Readings in Contemporary Epistemology*. Lanham/MD ²1996.
– (Hg.): *The Oxford Handbook of Epistemology*. Oxford 2002.
– /Mulder, Dwayne H./Trout, J.D.: *The Theory of Knowledge. A Thematic Introduction*. Oxford 1998.
– /Nat, Arnold van der (Hg.): *Human Knowledge: Classical and Contemporary Approaches*. Oxford ²1995.
Murphy, Gregory L.: *The Big Book of Concepts*. Cambridge/MA 2004.

Nagel, Jennifer: *Knowledge. A Very Short Introduction*. Oxford 2014.
Nagel, Thomas: *The Possibility of Altruism*. Princeton 1970.
– : »What Is it Like to Be a Bat?«. In: ders.: *Mortal Questions*. Cambridge 1979, S. 165–180.
– : *The View from Nowhere*. Oxford 1986.
– : *Die Grenzen der Objektivität. Philosophische Vorlesungen*. Stuttgart 1991.
Nelson, Leonard: »Die Unmöglichkeit der Erkenntnistheorie«. In: ders.: *Gesammelte Schriften in neun Bänden*. Hg. Paul Bernays et al. Hamburg 1973. Bd. 2 (*Geschichte und Kritik der Erkenntnistheorie*), S. 459–483.
Nemirow, Laurence: »Physicalism and the Cognitive Role of Acquaintance«. In: William G. Lycan. Hg.): *Mind and Cognition. A Reader*. Oxford 1990, S. 490–499.
Neta, Ram (Hg.): *Current Controversies in Epistemology*. New York 2014.
Neurath, Otto: »Soziologie im Physikalismus«. In: *Erkenntnis* 2 (1931), S. 393–431.
– : »Protokollsätze«. In: *Erkenntnis* 3 (1932/33), S. 204–214.
New, C.G.: »Some Implications of ›Someone‹«. In: *Analysis* 26 (1965), S. 62–64.
– .: »›Someone‹ Renewed«. In: *Analysis* 28 (1968), S. 109–112.
Nietzsche, Friedrich: *Über Wahrheit und Lüge im aussermoralischen Sinne*. In: ders.: *Werke. Kritische Gesamtausgabe*. Hg. Giorgio Colli/Mazzino Montinari. Bd. III.2 (*Nachgelassene Schriften 1870–1873*). Berlin/New York 1973, S. 367–384.
Niiniluoto, Ilkka/Sintonen, Matti/Wolenski, Jan (Hg.): *Handbook of Epistemology*. Dordrecht etc. 2004.
Nisbett, Richard/Ross, Lee: *Human Inference: Strategies and Shortcomings of Social Judgment*. Englewood Cliffs/NJ 1980.
Noë, Alva/Thompson, Evan (Hg.): *Vision and Mind. Selected Readings in the Philosophy of Perception*. Cambridge/MA 2002.
Nozick, Robert: *Anarchy, State, and Utopia*. New York 1974.
– : *Philosophical Explanations*. Cambridge/MA 1981.
– : *The Nature of Rationality*. Princeton 1993.

O'Brien, Dan: *An Introduction to the Theory of Knowledge.* Oxford 2006.

O'Connor, D.J./Carr, Brian: *Introduction to the Theory of Knowledge.* Minneapolis/MN 1982.

Opwis, Klaus/Lüer, Gerd: »Modelle der Repräsentation von Wissen«. In: *Enzyklopädie der Psychologie.* Hg. Niels Birbaumer et al. Themenbereich C (*Theorie und Forschung*), ser. 2 (*Kognition*), Bd. 4 (*Gedächtnis*; Hg. Dietrich Albert/Kurt-Hermann Stapf. Göttingen 1996, S. 337–431.

Osherson, Daniel N.: »Judgment«. In: Daniel N. Osherson/Edward E. Smith (Hg.): *Thinking. An Invitation to Cognitive Science.* 3 Bde. Cambridge/MA 1990, Bd. 3, S. 55–87.

– /Lasnik, Howard (Hg.): *An Invitation to Cognitive Science.* 3 Bde. Cambridge/MA 1990.

Pacherie, Elisabeth: »Do We See with Microscopes?«. In: *The Monist* 78 (1995), S. 171–188.

Palmer, Stephen E.: *Vision Science. Photons to Phenomenology.* Cambridge/MA 1999.

Patzig, Günther: I. Kant: »Wie sind synthetische Urteile a priori möglich?«. In: Josef Speck (Hg.): *Grundprobleme der großen Philosophen (Philosophie der Neuzeit II).* Göttingen 1976, S. 9–70.

– : »Aspekte der Rationalität«. In: ders.: *Gesammelte Schriften.* 4 Bde. Göttingen 1996, Bd. 4, S. 99–116.

Peacocke, Christopher: *A Study of Concepts.* Cambridge/MA 1992.

Peirce, Charles Sanders: »How to Make our Ideas Clear«. In: ders.: *Collected Papers.* Hg. Charles Hartsthorne/Paul Weiss. Cambridge/MA 1934, Bd. V (*Pragmatism and Pragmaticism*), S. 248–271 (5.388–5.410).

Perler, Dominik: *Repräsentation bei Descartes.* Frankfurt a. M. 1996.

Piattelli-Palmarini, Massimo: *Inevitable Illusions. How Mistakes of Reason Rule our Minds.* New York etc. 1994.

Pitcher, George (Hg.): *Truth.* Englewood Cliffs/NJ 1964.

Place, U.T.: »Is Consciousness a Brain Process?«. In: C.V. Borst (Hg.): *The Mind-Brain Identity Theory.* London 1970, S. 42–51.

Plantinga, Alvin: *Warrant: The Current Debate.* Oxford 1993a.

– : *Warrant and Proper Function.* Oxford 1993b.

Platon: *Menon.* In: ders.: *Sämtliche Werke.* Übers. Friedrich Schleiermacher. Hamburg 1957.

– : *Politeia/Der Staat.* In: ders.: *Sämtliche Werke.* Übers. Friedrich Schleiermacher. Hamburg 1958.

– : *Theaitetos.* In: ders.: *Sämtliche Werke.* Übers. Friedrich Schleiermacher. Hamburg 1958.

– : *Sophistes.* In: ders.: *Sämtliche Werke.* Übers. Friedrich Schleiermacher. Hamburg 1958.

Pojman, Louis P.: *What Can We Know? An Introduction to the Theory of Knowledge.* Belmont/CA 1995.

– (Hg.): *The Theory of Knowledge: Classical and Contemporary Readings.* Belmont/CA 1993.

Pollock, John L.: *Contemporary Theories of Knowledge.* Totowa/NJ 1986.

– /Cruz, Joseph: *Contemporary Theories of Knowledge.* Lanham etc. ²1999.

Polanyi, Michael: *Personal Knowledge. Towards a Post-Critical Philosophy.* Chicago 1958.

Popkin, Richard Henry: *The History of Scepticism from Erasmus to Spinoza.* Berkeley 1979.

Popper, Karl R.: *Logik der Forschung.* Tübingen ¹⁰1994.

– : »Conjectural Knowledge: My Solution of the Problem of Induction«. In: ders.: *Objective Knowledge. An Evolutionary Approach.* Oxford 1972, S. 1–31.

Prauss, Gerold: *Einführung in die Erkenntnistheorie.* Darmstadt 1980.

Price, Henry Habberly: *Belief.* London/New York 1969.

Priest, Graham: »Contradiction, Belief and Rationality«. In: *Proceedings of the Aristotelian Society* 86 (1985/86), S. 99–116.

– : »Paraconsistent Logic«. In: *Routledge Encyclopedia of Philosophy.* Hg. Edward Craig. 10 Bde. New York/London 1998, Bd. 7, S. 208–211.

Pritchard, Duncan: *What Is this Thing Called Knowledge?* London etc. 2006.

– /Neta, Ram (Hg.): *Arguing about Knowledge.* London etc. 2008.

Putnam, Hilary: »Reds, Greens, and Logical Analysis«. In: *The Philosophical Review* 65 (1956), S. 206–217.

– : »The Meaning of ›Meaning‹«. In: ders.: *Mind, Language and Reality.* Cambridge 1975a, S. 215–271.

– : »Philosophy and Our Mental Life«. In: ders.: *Mind, Language and Reality.* Cambridge 1975b, S. 291–303.

– : »Brains and Behavior«. In: ders.: *Mind, Language and Reality.* Cambridge 1975c, S. 325–341.

– : »The Nature of Mental States«. In: ders.: *Mind, Language and Reality.* Cambridge 1975d, S. 429–440.

– : »The Analytic and the Synthetic«. In: ders.: *Mind, Language and Reality.* Cambridge 1975e, S. 33–69.

– : *Reason, Truth, and History.* Cambridge 1981.

– : »Why Reason Can't Be Naturalized«. In: ders.: *Realism and Reason.* Cambridge 1983, S. 229–247.

– : *Pragmatism. An Open Question.* Oxford 1995.

Quine, Willard Van Orman: *Word and Object.* Cambridge/MA 1960.

– : »Two Dogmas of Empiricism«. In: ders.: *From a Logical Point of View.* Cambridge/MA ²1961, S. 20–46.

– : »Truth by Convention«. In: ders.: *The Ways of Paradox* and other Essays. New York 1966a, S. 70–99.

– : »Carnap on Logical Truth«. In: ders.: *The Ways of Paradox* and other Essays. New York 1966b, S. 100–125.

– : »Quantifiers and Propositional Attitudes«. In: ders.: *The Ways of Paradox* and other Essays. New York 1966c, S. 183–194.

– : »Epistemology Naturalized«. In: ders.: *Ontological Relativity* and other Essays. New York 1969, S. 69–90.

– : »Rezension«. Hg. Milton Munitz. *Identity and Individuation*). In: *The Journal of Philosophy* 69 (1972), S. 488–497.

–/Ullian, Joseph S.: *The Web of Belief.* New York 1970.

Radford, Colin: »Knowledge – By Examples«. In: *Analysis* 27 (1966), S. 1–11.

Ramsey, Frank Plumpton: »Facts and Propositions«. In: ders.: *Philosophical Papers.* Hg. D.H. Mellor. Cambridge 1990, S. 34–51.

– : »Truth and Probability«. In: ders.: *Philosophical Papers.* Hg. D.H. Mellor. Cambridge 1990, S. 52–94.

– : »Knowledge«. In: ders.: *Philosophical Papers.* Hg. D.H. Mellor. Cambridge 1990, S. 110f.

Reichenbach, Hans: *Wahrscheinlichkeitslehre. Eine Untersuchung über die logischen und mathematischen Grundlagen der Wahrscheinlichkeitsrechnung.* Leiden 1935.

Reid, Thomas: *An Inquiry into the Human Mind, on the Principles of Common Sense.* In: ders.: *The Works of Thomas Reid.* Hg. William Hamilton. Edinburgh 1863. Bd. I, S. 93–211.

– : *Essays on the Intellectual Powers of Man.* In: ders.: *The Works of Thomas Reid.* Hg. William Hamilton. Edinburgh 1863. Bd. I, S. 213–508.

Reisberg, Daniel: *Cognition: Exploring the Science of the Mind.* New York 1997.

Rescher, Nicholas: *Rationality. A Philosophical Inquiry into the Nature and the Rationale of Reason.* Oxford 1988.

– : *Epistemology. An Introduction to the Theory of Knowledge.* Albany/NY 2003.

Resnik, Michael D.: *Choices. An Introduction to Decision Theory.* Minneapolis/MN 1987.

Ricken, Friedo: *Lexikon der Erkenntnistheorie und Metaphysik.* München 1984.

– : *Antike Skeptiker.* München 1994.

Ring, Merrill: »Knowledge: The Cessation of Belief«. In: *American Philosophical Quarterly* 14 (1977), S. 51–59.

Rorty, Richard: *Philosophy and the Mirror of Nature.* Princeton 1979.

Rosch, Eleanor: »On the Internal Structur of Perceptual and Semantic Categories«. In: Timothy E. Moore (Hg.): *Cognitive Development and the Acquisition of Language.* New York etc. 1973, S. 111–144.

– : »Principles of Categorization«. In: Eleanor Rosch/Barbara B. Lloyd (Hg.): *Cognition and Categorization.* Hillsdale/NJ 1978, S. 27–48.

Roth, Michael D./Galis, Leon (Hg.): *Knowing: Essays in the Analysis of Knowledge.* Lanham/MD 1984.

Russell, Bertrand: »William James's Conception of Truth«. In: ders.: *Philosophical Essays.* London 1910, S. 127–149.

– : *The Problems of Philosophy.* Oxford 1980.

– : »Knowledge by Acquaintance and Knowledge by Description«. In: ders.: *Mysticism and Logic* and other Essays. London 1925, S. 209–232.

– : »The Philosophy of Logical Atomism«. In: ders.: *Logic and Language. Essays 1901–1950.* London/New York 1956, S. 177–281.

– : *A History of Western Philosophy*. New York 1945.
– : *Human Knowledge: Its Scope and Limits*. New York 1948.
– : »Brief an Frege (16. Juni 1902)«. In: Gottlob Frege: *Wissenschaftlicher Briefwechsel*. Hg. Gottfried Gabriel/Hans Hermes/Friedrich Kambartel/Christian Thiel/Albert Veraart. Hamburg 1976, S. 212–215.
Ryle, Gilbert: *The Concept of Mind*. New York 1949.

Sainsbury, R. Mark: *Paradoxien*. Stuttgart 1993.
Salmon, Wesley C.: »The Pragmatic Justification of Induction«. In: Richard Swinburne (Hg.): *The Justification of Induction*. Oxford 1974, S. 85–97.
Sartwell, Crispin: »Knowledge Is Merely True Belief«. In: *American Philosophical Quarterly* 28 (1991), S. 157–165.
– : »Why Knowledge Is Merely True Belief«. In: *The Journal of Philosophy* 89 (1992), S. 167–180.
Schlick, Moritz: »Gibt es ein materiales Apriori?«. In: ders.: *Gesammelte Aufsätze 1926–1936*. Hildesheim 1969a, S. 20–30.
– : »Über das Fundament der Erkenntnis«. In: ders.: *Gesammelte Aufsätze 1926–1936*. Hildesheim 1969b, S. 290–310.
– : »Facts and Propositions«. In: *Analysis* 2 (5) (1935), S. 65–70.
Schmitt, Frederick F.: »Socializing Epistemology: An Introduction Through Two Sample Issues«. In: ders.: *Socializing Epistemology. The Social Dimension of Knowledge*. Lanham/MD 1994, S. 1–27.
– : *Truth. A Primer*. Boulder etc. 1995.
Schnädelbach, Herbert: »Vernunft«. In: Ekkehard Martens/Herbert Schnädelbach (Hg.): *Philosophie. Ein Grundkurs*. 2 Bde. Reinbek 1991, Bd. 1, S. 77–115.
– : *Erkenntnistheorie zur Einführung*. Hamburg 2002.
Schütz, Alfred/Luckmann, Thomas: *Strukturen der Lebenswelt*, Frankfurt a. M. 1979 (Bd. 1)/1984 (Bd. 2).
Searle, John R.: *Speech Acts. An Essay in the Philosophy of Language*. Cambridge 1969.
– : *Intentionality. An Essay in the Philosophy of Mind*. Cambridge 1983.
– : *The Construction of Social Reality*. New York 1995.
Sellars, Wilfrid: »Empiricism and the Philosophy of Mind«. In: ders.: *Science, Perception and Reality*. London 1963, S. 127–196.
Sextus Empiricus: *Grundriss der pyrrhonischen Skepsis*. Übers. Malte Hossenfelder. Frankfurt a. M. 1968.
Shoemaker, Sydney: »On Knowing One's Own Mind«. In: *Philosophical Perspectives* 2. Hg. James E. Tomberlin. Epistemology. Atascadero/CA) (1988), S. 183–209.
– : »Moore's Paradox and Self-Knowledge«. In: *Philosophical Studies* 77 (1995), S. 211–228.
Shope, Robert K.: *The Analysis of Knowing*. Princeton 1983.
Siebel, Mark: *Erinnerung, Wahrnehmung, Wissen*. Paderborn 2000.
Simon, Herbert A.: *Reason in Human Affairs*. Stanford/CA 1983.
Skirbekk, Gunnar (Hg.): *Wahrheitstheorien. Eine Auswahl aus den Diskussionen über Wahrheit im 20. Jahrhundert*. Frankfurt a.M 1977.
Skyrms, Brian: »The Explication of ›X Knows that p‹«. In: Michael Roth/Leon Galis (Hg.): *Knowing. Essays in the Analysis of Knowledge*. New York 1970, S. 89–111.
– : *Choice and Chance: An Introduction to Inductive Logic*. Encino/CA 1975.
Smart, J.J.C.: »Sensations and Brain Processes«. In: C.V. Borst (Hg.): *The Mind-Brain Identity Theory*. London 1970, S. 52–66.
Smith, Edward E./Medin, Douglas L.: *Categories and Concepts*. Cambridge/MA 1981.
Smith, James M.: »New Implications of ›Someone‹ II«. In: *Analysis* 26 (1966), S. 207 f.
Sosa, Ernest: »The Analysis of ›Knowledge that p‹«. In: *Analysis* 25 (1964), S. 1–8.
– : »The Raft and the Pyramid: Coherence versus Foundations in the Theory of Knowledge«. In: Peter A. French/Theodore E. Uehling jr./Howard K. Wettstein (Hg.): *Midwest Studies in Philosophy 5 (Studies in Epistemology)*. Minneapolis/MN 1980, S. 3–25.
– : »Knowledge in Context, Scepticism in Doubt. The Virtue of our Faculties«. In: *Philosophical Perspectives* 2 (James E. Tomberlin (Hg.): *Epistemology*. Atascadero/CA) (1988), S. 139–155.
– : »Testimony and Coherence«. In: ders.: *Knowledge in Perspective. Selected Essays in Epistemology*. Cambridge 1991, S. 215–222.
– (Hg.): *Knowledge and Justification*. 2 Bde. Aldershot etc. 1994.

– : *Epistemology: Oxford Bibliographies Online Research Guides*. Oxford 2010.
– /Kim, Jaegwon (Hg.): *Epistemology: An Anthology*. Oxford 2000.
Spinoza, Baruch de: *Ethik in geometrischer Ordnung dargestellt*. Lateinisch-deutsch. Übers. Wolfgang Bartuschat. Hamburg 1999.
Stalker, Douglas (Hg.): *Grue! The New Riddle of Induction*. Chicago and La Salle/IL 1994.
Stenius, Erik: *Wittgenstein's Tractatus: a Critical Exposition of its Main Lines of Thought*. Oxford 1960.
Steup, Matthias: *An Introduction to Contemporary Epistemology*. Upper Saddle River/NJ 1996.
– /Sosa, Ernest (Hg.): *Contemporary Debates in Epistemology*. Oxford 2005.
Stewart, Dugald: »On the Beutiful«. In: ders.: *The Collected Works of Dugald Stewart*. Hg. William Hamilton. Edinburgh 1854. Bd. V, S. 189–274.
Stich, Stephen: »Beliefs and Subdoxastic States«. In: *Philosophy of Science* 45 (1978), S. 499–518.
– : *From Folk Psychology to Cognitive Science: The Case against Belief*. Cambridge/MA 1983.
– : *The Fragmenation of Reason: Preface to a Pragmatic Theory of Cognitive Evaluation*. Cambridge/MA 1990.
– (Hg.): *Innate Ideas*. Berkeley etc. 1975.
Strawson, Peter Frederick: *Introduction to Logical Theory*. London/New York: 1952.
– : *Individuals: An Essay in Descriptive Metaphysics*. London 1959.
– : »Truth«. In: George Pitcher (Hg.): *Truth*. Englewood Cliffs/NJ 1964, S. 32–53.
– : *The Bounds of Sense. An Essay on Kant's Critique of Pure Reason*. London 1966.
– : *Skepticism and Naturalism: Some Varieties*. New York 1985.
– : »Perception and its Objects«. In: Jonathan Dancy (Hg.): *Perceptual Knowledge*. Oxford 1988, S. 92–112.
– : »Knowing from Words«. In: Bimal Krishna Matilal/Arindam Chakrabarti (Hg.): *Knowing from Words*. Dordrecht 1994, S. 23–27.
Stroud, Barry: »Transcendental Arguments«. In: *The Journal of Philosophy* 65 (1968), S. 241–q256.
– : *The Significance of Philosophical Scepticism*. Oxford 1984.
– : »Primary and Secondary Qualities«. In: Jonathan Dancy/Ernest Sosa (Hg.): *A Companion to Epistemology*. Oxford 1992, S. 362–365.
– : »Understanding Human Knowledge in General«. In: ders.: *Understanding Human Knowledge*. Oxford 2000, S. 99–121.
Strube, Gerhard/Habel, Christopher/Hemforth, Barbara/Konieczny, Lars/Becker, Barbara: »Kognition«. In: Günther Görz (Hg.): *Einführung in die Künstliche Intelligenz*. Bonn etc. ²1995, S. 299–359.
Sturgeon, Scott/Martin, M.G.F./Grayling, A.C.: »Epistemology«. In: A.C. Grayling (Hg.): *Philosophy 1. A Guide through the Subject*. Oxford 2001, S. 7–60.
Suppes, Patrick: *Introduction to Logic*. Princeton 1957.
Swain, Marshall: »Epistemic Defeasibility«. In: George S. Pappas/Marshall Swain (Hg.): *Essays on Knowledge and Justification*. Ithaca/NY 1978, S. 160–183.
– : *Reasons and Knowledge*. Ithaca/NY 1981.
Swartz, Robert J. (Hg.): *Perceiving, Sensing, and Knowing*. Garden City/NY 1965.
Swinburne, Richard (Hg.): *The Justification of Induction*. Oxford 1974.

Tarski, Alfred: *The Concept of Truth in Formalized Languages*. In: ders.: *Logic, Semantics, Metamathematics. Papers from 1923 to 1938*. Oxford 1956, S. 152–278.
– : »The Semantic Conception of Truth and the Foundations of Semantics«. In: *Philosophy and Phenomenological Research* 4 (1944), S. 341–375.
– : »Truth and Proof«. In: R.I.G. Hughes (Hg.): *A Philosophical Companion to First-Order Logic*. Indianapolis/IN 1993, S. 101–125.
Taylor, Charles: »Overcoming Epistemology«. In: ders.: *Philosophical Arguments*. Cambridge/MA 1995, S. 1–19.
Thagard, Paul: *Coherence in Thought and Action*. Cambridge/MA 2000.
Thalberg, Irving: »In Defense of Justified True Belief«. In: *The Journal of Philosophy* 66 (1969), S. 794–803.
Tragesser, Robert S.: »Use/Mention«. In: Jonathan Dancy/Ernest Sosa (Hg.): *A Companion to Epistemology*. Oxford 1992, S. 517.
Tugendhat, Ernst: *Selbstbewußtsein und Selbstbestimmung. Sprachanalytische Interpretationen*. Frankfurt a. M. 1979.

– /Wolf, Ursula: *Logisch-Semantische Propädeutik*. Stuttgart 1983.
Tuomela, Raimo (Hg.): *Dispositions*. Dordrecht 1978.
Turri, John: *Epistemology: A Guide*. Oxford 2014.
Tversky, Amos/Kahneman, Daniel: »Judgment under Uncertainty: Heuristics and Biases«. In: Daniel Kahneman/Paul Slovic/Amos Tversky (Hg.): *Judgment under Uncertainty: Heuristics and Biases*. Cambridge 1982a, S. 3–20.
– /Kahneman, Daniel: »Evidential Impact of Base Rates«. In: ders./Paul Slovic/Amos Tversky (Hg.): *Judgment under Uncertainty: Heuristics and Biases*. Cambridge 1982b, S. 153–160.
– /Kahneman, Daniel: »Extensional versus Intuitive Reasoning: The Conjunction Fallacy in Probability Judgment«. In: *Psychological Review* 90 (1983), S. 293–315.

Unger, Peter: »An Analysis of Factual Knowledge«. In: Michael Roth/Leon Galis (Hg.): *Knowing. Essays in the Analysis of Knowledge*. New York 1970, S. 113–130.
– : *Ignorance. A Case for Scepticism*. Oxford 1975.
– : *Philosophical Relativity*. Minneapolis/MN 1984.

Von Eckardt, Barbara: *What is Cognitive Science?* Cambridge/MA 1993.
von Neumann, John/Morgenstern, Oskar: *Theory of Games and Economic Behavior*. Princeton 1953.

Waismann, Friedrich: »Verifiability«. In: ders.: *How I See Philosophy*. Hg. Rom Harré. London/Melbourne 1968, S. 39–66.
Welbourne, Michael: *The Community of Knowledge*. Aberdeen 1986.
– : *Knowledge*. Chesham 2001.
Whorf, Benjamin Lee: »The Relation of Habitual Thought and Behavior to Language«. In: ders.: *Language, Thought and Reality*. Cambridge/MA 1956, S. 134–159.
Willaschek, Marcus: »Wissen, Zweifel, Kontext. Eine kontextualistische Zurückweisung des Skeptizismus«. In: *Zeitschrift für philosophische Forschung* 54 (2000a), S. 151–172.
– (Hg.): *Realismus*. Stuttgart 2000b.
Williams, Bernard: »Deciding to Believe«. In: ders.: *Problems of the Self: Philosophical Papers, 1956–1972*. Cambridge 1973, S. 136–151.
– : *Descartes. The Project of Pure Enquiry*. Harmondsworth 1978.
– : »Internal and External Reasons«. In: ders.: *Moral Luck: Philosophical Papers, 1973–1980*. Cambridge 1981, S. 101–113.
Williams, Michael: »Do we (Epistemologists) Need a Theory of Truth?«. In: *Philosophical Topics* 14 (1986), S. 223–242.
– : »Death of Epistemology«. In: Jonathan Dancy/Ernest Sosa (Hg.): *A Companion to Epistemology*. Oxford 1992, S. 88–91.
– : *Unnatural Doubts: Epistemological Realism and the Basis of Scepticism*. Princeton 1996.
– : *Problems of Knowledge. A Critical Introduction to Epistemology*. Oxford 2001.
Williamson, Timothy: *Vagueness*. London/New York 1994.
– : *Knowledge and its Limits*. Oxford 2000.
Wittgenstein, Ludwig: *Tractatus logico-philosophicus*. Frankfurt a. M. 1963.
– : *Philosophische Untersuchungen/Philosophical Investigations*. Oxford ²1958.
– : *Zettel*. In: ders.: *Werkausgabe*. Frankfurt a.M. 1984. Bd. 8, S. 259–443.
– : *Über Gewißheit*. In: ders.: *Werkausgabe. Frankfurt a.M. 1984. Bd. 8, S. 113–257*.

Yolton, John W.: *Perceptual Acquaintance : From Descartes to Reid. Minneapolis/MN 1984*.

Zadeh, Lofti: »Fuzzy Sets«, *Information and Control 8 (1965), S. 338–53*.
Zagzebski, Linda: »The Inescapability of Gettier Problems«. In: *The Philosophical Quarterly 44 (1994), S. 65–73*.
– : »What is Knowledge?«. In: *John Greco/Ernest Sosa (Hg.): The Blackwell Guide to Epistemology*. Oxford 1999, S. 92–116.
– : *On Epistemology*. South Melbourne 2009.

PERSONENREGISTER

Johannes Hübner
Einführung in die theoretische Philosophie
2015, ca. 345 Seiten, ca. € 24,95
ISBN 978-3-476-02439-8

► Wichtiger Bestandteil des Philosophiestudiums

► Grundbegriffe, zentrale Positionen und Argumente

Die theoretische Philosophie umfasst die grundlegenden Bereiche der Philosophie: Metaphysik, Erkenntnistheorie, Sprachphilosophie und Philosophie des Geistes. Die Einführung erklärt die wichtigsten Grundbegriffe, erläutert zentrale Fragestellungen und diskutiert einschlägige Positionen und Argumente. Historische Beispiele – Ideen von Aristoteles, Descartes und anderen – vertiefen die Zusammenhänge. Zahlreiche Definitionen, Beispiele, Argumentationen und Vertiefungen machen die Theorie verständlich.

Aus dem Inhalt:
Einleitung • Erkenntnistheorie • Sprachphilosophie • Metaphysik
• Philosophie des Geistes • Anhang: Literaturverzeichnis, Sachregister

info@metzlerverlag.de
www.metzlerverlag.de

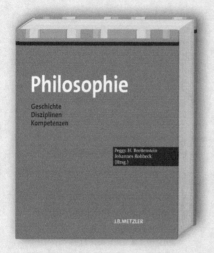

Peggy H. Breitenstein
Johannes Rohbeck (Hrsg.)
Philosophie
Geschichte - Disziplinen - Kompetenzen
2011, XVI, 487 Seiten, 18 s/w Abb., 61 farb.
Abb., 24 farb. Tabellen, € EUR 29,95
ISBN 978-3-476-02299-8

▶ Zahlreiche Definitionen, Interpretationsbeispiele, Zeittafeln
und Werklisten

▶ Großes Format und zweifarbiges Layout mit Marginalien
und vielen Abbildungen

▶ Bibliografie, Internetseiten, Personen- und Sachregister

Alles Wichtige für das Philosophiestudium: Die Einführung beschreibt die
zentralen Positionen der Philosophiegeschichte von der Antike bis zur
Gegenwart. Eingehend werden die wichtigsten Disziplinen, ihre Fragestellungen und Grundbegriffe erläutert. Auch philosophische Kompetenzen
werden definiert: Was sollte man über die wesentlichen Methoden wissen?
Welche Kriterien gelten für philosophische Begriffe, Argumentationen und
wissenschaftliches Arbeiten? Umfassender Überblicksband über das kom-
plette Fach – ideal für BA-Studierende.

Aus dem Inhalt:
Geschichte der Philosophie • Theoretische Philosophie • Praktische Philosophie • Weitere
Disziplinen • Philosophische Kompetenzen
Anhang: Grundlegende Literatur und Internetressourcen, Personen- und Sachregister

info@metzlerverlag.de
www.metzlerverlag.de

1682 **J.B.METZLER**

► Geschichte, Disziplinen und
aktueller Forschungsstand

► Mensch und Maschine: Struk-
turmodelle kognitiver Systeme

► Kognitionswissenschaft der
Zukunft: von Affective Science
über kognitive Poetik bis Neu-
roökonomie und Neuroethik

Achim Stephan/Sven Walter (Hrsg.)
**Handbuch
Kognitionswissenschaft**
2013, XIII, 582 S., 28 s/w Abb., geb. € 69,95
ISBN 978-3-476-02331-5

Wann finden geistige Prozesse statt? Zum Beispiel, wenn wir emotional
sind, uns erinnern oder träumen. Mit innovativen Beiträgen stellt das Handbuch kognitive Leistungen wie Erinnerung, Lernen, Planen, Wahrnehmung
oder Sprache vor - beim Menschen, aber auch im Hinblick auf künstliche
Systeme wie Computer oder Roboter. Es beleuchtet die verschiedenen
Modelle kognitiver Systeme, darunter das Computermodell des Geistes,
neuronale Netze oder dynamische Systeme. Mit den Fächern Anthropologie, Informatik, Linguistik, Neurowissenschaft, Psychologie und Philosophie
führt es in die Teildisziplinen der Kognitionswissenschaft ein.

Aus dem Inhalt:
• Ursprünge und Anfänge der Kognitionswissenschaft • Teildisziplinen:
Anthropologie, Informatik, Linguistik, Neurowissenschaft, Psychologie,
Philosophie • Strukturen kognitiver Systeme • Kognitive Leistungen
• Neuere Entwicklungen

info@metzlerverlag.de
www.metzlerverlag.de

J.B.METZLER

▶ In wenigen Schritten zum wissenschaftlichen Schreiben

▶ Mit Checklisten, Tipps, Übungen und Beispielen, Infokästen und Grafiken

▶ Neu: Was muss bei der Schreibgattung „Portfolio" beachtet werden?

Andrea Frank/Stefanie Haacke
Swantje Lahm
Schlüsselkompetenzen: Schreiben in Studium und Beruf
2., aktualisierte und erweiterte Auflage 2013
XI, 218 S., Abb. und Grafiken, € 12,95
ISBN 978-3-476-02477-0

Textwerkstatt für Schule, Studium und Beruf. Ob Referat, Klausur, Mitschrift, Protokoll, Praktikumsbericht, Thesenpapier, Hausarbeit oder Bachelor-, Master- und Doktorarbeit: Worauf kommt es beim Verfassen des Textes an? Wie bleibt man im Zeitplan? Wie wird der Inhalt geplant? Wie wird aus einer Gedankenreihe ein roter Faden? Schreiben kann gelernt werden – der Ratgeber hilft, sich systematisch den eigenen Text zu erarbeiten und die Herausforderungen des wissenschaftlichen Schreibens zu meistern.

Aus dem Inhalt:
Phasen im Schreibprozess • Schreibprojekte managen – Allein und mit anderen • Flexibel umgehen mit Textarten und Darstellungsformen • Textarten und Darstellungsformen

info@metzlerverlag.de
www.metzlerverlag.de

1682 **J.B.METZLER**

► Entscheidendes globales Thema moderner Gesellschaften

► Konzepte, Kategorien und Konfliktfelder

► Zu Begriffen wie z.B. das Böse, das Heilige, Fundamentalismus, Pluralismus, Toleranz, Werte

Thomas M. Schmidt
Annette Pitschmann (Hrsg.)
Religion und Säkularisierung
Ein interdisziplinäres Handbuch
2014, V, 380 S., geb. € 59,95
ISBN 978-3-476-02366-7

Verschwindet die Religiosität in der Moderne oder ist im Gegenteil eine Rückkehr der Religionen zu verzeichnen? Das Handbuch beleuchtet die Dialektik von Säkularisierung und Revitalisierung der Religionen aus philosophischer, soziologischer und religionswissenschaftlicher Perspektive. Vorgestellt werden grundlegende Konzepte, z. B. von Durkheim, Weber, Habermas, Blumenberg und Luhmann. Der zweite Teil untersucht Begriffe wie das Böse, das Heilige, Pluralismus etc. in ihrer Bedeutung im Kontext der Säkularisierung. Abschließend geht es um Konflikte wie Glauben und Wissen, Religion und Menschenrechte oder Säkularisierung und die Weltreligionen.

Mit Beiträgen von:
Andreas Anter • Eike Bohlken • Kirstin Bunge • Dagmar Comtesse • Jörg Dierken • Ursula Diewald Rodriguez • Dominik Finkelde SJ • Rainer Forst • Jürgen Goldstein • Hermann-Josef Große Kracht • Stefan Grotefeld • Hans-Joachim Höhn • Tom Kaden • Volkhard Krech • Michael Kühnlein • Sebastian Maly • Michael Moxter • Annette Pitschmann • Christian Polke • Francesca Raimondi • Michael Reder • Arvi Särkelä • Jörg Schaub • Magnus Schlette • Karsten Schmidt • Thomas M. Schmidt • Thomas Schmidt-Lux • Sebastian Schüler • Knut Wenzel • Julien Winandy

info@metzlerverlag.de
www.metzlerverlag.de